THE GLOBAL URBAN COMPETITIVENESS REPORT (2017-2018)

房价：改变城市世界

全球城市竞争力报告
（2017-2018）

倪鹏飞　马尔科·卡米亚　王海波　等著

中国社会科学院财经院
联合国人类住区规划署　联合课题组

中国社会科学出版社

图书在版编目（CIP）数据

全球城市竞争力报告.2017—2018：房价：改变城市世界／倪鹏飞等著.—北京：中国社会科学出版社，2018.10

ISBN 978-7-5203-3369-6

Ⅰ.①全…　Ⅱ.①倪…　Ⅲ.①城市经济—经济评价—研究报告—世界—2017-2018②城市—房价—研究报告—世界—2017-2018　Ⅳ.①F299.1

中国版本图书馆 CIP 数据核字（2018）第 237559 号

出 版 人	赵剑英
责任编辑	喻　苗
特约编辑	黄　晗
责任校对	周　昊
责任印制	王　超

出　　版	中国社会科学出版社
社　　址	北京鼓楼西大街甲 158 号
邮　　编	100720
网　　址	http://www.csspw.cn
发 行 部	010-84083685
门 市 部	010-84029450
经　　销	新华书店及其他书店
印　　刷	北京明恒达印务有限公司
装　　订	廊坊市广阳区广增装订厂
版　　次	2018 年 10 月第 1 版
印　　次	2018 年 10 月第 1 次印刷
开　　本	710×1000　1/16
印　　张	31.75
插　　页	2
字　　数	508 千字
定　　价	129.00 元

凡购买中国社会科学出版社图书，如有质量问题请与本社营销中心联系调换
电话：010-84083683
版权所有　侵权必究

课题组成员

顾　问

王伟光　　中国社会科学院原院长

华安·克洛斯　联合国原副秘书长、联合国人居署原执行主任

高培勇　　中国社会科学院副院长

何德旭　　中国社会科学院财经战略研究院院长

樊　纲　　中国经济体制改革研究会副会长

萨斯基亚·萨森　美国哥伦比亚大学教授

彼得·泰勒　英国皇家社会科学院院士，全球化和世界城市研究网主任

主要编著者

倪鹏飞　　中国社会科学院城市与竞争力研究中心主任

马尔科·卡米亚　联合国人居署城市经济局局长

王海波　　中国社会科学院财经战略研究院博士后

编委会成员

彼得·克拉索　全球城市竞争力项目主席，美国巴特内尔大学教授

凯瑟·佩恩　英国瑞丁大学城市与房地产研究中心教授

杨　榕　　联合国人居署区域间顾问

张振山　　联合国人居署驻华代表

全球城市竞争力评估项目组

组　　长

　　倪鹏飞　中国社会科学院财经战略研究院

项目组成员

　　王海波　中国社会科学院财经战略研究院
　　龚维进　中国社会科学院财经战略研究院
　　郭宏宇　外交学院国际经济学院
　　曹清峰　天津财经大学现代经济管理研究院
　　李　博　天津理工大学国际工商学院
　　周晓波　中国农业银行总行
　　王雨飞　北京邮电大学经济管理学院
　　魏　婕　西北大学经济管理学院
　　黄　进　中国社会科学院城市与竞争力研究中心
　　张洋子　中国社会科学院研究生院
　　沈　立　中国社会科学院研究生院
　　徐海东　中国社会科学院研究生院
　　刘笑男　中国社会科学院研究生院

目　　录

第一部分　总体报告

第一章　全球城市竞争力2017—2018年度排名 …………………………（3）
第二章　全球城市竞争力2017年度综述 ………………………………（37）
　第一节　重塑城市世界的力量 …………………………………………（38）
　第二节　三条经线划分了全球城市人口和经济的差异化集聚 ……（58）
　第三节　全球城市的新联系：软联系正慢慢主导世界
　　　　　城市体系 …………………………………………………………（82）
　第四节　新型全球城市 ………………………………………………（110）

第二部分　主题报告

第三章　问题提出与文献回顾 …………………………………………（129）
　第一节　问题提出 ………………………………………………………（129）
　第二节　房价影响城市竞争力的构成与表现 ………………………（131）
　第三节　房地产业对城市竞争力的影响 ……………………………（133）
　第四节　房价对城市竞争力关键要素的影响 ………………………（133）
　第五节　房价影响城市竞争力的传导机制 …………………………（135）
　第六节　房价与城市竞争力的相关政策 ……………………………（136）
第四章　房价与城市竞争力的关系：理论框架 ………………………（141）
　第一节　基本假设 ………………………………………………………（142）

第二节　房价影响城市竞争力的两种途径 ……………………… (144)
第三节　长期均衡状态下房价与城市竞争力的关系
　　　　模拟结果 ……………………………………………… (145)
第四节　研究推论 ………………………………………………… (148)

第五章　全球城市的房地产市场状况 ……………………………… (150)
第一节　全球高房价区域:环大洋的"三点四带" ……………… (151)
第二节　全球城市房地产市场广泛关联:
　　　　城市间的四个关联维度 ……………………………… (160)
第三节　全球城市房价的驱动力:经济地理、
　　　　时序趋势与政策调控 ………………………………… (168)

第六章　房价与竞争力的关系:实证分析 ………………………… (182)
第一节　全球房价收入比状况描述:全球房价比
　　　　总体并不合理 …………………………………………… (182)
第二节　总体状况:房价与城市人均收入、
　　　　竞争力存在一定的倒"U"形关系 ……………………… (191)
第三节　房价、竞争力与区域格局:全球各区域、
　　　　城市基本呈现房价收入倒"U"形关系 ………………… (203)
第四节　政策建议 ………………………………………………… (241)

第七章　可持续城市化的经济基础:与竞争力的联系 …………… (245)
第一节　城市生产力与竞争力 …………………………………… (245)
第二节　生产力和土地 …………………………………………… (248)
第三节　三管齐下法 ……………………………………………… (249)
第四节　城市评估量表 …………………………………………… (254)
第五节　竞争力和政策影响 ……………………………………… (256)

第三部分　分项报告

第八章　全球城市综合经济竞争力报告 2017—2018 ……………… (263)
第一节　全球城市经济竞争力格局与发现 ……………………… (263)
第二节　全球城市金融服务指数分析 …………………………… (274)
第三节　全球城市产业体系指数分析 …………………………… (280)

第四节 全球城市人力资源指数分析 …………………………… (288)

第五节 全球城市当地需求指数分析 …………………………… (294)

第六节 全球城市营商成本指数分析 …………………………… (301)

第七节 全球城市营商环境指数分析 …………………………… (305)

第八节 全球城市基础设施指数分析 …………………………… (309)

第九节 全球城市生活环境指数分析 …………………………… (316)

第十节 全球经济竞争力百强城市分析 ………………………… (322)

第十一节 经济竞争力的城市故事 ……………………………… (327)

第九章 全球城市可持续竞争力报告2017—2018 …………… (342)

第一节 全球城市可持续竞争力格局 …………………………… (342)

第二节 全球城市经济活力指数分析 …………………………… (348)

第三节 全球城市人力资本潜力指数分析 ……………………… (355)

第四节 科技创新指数分析 ……………………………………… (361)

第五节 社会包容指数分析 ……………………………………… (367)

第六节 生态环境指数分析 ……………………………………… (372)

第七节 营商环境指数分析 ……………………………………… (377)

第八节 全球联系:欧美发达国家城市仍主导着
全球联系,亚洲城市赶超态势明显 …………………… (381)

第九节 100强城市:北美城市科技创新最优,
环境质量堪忧,欧洲实现了创新驱动和
环境美好的双赢 ………………………………………… (387)

第十节 主要国家的比较:G7国家城市可持续竞争力领先
优势明显,金砖国家城市成长潜力较大 ……………… (394)

附 录 ……………………………………………………………… (406)

后 记 ……………………………………………………………… (499)

第一部分　总体报告

香港政府　文獻一束

第 一 章

全球城市竞争力 2017—2018 年度排名

全球城市竞争力课题组

表1-1　全球城市竞争力与可持续竞争力2017—2018排名①

城市 (Metro)	城市 等级	国家/ 地区	经济竞 争力	排名	可持续 竞争力	排名
纽约	A+	美国	1.0000	1	1.0000	1
洛杉矶	A	美国	0.9992	2	0.6519	16
新加坡	A	新加坡	0.9708	3	0.7082	5
伦敦	A+	英国	0.9578	4	0.8756	2
旧金山	A	美国	0.9408	5	0.6554	14
深圳	B	中国	0.9337	6	0.5761	35
东京	A-	日本	0.9205	7	0.7371	3
圣何塞	A	美国	0.9158	8	0.6342	22
慕尼黑	B+	德国	0.9053	9	0.6402	18
达拉斯-佛尔沃斯堡	A-	美国	0.9026	10	0.5805	32
休斯敦	A-	美国	0.9000	11	0.6792	8
香港	A	中国	0.8873	12	0.6581	13
首尔	A-	韩国	0.8478	13	0.7023	7
上海	A-	中国	0.8367	14	0.6110	27
广州	B+	中国	0.8346	15	0.5746	36
迈阿密	B+	美国	0.8162	16	0.5305	53
芝加哥	A-	美国	0.8151	17	0.6711	10

① 大都市区口径，本次报告评估的经济竞争力样本城市为1007个，可持续竞争力样本城市为1035个，详见附表。

续表

城市（Metro）	城市等级	国家/地区	经济竞争力	排名	可持续竞争力	排名
波士顿	A-	美国	0.8121	18	0.7166	4
都柏林	A-	爱尔兰	0.8109	19	0.5796	33
北京	A-	中国	0.8102	20	0.6708	11
巴黎	A-	法国	0.8060	21	0.6771	9
法兰克福	A-	德国	0.7993	22	0.6305	23
天津	B-	中国	0.7866	23	0.4735	93
斯德哥尔摩	B+	瑞典	0.7862	24	0.6373	21
费城	B+	美国	0.7837	25	0.6232	24
西雅图	B+	美国	0.7808	26	0.6530	15
大阪	B-	日本	0.7699	27	0.5826	31
苏州	C+	中国	0.7648	28	0.4227	160
布里奇波特-斯坦福德	B	美国	0.7644	29	0.4751	90
特拉维夫-雅法	B-	以色列	0.7642	30	0.4018	189
巴尔的摩	B-	美国	0.7602	31	0.5738	37
斯图加特	B-	德国	0.7497	32	0.5482	48
伊斯坦布尔	B	土耳其	0.7480	33	0.5850	30
日内瓦	B	瑞士	0.7449	34	0.5496	47
多伦多	B+	加拿大	0.7414	35	0.6431	17
克利夫兰	B-	美国	0.7366	36	0.4779	85
亚特兰大	B+	美国	0.7351	37	0.6397	19
杜塞尔多夫	B-	德国	0.7333	38	0.5187	62
珀斯	B	澳大利亚	0.7326	39	0.4413	131
武汉	C+	中国	0.7310	40	0.4535	116
维也纳	B-	奥地利	0.7300	41	0.5690	41
圣地亚哥	B	美国	0.7291	42	0.6148	25
丹佛	B	美国	0.7272	43	0.4879	76
南京	B-	中国	0.7261	44	0.4845	79
多哈	B-	卡塔尔	0.7261	45	0.4358	140
底特律	B-	美国	0.7247	46	0.4652	102
台北	B-	中国	0.7232	47	0.5255	57

续表

城市(Metro)	城市等级	国家/地区	经济竞争力	排名	可持续竞争力	排名
汉堡	B-	德国	0.7175	48	0.5587	45
科隆	C+	德国	0.7151	49	0.4867	77
苏黎世	A-	瑞士	0.7147	50	0.7063	6
纳什维尔-戴维森	B-	美国	0.7132	51	0.4085	178
明尼阿波利斯	A-	美国	0.7090	52	0.5346	51
柏林	C+	德国	0.7055	53	0.5628	43
夏洛特	B-	美国	0.7048	54	0.5062	67
莫斯科	B	俄罗斯	0.7042	55	0.5231	59
拉斯维加斯	C+	美国	0.6990	56	0.4154	168
罗利	C+	美国	0.6973	57	0.5111	66
阿布扎比	B+	阿拉伯联合酋长国	0.6959	58	0.5198	60
米尔沃基	C+	美国	0.6908	59	0.4083	180
奥斯丁	B-	美国	0.6835	60	0.5736	38
盐湖城	C+	美国	0.6816	61	0.5263	56
成都	C+	中国	0.6775	62	0.4315	148
哥本哈根	B	丹麦	0.6773	63	0.6016	29
奥兰多	C+	美国	0.6772	64	0.4815	82
悉尼	A-	澳大利亚	0.6730	65	0.6071	28
里士满	C+	美国	0.6704	66	0.4558	112
迪拜	B+	阿拉伯联合酋长国	0.6701	67	0.4982	71
无锡	C-	中国	0.6697	68	0.3553	268
伯明翰	B-	英国	0.6694	69	0.5170	63
布鲁塞尔	B	比利时	0.6657	70	0.5311	52
长沙	C	中国	0.6657	71	0.4125	173
汉诺威	C	德国	0.6655	72	0.4668	100
温哥华	B-	加拿大	0.6616	73	0.5709	40
杭州	C+	中国	0.6601	74	0.4655	101
埃森	C	德国	0.6598	75	0.4688	98
俄亥俄州哥伦布	B-	美国	0.6597	76	0.4752	89
利雅得	B-	沙特阿拉伯	0.6589	77	0.3924	202

续表

城市（Metro）	城市等级	国家/地区	经济竞争力	排名	可持续竞争力	排名
巴吞鲁日	C+	美国	0.6586	78	0.4083	179
路易斯维尔	C+	美国	0.6585	79	0.3804	224
巴塞罗那	B−	西班牙	0.6580	80	0.5714	39
卡尔卡里	B−	加拿大	0.6557	81	0.5444	49
蔚山	C	韩国	0.6527	82	0.4525	117
奥斯陆	A−	挪威	0.6513	83	0.6138	26
曼彻斯特	C+	英国	0.6471	84	0.5762	34
青岛	C+	中国	0.6462	85	0.4202	164
重庆	C+	中国	0.6461	86	0.4545	114
多特蒙德	C+	德国	0.6454	87	0.4673	99
名古屋	C+	日本	0.6451	88	0.5051	69
吉隆坡	B−	马来西亚	0.6351	89	0.4773	86
阿姆斯特丹	B+	荷兰	0.6346	90	0.6378	20
佛山	C	中国	0.6319	91	0.3805	221
安特卫普	C+	比利时	0.6285	92	0.4118	174
华盛顿特区	A−	美国	0.6257	93	0.6606	12
俄克拉荷马城	C+	美国	0.6228	94	0.3890	209
仙台	C	日本	0.6186	95	0.4514	118
墨尔本	B	澳大利亚	0.6182	96	0.5376	50
弗吉尼亚比奇	C	美国	0.6165	97	0.3850	214
凤凰城	C+	美国	0.6160	98	0.4453	127
郑州	C	中国	0.6151	99	0.3824	217
坦帕	C+	美国	0.6149	100	0.4220	161
宁波	C	中国	0.6144	101	0.3625	258
常州	C	中国	0.6125	102	0.3450	289
吉达	C	沙特阿拉伯	0.6075	103	0.3359	303
汉密尔顿（加）	B−	加拿大	0.6066	104	0.4906	75
广岛	C−	日本	0.6065	105	0.3991	192
雅加达	B−	印度尼西亚	0.6055	106	0.4370	138
蒙特利尔	B−	加拿大	0.6048	107	0.5546	46

续表

城市（Metro）	城市等级	国家/地区	经济竞争力	排名	可持续竞争力	排名
印第安纳波利斯	B-	美国	0.6038	108	0.4266	156
澳门	B-	中国	0.6029	109	0.3962	196
黄金海岸	C	澳大利亚	0.6025	110	0.3782	230
布里斯托尔	C+	英国	0.6003	111	0.5243	58
圣安东尼亚	C+	美国	0.5985	112	0.4344	141
辛辛那提	B-	美国	0.5962	113	0.4859	78
堪萨斯城	C+	美国	0.5955	114	0.4087	177
高雄	C	中国	0.5951	115	0.4001	191
海法	C	以色列	0.5945	116	0.4235	159
海牙	C+	荷兰	0.5936	117	0.4456	125
伯明翰	C+	美国	0.5932	118	0.4411	132
马德里	B-	西班牙	0.5904	119	0.5663	42
罗马	C+	意大利	0.5896	120	0.4793	84
匹兹堡	C+	美国	0.5896	121	0.5288	55
奥勒姆	C	美国	0.5893	122	0.3253	321
哈特福德	C	美国	0.5891	123	0.4027	185
东莞	C	中国	0.5885	124	0.4257	157
大连	C-	中国	0.5876	125	0.3908	204
南通	C-	中国	0.5874	126	0.3583	264
渥太华	C+	加拿大	0.5838	127	0.5137	65
鹿特丹	C+	荷兰	0.5820	128	0.4619	105
墨西哥城	B-	墨西哥	0.5793	129	0.4126	172
德累斯顿	C	德国	0.5786	130	0.4631	104
布宜诺斯艾利斯	C+	阿根廷	0.5770	131	0.4031	184
曼谷	C+	泰国	0.5740	132	0.5060	68
北查尔斯顿	C	美国	0.5727	133	0.3837	216
赫尔辛基	B-	芬兰	0.5693	134	0.5608	44
仁川	C	韩国	0.5693	135	0.4974	72
莱比锡	C	德国	0.5688	136	0.4501	122
合肥	C	中国	0.5686	137	0.4026	187

续表

城市 （Metro）	城市 等级	国家/ 地区	经济竞 争力	排名	可持续 竞争力	排名
普罗维登斯	C+	美国	0.5674	138	0.4751	91
札幌	C+	日本	0.5673	139	0.4715	96
格拉斯哥	C+	英国	0.5665	140	0.4972	73
厦门	C	中国	0.5660	141	0.4692	97
布里斯班	C	澳大利亚	0.5660	142	0.5192	61
米兰	B-	意大利	0.5657	143	0.4970	74
伯利恒-艾伦	C	美国	0.5649	144	0.3526	273
里尔	C-	法国	0.5626	145	0.3902	206
伍斯特	C+	美国	0.5623	146	0.4336	145
科泉市	C	美国	0.5606	147	0.3458	286
西约克郡	C	英国	0.5590	148	0.4285	152
河畔	C	美国	0.5584	149	0.3707	240
济南	C	中国	0.5570	150	0.3949	197
激流	C	美国	0.5570	151	0.3768	232
哥德堡	C+	瑞典	0.5559	152	0.4750	92
圣何塞	C	哥斯达黎加	0.5554	153	0.3093	347
利物浦	C+	英国	0.5538	154	0.4570	109
镇江	C-	中国	0.5518	155	0.3234	323
泉州	C-	中国	0.5513	156	0.3383	298
纽黑文	C	美国	0.5455	157	0.5018	70
西安	C	中国	0.5454	158	0.4043	182
沈阳	C	中国	0.5442	159	0.3876	211
戴顿	C	美国	0.5431	160	0.3891	208
埃德蒙顿	C	加拿大	0.5429	161	0.4808	83
福州	C-	中国	0.5420	162	0.3706	242
昌原	C-	韩国	0.5415	163	0.4252	158
里昂	C+	法国	0.5413	164	0.4838	80
开普科勒尔	C	美国	0.5399	165	0.3261	319
烟台	C-	中国	0.5391	166	0.3628	257
诺克斯维尔	C	美国	0.5388	167	0.4214	162

续表

城市 (Metro)	城市等级	国家/地区	经济竞争力	排名	可持续竞争力	排名
沙没巴干(北榄)	C-	泰国	0.5386	168	0.3632	255
北九州-福冈大都市圈	C	日本	0.5373	169	0.4368	139
火奴鲁鲁	C+	美国	0.5371	170	0.3494	277
哥伦比亚	C	美国	0.5371	171	0.4303	149
中山	C-	中国	0.5371	172	0.3881	210
圣地亚哥	C+	智利	0.5364	173	0.3665	245
麦加	C-	沙特阿拉伯	0.5363	174	0.2905	408
麦地那	C-	沙特阿拉伯	0.5352	175	0.3274	315
釜山	C-	韩国	0.5336	176	0.4570	110
扬州	C-	中国	0.5327	177	0.3176	331
亚克朗	C	美国	0.5291	178	0.3805	223
德里	C+	印度	0.5282	179	0.3817	218
阿德莱德	C	澳大利亚	0.5253	180	0.4573	108
盖布泽	C	土耳其	0.5241	181	0.3863	213
奥克兰	C+	新西兰	0.5239	182	0.5168	64
利马	C+	秘鲁	0.5233	183	0.3457	288
奥格登-莱顿	C-	美国	0.5232	184	0.3643	250
波哥大	C+	哥伦比亚	0.5214	185	0.3630	256
耶路撒冷	C-	以色列	0.5201	186	0.4115	175
徐州	C-	中国	0.5201	187	0.3300	311
布加勒斯特	C	罗马尼亚	0.5199	188	0.4151	169
珠海	C-	中国	0.5186	189	0.3534	272
布法罗	C	美国	0.5181	190	0.3985	193
马赛	C	法国	0.5179	191	0.4209	163
诺丁汉	C-	英国	0.5168	192	0.4562	111
奥马哈	C+	美国	0.5158	193	0.3799	225
绍兴	C-	中国	0.5157	194	0.2953	384
莱斯特	C	英国	0.5156	195	0.4341	143
大邱	C	韩国	0.5155	196	0.4504	121
蒙得维的亚	C	乌拉圭	0.5140	197	0.3447	290

续表

城市 （Metro）	城市等级	国家/地区	经济竞争力	排名	可持续竞争力	排名
东营	C-	中国	0.5132	198	0.2717	514
泰州	C-	中国	0.5128	199	0.2991	373
巴拿马城	C	巴拿马	0.5114	200	0.3728	236
南昌	C-	中国	0.5114	201	0.3915	203
科威特城	C+	科威特	0.5110	202	0.3190	330
马尼拉	C+	菲律宾	0.5096	203	0.3845	215
贝尔法斯特	C	英国	0.5088	204	0.4373	136
光州	C-	韩国	0.5079	205	0.4341	144
大田	C-	韩国	0.5070	206	0.5294	54
威尼斯	C	意大利	0.5070	207	0.3934	199
巴伦西亚	C-	西班牙	0.5041	208	0.4454	126
阿斯塔纳	C-	哈萨克斯坦	0.5038	209	0.2893	413
孟菲斯	C	美国	0.5032	210	0.3619	260
圣保罗	C-	巴西	0.4999	211	0.3473	279
谢菲尔德	C	英国	0.4999	212	0.4717	95
新竹	C-	中国	0.4983	213	0.4159	167
萨克拉门托	B-	美国	0.4979	214	0.4329	147
长春	C-	中国	0.4979	215	0.3728	235
图卢兹	C	法国	0.4974	216	0.4280	154
蒙特雷	C	墨西哥	0.4958	217	0.3276	314
布拉格	C+	捷克	0.4956	218	0.4818	81
淄博	C-	中国	0.4940	219	0.3036	366
华沙	B-	波兰	0.4935	220	0.4770	87
布尔萨	C-	土耳其	0.4929	221	0.3872	212
罗萨里奥	C-	阿根廷	0.4928	222	0.2700	531
贵阳	C-	中国	0.4925	223	0.3240	322
嘉兴	C-	中国	0.4907	224	0.3059	359
萨拉戈萨	C-	西班牙	0.4904	225	0.3806	220
唐山	C-	中国	0.4887	226	0.2806	458
塔尔萨	C+	美国	0.4884	227	0.3724	238

续表

城市（Metro）	城市等级	国家/地区	经济竞争力	排名	可持续竞争力	排名
南特	C	法国	0.4883	228	0.4393	135
列日	C-	比利时	0.4839	229	0.3727	237
威海	C-	中国	0.4836	230	0.3356	305
潍坊	C-	中国	0.4794	231	0.3140	339
波尔多	C	法国	0.4776	232	0.4281	153
尼斯-戛纳	C-	法国	0.4757	233	0.4115	176
波兹南	C-	波兰	0.4754	234	0.3632	254
那不勒斯	C	意大利	0.4735	235	0.3790	228
静冈-滨松大都市圈	C	日本	0.4728	236	0.4404	134
土伦	C-	法国	0.4728	237	0.3363	301
伊兹密尔	C-	土耳其	0.4726	238	0.3683	244
台中	C-	中国	0.4723	239	0.3462	281
温尼伯格	C	加拿大	0.4723	240	0.3784	229
维罗那	C	意大利	0.4721	241	0.3906	205
布雷登顿	C-	美国	0.4692	242	0.3687	243
宜昌	C-	中国	0.4689	243	0.2695	536
安卡拉	C	土耳其	0.4686	244	0.4267	155
沙加	C-	阿拉伯联合酋长国	0.4678	245	0.4148	170
石家庄	C-	中国	0.4671	246	0.3270	317
博洛尼亚	C	意大利	0.4658	247	0.4509	120
里斯本	C+	葡萄牙	0.4651	248	0.4419	129
孟买	B-	印度	0.4647	249	0.4640	103
魁北克	C	加拿大	0.4636	250	0.4553	113
熊本	C-	日本	0.4630	251	0.3938	198
罗切斯特	C	美国	0.4622	252	0.4471	123
马拉开波	C-	委内瑞拉	0.4612	253	0.1449	979
芜湖	C-	中国	0.4611	254	0.3420	294
盐城	C-	中国	0.4604	255	0.2935	393
铜陵	C-	中国	0.4599	256	0.2411	727
容迪亚伊	C-	巴西	0.4551	257	0.2095	864

续表

城市（Metro）	城市等级	国家/地区	经济竞争力	排名	可持续竞争力	排名
布达佩斯	C	匈牙利	0.4545	258	0.4414	130
台南	C-	中国	0.4535	259	0.3652	247
圣彼得堡	C-	俄罗斯	0.4532	260	0.3623	259
温州	C-	中国	0.4531	261	0.3461	282
的黎波里	C-	利比亚	0.4524	262	0.1759	937
圣菲	C-	阿根廷	0.4523	263	0.2698	535
苏腊巴亚	C-	印度尼西亚	0.4514	264	0.2962	380
布莱梅	C	德国	0.4495	265	0.4373	137
鄂尔多斯	C-	中国	0.4493	266	0.2820	448
包头	C-	中国	0.4484	267	0.2874	421
襄阳	C-	中国	0.4483	268	0.2740	498
马拉加	C-	西班牙	0.4478	269	0.4027	186
马拉凯	C-	委内瑞拉	0.4471	270	0.1360	989
新潟	C	日本	0.4470	271	0.4181	165
佛罗伦萨	C	意大利	0.4470	272	0.3929	200
昆明	C	中国	0.4460	273	0.3971	195
达曼	C-	沙特阿拉伯	0.4459	274	0.2766	482
惠州	C-	中国	0.4453	275	0.3711	239
比勒陀利亚	C-	南非	0.4448	276	0.2327	772
呼和浩特	C-	中国	0.4421	277	0.3302	310
奥尔巴尼	C	美国	0.4416	278	0.4463	124
瓜达拉哈拉	C-	墨西哥	0.4390	279	0.3362	302
马斯喀特	C-	阿曼	0.4350	280	0.3651	248
哈尔滨	C-	中国	0.4349	281	0.3791	227
热那亚	C-	意大利	0.4348	282	0.3427	292
舟山	C-	中国	0.4338	283	0.2699	533
金华	C-	中国	0.4331	284	0.2704	524
埃尔帕索	C-	美国	0.4314	285	0.3325	309
约翰内斯堡	C+	南非	0.4303	286	0.3048	362
乌鲁木齐	C	中国	0.4297	287	0.2876	420

第一章 全球城市竞争力2017—2018年度排名 ◇ 13

续表

城市 (Metro)	城市 等级	国家/ 地区	经济竞 争力	排名	可持续 竞争力	排名
纽卡斯尔	C	英国	0.4289	288	0.4022	188
巴伦西亚	C -	委内瑞拉	0.4288	289	0.2242	821
济宁	C -	中国	0.4286	290	0.2749	491
淮安	C -	中国	0.4278	291	0.3091	349
布赖代	C -	沙特阿拉伯	0.4270	292	0.2263	813
巴塞罗那-拉克鲁斯港	C -	委内瑞拉	0.4257	293	0.2170	843
里约热内卢	C	巴西	0.4243	294	0.2961	381
秋明	C -	俄罗斯	0.4242	295	0.2656	560
圣多明各	C -	多米尼加共和国	0.4235	296	0.2712	519
圣胡安	C -	波多黎各	0.4229	297	0.2341	768
托里诺	C -	意大利	0.4229	298	0.3899	207
巴库	C -	阿塞拜疆	0.4225	299	0.3333	306
罗安达	C -	安哥拉	0.4215	300	0.1399	984
门多萨	C -	阿根廷	0.4207	301	0.2495	674
台州	C -	中国	0.4202	302	0.2749	492
泰安	C -	中国	0.4199	303	0.2802	461
廊坊	C -	中国	0.4193	304	0.3389	296
新山	C -	马来西亚	0.4190	305	0.3285	312
克拉科夫	C -	波兰	0.4174	306	0.3633	253
阿瓦士	C -	伊朗	0.4162	307	0.1986	896
太原	C -	中国	0.4160	308	0.3225	325
南宁	C -	中国	0.4138	309	0.3459	285
漳州	C -	中国	0.4133	310	0.3216	328
贝克尔斯菲	C	美国	0.4130	311	0.3387	297
新奥尔良	C	美国	0.4110	312	0.3981	194
莱昂	C -	墨西哥	0.4079	313	0.3127	342
明斯克	C -	白俄罗斯	0.4079	314	0.3552	269
罗兹	C -	波兰	0.4078	315	0.3155	336
湖州	C -	中国	0.4069	316	0.2856	428
阿拉木图	C	哈萨克斯坦	0.4048	317	0.3139	340

续表

城市 （Metro）	城市 等级	国家/ 地区	经济竞 争力	排名	可持续 竞争力	排名
岳阳	C-	中国	0.4043	318	0.2860	427
班加罗尔	C	印度	0.4040	319	0.4031	183
麦德林	C-	哥伦比亚	0.4031	320	0.2825	445
莆田	C-	中国	0.3992	321	0.2990	374
开罗	C	埃及	0.3974	322	0.3741	233
湘潭	C-	中国	0.3964	323	0.3166	334
卡拉杰	C-	伊朗	0.3951	324	0.2655	563
株洲	C-	中国	0.3948	325	0.2934	394
阿达纳	C-	土耳其	0.3948	326	0.2894	412
卡塔尼亚	C-	意大利	0.3947	327	0.3493	278
加拉加斯	C-	委内瑞拉	0.3934	328	0.1999	894
麦卡伦	C	美国	0.3932	329	0.3169	333
阿什哈巴德	C-	土库曼斯坦	0.3927	330	0.1454	977
许昌	D	中国	0.3922	331	0.2833	441
弗雷斯诺	C-	美国	0.3915	332	0.3278	313
波尔图	C	葡萄牙	0.3915	333	0.4148	171
维多利亚	C-	巴西	0.3905	334	0.2020	882
洛阳	C-	中国	0.3901	335	0.2914	402
德州	C-	中国	0.3898	336	0.2807	457
安塔利亚	C-	土耳其	0.3895	337	0.3328	307
阿尔伯克基	C	美国	0.3881	338	0.3590	263
索菲亚	C-	保加利亚	0.3859	339	0.3649	249
焦作	C-	中国	0.3854	340	0.2525	656
聊城	C-	中国	0.3849	341	0.2654	564
怡保	C-	马来西亚	0.3848	342	0.2783	472
贝尔谢巴	C	以色列	0.3847	343	0.3461	283
安曼	C-	约旦	0.3844	344	0.3602	262
连云港	C-	中国	0.3840	345	0.3212	329
坎皮纳斯	C-	巴西	0.3829	346	0.2808	456
宿迁	C-	中国	0.3803	347	0.2792	468

第一章 全球城市竞争力2017—2018年度排名 ◇ 15

续表

城市 (Metro)	城市 等级	国家/ 地区	经济竞 争力	排名	可持续 竞争力	排名
临沂	C−	中国	0.3798	348	0.3046	363
滨州	C−	中国	0.3791	349	0.2530	648
波特兰	C+	美国	0.3790	350	0.4595	107
沧州	C−	中国	0.3788	351	0.2523	657
帕多瓦	C−	意大利	0.3783	352	0.3807	219
马德普拉塔	C−	阿根廷	0.3782	353	0.2313	782
枣庄	C−	中国	0.3774	354	0.2700	532
瓦赫兰	C−	阿尔及利亚	0.3773	355	0.2374	746
兰州	C−	中国	0.3770	356	0.3270	316
基多	C	厄瓜多尔	0.3759	357	0.2814	453
达卡	C−	孟加拉国	0.3756	358	0.2855	429
海口	C−	中国	0.3751	359	0.3465	280
常德	C−	中国	0.3748	360	0.2907	406
提华那	C	墨西哥	0.3746	361	0.3134	341
阿雷格里港	D	巴西	0.3742	362	0.2569	617
咸阳	C−	中国	0.3727	363	0.3079	355
美利达	C−	墨西哥	0.3718	364	0.2977	376
危地马拉城	C−	危地马拉	0.3715	365	0.2155	848
日照	C−	中国	0.3714	366	0.2869	423
北干巴鲁	C−	印度尼西亚	0.3704	367	0.2634	576
圣路易斯波托西	C−	墨西哥	0.3700	368	0.2704	523
科尔多瓦	C−	阿根廷	0.3695	369	0.2650	567
托雷翁	C−	墨西哥	0.3695	370	0.2491	679
鄂州	C−	中国	0.3693	371	0.2415	723
坎昆	C−	墨西哥	0.3691	372	0.2759	487
马鞍山	C−	中国	0.3689	373	0.2864	425
圣若泽杜斯坎普斯	C−	巴西	0.3688	374	0.1990	895
银川	C−	中国	0.3686	375	0.2998	371
亚松森	C−	巴拉圭	0.3685	376	0.2469	692
盘锦	C−	中国	0.3674	377	0.2418	720

续表

城市 （Metro）	城市 等级	国家/ 地区	经济竞 争力	排名	可持续 竞争力	排名
拉各斯	C	尼日利亚	0.3670	378	0.2244	819
柳州	C-	中国	0.3664	379	0.2622	581
比亚埃尔莫萨	C-	墨西哥	0.3648	380	0.2565	620
巴里	C-	意大利	0.3644	381	0.3230	324
卡利	C-	哥伦比亚	0.3644	382	0.2377	744
内罗毕	C-	肯尼亚	0.3640	383	0.2286	804
哈瓦那	C	古巴	0.3639	384	0.1943	903
汕头	C-	中国	0.3630	385	0.3358	304
里贝朗普雷图	C-	巴西	0.3629	386	0.1731	942
乌海	C-	中国	0.3622	387	0.2390	736
新余	C-	中国	0.3598	388	0.2510	666
塞萨洛尼基	D	希腊	0.3585	389	0.3433	291
克雷塔罗	C-	墨西哥	0.3583	390	0.2770	480
营口	C-	中国	0.3582	391	0.2783	473
衡阳	C-	中国	0.3581	392	0.2911	405
钦奈	C	印度	0.3576	393	0.3929	201
茂名	C-	中国	0.3554	394	0.2877	419
巴丹岛	C-	印度尼西亚	0.3547	395	0.2762	486
贝洛奥里藏特	C-	巴西	0.3513	396	0.2473	689
三马林达	C-	印度尼西亚	0.3513	397	0.2327	773
德阳	C-	中国	0.3507	398	0.2494	676
萨格勒布	C	克罗地亚	0.3495	399	0.3640	251
乌法	C-	俄罗斯	0.3492	400	0.2785	470
揭阳	C-	中国	0.3484	401	0.3102	346
北海	C-	中国	0.3472	402	0.2831	442
肇庆	C-	中国	0.3471	403	0.2963	379
江门	C-	中国	0.3461	404	0.3080	353
菏泽	C-	中国	0.3457	405	0.2564	621
黄石	C-	中国	0.3427	406	0.2646	571
圣米格尔-德图库曼	D	阿根廷	0.3418	407	0.2004	888

第一章 全球城市竞争力 2017—2018 年度排名 ◇ 17

续表

城市 (Metro)	城市 等级	国家/ 地区	经济竞 争力	排名	可持续 竞争力	排名
库里奇巴	C-	巴西	0.3414	408	0.2584	601
龙岩	C-	中国	0.3413	409	0.2743	496
巴格达	C-	伊拉克	0.3401	410	0.1702	948
榆林	C-	中国	0.3401	411	0.2935	392
若茵维莱	C-	巴西	0.3398	412	0.2517	661
圣地亚哥	C-	多米尼加共和国	0.3393	413	0.2652	565
图森	C	美国	0.3379	414	0.4409	133
里加	C-	拉脱维亚	0.3366	415	0.4002	190
马塔莫罗斯	C-	墨西哥	0.3365	416	0.2311	783
瓦尔帕莱索	C-	智利	0.3364	417	0.3031	367
穆拜赖兹	C-	沙特阿拉伯	0.3359	418	0.2686	541
湛江	C-	中国	0.3356	419	0.3123	344
遵义	C-	中国	0.3351	420	0.2518	660
索罗卡巴	C-	巴西	0.3332	421	0.2315	779
巴西利亚	C-	巴西	0.3332	422	0.2701	528
宁德	D	中国	0.3332	423	0.2772	478
累西腓	C-	巴西	0.3331	424	0.1830	926
郴州	C-	中国	0.3327	425	0.2598	596
三明	C-	中国	0.3325	426	0.2631	579
新乡	C-	中国	0.3322	427	0.2828	443
哈科特港	C-	尼日利亚	0.3311	428	0.1250	1000
托卢卡	D	墨西哥	0.3307	429	0.2816	452
阳江	C-	中国	0.3298	430	0.2729	505
弗罗茨瓦夫	C-	波兰	0.3293	431	0.3612	261
萨马拉	C-	俄罗斯	0.3288	432	0.2775	477
巴勒莫	C-	意大利	0.3282	433	0.3328	308
开普敦	C	南非	0.3282	434	0.2643	572
宝鸡	C-	中国	0.3275	435	0.2467	695
埃尔比勒	C-	伊拉克	0.3275	436	0.2034	880
贝宁	C-	尼日利亚	0.3274	437	0.1145	1011

续表

城市(Metro)	城市等级	国家/地区	经济竞争力	排名	可持续竞争力	排名
攀枝花	C-	中国	0.3267	438	0.2346	761
开封	C-	中国	0.3259	439	0.2746	493
邯郸	C-	中国	0.3250	440	0.2616	585
萨姆松	C-	土耳其	0.3241	441	0.2956	382
濮阳	C-	中国	0.3241	442	0.2339	769
古晋	C-	马来西亚	0.3232	443	0.2671	552
塔伊夫	C-	沙特阿拉伯	0.3224	444	0.2583	605
贝鲁特	C	黎巴嫩	0.3219	445	0.3659	246
德班	C-	南非	0.3216	446	0.2374	745
蚌埠	C-	中国	0.3212	447	0.2740	499
自贡	C-	中国	0.3212	448	0.2310	785
瓜亚基尔	C-	厄瓜多尔	0.3209	449	0.2532	645
九江	C-	中国	0.3208	450	0.2884	414
上饶	D	中国	0.3188	451	0.2600	594
荆门	C-	中国	0.3185	452	0.2413	726
萍乡	C-	中国	0.3181	453	0.2352	759
巴厘巴板	C-	印度尼西亚	0.3180	454	0.2405	731
万隆	C-	印度尼西亚	0.3176	455	0.3000	370
六盘水	C-	中国	0.3172	456	0.2301	793
圣萨尔瓦多	D	萨尔瓦多	0.3157	457	0.2423	717
烫发	C-	俄罗斯	0.3157	458	0.2683	546
安阳	D	中国	0.3153	459	0.2820	450
西宁	C-	中国	0.3139	460	0.2575	611
萨尔蒂约	C-	墨西哥	0.3135	461	0.2476	686
塞维利亚	C-	西班牙	0.3122	462	0.3706	241
鹤壁	C-	中国	0.3115	463	0.2450	704
辽阳	C-	中国	0.3115	464	0.2357	758
胡亚雷斯	C-	墨西哥	0.3110	465	0.2542	637
隆德里纳	C-	巴西	0.3109	466	0.2404	733
科伦坡	C-	斯里兰卡	0.3091	467	0.3116	345

续表

城市(Metro)	城市等级	国家/地区	经济竞争力	排名	可持续竞争力	排名
宜春	D	中国	0.3087	468	0.2587	599
三亚	C−	中国	0.3085	469	0.3060	358
本溪	C−	中国	0.3082	470	0.2531	647
卡塔赫纳	D	哥伦比亚	0.3082	471	0.2573	614
胡志明	C	越南	0.3071	472	0.3793	226
贝尔格莱德	C−	塞尔维亚	0.3069	473	0.3638	252
黑德兰	C−	伊朗	0.3059	474	0.2950	385
鞍山	D	中国	0.3058	475	0.2526	653
吉林	C−	中国	0.3055	476	0.2933	395
辽源	C−	中国	0.3051	477	0.2135	854
资阳	C−	中国	0.3051	478	0.2827	444
漯河	D	中国	0.3039	479	0.2008	887
阿瓜斯卡连特斯	C−	墨西哥	0.3032	480	0.2701	530
桂林	C−	中国	0.3032	481	0.2768	481
卡拉奇	C	巴基斯坦	0.3027	482	0.2711	521
保定	D	中国	0.3024	483	0.2884	415
松原	D	中国	0.3013	484	0.2668	555
衢州	C−	中国	0.3006	485	0.2441	709
代尼兹利	C−	土耳其	0.3001	486	0.2627	580
娄底	C−	中国	0.2999	487	0.2499	669
贝伦	C−	巴西	0.2998	488	0.1641	956
周口	D	中国	0.2996	489	0.2573	613
淮南	C−	中国	0.2993	490	0.2599	595
南阳	D	中国	0.2992	491	0.2882	416
河内	C	越南	0.2989	492	0.3741	234
比亚维森西奥	C−	哥伦比亚	0.2981	493	0.2256	816
防城港	C−	中国	0.2976	494	0.2495	675
赣州	C−	中国	0.2974	495	0.2998	372
三门峡	D	中国	0.2971	496	0.2178	838
孝感	D	中国	0.2965	497	0.2772	479

续表

城市 (Metro)	城市 等级	国家/ 地区	经济竞 争力	排名	可持续 竞争力	排名
内江	C-	中国	0.2962	498	0.2113	857
玉溪	C-	中国	0.2952	499	0.2796	464
乌贝兰迪亚	C-	巴西	0.2948	500	0.1860	919
阿尔及尔	C-	阿尔及利亚	0.2945	501	0.2411	728
绵阳	C-	中国	0.2942	502	0.2813	454
三宝垄	D	印度尼西亚	0.2939	503	0.2512	663
马瑙斯	C-	巴西	0.2936	504	0.1967	897
宜宾	C-	中国	0.2934	505	0.2544	635
雅罗斯拉夫尔	D	俄罗斯	0.2932	506	0.2533	643
哥印拜陀	D	印度	0.2931	507	0.3267	318
潮州	D	中国	0.2925	508	0.2932	396
金边	C-	柬埔寨	0.2924	509	0.2943	389
奥韦里	C-	尼日利亚	0.2921	510	0.1001	1021
康塞普西翁	C-	智利	0.2915	511	0.2641	573
突尼斯	C-	突尼斯	0.2912	512	0.3541	270
信阳	C-	中国	0.2905	513	0.2723	509
乐山	C-	中国	0.2905	514	0.2319	778
莱芜	C-	中国	0.2899	515	0.2344	763
荆州	C-	中国	0.2892	516	0.2605	590
抚顺	C-	中国	0.2892	517	0.2663	557
戈亚尼亚	C-	巴西	0.2890	518	0.1922	906
咸宁	D	中国	0.2886	519	0.2849	431
第比利斯	D	格鲁吉亚	0.2885	520	0.3556	267
大庆	C-	中国	0.2885	521	0.2864	426
锦州	C-	中国	0.2879	522	0.2762	485
科钦	D	印度	0.2875	523	0.3159	335
景德镇	C-	中国	0.2874	524	0.2562	623
加尔各答	C-	印度	0.2871	525	0.3126	343
陶里亚蒂	C-	俄罗斯	0.2867	526	0.2493	677
淮北	C-	中国	0.2862	527	0.2780	476

续表

城市(Metro)	城市等级	国家/地区	经济竞争力	排名	可持续竞争力	排名
浦那	C-	印度	0.2861	528	0.3458	287
泸州	C-	中国	0.2860	529	0.2462	696
南平	D	中国	0.2859	530	0.2544	636
雷诺萨	C-	墨西哥	0.2853	531	0.2419	719
拉普拉塔	C-	阿根廷	0.2850	532	0.2821	447
驻马店	D	中国	0.2847	533	0.2265	812
益阳	C-	中国	0.2841	534	0.2686	540
眉山	C-	中国	0.2837	535	0.2405	732
通辽	C-	中国	0.2835	536	0.2603	592
望加锡	C-	印度尼西亚	0.2834	537	0.2532	646
乌约	C-	尼日利亚	0.2832	538	0.1157	1008
商丘	D	中国	0.2828	539	0.2710	522
平顶山	D	中国	0.2819	540	0.2557	626
库利亚坎	C-	墨西哥	0.2818	541	0.2578	609
克拉玛依	C-	中国	0.2812	542	0.1889	913
加济安泰普	C-	土耳其	0.2812	543	0.2660	559
加沙	D	巴勒斯坦	0.2807	544	0.2323	775
滁州	D	中国	0.2806	545	0.2685	544
阿伯	D	尼日利亚	0.2803	546	0.1196	1004
海得拉巴	C-	印度	0.2798	547	0.3536	271
阿雷基帕	D	秘鲁	0.2797	548	0.2084	867
亚历山大	C-	埃及	0.2796	549	0.3223	326
特鲁希略	C-	秘鲁	0.2793	550	0.2488	681
巨港	D	印度尼西亚	0.2789	551	0.2785	471
渭南	D	中国	0.2788	552	0.2468	694
广安	C-	中国	0.2782	553	0.2234	822
萨拉托夫	D	俄罗斯	0.2780	554	0.2737	500
马拉普兰	D	印度	0.2779	555	0.2583	604
梅尔辛	C-	土耳其	0.2779	556	0.2903	409
秦皇岛	C-	中国	0.2772	557	0.3029	368

续表

城市 （Metro）	城市 等级	国家/ 地区	经济竞 争力	排名	可持续 竞争力	排名
丽水	D	中国	0.2762	558	0.2835	439
伊丽莎白港	D	南非	0.2757	559	0.1836	924
艾哈迈达巴德	C-	印度	0.2744	560	0.2973	377
瓦里	C-	尼日利亚	0.2739	561	0.1525	968
南充	C-	中国	0.2733	562	0.2685	543
阿布贾	C-	尼日利亚	0.2732	563	0.1250	1001
黄冈	D	中国	0.2724	564	0.3081	352
梧州	C-	中国	0.2710	565	0.2574	612
晋城	D	中国	0.2707	566	0.2691	538
石嘴山	C-	中国	0.2704	567	0.2490	680
巴尔瑙尔	D	俄罗斯	0.2701	568	0.2192	834
伊科罗杜	D	尼日利亚	0.2693	569	0.1513	969
维拉克斯	C-	墨西哥	0.2683	570	0.2527	651
四平	D	中国	0.2681	571	0.2728	506
遂宁	C-	中国	0.2672	572	0.2448	705
棉兰	C-	印度尼西亚	0.2667	573	0.2848	432
玉林	D	中国	0.2662	574	0.2676	549
福塔莱萨	D	巴西	0.2658	575	0.1627	958
十堰	C-	中国	0.2658	576	0.2818	451
圣路易斯	C-	巴西	0.2656	577	0.1493	972
宣城	D	中国	0.2646	578	0.2612	589
塞得	D	埃及	0.2644	579	0.2441	710
德古西加巴	C-	洪都拉斯	0.2633	580	0.1947	902
克拉斯诺达尔	C-	俄罗斯	0.2632	581	0.2680	547
埃莫西约	C-	墨西哥	0.2632	582	0.2963	378
圣佩德罗苏拉	D	洪都拉斯	0.2628	583	0.1742	941
普埃布拉	C-	墨西哥	0.2619	584	0.2878	418
奇瓦瓦	C-	墨西哥	0.2618	585	0.2456	699
邢台	D	中国	0.2613	586	0.2468	693
拉合尔	D	巴基斯坦	0.2610	587	0.2648	570

第一章 全球城市竞争力2017—2018年度排名 ◇ 23

续表

城市 (Metro)	城市等级	国家/地区	经济竞争力	排名	可持续竞争力	排名
牡丹江	D	中国	0.2610	588	0.2477	685
韶关	C−	中国	0.2606	589	0.2801	463
圣克鲁斯	C−	玻利维亚	0.2603	590	0.2795	465
宿州	C−	中国	0.2598	591	0.2616	584
科恰班巴	D	玻利维亚	0.2596	592	0.1433	981
通化	C−	中国	0.2596	593	0.2366	751
坎帕拉	D	乌干达	0.2595	594	0.1347	992
衡水	D	中国	0.2592	595	0.2701	529
卡诺	D	尼日利亚	0.2590	596	0.1148	1009
朔州	C−	中国	0.2587	597	0.2665	556
马图林	C−	委内瑞拉	0.2580	598	0.1863	917
扎里亚	D	尼日利亚	0.2576	599	0.1532	967
赤峰	C−	中国	0.2572	600	0.2701	527
茹伊斯迪福拉	D	巴西	0.2560	601	0.1929	905
随州	C−	中国	0.2560	602	0.2216	824
苏莱曼尼亚	C−	伊拉克	0.2560	603	0.2038	877
阳泉	C−	中国	0.2551	604	0.2270	810
哈拉巴	C−	墨西哥	0.2550	605	0.2614	588
永州	C−	中国	0.2549	606	0.2438	711
帕丘卡−德索托	C−	墨西哥	0.2544	607	0.2750	490
托木斯克	C−	俄罗斯	0.2542	608	0.2201	828
曲靖	C−	中国	0.2528	609	0.2445	706
设拉子	D	伊朗	0.2525	610	0.2474	688
库埃纳瓦卡	C−	墨西哥	0.2521	611	0.2650	568
伊巴丹	D	尼日利亚	0.2516	612	0.1555	963
塞拉亚	C−	墨西哥	0.2511	613	0.2501	668
巴东	D	印度尼西亚	0.2506	614	0.2553	628
梁赞	D	俄罗斯	0.2505	615	0.2896	411
钦州	C−	中国	0.2490	616	0.2741	497
吉大港	C−	孟加拉国	0.2481	617	0.2469	691

续表

城市 (Metro)	城市等级	国家/地区	经济竞争力	排名	可持续竞争力	排名
基辅	C-	乌克兰	0.2475	618	0.3405	295
喀山	C-	俄罗斯	0.2473	619	0.2898	410
喀土穆	D	苏丹	0.2464	620	0.2110	858
奇姆肯特	D	哈萨克斯坦	0.2451	621	0.2549	631
布卡拉曼加	C-	哥伦比亚	0.2450	622	0.2631	578
嘉峪关	D	中国	0.2447	623	0.2088	865
达州	D	中国	0.2446	624	0.2370	749
克麦罗沃	D	俄罗斯	0.2438	625	0.1920	907
科泽科德	D	印度	0.2424	626	0.2673	551
汉中	D	中国	0.2412	627	0.2283	805
弗里尼欣	D	南非	0.2411	628	0.1847	921
芹苴	D	越南	0.2405	629	0.3046	364
奥伦堡	D	俄罗斯	0.2404	630	0.2560	624
宿雾市	D	菲律宾	0.2402	631	0.3089	350
安庆	D	中国	0.2402	632	0.2822	446
怀化	D	中国	0.2398	633	0.2298	796
汕尾	D	中国	0.2381	634	0.3026	369
邵阳	D	中国	0.2378	635	0.2362	755
长治	D	中国	0.2374	636	0.2786	469
奎隆	D	印度	0.2373	637	0.2874	422
大同	C-	中国	0.2372	638	0.2756	488
承德	D	中国	0.2365	639	0.2698	534
丹东	D	中国	0.2363	640	0.2545	633
云浮	D	中国	0.2360	641	0.2669	554
玛琅	D	印度尼西亚	0.2359	642	0.2491	678
佩雷拉	D	哥伦比亚	0.2353	643	0.2291	799
池州	C-	中国	0.2342	644	0.2525	655
伊尔库茨克	C-	俄罗斯	0.2334	645	0.2511	664
本地治理	D	印度	0.2331	646	0.2656	561
安顺	D	中国	0.2331	647	0.2380	740

第一章 全球城市竞争力2017—2018年度排名 ◇ 25

续表

城市（Metro）	城市等级	国家/地区	经济竞争力	排名	可持续竞争力	排名
卡萨布兰卡	C-	摩洛哥	0.2330	648	0.3506	275
延安	D	中国	0.2330	649	0.2782	474
乌兰巴托	C-	蒙古	0.2330	650	0.2304	790
大不里士	D	伊朗	0.2328	651	0.2534	642
巴兰基利亚	C-	哥伦比亚	0.2327	652	0.2563	622
若昂佩索阿	D	巴西	0.2323	653	0.1347	993
白山	C-	中国	0.2319	654	0.2259	815
阜阳	C-	中国	0.2312	655	0.2593	598
德拉敦	D	印度	0.2311	656	0.1937	904
弗洛里亚诺波利斯	C-	巴西	0.2300	657	0.2272	807
铜川	C-	中国	0.2288	658	0.1949	901
吉安	D	中国	0.2286	659	0.2717	513
特雷西纳	D	巴西	0.2286	660	0.1379	988
巴基西梅托	C-	委内瑞拉	0.2280	661	0.1067	1019
库亚巴	D	巴西	0.2279	662	0.1661	954
比宛迪	D	印度	0.2267	663	0.2905	407
亳州	D	中国	0.2260	664	0.2382	739
费拉迪圣安娜	D	巴西	0.2256	665	0.1390	986
黄山	C-	中国	0.2251	666	0.2847	433
埃努古	D	尼日利亚	0.2247	667	0.1205	1003
格兰德营	D	巴西	0.2243	668	0.2000	893
科尼亚	C-	土耳其	0.2240	669	0.3045	365
太子港	C-	海地	0.2233	670	0.1289	996
墨西卡利	C-	墨西哥	0.2229	671	0.2635	575
达沃	D	菲律宾	0.2223	672	0.2940	390
晋中	D	中国	0.2221	673	0.2527	650
安康	D	中国	0.2200	674	0.2342	766
阿卡普尔科	D	墨西哥	0.2193	675	0.2228	823
卡加延德奥罗	D	菲律宾	0.2191	676	0.2496	672
登巴萨	D	印度尼西亚	0.2184	677	0.2717	515

续表

城市 （Metro）	城市 等级	国家/ 地区	经济竞 争力	排名	可持续 竞争力	排名
阿斯特拉罕	D	俄罗斯	0.2182	678	0.1954	900
坎努尔	D	印度	0.2182	679	0.2579	608
绥化	D	中国	0.2181	680	0.2360	756
奥绍博	D	尼日利亚	0.2168	681	0.1394	985
张家口	D	中国	0.2164	682	0.2764	483
呼伦贝尔	D	中国	0.2160	683	0.2383	738
运城	D	中国	0.2158	684	0.2834	440
开塞利	D	土耳其	0.2156	685	0.2879	417
海防	D	越南	0.2153	686	0.2847	434
桑托斯将军城	D	菲律宾	0.2147	687	0.2733	504
马那瓜	C -	尼加拉瓜	0.2146	688	0.2720	511
波萨里卡	C -	墨西哥	0.2142	689	0.2097	862
马什哈德	D	伊朗	0.2141	690	0.2805	459
岘港	D	越南	0.2140	691	0.3065	357
利伯维尔	C -	加蓬	0.2137	692	0.2347	760
河源	C -	中国	0.2136	693	0.2838	437
崇左	D	中国	0.2132	694	0.2167	844
莫雷利亚	C -	墨西哥	0.2131	695	0.2557	627
哈巴罗夫斯克	C -	俄罗斯	0.2131	696	0.2471	690
埃斯基谢希尔	D	土耳其	0.2130	697	0.3254	320
乔斯	D	尼日利亚	0.2122	698	0.0950	1023
迪亚巴克尔	C -	土耳其	0.2122	699	0.2525	654
特里苏尔	D	印度	0.2120	700	0.2621	582
伊瓦格	C -	哥伦比亚	0.2117	701	0.2369	750
清远	C -	中国	0.2115	702	0.3145	338
阿比让	C -	科特迪瓦	0.2112	703	0.2443	707
阿克拉	D	加纳	0.2108	704	0.2673	550
金斯敦	D	牙买加	0.2105	705	0.3377	299
梅州	D	中国	0.2077	706	0.2866	424
特里凡得琅	D	印度	0.2075	707	0.2917	400

续表

城市 (Metro)	城市等级	国家/地区	经济竞争力	排名	可持续竞争力	排名
贵港	D	中国	0.2074	708	0.2417	722
葫芦岛	D	中国	0.2062	709	0.2136	852
库库塔	D	哥伦比亚	0.2055	710	0.2304	791
马拉喀什	C-	摩洛哥	0.2049	711	0.3055	360
百色	D	中国	0.2046	712	0.2319	776
临汾	D	中国	0.2042	713	0.2711	520
坦皮科	C-	墨西哥	0.2042	714	0.2385	737
卢迪亚纳	D	印度	0.2041	715	0.2300	794
苏拉特	C-	印度	0.2032	716	0.3510	274
新西伯利亚	C-	俄罗斯	0.2031	717	0.2536	641
科塔	D	印度	0.2022	718	0.2722	510
万博	D	安哥拉	0.2022	719	0.0869	1026
那格浦尔	D	印度	0.2016	720	0.2820	449
张家界	D	中国	0.2011	721	0.2294	797
商洛	D	中国	0.2001	722	0.2287	803
罗斯托夫	C-	俄罗斯	0.1999	723	0.2184	837
佳木斯	C-	中国	0.1999	724	0.2109	859
蒙巴萨岛	D	肯尼亚	0.1999	725	0.1385	987
乌兰察布	D	中国	0.1994	726	0.2527	652
维萨卡帕特南	D	印度	0.1990	727	0.2988	375
抚州	D	中国	0.1988	728	0.2551	629
白城	D	中国	0.1985	729	0.2291	800
新库兹涅茨克	C-	俄罗斯	0.1982	730	0.2036	878
哈马丹	D	伊朗	0.1976	731	0.2146	850
基希讷乌	D	摩尔多瓦	0.1975	732	0.3221	327
克拉斯诺亚尔斯克	C-	俄罗斯	0.1970	733	0.2436	712
拉杰沙希	D	孟加拉国	0.1968	734	0.2278	806
雅安	D	中国	0.1967	735	0.2542	638
丹吉尔	C-	摩洛哥	0.1964	736	0.2925	398
尚勒乌尔法	D	土耳其	0.1963	737	0.2160	847

续表

城市 (Metro)	城市 等级	国家/ 地区	经济竞 争力	排名	可持续 竞争力	排名
瓦哈卡	D	墨西哥	0.1963	738	0.2583	603
阿散索尔	D	印度	0.1960	739	0.2135	853
巴彦淖尔	C-	中国	0.1960	740	0.2206	826
阿库雷	D	尼日利亚	0.1958	741	0.1263	998
齐齐哈尔	D	中国	0.1958	742	0.2662	558
阜新	C-	中国	0.1941	743	0.2572	615
朝阳	D	中国	0.1929	744	0.3150	337
特拉斯卡拉	C-	墨西哥	0.1923	745	0.2580	607
拉巴斯	C-	玻利维亚	0.1922	746	0.1857	920
伊热夫斯克	D	俄罗斯	0.1921	747	0.2436	713
拉巴特	C-	摩洛哥	0.1920	748	0.3366	300
梅克内斯	C-	摩洛哥	0.1918	749	0.2919	399
基特韦	D	赞比亚	0.1911	750	0.1549	964
六安	C-	中国	0.1901	751	0.2522	659
蒂鲁巴	D	印度	0.1897	752	0.2632	577
下诺夫哥罗德	D	俄罗斯	0.1895	753	0.2690	539
广元	C-	中国	0.1892	754	0.2498	670
西爪哇斗望	D	印度尼西亚	0.1872	755	0.2617	583
黑角	D	刚果	0.1866	756	0.1077	1017
哈拉雷	C-	津巴布韦	0.1860	757	0.1860	918
奇克拉约	D	秘鲁	0.1857	758	0.2306	788
卡耶姆库拉姆镇	D	印度	0.1851	759	0.2841	436
马杜赖	D	印度	0.1844	760	0.2928	397
马塞约	D	巴西	0.1843	761	0.1192	1005
比莱纳格尔	D	印度	0.1843	762	0.2205	827
图斯特拉古铁雷斯	C-	墨西哥	0.1842	763	0.2102	861
鄂木斯克	D	俄罗斯	0.1839	764	0.2955	383
巴特那	D	印度	0.1836	765	0.2048	875
阿拉卡茹	D	巴西	0.1827	766	0.1246	1002
努瓦克肖特	D	毛里塔尼亚	0.1824	767	0.1563	961

续表

城市（Metro）	城市等级	国家/地区	经济竞争力	排名	可持续竞争力	排名
喀布尔	D	阿富汗	0.1822	768	0.1402	983
卡尔巴拉	D	伊拉克	0.1820	769	0.1546	966
基尔库克	D	伊拉克	0.1808	770	0.2059	872
圭亚那城	C−	委内瑞拉	0.1801	771	0.1668	952
纳曼干	D	乌兹别克斯坦	0.1800	772	0.2407	730
伏尔加格勒	C−	俄罗斯	0.1798	773	0.2171	842
来宾	D	中国	0.1794	774	0.2539	640
阿斯马拉	D	厄立特里亚	0.1790	775	0.1100	1014
杜阿拉	D	喀麦隆	0.1786	776	0.2197	830
高哈蒂	D	印度	0.1786	777	0.2727	507
庆阳	D	中国	0.1783	778	0.2945	388
楠榜	D	印度尼西亚	0.1783	779	0.2495	673
保山	D	中国	0.1782	780	0.2836	438
巴科洛德	D	菲律宾	0.1778	781	0.2486	682
车里雅宾斯克	D	俄罗斯	0.1773	782	0.2313	781
伊洛林	D	尼日利亚	0.1771	783	0.1164	1007
金昌	D	中国	0.1770	784	0.2001	891
吴忠	D	中国	0.1767	785	0.2342	767
芒格洛尔	D	印度	0.1763	786	0.2812	455
贺州	D	中国	0.1755	787	0.2594	597
加拉特	D	印度	0.1749	788	0.2845	435
茂物	D	印度尼西亚	0.1745	789	0.2719	512
贾朗达尔	D	印度	0.1742	790	0.2192	833
达累斯萨拉姆	D	坦桑尼亚	0.1734	791	0.1744	940
焦特布尔	D	印度	0.1727	792	0.2431	715
布拉柴维尔	D	刚果	0.1726	793	0.0678	1028
摩苏尔	C−	伊拉克	0.1723	794	0.2103	860
沃罗涅日	D	俄罗斯	0.1714	795	0.2453	702
巴士拉	D	伊拉克	0.1712	796	0.1427	982
符拉迪沃斯托克	C−	俄罗斯	0.1709	797	0.2691	537

续表

城市（Metro）	城市等级	国家/地区	经济竞争力	排名	可持续竞争力	排名
克里沃罗格	D	乌克兰	0.1703	798	0.2762	484
铁岭	D	中国	0.1703	799	0.2378	742
三宝颜	D	菲律宾	0.1700	800	0.2635	574
忻州	D	中国	0.1699	801	0.2915	401
圣玛尔塔	D	哥伦比亚	0.1699	802	0.2289	801
吕梁	D	中国	0.1697	803	0.2781	475
阿姆利则	D	印度	0.1694	804	0.2193	832
中卫	D	中国	0.1688	805	0.2323	774
巴哈瓦尔布尔	D	巴基斯坦	0.1678	806	0.2115	856
天水	C-	中国	0.1676	807	0.2533	644
加德满都	D	尼泊尔	0.1669	808	0.2427	716
塔什干	D	乌兹别克斯坦	0.1666	809	0.2912	404
非斯	D	摩洛哥	0.1662	810	0.2937	391
纳塔尔	D	巴西	0.1661	811	0.1753	939
维查亚瓦达	C-	印度	0.1656	812	0.2949	386
万象	D	老挝	0.1656	813	0.2364	753
埃罗德	D	印度	0.1655	814	0.2801	462
海得拉巴	C-	巴基斯坦	0.1654	815	0.2548	632
临沧	D	中国	0.1650	816	0.2343	765
费萨拉巴德	D	巴基斯坦	0.1646	817	0.2422	718
乌尔米耶	D	伊朗	0.1633	818	0.2580	606
贾姆讷格尔	D	印度	0.1632	819	0.2704	525
奥利沙	D	尼日利亚	0.1632	820	0.0866	1027
斋蒲尔	D	印度	0.1625	821	0.2481	684
斯法克斯	D	突尼斯	0.1621	822	0.2714	517
萨尔瓦多	D	巴西	0.1619	823	0.1898	911
鲁而克拉	D	印度	0.1602	824	0.2615	587
卡杜纳	D	尼日利亚	0.1600	825	0.0936	1024
萨利加里	D	印度	0.1584	826	0.2458	698
巴中	D	中国	0.1582	827	0.2311	784

续表

城市（Metro）	城市等级	国家/地区	经济竞争力	排名	可持续竞争力	排名
塞伦	D	印度	0.1577	828	0.3171	332
占碑	D	印度尼西亚	0.1577	829	0.2545	634
昭通	D	中国	0.1575	830	0.2397	735
叶卡捷琳堡	C-	俄罗斯	0.1572	831	0.2289	802
蒂鲁吉拉伯利	D	印度	0.1567	832	0.2454	701
鸡西	D	中国	0.1566	833	0.2013	885
蒂鲁伯蒂	D	印度	0.1549	834	0.2670	553
戈尔哈布尔县	D	印度	0.1545	835	0.2541	639
纳西里耶	D	伊拉克	0.1541	836	0.1464	976
布巴内斯瓦尔	D	印度	0.1535	837	0.3050	361
米苏拉塔	D	利比亚	0.1534	838	0.1493	973
白银	D	中国	0.1530	839	0.2314	780
锡尔赫特	D	孟加拉国	0.1530	840	0.2189	835
拉什特	D	伊朗	0.1527	841	0.2305	789
纳西克	D	印度	0.1526	842	0.2584	602
乌里扬诺夫斯克	D	俄罗斯	0.1523	843	0.2724	508
密鲁特	D	印度	0.1518	844	0.2306	787
达喀尔	D	塞内加尔	0.1516	845	0.1842	922
伊斯兰堡	C-	巴基斯坦	0.1511	846	0.2568	618
瓜廖尔	D	印度	0.1504	847	0.1637	957
马哈奇卡拉	D	俄罗斯	0.1494	848	0.2177	839
詹谢普尔	D	印度	0.1483	849	0.2685	545
库马西	D	加纳	0.1482	850	0.2459	697
仰光	C-	缅甸	0.1466	851	0.1451	978
纳杰夫	D	伊拉克	0.1462	852	0.1775	931
阿加迪尔	D	摩洛哥	0.1458	853	0.2947	387
勒克瑙	D	印度	0.1458	854	0.2358	757
金沙萨	D	刚果	0.1457	855	0.0165	1033
拉瓦尔品第	D	巴基斯坦	0.1454	856	0.2036	879
普洱	D	中国	0.1444	857	0.2343	764

续表

城市 (Metro)	城市等级	国家/地区	经济竞争力	排名	可持续竞争力	排名
印多尔	D	印度	0.1439	858	0.2254	817
韦诺尔	D	印度	0.1432	859	0.2804	460
武威	C-	中国	0.1431	860	0.2414	725
基加利	D	卢旺达	0.1431	861	0.1548	965
双鸭山	D	中国	0.1423	862	0.2054	873
平凉	D	中国	0.1415	863	0.2434	714
切尔塔拉	D	印度	0.1413	864	0.2716	516
索科托	D	尼日利亚	0.1412	865	0.1558	962
张掖	D	中国	0.1411	866	0.2147	849
拉塔基亚	D	叙利亚	0.1408	867	0.1771	934
卡努尔	D	印度	0.1408	868	0.2418	721
泰布克	C-	沙特阿拉伯	0.1404	869	0.2558	625
丽江	D	中国	0.1397	870	0.2853	430
雅典	C-	希腊	0.1393	871	0.4513	119
洛美	D	多哥	0.1390	872	0.1709	946
迈索尔	D	印度	0.1381	873	0.2745	494
卢萨卡	D	赞比亚	0.1377	874	0.1678	951
鹰潭	D	中国	0.1373	875	0.2378	743
弗里敦	D	塞拉利昂	0.1369	876	0.2363	754
库尔纳	D	孟加拉国	0.1364	877	0.2166	845
博帕尔	D	印度	0.1364	878	0.2443	708
奥兰加巴德	D	印度	0.1361	879	0.3082	351
古杰兰瓦拉	D	巴基斯坦	0.1359	880	0.2079	868
苏伊士	D	埃及	0.1358	881	0.2308	786
昌迪加尔	D	印度	0.1356	882	0.2655	562
锡亚尔科特	D	巴基斯坦	0.1352	883	0.2030	881
奢羯罗	D	印度	0.1348	884	0.2509	667
河池	D	中国	0.1347	885	0.2194	831
迈杜古里	D	尼日利亚	0.1347	886	0.1076	1018
马辰港	D	印度尼西亚	0.1343	887	0.2578	610

续表

城市（Metro）	城市等级	国家/地区	经济竞争力	排名	可持续竞争力	排名
博卡罗钢铁城	D	印度	0.1339	888	0.2370	748
白沙瓦	D	巴基斯坦	0.1339	889	0.2197	829
巴罗达	D	印度	0.1337	890	0.3079	354
斯利纳加	D	印度	0.1317	891	0.2300	795
鹤岗	D	中国	0.1309	892	0.1501	971
七台河	D	中国	0.1309	893	0.1772	933
萨那	D	也门	0.1303	894	0.1729	943
塞康第-塔科拉蒂	D	加纳	0.1298	895	0.2271	809
库姆	D	伊朗	0.1294	896	0.2172	841
英帕尔	D	印度	0.1293	897	0.2513	662
伊斯法罕	D	伊朗	0.1291	898	0.2704	526
埃里温	D	亚美尼亚	0.1291	899	0.3575	266
贡土尔	D	印度	0.1289	900	0.2714	518
瓦朗加尔	D	印度	0.1287	901	0.2913	403
兰契	D	印度	0.1286	902	0.2333	771
黑河	D	中国	0.1286	903	0.2096	863
萨哈兰普尔	D	印度	0.1282	904	0.2068	870
边和	D	越南	0.1272	905	0.3092	348
胡布利-塔尔瓦德	D	印度	0.1267	906	0.2451	703
亚丁	D	也门	0.1241	907	0.2212	825
大马士革	D	叙利亚	0.1240	908	0.1892	912
坤甸	D	印度尼西亚	0.1236	909	0.2455	700
博格拉	D	孟加拉国	0.1233	910	0.2002	890
尼亚拉	D	苏丹	0.1221	911	0.1272	997
苏库尔	D	巴基斯坦	0.1221	912	0.1835	925
包纳加尔	D	印度	0.1220	913	0.2497	671
克尔曼	C-	伊朗	0.1209	914	0.2615	586
哈马	D	叙利亚	0.1203	915	0.2068	871
瓦拉纳西	D	印度	0.1196	916	0.2475	687
肖拉普尔	D	印度	0.1195	917	0.2737	501

续表

城市 (Metro)	城市等级	国家/地区	经济竞争力	排名	可持续竞争力	排名
固原	D	中国	0.1178	918	0.2414	724
萨尔塔	C-	阿根廷	0.1174	919	0.2073	869
杜兰戈	C-	墨西哥	0.1167	920	0.2680	548
卢本巴希	D	刚果	0.1166	921	0.0562	1029
尼亚美	D	尼日尔	0.1148	922	0.1874	916
丹巴德	D	印度	0.1129	923	0.2272	808
阿尔达比勒	D	伊朗	0.1129	924	0.2482	683
阿格拉	D	印度	0.1129	925	0.2041	876
贾巴尔普尔	D	印度	0.1128	926	0.2571	616
克塔克	D	印度	0.1127	927	0.2753	489
阿姆拉瓦提	D	印度	0.1126	928	0.2734	503
马莱冈	D	印度	0.1119	929	0.2603	591
内洛儿	D	印度	0.1116	930	0.2584	600
木尔坦	D	巴基斯坦	0.1110	931	0.2261	814
亚的斯亚贝巴	D	埃塞俄比亚	0.1104	932	0.2551	630
拉卡	D	叙利亚	0.1103	933	0.1359	990
酒泉	D	中国	0.1102	934	0.2139	851
桑给巴尔	D	坦桑尼亚	0.1102	935	0.1508	970
顿涅茨克	D	乌克兰	0.1095	936	0.2365	752
定西	D	中国	0.1090	937	0.2651	566
乌贾因	D	印度	0.1089	938	0.2243	820
阿里格尔	D	印度	0.1082	939	0.2000	892
亚兹德	D	伊朗	0.1076	940	0.2302	792
科曼莎	D	伊朗	0.1073	941	0.2123	855
巴雷利	D	印度	0.1073	942	0.2086	866
莫拉达巴德	D	印度	0.1064	943	0.2188	836
陇南	D	中国	0.1060	944	0.2409	729
坎普尔	D	印度	0.1057	945	0.2267	811
内维	D	尼日利亚	0.1045	946	0.1004	1020
蒂鲁内尔维利	D	印度	0.1023	947	0.2744	495

续表

城市（Metro）	城市等级	国家/地区	经济竞争力	排名	可持续竞争力	排名
伊春	D	中国	0.1015	948	0.1838	923
姆万扎	D	坦桑尼亚	0.0998	949	0.1879	914
奎达	D	巴基斯坦	0.0995	950	0.1913	909
阿杰梅尔	D	印度	0.0991	951	0.2246	818
南德	D	印度	0.0989	952	0.2685	542
安拉阿巴德	D	印度	0.0986	953	0.1712	945
贝尔高姆	D	印度	0.0982	954	0.2401	734
菲罗扎巴德	D	印度	0.0959	955	0.1804	928
布拉瓦约	D	津巴布韦	0.0951	956	0.1474	975
穆扎法尔讷格尔	D	印度	0.0938	957	0.1707	947
科托努	D	贝宁	0.0937	958	0.1961	898
摩加迪沙	D	索马里	0.0924	959	0.1312	995
马图拉	D	印度	0.0915	960	0.2528	649
占西	D	印度	0.0904	961	0.2293	798
查谟	D	印度	0.0903	962	0.2372	747
古尔伯加	D	印度	0.0900	963	0.2794	466
督伽坡	D	印度	0.0875	964	0.2602	593
布兰太尔	C−	马拉维	0.0869	965	0.1691	949
比什凯克	D	吉尔吉斯斯坦	0.0859	966	0.2014	884
利沃夫	C−	乌克兰	0.0839	967	0.2736	502
第聂伯罗彼得罗夫斯克	D	乌克兰	0.0829	968	0.2510	665
扎波里日亚	D	乌克兰	0.0827	969	0.2319	777
雅温得	D	喀麦隆	0.0824	970	0.2050	874
哈尔科夫	D	乌克兰	0.0815	971	0.2649	569
内比都	D	缅甸	0.0802	972	0.1128	1012
哈尔格萨	D	索马里	0.0769	973	0.1620	959
敖德萨	D	乌克兰	0.0761	974	0.2793	467
布瓦凯	D	科特迪瓦	0.0731	975	0.2011	886
班加西	D	利比亚	0.0727	976	0.1098	1015
曼德勒	D	缅甸	0.0721	977	0.1335	994

续表

城市 (Metro)	城市等级	国家/地区	经济竞争力	排名	可持续竞争力	排名
瓦加杜古	D	布基纳法索	0.0718	978	0.1877	915
吉布提	D	吉布提	0.0716	979	0.1434	980
马托拉	D	莫桑比克	0.0709	980	0.1799	929
扎黑丹	D	伊朗	0.0701	981	0.1656	955
比卡内尔	D	印度	0.0688	982	0.2566	619
利隆圭	D	马拉维	0.0670	983	0.1148	1010
马普托	D	莫桑比克	0.0645	984	0.1758	938
萨戈达	D	巴基斯坦	0.0644	985	0.2003	889
阿波美-卡拉维	D	贝宁	0.0634	986	0.1956	899
戈勒克布尔	D	印度	0.0628	987	0.1915	908
阿勒颇	D	叙利亚	0.0586	988	0.1480	974
霍姆斯	D	叙利亚	0.0575	989	0.1774	932
巴马科	D	马里	0.0563	990	0.1564	960
奇卡帕	D	刚果	0.0559	991	0.0069	1034
塔那那利佛	D	马达加斯加	0.0551	992	0.1688	950
塔依兹	D	也门	0.0524	993	0.2019	883
杜尚别	C-	塔吉克斯坦	0.0509	994	0.1717	944
布琼布拉	D	布隆迪	0.0502	995	0.1086	1016
赖布尔	D	印度	0.0500	996	0.2334	770
楠普拉	D	莫桑比克	0.0489	997	0.1667	953
蒙罗维亚	D	利比里亚	0.0470	998	0.1359	991
姆布吉马伊	D	刚果	0.0454	999	0.0214	1031
荷台达	D	也门	0.0441	1000	0.1793	930
博博迪乌拉索	D	布基纳法索	0.0436	1001	0.1811	927
科纳克里	D	几内亚	0.0395	1002	0.1185	1006
卡南加	D	刚果	0.0328	1003	0.0210	1032
布卡武	D	刚果	0.0233	1004	0.0000	1035
恩贾梅纳	D	乍得	0.0052	1005	0.1108	1013
班吉	D	中非共和国	0.0036	1006	0.1256	999
基桑加尼	D	刚果	0.0000	1007	0.0456	1030

第二章

全球城市竞争力 2017 年度综述

倪鹏飞　沈　立　龚维进　徐海东

目前，全世界有54%的人口生活在城市，并且全球城市化进程还在不断加速，联合国最新报告显示，预计到2050年全世界城市人口比例将达到创纪录的66%[①]，人类正经历着前所未有的城市化浪潮，城市的胜利正成为活生生的现实。科技与经济发展促进了城市化加速发展和城市迅速崛起，城市成为全球经济、科技活动的重要载体，全球科技与经济发展的程度与联系的范围决定着全球城市的发展格局与联系。作为经济科技发展结果的全球化是全球城市体系形成的根本动力，所处全球化阶段的不同必然导致不同的全球城市体系。伴随着全球化进程分别经历了货物全球化、资金全球化、信息全球化和人才全球化四大阶段，由此分别产生了相对应的全球城市体系和全球城市，对此，彼得·赫尔、弗里德曼、斯科特、萨森、彼得·泰勒分别从不同角度对全球城市做了定义和分析。经过二十多年的发展，全球城市的发展动力出现了新趋势，全球城市之间的联系和全球城市格局也发生了新变化，导致全球城市的内涵发生了很大的改变。基于全球城市体系正在发生的新变化，我们从新动力、新集聚、新联系和新型全球城市四个方面进行深入研究后发现，信息科技日益成为全球城市发展的首要动力，它改变城市之间的联系，重新塑造城市的集聚，进而造就了新型全球城市，与此同时，这四者又互相作用共同造就新的全球城市体系（见图2-1）。

---

① 引自《2014全球城市化发展报告》

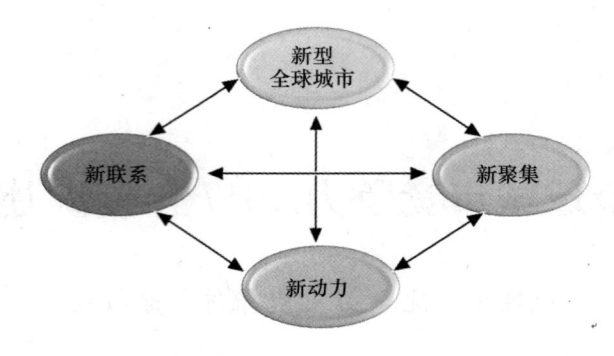

图 2-1 研究框架

第一节 重塑城市世界的力量

一 城市发展的基本动力

第一，科技进步是城市发展的重要源泉。

在人类历史的长河中，科技进步在人类文明的发展过程中发挥着基础性的作用，它是人类文明变迁的首要动力，而人类文明的发展史本质上也是一部城市文明发展史，因此，科技进步也是城市发展的首要动力。科技进步大大提升了城市的发展空间，加强了城市之间的联系，改变了许多城市的命运，使得越来越多的城市参与到商品、服务、资本、人力和思想的国际流动中去。由图2-2可知，科技创新与一个城市的人均收入存在很强的相关性，这也间接说明了科技在城市发展中的重要作用。

从当前科技创新中心的分布来看，北美、西欧和东亚地区是科学技术发展当之无愧的中心地带，在排名前十位的科技中心城市中有一半城市在美国，其次是东亚地区占据四个，西欧地区只有伦敦一个城市，这也从一个侧面反映了美国城市在科技方面依然遥遥领先，东亚城市则在快速追赶，而西欧城市由于面临经济社会的巨大挑战而整体表现欠佳。由此可知，一个国家或地区要成为科技中心，强大的经济实力是基础，稳定的社会环境是前提，宽松的文化环境是保障，只有同时具备以上条件，一个国家、一个城市才能逐步成为科技活动的中心。

从科技行业"独角兽企业"的分布来看，在全球213家估值超过1

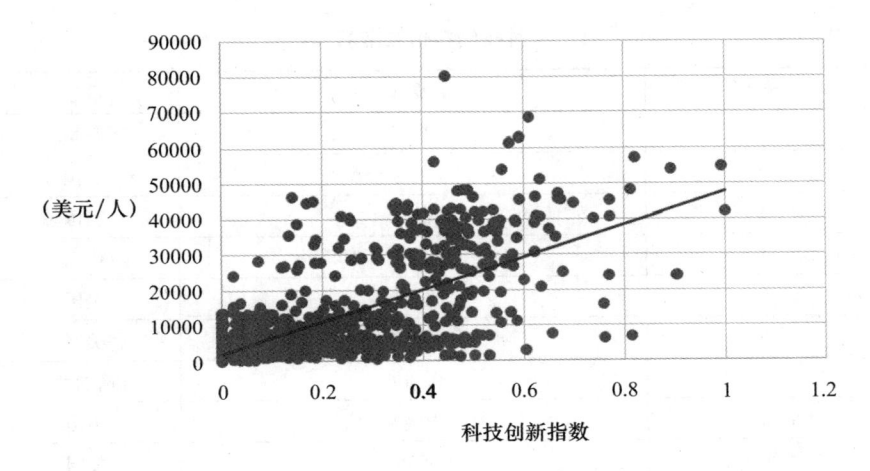

图 2-2　科技创新与城市人均收入的关系

资料来源：中国社会科学院全球城市竞争力数据库。

亿美元的未上市科技企业（即独角兽企业）中，拥有 5 家及以上独角兽企业的城市总共有 8 个，其中，旧金山、北京、纽约三个城市分别拥有 31、28、16 家独角兽企业，位居前三。在这 8 个城市中，中国占据 4 席，美国占据 3 席，英国占据 1 席，从中我们可以看出，美国和中国俨然已经成为世界两大科技创新发源地。

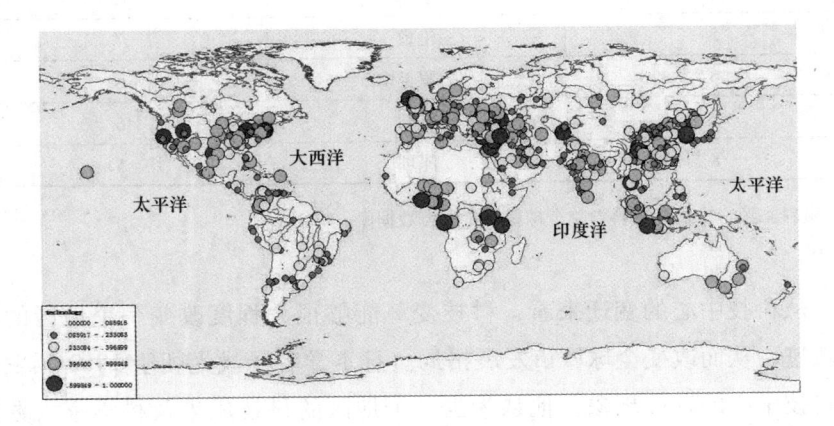

图 2-3　科技创新

数据来源：中国社会科学院全球城市竞争力数据库。

表 2-1　　　　　　　　　科技创新指数排名

排名	城市	国家
1	东京	日本
2	纽约	美国
3	伦敦	英国
4	北京	中国
5	波士顿	美国
6	西雅图	美国
7	新加坡	新加坡
8	华盛顿	美国
9	首尔	韩国
10	费城	美国

资料来源：中国社会科学院全球城市竞争力数据库。

表 2-2　　　　　　　　　科技行业独角兽企业分布

排名	城市	独角兽企业数量
1	旧金山	31
2	北京	28
3	纽约	16
4	上海	13
5	伦敦	7
6	帕罗奥多	6
7	杭州	6
8	深圳	5

资料来源：中国社会科学院全球城市竞争力数据库。

从科技中心的变迁来看，科技变革能够很大程度改变一个地区的发展轨迹，从而改变全球城市发展格局。日本学者汤浅光朝于1962年发现了科技中心的转移现象，他认为当一个地区的科技成果及科学家人数超过全世界科学家总数的四分之一，那么该地区就是当时的"科技活动中心"。从历史视角来看，科技中心存在区域转移现象，伴随着文艺复兴运动，意大利成为第一个世界性科技中心；之后，英国、法国、德国相继成为当时的世界科技中心；当下，美国依然是无可争议的世界科技中心；但随着东亚文明的逐步复兴，世界科技的重心有向东亚转移的趋势。

科技改变城市最典型的例子莫过于班加罗尔、筑波、旧金山等城市。印度班加罗尔，在20世纪中叶之前只是一个普通的工商业城市，自1958年以后，随着信息科技公司和政府科研机构的大量集聚，逐渐发展成为全球第五大信息科技中心，被称为印度的"硅谷"，如今的班加罗尔已经成为印度最富裕和最有活力的城市。日本筑波，是一座位于东京东北约50公里处的小城，也是一个因科研而生的城市，1968年由政府主导修建，目前是日本的科学研究中心，它集聚了日本40%的科研机构，拥有筑波大学等世界顶级大学以及大量的先进科学设施，是日本在先进技术领域向欧美国家发起挑战的国家战略。美国旧金山湾区，在19世纪中期，当人们在这个地方发现金矿的时候，还是一个荒无人烟的地方。伴随着金矿的开发，旧金山湾区逐渐发展为小城市，但是真正让旧金山湾区扬名世界的还是信息科技时代的来临，信息科技公司如雨后春笋般拔地而起，使得旧金山湾区一跃成为世界高科技产业的中心，获得"硅谷"的美誉。通过这两个例子，我们可以清楚地看到科技进步在城市的形成和发展过程中扮演着十分重要的作用。

第二，金融资本是现代城市发展的关键动力。

金融是现代经济的血液，而城市则是现代经济发展的产物，因此，可以毫不夸张地说，金融决定了一个城市经济发展的高度，它是城市发展的重要血液。由图2-4可知，金融指数越高的城市，其人均收入也往往越高，两者存在较强的相关性，这也间接说明了金融在促进城市发展过程中的重要作用。

从当前全球主要证券市场的分布来看，由于全球金融市场存在分割性，当前世界的金融体系基本上是若干主要全球性金融中心和若干区域金融中心并存的格局。截至当前，全世界共有60个主要股票交易所，其股市交易额占据全球交易额的93%。在这些股票交易所中，又有16个交易所的市值超过1万亿美元，占全球总市值的87%，它们组成了股票交易市场的"1万亿美元俱乐部"。它们主要分布在三大地区：北美地区、西欧地区和东亚地区。在北美地区，纽交所的市值达到惊人的18.486万亿美元，高居榜首；纳斯达克和多伦多证交所的市值紧随纽约证交所之

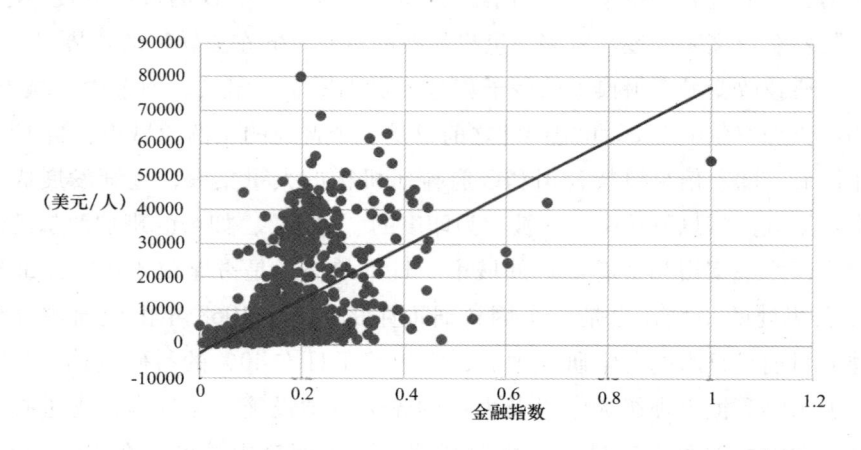

图 2-4 金融与城市人均收入的关系

资料来源：中国社会科学院全球城市竞争力数据库。

后，分别为 7.449 万亿美元和 1.697 万亿美元。在西欧和北美地区，就市值而言，前五大交易所分别是泛欧交易所（3.379 万亿美元）、伦敦证交所（3.272 万亿美元）、德意志证券交易所（1.738 万亿美元）、瑞士证券交易所（1.479 万亿美元）、纳斯达克 OMX 集团（1.253 万亿美元）。在东亚地区，日本证券交易所集团的总市值达 4.9 万亿美元，位居东亚地区首位；其次是上交所、深交所、港交所，其市值分别为 4.46 万亿美元、3.42 万亿美元和 3.17 万亿美元。

从全球金融资源的变迁来看，一方面目前世界经济的中心持续东移，基本形成了北美、西欧、东亚三足鼎立的局势，与此同时，三大板块也基本形成了各自的全球金融中心，如北美的纽约、西欧的伦敦、东亚的东京和香港。另一方面，许多地区或国家又存在各自的金融中心，如中国的上海、印度的孟买、东南亚的新加坡、法国的巴黎、德国的法兰克福、加拿大的多伦多、澳大利亚的悉尼等，这些全球和区域金融中心城市形成了一个层次分明、布局合理的全球金融体系。但从全球城市来看，这些城市只是极少部分，大部分城市的金融指数非常低，几乎接近于 0。

第三，良好的气候生态环境是城市发展的前提条件。

良好的生态环境是一个城市发展的必要条件，尤其是对于高端人才

图 2-5　全球主要证券交易所分布

资料来源：VisualCapitalist。

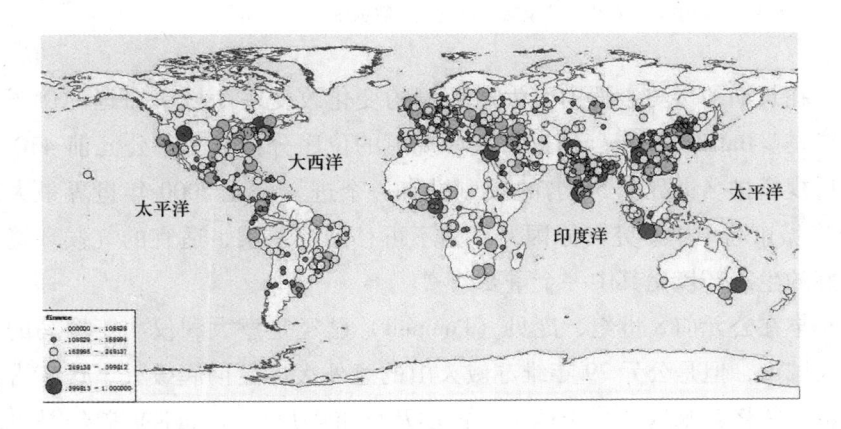

图 2-6　金融资源

资料来源：中国社会科学院全球城市竞争力数据库。

而言，良好的生态环境至关重要，它直接关系到是否能吸引到足够多的人才来建设这个城市，从而使该城市获得长足的发展。

从当前生态环境的现状来看，一方面环境质量较好并且适宜人类居住的地区主要位于北温带和南温带，特别是欧洲地区、北美东部地区、东亚地区和南美地区，这些地区无论是气候环境还是生态环境都比较适宜人类居住，因此，全球大部分城市都聚集在这些区域。但另一方面，良好的生态环境并非是一个城市发展的充分条件，比如南美地区虽然拥有得天独厚的生态环境，但其城市发展程度远远达不到应有的繁荣。

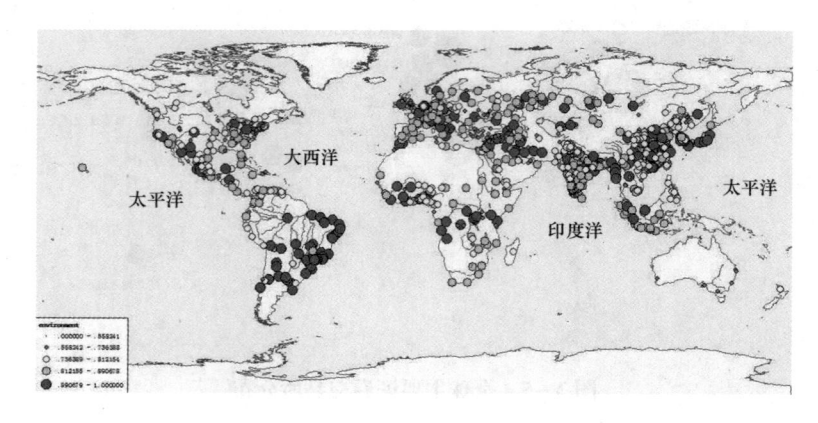

图 2-7　环境质量

资料来源：中国社会科学院全球城市竞争力数据库。

在长期的历史进程中，生态环境的变化改变一个城市命运的例子比比皆是。Batty（2006）通过对人口规模的位序分析发现，公元前 430 年人口规模排名世界前 50 名的城市没有一个进入公元 2000 年世界最大的 50 个城市名单中。究其原因，作为不可移动的要素，适宜的气候环境和良好的生态环境是其中一个重要因素。

早在公元前 8 世纪，庞贝（Pompeii）已经是意大利仅次于罗马的第二大城市，但是公元 79 年维苏威火山的意外大爆发彻底毁灭了这座古老城市，并将其永远封存于地下。古埃及城市塔尼斯（Tanis）曾经是古埃及的首都和最富有的商贸中心，但是公元 6 世纪曼扎拉湖（Lake Manzala）的洪水严重威胁城市生存，导致其最终被人们遗弃。中国新疆的古城楼兰，曾经是连接东西方贸易的枢纽，辉煌一时，在古代丝绸之路上占有极为重要的地位，但是随着生态环境的恶化，其逐渐被遗弃，现在已经成为广阔沙漠中的一堆废墟。与此同时，中国城市广州在 2000 年前曾经是远离中原的蛮荒瘴疠之地，但是经过长期的开发，生态环境逐步变得适宜人类居住，如今它已成为中国最发达的城市之一。美国最大都市纽约在哥伦布发现美洲大陆之前，一直是印第安部落聚居的地方，但是随着欧洲人的到来，纽约凭借良好的环境和优越的地理位置，逐步发展成当之无愧的世界第一都市。以上几个例子，足以证明良好的气候生态环境是城市发展的必要条件。

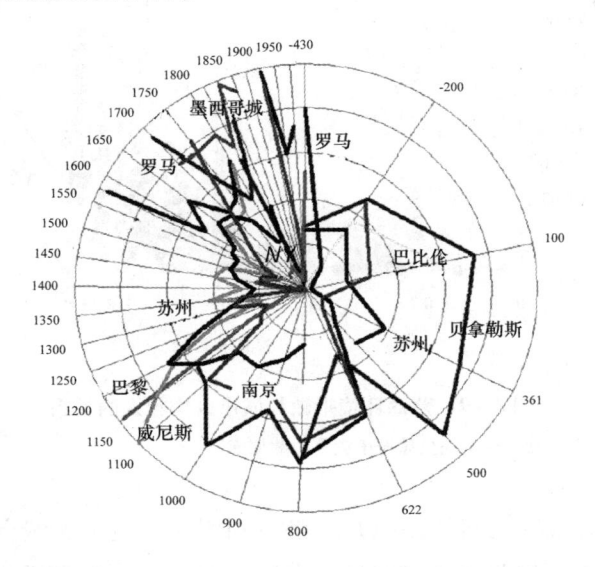

图 2-8 部分世界城市的等级钟图（430BC—AD2000）

资料来源：Nature。

第四，文化制度是城市繁荣的根本动力。

文化制度作为人类社会的基础性制度，潜移默化地影响一个城市的每一个居民。文化制度是城市的灵魂，是一个城市价值的体现，也是一个城市区别于其他城市的根本所在，它在城市的形成和发展过程发挥着不可忽视的作用。先进的城市往往具有一整套先进的文化制度作为支撑，它是一个城市能够历经历史的磨炼而不衰的根本原因。由图 2-8 可知，一个城市的营商环境指数与其人均收入存在指数型正相关关系，营商环境越好，市场就比较活跃，进而人均收入也就越高。

从当前城市营商环境的角度来看，北美、欧洲、澳洲地区法制比较完善，营商环境也相对较好，而东亚地区、南亚地区和南美地区在这方面不太健全，有待进一步完善。从当前城市文化多样性的角度来看，欧洲、北美、南美、澳洲地区的文化多样性较强，社会氛围相对比较包容，而南亚、东亚以的文化多样性相对较低一些，总体而言，在文化多样性

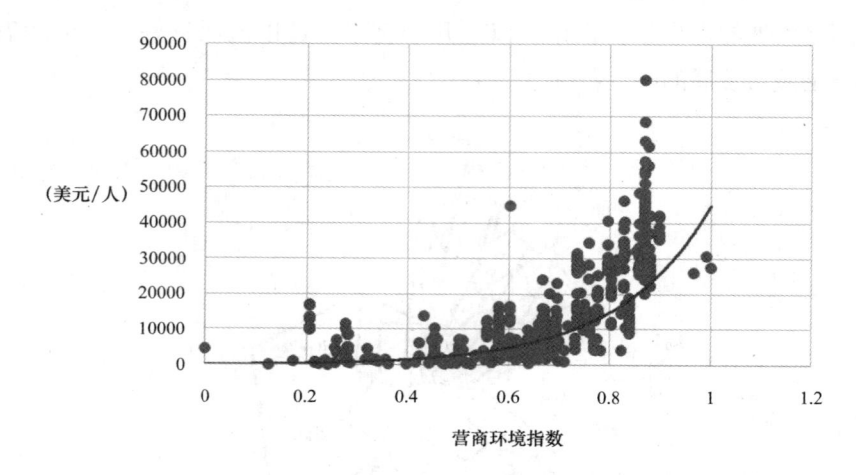

图 2 – 9　营商环境指数与城市人均收入的关系

资料来源：中国社会科学院全球城市竞争力数据库。

方面，全球各地区之间的差距并不是特别明显。但是大城市与小城市在文化多样性方面的差距比较明显，大城市的文化比较多样化，社会包容程度较高；相反，小城市的文化比较保守，社会欠缺包容性。

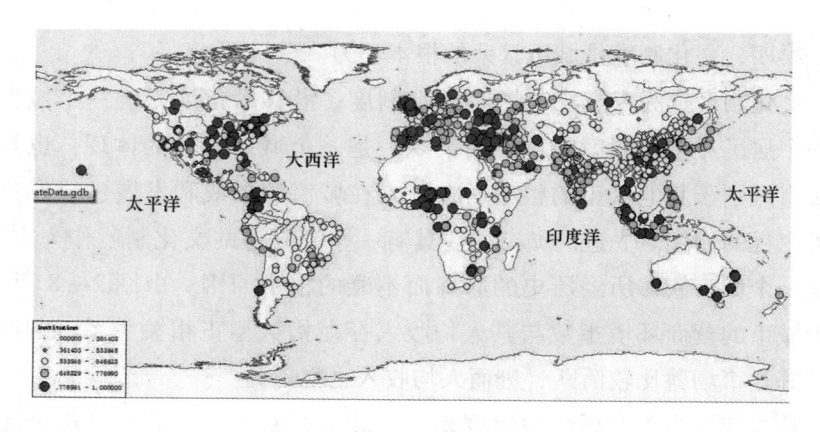

图 2 – 10　营商环境指数

资料来源：中国社会科学院全球城市竞争力数据库。

从历史的角度来看，文化制度对一个城市的长远发展至关重要。公元 8 世纪，中国是当时世界最发达的国家，中华文明盛极一时，无论制

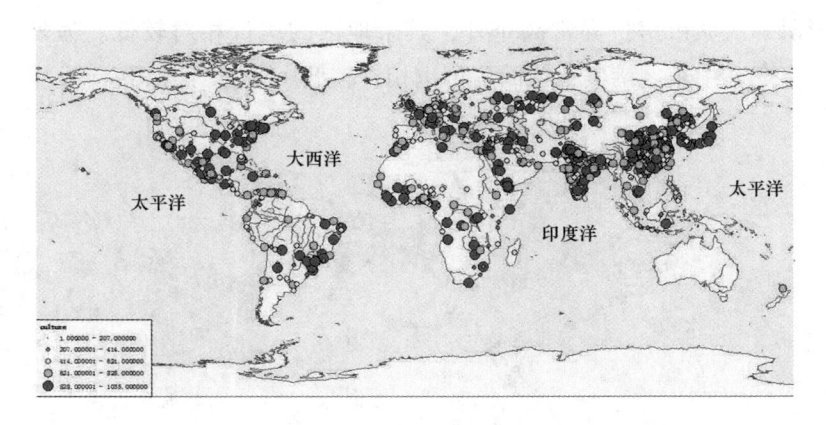

图 2-11　文化多样性指数

资料来源：中国社会科学院全球城市竞争力数据库。

度还是文化都是当时世界最先进的，这也使得长安成为世界上最大的都市之一。公元 11 世纪，经过几个世纪的战乱以后，中国再次成为全世界经济上最富足、文化上最繁荣、制度上最先进的国家。中国著名史学家陈寅恪称："华夏民族之文化，历数千载之演进，造极于赵宋之世。"当时中国的首都汴京也顺理成章成为最繁华的大都市之一。公元 17 世纪，凭借资本主义制度的崛起和文化的繁荣，工业革命随之发生，工商业的繁荣使得伦敦人口急剧膨胀，并逐步发展成为世界的中心城市。20 世纪 80 年代初期，深圳还是香港附近的一个小渔村，但是借助于中国改革开放的东风，深圳成为四个经济特区之一，随后深圳开启了快速发展的模式，经过近 40 年的发展，深圳已经成为中国最富裕也是最有活力的城市之一。通过以上几个例子，我们同样可以发现，先进的制度文化是城市发展的重要条件。

第五，房价是改变城市发展和城市布局的重要力量。

住房市场作为城市竞争力的核心要素，在决定全球城市竞争力中占有重要的作用。对城市自身来说，房价作为一种杠杆，对该城市的产业发展具有四两拨千斤的作用；对城市体系而言，房价的变化也会对城市体系产生很大的影响。

就全球城市房价现状而言，房价聚集效应比较明显，几乎高房价的城市都簇拥在一个地区，例如西欧地区、东亚地区，而北美除了纽约、洛杉矶等大城市房价异常高企外，其余地区的房价相对较低。另外，非洲、南亚、中东、南美地区的房价也相对较低。

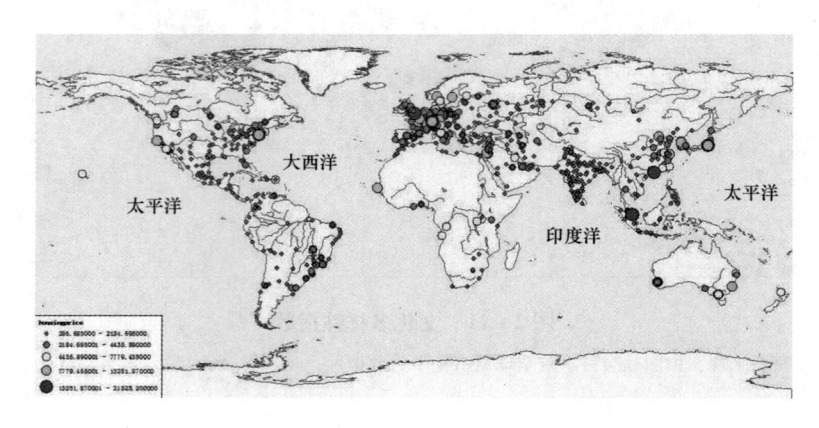

图 2-12 房价分布图

资料来源：中国社会科学院全球城市竞争力数据库。

就房价对城市经济的影响而言，适度的房价有利于促进经济增长和转型升级，过高房价则会抑制城市的经济发展。由图 2-13 可以看出，当房价处于合理区间内，房价的上涨有助于提高人均收入，提升城市经济竞争力和可持续竞争力，促进科技创新。但是当房价超出这个合理区间，就会抑制人均收入的增长，从而降低城市的经济竞争力和可持续竞争力，同时也会抑制科技创新。以新加坡为例，新加坡政府通过组屋制度在有效控制房价保障普通居民住房权益的同时，也推动了经济发展向科技创新转型。自 2013 年新加坡实施楼市管控后，其房价便开始了长达 3 年的下跌，截至 2016 年已下降 11%，这有利于新加坡政府营造宜居宜业宜商的环境，从而吸引一大批海外高精尖人才和跨国企业入驻扎根，促进了科技创新产业的快速发展。中国深圳也是如此，为避免房价快速上涨导致生活成本的大幅上升，从而对转型升级急需的人才造成挤出效应，深圳市政府出台了一系列抑制房价的措施，同时增加人才保障房的供应，使得房价一直处于相对稳定的态势。深圳因而能够集聚大量的人才，有力助推了产业的转型升级，为深圳成为中国的创新中心奠定了基础。

从房价收入比的角度来看，在经济竞争力排名前十位的城市中，除

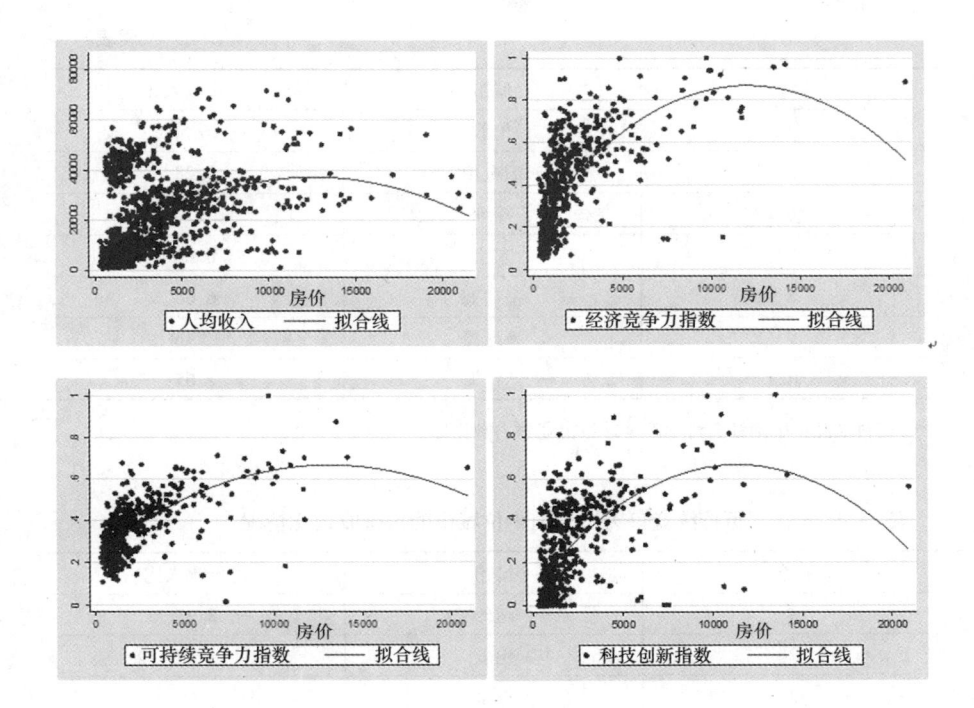

图 2-13　房价与人均收入、经济竞争力、可持续竞争力、科技创新的关系

资料来源：中国社会科学院全球城市竞争力数据库。

了新加坡、伦敦、深圳和慕尼黑之外，其他城市的房价收入比均在 10 以下，处于较为合理的区间。另外，在可持续竞争力排名前十位的城市中，除伦敦、新加坡、首尔、巴黎外，其余城市的房价比也较为合理，尤其是纽约、洛杉矶、旧金山、东京等数一数二的全球城市的房价比较合理，这也从一个侧面反映了适度的房价有利于促进城市竞争力的提升，过高或过低的房价则可能损害城市竞争力。

表 2-3　　经济竞争力排名前十位城市的房价收入比情况

排名	城市	房价收入比
1	纽约	8.93
2	洛杉矶	5.17
3	新加坡	21.76

续表

排名	城市	房价收入比
4	伦敦	16.56
5	旧金山	8.28
6	深圳	20.75
7	东京	8.66
8	圣何塞	6.66
9	慕尼黑	13.09
10	达拉斯	2.65

资料来源：中国社会科学院全球城市竞争力数据库。

表2-4　可持续竞争力排名前十位城市的房价收入比情况

排名	城市	房价收入比
1	纽约	8.93
2	伦敦	16.56
3	东京	8.66
4	波士顿	3.2
5	新加坡	21.76
6	苏黎世	8.07
7	首尔	14.17
8	休斯敦	2.65
9	巴黎	17.23
10	芝加哥	3.61

资料来源：中国社会科学院全球城市竞争力数据库。

就房价对全球城市格局的影响而言，由于房价对城市发展具有重要的影响，因而房价的变化也会影响一个区域的城市发展格局。当一个城市的房价过快增长时，它就会对该城市人口产生挤出效应，使得人口流向其他房价较低的城市，从而改变人口在不同城市之间的分布，最终改变城市格局。以硅谷为例，哈佛大学住屋研究联合中心（Joint Center for

Housing Studies）的报告①显示，湾区住宅可负担率远低于全国平均水平，在全美 100 大城市中，西海岸城市房价涨幅远大于美国其他区域，大多超过 40%，其中圣何塞地区自 2000 年来房价上涨 73.6%，旧金山地区则更为惊人，达到 84.3%。由于硅谷地区的房价持续高涨，许多科技从业者纷纷逃离硅谷，寻求到其他地区发展，其中有一大部分科技从业人员最终流向纽约等东海岸地区。从中我们不难发现，房价正在成为改变城市发展格局的重要力量。

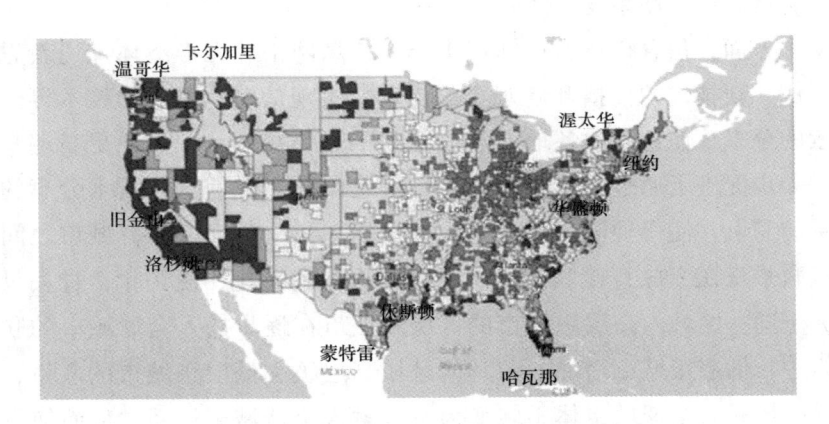

图 2-14　自 2000 年以来美国各区域房价涨幅

资料来源：http://www.jchs.harvard.edu/research/state_nations_housing。

二　信息科技正在重塑全球城市体系

信息技术是主要用于管理和处理信息所采用的各种技术的总称，主要包括传感技术、计算机与智能技术、通信技术和控制技术等。全球战略分析家 Parag Khanna 在其新著《Connectography：Mapping the Future of Global Civilization》中论证了城市逐渐代替国家成为世界舞台上的主要角色，连接力将成为决定未来城市命运的关键。信息科技使得全球城市之间的联系越来越便捷、紧密，大大增强全球城市网络体系的联系密度。另外，信息科技也会改变各城市在整个城市网络体系中的地位，使得全

---

① 哈佛大学住屋研究联合中心发布的 2017 年住屋现状咨文（The State of Nation's Housing）。

球城市网络体系的中心节点发生改变，重心发生位移。信息技术也改变了全球城市的形态，城市群、超级城市群正在崛起。总之，信息科技的快速发展正在深刻地改变全球城市体系，对于任何一座拥有远大抱负的城市来说，这都是一次前所未有的机遇和挑战，唯有紧紧抓住这次科技革命所带来的机遇，才能实现弯道超车。

第一，信息科技使得全球城市联系由间接联系变为直接联系，由个别联系变为全面联系，由松散联系变为紧密联系，由慢速联系变为瞬时联系，从高成本联系变为低成本联系。

一方面，信息科技通过知识媒介、信息网络等无形载体加速新思想的形成、新技术的传播和新观念的流动，实现信息、思想和技术等生产要素的分享，使得全球各地人与人之间的联系更多、更密、更普遍，这也进一步促进了通过物流、人流等有形载体来实现信息和技术分享的硬联系的需求，使得硬联系也变得更加紧密。另一方面，原有城市之间的间接联系正在变成直接联系，联系网络更加扁平化、便利化，过去只是服务于同一区域内高层级城市的低层级城市在逐步加入全球城市的联系网络中，低层级城市增加了与其他区域高层级和低层级城市的联系，由过去间接融入全球城市体系转变为直接融入全球城市体系，从而使得全球城市联系网络更加扁平化。

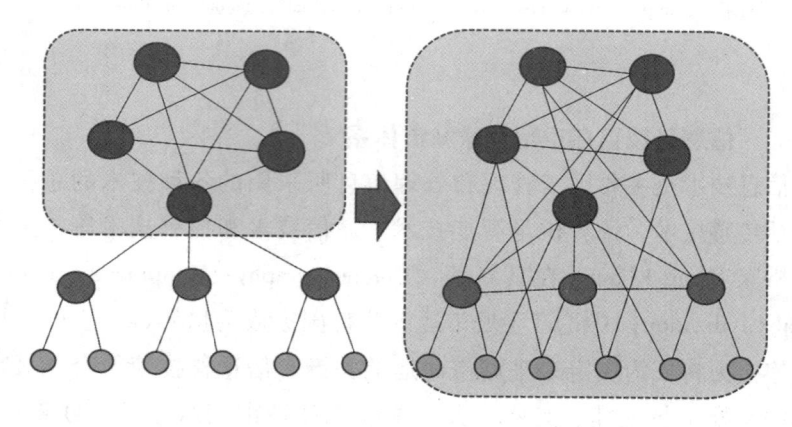

图 2-15　城市联系网络的变迁

资料来源：笔者绘制。

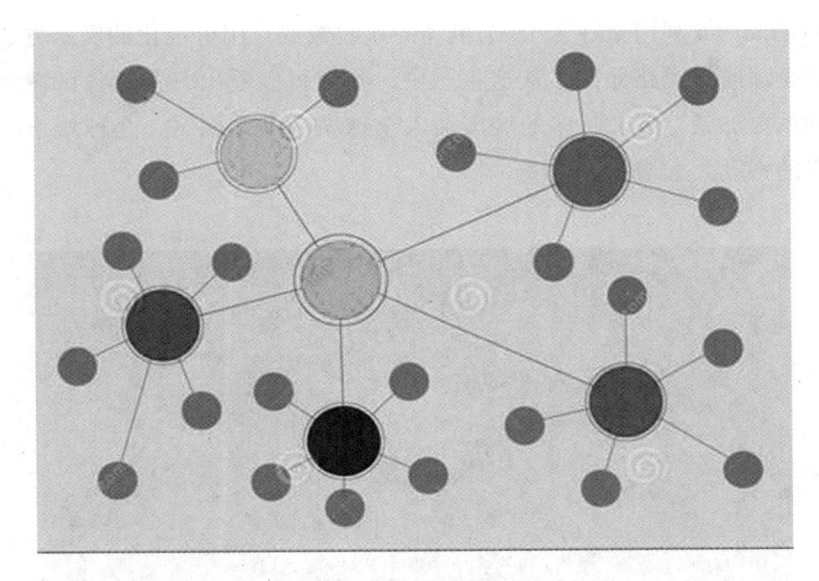

第二章　全球城市竞争力 2017 年度综述　◇　53

图 2-16　城市网络示意

资料来源：Dreamstime.com。

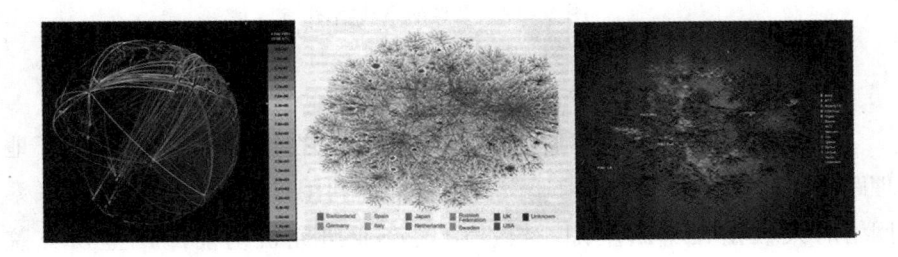

图 2-17　电信网络流量、Internet 联系和 WWW 联系示意

资料来源：网络图片。

自工业革命以来，海运一直被作为全球主要的运输方式，在几百年前，各大洲之间的商贸交流和人员往来主要依靠这一传统的运输方式，直至目前，它依然是大宗货物运输的首选运输方式。由于港口的原因导致了全球城市联系格局呈现明显的集中化和等级化。进入 20 世纪，伴随飞机的发明，人类进行洲际旅行的交通方式又多了一项选择，由于航空方式比海运更加便捷，航空旅行也就逐步取代了航海方式，这大大促进了全球各城市之间的商品贸易和人员交流。图 2-18 是由网络分析师 Matrin Grandjean 利用全球 3275 个机场的航线数据，用可视化的展示方式制作的全球航班线路地图。从这张图中，我们可以看出，全球各区域之间的联系更加紧，越来越多的城市加入全球城市联系网络，全球城市联系网络的密度大大增强。

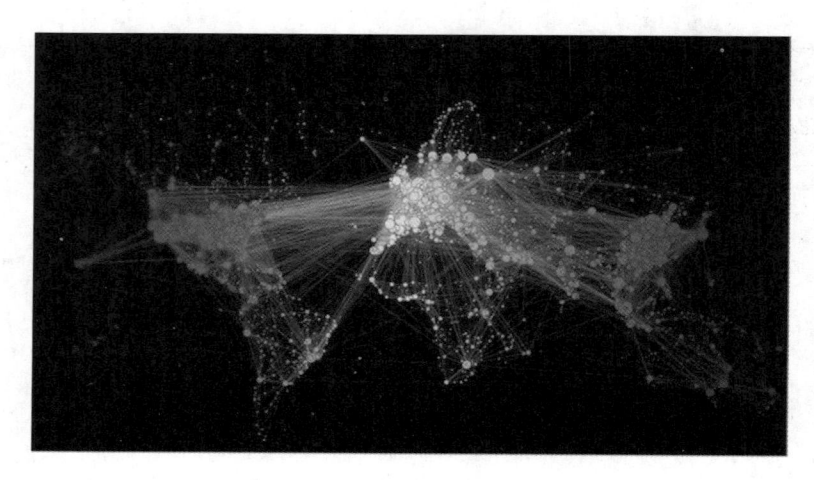

图 2-18　全球航空线路图

资料来源：数据视觉化网络分析师 Matrin Grandjean 绘制。

21 世纪，人类进入信息科技时代，人与人之间的交往已经超越了地理距离，达到随时随地的沟通交流。目前，利用信息科技加入全球联系网络的人数正在不断增加。根据中国产业研究机构前瞻产业研究院（qianzhan.com）发布的数据，2014 年，全球社交网络行业的用户规模已达 19.1 亿人。其中移动社交用户数为 14.1 亿人，并且这两项指标还将持续上升，至 2020 年，全球社交网络用户数将达到 70.7 亿人，其中，移动社交网络用户数将占到将近三分之一，尤其惊人的是，截至 2017 年，脸书的全球用户数已经超过 20 亿人，互联网科技的高速发展使得生活在全球各地的用户联系越来越便捷、紧密。

图 2-20 是脸书工程师 Paul Butler 利用脸书的阿帕奇数据库所制作的可视化地图，他随机抽取了来自不同城市的 1000 万对朋友并隐去其个人信息，然后结合每个用户所在地的数据，计算城市间每一对好友的数量。从图 2-20 中，我们可以看到，除俄罗斯和中国外，全球越来越多的城市

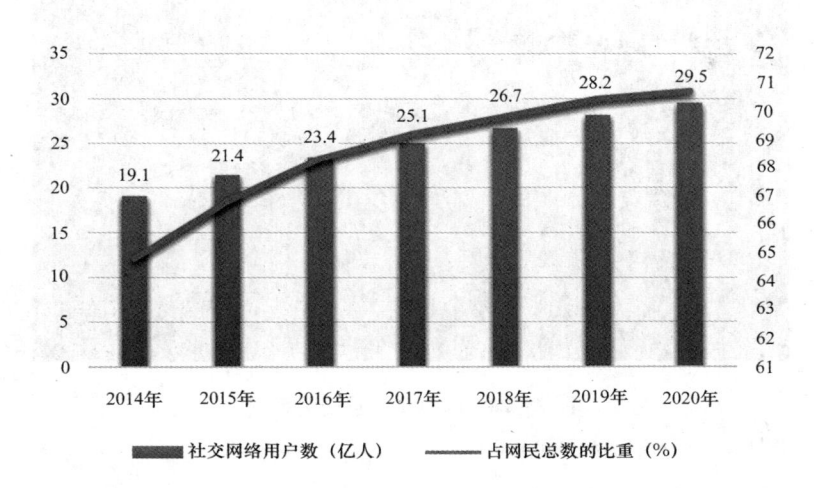

图 2-19　2014—2020 年全球社交网络行业用户规模变化情况及预测
资料来源：前瞻产业研究院。

加入到全球联系的行列，全球城市之间的联系也更加平等，城市之间的等级性已经不太显著，整体呈现扁平化的趋势。同时，地理区隔不再明显，地理距离不再成为影响全球各地人们之间交流的障碍，人与人之间的距离也越来越小。以社会关系网络的六度空间理论为例，原有理论认为一个人和任何一个陌生人之间所间隔的人不会超过 6 个，但是在互联网出现以后，世界变得更小了，根据脸书的核心数据，科学团队在对脸书的朋友图谱数据进行分析后发现，人和人之间平均间隔已经缩小到 3.57 人。总之，互联网的出现已经大大改变了全球城市的联系格局，城市之间的联系更加紧密、更加普遍。图 2-21 是 Shodan 的创始人 John Matherly 所发布的根据所有与互联网相连设备的 GeoIP 显示的互联设备位置信息地图，可以看出大部分联网设备集中在发达地区和大型都市地区，特别是北美和欧洲地区，这与图 2-20 反映的事实基本一致，并且还进一步证明发达地区城市相比欠发达地区更加深入平等地参与全球城市联系网络。

第二，信息科技正在改变全球城市网络体系的重心性，总体上正由沿海地区向内陆地区转移，由欧美地区向亚洲地区转移。

信息科技使得人与人之间的交流更加方便快捷，一方面大大改变了

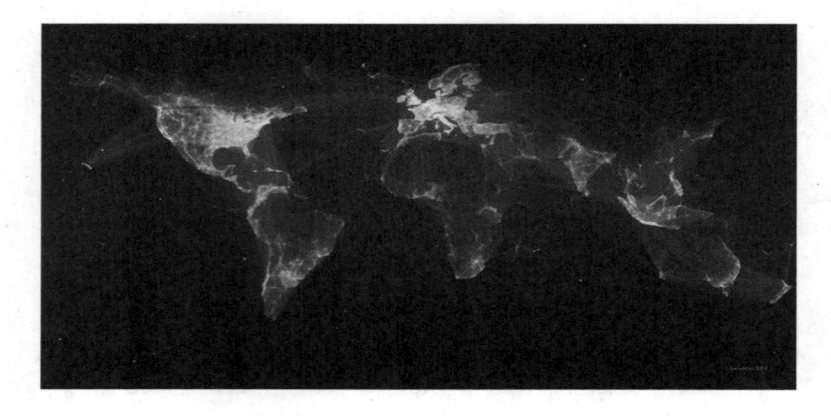

图 2 – 20　脸书全球社交关系图

资料来源：脸书工程师 Paul Butler 绘制。

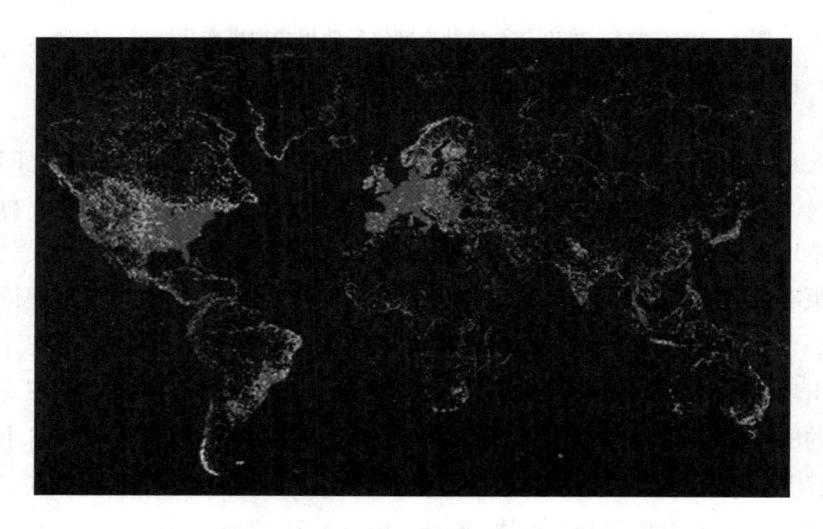

图 2 – 21　全球所有连接到网络的设备及地理分布

资料来源：Shodan 公司创始人 John Matherly 发布。

全球城市之间的联系格局，由树状结构向扁平结构转变，另一方面，也改变了不同城市在联系网络中的地位，使得全球城市联系网络的重心发生变化。从图 2 – 18、图 2 – 19 和图 2 – 20 这三张图的对比中，我们可以清晰地看到，随着科技的发展，联系方式不断便捷化，越来越多的城市加入全球城市联系网络中，全球城市联系网络的重心也在不断改变，总体上正由沿海地区向内陆地区转移，由欧美地区向亚洲地区转移。

在海运时代，能参与全球联系的城市往往是大型港口城市以及部分海上要道，如纽约、伦敦、洛杉矶、东京、新加坡等少数城市。这些城市承担着各个国家相互交往的门户功能，他们之间的交往形成了全球城市联系网络的雏形。与此同时，一国之内许多城市很少有机会参与到全球联系中去，他们只能通过门户城市与全球其他城市联系，总体上呈现层级化的全球城市联系格局。

进入航空时代，全球联系变得更加快捷高效，更多内陆城市加入全球联系网络中，彼此之间的联系也越发紧密，从图2-18中就可以看出，欧洲地区凭借优越的地理位置，成为当之无愧的航空枢纽。其中比较典型的是莫斯科，在航海时代，莫斯科作为内陆城市，很难加入全球的生产贸易网络中，但是进入航空时代，莫斯科凭借地处欧亚大陆腹地的优越地理位置，一跃成为欧亚大陆的航空枢纽城市。还有一个被航空技术所改变的城市是孟菲斯，正是由于孟菲斯地处美国的地理中心，它被许多航空公司选择为物流中转基地，由此孟菲斯一跃成为北美城市联系网络的中心城市。总体来看，全球城市联系格局中节点城市有所增加，联系网络的重心由沿海地区向内陆地区偏移，沿海城市与内陆城市在联系网络中的地位差距在缩小。

进入21世纪，信息科技的大规模爆发使全球城市联系格局又一次发生巨大改变。越来越多的中小城市加入全球联系网络中来，大城市与中小城市之间、不同的中小城市之间不再像过去那样必须通过中心节点城市来连接，他们之间的联系变得前所未有的紧密，原有中心节点城市在全球联系网中的地位有所下降，层级化现象大大减弱，全球城市联系网络更加扁平化。许多发展中国家的城市成为全球联系网络的新重心，虽然欧美城市仍在全球城市联系格局中占据主导地位，但拉美、南亚、东亚、非洲等地区的城市在全球城市联系格局中的地位明显提升。

第三，信息科技正在改变全球城市的空间形态。

20世纪80年代以后，随着信息科技的发展，网络通信日益普及，并逐步渗透到社会的每一个角落，极大地改变了人们的工作、生活和娱乐方式，同时也以极快的速度改变着工业经济时代所形成的城市空间形态。城市的本质是物资、人员、信息等资源的集聚，尤其是在工业经济时代，城市的集聚效应和规模效应表现得非常明显，因此在工业时代，城市空间形态表现为无限制的扩张，人和物不断聚集，大城市病日益严重。但随着网络通信时代的到来，城市的集聚不再单纯表现为人和物在空间上的聚集，取而代之的是数字信息的聚集，由此企业的集聚效应、规模效应逐步淡化，人与人之间的联系对交通设施的依赖逐渐降低，实体联系逐步被电子通信联系所替代，交通条件和区位条件对人类生产生活的限制大大降低。同时，由于物质生活条件的不断提升，人们对回归自然的渴望日益增强，越来越倾向追求贴近自然的生活。基于以上变化，城市地域空间分布日益分散化、网络化，大都市区、城市群、超级城市群正在崛起，逐步成为城市空间分布的主流形态。

第二节 三条经线划分了全球城市人口和经济的差异化集聚

城市聚集是城市的第一特征，全球城市聚集也是当今全球经济空间差异和变化的综合反映。随着经济全球化的深入发展和全球经济一体化进程的不断深化，西欧、北美和东亚在引领全球经济增长的同时，仍然保持其全球经济的中心地位。全球1007个人口规模较大的样本城市主要集聚在北纬40度附近，经济密度较高城市的集聚以三条断崖线即东经20度、东经110度和西经100度为界。经济密度较高的城市主要集聚在东经20度以西的西欧、东经110度以东的东亚地区以及西经100度以东的美国东北地区，分别与东经20度以东、东经110度以西以及西经100度以西的城市呈现出断崖式差距。同时，全球样本城市集聚呈现出整体上由西向东发展、由沿海向内地发展以及世界格局呈现多极化的新集聚。

一 大都市区人口增长更快，沿海集聚趋强

从空间维度看全球样本城市人口规模分布极度不均，但是北纬40度附近的样本城市集聚了较大的人口规模。图2-22给出了全球样本城市人口规模的空间分布。全球样本城市中区域中心城市拥有较大的人口规模。就城市而言，全球人口规模较大的城市主要集中在亚洲地区。表2-3给

出了全球样本城市人口规模及其增长的统计信息。2015年全球样本城市[①]总人口为213000万人，亚洲城市总人口为118000万人，占全球总人口的55%。全球前20个人口规模最大的城市亚洲占有16个，占全球总人口的19.3%。东京人数最高，达到3597万人、雅加达3045万人、首尔2413万人、马尼拉2357万人、大阪2275万人、上海2270万人、孟买1950万人、北京1933万人、开罗1913万人、达卡1824万人和德里1817万人分别位列第2-15位。除亚洲地区外，北美纽约、墨西哥城，以及南美洲圣保罗的人口规模也相对较大。

表2-5　　　　　　　　　全球城市人口规模及其增长

	均值	方差	最小值	最大值
城市人口规模	2959124	1.2.e+13	243900	3.59e+07
人口规模增长	0.0158	0.0002	-0.0983	0.1419

资料来源：中国社会科学院城市与竞争力指数数据库。

从时间维度看，全球1007个样本城市2015年的人口增长率为1.58%。圣何塞由于婴儿潮、移民涌入成为全球城市人口规模增长最快城市，增长率高达14.19%，也是全球城市中唯一的城市人口增长率超过10%的城市。与全球城市人口规模的空间集聚在沿海城市不同的是，从时间维度看南亚和西亚的内陆城市人口增长速度较快，成为全球城市人口增长的重心。沙没巴干的增长率高达8.9%，巴丹岛增长率达7.5%，此后分别是迪沙、马拉普兰、卡耶姆库拉姆镇、特里苏尔、赖扬、拉卡、布基纳法索瓦加杜古、布琼布拉、姆万扎等城市，增长率均超过6%。相反，东亚中国的东北地区城市如鸡西、伊春、辽源、孟加拉国库尔塔、摩洛哥阿加迪尔等城市人口增长率则呈现出接近2%的负增长。同时，非洲城市人口规模介于2%—6%的增长区间，北美城市的人口增长率低于2%的正增长，西欧和南欧的城市基本上保持低于1%的正增长。俄罗斯城市人口规模增长率分化最严重，近半数城市出现接近1%的负增长。

从时空维度看，全球城市人口规模增长率由人口规模较小城市向规

[①] 若无特别说明，本节城市人口均指样本城市总人口数量。

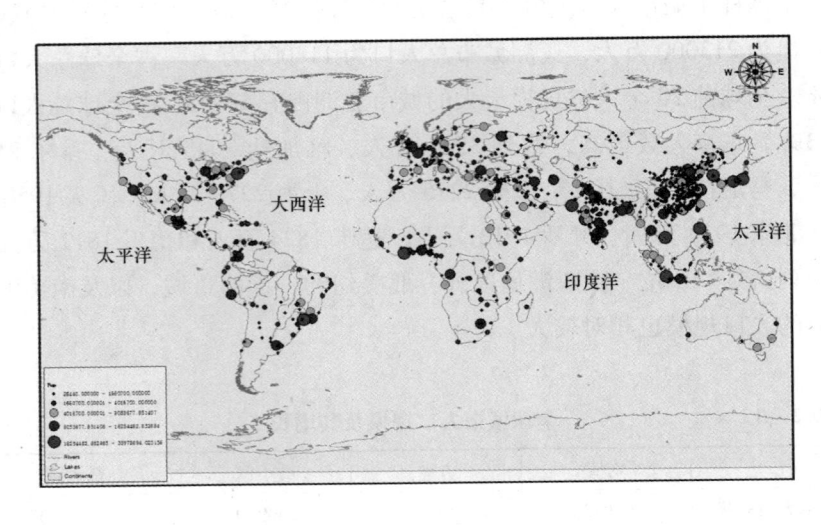

图 2 – 22　全球城市人口空间分布

资料来源：中国社会科学院城市与竞争力指数数据库。

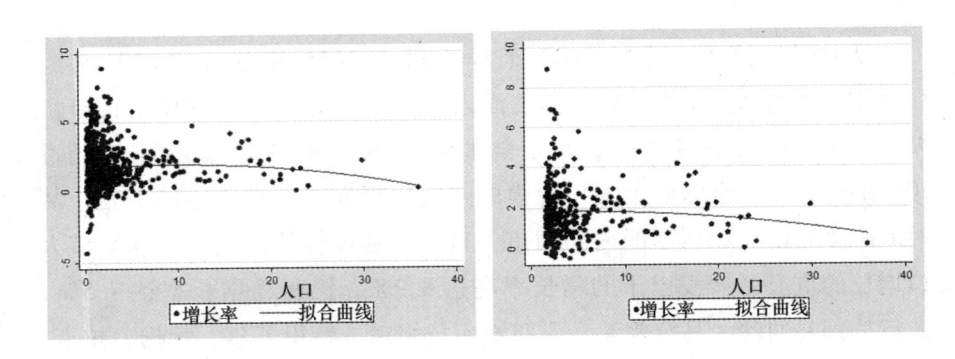

图 2 – 23　全球样本城市人口规模与人口规模增长散点图

资料来源：中国社会科学院城市与竞争力指数数据库。

模较大城市演化。图 2 – 23 给出了全球 1007 个样本城市人口规模及其增长率散点图和全球超过 1500 万人口以上共 325 个样本城市及其增长率散点图。因此全球人口规模较小的样本城市拉低了规模较大样本城市人口规模增长率。其原因是规模较小城市人口规模的增长主要来源于出生率的增长，而规模较大城市人口规模的增长不仅来源于出生率的增长，城市化进程的加快以及外来人口流入也将推高其人口规模的增长率。

全球样本城市中高层级城市持续增长,低层级城市分化。第一章给出了全球1007个样本城市的层级划分。全球样本城市中第三层级的城市人口规模最大,高层级城市人口规模持续扩大,低层级城市人口规模开始分化,特别是第六至第十层级城市人口规模分化严重。图2-24给出了全球城市人口规模和城市人口规模增长与城市层级之间的散点图。全球样本城市人口规模最大的城市并非是层级最高的城市,第三层级的部分城市城市人口规模相对较大,东京人口规模全球最大。全球第一层级城市的纽约和伦敦人口分别为2019万人和1289万人,分别为全球人口规模最大的东京的56%和35%。第二层级的洛杉矶、旧金山、香港和新加坡人口规模分别为东京的37%、12%、2%和15%。第六层级的雅加达、大阪、墨西哥城、孟买和天津的人口规模也相对较大。第七层级至第十层级的城市人口规模和城市层级之间的对应关系相对稳定。

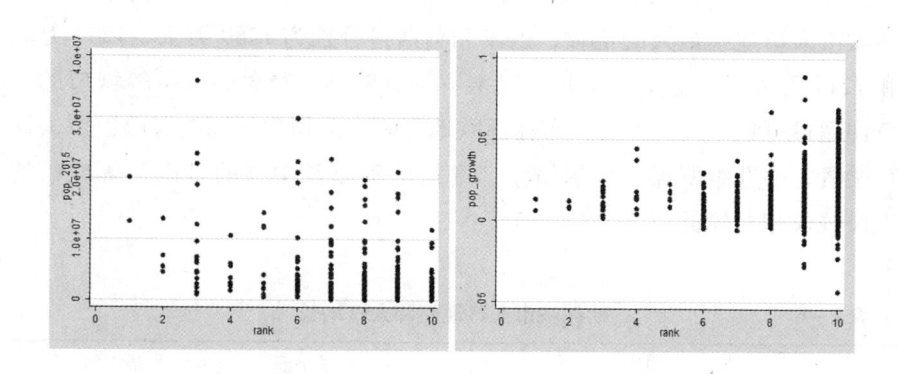

图2-24 全球城市层级与人口规模及人口增长散点图

资料来源:中国社会科学院城市与竞争力指数数据库。

随着发展中国家人口由低层级城市不断流向高层级城市的影响,第一至第五层级的城市人口规模均表现出正的增长率,而相对较低的第六至第十层级的城市均出现负的增长率,但城市人口负增长差异化严重。第六层级仅有马德里、底特律、米兰、克利夫兰均呈现出负增长,而第九和第十层级的城市均有超过30个城市出现负增长。同时,第九和第十层级的城市人口增长率分化明显,部分第十层级城市吴忠、牡丹江、四平、下诺夫哥罗德出现快于-1%的增长,中国中西部城市和东欧地区城市增长率即使为正也普遍低于1%,而南亚绝大多数第九和第十层级城市人口均保持在2%以上的正增长。

全球城市人口规模增长率的提高呈现出由低层级城市向高层级城市演变的趋势。较高层级城市如都柏林的增长率为2.47%、北京为0.21%、休斯敦为1.96%、斯德哥尔摩为0.18%等为代表的层级相对较高国际大都市仍存在人口的虹吸效应,促进城市自身的增长和增强其国际影响力。同时,低层级城市人口规模较快增长主要来源于较高的出生率,而高层级城市的人口规模的快速增长来源于城市化、人口流入和出生率等多个因素。

全球主要国家欧洲城市规模小,美国增长慢,中国规模大,印度增长快。在全球1007个样本城市中,2015年欧洲样本城市的人口规模相对最小,城市人口规模均值仅为173.76万人,且城市人口规模增长率全球最低。表2-4给出了欧洲城市人口规模和人口增长的相关统计信息。欧洲城市人口规模最大的伦敦、巴黎和莫斯科分别为1289万人、1233万人和1217万人。马德里、柏林、巴塞罗那、罗马、雅典、米兰等城市的人口均超过400万人,主要分布在西欧地区。东欧伊尔茨库克、哈巴罗夫斯克梁赞,南欧维罗那、贝尔格蒙、塞雷尼奥以及中欧的日内瓦等城市的人口规模相对较低。

表2-6　　　　　　　　欧洲城市人口规模和人口增长

	均值	方差	最小值	最大值
城市人口规模	1737634	4.02e+12	512800	1.29e+07
城市人口增长	0.0051	0.00004	-0.0983	0.026

资料来源:中国社会科学院城市与竞争力指数数据库。

从时间维度看,欧洲样本城市人口整体增长率相对较缓,仅为0.5%。欧洲130个城市样本中仅有都柏林人口增长率超过2%,斯德哥尔摩、马哈奇卡拉和布鲁塞尔等24个城市的人口增长率超过1%,占样本总数的18.46%。东欧地区克麦罗沃、萨马拉、新库兹涅茨克、哈尔科夫、南欧热那亚和那不勒斯等城市的人口增长率均小于0,占样本城市的23.6%。

全球1007个样本城市中，美国样本城市的人口规模均值为264.5767万人，略大于欧洲城市。美国城市人口规模及其增长率均小于印度和中国城市的人口规模和城市人口增长率。表2-7给出了美国城市人口规模和人口规模增长的相关统计信息。美国人口规模较大的城市主要集中在东北部的沿海区域，西北部的沿海区域也有部分人口规模较大的城市分布，美国南部的城市人口规模相对较小。美国城市人口规模最大的是纽约和洛杉矶，分别为2019万人和1335万人。其次是芝加哥、达拉斯、休斯敦、华盛顿、迈阿密、费城和亚特兰大，均超过500万人。而圣易路丝、蒂梅丘拉、米逊维耶荷和康科德的人口规模小于50万人。

表2-7　　　　　　美国城市人口规模和人口增长

	均值	方差	最小值	最大值
城市人口规模	2645767	9.12e+12	522700	2.02e+07
城市人口增长	0.0118	0.0004	-0.0028	0.1419

资料来源：中国社会科学院城市与竞争力指数数据库。

美国人口规模增长较快的样本城市主要分布在美国南部的沿海城市。美国样本城市中仅有圣何塞人口增长率超过10%，其他城市中仅有奥斯丁、罗利、查尔斯顿县北查尔斯顿市、奥勒姆和休斯敦5个城市的人口规模增长率超过2%。79个样本城市中仅有30个城市的人口规模增长率介于1%和2%之间，占总数的39%。相反，布法罗、亚克朗市、底特律和克利夫兰的城市人口增长率略小于0。值得一提的是，美国一些人口规模较大的城市，如休斯敦、达拉斯、华盛顿和迈阿密的城市人口增长率相对较大，均高于1.5%。

相对于欧洲、美国和印度样本城市人口规模，中国样本城市人口规模均值为443万人，是全球样本城市中最大的，但是中国城市人口规模增长率低于印度1.1个百分点，分别高于欧洲和美国1.1个和0.5个百分点。表2-8给出了中国城市人口规模和人口增长的相关统计信息。中国人口规模较大的城市主要分布在东部沿海城市，中西部地区的重庆和成都人口规模相对较大。中国城市人口规模最大的重庆为3016.66万人，其次上海为2270万人、北京1933万人，均超过1933万人。深圳、广州、天津和成都人口规模均超过1000万人。中西部地区的克拉玛依、金昌、乌海和铜陵城市人口规模也超过40万人。

表2–8　　　　　　　　中国城市人口规模和人口增长

	均值	方差	最小值	最大值
城市人口规模	4438452	$5.77+12$	401468	$3.02e+07$
城市人口增长	0.017	0.0001	-0.09	0.0529

资料来源：中国社会科学院城市与竞争力指数数据库。

与东部沿海城市人口规模不同的是，中国西部地区和东北地区样本城市人口规模处于负增长，而东部沿海城市和中部地区人口规模持续增长，人口继续向东部地区城市集聚。东部天津、澳门、北京、广州和深圳的人口规模增长率超过2%，中部地区郑州、合肥、武汉等城市的人口规模增长率也接近2%。而西部城市的中卫、固原、吴忠和石嘴山等人口规模增长率超过-4%，东北地区佳木斯、七台河、牡丹江和大庆等城市人口规模增长率也超过-2%。

印度样本城市的人口规模均值为204.5万人仅次于中国，但高于欧洲和美国。表2–9给出了印度样本城市人口规模和人口增长的相关统计信息。印度城市人口规模最大的孟买为1950万人，其次是德里和加尔各答分别为1817万人和1455万人。102个样本城市中，除了英帕尔，其余城市的人口规模均大于50万人。与欧洲、美国和中国不同的是，印度城市之间人口规模差距相对较小，特别是以德里、孟买、加尔各答和班加罗尔为中心向周围城市逐渐递减。

表2–9　　　　　　　印度城市人口规模和人口规模增长

	均值	方差	最小值	最大值
城市人口规模	2045398	$1.01e+13$	496314	$1.93e+07$
城市人口规模增长	0.0285	0.0001	0.0068	0.1229

资料来源：中国社会科学院城市与竞争力指数数据库。

印度样本城市人口规模增长率均值为全球最高2.85%。印度样本城市人口规模的增长率整体较高,内陆地区的人口规模增长率高于沿海城市的人口增长率,且所有城市的人口增长率均为正。马拉普兰、卡耶姆库拉姆镇、特里苏尔、切尔塔拉、奎隆和蒂鲁巴的增长率均超过5%。赖布尔、撒哈尔普兰、苏拉特和萨利加里等52个城市的人口增长率均超过2%,占样本总数的50.98%。城市人口规模较小的肖拉普尔、贾姆纳格尔、查谟和加尔各答的增长率也接近0.1%。

从时空维度看,欧洲、美国、中国和印度城市人口的新集聚的演化各有差异。受制于国家行政界线的限制,欧洲城市人口增长呈现出人口规模西大东小,增长率西小东大的趋势。美国、中国和印度城市由于不受行政边界的限制,人口可以在城市之间自由流动,引起美国城市人口向东北地区集聚并开始向南部地区扩散,中国人口集聚向东部沿海城市集聚的同时缓慢向中西部地区扩散,以及印度人口开始由沿海向内陆地区扩散。

全球城市群人口虹吸效应持续。城市群既是经济密度较高的城市集聚区,也是人口集聚区。表2-10给出了全球城市群人口规模和人口规模增长的相关统计信息。全球样本城市群城市人口规模均值为4888304人,高于欧洲、美国、中国和印度城市人口规模均值。全球人口规模较大的城市群主要集中在北美和东亚地区。美国东北地区城市群4776万人、美国中西部城市群3334万人、墨西哥城市群2769万人、南加利福利亚洲2914万人、南美圣保罗大都市圈4241万人、欧洲伦敦-利物浦城市带2346万人、和东亚地区长三角城市群6493万人、珠三角城市群4983万人、京津冀城市群3892万人、孟买城市群2776万人、首尔城市群3092万人,以及南亚雅加达城市群4537万人等。

表2-10　　　　全球城市群人口规模和人口规模增长

	均值	方差	最小值	最大值
城市人口规模	4888304	1.01e+13	522700	3.59e+07
城市人口增长	0.0134	0.0001	-0.016	0.1419

资料来源:中国社会科学院城市与竞争力指数数据库。

2015年全球城市群人口规模增长均值为1.34%,虽然低于印度和中国的城市人口规模增长率,但是高于美国和欧洲城市的人口规模增长率,因此人口具有向城市群集聚的趋势。与城市群人口规模相对较大不同的是,全球城市群同时呈现出扩散型城市群和极化型城市群。扩散型城市群是城市群中心城市的人口增长率高于城市群内部其他城市,反之为极化型城市群。全球大多数城市群均为扩散型城市群,但欧洲、北美和亚洲均有极化型城市群。全球主要扩散型和极化型城市群见表2-11。

表2-11　　　　　　　　　全球城市群分类

扩散型	扩散速度较快:阿穆达巴城市圈、班加罗尔大都市圈、北部湾城市群、孟买大都会区、墨西哥特大都市区、北加利福尼亚城市群、山东半岛城市群、长江中游城市群、长三角城市群、中原城市群、珠三角城市群、成渝城市群、辽东半岛城市群 扩散速度较慢:南加利福尼亚城市群、得克萨斯三角洲城市群、德国莱茵-鲁尔城市群、哈长城市群、海峡西岸城市群、伦敦-利物浦城市带、麦林大都会区、美国东北地区城市群、圣保罗大都市圈、亚利桑那阳光走廊城市群
极化型	极化速度较快:京津冀城市群、卡斯卡底生态城市群、科罗拉多城市群、美国中西部城市群、首尔国家都市区、西安城市群 极化速度较慢:大西洋皮得蒙特城市集群、多伦多大都会区、荷兰-比利时城市群、雅加达都市圈

资料来源:中国社会科学院城市与竞争力指数数据库。

二　双新月形分布和三条经线分布

全球经济的新集聚呈现出两个明显特征:双新月形分布和三条经线分布。双新月形分布即经济密度最大、收入水平较高的城市主要集中分布在北美洲南部沿海地区和欧洲、亚洲地区并呈现出一小一大的新月形集聚区。三条经线分布即全球经济密度较高的城市主要分布在东经20度、西经100度和东经110度附近。为了便于分析全球新型城市的新聚集和新格局,基于数据的可得性,本节采用ArcGIS10.2软件将2015年全球1007个样本城市经济密度进行可视化处理。图2-25给出了全球城市的经济密度分布图。

2015年全球1007个样本城市经济密度均值约为1400美元/平方千

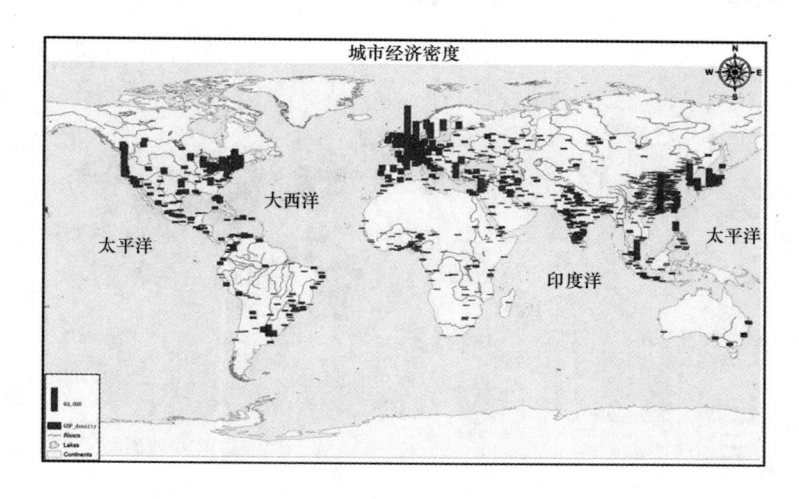

图 2-25　全球城市经济密度分布

资料来源：中国社会科学院城市与竞争力指数数据库。
图表来源：笔者自绘。

米。全球经济密度最高的城市主要集中在西欧、南美和东亚部分城市，以及德国和英国的部分城市。全球城市经济密度最高的新加坡和慕尼黑，其经济密度均超过 30000 美元/平方千米，其次是香港和奥地利经济密度超过 20000 美元/平方千米。法兰克福、台北、日内瓦、澳门、深圳和东京等 23 个城市的经济密度超过 10000 美元/平方千米，占样本总数的 2.28%。西亚、非洲以及东欧城市的经济密度相对较小，布卡武、荷台达、科纳克里和酒泉等 260 个城市的经济密度低于 100 美元/平方千米，占样本总数的 25.82%。

表 2-12　　　　　全球城市经济密度及城市经济规模增长

	均值	方差	最小值	最大值
城市经济密度	1399.525	1.01e+13	4.310	41458
城市经济规模增长	0.021	0.0001	-0.1949	0.1532

资料来源：中国社会科学院城市与竞争力指数数据库。

2015 年全球样本城市经济规模增长均值约为 2.1%。从时间维度看，全球城市经济规模持续增长，经济规模小的城市增长快于经济规模大的

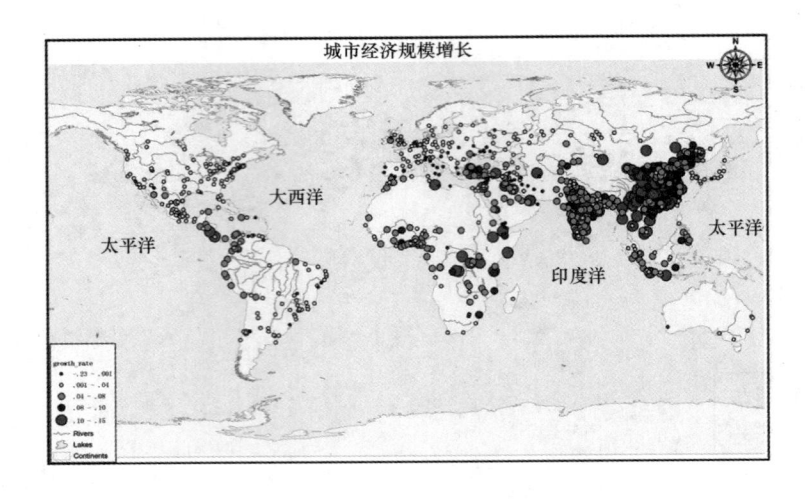

图 2-26 全球城市经济规模增长分布

资料来源：中国社会科学院城市与竞争力指数数据库。

图表来源：笔者自绘。

城市，中国和印度城市增长速度快于欧洲和北美城市，亚洲城市增长速度全球最快。南德、戈尔哈布尔县、姆万扎、汕头、的黎波里、克塔克、本地治理、瓜廖尔海防、桑给巴尔、比莱纳戈尔、贵阳、伯格拉、印多尔、安顺、北海、姆布吉马伊、遵义、六盘水、安康、博帕尔和比卡内尔共21个城市经济规模增长率超过15%，且城市经济规模相对较小。21个城市中19个城市来自中国和印度，且全球1035个城市中增长率最快的前379个城市均来自亚洲，前454名中除了基多、比亚维森西奥、麦德林、库库塔、瓜亚基尔和卡塔赫纳分别位列第380、397、422、438、440和446位，其他城市均来自亚洲。图2-26给出了全球城市经济规模的增长率分布，其中深色表示城市经济规模增长率较快的城市，因此全球城市经济规模的增长率主要集中在亚洲。就城市经济规模的增长率大小而言，全球增长率超过15%的城市占样本总数的2.19%，超过1/2的城市增长率超过4%，超过2/3的城市增长率大于2%，超过90%以上的城市增长率为正。同时欧洲克里沃罗格、拉卡、敖德萨、哈尔科夫、扎波里日亚，以及亚洲的哈马、拉塔基亚、阿勒颇、萨那、荷台达、塔依兹、米苏拉塔、亚丁和班加西等城市的经济规模增长率均小于0，占总数的5.99%，具体增长率占比见表2-13。

表 2-13　　　　　　　全球城市经济规模增长率占比分布

增长率	15%	10%—15%	8%—10%	6%—8%	4%—6%	2%—4%	0—2%	负增长
占比（%）	2.19	19.39	10.91	11.98	11.29	12.08	26.07	5.99
累计（%）	2.19	21.58	32.49	44.47	55.76	67.84	93.91	100

资料来源：中国社会科学院城市与竞争力指数数据库。

从时空维度看，全球经济密度较大的城市呈现出明显的块状分布，逐渐形成一大一小的双新月形分布。具体而言，第一块主要集中在大西洋和太平洋之间的美国西部城市和东南部城市以及墨西哥北部的城市，随着美国南部地区的崛起呈现出小的新月形分布。第二块主要集中在大西洋的西北部即欧洲的西南部。第三块主要集中在太平洋的西部即亚洲的东南部，随着欧洲的东南部和南亚地区经济的不断发展，逐渐将第二块和第三块连接在一起呈现出大的新月形分布。全球城市的新集聚最终形成双新月形分布。

从三条经线分布即空间维度看，全球经济密度较高的样本城市主要集中在三条断崖式经线一侧分布。第一条断崖经线是东经20度以西的西欧地区，第二条经线是西经100度以东北美南部的美国城市，第三条断崖经线是东经110度以东的东亚地区，集聚于三条经线一侧的样本城市不仅影响自身的经济增长，还将影响城市群甚至全球城市经济规模的增长。全球三条经线空间分布见图2-27，从左至右分别为西经100度、东经20度和东经110度。

从时间维度看，全球经济密度较高城市的集聚具有由西向东演化的趋势。20世纪前，东经20度西部、大西洋东海岸的城市是全球经济的中心。东经20度以西的区域主要集聚了西欧的发达样本城市，具体包括爱尔兰的都柏林、英国的伦敦、爱丁堡、布里斯托尔等、法国的巴黎、布雷斯特等、荷兰的阿姆斯特丹、德国的柏林汉堡、慕尼黑、斯图加特等城市，与东经20度以东的城市差别较大。

20世纪至今，第二条经线即西经100度以东的样本城市仍然是经济增长的中心。西经100度以东的区域主要集聚了北美特别是美国主要的发

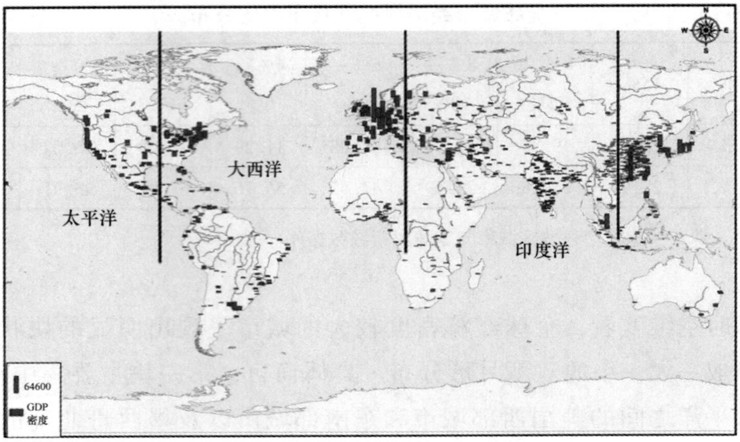

图 2-27　全球经济密度分布图

资料来源：中国社会科学院城市与竞争力指数数据库。

图表来源：笔者自绘。

达城市。具体包括美国的华盛顿、西雅图、旧金山、圣路易斯-奥比斯堡、洛杉矶、圣地亚哥、奥斯丁、休斯敦、迈阿密、亚特兰大、匹兹堡、多伦多和纽约等全球经济密度较高的样本城市，与西经100度以西的城市差别较大。

21世纪以来，第三条经线即东经110度线以东的东亚地区逐渐成为全球经济增长的新中心。东经110度线以东的高收入城市主要集聚了东亚日本、中国和韩国的样本城市。具体包括日本的东京和大阪，韩国的首尔，中国的北京、上海、杭州、广州、深圳和香港等样本城市。因此，从时间维度看，上述三条经线具有由西向东发展和演化的趋势。

从时空维度看，全球收入最高城市依次集聚在东经20度以西、大西洋东海岸的西欧地区、西经100度线附近的北美地区以及东经110度线以东的东亚地区，逐渐形成了全球三大经济集聚区，演化成一大一小的双新月形分布。

三　高低层级城市经济接力增长

全球层级城市经济的新集聚主要表现在低层级城市经济开始崛起，与

第二章 全球城市竞争力 2017 年度综述 ◇ 71

高低层级城市经济规模的扩大呈接力增长态势。若将全球 1007 个样本城市按照其经济发展水平分为 10 个层级,第一层级为全球经济发展水平最高的城市,第十层级为全球经济发展水平最低的城市,样本城市的层级和数量呈金字塔结构,且空间分布非常明显。图 2 - 28 给出了全球等级城市分布。

由图 2 - 28 可知全球城市层级空间集聚明显,北美和西欧仍是全球的经济中心。第一至第四层级城市主要分集中布在北美南部、西欧和东亚沿海地区,第五至第七层级城市主要分布在北美西南部美国、西欧和部分东亚地区,第八层级和第九层级城市主要分布在南美和北美交界地区、东欧和东南亚地区,第十个层级主要分布在东欧、南非、南亚和东南亚。

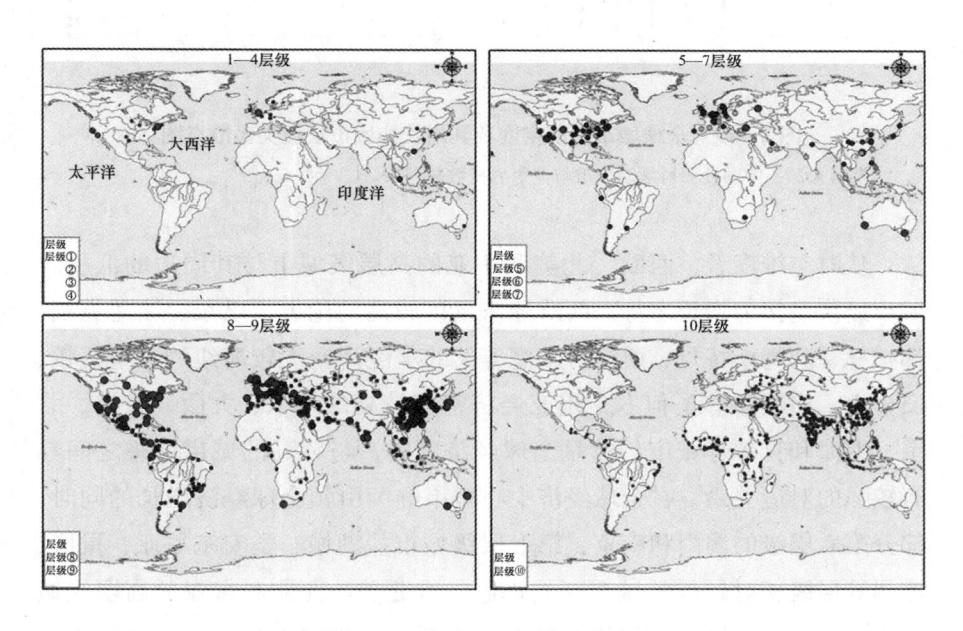

图 2 - 28 全球层级城市空间分布

资料来源:中国社会科学院城市与竞争力指数数据库。
图表来源:笔者自绘。

图 2 - 29 给出了全球城市经济密度以及城市经济规模增长与城市对应层级之间的对应关系。由图 2 - 29 可知全球大多数第一至第六层级的城市的经济密度相对较高,第七至第十层级城市的经济密度相对较低。就城

市经济规模增长率而言，随着城市层级的降低，城市经济规模增长率差异逐渐扩大，特别是第九层级的的黎波里、朔州和利沃夫等，以及第十层级的铁岭、鹤岗、班吉、荷台达等城市经济规模增长率均为负，且为低于5%的负增长。

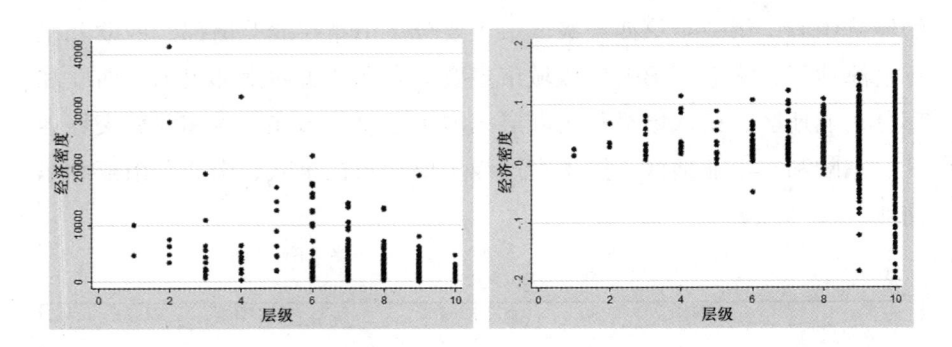

图2-29　全球城市经济密度及其增长与城市层级关系散点图
资料来源：中国社会科学院城市与竞争力指数数据库。

从时空维度看，西欧、北美和东亚的高层级城市与其周边的低层级城市经济呈接力增长态势。西欧经济密度较高的伦敦、巴黎、法兰克福、都柏林、阿姆斯特丹、斯德哥尔摩等，北美经济密度较高纽约、华盛顿、旧金山、洛杉矶、圣何塞，东亚经济密度较高的东京、大阪、香港、北京、上海和首尔等城市仍然是全球经济中心，与较高的城市层级之间具有较强的对应关系。在全球经济中心城市继续引领全球经济增长的同时，部分第六层级的澳门和南京、第七层级城市盐湖城、圣安东尼亚、重庆、苏州等层级相对较低的城市开始崛起，继北美、西欧和东亚的高层级城市之后成为全球经济持续增长的新生力量，在空间上与较高层级城市之间形成接力增长态势。

四　西欧引领全欧，美国科技和金融城市增长较快，中国由东部向西部扩散，印度由沿海向内地扩展

在北美、西欧和东亚高层级城市引领全球经济增长的同时，区域内部特别是大国内部的低层级城市如东欧地区、美国南部地区、中国中部和西部地区的城市开始崛起，与高层级城市的经济增长形成区域接力增长态势，成为全球经济增长持续增长的新生力量。低层级城市的崛起具体表现为北美地区的美国由东北向西和向南发展，欧洲地区由南欧向东欧发展，亚洲地区由东南沿海向中西部的内陆区发展。

欧洲城市经济的集聚：西欧城市齐头并进引领全欧。表2-14给出了欧洲样本城市经济密度和城市经济规模增长的统计信息。从空间上看，欧洲城市的经济密度全球最高，城市经济密度的均值为3674.53美元/平方千米。同时，欧洲内部西欧城市与东欧城市之间经济密度差距较大，原因是不同国家之间的行政边界阻碍了要素的自由流动。西欧、德国和南欧城市经济密度较高，也是欧洲经济的中心，东欧的俄罗斯和乌克兰经济密度相对较低。图2-29给出了欧洲城市2015年经济密度空间分布。2015年欧洲经济密度最高的慕尼黑为32497美元/平方千米，其次维也纳也超过20000美元/平方千米。欧洲126个样本城市中，法兰克福、日内瓦、柏林、汉堡等16个城市的经济密度均超过10000美元/平方千米，占欧洲样本城市的12.69%。东欧地区俄罗斯和乌克兰的城市经济密度相对较低，喀山、阿斯特拉罕、新库兹涅茨克、鄂木斯克、顿涅茨克、哈尔科夫、扎波里亚等26个城市的经济密度均低于100美元/平方千米。

表2-14　　　　欧洲城市经济密度及城市经济规模增长

	均值	方差	最小值	最大值
经济密度	3674.24	2.24e+08	8.41	32479.90
城市经济规模增长	0.0082	0.0001	-0.027	0.057

资料来源：中国社会科学院城市与竞争力指数数据库。

从时间维度看，全球范围内欧洲城市经济规模增长率略低于北美城市，明显低于其他地区特别是亚洲城市的增长率，2015年欧洲城市规模的年平均增长率仅为0.82%。欧洲城市经济规模年平均增长率最快的是都柏林为5.70%，其他城市的增长率均低于5%。在欧洲126个样本城市中，经济规模增长率超过2%的城市仅有21个，占样本总数的16.94%。经济规模增长率超过1%的城市仅有26个，占总数的20.97%。诺丁汉、格拉斯哥、维也纳、汉堡、阿姆斯特丹、日内瓦、法兰克福、斯图加特和苏黎世等50个城市的经济规模增长率虽然为正,却低于1%。不仅如此,欧洲还有26个城市出现负增长,其中不乏巴伦西亚、波尔图、佛罗伦萨、塞萨洛尼基和塞维利亚等一些西欧和南欧经济密度相对较高的城市。同时,欧洲内部东欧城市的经济增长速度略快于西欧和南欧城市。俄罗斯陶里亚蒂、阿斯特拉罕、乌法、萨马拉、奥伦堡等东欧地区的城市经济规模增长率略高于2%,而西欧和南欧仅有个别城市弗罗茨瓦夫、莱斯特、华沙和波兹南等4个城市的增长率略高于2%。

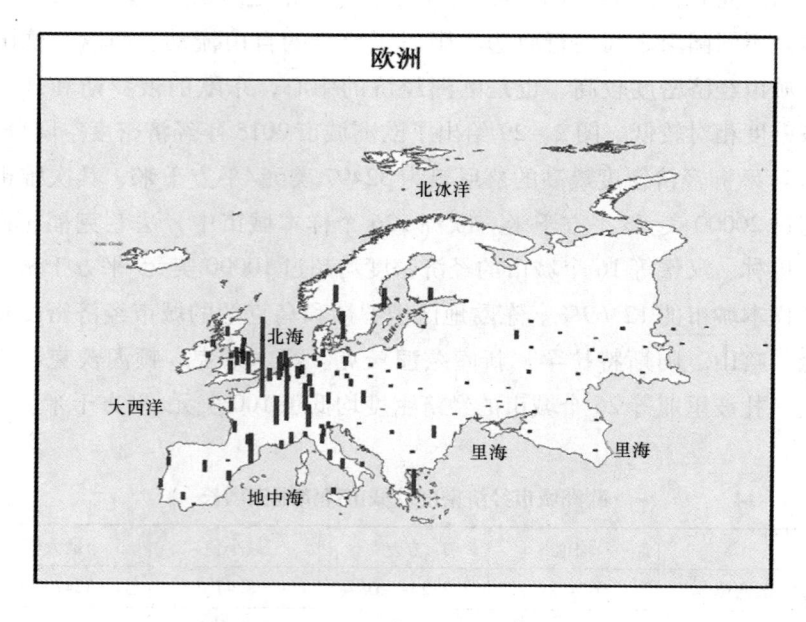

图2-30 欧洲城市经济密度空间分布

资料来源:中国社会科学院城市与竞争力指数数据库。

从时空维度看,欧洲城市经济的新集聚表现为由西欧和南欧城市继续引领欧洲经济发展的同时,开始由南欧向东欧缓慢扩散,由大西洋沿岸向东欧内陆城市缓慢扩散。就欧洲的城市集聚而言,经济密度较高的城市基本上集中在西欧和南欧地区,东欧低层级水平城市的经济规模增长速度相对较快和缓慢崛起。具体表现为西欧都柏林、伦敦、巴黎、慕尼黑等城市,中欧维也纳、塞雷尼奥和佛罗伦萨、莫斯科等城市具有较快的经济增长率,逐渐成为欧洲经济的重要发展力量之一。

美国科技与金融中心城市经济密度高增长快。美国城市的经济密度低于欧洲城市的经济密度,但远高于中国和印度城市的经济密度。2015年美国城市的经济密度均值为2800美元/平方千米,略小于欧洲但远高于中国和印度,且城市之间经济密度差距全球最小。图2-30给出了美国城市经济密度的空间分布图。从空间维度看,美国的东北地区城市依然是美国经济的中心。洛杉矶经济密度最高为12557美元/平方千米,其他城市的经济密度均低于10000美元/平方千米。其次迈阿密、旧金山、纽约、波士顿、圣何塞、波士顿的经济密度均高于5000美元/平方千米。相反,图森、波特兰、阿尔伯克基、萨克拉门托、塔尔萨等城市的经济密度均低于500美元/平方千米。

表2-15   美国城市经济密度及城市经济规模增长

	均值	方差	最小值	最大值
城市经济密度	2800.38	1.34e+08	152.9517	12557.74
城市经济规模增长	0.0073	0.00009	-0.004	0.067

资料来源:中国社会科学院城市与竞争力指数数据库。

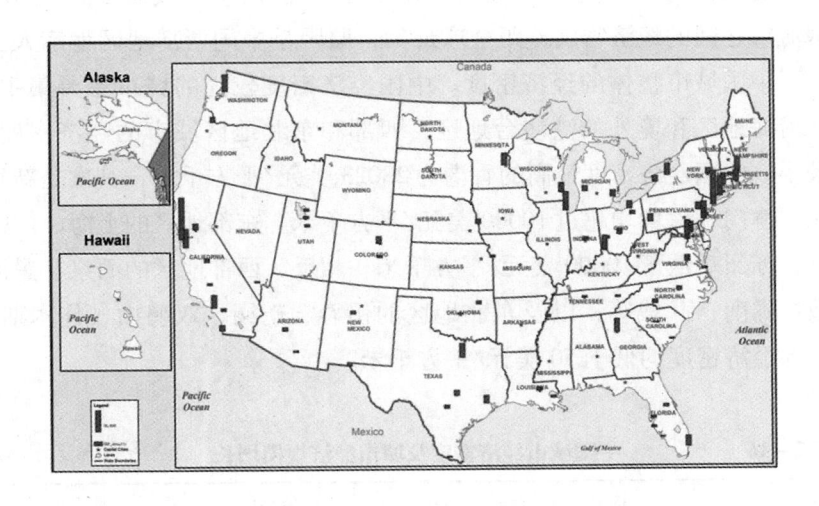

图2-31   美国城市经济密度空间分布

资料来源:中国社会科学院城市与竞争力指数数据库。

与欧洲类似，从时间维度看美国经济规模增长率相对偏低，仅有圣安东尼亚和奥斯丁的增长率高于2%。在65个样本城市中，仅有埃尔帕索、俄克拉荷马城、奥勒姆、那什维尔、塔尔萨等12个城市的经济规模增长率大于1%，占样本总数的10.95%。美国的纽约、旧金山、洛杉矶、华盛顿、西雅图、芝加哥和底特律等规模较大的城市，以及激流、拉斯维加斯、巴吞鲁日、亚克朗、盐湖城等56个城市的经济规模增长率仅为略大于零的正增长，占样本总数的74.67%。相反，纽黑文、哈特福德和新奥尔良出现了略小于0的负增长。

从时空维度看，美国人均收入水平较高的城市基本上集中在东北地区，但是南部和东部低层级的内陆城市开始崛起。具体表现为由美国东北华盛顿、圣何塞等城市朝东向米尔沃基、波利斯、克利夫兰和辛辛那提、里士满、底特律发展，以及朝南向巴吞鲁日、新奥尔良、火奴鲁鲁等城市发展。

中国的经济中心正在从东部向中部扩展。中国城市的经济密度低于欧洲和美国的城市经济密度，但高于印度城市的经济密度。表2-16给出了中国城市经济密度及城市经济规模增长的统计信息。2015年中国城市经济密度均值为780美元/平方千米，约为美国的1/4或者欧洲的1/5。中国城市之间的经济密度差距全球最大，原因是中国西部地区地广人少，拉低了中国城市整体的经济密度。中国经济密度较高的城市主要集中在东部沿海地区和境外的港澳台地区，西部和东北地区城市的经济密度相对较小。中国经济密度最高的香港为28023美元/平方千米，其次是新竹、台北、澳门和深圳均超过10000美元/平方千米。东部地区的上海、广州、北京、苏州略低于10000美元/平方千米。相反，西部地区的酒泉、黑河、张掖、陇南、武威等，以及东北地区的伊春、鹤岗、双鸭山、佳木斯等城市的经济密度均低于50美元/平方千米。

表2-16　　　　　　　中国城市经济密度及城市经济规模增长

	均值	方差	最小值	最大值
经济密度	780.96	6553581	12.1258	28023.55
城市经济增长	0.0827	0.003	-0.19	0.18

资料来源：中国社会科学院城市与竞争力指数数据库。

从时间维度看，相对于全球其他国家和地区，中国城市具有较快的经济增长率。中国境内城市的经济增长率由东部地区开始朝中西部转移，由沿海地区向内地转移，同时内地经济增长分化严重。2015年中国城市经济规模增长均值为8.27%，在292个样本城市中，中国西部地区的安顺、遵义、六盘水、定西、普洱、重庆、保山，以及中部地区的赣州、宿迁、淮安、常德、邵阳、宣城和伊春等37个城市的经济规模增长率均超过10%，占总数的12.63%。同时，菏泽、揭阳、郴州和十堰等64个城市经济规模增长率超过8%，衡水、荆州、自贡和兰州等60个城市增长率超过6%，德阳、秦皇岛、苏州、中山等46个城市增长率超过4%，辽源、濮阳、佳木斯和台南等33个城市增长率超过2%，常德、忻州和长治等13个城市增长率大于0，分别占总数的21.92%、20.55%、15.75%、11.30和4.45%。东北和西部盘锦、本溪和漯河等城市出现了负增长。

从空间维度看，与北美由东北向南和向东发展、欧洲由南欧向东欧发展不同的是，中国东部地区作为中国经济中心的同时，开始由东向西和由沿海向内地扩散。中国经济密度较高的城市主要集中在东部沿海地区的香港、深圳、广州、上海和南京等城市。随着低层级城市的崛起，中国城市正在向中部地区一些层级偏低的武汉、西安、武汉、合肥、郑州和南昌等发展，向西南地区的重庆和成都方向发展以及向西部地区的兰州和乌鲁木齐发展。

印度经济正从西部沿海向内地与东部扩散。印度城市的经济密度整体较低。相对于欧洲、美国和中国而言，印度城市之间经济密度均值为325美元/平方千米，分别为中国、美国和欧洲的2/5、1/10和1/12。同时，印度城市经济密度之间的差距相对较大。表2–17给出了印度城市经济密度及城市经济规模增长的统计信息。2015年印度城市经济密度最高的德里为6698美元/平方千米，其次是班加罗尔、钦奈、孟买、科钦和哥印拜陀分别为3769美元/平方千米、3017美元/平方千米、2343美元/平方千米、1694美元/平方千米和1615美元/平方千米，其他城市的经济密度均低于1000美元/平方千米。相反，印度100个样本城市中内陆的赖布尔、比卡内尔查谟、昌迪加尔、吉尔伯加、马莱冈和南德等14个城市经济密度均低于50美元/平方千米，占总数的14%。

表2-17　　　　　　　印度城市经济密度及城市经济规模增长

	均值	方差	最小值	最大值
城市经济密度	325.47	5408157	2.2499	6697.63
城市经济规模增长	0.075	0.0011	0.007	0.15

资料来源：中国社会科学院城市与竞争力指数数据库。

从时间维度看，2015年印度城市经济规模增长率整体较高。与欧洲、美国和中国不同的是，印度所有样本城市经济规模增长率均为正增长。南德、格尔哈布尔县、克塔克、本地治理、瓜廖尔、比莱纳戈尔、印多尔、博帕卡经济规模增长率均超过15%，比卡内尔、马图拉、胡不利-塔尔瓦德、奥兰加巴德、贾巴尔布尔、切尔塔拉和迈索尔的经济规模增长率也超过10%。相反，阿姆利则、巴特那、加尔各答、查谟和马拉普兰的增长率相对较低，其增长率均低于2%。从经济规模增长率占比看，印度样本城市中增长率超过10%的占14%，增长率超过6%的占29%，增长率超过4%的占69%。其中，有40%的城市增长率介于2%和4%之间，具体的城市经济规模增长率占比见表2-18。

表2-18　　　　　　　印度城市经济规模增长率分布

增长率（%）	10—15	8—10	6—8	4—6	2—4	0—2
占比	0.07	0.07	0.15	0.40	0.20	0.11
累计	0.07	0.14	0.29	0.69	0.89	1

资料来源：中国社会科学院城市与竞争力指数数据库。

与美国、欧洲和中国不同的是，印度城市的城市层级整体较低，仍具有微弱的由西部沿海向内地和东部沿海发展的趋势。印度收入水平较高的城市主要集中在印度东海岸的孟买大都会区、阿穆达巴都市圈，班加罗尔都市圈以及以首都德里为中心的德里大都会区。随着低层级城市的崛起，城市经济密度开始由西部沿海地区向东部沿海地区西孟加拉邦的加尔各答、向内地旁遮普邦和哈里亚纳邦的昌迪加尔等方向发展。

五 城市群的经济集聚

全球城市群经济密度：西密东疏，规模西大东小。全球城市群的经济密度均值低于欧洲和美国城市的经济密度，但是其经济密度高于中国和印度城市的经济密度。表2-19给出了全球城市群经济密度及城市群经济规模增长的统计信息。2015年全球城市群的经济密度均值为1936美元/平方千米，分别为中国和印度城市经济密度的2.48和5.96倍。但是全球城市群经济规模增长率均值为0.0417，约为中国的1/2或印度的4/7，但是远高于欧洲和美国的经济规模增长率。其原因是城市群中心城市经济规模的扩大和增长有利于在城市群内部的扩散，从而带动整个城市群经济规模的扩大和增长。

表2-19 　　　全球城市群城市经济密度及城市经济规模增长

	均值	方差	最小值	最大值
城市经济密度	1936	1.01e+13	124.6451	3.59e+07
城市群经济规模度增长	0.0417	0.0001	-0.1222	0.1310

资料来源：中国社会科学院城市与竞争力指数数据库。

从城市群的空间分布看，全球城市群密度表现为西密东疏，而城市群的规模表现为西大东小。图2-32给出了全球54个城市群的空间分布。

图2-32中深色圆圈越大表示城市群经济密度较高且城市群的规模较大。因此无论是全球城市群数量抑或规模，其空间分布均表现出西密东疏、西大东小的现状。北美共有13个城市群且主要分布在美国，使得美国不仅是北美的经济中心也是全球的经济中心。全球经济中心包括美国的南加利福尼亚城市群、北加利福尼亚城市集群、美国中西部城市群、美国东北地区城市群、得克萨斯三角洲城市群、大西洋皮得蒙特城市集群、亚利桑那阳光走廊城市群、圣保罗大都市圈、南佛罗里达城市群。其他城市群包括加拿大的渥太华大都会区、卡尔卡里大都会区、多伦多大都会区、墨西哥特大都市区，共同形成全球的经济中心。南美洲仅有两个城市群，麦德林大都会区和哥伦比亚波哥大大都会区。欧洲的主要

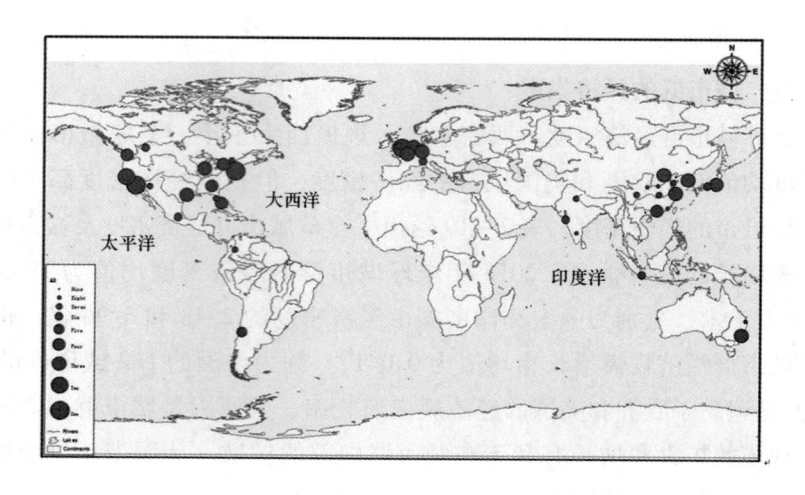

图 2-32　全球城市群分布

资料来源：中国社会科学院城市与竞争力指数数据库。

城市群有意大利米兰都会区、伦敦-利物浦城市带、波兰克拉科夫大都会区、荷兰比利时城市群、法国巴黎-鲁昂-勒阿弗尔城市群、德国莱茵-鲁尔城市群、Frankfurt am Main Metropolitan Area。东亚的主要城市群有日本的名古屋都市圈、大阪都市圈、首尔国家首都区、中国的长三角城市群、珠三角城市群、京津冀城市群、中原城市群、长江中游城市群、西安城市群、山东半岛城市群、辽东半岛城市群、海峡西岸城市群、哈长城市群、成渝城市群、印度尼西亚的雅加达都市圈，以及南亚的孟买大都会区、德里大都会区、班加罗尔大都市圈，以及澳洲布里斯班大都会区。

全球城市群增长：扩散与极化共存。从时间维度看，全球城市群扩散与分化共存。由表 2-19 可知 2015 年全球城市群经济规模的增长率均值为 4.17%。就城市群个体而言，多数发达大城市群基本是处于扩散状态，即城市群内部的非中心城市相对中心城市拥有更高的经济规模增长率，多数落后的城市群基本上是处于极化的，即城市群内部的中心城市相对非中心城市拥有更高的经济规模增长率。总体而言，绝大多数美国的城市群和中国城市群，特别是中国中西部地区成长性的城市群均属于扩散型城市群，而绝大多数其他地区的城市群均属于极化型城市群。若将中心城市与城市群平均增长率之差高于 1% 定义为扩散或极化速度较快的城市群,将之差小于1%的定义为扩散速度较慢的城市群,表2-20给出了全球主要城市群的扩散与极化情况。

表2-20　　　　　　　全球主要城市群的扩散与极化

类型	城市群
扩散型	扩散速度较快:北加利福尼亚集群、伦敦-利物浦城市群、孟买大都会区,以及中国的长三角城市群、珠三角城市群、京津冀城市群、中原城市群、长江中游城市群、西安城市群、辽东半岛城市群、海峡西岸城市群、哈长城市群、成渝城市群、北部湾城市群 扩散速度较慢:美国东北地区城市集群、南加利福尼亚城市群、美国中西部城市集群、多伦多大都会区、德国莱茵-鲁尔城市群、米兰大都会区
极化型	极化速度较快:班加罗尔城市群、麦德林大都会区、首尔城市群、亚利桑那阳光走廊城市群、墨西哥特大都市区、阿穆达巴城市群 极化速度较慢:圣保罗大都市圈、北加利福尼亚、大西洋皮德蒙特城市集群、山东半岛城市群、荷兰比利时城市群

资料来源:中国社会科学院城市与竞争力指数数据库。

全球城市群演化:扩张东快西慢。从时空维度看,全球经济密度较高的城市主要集中在"老牌"城市群,而成长速度较快的城市群主要集中在新兴城市群。全球老牌城市群的增长率相对较低,以圣何塞为中心的北加利福利亚洲城市群和以卡尔卡里为中心的卡尔加里大都会区的增长3.22%和3.4%相对较高。以华盛顿、纽约、波士顿为中心的美国东北地区城市群增长1.82%、以洛杉矶为中心的南加里福利亚洲城市集群增长1.6%、以休斯敦和达拉斯为中心的得克萨斯三角洲城市群增长1.59%、以明尼阿波利斯圣保罗为中心的美国中西部城市群增长1.3%、以夏洛特为中心的大西洋皮得蒙特城市集群仅增长1.2%。除了美国的城市群外,以法兰克福和慕尼黑为中心的法兰克福大都会区仅有2.2%的增长率。

东亚的新兴城市群的成长速度相对较快。在长三角城市群、珠三角城市群和京津冀城市群的发展带动下,逐渐形成了东南沿海地区的海峡西岸城市群、山东半岛城市群、中部地区的长江中游城市群、中原城市群和哈长城市群、西部地区的西安城市群以及西南地区的成渝城市群，其增长速度均超过5%。不仅如此，东亚的城市群基本上属于成长型的扩散型城市群。作为欧洲的老牌城市群，伦敦－利物浦城市带、鲁昂－勒阿佛尔城市群、莱茵－鲁尔城市群一直是欧洲经济增长的重心，在其带动下逐渐形成了荷兰－比利时城市群、米兰大都会区、大西洋皮得蒙特城市集群则处于成长期，其增长速度略高于1%。而印度除了德里大都会区、孟买大都会区、班加罗尔大都市圈和阿穆达巴都市圈外没有新型成长的都市圈。

第三节　全球城市的新联系：软联系正慢慢主导世界城市体系

城市联系是城市的第二特征，是城市的基本功能，在全球城市网络体系下，城市连接性是城市地位的决定性因素，与此同时，全球城市联系也是全球经济相互联系和作用的集中反映。全球城市联系既是全球城市体系结构关系的反映，也是全球空间经济结构关系的表现。

完整的全球（城市）联系不仅是有形物质的硬联系，还是无形的软联系。尽管硬联系作为联系的重要内容和基础依然十分重要，但是随着全球进入知识与信息经济的时代，软联系的地位越来越重要了。借鉴传统的硬联系测度方法，创新制造软联系测度方法，计算并分析全球（城市）联系度发现：以往的港口、铁路和资源等硬联系要素虽然具有一定的空间地域局限性，但是其作用依旧比较重要；当前，信息科技和教育等软联系要素已经突破时间、空间限制，改变和主导世界城市体系。

一　城市软联系越来越重要

根据城市之间生产、物流、技术、信息和知识等要素流动的载体是否有形将新型全球城市之间的联系分为两类：硬联系和软联系。硬联系主要是指将不同主体或者不同区域之间的主体与货物、资金、人才，以及其他服务等内容的连接。支持硬联系的关键性物理基础设施，主要包括交通运输体（航空、公路与轨道等）、能源传输体系和物流系统等，因而硬联系也相应地具有一定的空间地域局限性。软联系是指将不同主体与区域之间的技术、知识、信息和思想等联系，载体包括纸媒介、磁介质、电子等产品，支持软联系的有形或无形的基础设施，如通信系统、互联网设施、文化和教育设施等。因此，软联系是硬联系的扩展和延伸，软联系的发展需要以硬联系为基础，两者互相包含彼此促进。当前，硬联系依然重要，但是在21世纪信息科技的背景下，全球城市联系已经从硬联系更多地转向软联系，从而跨越更长的时间限制和更广的空间限制。

根据硬联系和软联系的特性，我们发现硬联系和软联系之间既有共性也有差异。具体地，城市之间硬联系与软联系的共性主要有三点。一是硬联系与软联系具有相同的目的。硬联系与软联系的共同目的都是为了达到资源分享的目的。城市之间的资源分享可以节约城市的有形和无形成本，能够更好地发挥城市的功能和潜能。二是硬联系与软联系的结果相同。城市之间的联系为了更好地集聚，城市之间的集聚为了更好地联系。因此无论城市之间的通过硬联系抑或通过软联系来达到资源分享的目的，最后的结果都会增强城市之间的联系和集聚。三是城市之间通过硬联系与软联系分享资源均需要通过特定载体来实现。无论城市之间分享的资源是有形的或者是无形的，都必须通过特定的载体来实现。城市之间硬联系与软联系的差异性主要有四点。一是硬联系是基础，软联系是硬联系的扩展和延伸。城市之间的联系从硬联系为主要联系方式开始，随着时间的推移逐步转向以软联系为主的联系方式。二是硬联系与软联系分享资源的载体不同。硬联系需要通过物流、人流和跨国公司等有形载体来实现城市之间资源的分享，软联系通过信息、网络等无形载体来实现城市之间资源的分享。三是硬联系与软联系的联系范围存在差异。硬联系需要借助有形载体来实现资源分享，因此硬联系需要的时间跨度较长，联系的空间范围相对较窄。软联系通过无形载体来实现资源分享，因此软联系的时间跨度较短，联系的空间范围相对较宽。四是硬联系与软联系分享资源的方向不同。如软联系如新型城市的知名度等，一般不具有方向性。硬联系与软联系缺一不可，城市之间的资源分享既需要硬联系也需要软联系。特别是城市之间分享的资源既有编码的知识和信息也有非编码的知识和信息时，非编码知识或者信息只能通过硬联系来实现分享。

二 硬联系：城市间硬联系差异较小，分布平衡

作为软联系的基础，硬联系在当前世界城市网络中的作用依然比较明显。一个城市的交通、能源、物流等基础设施越发达，那么该城市就可能与其他城市有着更强更多的联系。因此，本节采用城市的航运便利度指数、航空便利度指数及相关图表来报告全球新型城市之间的硬联系。

硬联系之铁路、航运支撑的联系：全球普遍偏高且具有较强的地域局限性，各城市间差异较小，沿海显著强于内陆、北太平洋两岸强于北大西洋两岸

自从工业革命时期以来，作为硬联系的主要方面和物流的主要运输方式，铁路和航运表现出强的地域局限性。从全球运营的铁路系统和航运系统的运营图我们可以明显看出这一点（见图2-33）。从铁路运营系统来看，主要集中于区域内部联系如欧洲大陆、北美洲的东部和西部、南美洲的南部和亚洲的东亚地区。从航运角度来看，航运联系主要表现为区域间联系且区域间联系的地域限制更加明显，基本表现为欧洲与北美洲东部的联系、东亚和北美洲西部的联系，即主要集中为北半球太平洋两岸之间的联系和北半球大西洋两岸之间的联系。从各区域内部角度来看，无论是铁路系统还是航运系统都表现出沿海地区的联系要比内陆地区更为紧密和广泛，如西经100度左右内陆与两边沿海城市之间的差距、东经20度右边内陆城市和左边沿海城市之间的差距、东经110度左边内陆城市和右边沿海城市之间的差距以及南半球大西洋之间内陆城市与沿海城市之间的差距。

借助全球城市的经纬度及其与最近港口的最短距离可以计算出全球城市的航运便利度指数。全球航运便利度指数最高的是处于港口的港口城市，其航运便利度指数为1，包含了伦敦、洛杉矶、蒙特利尔、纽约、香港、新加坡、上海、台中、釜山等64个全球主要的大城市。这在一定程度上表明该城市对外联系越多、越便利，那么这一城市相对于其他城市就越容易发展。接着我们绘制了城市排名的分布情况（图2-34）与核密度分布（图2-34），从图中我们可以看出全球的航运便利度总体偏高，有将近80%的城市在0.75以上；全球城市的航运便利度均值为0.8403，更加说明了全球城市的航运便利度普遍偏高。全球航运便利度的变异系

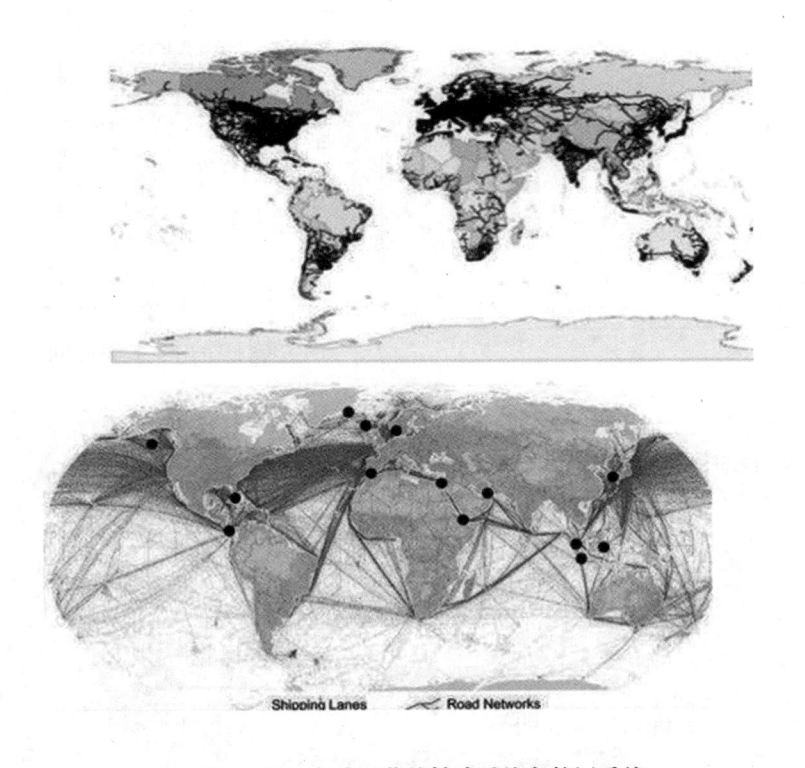

图 2-33　全球运营的铁路系统和航运系统

资料来源：http://www.sohu.com/a/195776941_714463。

数为0.184，城市间的离散程度不大，城市间比较均衡。

从区域角度来看，航运便利度指数较高的城市集中在亚洲、北美洲和欧洲（见图2-35和表2-21）。其中亚洲的航运便利度指数最高，而且更加集中在东亚地区，北美洲和欧洲次之。非洲和南美洲除了几个沿海的港口城市以外，其航运便利度都比较差，其中南美洲最低。从国际组织角度来看，G7国家和金砖国家的航运便利度总体都比较高，但是G7国家的航运便利度要比金砖国家的航运便利度稍微高一点，这说明发达经济体国家城市的硬联系设施更完善。从国家和城市群角度来看，世界上主要国家的航运便利度均比较发达且差距不大，世界上有名的大城市群的航运便利度基本接近为1，即基本属于港口城市或者离港口非常近。

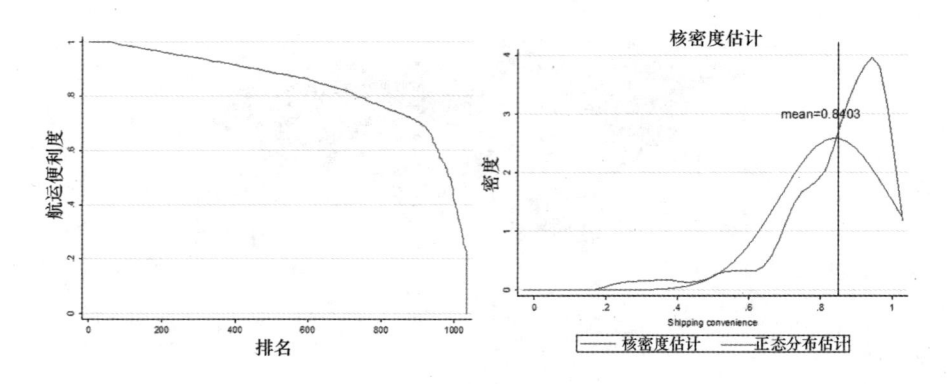

图 2-34　全球航运便利度分布情况与核密度分布

资料来源：中国社会科学院全球城市竞争力数据库。

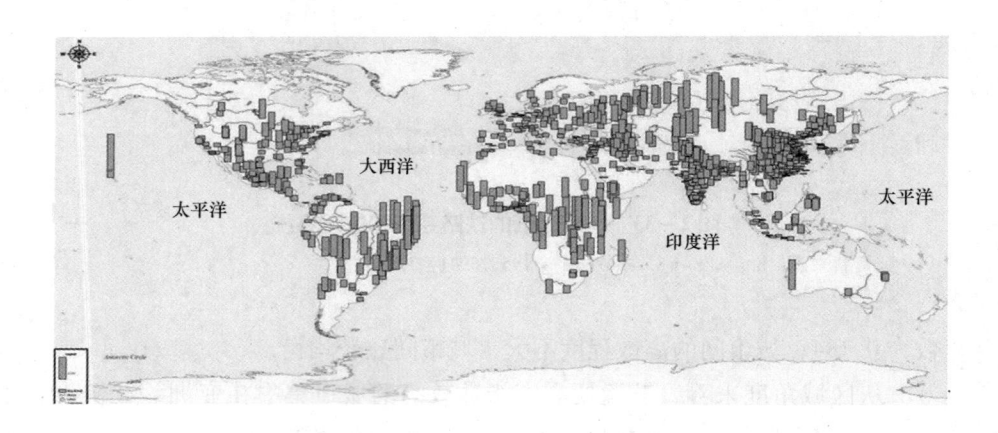

图 2-35　城市距港口距离

表 2-21　　　　　　全球各区域的航运便利度情况

区域	样本	均值	区域	样本	均值
全球	1035	0.8403	美国	79	0.8661
北美洲	126	0.8541	印度	102	0.8585
大洋洲	7	0.8336	中国	292	0.8826
非洲	103	0.7416	英国	13	0.9406

续表

区域	样本	均值	区域	样本	均值
南美洲	84	0.7007	美国东北地区城市集群	12	0.9544
欧洲	130	0.8381	伦敦-利物浦城市带	9	0.9613
亚洲	585	0.8755	长三角城市群	26	0.9755
G7国家	149	0.9001	珠三角城市群	13	0.9855
金砖国家	465	0.8296	欧洲西北部城市群	11	0.9882

数据来源：中国社会科学院全球城市竞争力数据库。

硬联系之航空联系：大城市间联系紧密，但全球总体偏低、城市间差异较大、两极分化明显，西欧、北美等发达经济体明显高于亚非等发展经济体。

作为硬联系的另一方面，全球航空网络对空间地域限制有所突破，表现出与航运网络不完全一样的结果。我们以全球各机场网站、维基百科以及国际航空协会网站的数据为基础，整理和计算后得到全球航空便利度指数。因而全球航空便利度指数最高的城市具有发达的交通体系和交通网络，也反映了该城市在世界交流和活动中的层次和水平。从全球航空便利度分布图我们可以看出（见图2-36上），欧洲西部、北美洲和东亚的航空便利度明显比其他地区要高；从全球空运航线图（见图2-36下）也可以明显看出，连接巴黎、伦敦、法兰克福、纽约、芝加哥和蒙特利尔等城市的西欧-北美的北大西洋航交线，以及连接西欧至香港、北京、东京等城市的西欧-中东、远东航线和连接北京、香港、东京、西雅图、旧金山和洛杉矶等城市的远东-北美的北太平洋航线都比较繁忙，而且相互连接的几个城市都为全球的主要城市。此外从图2-36我们还发现航空便利度较高的城市多数都位于沿海地带，即沿海明显高于内陆。

从全球航空便利度前十的城市来看（见表2-22），全球航空便利度指数最高的是巴黎，其便利度指数为1，随后分别是伊斯坦布尔0.908、法兰克福0.859、北京0.809、莫斯科0.806、阿姆斯特丹0.767、伦敦0.740、亚特兰大0.737、纽约0.734和上海0.724。因此，全球航空便利度指数较高的城市一般具有相对较高的城市层级。在这十个城市中有五

88 ◇ 第一部分 总体报告

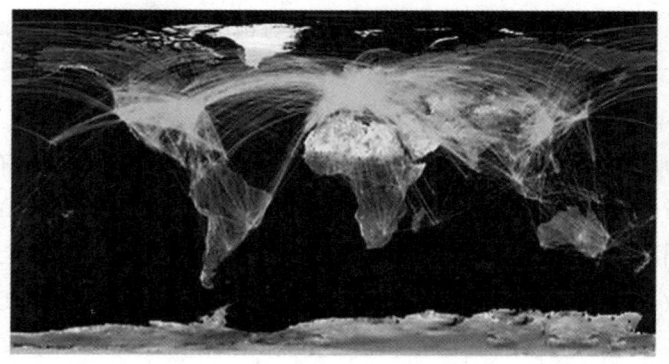

图2-36 全球航空便利度与全球空运航线

资料来源：作者自绘和 http://www.sohu.com/a/195776941_714463。

个城市位于欧洲，有三个城市位于亚洲，有两个城市位于北美洲，说明欧洲的航空便利度明显比其他区域要强。由于全球航空网络联系的主要内容是人流，因而航空便利度与城市人口数量也具有较强的相关性，相关系数达到0.4620，为显著的正相关，这表明人口数量越多的城市其航空便利度越高，与外部城市联系就越多。

表2-22 航空便利度前十的城市和人口数量

城市	国家	区域	航空便利度	排名	人口数量	排名
巴黎	法国	欧洲	1	1	12338600	25
伊斯坦布尔	土耳其	亚洲	0.9082	2	14292800	21
法兰克福	德国	欧洲	0.8590	3	2642300	179

续表

城市	国家	区域	航空便利度	排名	人口数量	排名
北京	中国	亚洲	0.8098	4	18925339	12
莫斯科	俄罗斯	欧洲	0.8066	5	12165700	26
阿姆斯特丹	荷兰	欧洲	0.7672	6	1563100	312
伦敦	英国	欧洲	0.7410	7	12890800	24
亚特兰大	美国	北美洲	0.7377	8	5690800	68
纽约	美国	北美洲	0.7344	9	20190500	9
上海	中国	亚洲	0.7246	10	22365818	6

资料来源：中国社会科学院全球城市竞争力数据库。

从航空便利度总体来看（见图 2-37），全球航空便利度指数的均值为 0.105，将近有 70% 左右的城市航空便利度低于平均值，而之所以会出现这样的情况，是因为少数几个优秀城市拉高了航空便利度的均值。全球航空便利度指数的变异系数为 1.42，这说明全球城市的航空便利度分化特别严重，各个城市间的差距非常大。从图 2-37 的核密度图也可以看出，全球大部分城市都集中在低航空便利度指数区域，峰值严重靠左，只有少数城市处于高指数区域。

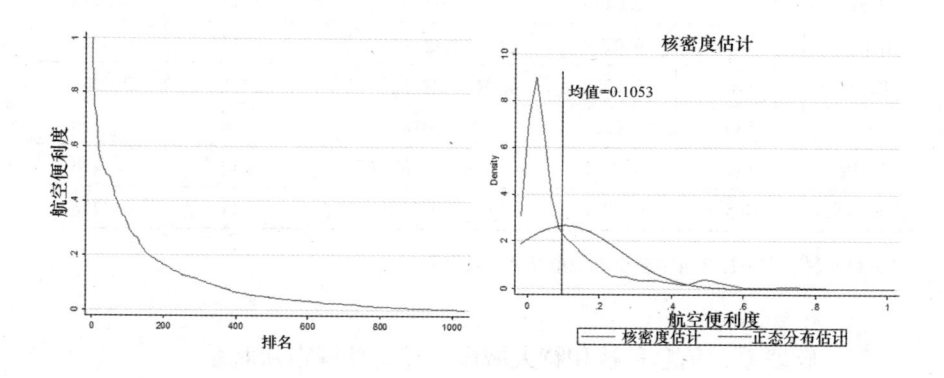

图 2-37　全球航空便利度的分布情况和核密度分布

资料来源：中国社会科学院全球城市竞争力数据库。

从区域角度来看（见表 2-23），欧洲的航空便利度最高，均值达到

0.2358，其次为大洋洲和北美洲；而非洲、南美洲和亚洲的航空便利度基本偏小，其中非洲最低，均值为0.0497。从国际组织角度来看，G7国家的航空便利度均值为0.2222，金砖国家的航空便利度均值为0.07，即G7国家的航空便利度明显高于金砖国家航空便利度，这说明发达经济体对外联系的基础设施更为完善。从国家来看，英国、美国等发达国家的航空便利度比中国等发展中国家的航空便利度要高得多，其中英国为0.2778，美国为0.1824；而印度的航空便利度最低，只有0.0306，这说明一个国家的经济发展水平与其航空便利呈现一定的正相关关系。最后从城市群角度来看，世界上主要的大城市群航空便利度都比较高，但发展中国家城市群的航空便利度与发达经济体城市群的航空便利度还是存在一定的差距，如欧洲西北部城市群的航空便利度最高，大小为0.3718，长三角城市群的航空便利度最低，大小为0.113。

表2-23　　　　　　　　全球各区域航空便利度情况

区域	样本	均值	区域	样本	均值
全球	1035	0.1053	美国	79	0.1824
北美洲	126	0.1391	印度	102	0.0306
大洋洲	7	0.1625	中国	292	0.0799
非洲	103	0.0493	英国	13	0.2778
南美洲	84	0.0709	美国东北地区城市集群	12	0.2224
欧洲	130	0.2358	伦敦-利物浦城市带	9	0.3087
亚洲	585	0.0831	长三角城市群	26	0.1130
G7国家	149	0.2222	珠三角城市群	13	0.1178
金砖国家	465	0.0700	欧洲西北部城市群	11	0.3718

资料来源：中国社会科学院全球城市竞争力数据库。

三　软联系：信息科技和特大城市主导全球城市软联系

作为全球城市间知识、思想、信息等软联系并不好识别和精确测度，但是总体上，这些会反映在城市之间的媒体影响力和知名度上，因此，本报告采取大数据方法，以两个城市英文名为关键词使用谷歌进行搜索，搜索结果数即为这两个城市的联系程度。具体而言，在138个样本城市中,目标城市有137个组对目标,从而这137个搜索结果之和即为该城市的总联系度。参考倪鹏飞等（2011）计算城市网络联系度的方法,本书计算了全球138个首位城市的网络联系度。从总体样本来看（见表2-24）,我们选取的全球联系度最高的138个城市中有12个城市分布在北美,12个城市分布在南美,27个城市分布在欧洲,2个城市分布在大洋洲,40个城市分布在非洲,45个城市分布在亚洲。

总体格局：全球城市软联系普遍偏低,城市间差距较大、等级森严、分化严重,欧洲明显强于亚洲和美洲,非洲处于垫底地位且与其他区域差距非常大,发达经济体显著强于发展经济体。

从全球角度来看,全球软联系指数的均值为0.1245,有47个城市高于平均值,有91个城市低于平均值,将近有66%的城市软联系指数低于平均值,而导致这种情况的根本原因是几个特大城市之间的联系非常广泛和紧密从而拉高了均值。全球软联系指数的变异系数为1.44,这说明全球各城市对外的软联系分化特别严重,各个城市间的软联系差距非常大。

从各区域联系指数均值的大小来看（见表2-24）,大洋洲由于样本量较少所以其联系指数均值较高,除此之外欧洲的对外联系指数明显高于其他区域,大小为0.2861,北美洲次之,大小为0.121,而南美洲和亚洲的联系指数差距不大都在0.1左右,非洲的联系指数最小且与其他区域相差较大,仅为0.0345。这表明欧洲的主要城市与其他区域的城市联系更为紧密,即全球城市联系的中心主要集中在欧洲地区,北美洲相对较弱一些；非洲的对外联系指数几乎是欧洲的十分之一,这说明非洲城市全球城市联系网络中与欧洲城市的差距非常大,这在一定程度上与全球具有较高收入水平与较高城市层级的城市主要分布在西欧和北美,而较低收入水平与较低城市层级的城市主要分布在非洲具有一致性。从国际组织角度来看,G7国家的联系指数均值为0.6288,金砖国家的联系指数均值为0.2733,这表明发达国家城市的对外联系要明显强于发展中国家的城市的对外联系。从138个样本城市的城市层级来看,城市联系指数存在阶梯形上升趋势,即随着城市层级的提高,城市联系指数明显提高；高城市层级的层级间差距较大,具体表现为A+类城市的城市联系指数均值为0.9351,而A类城市的城市联系均值为0.5801,A-类城市层级的联系指数均值为0.3488,各城市间联系指数变化明显且差距较大。

表 2-24　　　　　　　　全球各区域、城市的联系指数

区域	样本量	联系指数均值	城市层级	样本量	联系指数均值
全球	138	0.1245	A+	2	0.9351
北美洲	12	0.1210	A	2	0.5801
大洋洲	2	0.3229	A-	8	0.3488
非洲	40	0.0345	B+	4	0.3444
南美洲	12	0.1091	B	4	0.2825
欧洲	27	0.2861	B-	12	0.1905
亚洲	45	0.1038	C+	13	0.2049
G7国家	7	0.6288	C	13	0.0879
金砖国家	7	0.2733	C-	80	0.0346

资料来源：笔者采用大数据的方法收集、整理和计算后得到。

因素分析：信息科技、金融和教育型城市主导全球城市对外总联系且信息科技型城市最为明显，城市规模与城市总联系关系不大

为了具体把握各个城市总联系高低的状况，我们给出了全球138个首位城市网络联系度前二十名城市的总联系数和各项相关指标具体数据，具体结果见表2-25。

表 2-25　　　　　　总联系前二十的城市和各项相关指标

城市	国家	总联系	城市规模	人均收入	金融指数	科技指数	论文指数	大学指数
伦敦	英国	53.85	1306.14	38085.36	0.6794	1.0000	1.0000	0.8410
纽约	美国	46.90	2031.16	57451.77	1.0000	0.9927	0.9140	0.9437
巴黎	法国	42.92	1244.03	33726.66	0.4453	0.7703	0.2206	0.2168
新加坡	新加坡	31.38	564.73	30060.00	0.4473	0.6210	0.1139	0.6418
香港	中国	31.34	736.84	30160.00	0.6002	0.5630	0.1155	0.5186
马德里	西班牙	29.46	634.82	22439.47	0.4263	0.6781	0.4166	0.3283
阿姆斯特丹	荷兰	29.28	157.49	27020.12	0.2677	0.5314	0.1259	0.5624
柏林	德国	27.49	524.51	20691.67	0.2363	0.5998	0.1209	0.3829
悉尼	澳大利亚	24.72	454.26	36463.88	0.4164	0.5194	0.1664	0.6068
多伦多	加拿大	24.08	608.45	25420.77	0.4428	0.5634	0.1648	0.8553

续表

城市	国家	总联系	城市规模	人均收入	金融指数	科技指数	论文指数	大学指数
罗马	意大利	22.42	441.54	24465.85	0.3204	0.3917	0.1039	0.4426
东京	日本	20.14	3597.87	24532.03	0.6033	0.9041	0.2003	0.6811
都柏林	爱尔兰	19.70	207.36	26805.06	0.3129	0.5203	0.0582	0.3420
伊斯坦布尔	土耳其	19.01	1449.29	9687.03	0.358407	0.586308	0.209431	0.1612
曼谷	泰国	17.90	1238.31	6297.33	0.3319	0.3616	0.1172	0.1795
维也纳	奥地利	17.48	251.70	28567.00	0.2768	0.4965	0.0814	0.4486
斯德哥尔摩	瑞典	17.24	232.83	33355.89	0.3064	0.7380	0.2464	0.3889
布达佩斯	匈牙利	17.00	264.03	8687.77	0.2333	0.4231	0.0399	0.1920
布鲁塞尔	比利时	16.11	279.50	24224.27	0.3319	0.4635	0.0096	0.2532
台北	中国	15.42	708.82	15642.04	0.3393	0.4715	0.0965	0.5995

资料来源：笔者采用大数据的方法收集、整理和计算后得到。

从表 2-25 我们可以看出，全球前 20 名联系度的城市分布比较广泛，欧洲、亚洲、大洋洲和北美洲均有分布，其中有 11 个城市属于欧洲，有 6 个城市属于亚洲，1 个城市属于大洋洲，2 个城市属于北美洲。从城市联系总体来看，城市的总联系和城市的人均收入、金融指数和科技指数具有较强的相关性；从城市间联系来看，对外联系较多的城市一般都具有较大的城市规模、较高的收入和较为发达的金融、科技和教育，如总联系数量处在前三位的伦敦、纽约和巴黎，其各个相关指标也都处于各个指标前几位，特别是科技指数表现为较强的一致性。这表明处于金融、信息科技和知识教育中心的城市要比其他城市联系要广。

从各项指标与城市对外总联系的散点图来看（见图 2-38），城市规模、人均收入、金融指数、科技指数、论文指数和大学指数与总联系表现为较强的正相关性，即各项指标越大，城市对外的联系就越多。图 2-38 还表明金融和科技的相关性明显比其他几项要强，图中散点表现为在拟合曲线的附近波动且波动幅度较小。具体的从相关系数来看（见表 2-26），城市对外总联系与科技指数的相关系数最大为 0.8460，随后分别是论文指数、金融指数、大学指数和人均收入，分别为 0.7978、0.7894、0.7602 和 0.7343，总联系与城市规模的相关系数最小只有 0.3515。这与

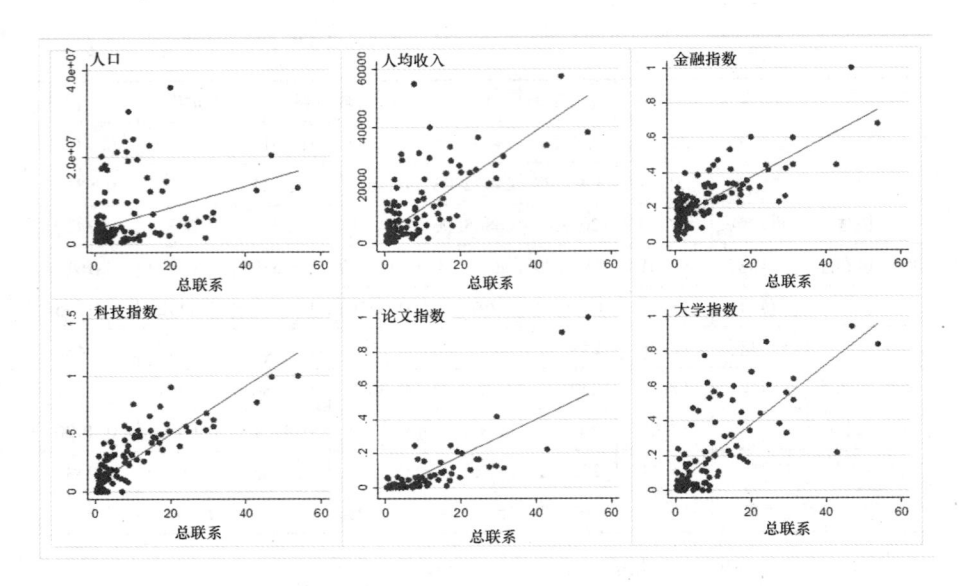

图 2-38　总联系和各项指标散点图

资料来源：笔者采用大数据的方法收集、整理和计算后得到。

我们上面的结论相同，即处于科技、金融和知识教育中心的城市往往与外界城市联系较多。

表 2-26　总联系与各项指标的相关系数

相关系数	城市规模	人均收入	金融指数	科技指数	论文指数	大学指数
总联系	0.3515	0.7343	0.7894	0.8460	0.7978	0.7602

数据来源：笔者采用大数据的方法收集、整理和计算后得到。

　　根据上述大数据搜索方法，去除 138 个样本城市中的相互联系和对自身的联系，我们一共可以得到 9453 种两两不同城市的样本数据。下面我们就从区域、城市层级、城市间距离、城市发展水平、城市规模和各城市功能角度来对全球 138 个样本城市两两之间的软联系进行研究。

　　总体区域格局：欧洲作为软联系中心主导全球城市的对内和对外联系，北美洲、南美洲和亚洲依次相对较弱，非洲依旧垫底且与全球差距较大。

　　从区域对自身联系角度来看（见表 2-27），大洋洲由于只有两个样本城市且都属于高层次城市,因而它们之间的联系必然就相对较多,所以大洋洲之间的城市联系处在首位,大小为64.7。除此大洋洲之外,我们发现欧洲内部城市之间的联系明显要比北美洲、南美洲、亚洲和非洲高得多,甚至是几倍或者几十倍的差距;北美洲、南美洲和亚洲的差距虽然不大,但是北美洲自身的联系数量明显比其他区域要多;非洲对自身的联系数量处于垫底地位,大小为1.1504。从区域间联系的角度来看(见表2-27),除大洋洲外,欧洲与北美洲之间的相互联系数量处于首位,大小为10.2626;欧洲与南美洲之间的相互联系次之,大小为8.6653;欧洲与亚洲之间的相互联系处于第三位,大小为7.4802;北美洲和南美洲之间的相互联系处在第四位,大小为6.5541;除此之外其他区域间的相互联系都相对较少,尤其是非洲仍然处于联系的垫底地位,其对外部区域的联系数量基本都相对较小。这表明欧洲处于联系的中心地位,把全球北美洲、南美洲和亚洲的主要首位城市联系起来,非洲则依旧最弱。

表2-27　各区域间相互联系情况

	北美洲	大洋洲	非洲	南美洲	欧洲	亚洲
北美洲	7.4830 (66)					
大洋洲	12.3567 (24)	64.7000 (1)				
非洲	1.2402 (480)	2.8326 (80)	1.1504 (780)			
南美洲	6.5541 (144)	10.7411 (24)	1.4516 (480)	6.4071 (66)		
欧洲	10.2626 (324)	25.9778 (54)	2.3423 (1080)	8.6653 (324)	32.7814 (351)	
亚洲	3.6638 (540)	13.3745 (90)	1.5143 (1800)	3.3507 (540)	7.4802 (1215)	4.4356 (990)
区域均值	4.8372 (1578)	12.64527 (273)	1.632233 (4700)	4.396781 (1578)	9.157678 (3348)	4.096053 (5175)

注:表格内为联系数量,单位为百万次,括号内为样本量。

资料来源:笔者采用大数据的方法收集、整理和计算后得到。

全球两两城市、城市层级格局：全球两两城市间联系数量总体偏低、分化非常严重，各城市层级间联系数量差距明显，特大城市主导全球城市的对内和对外联系，大城市与大城市间联系更为紧密和广泛，大城市与小城市、小城市与小城市联系相对较弱。

从全球两两城市角度来看，两两城市间联系数量的均值为5.042（百万次），最大值为497（百万次），最小值为0.0000006（百万次）。全球将近有85%的两两城市间的软联系小于平均值，而仅有15%左右的大城市之间的软联系比较高。全球两两城市间软联系的变异系数为3.23，这表明两两城市间软联系差距非常大，分化非常严重，从两两城市软联系的分布图和核密度分布图也可以看出这一点（见图2-39）。

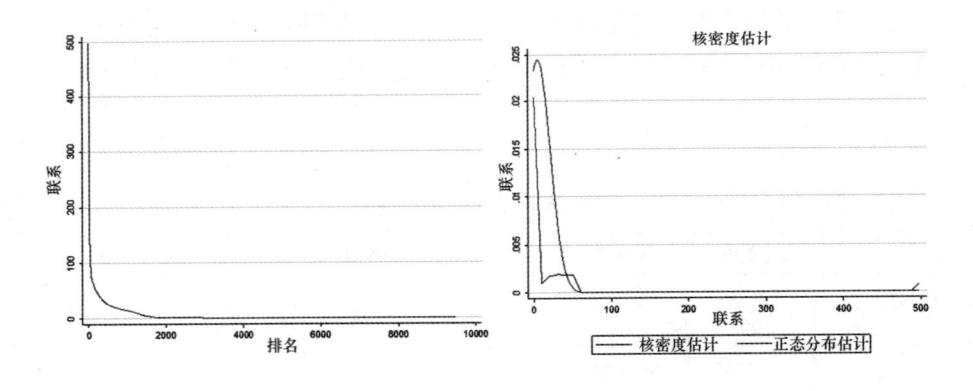

图2-39　两两城市的全球分布和核密度分布

从城市层级对自身的联系角度来看（见表2-28），高城市层级自身之间的联系明显要比低城市层级之间的联系要多且存在阶梯形趋势，具体表现为A+类城市间的联系数量为497，A类城市之间的联系数量为329，A-类城市之间的联系数量为38.95，这说明高城市层级之间的联系与低城市层级之间联系的差异特别大，且城市层级越高差异越大。从不同城市层级间联系的角度来看（见表2-28），不同城市层级间的联系也存在着比较明显的等级，如A+类城市对外的联系最多、最紧密，A类城市次之，D类城市最弱，并且A+、A、A-和B+等上层城市主导全球城市间的大部分联系，C-和D类等底层城市之间连接并不紧密且与上层城市之间的联系也并不多。这表明大城市与大城市之间的联系更广、更紧密，大城市与小城市、小城市与小城市之间联系较少和较弱。

表2-28　　　　　　全球各城市层级之间的相互联系

	A+	A	A-	B+	B	B-	C+	C	C-	D
A+	497 (1)	170.7 (4)	106.85 (16)	116.09 (8)	77.38 (8)	55.59 (24)	59.75 (26)	30.44 (26)	14.98 (74)	4.11 (86)
A		329 (1)	65.05 (14)	56.31 (258)	42.63 (8)	34.04 (24)	31.01 (26)	12.94 (26)	7.03 (74)	7.20 (86)
A-			38.95 (28)	43.03 (32)	34.50 (32)	22.28 (96)	24.71 (104)	9.15 (104)	5.79 (296)	1.14 (344)
B+				35.23 (6)	35.68 (16)	19.92 (48)	22.82 (52)	10.04 (52)	4.84 (148)	2.12 (172)
B					28.48 (6)	17.90 (48)	21.05 (52)	7.42 (52)	4.52 (148)	1.06 (172)
B-						9.46 (66)	12.83 (156)	4.93 (156)	3.03 (444)	0.71 (516)
C+							13.10 (78)	6.22 (169)	3.63 (481)	1.06 (559)
C								2.41 (78)	1.92 (481)	0.70 (559)
C-									1.15 (666)	0.73 (1591)
D										0.72 (903)

注：表格内为联系数量，单位为百万次，括号内为样本量。
资料来源：笔者采用大数据的方法收集、整理和计算后得到。

因素分析：两城市规模、两城市间距离对两两城市之间软联系几乎不造成影响，信息科技、金融、教育和城市发展水平与两城市相互软联系呈显著正相关关系且信息科技型城市最为显著，同等功能城市间联系更为紧密。

从城市间距离角度来看，城市间距离与城市间的联系数量几乎无关，从图 2-40 第一幅图中我们可以明显看出这一点，即城市间距离和城市间联系呈现无规律分布，两者之间的相关系数也表明这一点（见表 2-29），相关系数大小为 -0.0674，两者基本不相关。从城市发展水平来看，城市间相互联系和城市发展水平呈现正相关性，即城市发展水平越大，两城市之间的联系越多，此外从图 2-40 第三幅图我们还可以看出，两个城市之间经济发展水平的平衡性对城市间的联系影响更为显著，相关系数表明两城市间的联系与两城市经济发展水平相加的相关系数为 0.4174，与两个城市发展水平相乘的相关系数为 0.5095，即城市发展水平越接近，两城市之间的联系越紧密。从城市规模角度来看，两城市间的相互联系与城市规模的关系并不明显（见图 2-40），即两城市的规模与城市间联系也呈现无规则分布，相关系数仅为 0.2129。

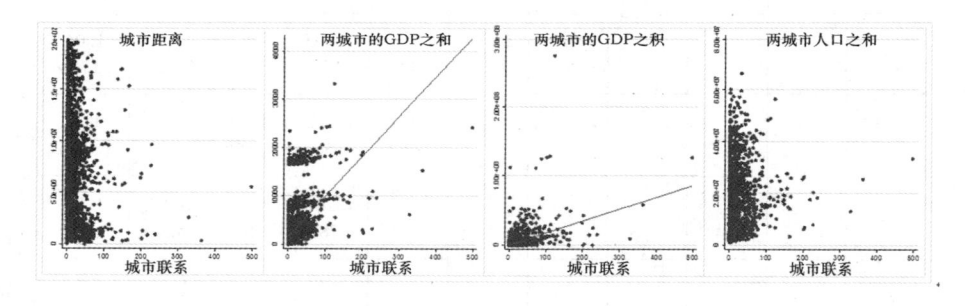

图 2-40　城市间距离、经济发展水平与联系的关系

表 2-29　　城市间联系和距离、发展水平、规模的相关系数

城市间联系	城市间距离	城市经济水平相加	城市经济水平相乘	城市规模相加
相关系数	-0.0674	0.4174	0.5095	0.2129

资料来源：笔者采用大数据的方法收集、整理和计算后得到。

为了具体研究两城市间城市规模、城市收入和城市功能对两城市间联系的影响，我们首先从两两不同城市的联系数量前 20 的角度出发（见表 2-30），其中 P1 表示两城市人口平衡性排名[①]、P2 表示两城市人均收

---

① 我们以两城市各项指标相乘表示两个城市这一指标的总体平衡性。

入平衡性排名、P3 表示两城市金融指数平衡性排名、P4 表示两城市科技指数平衡性排名、P5 表示两城市论文指数平衡性排名、P6 两城市大学指数平衡性排名。

表 2-30　　　　　　　两两联系数量前二十的城市

城市 1	城市 2	联系数（百万）	P1	P2	P3	P4	P5	P6
纽约	伦敦	497	153	3	1	1	1	2
伦敦	巴黎	363	305	44	39	4	8	323
香港	新加坡	329	1471	120	58	191	326	107
伦敦	柏林	239	822	181	289	20	25	120
伦敦	香港	228	561	62	15	30	27	51
巴黎	柏林	218	874	238	872	79	151	748
雅典	维也纳	204	3944	321	1563	612	547	232
纽约	多伦多	202	430	31	9	32	20	1
纽约	柏林	198	505	57	94	21	30	86
巴黎	马德里	167	703	199	178	45	39	833
纽约	新加坡	167	466	15	6	18	33	8
巴黎	阿姆斯特丹	164	2753	118	627	117	147	514
都柏林	科伦坡	163	7320	2617	3258	900	1655	2281
伦敦	阿姆斯特丹	159	2652	87	206	38	24	35
纽约	阿姆斯特丹	156	1855	26	59	42	28	17
纽约	香港	156	337	14	3	34	32	30
伦敦	多伦多	149	699	103	41	29	16	4
伦敦	布鲁塞尔	149	1656	116	104	78	441	257
伦敦	悉尼	148	988	37	49	47	15	25
伦敦	马德里	146	671	146	42	12	2	171

资料来源：笔者采用大数据的方法收集、整理和计算后得到。

从表 2-30 我们可以看出，伦敦和纽约作为全球顶尖城市，它们之间的相互联系毫无疑问处在首位，联系数量为 4.97 亿次，随后分别是伦敦与巴黎的相互联系、香港与新加坡的相互联系、伦敦与柏林的相互联系和伦敦与香港的相互联系，联系数量分别为 3.63 亿次、3.29 亿次、2.39

亿次和 2.28 亿次。从两两城市联系的前 20 名来看，主要表现为几个特大城市之间的相互联系，即表现为大城市与大城市的联系，此外从两两城市联系的前 20 名我们还发现，有 6 个城市与纽约有关，有 8 个城市与伦敦有关，这表明伦敦和纽约的中心地位依然比较明显。从相关指标角度来看，城市间的相互联系与城市规模的关系并不明显，与金融指数、科技指数和知识教育指数平衡性的相关性较强；从城市间联系的差距来看，人均收入、金融指数、科技指数、论文和大学指数越大，那么城市间的联系就越多。从而总的表现为两个城市之间的金融、科技和教育数值越大、差距越小，那么这两个城市之间的联系就比其他城市之间的联系要多，即大城市与大城市之间联系更广、更紧密。

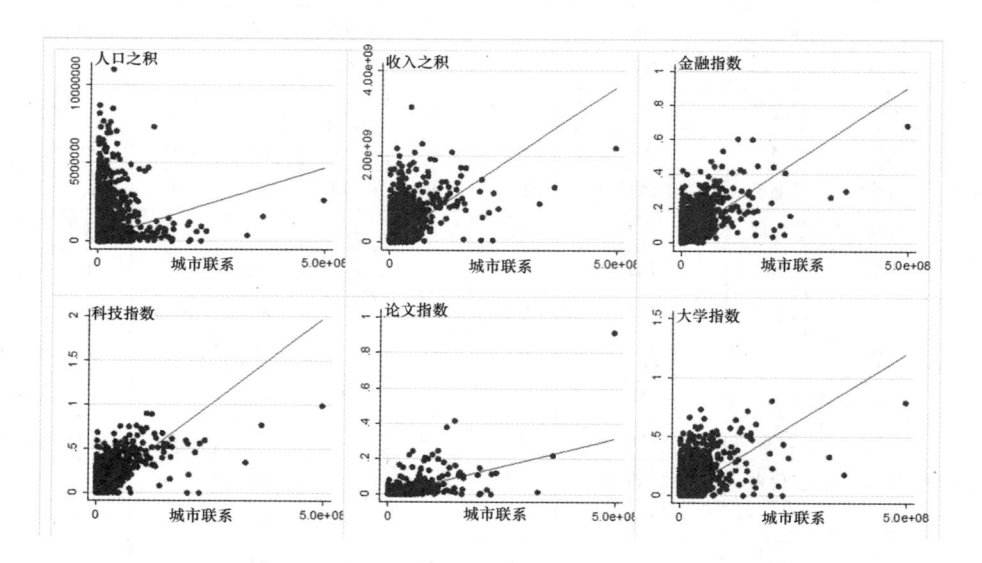

图 2-41　两两城市相互联系与相关指标的散点图

资料来源：笔者采用大数据的方法收集、整理和计算后得到。

从两两城市相互联系和各项指标的总体散点图和相关系数来看（见图 2-41 和表 2-31），两城市之间的相互联系与城市规模平衡性关系并不明显，相关系数仅为 0.2236，散点图表现为与拟合曲线偏离较远；科技、金融、大学和收入的平衡性与两城市之间联系的相关性较强，相关系数分别为 0.6936、0.6027、0.5984 和 0.5830，散点图表现为在拟合曲线左右波动。进而我们可得到与上面相一致的结论，即两城市之间的联系表现为较强同质性，即差距越小、数值越大，那么两城市之间的联系就越紧密。

表2－31　　　　　　　　两两城市联与因素的相关系数

相关系数	人口聚集度	收入聚集度	金融指数聚集度	科技指数聚集度	论文指数聚集度	大学指数聚集度
两两城市联系度	0.2236	0.5830	0.6027	0.6936	0.6532	0.5984

资料来源：笔者采用大数据的方法收集、整理和计算后得到。

全球城市的软联系：逐渐形成多中心结构

Neal（2011）指出，城市的发展历程正在由等级体系向网络化发展。为了分析全球首位城市之间的软联系以及将首位城市联系度可视化①，本节根据城市之间的联系程度并采用 Ucinet 6 画出全球首位城市之间相应的网络结构图。限于篇幅，本书仅给出全球前 10 位、前 20 位、前 30 位、前 40 位首位城市以及所有首位城市的网络结构图。全球经济三大中心北美、西欧和东亚在所有的联系度网络图中均占据重要的网络节点位置，全球多中心的结构已经渐露端倪。根据全球城市的新集聚可知，全球城市已经形成以北美的纽约、西欧伦敦、法国巴黎、东亚香港为中心，分别以北美洲、欧洲和亚洲其他城市为边缘的多中心网络结构。图 2－42 为全球排名前 10 的首位城市网络结构。

由图 2－42 可知全球排名前十的首位城市由于城市之间相互联系而形成了空间网络结构。每个城市既是整体网络中的一个节点，也将通过与其他首位城市之间的联系而影响整体网络。在整个联系度网络结构图中，英国伦敦处于网络中心的位置且是网络中最大的节点，并且与其他九个网络成员之间均具有较强的联系度。在其他九个城市网络成员中，按照城市在网络结构中的节点大小分别是纽约、巴黎、新加坡、香港、

---

① 基于研究需要和数据的可得性，本书假设国家人口最多的城市为该国的首位城市。对于部分人口较多的国家如中国，本书假设其人口最大的前两个城市均为其首位城市，下同。

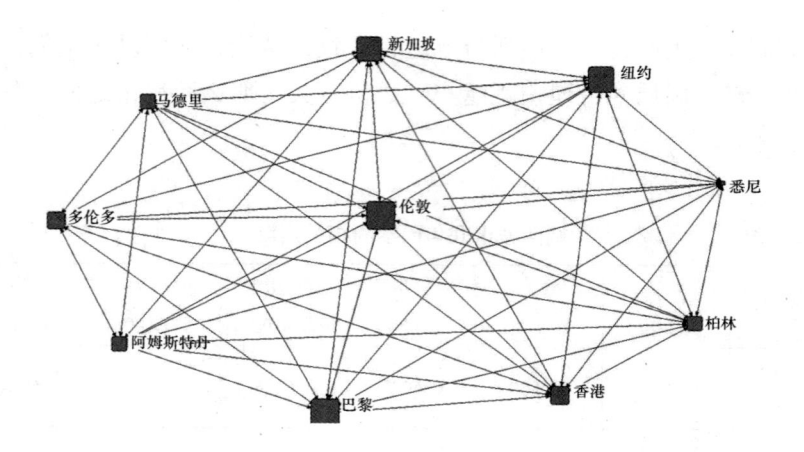

图 2-42　全球排名前 10 的首位城市的联系度网络

资料来源：笔者根据大数据绘制。

马德里、阿姆斯特丹、柏林、悉尼和多伦多。类似的，其他九个网络成员之间也具有两两联系的特征，共同构成城市联系网络和影响城市联系网络。

图 2-43 为全球排名前 20 的首位城市之间相互联系而形成的城市空间网络结构。在全球前 20 名的首位城市构成的联系度网络图中英国伦敦依然是整个网络的最大节点和中心节点，与其他 19 个网络成员均通过软联系共同构成联系网络。因此伦敦是全球城市的中心。类似的，次中心节点纽约、巴黎、新加坡、香港等城市网络成员也分别与其他 19 个网络成员通过相互联系一起构成联系度的空间网络结构。值得注意的是，前 20 个首位城市形成的联系度网络结构相对于前 10 名首位城市形成的联系度网络结构更加稠密，由此可知首位城市数量越多，首位城市之间相互联系也就越频繁，并形成更加稠密的城市联系度网络结构。

作为对比，图 2-44 和图 2-45 分别是全球排名前 30 个首位城市联系度网络结构图和排名前 40 个首位城市的联系度网络结构图。与图 2-42 和图 2-43 类似，全球前 30 名的首位城市构成的联系度网络图和全球前 40 名首位城市构成的联系度网络结构中英国伦敦同样是整个网络的中心节点，分别与其他 29 个网络成员和 39 个网络成员均通过软联系共同构成联系网络。次中心节点纽约、巴黎、新加坡、香港、马德里和阿姆特

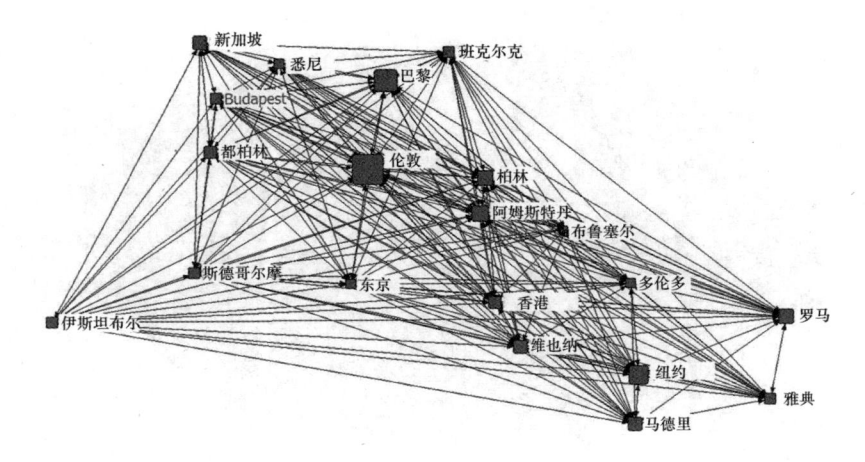

图 2-43　前 20 个首位城市联系度网络结构

资料来源：笔者根据大数据绘制。

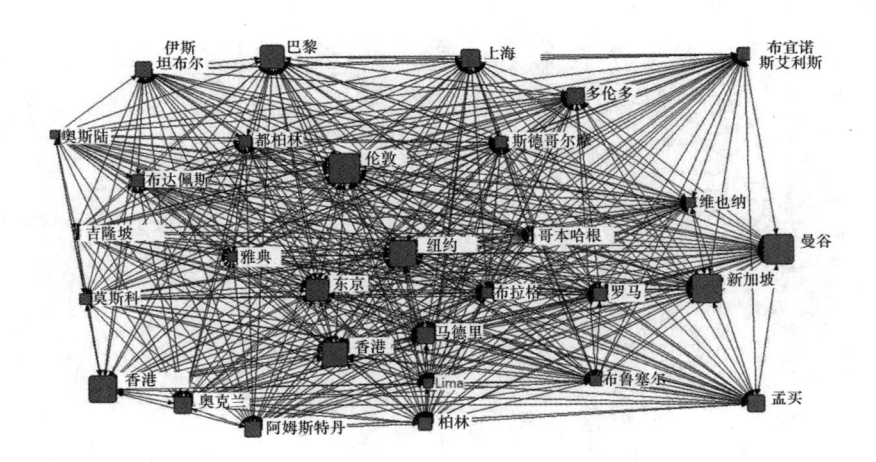

图 2-44　前 30 个首位城市联系度网络结构

资料来源：笔者根据大数据绘制。

丹等同样分别与其他 29 个和 39 个网络成员相互联系形成联系网络，并影响整个联系网络。同时，随着首位城市数量的不断增加，城市之间联系度逐渐增强，首位城市联系度形成的网络结构也将更加稠密。

国际知名度全球状况：全球城市知名度分化严重，上层城市各相关指标与知名度关系并不明显，下层城市表现为一定的正相关性。

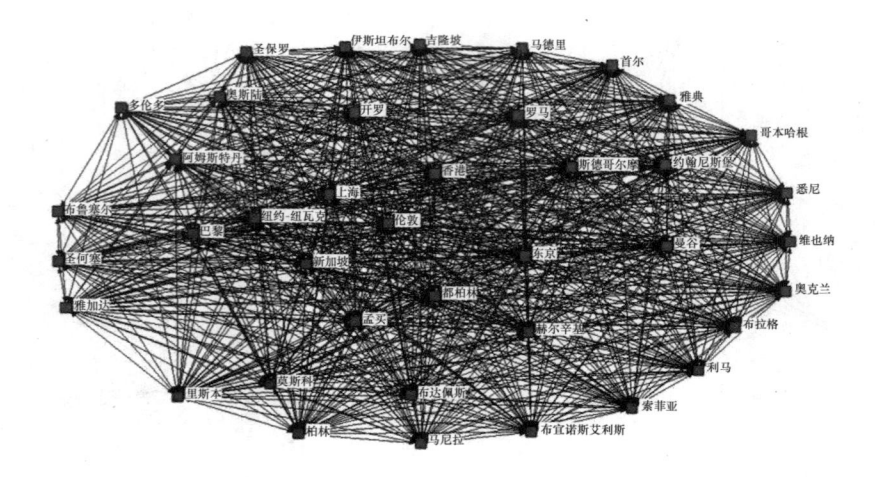

图 2-45 前 40 个首位城市联系度网络结构

资料来源：笔者根据大数据绘制。

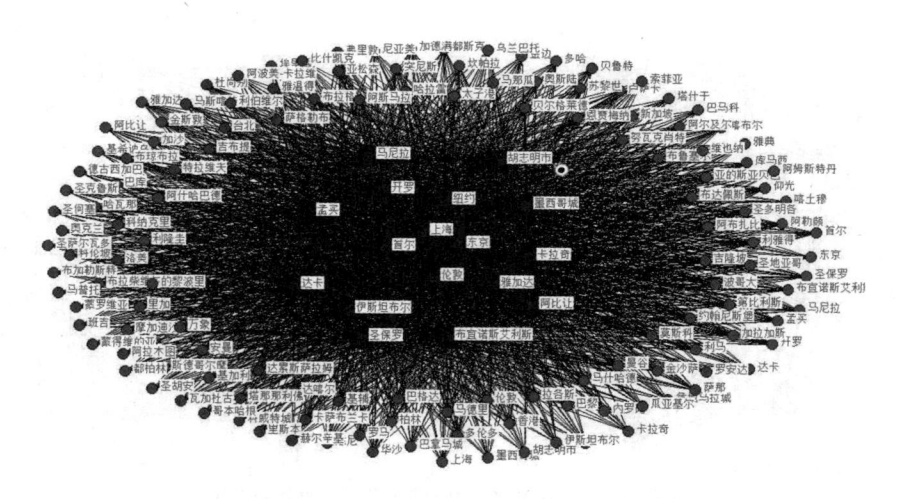

图 2-46 前 138 个首位城市联系度网络结构

资料来源：笔者根据大数据绘制。

采用大数据方法，通过该城市在谷歌网络搜索中的搜索数量可以计算出全球城市的国际知名度指数。从国际知名度总体分布来看（见表 2-32），全球各个城市的国际知名度具有明显的差异性，且差距较大。全球城市的国际知名度指数在 0.1 到 1 之间的只有两位，在 0.01 到 0.1 之间的只有 21 位，而全球大部分城市的知名度指数在 0.0001 到 0.01 之间。

表 2-32　　全球城市国际知名度总体分布情况

知名度指数取值范围	[0.1, 1]	[0.01, 0.1]	[0.001, 0.01]	[0.0001, 0.001]	[0, 0.0001]
样本量	2	21	299	592	121

资料来源：笔者采用大数据的方法收集、整理和计算后得到。

具体的从全球城市国际知名度指数前十来看（见表 2-33），国际知名度最高的城市是纽约，其知名度指数为 1。随后分别是曼彻斯特 0.24、莱斯特 0.0907、魁北克 0.0496、伦敦 0.0484、哥伦比亚 0.0412、台北 0.0325、洛杉矶 0.0316、伯明翰 0.0316 和奥兰多 0.0270。全球知名度指数较高的城市主要分布在北美洲的美国和西欧的英国。从国际知名度前十的相关指标来看，纽约作为知名度最高的城市，其城市规模、人均收入、金融、科技和教育水平均排在各项指标的前几位，但是其他城市的各项指标对城市的国际知名度影响并不明显。这可能是由于前十位城市的国际知名度分化差距较大，因而不能准确表达各项指标的相关性，为此，我们做了当国际知名度小于 0.01 时与各项指标的散点图（见图 2-47）。从图 2-47 我们可以看出，国际知名度与城市规模、收入、金融指数、科技指数和大学指数的相关性明显增强，相关系数分别为 0.302、0.3486、0.4475、0.4178 和 0.3641。这表明城市规模越大，金融、科技和教育越发达，城市的知名度也就越高。

表 2-33　　全球知名度前十的城市

城市	国家	知名度指数	人均 GDP 排名	城市规模排名	大学指数排名	金融指数排名	科技指数排名
纽约	美国	1.0000	11	9	4	1	2
曼彻斯特	英国	0.2400	126	162	30	115	64
莱斯特	英国	0.0907	136	576	95	336	197
魁北克	加拿大	0.0496	154	641	111	419	96
伦敦	英国	0.0484	31	23	11	2	1
哥伦比亚	美国	0.0412	100	640	51	357	36
台北	中国	0.0325	195	54	29	37	103

续表

城市	国家	知名度指数	人均GDP排名	城市规模排名	大学指数排名	金融指数排名	科技指数排名
洛杉矶	美国	0.0316	19	22	203	14	17
伯明翰	英国	0.0316	148	155	92	54	59
奥兰多	美国	0.0270	83	208	96	108	107

资料来源：中国社会科学院城市与竞争力研究中心。

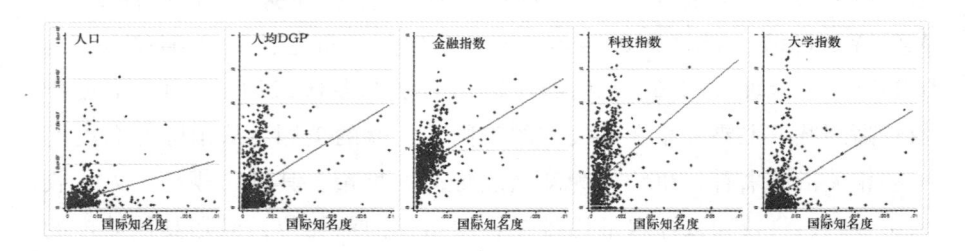

图2-47　国际知名度小于0.01时与各项指标散点图

资料来源：笔者采用大数据的方法收集、整理和计算后得到。

国际知名度与软联系、硬联系比较：上层城市的国际知名度与软联系、硬联系关系不大，中下层城市的国际知名度与软联系关系较强、与硬联系关系较弱。

从城市知名度与城市软联系角度来看，全球知名度指数与全球软联系指数总体上具有较强的一致性（见图2-48）。图2-48从左至右分别表示国际知名度小于1、小于0.1和小于0.01时与城市软联系数的散点图。从散点图我们可以看出，在去除几个特别大的极端值后，城市的国际知名度与城市的对外联系数表现为较强的相关性，这一点从相关系数也可以表明。城市总的国际知名度与城市对外联系的相关系数为0.3968，城市国际知名度指数处于0.1以下时与城市对外联系的相关系数0.6570，城市国际知名度指数处于0.01以下时与城市对外联系的相关系数0.5327。这表明城市知名度越高，其对外联系就越多，软联系越强。

从知名度与全球城市硬联系角度来看，全球知名度指数与全球航空硬联系指数关系较明显（见图2-49），与航运硬联系指数关系较弱（见图2-49）。图2-49从左至右分别表示国际知名度搜索数量全部、小于

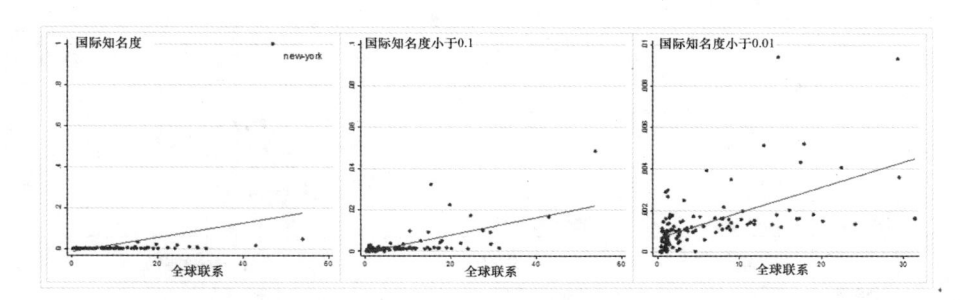

图 2-48　国际知名度与全球联系散点图

资料来源：笔者采用大数据的方法收集、整理和计算后得到。

10（百万）和小于 1（百万）时与城市硬联系数的散点图。从散点图我们可以看出，在去除几个特别大的极端值后，城市的国际知名度与城市航空硬联系表现为一定的相关性，这一点可以从相关系数看出（见表 2-34）。城市总的国际知名度与城市航空硬联系的相关系数为 0.2396，城市国际知名度搜索数量处于 1 以下时与城市航空硬联系的相关系数 0.4982，这表明城市知名度越高与航空硬联系存在一定相关关系。城市的国际知名度与城市航运硬联系的相关关系较弱，这一点也可以从相关系数看出（见表 2-34）。城市总的国际知名度与城市硬联系的相关系数为 0.1107，相关关系非常弱，当城市国际知名度搜索数量处于 1 以下时与城市航运硬联系的相关系数 0.3095，虽然有所上升，但是相关关系依旧很弱，这表明城市知名度与航运硬联系之间不存在明显的相关关系。

表 2-34　国际知名度与硬联系之间相关系数

相关系数	国际知名度量	国际知名度量 <10	国际知名度量 <1
航空硬联系	0.2396	0.5149	0.4982
航运硬联系	0.1107	0.2649	0.3095

资料来源：中国社会科学院全球城市竞争力数据库。

四　软联系与硬联系的关系：软联系相对于硬联系联系更广泛、更不平衡、分化更明显

通过以上对软联系与硬联系的分析，我们发现这两者之间虽有共同

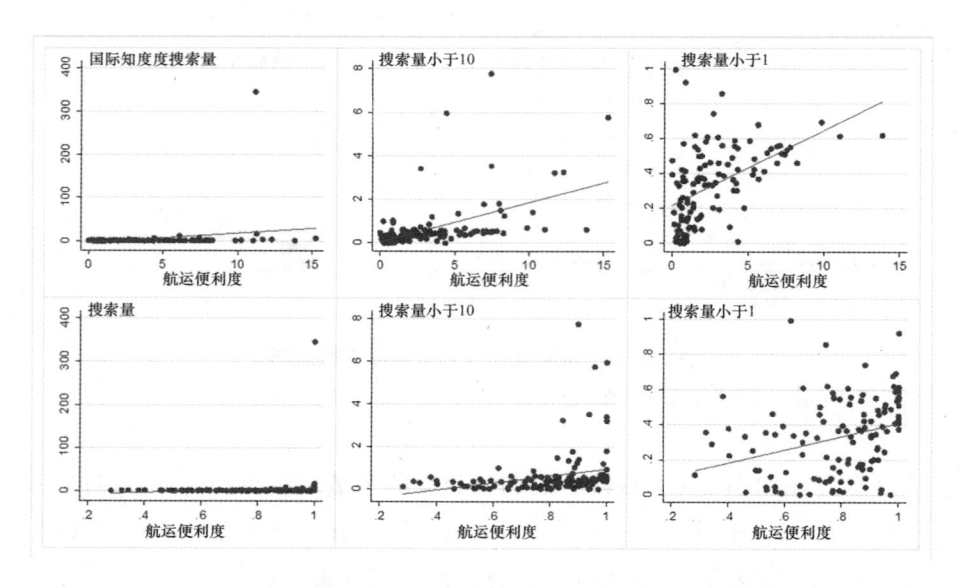

图 2-49　国际知名度与硬联系关系散点图

资料来源：中国社会科学院全球城市竞争力的数据库。

点但两者之间的差距更为明显。首先，全球城市软联系之间的差距和全球航空硬联系之间的差距都非常大，分化都比较明显。但是我们将样本城市统一以后发现，全球样本城市软联系的变异系数为 1.38，而样本城市硬联系的变异系数为 0.97，这说明软联系相对于硬联系来说在全球各城市间更加不平衡。

从差异角度来看，欧洲为中心和非洲沦为世界边缘的格局基本没变；亚洲、南美洲尤其是大洋洲通过逐渐软联系进入世界城市网络中心；各城市层级间硬联系差距不大，软联系等级森严、分化严重（见图 2-50）。

从区域角度来看，大洋洲和欧洲的软联系、硬联系分别处于全球的首要地位，其他各区域的硬联系指数差距不大，软联系差距明显；亚洲的硬联系指数高于全球平均水平，软联系低于全球平均水平，这说明亚洲的基础设施相对全球来说比较完善，但是信息科技、电子技术等软联系传播方面与全球相比还是有些差距；北美洲的硬联系要低于亚洲，但是软联系高于亚洲，这说明北美洲在信息科技方面更具优势；非洲无论是硬联系还是软联系都处于全球的底端。从国际组织角度来看，G7 国家的硬联系和软联系都要比金砖国家的硬联系和软联系要大，这表明发达

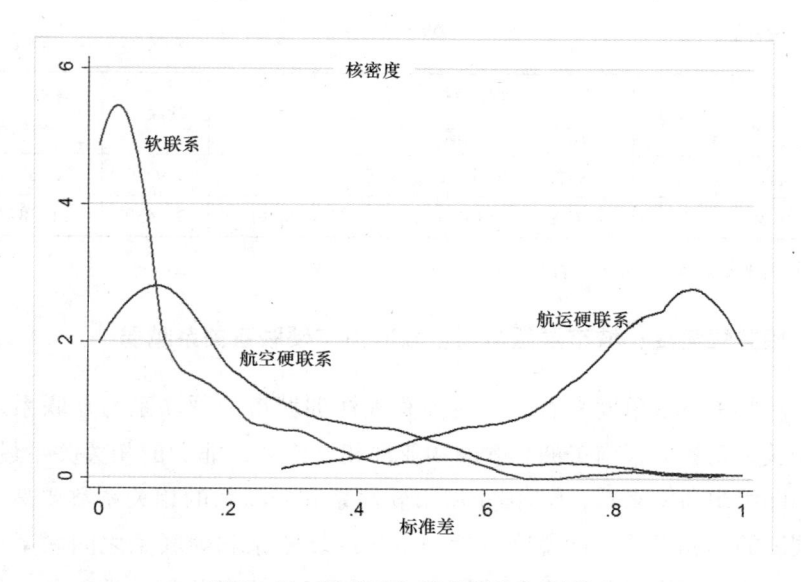

图 2-50 软联系和硬联系核密度图

资料来源：中国社会科学院全球城市竞争力数据库。

城市的基础设施和信息科技都要更加完善，此外我们还发现软联系之间的差距比硬联系之间的差距大，这说明两者之间的信息科技的差距更大。从城市层级角度来看，各城市层级间软联系存在明显的等级差距，即城市层级越高，那么城市的软联系越大且相对于低层级越明显；而硬联系却不存在这一差距，中上层城市间硬差距不大。

表 2-35　　不同区域、层级软联系和硬联系比较

区域	样本量	软联系均值	硬联系指数均值	城市等级	样本量	软联系	硬联系指数均值
全球	138	6.9624	3.3010	A+	2	50.3753	11.2500
北美洲	12	6.7724	2.7000	A	2	31.3599	6.8000
大洋洲	2	17.5843	3.5500	A-	8	18.9725	8.3875
非洲	40	2.1422	1.2183	B+	4	18.7381	7.9875
南美洲	12	6.1342	2.6917	B	4	15.4206	10.7250
欧洲	27	15.6171	6.7722	B-	12	10.4929	5.6292
亚洲	45	5.8536	3.3813	C+	13	11.2642	4.9923

续表

区域	样本量	软联系均值	硬联系指数均值	城市等级	样本量	软联系	硬联系指数均值
G7国家	7	33.9723	10.1571	C	13	4.9980	2.6192
金砖国家	7	14.9303	7.1571	C-\D	80	2.1450	1.3874

资料来源：笔者整理和计算后得到。

相关性角度：城市层级越高，软联系与硬联系关系越弱

从相关系数角度来看，北美洲和大洋洲城市的硬联系与软联系之间的相关关系较大，南美洲、欧洲和亚洲相对次之，非洲的相关关系最弱。从国际组织角度来看，G7国家城市软联系和硬联系的相关系数要高于金砖国家的相关系数，这说明发达经济体的软联系和硬联系之间联系更为紧密。从城市层级角度来看，城市层级越高这两者的相关性越弱，具体表现为一类城市的相关系数为0.5566，二类城市的相关系数为0.6502，三类城市的相关系数为0.8061，即城市层级越低，该城市对外的软联系就越依赖于城市的硬联系水平；但是当城市层次特别低时，其对外软联系与硬联系水平关系不大，见表2-36。

表2-36　不同区域、层级软联系与硬联系的相关系数

硬联系与软联系	全球	北美洲	大洋洲	非洲	南美洲	欧洲	亚洲
相关系数	0.8195	0.9000	1.0000	0.7006	0.8612	0.7800	0.7435
硬联系与软联系	G7国家	金砖国家	一类城市(A+\A\A-)	二类城市(B+\B\B-)	三类城市(C+\C\C-)	四类城市(D)	
相关系数	0.6813	0.2434	0.5566	0.6502	0.8061	-0.0212	

资料来源：笔者采用整理和计算后得到。

第四节　新型全球城市

一　全球城市体系是一个功能体系

城市在科技创新和经济发展中发挥着十分重要的作用，尤其是进入

工业经济时代，几乎所有的科技创新都发源于城市，大部分的经济活动也集中于城市，全球经济发展和科技创新的格局与联系也就主要反映在城市层面，由此，全球化的内容和广度直接决定了全球城市体系的广度。

全球化的快速发展使得全球城市日益成为一个有机整体，一个相互紧密联系的全球城市体系已然形成。城市体系是指在同一空间内功能上各有分工、规模上形成等级分布的城市群体组合，它包含城市规模体系和城市功能体系。城市规模体系一般是指人口在各个城市之间的等级分布所形成的体系。城市功能体系是指城市间的功能体系，不同城市由于在产业链中所处地位的不同导致其在整个城市体系中所发挥的功能不同，这些功能不同的城市相互耦合形成一个稳定的功能体系。

从全球来看，由于国界的存在，劳动力并不能像产业和资本那样自由流动，因此城市规模体系和城市功能体系是分离的。以全球人口规模最大的十个城市为例，2015年，全球人口规模最大的十个城市分别是东京、德里、上海、圣保罗、孟买、墨西哥城、北京、大阪、开罗、纽约，其中东京以3800万人高居世界第一，位居第十的纽约的人口也达到1859万人。按人口规模来说，德里、圣保罗、孟买、墨西哥城和开罗都应该是全球城市，但是从城市在世界经济中所发挥的作用来说，这些城市在全球经济中的地位并没有如此重要；相反，人口规模更少的纽约和伦敦却在全球经济中发挥着配置全球资源和控制全球经济的作用；因此按功能来说，纽约和伦敦才是真正的全球城市。由此可知，真正意义上的全球城市体系并不是规模体系，而应是功能体系。

伴随经济全球化的不断深入，产业内贸易快速发展，跨国公司内部贸易占据世界贸易的主要地位，城市间的产业分工进一步细化，经济活动在地理上高度扩散和功能上深度整合协同推进，导致全球城市体系发生巨大的转变，初步形成了以功能体系为特征的城市体系。J. Friedman（1986）从国际分工的视角来研究世界城市，他认为新的国际分工和经济全球化导致了世界城市的形成与发展，它们在全球企业网络中扮演着中心角色，控制和支配着全球经济。Saskia Sassen（1991）则从高端生产性服务业的角度来分析全球城市，她认为全球城市是跨国公司总部的集聚地，高端生产性服务业为跨国公司经济运作和管理提供优良的现代服务业设施，如金融、通信、法律、会计等专业服务。Taylor（1995）将世界城市置于世界经济体系中进行考察，以跨国企业联系度为视角来分析全球城市体系。Taylor（2001）分析了会计、金融、广告和法律等四种高级生产性服务在世界主要城市的分布和联系，从组织角度探索了世界城市间的关系。总而言之，以上研究都是从城市功能体系的角度来分析全球城市和全球城市体系，由此可见，从理论上讲，目前的全球城市体系也更多是一种功能体系。

从六大产业在全球的分布来看，全球大多数主要城市已经融入全球化进程，全球城市体系其实是一个功能体系。图2-51是根据六大行业主要跨国公司在全球各城市的分支机构分布数量计算得出的全球联系度指数，它能有效反映该城市参与全球产业分工的深度。从2017年跨国企业联系度来看，在全球1035个城市中，有968个城市进驻了跨国企业的总部或分支机构，这说明全球大部分主要城市都已经被纳入全球城市功能体系。目前，跨国企业最密集的区域主要集中在北美、欧洲、亚洲等地区，其中跨国企业联系度最高的前十位城市分别是伦敦、纽约、香港、新加坡、上海、北京、东京、巴黎、悉尼、迪拜，这些城市也反映了各自区域参与全球城市功能体系的深度。就汽车行业而言，福特、通用、大众、丰田四大跨国汽车企业主要分布在上海、曼谷、东京、班加罗尔等103个主要城市；就消费型企业而言，沃尔玛、欧尚、家乐福、星巴克四大跨国消费型企业则主要分布在上海、北京、南京、成都等489个城市；就物流行业而言，UPS等物流企业则主要集中在上海、新加坡、钦奈、深圳等483个城市；就科技行业而言，华为、微软、英特尔、脸书四大著名高科技企业主要分布在旧金山、圣何塞、新加坡、波士顿等206个城市；就金融机构而言，汇丰、花旗、工商银行、渣打银行等金融机构主要分布在纽约、伦敦、东京等672个城市；就律师事务所而言，四大律师事务所则主要分布在新加坡、纽约、香港、伦敦等69个城市。

二 全球城市功能体系是一个链网体系

随着全球化的深入发展，生产要素尤其是资本和技术的全球流动日益普遍，跨国公司的迅速发展促进了国际贸易和国际产业分工的进一步细化，全球分工协作格局基本形成。由于经济活动的主要载体是城市，因此，世界经济发展格局的变化必将造成全球城市体系的深刻

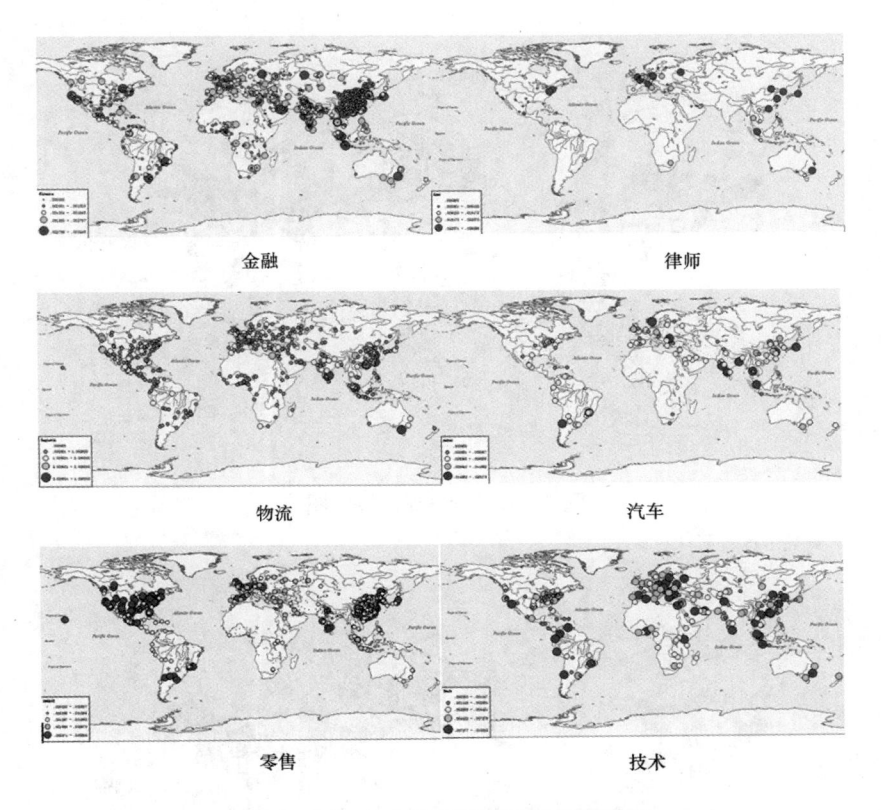

第二章　全球城市竞争力2017年度综述　◇　113

金融

律师

物流

汽车

零售

技术

图2-51　六大行业的跨国企业联系度

资料来源：笔者绘制。

变化。

在全球化过程不断深化的大背景下，由于全球要素分布的异质性，在全球生产网络内产业垂直分工和产业水平分工相互交织，成为经济全球化进程中两种明显的趋势。冷炳荣（2014）认为目前的城市体系正在由等级体系向网络体系转变，城市等级体系强调的是城市中心性，而城市网络体系则更多强调城市的节点性，联系通道也由单向、非对称、量少向双向、对称、多样化转变。因此，目前的全球城市体系既不是由产业垂直分工所决定的等级体系，也不是由产业水平分工所决定的网络体系，确切地说，它应该是一种链网体系，是等级体系和网络体系的结合物。另外，当前全球经济以产业链为主的空间经济结构正在向以价值链为主的空间经济结构转变，这也进一步加剧了全球城市体系的链网结构。

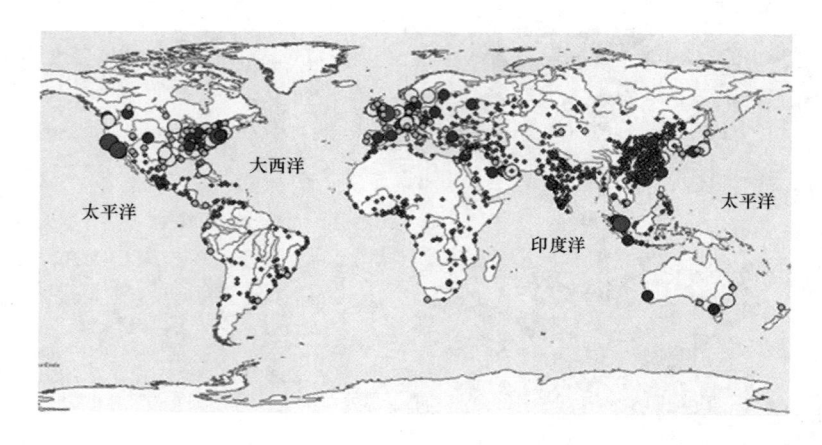

图 2-52　全球城市等级图

资料来源：笔者绘制。

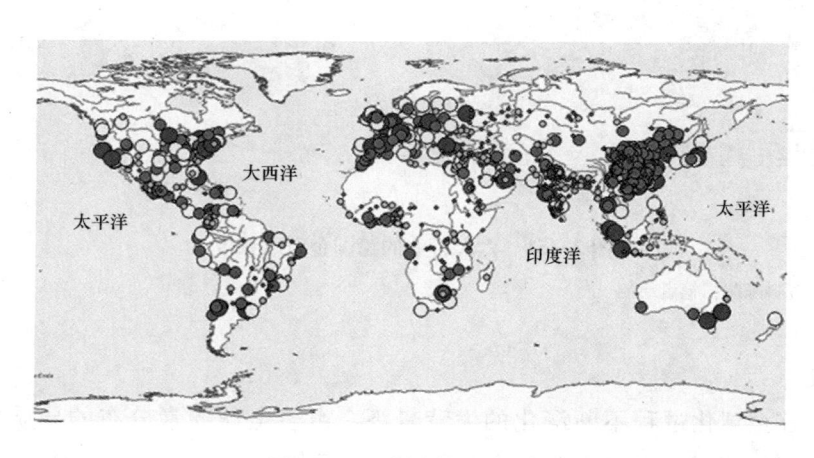

图 2-53　跨国企业联系度

资料来源：笔者绘制。

从城市集聚度（见图 2-52）和城市之间的联系度（见图 2-53）来看，当前的全球城市体系具有明显的链网特性。根据全球城市综合经济竞争力的分级排名，全球 1035 个城市可以分成十个层次，第一层次是纽约、伦敦，第二层次是香港、新加坡、圣何塞、旧金山、洛杉矶，第三层次是悉尼、北京、上海、巴黎等 16 个城市，第四层次是多伦多、广州等 11 个城市，第五层次是墨尔本、莫斯科等 11 个城市，第六层次是维也纳等 36 个城市，第七层次是布宜诺斯艾利斯等 58 个城市，第八层次是阿德莱德等 99 个城市，第九层次是阿尔及尔等 399 个城市，其余城市归为第十层次。综合来看，全球城市体系总体呈现较为明显的等级特性。与此同时，从跨国企业联系度来看，大部分城市已经被纳入跨国企业联系网络，其中城市综合经济竞争力层级高的城市往往具有更高的跨国企业联系度，伦敦、纽约、香港、新加坡、旧金山、洛杉矶等城市的跨国企业联系度在所有城市中是最高的，这也反映了全球城市处于广泛而有等级的联系中。总体而言，全球城市体系更多是一种链网体系。

三 新型全球城市正在形成

（一）新型全球城市的理论逻辑

我们可以将全球化进程分为三个阶段：从商品全球化到资本全球化，再到信息全球化。在商品全球化阶段，货物贸易作为全球化的主要内容，全球城市之间的联系以商品流为主，节点城市的主要功能是商业和金融功能；在资本全球化阶段，资本流动成为全球化的主要内容，资金流在全球城市之间的联系中占据主要地位，节点城市的主要功能是金融服务功能；在信息全球化阶段，信息流动成为全球化的主要内容，信息流在全球城市之间的联系占据主导地位，节点城市的主要功能是信息功能。在不同的全球化阶段，全球经济的关键要素也不一致。在商品全球化阶段，资源和商品是经济的关键要素，谁控制了商品流谁就能主导和整合价值链，进而控制全球经济；在资本全球化阶段，资本成为经济的关键要素，谁控制了资金流谁就能主导和整合全球价值链，进而控制全球经济；在信息全球化阶段，资本和信息成为经济的关键要素，谁控制了信息流和资本流，谁就能主导和整合全球价值链，进而控制全球经济。因此，在不同的全球化阶段，驱动全球经济的主导力量也各不相同。在商品全球化阶段，全球经济主要由资源驱动，资源型企业在这一阶段的全球化过程中占据主导地位；在资本全球化阶段，全球经济主要由资本驱动，金融企业成为这一阶段全球化的主导力量；在信息全球化阶段，全球经济主要由科技创新和金融资本来驱动，在这一阶段，高科技企业和金融企业将成为全球化的主导力量。

在 20 世纪，高端生产性服务业尤其是金融业作为控制全球资源配置的关键产业，对全球生产网络发挥着至关重要的作用。Saskia Sassen（1991）认为经济活动的控制活力已经从生产地区转到集金融与其他高级专业化部门为一体的服务业地区，由此她根据高端生产性服务业来鉴别全球城市，将其特征概括为发达的金融和商业服务中心。弗里德曼（1986）从新的国际劳动分工的角度将全球城市的特征概括为主要金融中心、跨国公司总部、国际化组织所在地、商业中心、重要的制造中心、主要交通枢纽。事实上，过去的全球城市往往是由那些最主要的国际金融和商业中心构成的，比如纽约、伦敦、东京、香港、巴黎、法兰克福等全球城市，无一例外，都是发达的金融中心和商业中心。

进入21世纪，人类迎来第四次产业革命，这次产业革命史无前例，谷歌、脸书、阿里巴巴、亚马逊等信息科技公司正在以前所未有的速度深刻改变人类的生产生活方式，它们以平台经济的方式开始控制全球资源的配置。因此，信息科技公司在全球的分布必将大大改变全球城市体系的格局，信息科技公司集聚的城市在全球城市体系中的话语权将大大提升，全球经济不再仅仅受纽约、伦敦、东京等少数几个金融中心驱动，信息科技产业将与高端生产性服务业一起成为决定城市全球地位的重要力量，未来的顶尖全球城市必将是那些在金融等高端生产性服务业和信息科技产业均处于领先地位的城市。总而言之，传统全球城市的概念将被颠覆，新型全球城市将崛起，而新型全球城市的"新"主要体现在科技中心功能和金融中心功能的有机叠加，科技和金融的结合使得全球城市功能体系更加完善，能够更好地发挥其在全球经济中的作用。

（二）新型全球城市的事实证据

首先，科技与金融正在主导全球经济，占据全球价值链的主要部分。

从全球500强企业的行业分布来看，信息科技企业正在主导全球经济。在2007年的全球财富500强企业排行榜中，前十名企业分别是沃尔玛（Wal-Mart Stores）、埃克森美孚（Exxon Mobil）、皇家壳牌石油（Royal Dutch Shell）、英国石油（BP）、通用汽车（GM）、丰田汽车（Toyota Motor）、雪佛龙（Chevron）、戴姆勒克莱斯勒（Daimler Chrysler）、康菲（ConocoPhillips）、道达尔（Total）。在这些企业中，石油行业占据6席，其次是汽车产业，占据3席，石油和汽车这两个百年产业依然兴盛不衰。就整个榜单来看，入围企业最多的七大行业分别是银行业（59家）、保险业（45家）、石油业（41家）、食品业（31家）、汽车业（27家）、零售业（21家）、电信业（20家），这些行业大多数是拥有悠久历史的传统产业，与之相对，计算机、软件、互联网等高技术企业则屈指可数。再对比利润额，利润最多的前十大企业分别是埃克森美孚、皇家壳牌石油、联合航空、英国石油、花旗集团、美国银行、通用电气、俄罗斯天然气工业、辉瑞、雪佛龙，这些企业绝大多数都处于石油或金融行业，它们基本上都是第三次产业革命的产物。这充分说明仅仅在十年前，我们这个社会还处在第三次产业革命所塑造的生产生活方式中。但是再看十年后的2017年，同样是在财富500强榜单上，沃尔玛依旧是当之无愧的霸主，但是值得注意的是，作为高科技公司代表的苹果公司强势进入前十位，亚马逊位居26位，谷歌位居65位，微软位居69位，软银位居72位，其他一大批信息科技公司也纷纷进入500强行列，尤其是中国的信息科技企业也在快速崛起，如阿里巴巴、腾讯等企业首次进入全球500强，这在十年前是无法想象的。可以预见，再过十年，会有越来越多的信息科技公司加入这个行列。

从全球价值链来看，大量财富正在快速流向科技企业。对比分析2007年和2017年福布斯上市公司市值最高的前十家企业，我们可以发现，在2007年市值最高的企业中，除了微软、GE、AT&T外，基本上都是能源、金融类企业。但是到了2017年，形势发生很大改变，大量财富开始涌向科技类企业，前十位中有6家是信息科技企业，这也反映了当下信息科技企业大受资本市场追捧的现状，同时这些高科技企业也通过资本市场的巨量融资在科技领域进一步跑马圈地，发展更新一代的市场地位。

表2－37　2007年和2017年全球上市公司市值TOP10

排名	2007年	排名	2017年
1	埃克森美孚	1	苹果
2	通用电气	2	字母表
3	微软	3	微软
4	花旗	4	亚马逊
5	俄气公司	5	伯克希尔·哈撒韦
6	中国石油	6	脸书

续表

排名	2007年	排名	2017年
7	中国工商银行	7	埃克森美孚
8	美国银行	8	强生
9	美国电话电报公司	9	摩根大通
10	英国石油	10	腾讯

资料来源：http://www.forbes.com。

其次，信息科技在全球经济中的影响力日益增强。

从全球企业影响力来看，信息科技企业的影响力正变得越来越大。通过对比由世界品牌实验室（WBL）发布的2004年和2016年世界品牌TOP10名单可以清晰发现，在短短12年间，前十名企业发生了巨大的变化，在这背后正是科技变化所带来的行业洗牌。在2004年对人类社会最有影响力的品牌基本上都是食品、手机、汽车等消费类品牌，但是到了2016年，前十位中有一半品牌是信息科技公司，并且前三位都被信息科技公司包揽，再看 Brand Finance 所发布的2007年和2017年全球最具价值品牌TOP10，我们依然可以发现类似现象，这有力说明了最近十几年间人类社会所经历的巨大变化，信息科技在人类生活中的影响力正变得空前强大。

表2-38　　2004年和2016年的世界品牌TOP10

排名	2004年	排名	2016年
1	可口可乐	1	苹果
2	麦当劳	2	谷歌
3	诺基亚	3	亚马逊
4	百事	4	微软
5	苹果	5	可口可乐
6	索尼	6	脸书
7	微软	7	奔驰
8	国际商用机器公司	8	沃尔玛

续表

排名	2004	排名	2016
9	奔驰	9	通用电气
10	宝马	10	麦当劳

资料来源：http：//www.worldbrandlab.com。

表2-39　　2007年和2017年的全球最具价值品牌TOP10

排名	2007年	品牌价值（$1M）	排名	2017年	品牌价值（$1M）
1	可口可乐	43146	1	谷歌	109470
2	微软	37074	2	苹果	107141
3	花旗	35148	3	亚马逊	106396
4	沃尔玛	34898	4	美国电话电报公司	87016
5	国际商用机器公司	34074	5	微软	76265
6	汇丰	33495	6	三星	66219
7	通用电气	31850	7	威瑞森	65875
8	美国银行	31426	8	沃尔玛	62211
9	惠普	29445	9	脸书	61998
10	万宝路	26990	10	中国工商银行	47832

资料来源：Brand Finance。

再次，传统全球城市相对衰落，并正在向科技创新型城市转型。

20世纪，纽约、伦敦、东京等传统全球城市曾经凭借强大的金融服务能力在全球城市体系傲视群雄，具有不可动摇的地位。但是随着科技创新在全球经济中的地位日益重要，科技创新型城市在全球城市体系中的地位不断上升，相应地，传统金融中心城市的地位相对衰落。为维持过去的顶尖城市地位，纽约、伦敦等传统全球城市正在不断提升其科技创新实力，努力向科技创新型城市转型。

纽约是世界三大金融中心之一，金融产业一直是纽约的支柱产业，不过纽约的科技产业也在飞速崛起。2008年金融危机之后，科技产业正在逐步超越金融产业为纽约提供更多的工作岗位。从2009年到2013年，纽约市高科技行业的就业增长率为33%，高于纽约市平均8%的水平。2016年，纽约科技公司创造的就业数量，已经超过了金融业，纽约也因此获得了"硅街（Silicon Alley）"的美誉。随着高科技企业的大量涌入，纽约高端写字楼市场也快速升温。据房地产顾问公司高力国际（Colliers International）发布的2017年一季度数据显示，纽约曼哈顿区办公楼租金创历史新高，租金问价从去年四季度的每平方英尺72.24美元升至73.92美元。

伦敦，作为另一个全球金融中心，金融业十分发达，但是科技创新产业相对较弱，2010年时任英国首相卡梅伦提出将伦敦打造成为"东部硅谷"的设想，经过五年多的努力，目前，伦敦已经聚集了英特尔、谷歌、脸书等众多科技巨头，诞生了超过4000家科技创业公司。在Compass发布的全球科技创业生态系统分析中，伦敦凭借其巨大的科创企业数量、较高的生态系统价值，成为目前欧洲最大的科技创业生态系统。

最后，科技中心城市在全球城市体系中的地位不断上升，同时其金融中心功能也在完善。

近年来，在科技创新方面表现亮眼的城市的竞争力得到快速提升，科技城市在全球城市竞争中的优势日益明显。从人均GDP的角度来看（见图2-54），科技创新指数较高的城市，其人均GDP也比较高，两者呈现很强的相关性，由此可知科技创新城市在全球价值链中占有较高的份额，从而提升了其在全球城市体系中的地位。从2017年的全球城市竞争力排名来看，综合经济竞争力、可持续竞争力排名靠前的城市几乎都是在科技创新方面拥有较强实力的城市。从图2-55和图2-56中，我们可以看出一个城市的科技创新实力与该城市的经济综合竞争力和可持续竞争力具有非常明显的正相关关系。事实上，科技创新指数与经济竞争力指数、可持续竞争力指数的相关性分别高达0.7646和0.8624。

其中最为典型的是旧金山、圣何塞等新兴科技城市。圣何塞和旧金山，作为美国乃至世界的科技创新中心，一方面拥有斯坦福大学和加州大学伯克利分校等世界顶级高校，又聚集了谷歌、脸书、苹果、惠普、英特尔、思科、英伟达、甲骨文、雅虎等一大批世界顶级信息科技公司，它们凭借强大的科技创新能力，经济发展实现了质的飞跃，人均GDP分别高达12万美元和9.4万美元，位居全球第一位和第四位。另一方面，

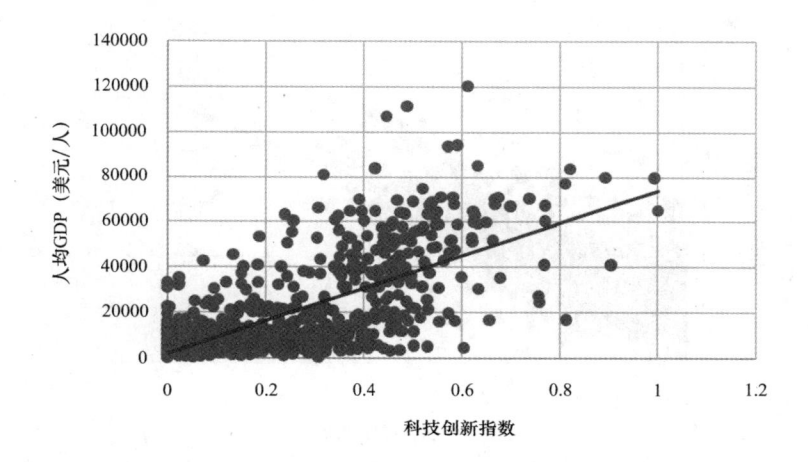

图 2-54　科技创新与人均 GDP 的关系

资料来源：中国社会科学院全球城市竞争力数据库。

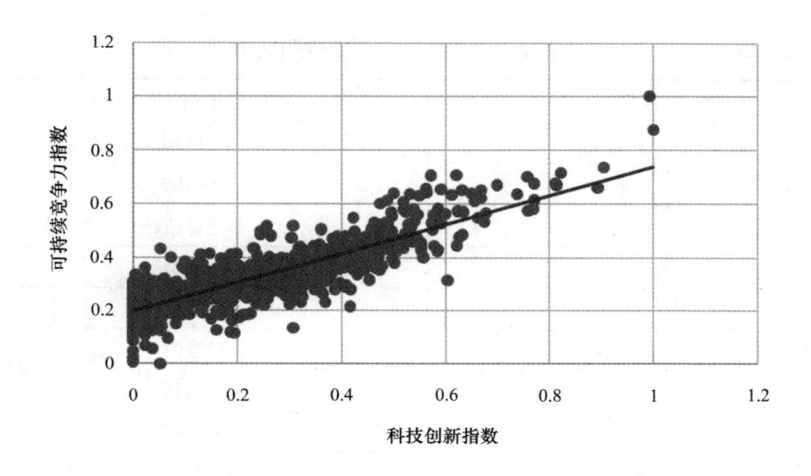

图 2-55　科技创新指数与可持续竞争力指数的关系

资料来源：中国社会科学院全球城市竞争力数据库。

这两座城市还集聚了美国大部分的风险投资基金，俨然成为美国乃至世界最大的风险投资中心，金融中心功能不断增强。因此，它们在全球资源配置中的话语权不断增强，顺其自然成为新型全球城市的新贵。

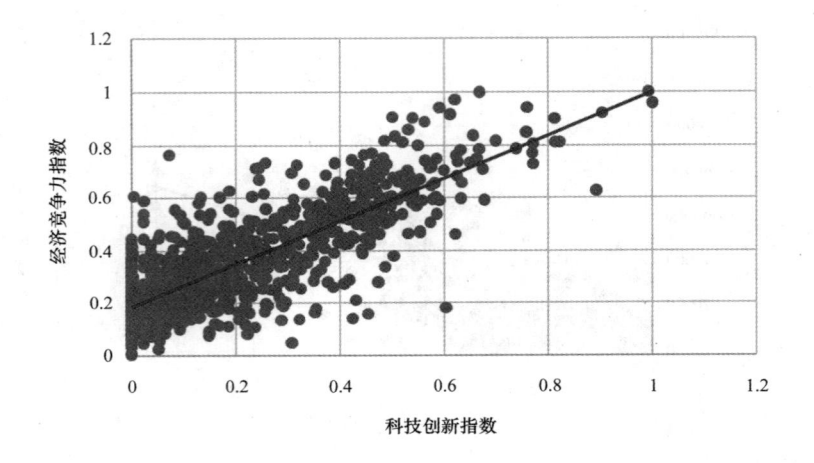

图 2-56 科技创新指数与经济竞争力指数的关系

资料来源：中国社会科学院全球城市竞争力数据库。

表 2-40　　　　　全球人均 GDP 排名前十位的城市

排名	人均 GDP 前十位城市
1	圣何塞
2	奥斯陆
3	布里奇波特
4	旧金山
5	苏黎世
6	西雅图
7	日内瓦
8	波士顿
9	多哈
10	华盛顿特区

资料来源：中国社会科学院全球城市竞争力数据库。

（三）新型全球城市的确定及其分布

随着科技对人类社会的影响力不断上升，越来越多的科技企业脱颖而出。对比 2008 年和 2017 年的世界最具价值品牌 500 强榜单，我们可以发现有越来越多的科技企业名列前茅，这正好反映了科技企业影响力不断提升的现实。因此，从一定程度上，我们可以根据拥有世界最具价值品牌数量的多少来确定新型全球城市。通过对比2008年和2017年的最具价值品牌分布情况，我们发现，伦敦、巴黎、东京等传统全球城市所拥有的品牌数在相应减少，而圣何塞、深圳、北京等城市所拥有的品牌数则大幅增加，这反映了一个事实：由于高科技产业的兴起导致以传统高端服务业为主的全球城市实力相对减弱，而以新兴科技产业为主的城市实力大大增强，特别是圣何塞、深圳，作为著名的科技创新中心，正在以新型全球城市的面貌崭露头角。我们综合2017年各城市所拥有最具价值品牌数量和近十年变化情况等因素，选取了前50位城市作为新型全球城市，具体见表2-41。

表2-41　　　　　　　　　新型全球城市排名

排名	城市	排名	城市
1	纽约	26	明尼阿波利斯
2	北京	27	阿姆斯特丹
3	巴黎	28	新德里
4	东京	29	休斯敦
5	伦敦	30	奥斯汀
6	圣荷塞	31	慕尼黑
7	首尔	32	新加坡
8	深圳	33	法兰克福
9	旧金山	34	哈特福德
10	达拉斯	35	里士满
11	华盛顿	36	圣保罗
12	圣路易斯	37	杰克逊维尔
13	苏黎世	38	卡尔加里
14	辛辛那提	39	伯明翰
15	上海	40	蒙特利尔
16	多伦多	41	底特律
17	芝加哥	42	斯德哥尔摩
18	西雅图	43	名古屋

续表

排名	城市	排名	城市
19	亚特兰大	44	毕尔巴鄂
20	孟买	45	魁北克城
21	洛杉矶	46	温斯顿-萨勒姆
22	墨尔本	47	香港
23	斯图加特	48	堪萨斯城
24	广州	49	汉堡
25	杭州	50	路易斯维尔

资料来源：中国社会科学院全球城市竞争力数据库。

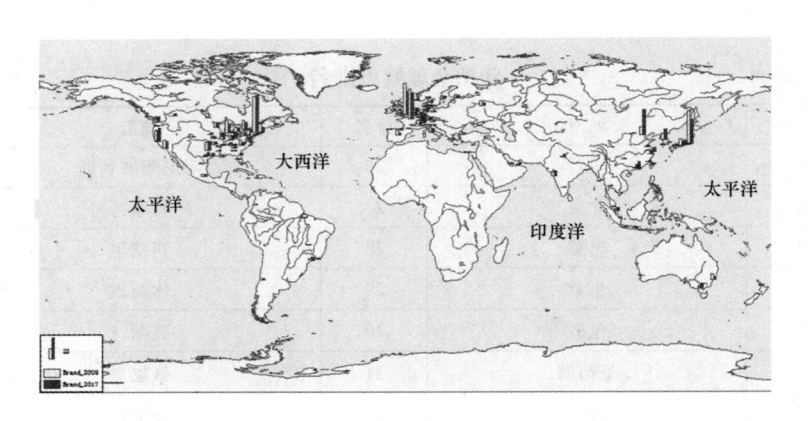

图2-57　2008年和2017年全球最具价值品牌500强分布

资料来源：Brand Finance。

对比2008年和2017年全球最具价值品牌500强在全球城市的分布（见图2-57），我们还发现如下现象：首先，世界品牌500强企业分布的集聚度非常高，呈现很强的极化现象。从区域上看，主要分布在欧洲、北美和东亚地区，这三个地区的品牌数占据绝大部分。从城市层面看，则主要分布在纽约、伦敦、巴黎、东京等全球大都市，这四个城市所拥有的品牌企业占世界品牌500强企业数的将近30%。其次，全球城市版图正在发生潜移默化的变化。总体上，东亚地区尤其是中国品牌数大幅增加，从2008年的20家增加到2017年的57家，增幅惊人，这也是全球经济中心持续东移的结果。

展望未来，新型全球城市将具有智慧化、大都市化特征。在未来城市，互联网成为基础设施，数据成为生产资料，计算成为公共服务。在大数据的基础上，利用物联网、人工智能等技术将把城市中的所有基础设施连接起来，形成新一代的智慧化基础设施，从而使城市能够自主指挥决策、实时反应、协调运作，城市将真正拥有能够"自主思考"的大脑，以便更合理地利用资源，做出最好的管理决策，及时预测和应对突发事件。与此同时，由于信息技术和交通技术的发展，城市地域空间分布也将日益分散化、网络化，城市形态将向大都市化发展。

参考文献

Batty, M., "Rank clocks", *Nature*, Vol. 444, No. 7119, 2006.

Friedmann, J., "The World City Hypothesis", *Development and Change*, Vol. 17, No. 1, 1986.

Ikenberry, G. J., "Connectography: Mapping the future of global civilization", *Foreign Affairs*, Vol. 95, 2016.

Knox, P. L. and Taylor, P. J., *World cities in a world-system*, New York: Cambridge University Press, 1995, p. 588.

Sassen S., "The Global City: New York, London, and Tokyo", *Political Science Quarterly*, Vol. 107, No. 2, 2001.

Taylor, P. J., Catalano, G. and Walker, D. R. F., "Measurement of the World City Network", *Urban Studies*, Vol. 39, No. 39, 2002.

李世庆：《大都市城市功能体系的空间组织方式研究》，中国城市规划年会会议论文，青岛，2013年11月。

王坚：《在线：数据改变商业本质，计算重塑经济未来》，中信出版社2016年版。

冷炳荣等：《城市网络研究：由等级到网络》，《国际城市规划》2014年第1期。

赵红州：《科学能力学引论》，科学出版社1984年版。

第二部分　主题报告

房价与竞争力：房价，重塑城市世界的力量

第 三 章

问题提出与文献回顾

倪鹏飞　张洋子　曹清峰

第一节　问题提出

一　城市竞争力是城市持久繁荣的基础

世界进入城市时代，城市在人类生活、经济发展等方面发挥着重要的作用。随着交通条件的改善、互联网等信息技术的发展，人们之间的时空距离在不断缩小，城市间的联系正变得日益紧密，相互间的影响更为显著，这也加剧了城市间在要素、产业等方面的竞争。对一个城市而言，如何在竞争中脱颖而出，并实现城市经济的可持续增长，培育经济竞争力十分关键。展望未来城市发展，根据 2016 年第三届世界人居大会审议通过的《新城市议程》，到 2050 年世界城市人口预计将增加近一倍，城市化将成为 21 世纪最具变革性的趋势之一。随着城市人口的大量增加，城市在住房、基础设施、基本服务等方面面临的可持续发展挑战也日益严峻。因此，在新形势下不断提升全球城市可持续竞争力非常必要。

二　房价影响着家庭、城市与世界

住房部门作为城市经济中的一个重要部门，住房及其价格会对家庭、城市与世界产生重要影响。首先，住房作为一种耐用消费品，是居民的一种生活必需品，往往占据了普通居民财富的大部分份额。因此，住房消费是家庭非常重要的一个消费决策，房价的高低会直接影响家庭的福利水平。其次，与普通消费品不同，住房还具有投资品的属性。住房的投资品属性往往使得房价存在较强的波动并具有较强的不可预测性，由于住房属于非贸易品，房价的这种波动性会加剧本地经济发展的不确定性，使得经济发展面临的风险增加，从而影响城市的发展。最后由于住房部门往往与金融部门紧密联系在一起，这会导致住房市场的风险也会通过金融部门的杠杆效应不断放大，从而对国家乃至全球的宏观经济产生重要影响。

三　房价影响城市竞争力

从当前情况看，许多发达国家和发展中国家的城市房价高企并且暴涨，增加了居民的住房负担，影响了企业的盈利和生存，甚至威胁到社会的稳定，对城市竞争力的提升产生了负面影响。从现实来看，房价对城市竞争力产生了显著的影响。从理论上看，房价对城市竞争力存在两方面的影响：一是影响城市中居民的生活成本，由于住房是居民在城市中消费的基本生活服务品，因此房价的高低直接影响了居民在城市中生活的效用水平，并通过劳动力市场进一步影响到城市中企业的生产成本及其可获得的人力资本数量。二是影响城市中企业的投资决策，高房价带来的房地产投资上的高收益率往往诱使企业进行更多的房地产投资，而这会挤出企业在研发、技术创新等方面的投资，不利于城市经济的持续增长。过高的房地产投资比重也会导致城市经济的畸形发展，不利于城市经济的转型升级。因此，无论从理论还是现实来看，房价对城市竞争力都有重要影响。

四　房价与城市竞争力的关系具有复杂性

房价与城市竞争力关系的复杂性主要体现在：一方面，当房价位于合理区间时，房价及其波动会促进城市经济发展、科技创新以及产业升级，进而提高城市的竞争力。另一方面，当房价过高或者过低时，对城市竞争力的提升都是不利的。其中，房价过低不利于挤出城市中的低端产业，也使得城市中的科技创新缺乏外部压力；而过高的房价则会将高端、中端以及低端产业与要素都挤出城市，甚至会导致城市的产业空心化与房价泡沫。现实中也存在类似的情况，一些城市的竞争力与房价实现了共同良性增长，而一些城市过高或过低的房价则阻碍了城市竞争力的提高。例如，20世纪80年代后，硅谷、曼哈顿、慕尼黑等地区在经济崛起的同时房地产业也日益繁荣；90年代的日本东京、大阪等城市房价泡沫的破裂对城市发展产生了明显的负面影响；进入21世纪，马德里等房价疯涨、烂尾楼严重积压，也一度濒临破产，美国次贷危机中房地产衰退更是引起经济剧烈波动，华沙、布达佩斯等东欧城市则陷入了低房价与城市经济停滞不前共存的不利困境。因此，房价作为改变城市、世界的重要力量，对城市竞争力存在复杂的影响。忽视了这种复杂性，就难以全面地考察房价的力量，也难以解释现实中不同城市竞争力的复杂表现，而目前的相关研究则过于简单、有误，无法解释复杂的现实。目前非常有必要从理论到实证以及政策上，深入研究房价对城市竞争力的复杂影响。为此，我们首先对相关文献进行回顾。

第二节 房价影响城市竞争力的构成与表现

房价对城市竞争力的影响，作用于竞争力内在构成，反映在竞争力的外在表现。因此，这里首先对城市竞争力的内涵、构成及其表现的相关研究进行梳理。

一 城市竞争力的基本内涵

城市竞争力具有丰富的含义，但其基本内涵体现为一个城市创造价值、创造更高福利的能力，现有研究从不同角度对此进行了探讨。Peter KarlKresl（1999）将城市竞争力定义为城市创造财富、提高收入的能力。类似地，Lever（1999）认为城市竞争力是指城市能够生产区域、国家和世界市场所需要的产品和服务的能力。Douglas Webster（2000）则认为城市竞争力是指一个城市能够生产和销售比其他城市更好（但不一定是最低价格）的商品和服务的能力，因此城市居民生活水平的改善是提升城市竞争力的主要目的。进一步地，倪鹏飞（2002）将城市竞争力的内涵概括为一个城市在竞争和发展过程中与其他城市相比所具有的吸引、争夺、拥有、控制和转化资源，争夺、占领和控制市场，创造价值，从而为其居民提供福利的能力。

此外，Porter（1990b）、European Commission（1999）、Iain Begg（1999）、Douglas Webster（2000）、OECD（2005）、Lever 和 Turok（1999）、Budd 和 Hirmis（2004）、郝寿义（1999）等也对城市竞争力的内涵进行了研究，但其基本观点与城市竞争力是城市创造价值与更高福利的能力这一基本内涵是一致的，这里不再赘述。

二 城市竞争力的内在构成

现有研究认为，城市竞争力由城市要素禀赋、产业发展状况以及城市价值等因素构成。具体而言，郝寿义（1999）从要素禀赋角度指出，城市的经济竞争力主要反映了城市中各种要素提高城市经济效益的能力，因此城市经济竞争力的内在构成体现为技术、资本、基础设施和组织结构等要素。Martin 和 Simmie（2008）强调了产业结构、产出能力对城市竞争力的影响，认为城市中产业发展的质量、效率和潜力等因素将影响并决定城市的竞争力水平。Porter（1990b）提出了基于价值链的竞争优势理论，强调了价值创造对竞争力提升的作用。倪鹏飞（2015）则系统地界定了要素、产业与城市价值之间的关系，认为要素决定产业、产业决定城市价值。其内在逻辑为：一个企业的业务选择取决于其所处区位的环境状况，而企业的业务选择也决定企业创造附加值的高低。在一个城市里，其当地要素环境以及可以有效利用的外部环境，决定着城市的产业体系（包括产业和产业环节）的规模、结构和效率，而产业体系的状况又决定城市价值的创造。

三 城市竞争力的外在表现

城市竞争力的外在表现可归纳为三方面，即市场规模、经济长期繁荣与经济效率。第一，从市场规模来看，Deas 和 Giordano（2001）强调城市竞争力取决于市场的规模和增长，争夺和吸引市场占有率更高的企业是城市竞争力的集中表现。第二，从经济的长期繁荣来看，Michael Kitson（2005）、Begg（1999）认为城市竞争力并不仅是短期内对资源与市场份额的竞争，还应表现为经济的长期繁荣。第三，从经济效率角度来看，Peter Karl Kresl（1995）认为城市的劳动生产率是城市竞争力的重要表现，类似的观点还有郝寿义（1999）。OECD（2005）认为城市竞争力体现在城市产生高收入以及高就业,并在本地和国际市场上保持竞争优势的能力。

第三节 房地产业对城市竞争力的影响

房价是房地产业的一个重要方面,但不是唯一的方面。除了房价以外,现有文献分别从实物资产、房地产市场、房地产开发等角度研究了房地产业对城市竞争力的影响。首先,住房作为重要的实物资产对城市竞争力产生影响。住房作为实物资产具有较高的耐用性、空间固定性、低供给弹性等特征,具备很强的保值功能和升值潜力。Iain Begg(1999)将住房视为城市的一种"硬"资产,对于城市竞争力高低发挥着重要作用。类似的观点还有况伟大(2005)。其次,对于房地产市场在塑造城市竞争力优势中的作用,D'Arcy 和 Keogh(2000)认为房地产市场交易包括一系列正式和非正式的复杂交易制度,房地产业通过市场制度作用于城市经济活动,直接影响城市竞争力。再次,在房地产开发上,Healey(1992)以及 Turok(1996)指出城市发展需要平衡好房地产开发与其他形式开发的关系,以确保对城市竞争力具有积极作用。Turok(1996)特别强调由于不完全信息等原因,房地产市场中的价格信号对于房地产开发具有一定的误导性。

第四节 房价对城市竞争力关键要素的影响

目前直接研究房价对城市竞争力影响的文献较少,尽管 Iain Begg(1999)以及 McGilp(2000)强调了房价对城市竞争力的影响,但在房价与城市竞争力的关系和作用机制上论证不充分。本部分则从房价影响城市竞争力关键要素的视角对相关研究进行回顾,具体包括房价影响城市产出(经济增长)、产业结构以及生产率三方面,下面进行详细介绍。

一 房价对城市产出(经济增长)的影响

房价可以通过影响城市中家庭和企业的投资来影响城市产出。传统观点认为,房价通过信贷的收缩和扩张对家庭和企业投资产生影响。当房价上涨时，作为经济中主要抵押物的房地产价值也随之上升，这意味着家庭和企业拥有的净资产增加，家庭和企业可以利用房地产抵押获得更多贷款，从而导致投资增加（Chaney，2010）。反之，当房价下降时，由于家庭和企业借贷者的净资产降低，获得的信贷减少，银行倾向于收紧信贷，导致投资规模缩小（Bernanke和Lown，1991）。

然而，传统研究仅从房地产抵押信贷的局部均衡的视角进行研究，难以解释家庭和企业总投资随房价的变动。Laura（2016）指出房价上涨促使企业将大量资金投入房地产部门，造成投资结构失衡，从而对城市经济增长造成不利影响。Laura（2016）强调，除信贷渠道之外，房价上升会使企业进行更多的房地产投资，也会使那些不占有土地的企业减少投资，但对于房价上涨的合理区间，尚需进一步研究。

二　房价对城市产业结构的影响

房价是否促进了城市产业结构的升级一直是现有研究关注的重点。但不同研究的结论差异较大。支持的观点认为房价上升通过人口与产业的转移促进了产业结构的升级。Blackaby和Manning（1992）对英国的研究发现，房价的上升会通过需求和成本的关联效应，促进区域内高端产业的集聚以及收入的增加。高波（2012）对中国的研究也得出了类似的结论，其发现城市房价差异会导致劳动力流动与产业转移，房价的上升促使城市产业价值链向高端攀升。

但反对的观点认为，高房价未必能够导致人口与产业转移，Saiz（2007）对美国大都市市区的研究表明，住房成本对移民的影响并不明显，因为移民更重视移入区域的生活便利设施（amenities）和社会网络。同时，高房价也未必总是挤出低端产业。Jeanty（2010）指出房价的上涨会对当地经济产生拉动作用，从而吸引人口和产业迁入。此外，即使高房价能够导致城市产业迁出，但也可能使得城市产业出现空洞化。Brakman（2004）通过对德国的研究发现，东德与西德之间房价的差异使大量制造业从西德向原东德地区转移。这意味着房价对城市产业结构的影响不能一概而论。

三 房价对城市生产率的影响

首先，房价会影响城市劳动生产率，具体反映在工资差异上。Gianmarco 和 Ottaviano（2006）针对美国城市的研究发现，房价和平均工资在不同技能的劳动力群体中都呈强正相关关系。与之相反，Suedekum（2006）构建了一个引入住房部门的核心——边缘模型，发现在核心区域，房价越高，实际工资越低。

其次，房价会影响城市全要素生产率。Moro 和 Nuño（2011）研究发现高房价导致美国和德国的房价与全要素生产率出现了明显的背离。陈斌开和欧阳涤非（2015）针对中国的研究发现，高房价会导致资源错配，降低资源配置效率，进而降低全要素生产率。此外，高房价也会通过影响企业研发与创新投入的途径影响全要素生产率。王文春、荣昭（2014）对中国的研究表明，房价上涨越快，企业的创新倾向越弱、研发投入越少。

四 房价影响城市竞争力：线性影响还是多重影响？

从房价对城市竞争力关键要素的影响来看，房价对城市竞争力的影响具有一定的复杂性，并非简单的线性影响，而是存在多重影响。现有研究大都只强调了房价对城市竞争力影响的某一方面。经验证据证明，伦敦、香港、东京、日内瓦等国际大城市的发展历史中，房价的作用具有多重性的特征（United Bank of Switzerland, 2016）。正如倪鹏飞（2017）指出的，过低或过高的房价均不利于城市竞争力的提升，房价只有保持在一定范围内才能有助于城市竞争力的提高。但目前考虑房价对城市竞争力多重影响的文献较少，也没有对房价的合理区间问题展开充分的研究，这也是本研究所要试图改进的地方。

第五节 房价影响城市竞争力的传导机制

现有研究虽然涉及了房价对城市竞争力关键要素的影响，但是专门讨论房价与城市竞争力理论传导机制的研究仍很欠缺。但从城市与区域经济学的理论发展来看，以下模型为我们进一步研究房价影响城市竞争力的传导机制提供了条件。

首先，在完全竞争框架下，Rosen-Roback（1979，1982）模型在一个空间一般均衡框架下引入了住房部门，该模型在城市间居民与企业可以自由流动的条件下，分析了居民在不同城市间收入、城市便利性和住房成本之间的取舍，此时城市间的房价差异可以看作对不同城市居住适宜性的补偿。进一步地，Henderson（1987）的城市体系模型中也考虑了作为不可贸易品的住房。

其次，新经济地理学文献则从垄断竞争、规模报酬递增角度研究了房价的影响。其中，Helpman（1998）在 Krugman（1991）模型中引入了住房因素，探讨了劳动力流动与房价、产品多样化之间的关系。与Helpman（1998）的思路不同，Tabuchi（1998）通过在 Krugman（1991）模型中结合了 Alonso（1964）的单中心城市模型结构来引入住房部门，类似的研究还有 Tabuchi and Thisse（2002）等。需要说明的是，上述研究都采取了同质经济主体的假定，即没有考虑企业、劳动力的异质性。

再次，在劳动力异质性框架下，Graser（2001）在其城市体系模型中考虑了地租因素，指出高生产效率的劳动者集中于高工资的城市，低生产效率的劳动者集中于低工资的城市。Davis（2014）在其研究中也考虑了住房因素，发现大城市的高技能比例更高，大城市在技术密集型行业上具有比较优势。

以上仅是对现有研究脉络的一个简单梳理，上述模型可以作为我们进一步研究的基础。

第六节　房价与城市竞争力的相关政策

关于房价与城市竞争力的相关政策，政府主要利用土地、财税、金融等政策来调节住房供给和需求，最终调控房价并影响城市竞争力。

从土地政策来看，Quigley（2005）针对美国加州的研究表明，限制土地审批、减少房屋供给量等调控方式可能会促使房地产价格上涨，从而增加居民生活与企业生产成本，不利于经济增长和产业升级。Mariano Kulish（2011）强调合理使用土地区划政策的重要性，在有限的土地资源的约束下，既要满足人们对土地的各种需求，又要引导土地需求合理化。

从财税政策来看，David（2011）通过研究纽约房地产市场发现，由于居民住房具有居住和投资的双重属性，当住房作为投资品时，投资者的收益预期在住房购买决策中起到关键作用，因此征收房地产税具有调节住房需求的作用。Kamila Sommer、Paul Sullivan（2014）研究了各种税务改革方案对房地产市场的影响，短期效果是提高房租、降低均衡住房供给量，长期来看房产税会降低住宅资产的均衡价格。

从金融政策来看，在金融政策干预的时机上，Owen Lamont 和 Jeremy C. Stein（1999）发现在引入融资效应后，房地产价格对人均收入变化的反应更为敏感，因此必须精准、谨慎地把握金融政策干预的时机和干预的力度。John Taylor（2010）提出货币政策对房地产周期有很大影响，因此需要有效搭配使用多种货币政策工具调节住房供求关系。

参考文献

Alonso William, *Location and Land Use*. Cambridge, MA: Harvard University Press, winter 1964.

Alessio Moro and Galo Nuño, "Does TFP drive Housing Prices? A Growth Accounting Exercise for Four Countries", *Social Science Electronic Publishing*, Vol. 115, No. 2, December 2011.

Barot Bharat and Yang Zan, "House Prices and Housing Investment in Sweden and the United Kingdom – Econometric Analysis for the Period 1970 – 1998", *Review of Urban and Regional Development Studies*, Vol. 14, No. 2, 2014.

Begg Iain, Cities and competitiveness, *Urban studies*, Vol. 36, No. 5, May 1999.

D. H. Blackaby and D. N. Manning, "Regional Earnings and Unemployment—A Simultaneous Approach", *Oxford Bulletin of Economics and Statistics*, Vol. 54, No. 4, February 1992.

Deas Iain and Giordano Benito, "Conceptualising and measuring urban competitiveness in major English cities: an exploratory approach", *Environment and Planning A*, Vol. 33, No. 8, 2001.

David Greg, "Housing crunch and property tax", *Journal of Crains New*

York Business, Vol. 3, No. 2011.

Eamonn D'Arcy and Keogh Geoffery, "The Property Market and Urban Competitiveness: A Review", *Urban Studies*, Vol. 36, No. 5, 1999.

European Commission, "Sixth Periodic Report on the Social and Economic Situation and Development of the Regions of the European", *Regional Policy and Cohesion*, 1999.

Elhanan Helpman, "*The Size of Regions, The size of regions. In: Topics in Public Economics: Theoretical and Applied Analysis*", London: Cambridge University Press, 1998.

M. E. GlaeserKahn, R. Arnott et al., "Decentralized Employment and the Transformation of the American City", *Brookings-Wharton Papers on Urban Affairs*, Vol. 1, 2001

Henderson Vernon, "The Sizes and Types of Cities", *American Economic Review*, Vol. 64, No. 2, November 1972.

Hanson Gordon, "Market Potential Increasing Returns and Geographic Concentration", *Journal of International Economics*, Vol. 67, No. 1, 2005.

Jeanty Wilner, Ilner Mark and Irwin Elena, "Estimation of a Spatial Simultaneous Equation Model of Population Migration and Housing Price Dynamics", *Regional Science and Urban Economics*, Vol. 40, No. 5, September 2010.

Jens Suedekum, "Aglomeration and Regional Costs of Living", *Journal of Regional Science*, Vol. 46, No. 3, 2010.

Krugman Paul, "Increasing returns and economic geography", *Journal of Political Economy*, Vol. 99, No. 3, 1991.

Kresl Peter, "The competiveness of cities: the United States", in OECD, cities and the new Global Econamy, Melboum: The Government of Australia and the Organization for E-mncnic cooperation and Development, 1995.

Kulish Mariano, "Urban Structure and Housing Prices: Some Evidence from Australian Cities", *Reserve Bank of Australia*, 2002.

Leslie Budd and Amer Hirmis, "Conceptual Framework for Regional Competitiveness", *Regional Studies*, Vol. 38, No. 9, August 2004.

Lamont Owen, and Jeremy Stein, "Leverage and House-Price Dynamics in U. S. Cities", *Rand Journal of Economics*, Vol. 30, No. 3, 1999.

Michael Porter, "The Competitive Advantage of Nations", *Competitive Intelligence Review*, Vol. 1, No. 1, 1990.

Martin Ron, and James Simmie, "The theoretical bases of urban competitiveness: does proximity matter?", *Revue Deconomie Regionale Et Urbaine*, Vol. 10, No. 3, October 2008.

Nord Mark, "Poor people on the move: county – to – county migration and the spatial concentration of poverty", *Journal of Regional Science*, Vol. 38, No. 2, 2010.

Norman Miller, Liang Peng and Michael Sklarz, "House Prices and Economic Growth", *The Journal of Real Estate Finance and Economics*, 2011.

OECD, "Science, Technology and Industry Scoreboard Benchmarking Knowledge-based Economies", *Sourceoecd Science & Information Technology*, 1999.

Quigley John, "Regulation and the High Cost of Housing in California", *Journal of American Economic Review*, Vol. 95, No. 2 (2), 2005.

Rabe Birgitta and Mark Taylor, "Differences in Opportunities? Wage, Unemployment and House – price Effects on Migration", *Oxford Bulletin of Economics & Statistics*, Vol. 74, No. 6, 2012.

Roback Jennifer, "Wages, rents and the quality of life", *Journal of Political Economy*, Vol. 90, No. 6, 1982.

Steven Brakman and Harry Garretsen and Marc Schramm, "The Spatial Distribution of Wages and Employment: Estimating the Helpman Hanson Model for Germany", *Journal of Regional Science*, Vol. 44, No. 3, 2004.

Saiz Albert, "Immigration and housing rents in American cities", *Journal of Urban Economics*, Vol. 61, No. 2, 2007.

Tabuchi, Takatoshi, and Thisse, "Taste heterogeneity, labor mobility and economic geography", Journal of Development Economics, Vol. 69, No. 1, 2002.

Ting Chen, Laura Xiaolei Liu and Wei Xiong, "The Speculation Channel and Crowding Out Channel: Real Estate Shocks and Corporate Investment in China", *Working Paper*, 2016.

Thompson, Nicola, and Ward, "Rural areas and regional competitiveness", *Cellular & Molecular Life Sciences Cmls*, Vol. 59, No. 1, 2005.

Thomas Chaney, David Sraer and David Thesmar, "The Collateral Channel: How Real Estate Shocks Affect Corporate Investment", *American Economic Review*, Vol. 102, No. 6, November 2012.

Webster Douglas and Muller Larissa, "Urban Competitiveness Assessment in Developing Country Urban Regions: The Road Forward", *Paper Prepared for Urban Group*, March 2000.

William Lever and Ivan Turok, "Competitive Cities: Introduction to the Review", *Urban Studies*, Vol. 36, No. 5, May 1999.

陈斌开、金箫、欧阳涤非:《住房价格、资源错配与中国工业企业生产率》,《世界经济》2015 年第 4 期。

高波、陈健、邹琳华:《区域房价差异、劳动力流动与产业升级》,《经济研究》2012 年第 1 期。

郝寿义、倪鹏飞:《中国若干城市的城市建设与城市竞争力相关关系研究》,《城市》1999 年第 4 期。

况伟大:《房地产经济学》,中国社会科学出版社 2010 年版。

倪鹏飞:《中国城市竞争力与基础设施关系的实证研究》,《中国工业经济》2002 年第 5 期。

倪鹏飞:《城市:让世界倾斜而平坦—中国城市竞争力报告 No. 9》,社会科学文献出版社 2011 年版。

倪鹏飞:《世界之半—丝绸之路城市网》,中国社会科学出版社 2015 年版。

王文春、荣昭:《房价上涨对工业企业创新的抑制影响研究》,《经济学(季刊)》2014 年第 2 期。

第 四 章

房价与城市竞争力的关系：
理论框架

倪鹏飞　曹清峰　马尔科·卡米亚

住房是人类生存和发展的必需品，在城市的世界里，住房具有多重的意义。因此，涉及收益和成本的房价对市场主体具有重要影响。就城市而言，房价及其波动对城市的兴衰、世界经济的波动以及经济空间格局的演变等都产生了广泛而深刻的影响[①]。对单个城市而言，由于住房兼具消费品与投资品的双重属性，一方面，住房部门是城市经济中提供居民基本住房服务的一个重要部门，直接影响城市居民的效用水平；同时，住房投资是城市固定资产投资的重要组成部分，可以通过投资的乘数效应对城市经济增长产生重要影响。另一方面，房价波动会影响居民的居住成本与企业的生产成本，从而影响城市中的人力资本数量与产业结构。此外，住房的投资品属性使得房价的波动也会通过金融市场对宏观经济产生影响。因此，住房及其价格始终是城市经济增长与结构转型的重要因素。

在当前全球化背景下，随着区域间市场一体化程度的加强，要素、产业在空间上的流动更为活跃、相互间的作用也更为频繁。住房作为一种非贸易品，往往导致现实中不同区域在生活、生产条件上存在很强的差异性，从而对要素与产业在空间上的流动及其相互作用产生了显著的

---

① 本文的理论分析主要针对工业社会而言的，在农业社会中，城市、房地产部门的发育不成熟，不是本部分理论分析的重点。

影响。特别是在城市体系中，不同城市在产品与要素市场上的流动性更强，因此，城市间相对房价的变化往往会通过要素与产业的流动对城市体系的结构与规模产生显著的影响。

鉴于房地产尤其是房价对城市与城市体系的影响，本章基于相关的经济学基础理论，对房价的上述影响进行模型化分析，尝试建立相关理论。但考虑到广泛的可读性，本章将有关数理模型，用定性的文字语言进行表述。

第一节 基本假设

考虑一种简单的情形，即在区域中存在两个城市（城市1与城市2），这两个城市间存在产品贸易与要素流动。其中，每个城市都存在制造业与住房两个部门，制造业生产的是具有差异化的制造业产品，每个制造业企业只生产一种制造业产品，而住房部门则生产住房商品。同时，制造业企业在城市间是同质的，仅使用劳动力作为投入要素，劳动力分为技能劳动力与非技能劳动力两大类。其中，制造业企业使用非技能劳动力作为可变投入，使用一单位技能劳动力作为固定投入，因此，城市中技能劳动力的数量与制造业企业的数量相等。由于技能劳动力在城市间可以自由流动，技能劳动力数量越多的城市，其制造业产业规模也越大。另一方面，非技能劳动力禀赋在城市间是平均分布的，且每个城市非技能劳动力的供给都具有完全弹性，这意味着非技能劳动力的工资在城市间是相同的，是一个常数。下面分别对居民部门、制造业部门以及房地产部门进行介绍。

1. 居民部门

居民具有多样化偏好，在一定收入约束下通过消费差异化制造业产品与住房来最大化其效用。因此，利用消费者的效用最大化条件，可以得到居民对住房商品与制造业产品的需求函数。其中，居民的收入越高、住房价格越低、制造业产品价格越低，居民的效用水平越高，对住房与制造业产品的需求越大。

2. 制造业部门

制造业部门是垄断竞争的，制造业企业使用规模报酬递增的生产技术来生产制造业产品。制造业产品在城市间的贸易存在运输成本，且运输成本具有冰山成本的形式。因此，我们可以得出制造业企业在当地的产品定价为一个常数，在其他城市的定价则为运输成本的线性函数，运输成本越高，在其他城市的定价越高。

3. 住房部门

住房部门是完全竞争的，借鉴 Helpman（1998）这里假定城市1与城市2的住房总供给是完全无弹性的，是一个外生变量，由住房市场的均衡可以直接确定每个城市的均衡房价。此时，每个城市居民的收入越高、住房总供给越小，房价越高。

4. 长期均衡条件

技能劳动力流动的长期均衡由城市中技能劳动力的效用水平决定。其中，效用水平等于技能劳动力工资水平除以城市的总体价格指数，城市的总体价格指数由住房价格与制造业产品的价格两部分组成。因此，当城市1与城市2技能劳动力的效用水平相等时，技能劳动力的流动实现均衡。

5. 城市竞争力的决定因素

我们用每个城市居民的收入水平作为每个城市竞争力的代理变量。在模型中，假定居民的收入仅来自工资收入，而城市1与城市2中非技能劳动力的工资相同，只有技能劳动力的工资是不同的。因此，这里我们用技能劳动力的工资水平衡量每个城市的竞争力。

在理论模型中，由于每个制造业企业仅使用一单位的技能劳动力作为固定成本，因此单个制造业企业所有的营业利润（营业利润=总收益-总可变成本）都被用来支付技能劳动力的工资。具体而言，模型中单个制造业企业的营业利润（也就是城市竞争力）取决于以下两方面的因素。

（1）城市的总收入。由于居民具有多样化偏好，因此单个制造业企业生产的制造业产品会被城市中所有居民消费。因此，城市中所有居民的总收入越大，对每个制造业企业所生产的产品的需求也就越大，每个制造业企业的营业利润也就越高，从而支付给技能劳动力更高的工资，此时城市竞争力也就越高。城市总收入由以下两部分组成。

城市总收入＝工资总额＋房地产部门的总收入

其中，城市中制造业企业或者技能劳动力数量越多，工资总额越大。与 Helpman（1998）相同，我们假定经济体中的住房总收入在技能劳动力间是平均分配的，因此，拥有更多技能劳动力数量（即更多制造业企业数量）的城市可以获得更多的住房收入。因此，我们可以总结出。

制造业规模（即制造业企业总量）越大的城市，其城市总收入越高，对每个制造业企业的产品需求也越大，此时技能劳动力可以获得更高的工资，因此，城市竞争力也越高。

（2）城市中制造业企业的总量。单个制造业产品的需求既取决于制造业产品的价格，也取决于企业所在城市制造业企业的总量。具体而言，企业所在城市制造企业的数量越多，居民可以消费更多的差异化产品，那么对单个制造业产品的需求也越小。单个制造业产品需求与企业总量的这种负相关关系被称为"市场拥挤效应"，这也是 Dixit and Stiligtz（1977）垄断竞争模型的一个典型特征。我们可以得出。

制造业规模（即制造业企业总量）越大的城市，市场拥挤效应越强，对每个制造业产品的需求变小，此时技能劳动力的工资下降，因此，城市竞争力会降低。

可以发现，制造业规模对城市竞争力存在两种作用方向相反的机制，这也使得城市竞争力的变动存在复杂性。

第二节　房价[①]影响城市竞争力的两种途径

房价波动会引起技能劳动力效用水平的变化，进而引起制造业在城市 1 与城市 2 间的转移，从而引起城市制造业规模的变化。具体而言，房价对城市竞争力的影响存在两种方向相反的效应，详情如图 4 - 1 所示。

一　"市场拥挤效应"

其中，房价上涨会导致制造业企业流出本地市场，从而使得"市场

---

① 由于模型中有两个城市，城市间相对房价的变动才有意义，因此这里的房价指的是城市 1 相对于城市 2 房价的高低。

拥挤效应"下降，每个制造业企业的产品需求扩大，技能劳动工资水平提高，从而使城市竞争力上升；与此相反，房价下跌吸引制造业企业流入本地市场，这会导致"市场拥挤效应"上升，每个制造业企业的产品需求下降，最终导致城市竞争力下降。

二 "收入效应"

其中，房价上涨会导致制造业企业流出本地市场，城市中制造业企业数量减少，城市总收入减少，对每个制造业企业的产品需求下降，进而导致技能劳动工资下降以及城市竞争力下降。与此相反，房价下跌吸引制造业企业流入本地市场，城市总收入增加，最终导致城市竞争力上升。

图4-1以房价上涨为例，对房价影响城市竞争力的两种效应进行了说明。

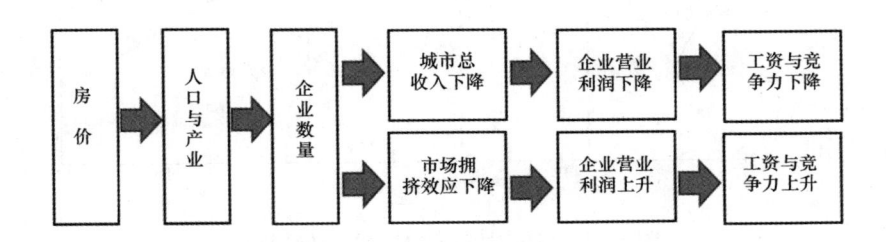

房价 → 人口与产业 → 企业数量 → 城市总收入下降 → 企业营业利润下降 → 工资与竞争力下降

房价 → 人口与产业 → 企业数量 → 市场拥挤效应下降 → 企业营业利润上升 → 工资与竞争力上升

图4-1 房价对城市竞争力的两种效应图示

资料来源：笔者根据理论模型绘制。

可以发现，房价变动对城市竞争力存在两种作用方向相反的效应，这使得房价对竞争力的影响是非线性的。

第三节 长期均衡状态下房价与城市
竞争力的关系模拟结果

为了模拟房价的变化，我们考虑了当城市2住房总供给不变，城市1住房总供给由低于城市2住房总供给，逐渐变大，直到超过城市2住房总供给这种情形,这意味着给城市 1 的房价施加了一个不断增强的负向冲击。这相当于我们首先把城市 1 的房价调低①,让其不断变小,然后观察在长期均衡中房价与城市竞争力的关系。

需要强调的是,给城市 1 房价一个负向冲击,意味着城市 1 技能劳动力的效用提高,这会导致技能劳动力由城市 2 向城市 1 转移,从而使城市 1 产业规模扩大,因此在下面的分析中产业始终是由城市 2 向城市 1 转移,即城市 1 的产业规模不断扩大,城市 2 的产业规模不断缩小。再次强调,下面的结论都是针对长期均衡状态下而言的,模拟结果如图 4-2 所示。

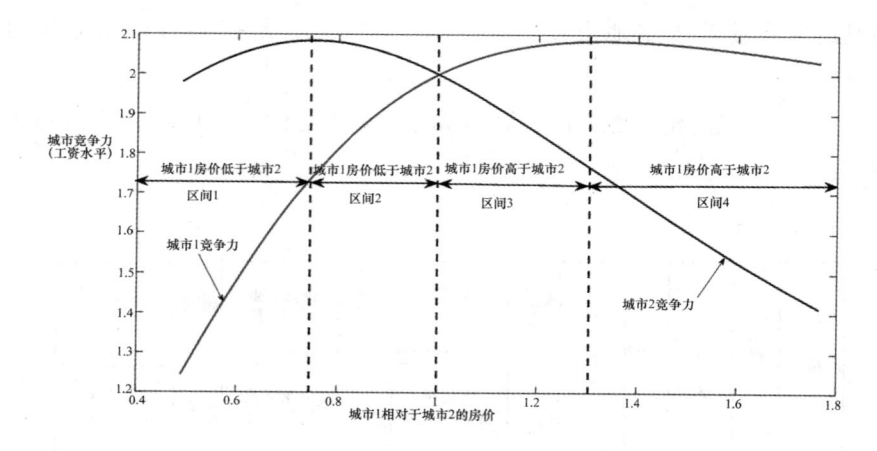

图 4-2 房价对城市竞争力的不同影响

资料来源:笔者根据理论模型绘制。

一 城市相对房价水平与其自身竞争力呈倒"U"形关系

从图 4-2 可以发现,无论是对城市 1 还是城市 2 而言,其城市竞争力变化趋势都呈倒"U"形,即某一城市相对于其他城市的房价越高,那么该城市的竞争力会呈现出先上升、后下降的变化趋势。具体而言,当城市 1 的房价位于不同区间时,城市 1 与城市 2 竞争力的变化存在四种情况。

---

① 给城市 1 的房价施加一个正向冲击,把城市 1 的房价调高也可以得到相同的研究结论。

区间1：城市1相对于城市2的房价越高，城市1与城市2的竞争力都上升。这是因为，由于城市1的产业规模不断扩大，此时"收入效应"起主导作用，因此城市1的总收入扩大，进而提高城市竞争力。与此同时，城市2"市场拥挤效应"起主导作用，因此城市2产业规模的缩小会提升其竞争力。此时，城市2的产业规模要明显高于城市1，可将城市1视为区域中的小城市，城市2为大城市。

区间2：城市1相对于城市2的房价越高，城市1的竞争力上升、城市2的竞争力下降。在该区间城市2的产业规模变小，而城市1的产业规模变大。由于在该区间所有城市中"收入效应"都起主导作用，这会导致城市1的竞争力上升，而城市2的竞争力下降。此时，城市2的产业规模仍然大于城市1，因此可将城市1视为小城市，城市2为大城市。

区间3：城市1相对于城市2的房价越高，城市1的竞争力继续上升、城市2的竞争力继续下降。这主要是因为该区间仍然是"收入效应"起主导作用，但与区间2不同，由于产业继续由城市2向城市1转移，此时城市1的房价已经高于城市2。从产业规模来看，城市1为大城市，城市2为小城市。

区间4：城市1相对于城市2的房价越高，城市1与城市2的竞争力都下降。在该区间，城市1"市场拥挤效应"起主导作用，而城市2"收入效应"起主导作用，这都会导致城市1与城市2的竞争力呈下降趋势。同时，城市1的产业规模明显大于城市2，因此城市1为大城市，城市2为小城市。

我们进一步将上述四种情况总结为表4-1。

表4-1　　　不同区间内城市1与城市2竞争力的变化

城市1相对于城市2的房价	区间1	区间2	区间3	区间4
城市竞争力水平	城市1<城市2	城市1<城市2	城市1>城市2	城市1>城市2
城市1竞争力	上升	上升	上升	下降
城市2竞争力	上升	下降	下降	下降
房价	城市1<城市2	城市1<城市2	城市1>城市2	城市1>城市2

续表

城市 1 相对于城市 2 的房价	区间 1	区间 2	区间 3	区间 4
产业规模	城市 1 < 城市 2	城市 1 < 城市 2	城市 1 > 城市 2	城市 1 > 城市 2
技能劳动力与产业流向	城市 2 流向城市 1	城市 2 流向城市 1	城市 2 流向城市 1	城市 2 流向城市 1
城市 1 起主导作用的效应	收入效应	收入效应	收入效应	市场拥挤效应
城市 2 起主导作用的效应	市场拥挤效应	收入效应	收入效应	收入效应

资料来源：中国社会科学院城市与竞争力指数数据库。

二　某一城市相对于其他城市的房价越高，该城市的竞争力越高

从图 4-2 中可以发现，当城市 1 的房价低于城市 2 时，城市 1 的竞争力要小于城市 2；而当城市 1 的房价高于城市 2 时，城市 1 的竞争力要高于城市 2。

第四节　研究推论

通过以上的理论分析，我们进一步提出以下研究推论。

一　城市的相对房价与其竞争力呈倒"U"形的变化趋势，这意味着过高或者过低的房价都不利于城市竞争力的提升。

二　相对房价越高的城市，其竞争力越强。

三　大城市与小城市房价差距太大时，区域内城市的总体竞争力水平较低。

当大城市房价显著高于小城市时，小城市相对于大城市房价的提高（这意味着大城市与小城市房价差距的缩小）会使区域内所有城市的竞争力提升；大城市相对于小城市房价的提高（这意味着大城市与小城市的房价差距扩大）则会降低区域内所有城市的竞争力。

四　大城市与小城市房价差距较小时，城市自身的房价与其他城市的竞争力水平呈负相关关系。

一方面当大城市房价相对于小城市较高时，小城市相对于大城市房价的提高有利于小城市竞争力的提升，但不利于大城市竞争力的提升；另一方面，大城市相对于小城市房价的提高有利于大城市竞争力的提升，但不利于小城市竞争力的提升，这表明此时房价变动会导致城市间的竞争力呈现竞争关系。

通过以上的分析，我们可以发现，房价是改变城市与世界的一个重要力量，对城市竞争力有显著的影响。对单个城市而言，房价与其自身的竞争力呈倒"U"形的变化趋势，因此一个城市的房价过高或者过低，都会使其竞争力处在较低的水平。在城市体系中，区域内城市间的房价水平差异会对区域内所有城市的竞争力产生影响，这主要因为房价是影响城市间要素或产品流动的重要力量；如果一个大城市与小城市的房价差距过大，此时无论是大城市还是小城市，其竞争力都处于下降的区间。因此，位于合理区间的房价，无论对单个城市还是区域内城市总体竞争力的提升而言，都是有利的。由于城市往往是一个地区或国家经济集聚程度最高的区域，在一个地区或国家的整体经济发展中有举足轻重的作用。从这个意义上讲，房价也会对一个国家的经济发展、进而对世界整体经济格局产生重要影响。

参考文献

Helpman E.，"Topics in public economics: Theoretical and applied analysis"，*The size of regions*，Vol. 32，No. 3，1998.

Dixit A K, Stiglitz J E.，"Monopolistic competition and optimum product diversity"，American Economic Review，Vol. 301，No. 6，1977.

第 五 章

全球城市的房地产市场状况

郭宏宇

全球城市房地产布局和全球城市布局有密切的联系，城市的聚集区域也是城市房地产的热点区域。但是，全球城市房地产布局并非与全球城市布局完全重合，而是具有更高的差异与更广泛的联系。当前，全球城市房地产市场热点城市高度集中，并且城市之间的房地产联系扩展至全球范围，形成全球城市房地产的热点区域中心化和联系范围全球化两大特征。热点区域中心化，指高房地产价格城市高度聚集，并成为全球城市房地产的主要代表，引领着全球城市房地产市场的发展方向。

全球城市房地产市场之间的差异以其经济地理特征为基础，热点城市的房地产市场发展也在印证这一观点。但是，当在全球范围内观察城市房地产的发展水平时，便会发现房地产市场与经济地理特征的显著偏差。一方面，热点城市的房地产市场发展水平远超出其经济地理优势，另一方面，部分城市的房地产市场发展水平又不足以体现其经济地理上的定位。例如，中国香港的城市中心房价在 2016 年达到 23783 美元/平方米，是美国纽约同期的城市中心房价 185%，而人均可支配收入只有 30160 美元，仅为美国纽约的 52%；美国休斯敦的人均可支配收入在 2016 年达到 51161 美元，但是同期城市中心房价仅有 1807 美元/平方米[①]。

房地产市场与经济地理特征的显著偏差意味着城市房地产市场状况

---

① 报告中城市中心房价数据均取自 Numbeo 网站。为保证数据的可比性，可支配收入也采用该网站数据，未用各城市的官方数据对人均可支配收入进行调整。

不能仅用局部特征进行解释，而是需要引入经济地理之外的因素。在全球化程度日益提高的当今世界，城市房地产市场的相互影响遍及全球区域、城市层级、国家、城市群四个维度；在房地产市场日益金融化的当代世界，城市房地产市场自身的时序趋势特征更为重要；同样，在政策调控的影响日益增加的当今世界，全球、一国乃至城市层面的政策也对城市房地产市场的发展产生显著的影响。

基于以上观点，报告的这一部分对全球城市房地产市场布局进行了较为全面的描述，在此基础上多维度分析了全球城市房地产市场的关联，并从经济地理特征、时序趋势特征和政策调控特征三方面归纳全球城市房地产市场的驱动力。报告认为，全球城市房地产市场的热点地区已经高度中心化，形成环大洋的"三点四带"格局，虹吸、扩散、迁移和传染效应也由城市群扩展至全球区域等多个维度，使得原有的城市群呈现明显的跨国特征，城市房地产市场的驱动力则是经济地理、时序趋势和政策调控的联合作用，并且这些驱动力主要体现在高房价的热点城市之中。

报告的这一部分以尽可能直观的数据和图表，从全球区域、城市类别、国家、城市群四个维度反映全球城市房地产在空间分布、相互关联方面的主要特征，城市房地产价格水平数据主要来自 Numbeo 网站，城市房地产价格增速数据主要来自各国的官方网站、大型银行集团及大型房地产企业，其他数据来自课题组数据库。

第一节　全球高房价区域：环大洋的"三点四带"

全球城市房地产市场的发展高度不平衡，一方面是大量分散的低房地产价格城市，另一方面是少数集中的高房地产价格城市。低房地产价格城市几乎处于被忽略的状态，无论是房地产市场的供给方与需求方，还是政策调控方都将注意力与行动的重点放在高价格的房地产热点城市，并使这些城市的房地产市场更为突出，形成高度中心化的全球房地产市场格局。总体来看，这些房地产热点城市在全球范围集中在环大洋的"三点四带"，即环大洋、汇聚在四个经度带的三个主要的跨国性城市房地产中心。

一 三大全球中心：高房地产价格城市的聚集区域

高房地产价格城市与低房地产价格城市有着截然不同的分布规律。低房地产价格城市的全球分布高度平均，高房地产价格城市则呈现显著的中心聚集。

高房地产价格城市的中心聚集反映了世界经济的多极化特征。作为全球城市房地产市场的领先者，高房地产价格城市并非集中在某一个区域，而是分别集聚在作为发达经济体中心的北美、西欧①和作为新兴经济体中心的东亚与东南亚，包括全球范围的房地产价格极高城市，如中国香港、北京、上海、深圳，新加坡，英国伦敦，法国巴黎，瑞士苏黎世，美国纽约、旧金山等（图5-1）。全球的其他区域虽然也存在一些高房地产价格城市，但是在房地产价格水平和高房地产价格城市数量上均显著低于这三个区域。

全球城市房地产市场的三大中心在地域布局上存在较大差异。西欧房地产中心深入欧洲大陆内部，直达中欧地区，呈块状平铺。与其他房地产中心相比，西欧房地产中心不但普遍呈现较高的城市房地产价格，而且房地产市场在城市之间的分布较为平均，中心城市之间、中心城市与周边城市之间都差异较小，2007年，西欧房地产中心主要城市②中房地产价格前20名城市的房地产价格标准差只有3331美元/平方米③。北美房地产中心则未能深入北美大陆内部，而是在大洋沿岸伸展，呈两条带状。东部大洋沿岸的中心性更强，高房地产价格城市所形成的城市带较短，西部大洋沿岸的中心性稍弱，高房地产价格城市所形成的城市带较长，并且两条城市带之间几乎独立发展，缺少联系两个带状区域的高房地产价格城市。房地产市场在北美房地产中心核心区域的分布更为平均，中心城市的房地产市场差距非常小，2007年，北美房地产中心主要城市④

---

① 广义的西欧范围，涵盖部分中欧、南欧国家。
② 主要城市取全球竞争力报告涵盖范围之内并在Numbeo网站可获得城市中心房价报价的城市。
③ 2017年的城市中心房价数据为2017年8月在Numbeo网站查询所得数据，而不是2017年全年平均数据。下同。
④ 主要城市的选择同上。

中房地产价格前 20 名城市的房地产价格标准差仅为 2689 美元/平方米。东亚房地产中心也未能向亚洲大陆内部扩展，只是集中在大洋沿岸的单一带状区域，包括了中、日、韩三国的都市圈及经济中心城市。与其他房地产中心相比，东亚房地产中心的城市房地产市场差距相对较大，2007 年，东亚房地产中心主要城市[①]中房地产价格前 20 名城市的房地产价格标准差达到 5434 美元/平方米，远大于北美房地产中心和西欧房地产中心。

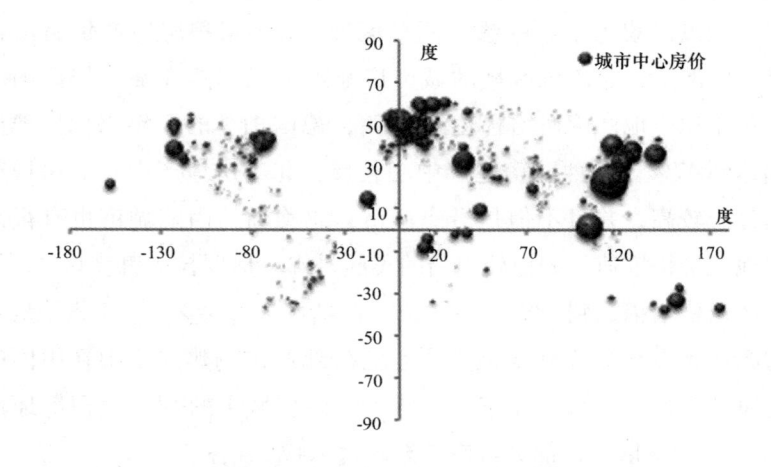

图 5-1　2017 年全球城市房地产价格的经纬度分布

注：共 563 个样本城市，以城市中心房价衡量房地产价格，代表各城市的圆形面积与房地产价格呈正比；经度以正数为东经、负数为西经，纬度以正数为北纬、负数为南纬。

资料来源：Numbeo 网站。

三大城市房地产中心不仅具有长期累积的较高房地产价格，还有着强劲的城市房地产发展动力。对比三大城市房地产中心与南非、巴西、澳大利亚等新兴和发达经济体，其房地产价格的 5 年累计增速[②]同样居于世界前列。虽然巴西福塔雷萨、印度科钦、南非开普敦、澳大利亚悉尼

---

① 主要城市的选择同上。
② 采用的 5 年区间为 2012—2016 年，城市房地产价格增速以住房价格指数或城市公寓的价格指数来衡量。

等城市的 5 年累积房地产价格增幅也接近或超过 50%①，但是三大城市房地产中心中的城市的价格增幅尤其显著，如中国澳门的 5 年累积房地产价格增幅达到 124%，中国深圳的 5 年累积房地产价格增幅达到 116%，美国拉斯维加斯的 5 年累积房地产价格增幅达到 74%，美国旧金山的 5 年累积房地产价格增幅达到 69%，英国伦敦的 5 年累积房地产价格增幅达到 59%。

　　三大城市房地产中心的增长趋势有着较大差异。西欧房地产中心的增长趋势出现分化，危机区域的城市房地产市场在欧债危机的冲击下出现颓势，如以巴黎为中心的法兰西岛区域，5 年累积房地产价格增幅为 -2.45%，但是，非危机区域的城市房地产市场仍然高涨，如德国汉诺威的 5 年累积房地产价格增幅达到 50%，德国柏林的 5 年累积房地产价格增幅达到 47%。与西欧房地产中心相反，北美房地产中心的房地产价格增速普遍较高，并且不但是沿海城市，北美洲的内陆城市也有很高的城市房地产价格增速，如地处内陆的美国丹佛－奥罗拉大都会区，5 年累积房地产价格增幅达到 58%，达拉斯－沃斯堡大都会区，5 年累积房地产价格增幅达到 46%。东亚房地产中心的房地产市场热点集中在中国的沿海或近海城市，如上海、北京、郑州等，许多城市的 5 年累积房地产价格增幅都在 50% 以上，部分城市甚至超过 100%（图 5 - 2）。

二　四条经度带：城市房地产热点的延伸方向

　　高房地产价格城市在聚集区域排列出一定的空间形状，这反映了城市房地产热点在空间上的延伸状态。在三大房地产中心中，只有西欧房地产中心的高房地产价格城市呈现出空间上的平铺，其他的经济房地产中心中的高房地产价格城市则组成带状区域。这些带状区域固然对应着大陆边缘，反映出沿海城市的经济地理优势，但是在大陆边缘所勾勒出的大量带状区域中，只有少数的经纬度成为城市房地产热点的主要延伸

---

①　印度大多数城市的房地产市场在 2013 年上半年经历急剧的价格下跌，但是从 2014 年起便稳步回升，所以如果从 2013 年下半年起开始观察，会发现明显的房地产价格增长。但是，截至 2017 年第一季度，这些城市的房地产价格水平大多未回升到 2013 年第一季度的高点。因此，在报告的分析中涵盖这一下跌时期，考虑 2012—2016 年的累积增速。

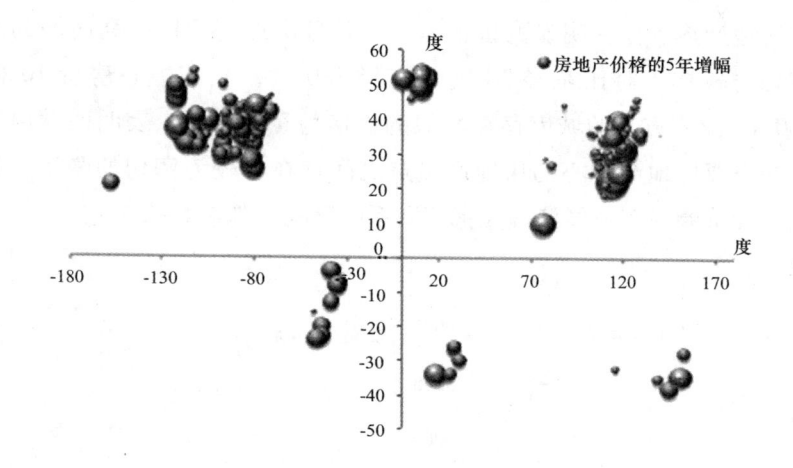

图 5 – 2　2012—2016 年间全球城市房地产价格增幅的经纬度分布

注：共 204 个样本城市与地区，以住房价格指数或公寓价格指数的 5 年增长幅度之和衡量房地产价格增幅；经度以正数为东经、负数为西经，纬度以正数为北纬、负数为南纬。

资料来源：各国（地区）统计局、各国中央银行、日本土地综合研究所、美国住房金融管理局、南非联合银行。

方向。

城市中心房价 3000 美元/平方米是一个较为重要的城市房地产价格分界线。在此价格之下的城市有着非常平均的经度分布，除了少数主要被海洋占据的经度之外，大多数经度位置都存在较多的低房地产价格城市。在此价格以上的城市则在经度上高度集中，主要集中于西经 120 度、西经 80 度、东经 20 度和东经 110 度附近，并被这些经度之间的城市房地产价格洼地分离开来。

四个经度带之中，西经 120 度、西经 80 度对应北美房地产中心，城市房地产价格分布比较相似，并且经度分布更为狭长，显示所在的北美房地产中心的房地产热点缺乏纬度方向的延伸，而是集中于太平洋和大西洋沿岸。东经 20 度对应西欧房地产中心，经度分布较宽，显示所在的西欧房地产中心的房地产热点有着很好的纬度延伸。东经 110 度对应东亚房地产中心，其房地产价格分布范围更广，虽然也有着较好的纬度延伸，但是以城市中心房价 10000 美元/平方米为分界线分成较为明显的两个区域，显示所在的东亚房地产中心的房地产热点虽然有着较好的纬度延伸，但是房地产热点存在明显的价格差异，并且房地产价格极高区域的纬度延伸相对较弱。对比东经 20 度与东经 110 度，城市中心房价 10000—15000 美元/平方米的城市存在相似的价格与经度分布，表明西欧房地产中心和东亚房地产中心的房地产热点之间存在着较为密切的联系，这也是欧洲经济圈与东亚经济圈较密切联系的反映（如图 5-3）。

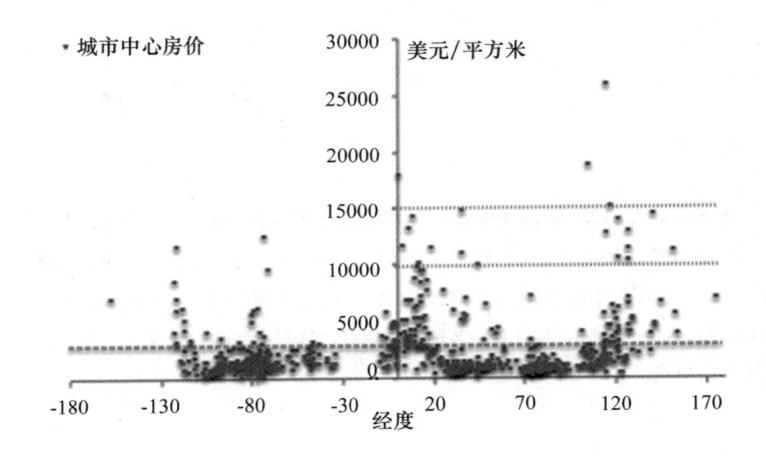

图 5-3 2017 年城市房地产价格—城市经度位置散点图

注：共 563 个样本城市，以城市中心房价衡量房地产价格；经度以正数为东经、负数为西经。

资料来源：Numbeo 网站。

与经度分布相比，全球城市房地产热点的维度分布较为平均。仍以城市中心房价 3000 美元/平方米为分界线，除高纬度之外，在此价格之下的城市平均分布于各个纬度。在此价格之上的城市，则分别集中于南纬 35 度与北纬 40 度附近。但是，城市中心房价 10000 美元/平方米的高房地产价格城市主要分布在北半球，所以对房地产市场热点而言，更为重要的纬度分布是北纬 40 度。与经度分布相比，高房价城市的纬度分布更为分散，以北纬 40 度为中心，涵盖了北纬 20 度到北纬 60 度之间较为广阔的区域（图 5-4）。

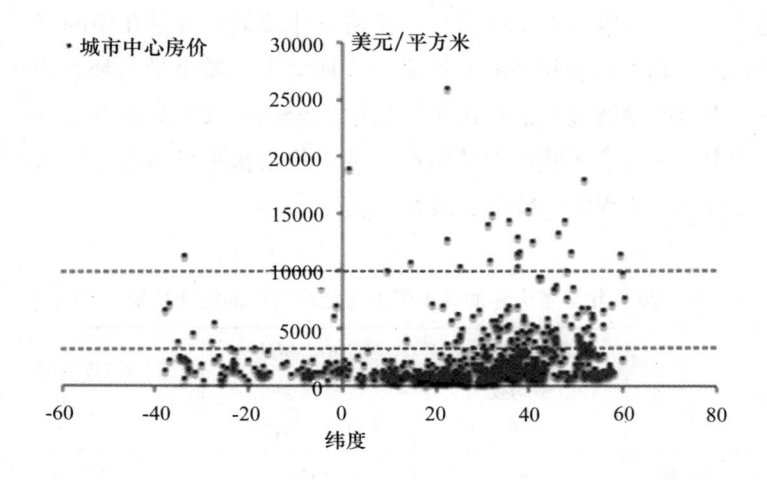

图 5 - 4　2017 年城市房地产价格—城市纬度位置散点图

注：共 563 个样本城市，以城市中心房价衡量房地产价格；纬度以正数为北纬、负数为南纬。
资料来源：Numbeo 网站。

三　环大洋城市带：突破国家界限的跨国城市群

全球房地产市场聚集与延伸的结果，是形成了环大洋的城市带。环大洋城市带的中心城市在聚集时大多突破了国家界限，形成跨国城市群。

环大洋城市带是由三大房地产中心与四条经度带中的高房地产价格城市聚集而成的。在图 5 - 1 中，高房地产价格城市基本勾勒出了大陆轮廓线。但是，不同环大洋城市带的城市房地产发展水平有着较大差别。环北冰洋城市带主要由北欧四国和俄罗斯的城市构成，是西欧房地产中心的延伸，依托于环大西洋城市带。这一城市带的高房地产价格城市较少，但少数中心城市仍有较高的价格。其中，房地产价格最高的城市是瑞典首都斯德哥尔摩，2016 年的城市中心房价为 10953.1 美元/平方米。由于环北冰洋城市带依托环大西洋城市带，本研究将其视作环大西洋城市带的一部分。环印度洋城市带由南亚、东南亚、西澳大利亚、东部非洲的城市构成，与三大房地产中心和四条经度带均有较远的距离。这一城市带的高房地产价格城市非常少，主要存在于和西欧房地产中心与东亚房地产中心的连接处，如新加坡和以色列的特拉维夫 - 雅法，其 2016 年的城市中心房价分别达到 17951 美元/平方米、9639 美元/平方米。由于环印度洋城市带连接东亚与西欧房地产中心，所以虽然城市房地产价格整体偏低，但是在中国"一带一路"倡议的带动下有着较好的发展潜力。环太平洋城市带与环大西洋城市带是城市房地产发展最好的城市带，集中了全球绝大多数的高房地产价格城市。其中，环太平洋城市带的城市房地产价格水平显著高于环大西洋城市带，并且其分化程度也较小（表5-1）。

表5-1　　　　2016年环各大洋的城市带的房地产价格的统计特征

	城市中心房价的平均数（美元/平方米）	城市中心房价的标准差（美元/平方米）	变异系数（%）
环太平洋城市带	7340	5821	79.31
环大西洋城市带	4201	4079	97.10
环印度洋城市带	3062	2309	75.41

注：共74个港口城市。其中，环大西洋城市带42个港口城市，环太平洋城市带22个港口城市，环印度洋城市带10个港口城市。

资料来源：Numbeo网站。

城市群的跨国化是环大洋城市带的突出特征。虽然国界也在一定程度上分割了各个城市群，但是国界对城市群的分割已经减弱，使得各国近边界城市群融合为跨国的大型城市群。北美房地产中心跨越环太平洋和环大西洋两条城市带，以及加拿大和美国两个发达国家。在美国和加拿大边境形成了美国-加拿大跨国城市群，分别在太平洋沿岸和大西洋沿岸聚集，并沿作为国界线的大型河流内溯。与之相比，美国与加拿大内陆的城市群反而缺乏聚集成大型城市群的趋势（图5-5）。东亚房地产中心处于环太平洋城市带，形成了中国-韩国-日本城市群。尽管从地理距离来看这一大型城市群的中心城市之间距离较大，但是考虑到隔断这些城市的是海洋，而非陆地城市，所以这一城市群的紧密程度要大于表面上的地理距离（图5-6）。西欧房地产中心由环大西洋城市带向内陆延伸，大型城市群的跨国特征更为显著，如英国-法国城市群、德国-意大利城市群。这些国家的高房地产价格城市主要处于邻国之间的近国界区域，低房地产价格城市呈现远离邻国边界的特征（图5-7）。

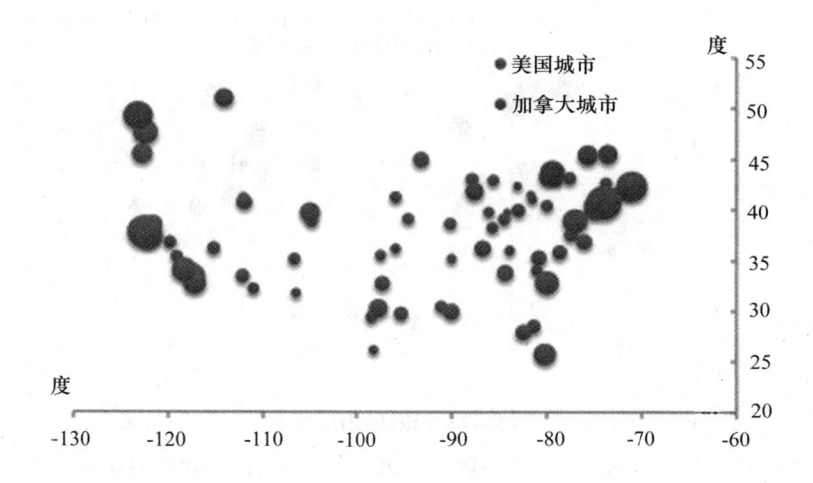

图5-5　美国-加拿大城市群分布

注：共79个样本城市，以城市中心房价衡量房地产价格；经度以正数为东经、负数为西经，纬度以正数为北纬、负数为南纬。

资料来源：Numbeo网站。

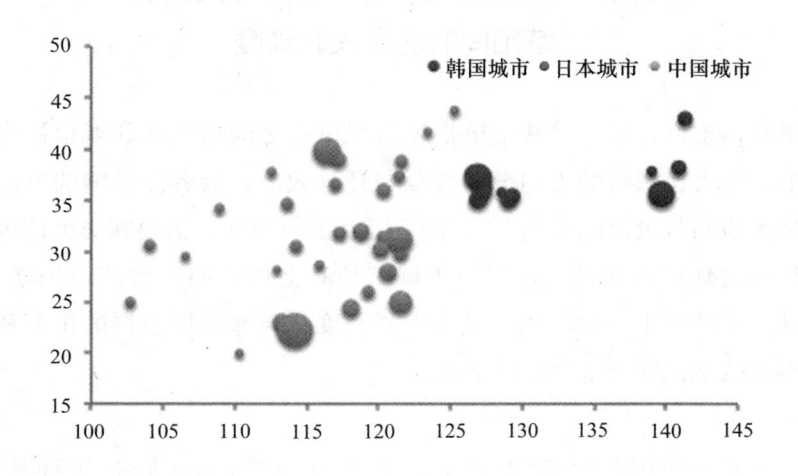

图5-6　中国-韩国-日本城市群分布

注：共52个样本城市，以城市中心房价衡量房地产价格；经度以正数为东经、负数为西经，纬度以正数为北纬、负数为南纬。

资料来源：Numbeo网站。

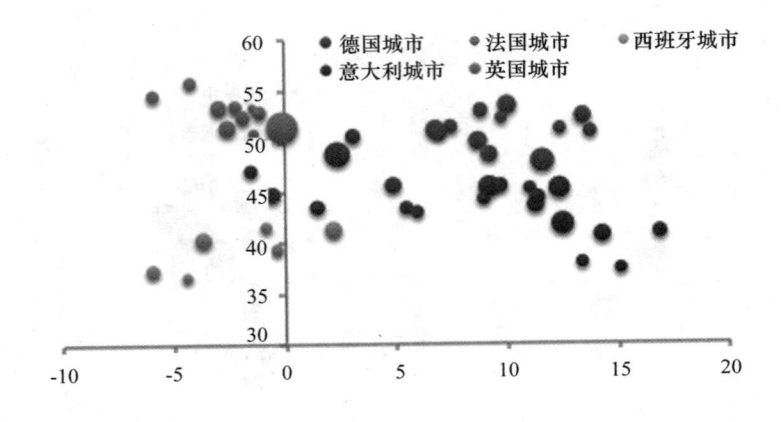

图 5-7 西欧城市群分布

注：广义的西欧范围，涵盖部分中欧、南欧国家，共 49 个样本城市，以城市中心房价衡量房地产价格；经度以正数为东经、负数为西经，纬度以正数为北纬、负数为南纬。

资料来源：Numbeo 网站。

第二节 全球城市房地产市场广泛关联：城市间的四个关联维度

城市房地产之间的关联常被描述为城市群之间的关联和城市群内部的关联，前者按影响的方向分为传染与迁移效应，后者按影响的方向分为扩散效应与虹吸效应①。但是，随着经济的全球化，需要在更大范围内考虑城市房地产市场的关联。一个城市与其他城市的房地产市场联系，需要从与房地产中心的距离、城市发展程度、与邻国城市群的距离和在城市群中的地位四个维度进行累加。

---

① 城市之间的房地产市场联系通常被描述为四个效应：虹吸效应和扩散效应通常指城市群之内或区域内城市的相互影响，如中心城市房价上涨对周边城市房价产生抑制作用，则称为虹吸效应，如中心城市房价上涨带动周边城市房价上涨，则成为扩散效应。传染效应与迁移效应通常指城市群之间或区域之间的相互影响，如一个区域中心城市的房价上涨对另一个区域城市中心市房价产生抑制作用，则称为迁移效应，如一个区域中心城市的房价上涨带动另一个区域城市中心城市的房价上涨，则称为传染效应。

一 与全球中心的距离：全球范围的传染与迁移效应

城市群之间与城市群内部的关联已经扩展到全球区域，表现为中心区域（环大洋的"三点四带"）之间以及中心区域内部的城市房地产关联。本章第一部分对全球房地产市场中心区域的描述显示，三大房地产中心中的房地产市场热点有向外延伸的趋势，北欧城市、部分西亚城市、东南亚城市和大洋洲城市均受到三大房地产中心的带动而出现高房地产价格城市。与之相应，距离三大房地产中心较近的城市更易受其带动，呈现三大房地产中心对周边区域的房地产市场传染效应。

但是，当城市与三大房地产中心之间的距离较远时，区域之间的迁移效应会变得显著。受其影响，边缘区域的城市在房地产市场复苏的时候缺少足够的增速，在低迷时却出现更快速的下跌。巴西和印度是两个具有代表性的地区，前者在近期面临严重的经济衰退，后者则重新步入快速增长的轨道。然而，两个地区的房地产市场均受到较大幅度的抑制。巴西的城市房地产价格曾经历过高涨的时期，但是增速在2011年第三季度达到顶峰，之后开始持续回落。从2016年初至2017年年中，巴西主要城市的房地产价格增速已经降至极低的水平。与之相比，北美房地产中心的美国和加拿大地区的城市房地产则进入增速较高的发展阶段，并分别在2015年第一季度和第三季度反超巴西地区城市（图5-8）。北美地区城市房地产增速反超南美地区城市的现象显示，北美房地产中心的房地产市场对距离三大房地产中心较远的南美地区城市产生一定程度的抑制作用。印度的城市房地产价格在2008年以来的大多数时期保持较高的增速，但是受经济在较长时期大幅度下滑的冲击，在2013年第二季度出现急剧下降。虽然从2014年第二季度起，印度主要城市的房地产价格恢复较快的增速，但是其平均增速已经显著小于2013年之前，并且城市房地产价格呈现更大的波动性。与之相比，英国伦敦的房地产价格从2013年第一季度开始进入较高增速的发展阶段，从2014年第二季度到2017年，二者的房地产价格增速已经接近并交替领先；法国巴黎的房地产价格也从2015年第三季度摆脱下滑阶段（图5-9）。全球房地产市场中心区域与其他区域不同走势显示，作为全球房地产市场的中心，三大房地产中心在引领全球城市房地产市场增长的同时也对远离房地产中心的城市房地产市场产生一定的抑制作用。

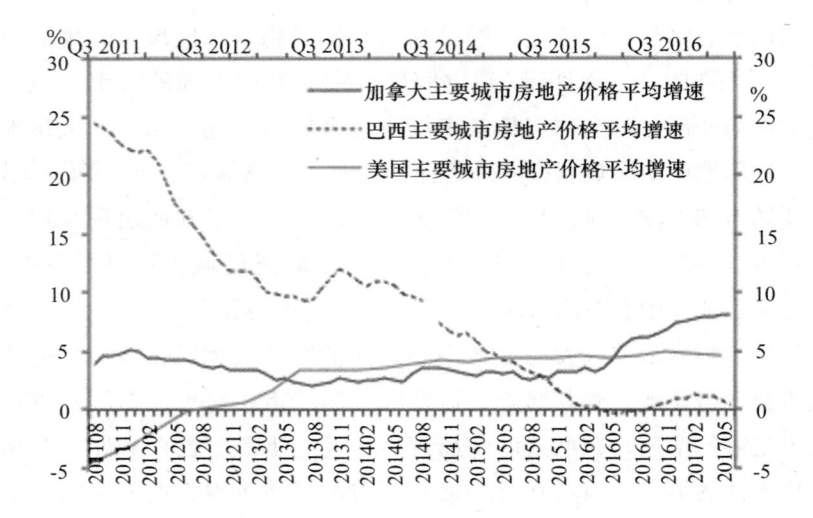

图 5-8　加拿大、美国与巴西城市房地产价格平均增速对比

注：加拿大的城市房地产价格平均增速取加拿大 11 大城市住房指数年度同比增速的算术平均值；美国的城市房地产价格平均增速取美国 401 个城市住房指数年度同比增速的算术平均值；巴西的城市房地产价格平均增速取巴西 7 大城市的 FipeZap 房地产指数年度同比增速的算术平均值。

资料来源：Teranet-National Bank、美国住房金融局（FHFA）、巴西经济研究基金会（Fipe）。

二　城市层级：发展水平越高，价格分化越大

在观察全球城市房地产市场时，发展水平较高的城市总是得到更多的关注，并且发达的城市之间的生产要素、市场需求等的转移通常较欠发达的城市更为灵活，与之相应，直觉上发达城市之间的房地产市场关联程度通常要大于欠发达城市，并有着较高的房地产价格。此部分将全球城市按照聚集度和联系度分为 A、B、C、D 四个层级①。在这四类城市中，A 级城市房地产价格的平均水平远大于其他级别城市。2017 年上半

---

① 具体方法与结果参见报告附录与第一章，此部分将 A + 级、A 级和 A - 级合并为 A 级，将 B + 级、B 级和 B - 级合并为 B 级、将 C + 级、C 级和 C - 级合并为 C 级。

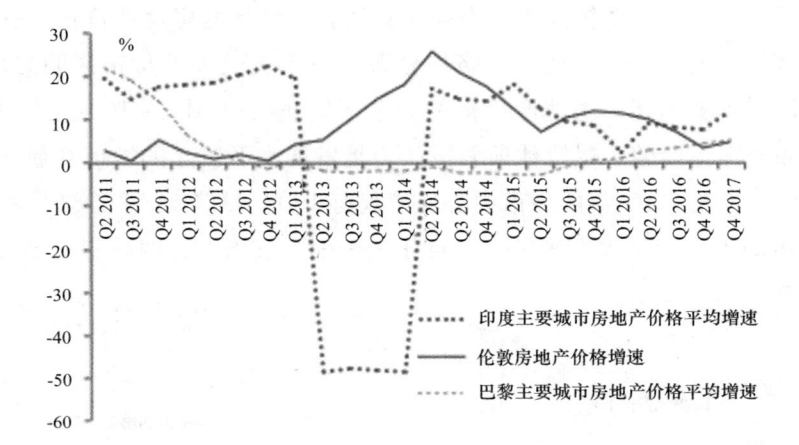

图 5-9 伦敦、巴黎与印度城市房地产价格平均增速对比

注：伦敦的城市房地产价格取伦敦住房指数年度同比增速；巴黎的城市房地产价格取巴黎公寓价格指数年度同比增速；印度的城市房地产价格平均增速取印度10大城市的住房价格指数年度同比增速的算术平均值。

资料来源：英国全国银行（Nationwide）、法国国家统计和经济研究局、印度储备银行（RBI）。

年，A级城市中心房价平均为12037美元/平方米，与之相比，B级城市中心房价平均为5126美元/平方米，C级城市中心房价平均为2318美元/平方米，D级城市中心房价平均为1286美元/平方米（表5-2）。

表5-2　　2017年不同层级城市的房地产价格统计指标

	A级城市	B级城市	C级城市	D级城市
房地产价格平均值 （美元/平方米）	12037	5126	2318	1286
房地产价格标准差 （美元/平方米）	5913	3252	1858	1458

注：共524个样本城市。其中，A级城市17个，B级城市51个，C级城市303个，D级城市153个。

资料来源：Numbeo网站。

但是，发展程度较高的城市并非必然有着较高的房地产价格。在每个城市层级上，城市房地产价格均分布在一个比较大的价格区间之内，并且发展程度越高，房地产价格的分布区间越大（图5-10）。典型的城市如美国休斯敦。尽管休斯敦被认为是发展水平较高的城市并属于A级城市，但是2007年的城市中心房价仅有1909.93美元/平方米，不但在A级城市中处于较低水平，而且还低于中国安阳、巴西萨尔瓦多等D级城市。

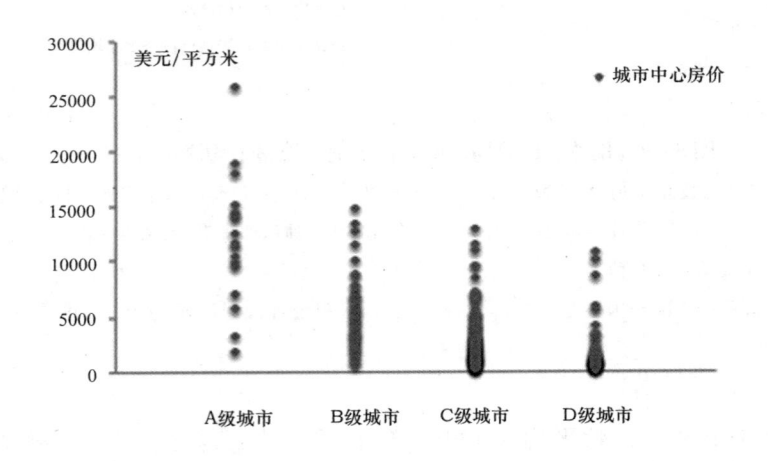

图5-10　不同层级城市的房地产价格分布

资料来源：Numbeo网站。

三　与邻国城市群的距离：邻国城市群的传染效应

较大的国家通常包含多个城市群，但是城市群的房地产价格水平存在较大差异。当一国与邻国形成跨国城市群时，临近国界并组成大型跨国城市群的城市通常会有更高的房地产价格水平。在西欧房地产中心中，较大型国家的城市群多在邻近边境地区，而不是各国腹地，如德国的莱茵-鲁尔城市群和法兰克福都市圈、意大利的米兰大都会区、法国的巴黎-鲁昂-勒阿弗尔城市群。在北美和东亚房地产中心，大型经济体中的城市群则按照与邻国城市群的距离呈现较大的房地产市场价格水平差异。以美国和中国大陆为例。美国房地产价格水平较高的城市群或是与从属于美国-加拿大跨国城市群，或是与东亚的城市群隔大洋相对；中国大陆房地产价格水平较高的城市群或是与从属于中国－韩国－日本跨国城市群，或是从属于珠三角－中国香港－中国台湾大型城市群，或是与北美城市群隔海相对。其中，美国的中西部城市集群与中国大陆的辽东半岛城市群在临近边界的城市群中处于特殊地位，这些城市群属于重工业集中的城市，经历了较大幅度的经济低迷，尽管也从属于跨国或大型城市群，但是房地产价格仍处于较低的水平（表5－3）。

表5－3　2017年美国、加拿大与中国大陆主要城市群的房地产价格

	城市群	城市中心房价均值（美元/平方米）	
美国	亚利桑那阳光走廊城市集群	1405	
	美国中西部城市集群	1480	与加拿大多伦多大都会区和渥太华大都会区构成跨国城市群
	大西洋皮德蒙特城市集群	2076	
	得克萨斯三角洲城市集群	2077	
	科罗拉多都市区	2802	
	南佛罗里达城市集群	3115	
	南加利福尼亚州城市集群	3832	
	美国东北地区城市集群	4236	与加拿大多伦多大都会区和渥太华大都会区构成跨国城市群
	卡斯卡底生态城市集群	5097	与加拿大卡尔加里大都会区构成跨国城市群
	北加利福尼亚州城市集群	7266	与东亚城市群隔海相对

续表

城市群		城市中心房价均值（美元/平方米）	
中国大陆	北部湾城市群	1502	
	哈长城市群	1877	
	长江中游城市群	2207	
	成渝城市群	2228	
	西安城市群	2253	
	辽东半岛城市群	2428	与日本东京都市圈、大阪都市群、名古屋都市圈和韩国首尔都市圈构成跨国城市群
	中原城市群	3154	
	山东半岛城市群	3288	与日本东京都市圈、大阪都市群、名古屋都市圈和韩国首尔都市圈构成跨国城市群
	珠三角城市群	4828	与中国香港、中国台湾构成大的城市群
	长三角城市群	5154	与北美城市群隔海相对
	海峡西岸城市群	5207	与中国香港、中国台湾构成大的城市群
	京津冀城市群	9957	与日本东京都市圈、大阪都市群、名古屋都市圈和韩国首尔都市圈构成跨国城市群

资料来源：Numbeo 网站。

四 在城市群内的地位：被虹吸效应托起的高额房地产价格

当城市属于城市群中，该城市的房地产市场在很大程度上取决于该城市在城市群中的地位。总的来看，在该城市群中居于中心地位的城市大多会表现出虹吸效应，使之与城市群中的其他城市出现较大的房地产价格差距。在所取的 27 个城市群中，除印度阿穆达巴都市圈、哥伦比亚麦德林大都会区、墨西哥特大都市区和亚利桑那阳光走廊城市集群之外，城市圈中样本城市的市中心房价最大差距均超出1000美元/平方米，其中，伦敦－利物浦城市带中样本城市的市中心房价最大差距达到16758美元/平方米。这表明在全球范围来看，城市群中的虹吸效应居于优势地位，使得各个城市群中的中心城市有着更为繁荣的城市房地产市场。

三大房地产中心中的城市群表现出更强的虹吸效应。将每个城市群中的样本城市中心房价的最高价与最低价绘入蜡烛图，虚线右侧为三大房地产中心的城市群，虚线左侧为其他区域的城市群，可以看出，三大房地产中心的城市群内的房地产价格差距远大于其他区域的城市群（图5－11）。三大房地产中心中，北美房地产中心城市群内的房地产价格差距较小，亚利桑那阳光走廊城市集群的城市中心房价差距仅为374美元/平方米，东亚房地产中心城市群内的房地产价格差距较大，京津冀城市群、珠三角城市群和长三角城市群的城市中心房价差距均超出10000美元/平方米，西欧房地产中心介于二者之间，但是伦敦－利物浦城市带的市中心房价最大差距则居于全球城市群首位。

新兴与发展中经济体城市群的虹吸效应更为明显，在样本城市群中，虹吸效应最明显的前七个城市群是伦敦－利物浦城市带、美国东北地区城市集群、中国长三角城市群、中国珠三角城市群、中国京津冀城市群、韩国首尔城市群和印度孟买城市群（图5－11），这七个城市群中的四个城市群属于发展中经济体，而韩国也是在2005年被联合国贸发会议认定为发达经济体，并非传统的发达经济体。因此，整体来看，发展中经济体（尤其是新兴经济体）的虹吸效应会更强一些。

城市群的虹吸效应可以支持更高的房地产价格。在所观察的27个城市群中，虹吸效应较低的城市群对应着相对较低的中心城市房地产价格，虹吸效应较强的城市群对应着相对较高的中心城市房地产价格，城市中心房价超10000美元/平方米的中心城市，均存在极强的虹吸效应（图5－11）。

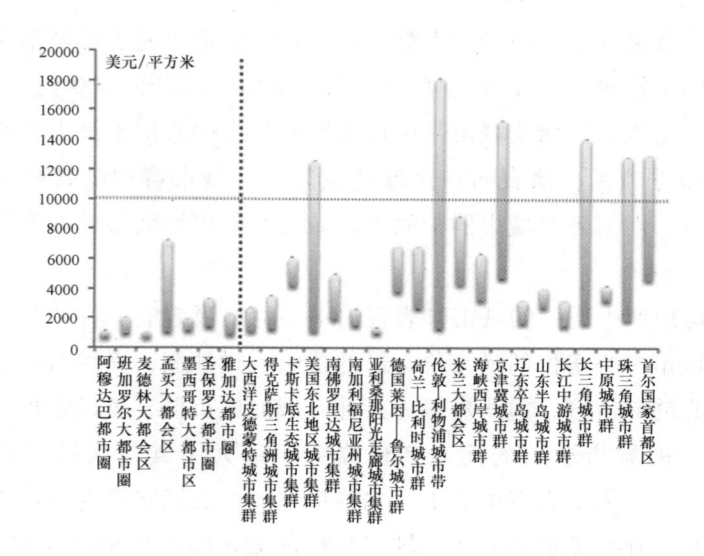

图 5-11 城市群的房地产价格分布区间对比

资料来源：Numbeo 网站。

第三节 全球城市房价的驱动力：经济地理、时序趋势与政策调控

城市房地产市场发展是多重因素作用的结果，其中最重要的驱动力是城市的经济地理、时序趋势和政策调控。经济地理特征指依托地理位置而形成的交通等优势、经济社会发展程度和城市公共服务水平；时序趋势指城市房地产价格变动的时间趋势，体现房地产市场的自我发展与自我实现能力；政策调控指各级政府通过货币政策、财政政策和行政政策对房地产市场的政策调控。

一 经济地理：城市房地产发展的基本动力

城市总是在经济或地理上具有优势的地点发展起来的，因此，尽管房地产市场的发展程度与经济地理特征存在一定偏差，但是经济地理特征对城市房地产的发展程度与趋势仍有较强的解释力。

（一）地理驱动力：交通运输决定了城市房地产市场的上下限

在地理诸要素中，交通运输是最重要的城市房地产影响因素。全球城市房地产市场主要位于环大洋地区，便是交通运输驱动力的体现。交通运输又以海运和空运为主要代表，前者成本最低，是商品在全球范围运输的主要方式，后者最快捷，是高素质人力资本要素全球流动的主要方式。

对低房地产价格城市而言，海运上的优势通常不能对房地产市场产生显著的影响。"城市房地产价格—与港口距离"散点图显示，低房地产价格城市的分布非常平均，从拥有港口的城市到远离港口的城市均有较多的低房地产价格城市。但是，与港口的距离限制着城市房地产市场所能发展的最高水平，城市房地产价格上界的包络线显示，在每个距离区间上的城市房地产最高价格水平随着与港口距离的增加而显著下降（图5-12）。

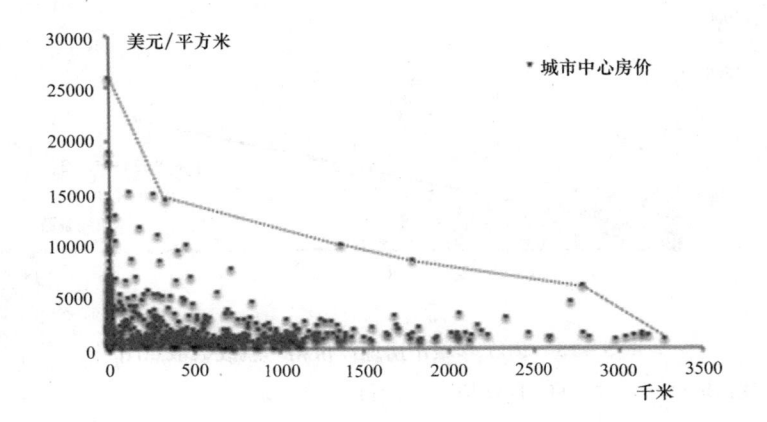

图5-12 2017年城市房地产价格—距大型港口距离散点图

注：共523个样本城市，以城市中心房价衡量房地产价格。
资料来源：Numbeo 网站，中国社会科学院城市与竞争力指数数据库。

航空优势对城市房地产价格的影响更为显著。由于空运通常更有利于高端商务或克服地理上的阻碍，并且航运与陆运的节点也常是空运的节点，所以空运便利的城市通常具备更大的经济地理优势。高端产业"城市房地产价格—航线数"散点图显示，二者之间具有很强的线性趋势，航线数越多，城市房地产的平均价格水平越高（图5-13）。航空便利度的优势在一定程度上可以抵消海运便利度的劣势,如卢旺达首都基加利,虽然深处非洲大陆内部,但是作为重要的空港城市,其房地产价格水平在撒哈拉以南非洲的城市中处于相对较高的水平。航空便利度也支撑了房地产价格水平的下限,房地产价格下界的包络线显示,航线数较多的城市,其房地产价格的最低水平要高于航线数较少的城市。但是,空运的需求相对较低,当航线数达到一定程度时,空运便处于饱和状态,所以过多的航线数并不会对城市房地产价格有更多的拉升,城市房地产价格最高的城市,其航线数在数量上大致处于中间水平。

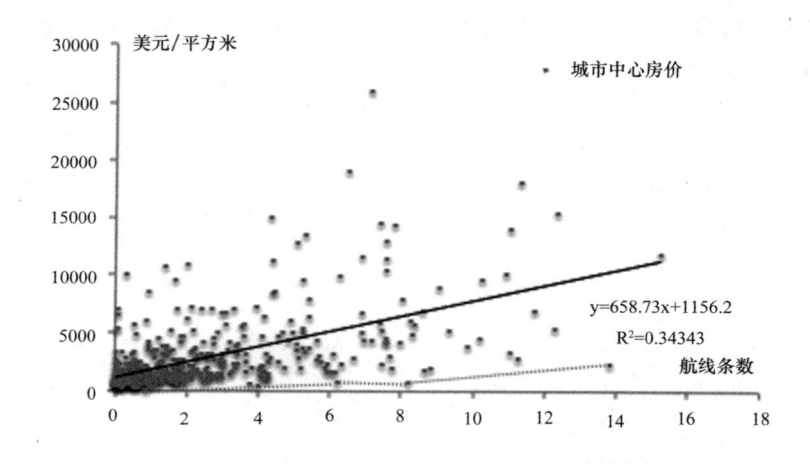

图5-13　2017年城市房地产价格—航线数散点图

注:共523个样本城市,以城市中心房价衡量房地产价格。
资料来源:Numbeo网站,中国社会科学院城市与竞争力指数数据库。

(二)经济与社会驱动力:经济与社会发展带来房地产市场的分化

作为人口与经济活动的聚集地,城市既有较高的发展水平,又有较高的人口与经济总量,这些因素均有助于城市房地产市场的发展。

经济发展水平与城市房地产市场存在正相关联。但是,经济发展水平提高也使得房地产市场分化加剧。房地产市场在不同经济发展水平上的分化大致以人均国内生产总值20000美元/人/年为分界。当人均国内生产总值低于20000美元/人/年时,城市房地产价格高度集中,当人均国内生产总值高于20000美元/人/年时,城市房地产价格分散程度显著加大

（如图 5－14）。

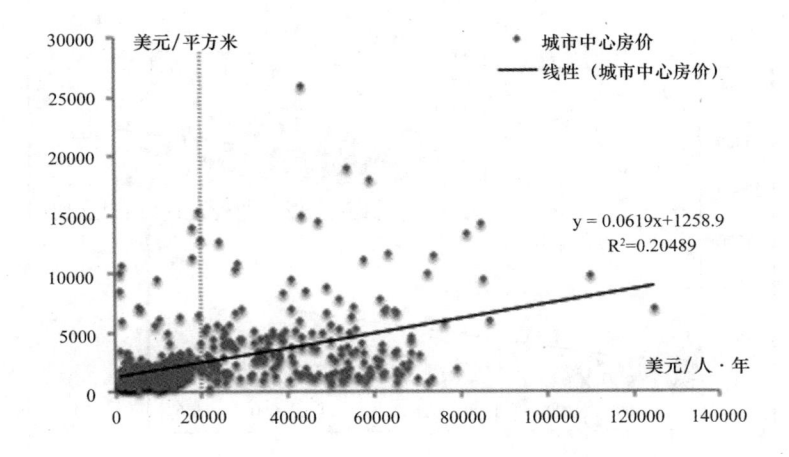

图 5－14　2017 年城市房地产价格—人均 GDP 散点图

注：共 523 个样本城市，以城市中心房价衡量房地产价格。
资料来源：Numbeo 网站，中国社会科学院城市与竞争力指数数据库。

人口规模与城市房地产市场之间的联系也存在类似的现象。人口规模的上升带来城市房地产价格的上升，但是，当城市人口规模超出 250 万人时，城市房地产价格的分布便非常分散，难以发现明显的趋势（图 5－15）。

房地产价格在较高经济与社会发展水平上的分散化并不意味着房地产市场与经济社会发展水平无关，而是这些影响因素在较高水平上可以相互替代，即当城市的经济发展水平和人口规模中某一项较低，而另一项较高时，该城市的房地产市场价格仍旧可以达到较高的水平。显然，当经济发展水平和人口规模均在较高水平时，城市房地产价格有着最大的发展潜力，使得全球城市房地产中心集中于经济发展水平较高且城市人口规模较大的区域。

（三）公共服务驱动力：完善的公共服务是房地产市场的基本保障

城市是公共服务集中的区域，完善的公共服务可以保证城市基本职能的实现，并吸引更多的房地产需求。公共服务的完善程度可以从投入、产出和效果三个方面来衡量，报告在这一部分主要通过公共服务的效果

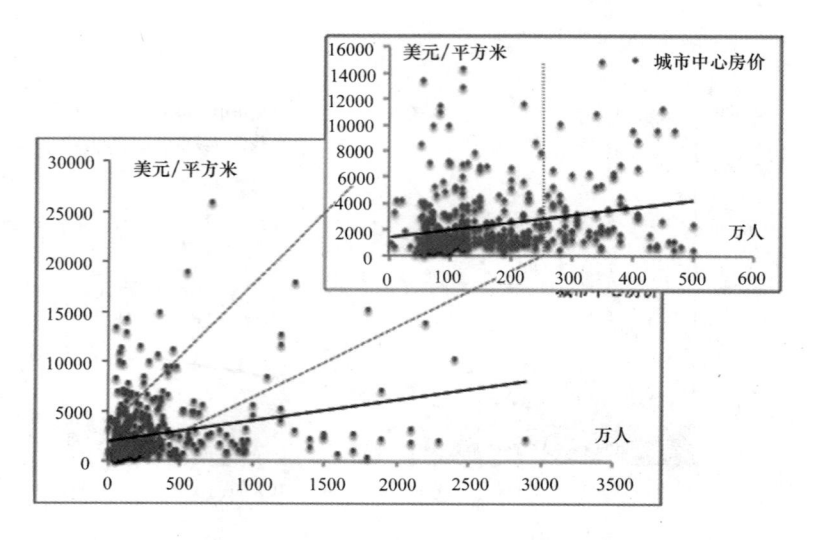

图 5-15　2017 年城市房地产价格—人口规模散点图

注：523 个样本城市，以城市中心房价衡量房地产价格。

资料来源：Numbeo 网站，中国社会科学院城市与竞争力指数数据库。

来衡量公共服务对房地产市场的驱动力。

较完善的公共服务在保证城市职能实现的同时，也给城市带来更好的社会秩序，因此，可以用犯罪率来作为衡量公共服务的反向指标。"城市房地产价格—犯罪率"散点图显示，随着城市犯罪率的下降（由右至左），城市房地产价格总体呈上升趋势。最为显著的则是犯罪率极高和极低的区间，前者的城市房地产价格均处于极低水平，后者的城市房地产价格则普遍较高。但是，在中等水平的犯罪率范围之内，城市房地产价格的分布则较为平均（图 5-16）。这显示城市房地产市场对公共服务的敏感度集中在很完善和很不完善的区间，一般程度的公共服务改善则对城市房地产市场影响不大。

相对较好的公共服务是全球城市房地产向三大中心聚集的重要原因。无论是西欧和北美还是东亚，中心城市均有较高的公共服务水平。即使对于东亚的发展中经济体，其城市的公共服务水平也是非常高的，足以对城市房地产市场形成支撑。

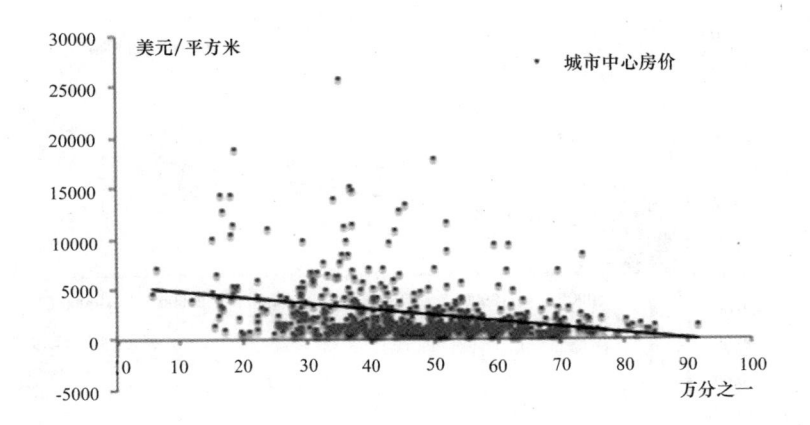

图 5 - 16　2017 年城市房地产价格—犯罪率散点图

注：523 个样本城市。

资料来源：Numbeo 网站，中国社会科学院城市与竞争力指数数据库。

二　时序趋势：被马太效应放大与缩小的影响效果

在全球城市房地产市场中，最大的差异是高房地产价格城市与低房地产价格城市的差异，前者有着较为明显的分布特征，也更易受经济地理因素的影响，后者无论在经济地理分布还是经济地理影响因素上几乎都不具备明显的特征。对此的解释，是城市房地产市场存在较强的马太效应，时序趋势较好的城市房地产市场持续走强，经济地理因素所带来的影响效果更为显著；时序趋势较差的城市房地产市场持续走弱，经济地理因素所带来的影响效果由此弱化。

（一）马太效应加剧城市房地产的分化

马太效应的直接表现是房地产价格变动趋势与房地产价格水平的正向关联。以房地产价格的 5 年增幅代表房地产价格变动趋势，"价格水平—变动趋势"散点图显示，房地产价格水平越高的城市，其房地产价格越呈现快速增长的趋势（图 5 - 17）。因此，当城市房地产市场出现分化之后，其分化程度通常将持续扩大，并显现出差别不断扩大的经济地理因素影响效果。

作为马太效应的长期结果，全球城市房地产呈现较强的两极分化态势。将全球 523 个样本城市的城市中心房价由低向高排列，可以看到不但

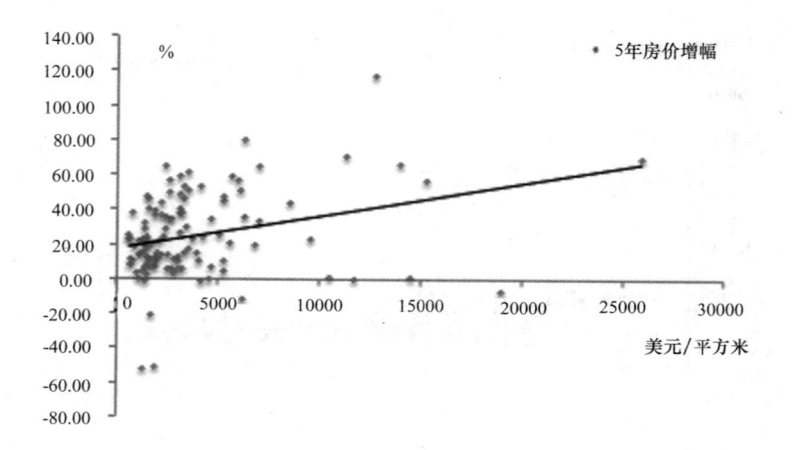

图 5 - 17　城市房地产价格水平—变动趋势散点图

注：523 个样本城市。

资料来源：Numbeo 网站、各国（地区）统计局、各国中央银行、日本土地综合研究所、美国住房金融管理局、南非联合银行。

城市房地产价格的最高点与最低点存在巨大差异，而且城市房地产价格所构成的柱状图显著下凹，作为过渡环节的中等房地产价格城市严重不足（图 5 - 18）。城市房地产的马太效应是房地产市场预期自我实现的结果。当城市房地产市场的价格趋势表现出长期特征，房地产市场主体会认为这一趋势将持续下去，并按照这一趋势调整其需求与供给量，从而实现了房地产市场的预期价格。因此，马太效应反映出城市房地产市场具有很强的自我循环和自我发展能力。

城市房地产的马太效应并非一成不变，而是在不同的经济发展阶段和城市发展程度存在差异。从经济发展阶段来看，发达经济体城市房地产价格所构成的柱状图较发展中经济体城市有着较小的下凹幅度，显示随着经济步入发达阶段，房地产市场的马太效应逐渐弱化（图 5 - 19）。将城市按发展程度分为四个层级，马太效应在不同发展层级上的差异更加明显，发展层级越低的城市，房地产价格所构成的柱状图越有着明显的下凹趋势，房地产市场的马太效应越强烈（图 5 - 20）。

（二）偏离经济地理特征的房地产市场泡沫

受马太效应的影响，高房价城市会日益偏离其基本的经济地理条件，

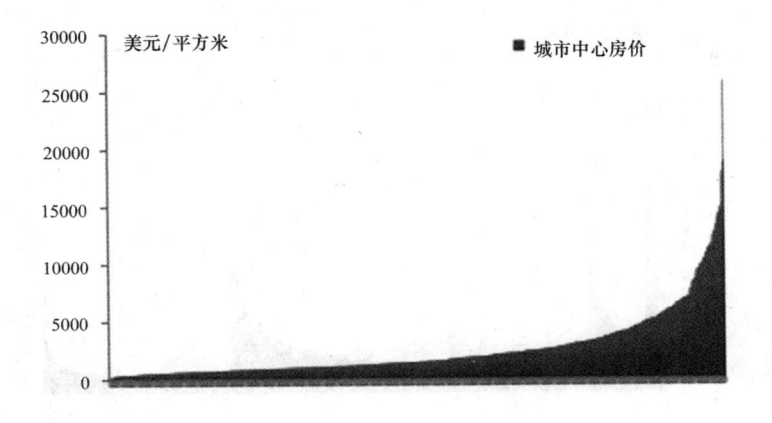

图 5-18　2017 年城市房地产价格的排列

注：523 个样本城市。

资料来源：Numbeo 网站。

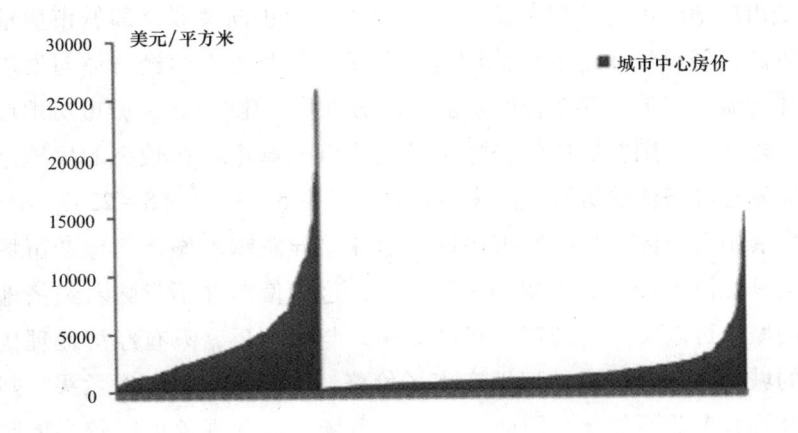

图 5-19　2017 年发达经济体与发展中经济体城市房地产价格的排列

注：采用 IMF 2016 年的发达经济体与发展中经济体划分；左侧序列为发达经济体，右侧序列为发展中经济体。

资料来源：Numbeo 网站。

形成房地产泡沫。以房价收入比为房地产泡沫的衡量指标，将发展中经济体城市和发达经济体城市进行对比。无论发展中经济体还是发达经济

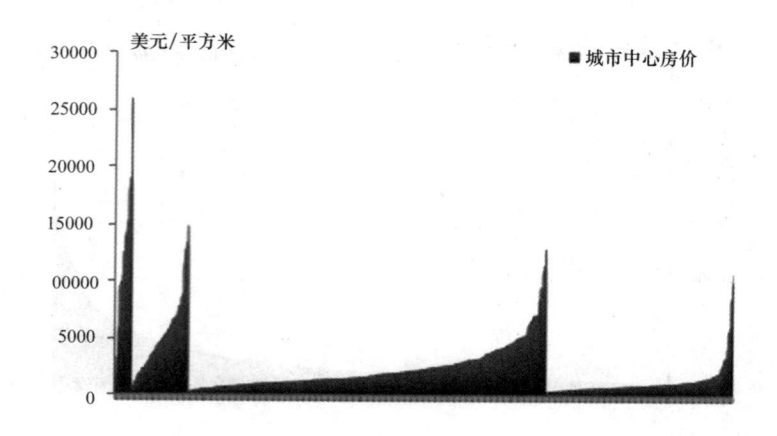

图 5-20　2017 年各层级城市房地产价格的排列

注：序列由左向右为 A 级城市、B 级城市、C 级城市和 D 级城市。
资料来源：Numbeo 网站。

体，城市房地产市场价格与房价收入比均呈现正向关联，即城市房地产价格越高，城市房地产的泡沫问题越显著。但是，发达经济体与发展中经济体的城市房地产存在较大差别。以房价收入比 3—6 为城市房地产价格的合理区间，则发展中经济体中较大比例的城市存在较高的房地产泡沫，而发达经济体的房地产泡沫相对较小（图 5-21、图 5-22）。

发展中经济体较高的城市房地产泡沫差异意味着城市房地产市场的发展与其经济地理优势大幅偏离，但是，这些偏离并不意味着经济地理劣势的城市可以实现房地产市场的繁荣。与之相反，只有经济地理优势较高的城市才有着更高的房地产市场价格，中国北京、印度孟买、阿联酋迪拜等城市莫不如此。因此，房地产市场的泡沫现象可以较多地归因于房地产市场的马太效应，即城市的经济地理优势在房地产市场的自我循环和自我发展过程中被持续放大了。

三　政府政策：有效性基于长期预期和分权程度

影响城市房地产的政府政策可以分为货币政策、财政政策和行政政策三类，但是这些政策对于城市房地产市场并非全部有效。总体来看，能够有效调控房地产市场的政府政策必须能够形成长期的政策预期，或

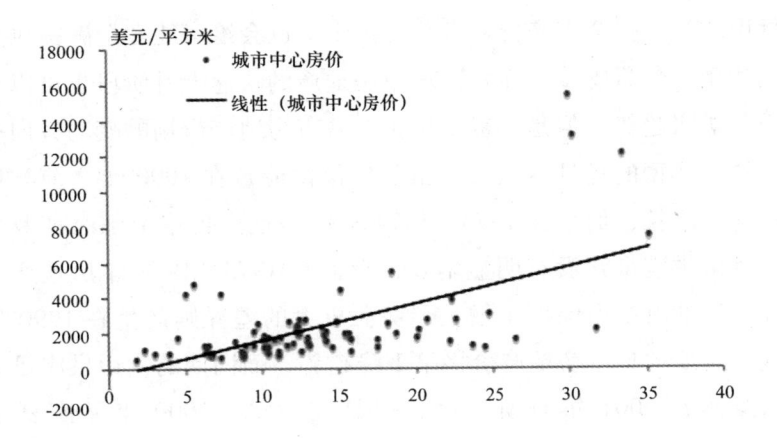

图 5-21 发展中经济体房地产价格—房价收入比散点图

资料来源：Numbeo 网站。

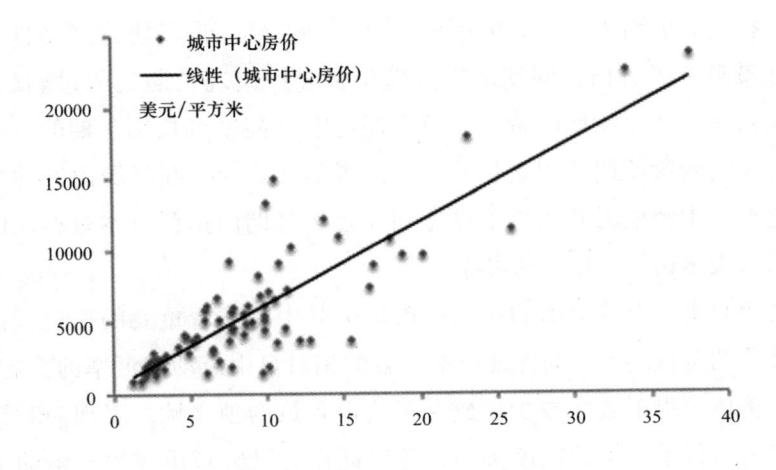

图 5-22 发达经济体房地产价格—房价收入比散点图

资料来源：Numbeo 网站。

是建立在较高的政府财力之上。行政政策则仅在短期内有效，除非行政政策长期实施，否则难以改变房地产市场的长期趋势。

(一) 货币政策：改变房地产市场资金流入的长期预期

货币政策扩张会带来价格水平的扩张，也会给房地产金融提供更强有力的货币与信贷支撑，在各国城市房地产的快速上升阶段也可以观察到货币的扩张趋势。但是，货币扩张与城市房地产市场的变动方向并非完全一致。典型的是日本城市，虽然货币供应量在1990年之前与房地产价格同步增长，但是在1973—1974年的房地产价格上涨时期及之前数年，货币供应量并没有明显增长，反而在1975—1978年房地产价格回落并平稳的时期内保持了增长趋势。更大的差异则产生在1990年之后，这一时期的日本房地产价格呈下降趋势，而同期的货币供应量总体上升，虽然在2001年有所下降，但是在2002—2009年又恢复上升趋势。

货币扩张在不同时期的不同效果源于对房地产市场资金流入长期预期的不同影响。长期预期来自可信的政策承诺，而可信的政策承诺又来自稳定的制度和稳定的政策制定者。日本的城市房地产泡沫期始于日本因日元持续升值而承受巨大的内外压力，1985年《广场协议》为日本的货币政策限定了方向，同期的银行信贷资金也出现长期化的过剩趋势，使得城市房地产泡沫期的货币政策在制度上是高度可长期预期的。另一个支持长期政策预期的因素是政策制定者的稳定化，在经历内阁的频繁更替之后，中曾根康弘和竹下登分别在较长时期内担任日本首相，使得其货币政策承诺具有更强的可靠性。

货币政策在全球范围的房地产市场关联中扮演着重要的角色。在经济全球化的背景之下，为保证资本要素的相对自由流动和汇率的稳定性，主要经济体不得不或多或少地放弃了货币政策的独立性，表现为对核心发达经济体货币政策的高度关注，并以此作为己方货币政策调整的主要依据。2008年金融危机之后，城市房地产全球中心的主要经济体，如美国、加拿大、欧盟、英国、日本、韩国等，其货币政策的扩张程度均在互相观望中跟随变动，仅有中国大陆的货币政策表现出相对较强的独立性。城市房地产全球中心的货币政策联系形成了各国对货币政策的长期稳定预期，当核心发达经济体货币政策调整时，全球城市房地产市场，尤其是三大全球中心的房地产市场会呈现相应的调整。

（二）财税政策：政府财力差异加剧房地产市场的差异

除经济地理特征之外，城市的政府财力也造成城市房地产市场的差异，并被房地产市场的马太效应所放大。以中国大陆为例，深圳市和广州市同属中国广东省，同属一线城市，地理位置接近，经济发展水平相近，但是2016年的一般公共预算收入分别为3136亿人民币和1394亿人民币，一般公共预算支出分别为4211亿人民币和1943亿人民币，政府财力差异非常显著。与之相应，2017年深圳市与广州市的城市中心房价分别为12792美元/平方米和5712美元/平方米，也存在巨大的差异。

政府财力对房地产市场的影响力可以从两方面进行解释。一是政府对城市的建设能力。城市政府是城市基础设施的建设者与城市公共服务的主要提供者，其财力水平直接决定着基础设施与公共服务水平，进而影响着城市房地产市场。二是政府对房地产市场的干预能力，由于行政干预和经济干预均需付出成本，所以财力较强的政府更有能力对房地产市场进行调控。

政府对房地产市场进行调控的能力和动力则取决于一国的财政体制、财税制度与财税政策。财政体制方面，分权程度越高，地方政府财力所占比重越大，其财力也就越强。但是，对于将城市作为行政中心或经济中心，并在政策与财力上进行倾斜的经济体，财力的上移趋势导致财力向城市集中，财政体制上的较高集权程度同样会推动城市房地产市场。财税制度方面，当政府的财税收入与房地产市场高度关联时，城市政府会更有动力推动房地产市场的发展，以获得更高的财税收入。财税政策方面，允许政府采取何种财税政策调控房地产市场，决定着政府调控的最终效果。

财税政策等因素可以在较大程度上解释东亚与西欧、北美的房地产市场差异及全球房地产中心区域之内的城市房地产差异。财政体制方面，英国、中国大陆与日本的财政集权程度较强，中心城市受益程度更高，其房地产市场与周边城市的差异更大。财税制度方面，中国大陆的地方政府的财力高度依赖土地出让金[①]，日本地方政府在房地产泡沫期的财政

[①] 被称为"土地财政"。

收入则包括较大比重的土地相关税收以及与城市基础设施建设高度相关的转移支付，使得中国大陆及房地产泡沫期的日本地方政府更有动力发展房地产市场。财税政策方面，截至2017年第三季度，中国大陆仍未全面开征房产税，使得城市房地产缺少自动稳定机制，其城市房地产的中长期增速居于世界前列。与之相对，美国地方政府广泛将税收抵免政策用于住房保障，德国对住房租赁给予广泛的财政补贴，对城市房地产市场起到较好的平抑作用。

（三）行政政策：更具备有效性但难以改变长期趋势

大多数国家的房地产政策在直接的行政干预和间接的市场调控之间摇摆。二者相比，直接干预常常更为有效，但是其行政成本与经济成本较高；间接调控更有助于降低政府调控房地产市场时的成本负担，但是难以按照预定的政策目标实施有效的调控。

当城市房地产市场面临强烈的冲击或政府试图实现经济的跨越式发展时，各经济体的政府往往采取直接的行政干预措施。如美国在第二次世界大战之后和德国在东西德合并之后，均因短期的城市住房短缺问题而推出庞大的住宅建设计划。行政干预通常会带来城市房地产市场的短期巨大波动，虽然有助于熨平房地产市场的短期波动，但是长期来看，影响房地产市场的驱动力未得到改变。在行政干预结束之后，无论是基本的经济地理特征还是与房地产市场时序趋势相联系的马太效应，都仍然维持在行政干预之前的水平，往往会形成城市房地产市场的较大反弹。

但是，如果将行政干预长期化，并固化为房地产市场的监管制度，那么行政干预可以对城市房地产市场产生长效影响。行政干预的长期化有两个途径。一个途径是延长房地产市场危机或低迷时期行政干预的时效，如日本将土地开发的行政干预长期化，规定由国、都、道、府四级政府进行城市土地的开发，并由地方政府全额负担公营住房建设；新加坡将土地征用的行政手段长期化，制定了一系列强制性的获得土地的法规，并且附加了拆迁法规，以保证建屋发展局能够快速获得低价土地。另一个途径是基于城市发展的规划，如德国通过城市发展规划来直接干预房地产市场，并采取直接控制房地产价格的方式。《德国民法典》第903条中规定住房用途不可随意变更、必须考虑国土规划和州规划、要求土地所有权人负担城市改造义务、限制农业和林业的流转。同时，要求行使土地所有权时必须符合公共和社会利益。这些行政干预通常被认为是有效的，尤其是德国对房地产市场价格的直接控制，一般被认为是德国房地产价格稳定的有力保证。

第 六 章

房价与竞争力的关系:实证分析

徐海东

在前述章节,本报告对房价与竞争力的文献做了梳理,然后依次介绍了全球城市土地市场与房价的现状,在此基础上,本章探讨全球城市房价对城市竞争力的作用。城市竞争力表现为竞争力指数,其基础是收入水平与人口规模。本章首先从全局角度分析房价收入比、房价、收入和人口之间的关系,然后对区域、国家、城市和城市群的格局与趋势做描述性说明,并论证房价对城市竞争力和人口的作用,最终发现,住房价格对城市竞争力的影响随着聚集力与分散力的此消彼长,经历了先升后降的阶段,即为倒"U"形。

第一节 全球房价收入比状况描述: 全球房价比总体并不合理

一 全球房价比总体并不合理,亚非最为严重,内陆低于沿海,发达国家低于发展中国家

在我们所选的 311 个样本城市中,2015 年房价收入比最高的是古巴的哈瓦那城市,作为古巴共和国的首都、最大城市、全国经济、文化和商业中心,哈瓦那的房价收入比达到了 50.36,处于极度不合理区域。此外,该城市城市中心的总租金收益率为 35.36,城市周边的总租金收益率为 31.4,这表明市中心和周边地区的收益率差距不大且收益率较高,即

城市的周边地区同样受人欢迎,且投资房地产能获得较高的收益率。而城市中心的价格租金比为2.83,城市周边的价格租金比为3.18,较低的价格租金表明购买一套房子比租用一套房子更划算。哈瓦那城市抵押贷款占收入的比例为335.14,这表明人们的收入基本上都拿去负担抵押贷款了,因而该城市的负担能力指数为0.3,处于相当低的水平。通过以上分析,表明房价在哈瓦那城市起到至关重要的作用。

排名第二的是尼泊尔的加德满都,作为尼泊尔的首都和最大的城市,其拥有500万人口,占地面积为50.67平方公里,每平方公里达到将近10万人,从而其房价收入比为40.67。作为一个人口密度很高的城市,其城市中心的总租金收益率为1.53,城市周边的总租金收益率为2.92,处于相对较低的水平;而该城市中心的价格租金比为65.38,城市周边的价格租金比为34.27,这表明租一套房子要比买一套房子划算得多。此外城市的负担能力为0.19,比古巴的哈瓦那还要低,这表明房价水平对于加德满都城市的居民来说更加重要。

此外,为了判断全球城市房价的合理性,我们根据所得样本引入全球各个城市的房价收入比数据。从全球房价收入比前十来看(表6-1),其中有七个城市在亚洲,两个城市在非洲,还有一个城市在北美洲。此外房价收入比前十的城市中有五个属于金砖国家,没有城市属于G7国家,从这一点可以看出高房价收入比的城市大多来自于发展中国家。

表6-1 2015年全球房价收入比前十的城市

城市	国家	房价收入比	所属区域	是否金砖国家	是否G7国家
哈瓦那	古巴	50.36	北美洲	否	否
加德满都	尼泊尔	40.67	亚洲	否	否
香港	中国	36.83	亚洲	是	否
坎帕拉	乌干达	36.53	非洲	否	否
北京	中国	33.06	亚洲	是	否
孟买	印度	32.54	亚洲	是	否
阿克拉	加纳	31.1	非洲	否	否
大马士革	叙利亚	30.57	亚洲	否	否
澳门	中国	30.5	亚洲	是	否
大连	中国	28.8	亚洲	是	否

资料来源:中国社会科学院城市与竞争力指数数据库。

随后，我们对全球房价收入比的细化研究发现（表6-2），从全球角度来看，全球城市的房价收入比平均值为10.62，这表明全球视角下房价并不是处于合理区域。此外，在全球311个样本中有41个城市房价收入比小于3，有52个城市房价收入比大于等于3小于等于6，有76个城市房价收入比大于6小于等于10，有112个城市房价收入比大于10小于等于20，有30个城市房价收入比大于20。这表明在311个样本城市中只有16.7%的城市是处于房价收入比的合理区间；而将近有83%的城市房价收入比是处于不合理区间的，这表明全球房价是普遍偏高且处于极度不合理的区域。

表6-2　　　　　　　　不同取值范围的房价收入状况描述

取值范围	变量数	平均值	标准差	最小值	最大值
全球	311	10.6245	7.491411	0.44	50.36
HPIR < 3	41 (13.18%)	2.163171	0.604332	0.44	2.97
3 = < HPIR < = 6	52 (16.72%)	4.450192	0.894814	3.03	6.00
6 < HPIR < = 10	76 (24.44%)	8.112500	1.182139	6.12	10.00
10 = < HPIR < = 15	74 (23.79%)	12.08216	1.364829	10.01	14.95
15 < HPIR < = 20	38 (12.22%)	17.00842	1.367765	15.06	19.93
20 < HPIR < = 25	13 (4.18%)	22.55077	1.405901	20.06	24.55
25 < HPIR < = 30	8 (2.57%)	26.48125	1.162748	25.42	28.80
30 < HPIR < = 35	5 (1.61%)	31.55400	1.175322	30.50	33.06
HPIR > 35	4 (1.29%)	41.09750	6.456270	36.53	50.36

资料来源：中国社会科学院城市与竞争力指数数据库。

通过以上对房价收入比描述性分析，我们绘制出房价收入比的全球分布图（图6-1），从图6-1我们可以明显看出从区域角度，欧洲和亚洲大部分城市的房价收入比都比较高且都明显处于房价收入比的不合理区域，亚洲的房价收入比不合理程度更加严重，从图中我们可以看出大部分房价收入比大于20的城市都分布在亚洲；大洋洲的城市房价收入比处于6到10之间；南美洲城市的房价收入比大多处于10到20之间的不合理区域；北美洲城市的房价收入比明显比其他区域要低且大部分城市的房价收入比都处于合理区域。具体地从国家角度来看，美国的房价收入比普遍较低且基本上处于合理区域，甚至美国有一些城市的房价收入比处于小于 3 的不合理区域；巴西大部分城市房价收入比大多都在 10 到 20 的不合理区域；欧洲的英国、法国、德国和波兰以及其他相邻国家的房价收入比均处在 6 到 20 的不合理区域；亚洲的中国、印度、日本和泰国以及一些周边国家的房价收入比主要都处于 10 以上区间。此外从图6-1 中我们还可以发现沿海城市的房价收入比明显要比内陆城市的房价收入比要高得多，图中房价收入比超过 20 的基本都分布在沿海地区，即房价收入比在 20 以上的城市基本都在沿海地区。

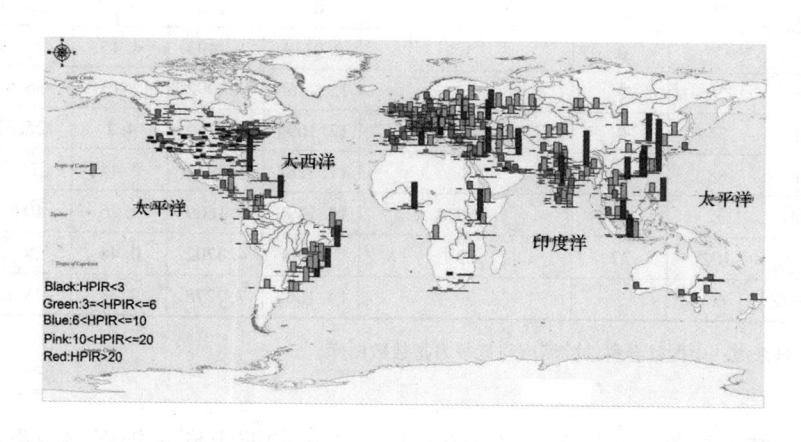

图 6-1 全球房价收入比分布

资料来源：中国社会科学院城市与竞争力指数数据库。

为了把全球房价收入比的关系具体化，我们对不同区域的房价收入比进行研究（表 6-3）。从表 6-3 中我们发现，北美洲的房价收入比平均值为 4.66，大洋洲的房价收入比平均值为 6.91，非洲的房价收入比平均值为 12.24，南美洲的房价收入比平均值为 12.17，欧洲的房价收入比平均值为 11.03，亚洲的房价收入比平均值为 14.14；此外在 311 个样本城市中，G7 国家的房价收入比平均值为 5.75，金砖国家的房价收入比平均值为 14.10。这表明从区域角度来看，只有北美洲处于房价收入比的合理区域，在 70 个样本城市中有 21 个城市房价收入比处于合理区域，有

36个城市房价收入比小于3，占比达到了81%；而非洲、南美洲、欧洲和亚洲的房价收入比均处于不合理区域且房价收入比都在10以上，其中非洲有六个城市处于房价收入比合理区域，南美洲有六个城市处于房价收入比的合理区域，欧洲有八个城市处于房价收入比的合理区域，亚洲有十个城市处于房价收入比的合理区域。此外从房价收入比平均值的大小来看亚洲最为严重，非洲次之。从国际组织角度来看，总体上G7国家的房价收入比处于合理区域，金砖国家的房价收入比处于不合理区域。

表6-3　　　　　　　　　不同区域的房价收入比状况描述

区域	变量数	HPIR<3	3=<HPIR<=6	平均值	标准差	最小值	最大值
北美洲	70	36	21	4.6582	6.1983	1.1	50.36
大洋洲	7	0	1	6.9114	1.4493	4.45	8.76
非洲	20	2	6	12.2365	9.8092	2.13	36.53
南美洲	34	0	6	12.1694	5.8736	4.2	25.73
欧洲	88	1	8	11.0281	4.5922	0.44	24.2
亚洲	92	2	10	14.1390	8.1609	2.26	40.67
G7	102	37	29	5.7494	4.4702	0.44	24.2
金砖国家	66	2	6	14.1006	7.7778	2.13	36.83

资料来源：中国社会科学院城市与竞争力指数数据库。

从城市群角度具体来看（表6-4），美国的波士顿-华盛顿城市群、芝加哥-匹兹堡城市群、北加利福尼亚城市群和得克萨斯三角洲城市群的房价收入比均值分别为3.964、2.345、5.837和3.002，这表明美国的主要城市基本处于房价收入比的合理区域，与上面的观察分析结果一致。巴西的圣保罗大都会区的房价收入比均值为16.705，这表明巴西城市的房价收入比处于不合理区域且比较高。印度的孟买大都会区和班加罗尔大都市圈的房价收入比分别为18.373和9.798，这说明印度城市的房价收入比也处于不合理区域。而欧洲英国的伦敦-利物浦城市群和横跨法国、德国、荷兰、比利时的欧洲西北部城市群的房价收入比分别为7.8和7.626，这表明欧洲的主要大国的房价收入比均处于6—10的不合理区域。

表 6-4　　　　　　　　不同城市群房价收入比描述

城市群	样本量	房价收入比均值	方差	最小值	最大值
波士顿-华盛顿城市群	8	3.964	2.629	1.160	8.930
芝加哥-匹兹堡城市群	11	2.345	0.863	1.100	3.610
北加利福尼亚城市群	3	5.837	2.943	2.570	8.280
孟买大都会区	3	18.373	12.269	11.250	32.540
伦敦-利物浦城市群	7	7.800	5.842	0.440	16.560
圣保罗大都会区	4	16.705	5.197	9.610	21.870
得克萨斯三角洲城市群	6	3.002	0.793	2.280	4.110
班加罗尔大都市圈	5	9.798	2.792	6.570	14.040
欧洲西北部城市群	8	7.626	4.194	4.290	17.230

资料来源：中国社会科学院城市与竞争力指数数据库。

二　发展中国家城市房价收入比呈波动式上升，发达国家城市基本不变

在研究 2015 年全球房价收入比后，我们有必要对近几年来全球房价收入比的变化趋势进行简单介绍（图 6-2 到图 6-4）。从不同区域的房价收入比随时间变化趋势来看（图 6-2），北美洲和大洋洲的房价收入比在近几年都处于较低水平且北美洲的房价收入比低于大洋洲；非洲的房价收入比在 2011 年突然上升到很高程度后又慢慢下降，但是依旧处于不合理区域；南美洲的房价收入比在近几年一直处于上升状态，到 2016 年已经接近 15 左右；欧洲和亚洲的房价收入比随时间的波动不大，欧洲的房价收入比基本维持在 10 左右的不合理区域，亚洲的房价收入比基本维持在 15 左右不合理区域。

从不同国家房价收入比和时间的变化趋势来看（图 6-3），澳大利亚、加拿大、法国、意大利、墨西哥、新西兰、南非、土耳其和美国等国家近几年的房价收入比基本没变，表现为一条水平线，其中我们还可以看出美国和南非的房价收入比处于较低水平，从而我们认为其房价收入比是处于合理区域。此外，巴西、中国、印度、日本、新加坡和英国的房价收入比是上升的且都处于 10 以上的不合理区域，这表明亚洲的房价收入比都比较不合理；而巴基斯坦和波兰的房价收入比是逐年下降的。

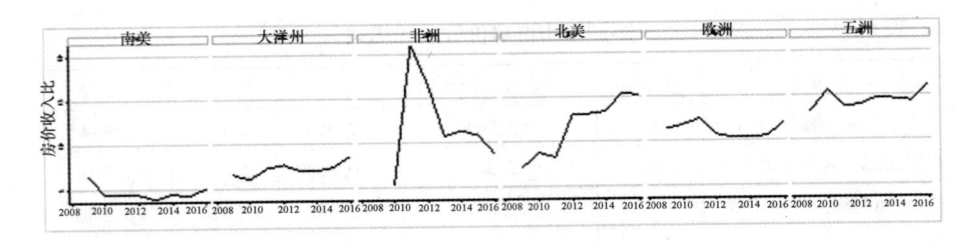

图 6-2 不同区域房价收入比随时间变化趋势

资料来源：中国社会科学院城市与竞争力指数数据库。

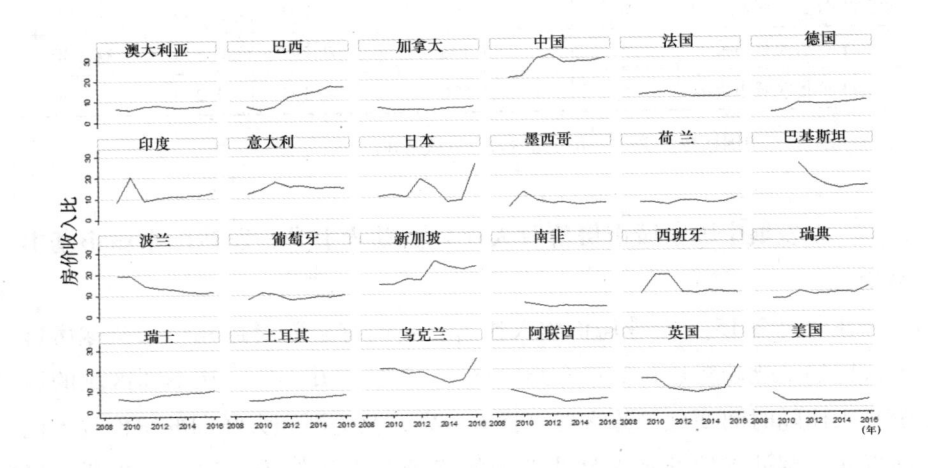

图 6-3 主要国家的房价收入比随时间变化趋势

资料来源：中国社会科学院城市与竞争力指数数据库。

从全球城市角度来看（图6-4），北京作为中国的首都、直辖市、中国中心城市、超大城市、国际大都市和中国的政治中心、文化中心、国际交往中心、科技创新中心，其房价收入比是逐年提高的。2016年北京的房价收入比为33.45处于相当不合理区域，其城市中心和城市周边的总租金收益率分别为2.25和2.61，而其城市中心和城市周边的价格租金比为44.41和38.38处于较高水平，这表明在北京租房比买房有利。从北京历年的房价收入比随时间的变化趋势来看，北京处于一直上升状态，这表明房价水平对北京居民是越来越重要的。

除此之外，香港、上海、新加坡和东京的房价收入比在近几年也都有所上升；广州的房价收入比表现为随时间缓慢降低；而其他的大城市都表现为房价收入比随时间变化不明显或波动不大。

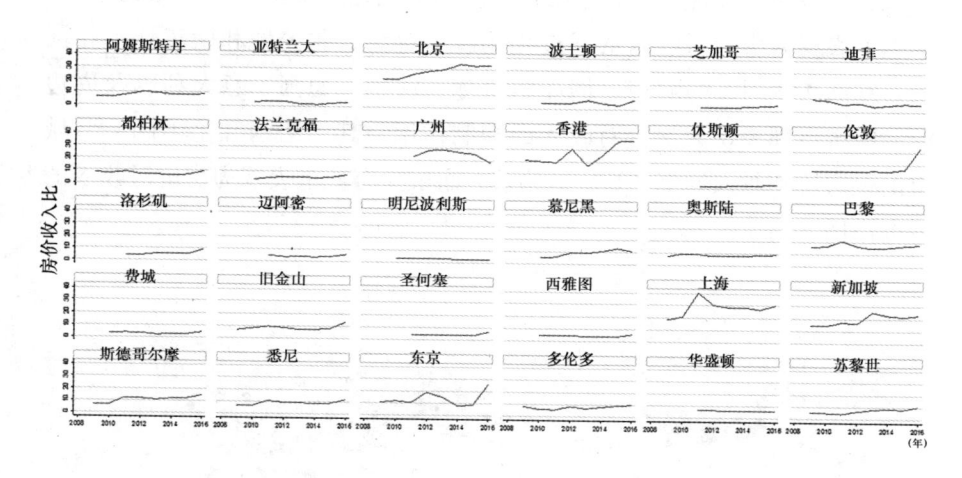

图 6-4　主要城市的房价收入比随时间变化趋势
资料来源：中国社会科学院城市与竞争力指数数据库。

三　全球房价对收入起促进作用占主导地位，亚欧起抑制作用突显且欧洲较为明显

在对全球的房价收入比关系进行分析以后，根据数据的可得性，我们接下来选取全球 246 个样本城市来对房价和收入的关系进行研究（图 6-5），其中浅色表示负向影响，深灰色表示正向影响，黑色表示房价收入比出现过"U"形关系。从图 6-5 我们可以看出全球大部分城市房价与收入的关系为正向影响，即房价越高收入越高。从区域角度来看，大洋洲、欧洲和美洲的一些城市已经出现过房价和收入的倒"U"形关系，即当房价很高时，收入会下降；亚洲和非洲的一些城市很少出现房价和收入的倒"U"形关系。北美洲、南美洲和亚洲占主要地位的还是房价对收入的促进作用；欧洲有相当一部分城市出现房价对收入起抑制作用，而房价对收入起促进作用的城市只占一小部分，此外亚洲的一些城市也出现了房价与收入负向关系，即房价上升会导致收入降低。从国家角度来看，位于北美洲的美国城市大部分都是房价会促进收入增长，其中有一部分位于美国西北部的城市出现房价房价和收入的倒"U"形关系，只有部分城市表现为房价对收入的抑制关系。位于南美洲巴西城市

的房价对收入的影响与美国相类似,主要表现为房价对收入的促进作用,而只有少数城市表现为抑制作用,与此类似的还有亚洲一些国家的城市,基本上表现为房价对收入的促进作用。与亚洲、北美洲和南美洲不相同的是欧洲一些国家的城市,例如西班牙、法国、德国、意大利以及周边的一些城市都表现为房价对收入的抑制作用,其中法国和德国的一些城市出现房价和收入的倒"U"形关系,而很少有城市表现为房价对收入的促进作用。

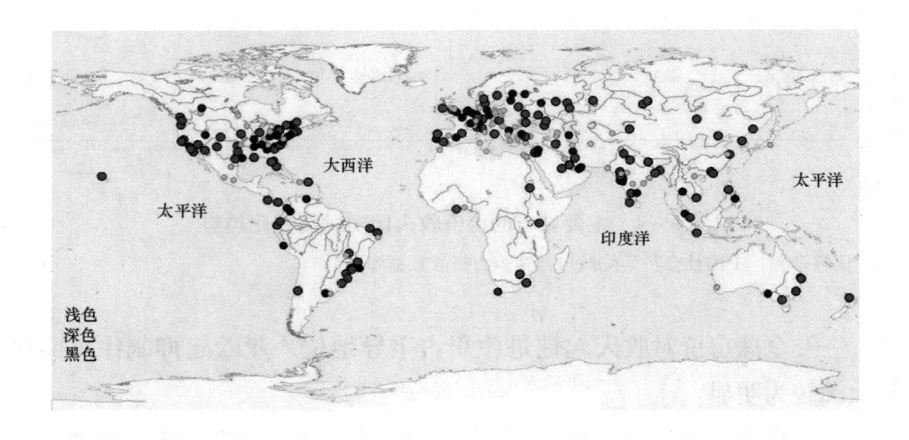

图6-5 房价与收入关系

资料来源:中国社会科学院城市与竞争力指数数据库。

为了把房价和收入的关系具体化,我们从区域角度来研究房价对收入到底是促进作用、抑制作用还是倒"U"形关系(表6-5)。从表6-5我们可以看出,北美洲、大洋洲、南美洲都是房价对收入起促进作用占主导地位;非洲是房价对收入的抑制作用占主导地位;而欧洲和亚洲,虽然起促进作用的城市比起抑制作用的城市多,但是两者相差不多。从国际组织角度来看,G7国家和金砖国家都是房价对收入起促进作用占主导地位。而从是否出现过倒"U"形角度来看,G7国家明显要比金砖国家多。

表 6-5　　　　　　　不同区域条件下房价与收入的关系

区域	样本量	房价对收入起抑制作用	房价对收入起促进作用	房价和收入已出现过倒"U"形关系
北美洲	58	13	30	15
大洋洲	7	1	4	2
非洲	13	8	3	2
南美洲	30	6	15	9
欧洲	71	27	28	16
亚洲	67	24	29	14
G7	81	21	37	23
金砖国家	50	12	31	7

资料来源：中国社会科学院城市与竞争力指数数据库。

第二节　总体状况：房价与城市人均收入、竞争力存在一定的倒"U"形关系

　　房价与人均收入、人口规模、竞争力指数排名前十的城市具有一定的重叠，高房价意味着高竞争力（表6-6）。对这些指标的十强城市进行分析可以发现，房价与后三者存在一定的相关关系。具体来看，在房价最高的十个城市中，香港、伦敦与纽约占据了前三名，亚洲占据了五个席位，欧洲占据了3个席位，北美有两个城市进入，其他地区则无一进入前十名。在人均收入最高的十个城市中，旧金山、苏黎世与日内瓦三个城市进入了房价十强。在人口规模最大的十个城市中，东京与纽约进入了房价十强。在竞争力指数最高的十个城市中，有6个城市进入了房价十强，他们分别是纽约、伦敦、旧金山、新加坡、香港、东京。其中，香港由于特殊的区位条件，房价高居全球第一名，深圳与北京也进入了房价前十名之列。

表6-6　　　房价、人均收入、人口和竞争力前十的城市[①]

排名	房价	人均收入	人口	竞争力指数
1	香港	斯坦福	东京	纽约
2	伦敦	圣何塞	雅加达	伦敦
3	纽约	旧金山	首尔	旧金山
4	新加坡	波士顿	马尼拉	洛杉矶
5	苏黎世	华盛顿	上海	新加坡
6	东京	纽约	圣保罗	香港
7	日内瓦	苏黎世	墨西哥城	圣何塞
8	旧金山	哈特福德	纽约	巴黎
9	深圳	西雅图	孟买	东京
10	北京	日内瓦	北京	芝加哥

资料来源：中国社会科学院城市与竞争力指数数据库。

一　房价与竞争力指数存在倒"U"形关系

从全球角度看，房价与收入水平、竞争力大小之间关系密切，为此我们对所有样本城市的人均可支配收入与房价数据做出散点图（图6-6）。从散点图中观察到，两个指标之间存在一定的倒"U"形关系。从中观察到：（1）这说明一般情况下，随着房价的升高，该城市人均收入水平将有所提高，但到达某一特定水平后，房价的升高对收入的促进作用将有所下降，甚至出现负向作用。（2）虽然房价较低的城市在收入水平上的分布较为平均，但是房价较高的城市的收入水平普遍偏高，这从侧面印证了房价对收入水平在某个阶段存在一定的正向作用。（3）我们计算出了所有样本城市的住房价格与收入水平的相关系数，结果显示，所有可得样本城市2010年到2017年的住房价格与收入水平的相关系数为0.4273，这表示二者存在一定的正相关关系。但是观察图中可以发现，样本具有一定的离散度，这说明城市收入水平除了受房价因素影响外，还受到其他一系列相关因素的影响，导致与拟合线出现较大偏离。

---

① 城市为大都市区口径。

在所有样本城市中，2015 年香港房价均值为 21525.2 美元/平方米，居世界第一位，其人均可支配收入为 29460 美元，仅居世界第 52 名，房价对其人均收入表现出了较为明显的负向作用。香港之所以成为全球最高的房地产市场，有其特殊性。香港作为全球金融中心，聚集了大量跨国企业与移民，住房需求旺盛，与此同时香港土地面积本就有限，仅有 1105.6 平方千米。政府作为土地的供给方，严格控制土地供给，造成住房供给不足，再加上香港住房市场的自由化程度较高，政府对房地产市场交易缺乏强力的调控措施，都使得其房价不断上涨，对其竞争力的保持与提升构成一定威胁。

圣何塞则以人均收入 73921.49 美元居于首位，其房价为 5866.395 美元/平方米，为世界第 23 名，也居于 202 个样本中的前列。圣何塞是硅谷最大的城市，有"硅谷首都"之称；思科、eBay 等大型科技企业的总部设在这里，谷歌、苹果也积极迁入。科技业的繁荣带动了这里的房地产市场，高收入人均的聚集与涌入使之成为全美房价最贵的都市区，2016 年圣何塞的公寓房价中位数为 85 万美元，目前住宅房价中位数达到 108.5 万美元。

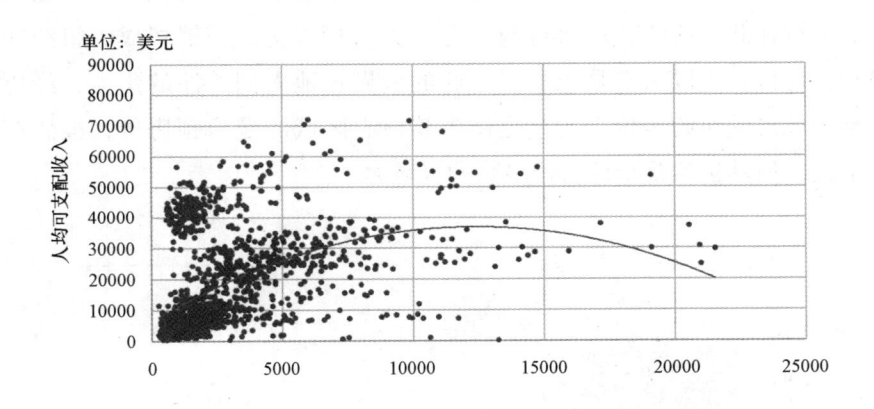

图 6-6 全球人均可支配收入和房价散点图

资料来源：中国社会科学院城市与竞争力指数数据库。

为了分析城市房价与竞争力指数之间的关系，我们对所有样本城市 2016 年房价数据与经济竞争力指数和可持续竞争力指数做出散点图（图

6-7和图6-8),图6-7表示经济竞争力指数与房价之间的散点图,图6-8表示可持续竞争力指数与房价之间的散点图。从散点图中我们可以明显看到,房价与经济竞争力指数和可持续竞争力指数存在明显的相关关系,并且存在一定的倒"U"形关系。从图6-7和图6-8中我们可以用观察到:(1)一般情况下,随着房价的升高,该城市经济竞争力指数和可持续竞争力指数将有所提高。(2)样本在较低的房价与竞争力指数区间的分布较为密集,其密度大于高房价与高竞争力指数区间。在全部202个样本中,房价高于5000的城市有31个,低于5000美元/平方米的城市有171个。(3)我们计算出了所有样本城市的住房价格与经济竞争力指数和可持续竞争力指数的相关系数,结果显示2016年的住房价格与经济竞争力指数的相关系数为0.7138,2016年的住房价格与可持续竞争力指数的相关系数为0.7121,这表示二者存在较为显著的正相关关系。房价作为重塑世界城市的力量,对城市竞争力的作用较为明显。

纽约的综合经济竞争力指数与可持续竞争力指数均居全球第一位,各个指标在规模与水平意义上均表现抢眼,其房价均值为10267.33美元/平方米,居全球第八位。作为美国最大最繁华的城市,纽约早已成为世界的金融中心;作为一个多元化的城市,有超过30%的世界知名企业将总部设在此。纽约的高房价与高竞争力互相促进,相辅相成。纽约的曼哈顿房价一直以来都是想移居于此的世界各地人们关注的焦点,经历了金融危机的纽约房价,尤其是作为其核心区域的曼哈顿房价,虽然有所下跌,但其仍然是全球房价最高的区域之一。

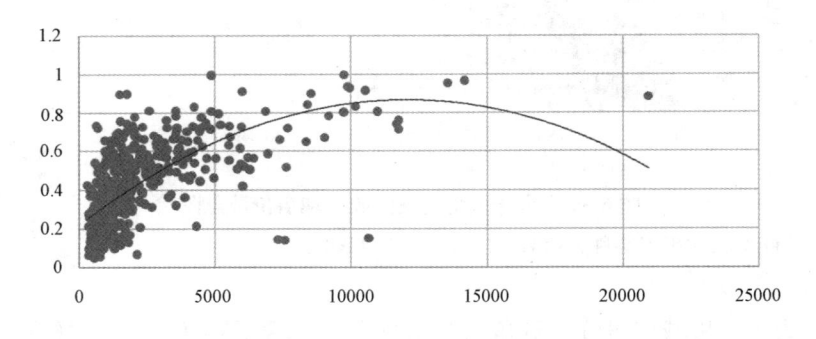

图6-7 经济竞争力与房价散点图

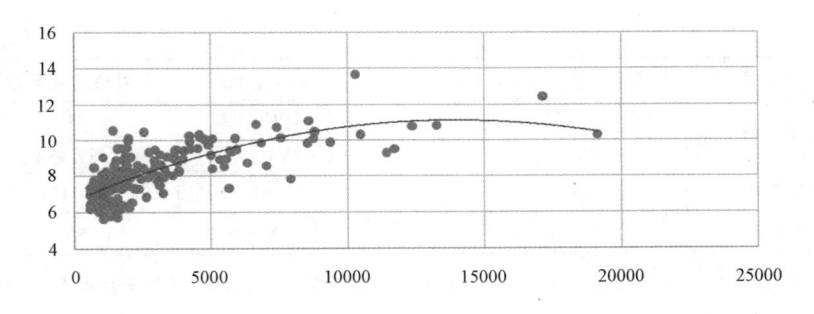

图 6-8　可持续竞争力与房价散点图

资料来源：中国社会科学院城市与竞争力指数数据库。

二　全球收入、人口、房价关系研究：基于回归分析验证

为了详尽地研究这种关系，我们从全球角度整体上对人均可支配收入、人口数量、经济竞争力和可持续竞争力与房价进行回归，结果见表 6-7。回归结果表明从全球角度来看，房价的一次方会对收入、人口和竞争力产生显著的正向影响，房价的二次方会对收入、人口和竞争力产生显著的负向影响，这说明从整体上收入、人口、竞争力和房价呈现倒"U"形关系：当房价处于较低水平时，随着房价的上升会使人均可支配收入、人口数量、经济竞争力和可持续竞争力上升；当房价上升到较高的水平时，房价继续上升将会导致人均可支配收入、人口数量、经济竞争力和可持续竞争力下降，其中房价对人均可支配收入的解释系数为 0.2113，房价对人口的解释系数为 0.0528，房价对经济竞争力的解释系数为 0.4467，房价对可持续竞争力的解释系数为 0.4475。

表 6-7　收入、人口和竞争力对房价的回归结果

变量名	人均可支配收入	人口数量	经济竞争力	可持续竞争力
房价	0.574*** (7.96)	135.0*** (6.10)	0.0001085*** (16.02)	0.000641*** (15.93)
房价平方	-0.0000141*** (-4.23)	-0.00334** (-3.24)	-4.51e-09*** (-8.45)	-2.62e-08*** (-8.23)

续表

变量名	人均可支配收入	人口数量	经济竞争力	可持续竞争力
常数项	15842.8 *** (98.46)	2591361.8 *** (15.63)	0.2194595 *** (18.39)	6.190 *** (87.25)
调整 R2	0.2113	0.0528	0.4467	0.4475
样本量	1570	1570	553	563

注：括号内为 t 统计量值，* 表示10%的显著性水平，** 表示5%的显著性水平，*** 表示1%的显著性水平。

资料来源：笔者根据回归结果整理。

经济竞争力和可持续竞争力对高收入人口数量的回归结果见表6-8。表6-8的回归结果表明经济竞争力会对高收入人口数量产生显著的正向影响，即经济竞争力越高的城市，高收入人口数量也越高，具体表现为经济竞争力每提高0.01个单位，高收入人口数量就会增加9236948个。此外表6-8的结果还表明可持续竞争力会也对人口数量产生显著的正向影响，即可持续竞争力越高的城市，其高收入人口数量就越多，这种影响具体表现为可持续竞争力每提高0.01个单位，人口数量就会增加1663459个。从经济竞争力和可持续竞争力系数的大小来看，经济竞争

表6-8　　　　　　　　高收入人口对竞争力回归结果

变量名	高收入人口数量
经济竞争力	9236948 *** (12.50)
可持续竞争力	1663459 ** (2.27)
常数项	-2362151 *** (-13.49)
Adj - R2	0.4633
N	1035

注：括号内为 t 统计量值，* 表示10%的显著性水平，** 表示5%的显著性水平，*** 表示1%的显著性水平。

资料来源：笔者根据回归结果整理。

力系数明显要比可持续竞争力系数大,这说明虽然经济竞争力和可持续竞争力都会对高收入人口结构产生影响,但是大力提高经济竞争力指数所达到的效果要并可持续竞争力好得多。

三 人口规模:房价、房价收入比和城市规模存在波浪形正相关关系

从人口规模角度来看,东京大都市区作为城市规模最大的城市区,是日本的首都和政治、经济、文化中心,是日本海陆空交通的枢纽。扩张相连的繁华都市区是全球规模最大的巨型都会区,2016 年的人口数为3597.8 万人,其中心区房价为 11444 美元/平方米,非中心区房价为5744.18 美元/平方米,平均房价居全球第 6 位。尽管日本面临着生育率低下,人口老龄化等问题,但是东京仍然吸引着大批的年轻人,住房需求较为旺盛,其房价一直呈上涨趋势,加上 2020 年奥运会的催发,房价将稳定上涨,这进一步增加了人们迁入东京的意愿。

从 2016 年城市人口规模前十的情况来看(表 6-9),既有东京、首尔、上海、纽约和孟买等这一类房价较高的城市,也有雅加达、马尼拉、墨西哥城、圣保罗和胡志明市等这一类房价较低的城市。从城市规模前十的房价分布状况来看,人口规模和城市房价之间的关系并不明确。

表 6-9　　　　　2016 人口规模排名前 10 的房价状况　　　单位:美元/平方米

城市	中心房价	非中心房价	城市	中心房价	非中心房价
东京	11444	5744.18	墨西哥城	1700.52	986.45
雅加达	2763.58	1372.33	圣保罗	2805.65	1916.25
首尔	10562.20	4212.99	纽约	12807.3	7727.35
马尼拉	1622.22	1144.24	胡志明市	2184.94	975.00
上海	13144.5	5566.17	孟买	7474.67	2593.27

资料来源:中国社会科学院城市与竞争力指数数据库。

从城市规模和城市房价的相关系数来看,人口规模和房价存在一定的正相关关系,且逐年强化。为了全面和准确地研究人口规模和城市房价之间的关系,我们以 100 万人口为固定差距来研究同等变化规模下房

价的变化（表6-10和图6-9），从表6-10我们可以发现，房价随人口规模变化的表现趋势为先上升后下降最后又上升。图6-9表示不同人口规模、不同时间的房价水平变化趋势，从图6-9我们可以看出，在固定人口规模差距的条件下，各年的房价水平变化趋势基本一致，都表现为先上升后下降最后又上升的趋势。从人口规模和城市房价相关系数来看，2013年人口规模和房价的相关系数为0.0876，2014年人口规模和房价的相关系数为0.1550，2015年人口规模和房价的相关系数为0.2600，2016年人口规模和房价的相关系数为0.2273，2017年人口规模和房价的相关系数为0.3100，所有城市的人口规模和房价的相关系数为0.2334。

表6-10　　　　　　　　房价均值与人口规模关系

城市人口规模	城市个数	房价均值	标准差	最小值	最大值
小于等于100万人	269	1996.59	2083.91	286.69	13041.30
100万—200万人	437	2325.92	2097.37	402.43	19072.15
200万—300万人	250	2668.90	1949.98	293.06	9162.85
300万—400万人	105	2893.76	2103.21	472.33	11756.88
400万—500万人	103	4022.93	3049.33	338.16	11142.48
500万—600万人	61	4097.99	3608.50	544.63	14373.05
600万—700万人	48	2729.23	1855.35	689.53	11054.24
700万—800万人	23	6171.53	7443.71	488.29	21525.20
800万—900万人	28	1451.71	639.02	653.83	2750.00
1000万—1500万人	101	4343.07	3797.50	692.80	20536.25
1500万—2000万人	60	1941.59	1753.80	403.65	9839.79
2000万—2500万人	48	4442.94	3380.81	389.80	14763.80
2500万—3000万人	6	4948.50	3655.62	1569.52	8981.82
大于3000万人	12	7231.21	5672.75	1701.95	20987.45

资料来源：中国社会科学院城市与竞争力指数数据库。

当我们扩大人口规模并以2017年8月的即期房价为例时，我们发现从城市规模和房价的关系来看（表6-11），中小城市的房价水平普遍较低，而大城市特别是特大城市的房价水平整体上较高。此外，从表6-11

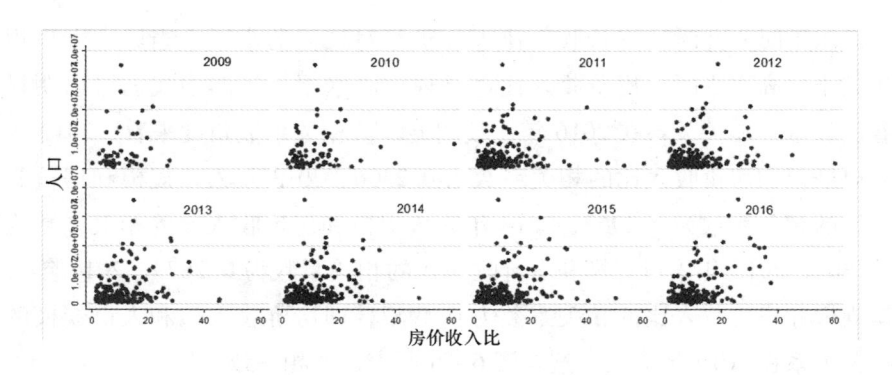

```
           2009              2010             2011             2012




           2013              2014             2015             2016




                                   房价收入比
```

图6-9 房价均值与人口散点图

资料来源：中国社会科学院城市与竞争力指数数据库。

中呈现的房价均值和城市规模来看，主要城市人口都集中在100万人到500万人之间。在比较不同人口规模的平均房价以后，我们发现房价水平存在明显的阶梯形差异，具体表现为人口规模的100万人到500万人的平均房价水平要比人口规模500万人到1000万人的平均房价水平低900美元左右，人口规模在2000万人以上要比人口规模在2000万人以下高1500美元左右。

表6-11　　　　　　　　不同城市规模的房价均值　　　　　　　单位：美元/平方米

城市人口规模	城市个数	房价均值	标准差	最小值	最大值
小于50万人	11	1598.136	1222.753	440.765	3469.65
50万—100万人	162	1446.442	1483.913	286.685	11665.15
100万—500万人	307	2132.019	2020.983	338.155	11756.88
500万—1000万人	39	3060.972	3816.705	582.66	20945.05
1000万—2000万人	25	3828.354	3660.756	389.8	13542.62
大于2000万人	9	5337.087	4193.608	1551.095	10524.93

资料来源：中国社会科学院城市与竞争力指数数据库。

与此同时，我们引入各个城市的收入水平考虑房价收入比与城市规模之间的关系。从历年的人口规模和房价收入比之间的关系来看（图6-10），房价收入比与城市规模呈现正相关关系，即当城市的人口规模处于很低水平时，此时的房价收入比也处于相对较低的水平，当城市人口规模处于较高水平时，房价收入比也呈现较高水平。从图中我们可以明显看出，这种相关关系在2016年比较明显。从相关系数角度来看，2012年人口规模和房价收入比的相关系数为0.2306，2013年人口规模和房价收入比的相关系数为0.2967，2014年人口规模和房价收入比的相关系数为0.2867，2015年人口规模和房价收入比的相关系数为0.2879，2016年人口规模和房价收入比的相关系数为0.4967，即房价收入比和人口规模的相关关系在2016年最大，这与图6-6所表达的相一致。

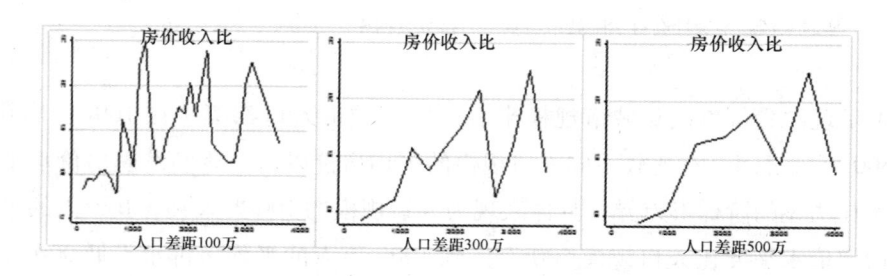

图6-10 人口数量和房价收入比曲线图

资料来源：中国社会科学院城市与竞争力指数数据库。

随后我们对不同规模条件下房价收入比与人口规模的关系进行研究（图6-11）。从图6-11我们可以看出，当人口规模差距在100万人时，人口规模和房价收入比之间的关系表现为波浪形上升趋势，即随着人口规模的扩大，房价收入比表现为先上升后下降随后又上升且上升幅度越来越大的趋势，当人口差距为300万人和500万人时这种波浪形式逐渐降低，并最终呈现出人口规模和房价收入比的正相关关系。这一点从图6-10中最右边可以明显看出，当人口差距规模在500万人时，房价收入比和人口的关系表现为正相关关系。

四 收入增速、人口增速与房价增速呈现正相关关系

为了研究全球房价增速、收入增速和人口增速之间的关系，根据数据的可得性，我们以394个的城市数据作为样本，数据样本覆盖了世界上的主要国家和区域。根据数据样本，我们绘制了人口增速、收入增速与

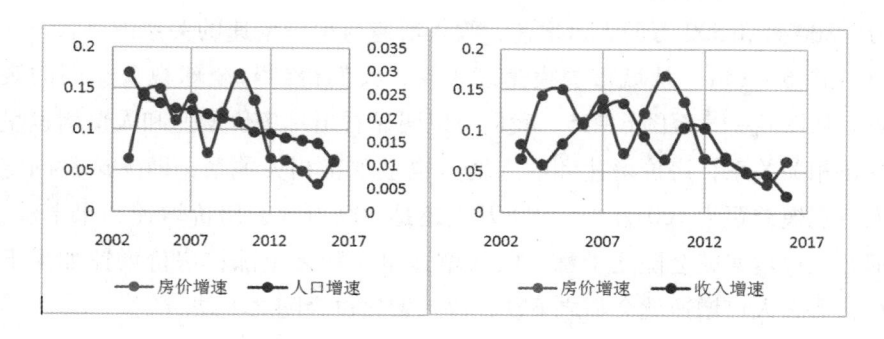

图 6-11 固定人口规模差距和房价收入比散点图（100、300、500）

资料来源：中国社会科学院城市与竞争力指数数据库。

房价增速之间的关系图（图 6-12），图 6-12 左边表示 2002 年到 2016 年间人口增速和房价增速的关系，图 6-12 右边表示收入增速和房价增速之间的关系。从图 6-12 我们可以看出，在全球角度下人口增速和房价增速存在一定的正相关关系，相关系数表明这两者之间的相关系数为 0.4039，即为正相关；收入增速和房价增速之间存在正相关关系，从图中表现为房价增速下降，收入增速也随之下降，房价增速上升，收入增速表现为明显上升，相关系数表明这二者的相关系数为 0.2993。此外从图中我们还看出收入增速对房价增速的反应表现为一定的滞后效应，即收入增速的反应会在房价增速的滞后一期得到更加明显的反应。

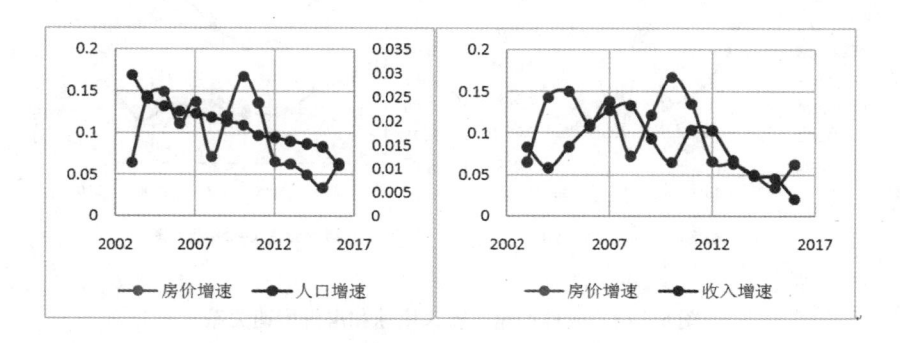

图 6-12 人口增速、收入增速和房价增速关系

资料来源：中国社会科学院城市与竞争力指数数据库。

随后，我们根据所得数据样本，绘制了固定人口规模差距分别为100万、300万和500万的人口增速、收入增速与房价增速的关系图（图6-13至图6-15）。从城市规模角度来看，我们得到与全球视角相同的观点。从图6-13至图6-15，我们可以明显看出，房价增速和人口增速呈现正相关关系，房价增速和收入增速也呈现正相关关系，即无论是固定人口规模差距为100万人、300万人还是500万人，房价增速如果上涨，那么人口增速就会随之上涨，收入增速也会随之上涨；房价增速如果下跌，那么人口增速就会随之下跌，收入增速也会随之下跌。

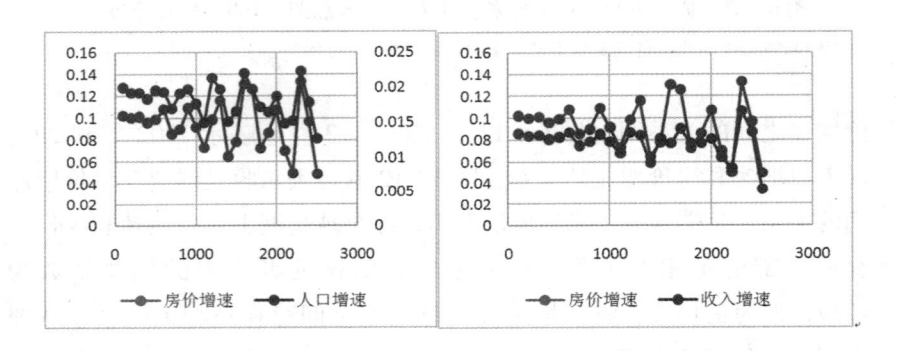

图6-13 人口增速、收入增速和房价增速关系
（人口规模差距100万人）

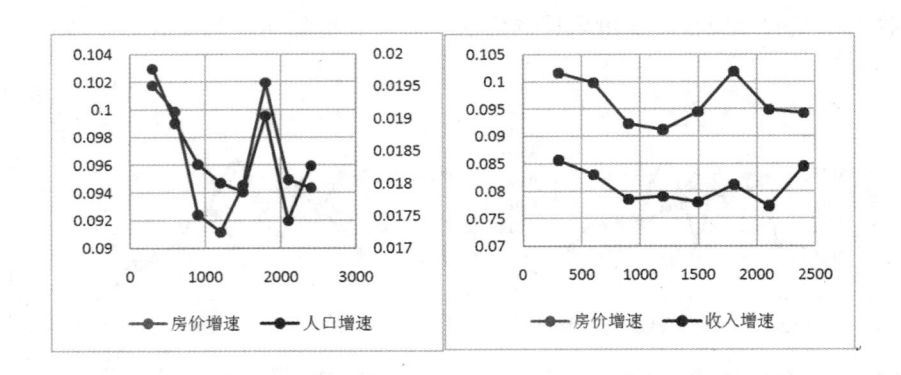

图6-14 人口增速、收入增速和房价增速关系
（人口规模差距300万人）

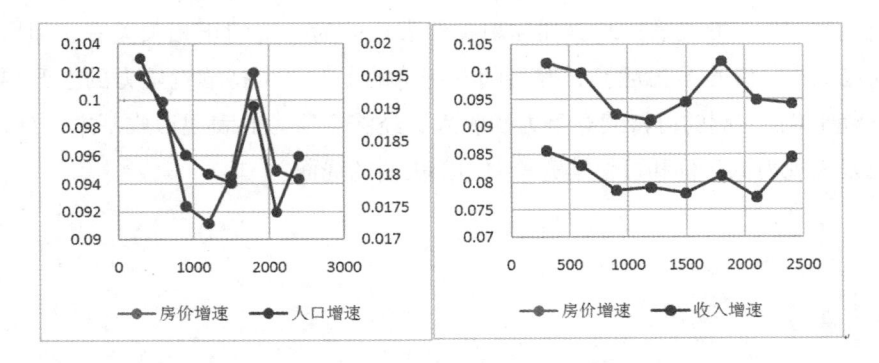

图 6 – 15　人口增速、收入增速和房价增速关系
（人口规模差距 500 万人）

资料来源：中国社会科学院城市与竞争力指数数据库。

第三节　房价、竞争力与区域格局：全球各区域、城市基本呈现房价收入倒"U"形关系

一　亚欧美区域规模、竞争力指数与房价基本已现倒"U"形趋势

亚美欧基本呈倒"U"形趋势，非洲呈低房价—低竞争力和收入—人口格局均衡并存局面。为了具体理解各区域收入、竞争力与房价的关系，我们根据已有的 2010—2017 年房价数据绘制了近几年来北美洲、非洲、南美洲、欧洲和亚洲的人均可支配收入、经济竞争力和可持续竞争力与房价的散点关系图（图 6 – 16 至图 6 – 18）。从图 6 – 16 中我们可以看出，北美洲和欧洲存在明显的人均可支配收入和房价的倒"U"形关系；南美洲和亚洲存在向下的趋势但不明显；非洲虽然拟合曲线是向下倾斜的，但是我们可以从非洲的人均可支配收入和房价的散点图中看出，非洲的基本表现为低房价和内部收入差距失衡的局面。从图 6 – 17 中我们可以看出，亚洲存在明显的经济竞争力和房价的倒"U"形关系；北美洲、南美洲和欧洲表现更多的是经济竞争力和房价的正相关关系，即房价越高经济竞争力越高，且随着房价的上升，经济竞争力的增加幅度越来越小；与收入关系类似，非洲的经济竞争力也表现为低房价和经济竞争力失衡的局面。从

图 6-18 我们可以看出，欧洲和亚洲表现出比较明显的可持续竞争力和房价的倒"U"形关系；北美洲和南美洲表现的为一定的正相关关系，即房价越高可持续竞争力越高，并且随着房价的上升，可持续竞争力的上升幅度趋于 0；非洲的可持续竞争力和收入、经济竞争力的表现形式基本一致，也是表现为低房价和可持续竞争力内部失衡的局面。

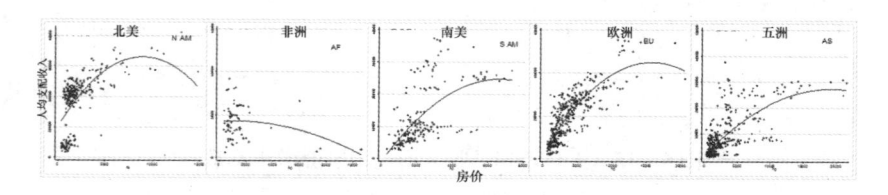

图 6-16　人均可支配收入与房价散点图

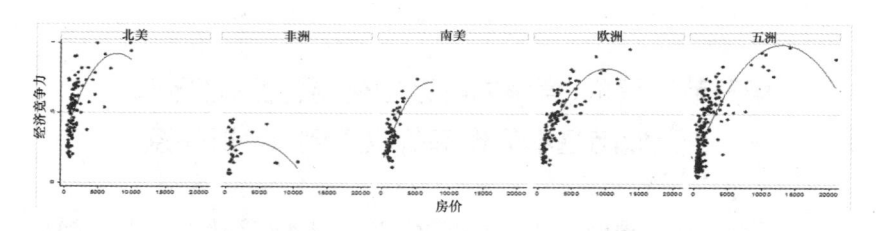

图 6-17　经济竞争力与房价散点图

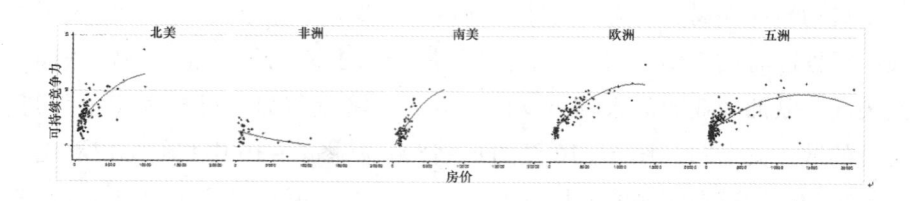

图 6-18　可持续竞争力与房价散点图

资料来源：中国社会科学院城市与竞争力指数数据库。

通过以上分析，我们发现非洲的房价、收入和竞争力的关系并不明确，所以我们单独对非洲城市的房价、收入和竞争力进行研究（图 6-19）。图 6-19 表示的为非洲人均可支配收入、房价、经济竞争力和可持续竞争力的直方图，从房价角度来看，非洲的房价水平表现得比较低下，大多分布在1000美元/平方米以下；从竞争力角度来看，非洲的经济竞争力和可持续竞争力总体处于较低水平，经济竞争力和可持续竞争力的表现形式与房价的表现形式基本一致，即为低房价和低竞争力的局面。此外，从图中我们可以明显看出非洲的人均可支配收入分布比较均匀，大多分布在0—6000美元，这说明不管房价水平如何变化都对非洲的人均可支配收入都没有明显的变化。从非洲的实际状况来看，2014年非洲的城市化率只有40%左右①，从总体上来看非洲还没有进入工业化时期，因而此时房价还不能发挥它应有的作用，进而表现为非洲的房价水平对其收入没有明显的影响。

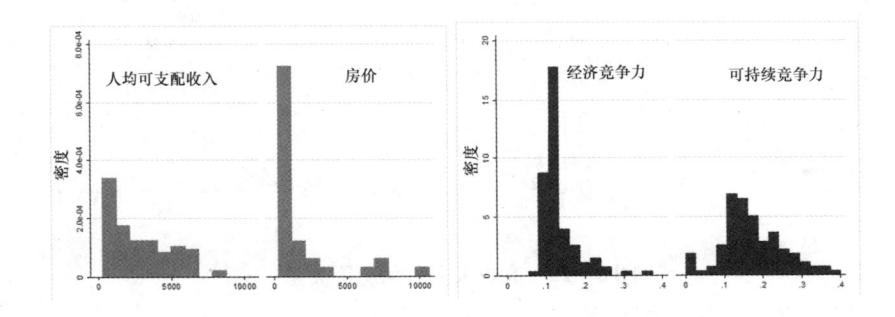

图6-19 非洲房价、收入和竞争力直方图

资料来源：中国社会科学院城市与竞争力指数数据库。

为了研究各个区域的人口格局变化，我们又作了不同区域高收入人口和房价之间的关系图（图6-20）。在去除极端值的条件下，从全球各区域高收入人口数量和房价的散点图来看，不同区域的高收入人口数量和房价之间的关系存在一定的差距。这种差距具体表现为大洋洲和亚洲的高收入人口数量和房价存在明显的正相关关系，即房价越高，高收入人口数量越多；北美洲、非洲、南美洲和欧洲的房价和高收入人口存在一定倒"U"形型关系或者表现为存在这种趋势，即随着房价的上升，高收入人口数量先上升随后又会慢慢下降。值得一提的是，非洲的高收入人口数量要明显比其他区域的高收入人口数量要小，这说明非洲的收入

---

① 《世界城镇化展望》，联合国经济社会事业部，2014年。

水平普遍偏低；此外从非洲的高收入人口和房价关系图我们同样可以看出，由于非洲的城市化水平不高，房价还没有进入对收入和人口起作用的时期，因而表现为在不同房价水平下都存在一定数量的高收入人口，即房价对高收入人口数量的影响并不是很明显，即非洲的高收入人口数量在房价水平上呈现一定的均匀分布。

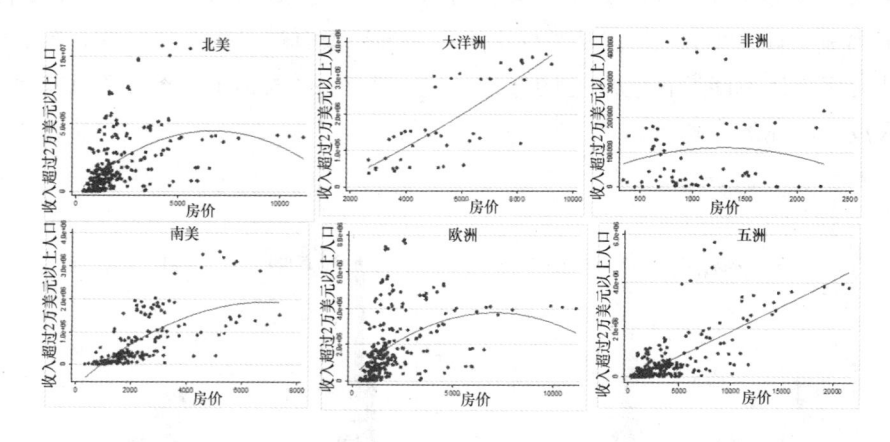

图6-20　高收入人口和房价关系

资料来源：中国社会科学院城市与竞争力指数数据库。

区域收入、房价之间的关系研究：基于回归分析验证。在以上的描述性分析中，我们已经大致看出各个区域的收入和房价存在一定的倒"U"形关系，竞争力和人口也存在一定的相关关系，为了把这种相关关系更加具体化，我们采用简单线性回归的方法来具体表现这种相关关系。

表6-12　　　　　　　　收入对房价的回归结果

区域	北美洲	非洲	南美洲	欧洲	亚洲
变量名称	人均可支配收入	人均可支配收入	人均可支配收入	人均可支配收入	人均可支配收入
房价	2.368*** (7.01)	-0.193672 (-0.92)	2.122*** (4.92)	0.516*** (4.57)	0.578*** (6.42)
房价平方	-0.0000837*** (-3.62)	$3.45e-06$ (0.12)	-0.000208*** (-3.68)	-0.0000135** (-2.68)	-0.0000136*** (-3.51)

续表

区域	北美洲	非洲	南美洲	欧洲	亚洲
常数项	28357.6 *** (18.84)	3597.483 *** (8.83)	7176.8 *** (7.75)	16133.5 *** (21.89)	4681.5 *** (13.72)
Adj – R2	0.3506	0.0285	0.3763	0.7101	0.5072
N	288	79	193	437	529

注：括号内为 t 统计量值，* 表示 10% 的显著性水平，** 表示 5% 的显著性水平，*** 表示 1% 的显著性水平。

资料来源：笔者根据回归结果整理。

根据样本的可得性，我们选取北美洲、非洲、南美洲、欧洲和亚洲的区域样本进行分析，回归结果见表 6 – 12。从表 6 – 12 的结果可以看出，北美洲、南美洲还是欧洲和亚洲房价的一次方会对其人均可支配收入产生显著正向影响，房价的二次方会对各大洲的人均可支配收入产生显著的负向影响，其中房价对北美洲的解释系数为 0.3506，房价对南美洲的解释系数为 0.3763，房价对欧洲的解释系数为 0.7101，房价对亚洲的解释系数为 0.5072。这说明在各个大洲也存在人均可支配收入和房价的倒"U"形关系，随着房价的上升，房价一开始会对人均可支配收入产生正向影响导致人均可支配收入增加，但是房价一旦上升到过高的水平，房价就会反过来导致人均可支配收入下降且欧洲和亚洲的倒"U"形关系相比于北美洲和南美洲较明显。此外根据表 6 – 12 的回归结果，我们证明了与上面描述性分析相一致的观点，即由于非洲的一些国家还没有进入工业化阶段，此时房价还没有进入影响人均可支配收入和竞争力这一阶段，因而表现为非洲的人均可支配收入与房价没有必然关系。

二 顶级城市特征明显且已出现过房价收入倒"U"形关系

一、二、三、四线城市特征明显。从城市等级总体来看，收入、人口与房价的关系表现为：一线城市人均可支配收入、人口数量与房价关系呈无规律分布，二线城市表现为人口数量相对集中且人口数量都处于较低水平，三线城市表现为收入水平相对较低，四线城市表现为低房价、低收入和低人口并存局面。

具体的从图 6-15 和图 6-16 可以看出在一线城市中人均可支配收入、人口数量与房价水平存在明显无规律分布关系，即在不同房价水平下都存在不同收入水平和不同人口数量的城市；在二线城市中，对收入而言，房价和收入水平存在一定的正相关关系，即房价越高，收入越高，对人口数量而言，大部分二线城市的人口数量都较低，而房价水平参差不齐，这表明大部分二线城市都拥有同等规模的人口数量而房价水平又相去甚远；在三线城市中，房价和收入水平也存在一定正相关关系，但是就人口数量而言，三线城市的房价水平普遍较低，各城市的人口数量差距较大；在四线城市中，从图 6-21 和图 6-22 我们可以明显看出，收入、人口和房价的关系基本都处在较低的水平。

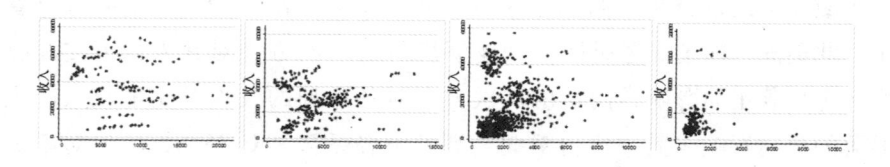

图 6-21　一、二、三、四线城市收入和房价关系

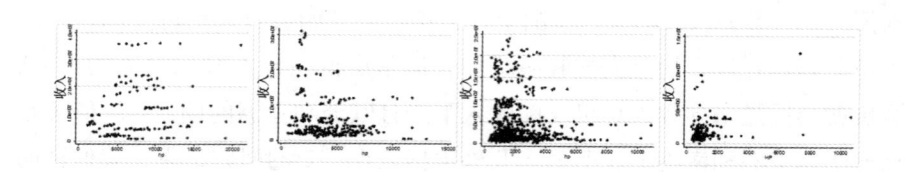

图 6-22　一、二、三、四线城市人口和房价关系

资料来源：中国社会科学院城市与竞争力指数数据库。

顶级城市已出现过收入、房价倒"U"形关系，主要大城市已出现过倒"U"形趋势。具体的我们以一线城市为例，在对一线城市的收入和房价的关系分析中我们可以明显看出（表 6-13），在一线城市中即存在高房价低收入的伦敦、香港和新加坡等城市，也存在低房价高收入的圣何塞、洛杉矶、达拉斯、休斯敦、明尼阿波利斯和芝加哥等城市。这表明房价和人均可支配收入的关系并不是简单的线性关系，而是存在多重关系。为了把握这种关系我们分别对一线城市中 A+、A 和 A- 这三种类型进行研究。

表6-13　　　　　　　一线城市房价和人均可支配收入

城市		人均可支配收入（美元）	房价（美元/平方米）	城市		人均可支配收入（美元）	房价（美元/平方米）
第一类城市	伦敦	36637.35	13110.89	第三类城市	上海	7501.603	7043.56
	纽约	55857.38	9872.94		波士顿	59068.64	5281.00
第二类城市	香港	28966.09	15808.61		达拉斯	42249.78	1642.82
	新加坡	27093.57	12446.02		休斯敦	46832.71	1556.22
	圣何塞	65762.57	4746.73		北京	6863.297	7153.89
	旧金山	65460.71	8220.62		法兰克福	33692.9	4532.74
	洛杉矶	46186.82	4222.34		华盛顿	56980.02	4053.47
第三类城市	首尔	14859.7	7365.63		明尼阿波利斯	47757.06	2024.77
	东京	24811.48	9870.24		芝加哥	46184.67	2119.07
	巴黎	33322.47	9853.12		都柏林	25298.31	4518.57
	奥斯陆	38194.47	7303.77		苏黎世	54178.08	13258.55
	悉尼	35881.78	8286.32				

资料来源：中国社会科学院城市与竞争力指数数据库。

对于 A+类城市的伦敦和纽约来说，2010—2017 年来其平均房价为 11761.74 美元/平方米，最低房价为 7117.14 美元/平方米，最高房价为 20536.25 美元/平方米。具体伦敦中心地区的房价平均值为 17176 美元/平方米，周边地区的房价平均值为 9045.78 美元/平方米；纽约中心地区的房价平均值为 12592.89 美元/平方米，纽约周边地区的房价平均值为 6785.3 美元/平方米。根据伦敦和纽约的房价和收入历史数据，我们做出伦敦和纽约的人均日支配收入和房价散点图（图 6-23），从图中我们可以看出，在过去八年间伦敦和纽约已经出现过收入和房价的倒"U"形关系，即当其城市房价上升到过高水平时，其人均可支配收入会出现下降。

图 6-24 分别表示第二类城市中香港、新加坡、圣何塞、洛杉矶和旧金山的人均可支配收入和房价散点图和拟合曲线。从图中我们可以看出，对于 A 类城市中的洛杉矶和圣何塞已经出现过人均可支配收入和房价水平的倒"U"形关系；新加坡和旧金山明显存在人均可支配收入和房价水

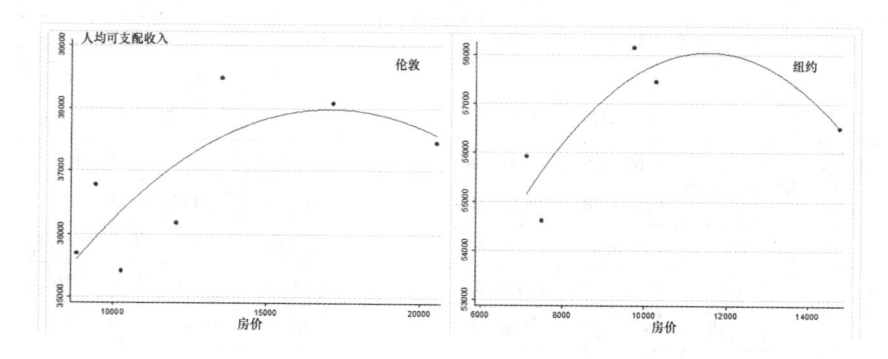

图 6-23　人均可支配收入和房价散点图

资料来源：中国社会科学院城市与竞争力指数数据库。

平的正相关关系，即房价越高人均可支配收入越高；而香港的人均可支配收入和房价水平之间的关系更多地表现为上升幅度逐渐减少趋势，即随着房价的上升，人均可支配收入的上升幅度要小于房价的上升幅度并且逐渐减少并最终趋于零或者下降。

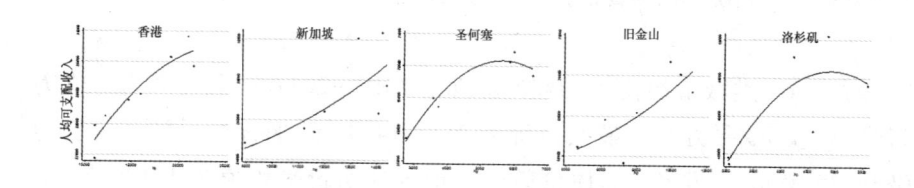

图 6-24　人均可支配收入和房价散点图

资料来源：中国社会科学院城市与竞争力指数数据库。

从图 6-25 我们可以看出，悉尼、东京、巴黎、上海、休斯敦已出现过较为明显的房价收入倒"U"形关系；首尔、北京、芝加哥和都柏林出现过收入和房价凸向关系，即随着房价的上升，收入的上升幅度要小于房价并逐渐趋向于零；波士顿、法兰克福、华盛顿和达拉斯出现过房价和收入的凹向关系，即随着房价的上升，人均可支配收入的上升幅度要大于房价的幅度；苏黎世已出现高房价和低收入情况，从图中我们可以明显看出苏黎世的房价已经非常高，在此条件下其收入却慢慢降低，即随着房价的升高，收入减少。

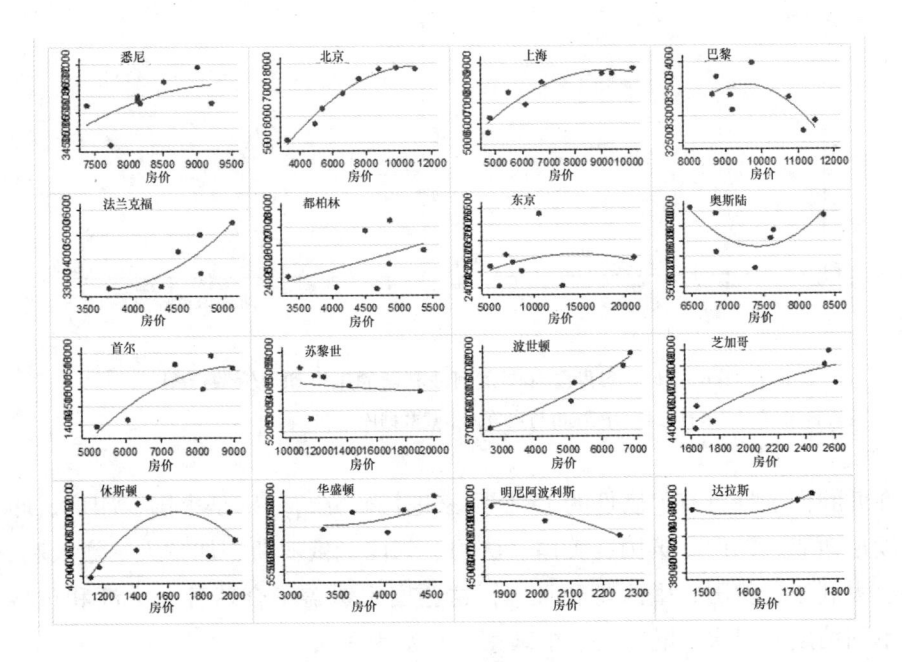

图 6-25　人均可支配收入和房价散点图

资料来源：中国社会科学院城市与竞争力指数数据库。

此外从 6-25 中我们还可以看出，奥斯陆人均可支配收入和房价水平的关系表现为"U"形关系，即当房价水平很低时收入水平逐渐降低，当房价上升到高水平时随着房价的上升收入又逐渐上升；明尼阿波利斯的人均可支配收入和房价水平的关系表现为在低房价水平时房价上升收入下降，这种表现形式与世界上其他主要城市所表现的趋势相反。因而为了详细把握这两个城市的收入和房价关系，我们做出这两个城市的工资和房价关系图（图6-26），从图中我们可以看出，奥斯陆的工资和房价水平已经出现过倒"U"形关系，明尼阿波利斯的工资和房价关系呈现出正相关关系。

三　国家和全球主要城市格局：主要发达和发展中国家收入、房价关系明晰，印度收入、房价关系极不平衡

由于国家众多，我们很难普遍考虑每个国家收入和房价的具体关系，

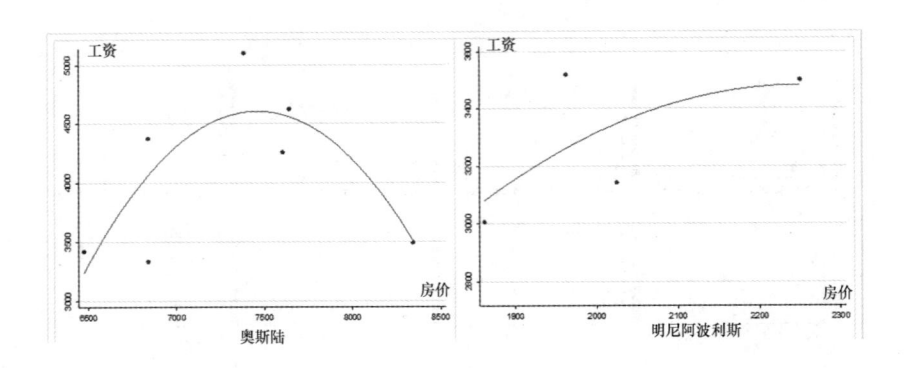

图 6 – 26　奥斯陆和明尼阿波利斯的工资和房价散点图

资料来源：中国社会科学院城市与竞争力指数数据库

在此我们选择具有代表性的 15 个国家进行研究，分别是中国、印度、印度尼西亚、巴西、英国、美国、法国、韩国、俄罗斯、加拿大、意大利、澳大利亚、德国、墨西哥和日本，这些国家覆盖了全球各个大洲和包含不同的发展层次，既有发展中国家也有发达国家。

我们对全球主要国家内部城市的 2010—2017 年人均可支配收入和房价做散点拟合图发现（图 6 – 27）：从国家角度而言，中国、巴西、韩国、美国、英国、意大利、法国和日本等国家都出现过人均可支配收入和房价的倒"U"形关系；俄罗斯、德国和澳大利亚存在收入和房价的正相关关系，即房价越高收入越高；印度和墨西哥的房价和人均可支配收入水平不存在明显的相关关系，即随着房价的升高，其收入水平呈现无规则分布。从印度和墨西哥的收入和房价具体数据来看，印度和墨西哥的房价都处于较低水平基本都处于 1000 美元/平方米左右，这说明印度和墨西哥的房价波动幅度不大；而从收入角度来看，印度和墨西哥的收入水平也处于相对集中的水平，其中印度表现为 2000 美元左右，墨西哥表现为 8000 美元左右，这说明印度和墨西哥的收入波动幅度也不大；从而印度和墨西哥的房价和收入表现为图中所出现的状况；其他国家都表现出人均可支配收入和房价水平的倒"U"形趋势。

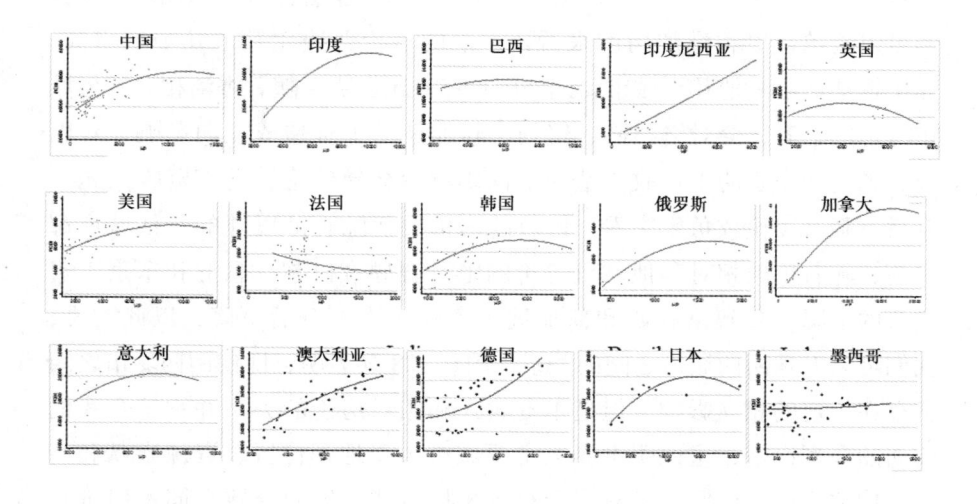

图 6-27 主要国家收入与房价散点图

资料来源：中国社会科学院城市与竞争力指数数据库。

四 世界主要大城市间工资、人口和房价关系并不明朗

无论是从国家角度还是从城市角度来看，全球的房价都存在较强的空间关联效应。从国家角度看，2007 年爆发金融危机后，美国房价率先下跌，在此影响下西班牙、法国和英国也随后进入了房价下跌的行列中，全球的多数国家也出现了一定的房价下跌。从城市角度看，2015 年世界上主要的大城市的房价都同步出现了较大的增幅，其中香港中心区域的房价为 27001 美元/平方米，比 2014 年增加了 6800 美元左右；伦敦中心区域的房价为 27668 美元/平方米，比 2014 年增加了 12000 美元左右；东京的中心区域房价为 18219 美元/平方米，比 2014 年增加了 11000 美元左右；这表明全球主要城市的房价是处于高度相关的状态中，但是他们之间的工资关系又不明确，所以我们有必要对全球城市的工资关系和相对房价进行研究。

为了研究全球顶尖城市工资和房价之间的相互关系，我们选择香港、伦敦、洛杉矶、纽约、巴黎、新加坡、悉尼和东京八个城市作为研究样本，绘制出各个城市工资和相对房价的散点图（见图 6-28），其中横坐标表示第一个城市和第二个城市的相对房价，深色曲线表示第一个城市

工资的拟合曲线，浅色线表示第二个城市工资的拟合曲线。从图 6-28 我们可以看出，以香港的角度来看，香港的房价普遍比其他几个城市高，而工资却低于其他几个城市。此外图 6-28 还表明，随着香港相对其他城市房价的上升，会对洛杉矶、纽约、新加坡的工资造成正向影响，对巴黎、悉尼和东京的工资收入造成负向影响，会导致伦敦的工资收入先上升后下降。以伦敦角度来看，伦敦的房价要比除香港以外的其他城市都要高，随着伦敦相对其他城市房价的上升会导致巴黎、悉尼和东京工资收入的下降，导致洛杉矶和新加坡工资收入先上升后下降，以此类推，我们可以发现两两城市之间的关系。图 6-28 还表明，即使两两城市之间会存在一定的相互影响，但是工资收入和相对房价的关系并不符合我们前面的模型设定，这说明世界上主要城市由于地理位置、资源禀赋和产业结构的不同，他们已经有属于自己发展方式，因而导致在同一房价水平下有的城市工资收入高，有的城市工资收入低，以及在统一工资收入水平下有的城市房价高，有的城市房价低这一局面。

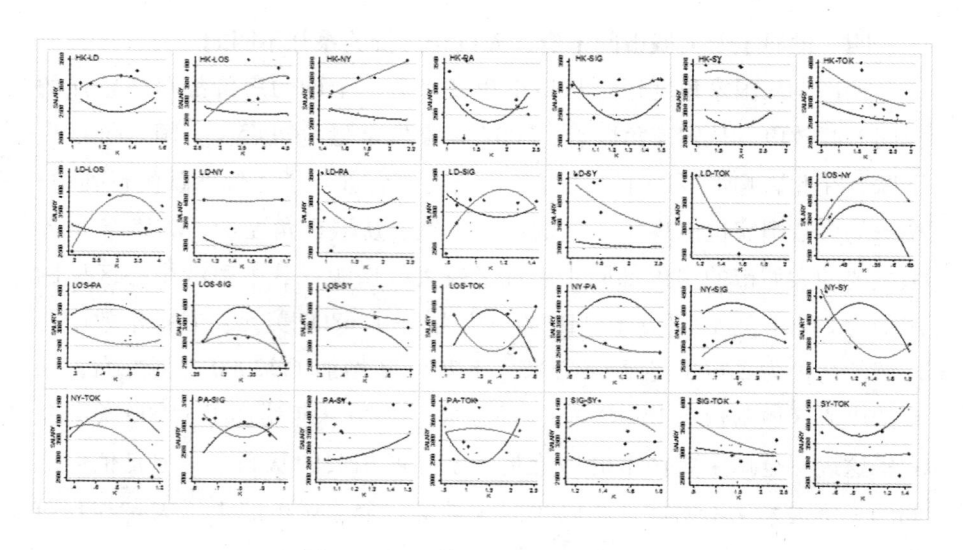

图 6-28　工资和相对房价散点图

资料来源：中国社会科学院城市与竞争力指数数据库。

注：其中香港，伦敦，洛杉矶，纽约，巴黎，新加坡，悉尼，东京八个城市分别以 HK, LD, LOS, NY, PA, SIG, SY, TOK 表示。

第六章 房价与竞争力的关系：实证分析 ◇ 215

与研究工资收入和相对房价的关系相类似，我们做高收入人口和相对房价之间的关系（见图6－29），其中横坐标表示第一个城市和第二个城市的相对房价，实线表示第一个城市高收入人口的拟合曲线，浅色线表示第二个城市高收入人口的拟合曲线。以香港的角度来看，随着香港相对房价的上升会导致洛杉矶、新加坡和悉尼高收入人口的增加，而对其他城市的高收入人口数量影响不大。从伦敦角度来看，随着伦敦相对房价的上升会导致洛杉矶、纽约的高收入人口数量上升和导致巴黎的高收入人口数量先上升后下降，而对其他城市的高收入人口数量影响不大。以此类推，就可以把握各个城市高收入人口数量和相对房价之间的关系。此外，与收入和相对房价的关系类似，各个城市的高收入人口数量和相对房价也表现为在同一水平下高、低混合的局面。

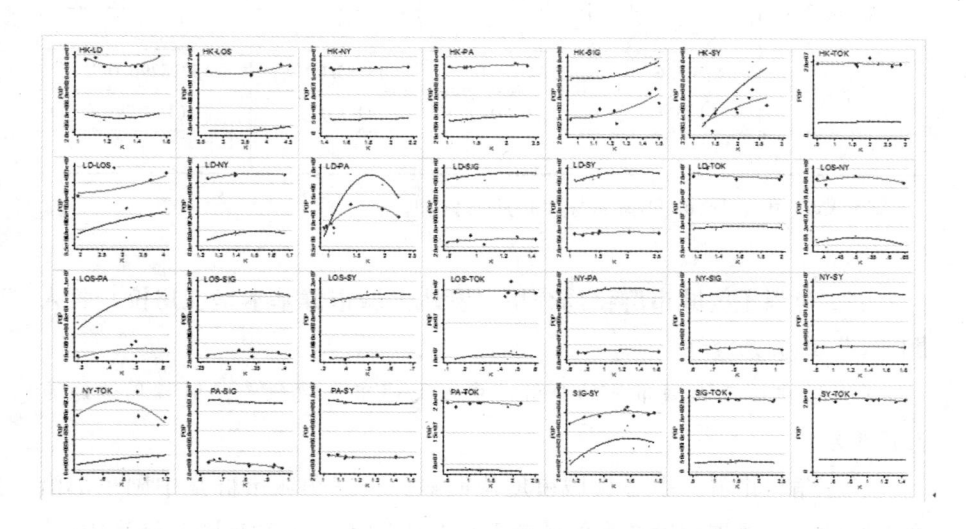

图6－29　高收入人口和房价的散点图

资料来源：中国社会科学院城市与竞争指数数据库。

注：其中香港，伦敦，洛杉矶，纽约，巴黎，新加坡，悉尼，东京八个城市分别以HK，LD，LOS，NY，PA，SIG，SY，TOK表示。

我们以纽约和香港为例，把以上工资收入、高收入人口和房价之家的关系具体化。表6－14表明在考虑香港和纽约两个城市房价的基础上，香港房价会对其自身的工资收入和高收入人口造成显著正向影响，会对纽约的房价和工资收入造成显著正向影响；而纽约的房价会对香港和纽约的工资收入和高收入人口造成显著的负向影响。这一结果表明，在考虑纽约房价的情况下，随着香港房价的上升会导致香港自身和纽约的收入和高收入人口的增加；而在考虑香港房价的条件下，随着纽约房价的上升会导致纽约自身和香港的工资收入、高收入人口下降。

表6-14　　　　　收入、高收入人口对房价的回归分析

城市	香港	香港	纽约	纽约
变量	工资收入	高收入人口数量	工资收入	高收入人口数量
香港房价	0.351**	68.47**	0.437*	108.2**
	(19.09)	(15.90)	(6.75)	(12.53)
纽约房价	-0.227*	-44.06*	-0.416	-83.88*
	(-7.60)	(-6.29)	(-3.95)	(-5.97)
常数项	25704.6***	2964263.0***	53215.9***	15798296.0***
	(136.18)	(67.07)	(80.02)	(178.27)
N	5	5	5	5

资料来源：中国社会科学院城市与竞争力指数数据库。

五　世界主要城市群格局分析：发达大城市群基本呈现房价、收入倒"U"形关系

（一）中国三大城市群的分析：中心大城市一枝独秀，引领周边城市协同发展

长三角城市群：中心大城市地位明显。长三角城市群是中国东部沿海地区的一个发展程度较高的城市群，是中国第一大经济圈与经济中心、全球制造业中心、全球6大世界级城市群之一，并有望于2018年成为世界第一大城市圈，主要包括上海、江苏、浙江与安徽三省一市，区域面积35.44万平方千米。2014年地区生产总值12.67万亿元，总人口1.5亿人，分别约占全国的18.5%、11.0%。

从经济竞争力指数角度来看，长三角城市群总体的经济竞争力指数平均值为0.5042，其中经济竞争力指数最高的是上海，大小为0.8367；其次是苏州，大小为0.7648；经济竞争力指数最低的是池州，大小为

0.2342；因而长三角城市群总体表现为经济竞争力水平处于中等，城市群内部城市表现为高经济竞争力城市引领低经济竞争力城市。从整个城市群来看，城市群内所有城市的人均可支配收入和房价的关系如图6-30所示，从图6-30我们可以看出，整个城市群已出现过房价和收入的倒"U"形关系，即城市群内房价低的城市，人均可支配收入相对就低，随着房价的上升，人均可支配收入也相对上升，但是如果城市群内城市房价上升到一定高度时，那么此时如果城市房价继续上升将会导致该城市人均可支配收入下降。

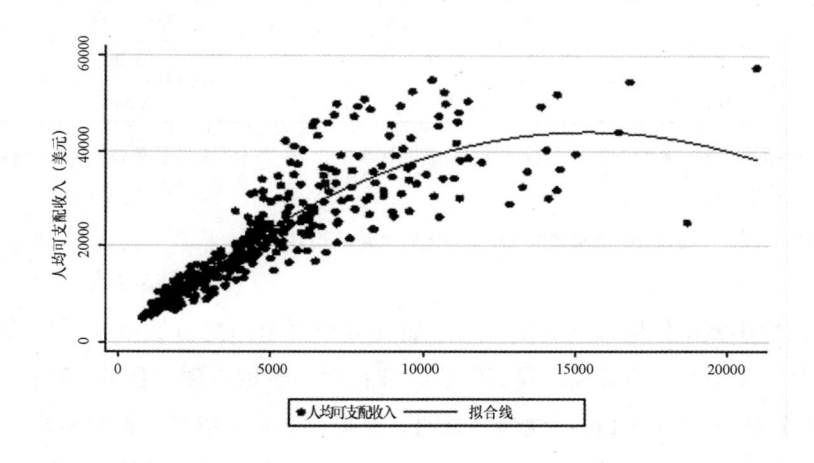

图6-30　收入、房价散点图

资料来源：中国社会科学院城市与竞争力指数数据库。

从城市群内所有城市的人均可支配收入和房价的回归结果也可以看出（表6-15），房价的一次方对人均可支配收入产生显著的正向影响，房价的二次方对房价产生显著的负向影响，这也就表明整个城市群已经出现过房价和人均可支配收入是倒"U"形关系。表6-15的右边一列表示房价和人口数量的关系，从表6-15的结果我们可以看出房价的平方项对人口数量产生显著的正向影响，即随着房价的上升，人口数量一开始是下降，当房价上升到一定点后，房价的上升又会导致人口的增加，这是由于当房价一开始上升时会增加人们的居住成本，从而引起人口外流；但是当房价过高时，高房价往往意味着更高的经济活力、更高的城市知名度、更好的社会环境和环境质量,这些因素又会吸引人口流入,进而导致人口数量的增加。

表6-15　　　　　　　　收入和人口对房价的回归结果

变量名	人均可支配收入	人口数量
房价	5.728***	-26.55
	(23.26)	(-1.28)
房价平方	-0.000186***	0.0121***
	(-11.67)	(9.01)
常数项	-355.8	1788892.9***
	(-0.47)	(4.30)
R2	0.7885	0.5445

注:括号内为t统计量值,*表示10%的显著性水平,**表示5%的显著性水平,***表示1%的显著性水平。

资料来源:中国社会科学院城市与竞争力指数数据库。

周边小城市作用日益突出。为了研究城市群里高房价城市与低房价城市的收入和相对房价关系,我们做收入和相对房价散点图(图6-31),图6-31分别表示的是安庆、池州、滁州、湖州、嘉兴、绍兴、泰州和盐城对上海相对房价和收入散点图。从图中我们可以看出随着低房价小城市的相对房价上升,其人均可支配收入和大城市的人均可支配收入都是上升的,这表明在城市群里,当大城市房价明显高于小城市时,随着小城市房价的上升,会导致整个城市群收入的增加,这表明小城市的作用慢慢凸显。

珠三角城市群:内部差异明显,上升空间较大。珠三角城市群是中国南部沿海地区的一个发展程度较高的经济区域,地理上以香港、澳门和广州为中心;是由包括珠江三角洲区域内的香港、澳门特别行政区,广东省的2个副省级市及7个地级市所组成的经济区。珠三角地区的人口密度在全国乃至全世界都是相当高的,其人口增长主要来源是外来迁入人口。2014年一份报告显示,珠三角的人口密度已经"超载",世界平均人口最大的地区中,珠三角包揽前四名,深圳罗湖区(56482人/平方千米)、香港观塘区(56303人/平方千米)、深圳盐田区(56004人/平方千

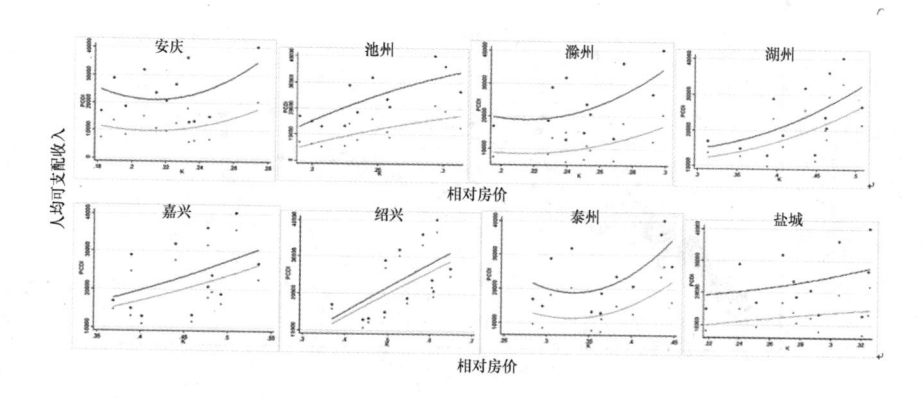

图 6-31　收入和相对房价散点图

资料来源：中国社会科学院城市与竞争力指数数据库。

米）、广州越秀区（52834人/平方千米）。

从竞争力角度来看，珠三角城市群总体经济竞争力水平的平均值为 0.4679，其中经济竞争力指数最高的是深圳，大小为 0.9337，其次是广州，大小为 0.8346，经济竞争力指数最低是清远，大小为 0.2115，因而与长三角城市群类似，珠三角城市群总体也表现为经济竞争力不高处于中等水平，城市群内部城市表现为高经济竞争力城市一枝独秀并引领低经济竞争力城市。从整个城市群看人均可支配收入和房价的关系如图 6-32 所示，从图 6-32 我们可以看出，整个城市群整体上呈现出房价和收入的倒 "U" 形关系，即城市群内房价低的城市，人均可支配收入相对就低，随着房价的上升，人均可支配收入也相对上升，但是如果城市群内城市房价上升到一定高度，那么房价的上升将会导致该城市人均可支配收入的下降。

为了研究城市群的空间结构，我们对城市群内城市的人口数量和房价的关系进行研究，首先研究结果见表 6-16。表 6-16 的结果表明，房价和人均可支配收入呈现倒 "U" 形关系并且调整 R^2 为 0.7930，与图 6-32 表现出的结果相一致；其次房价和人均可支配收入都会对人口数量造成显著的正向影响，即房价和收入越高，城市群里人口数量越多。

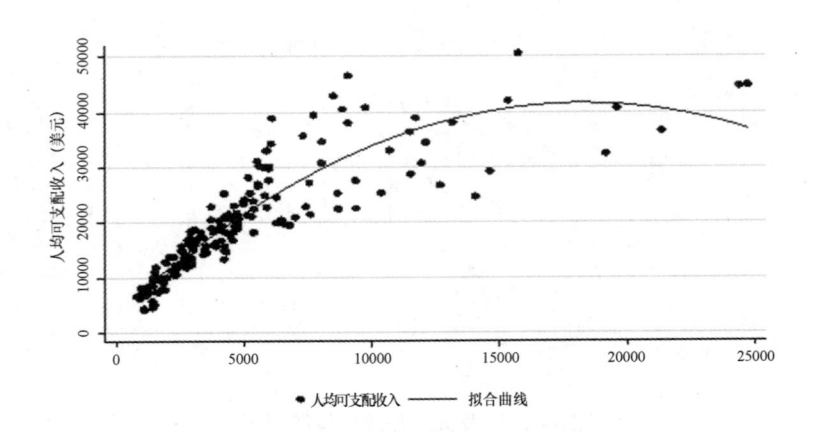

图 6-32　收入和房价散点图

资料来源：中国社会科学院城市与竞争力指数数据库。

表 6-16　　　　　　　　　　人口对房价回归结果

变量名	人口数量	人均可支配收入	人口数量
房价	204.9 *** (19.06)	4.209 *** (22.48)	
房价平方	-0.0000970 *** (-11.60)		
人均可支配收入			70.54 *** (15.00)
常数项	2024954.3 *** (3.72)	2688.9 ** (2.63)	1666050.4 ** (2.99)
Adj-R2	0.6755	0.7930	0.4416
N	182	182	182

注：括号内为 t 统计量值，* 表示 10% 的显著性水平，** 表示 5% 的显著性水平，*** 表示 1% 的显著性水平。

资料来源：中国社会科学院城市与竞争力指数数据库。

京津冀城市群：城市群经济竞争力总体偏低。京津冀城市群又名首都经济圈，主要包含了北京、天津、石家庄、唐山、秦皇岛、保定、张家口、承德、沧州和廊坊等城市。该城市群经济竞争力指数平均值为0.4383，表明城市群的整体竞争力水平不高；其中城市群里经济竞争力最高的是北京，为0.8102，其次是天津，为0.7866，除此之外，城市群里的其他城市的经济竞争力指数在0.2到0.4之间波动，最低的是张家口，为0.2164，这表明整个城市群内部城市之间的差距较大，具体表现为北京和天津两个大城市引领城市群内众多小城市。从城市群整体来看，我们发现京津冀城市群整体上呈现收入和房价的倒"U"形关系（图6-33），即随着房价的上升，收入是先上升后下降的；此外从图形中我们还可以发现，收入和房价的散点大多都集中在低房价和低收入区间上，这表明城市群整体还有很大的上升空间。通过对城市群的收入、人口与房价进行回归分析（表6-17），我们发现房价的二次方对人均可支配收入造成显著的负向影响，且房价对收入的解释力度为0.7617，这表明房价和人均可支配收入存在显著的倒"U"形关系；房价的二次方会对城市群内部人口数量造成显著的正向影响，且房价对人口数量的解释力度为0.6157，这说明人口和房价之间存在显著的"U"形关系，即随着房价的上升，城市群内部人口的数量先是减少的随后又逐渐增加。

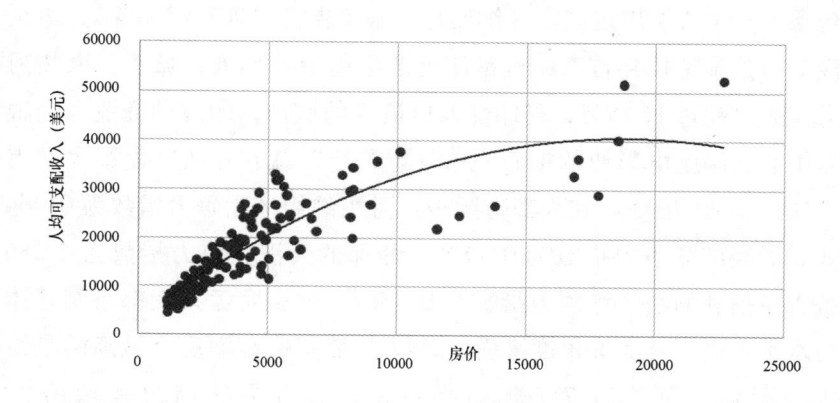

图6-33　收入房价散点图

资料来源：中国社会科学院城市与竞争力指数数据库。

表6-17　　　　　　　　　房价对收入和人口的回归结果

	人均可支配收入	人口数量
房价	4.006*** (12.98)	52.53* (1.74)
房价平方	-0.000107*** (-6.64)	0.0135*** (9.09)
常数项	3128.7*** (3.36)	2594352.0*** (4.35)
Adj-R2	0.7617	0.6157
样本量	150	150

注：括号内为t统计量值，*表示10%的显著性水平，**表示5%的显著性水平，***表示1%的显著性水平。

资料来源：中国社会科学院城市与竞争力指数数据库。

（二）印度两大城市群分析：大城市迅速崛起，抑制周边同等城市发展

孟买大都市圈：大城市发展导致整个都市圈规模提升。孟买大都市圈包含孟买中心及周边城市（纳亚克、蒂鲁吉拉伯利和浦那等），孟买是印度马哈拉施特拉邦首府，也是印度西岸最重要的港口城市，濒临阿拉伯海，人口超过1200万，是印度人口最多的城市，印度的商业、金融和娱乐中心，印度电影业的中心——"宝莱坞"就在孟买。孟买大都市圈的人口达2150万人。在大都市圈中，孟买的经济竞争力指数为0.4647，纳亚克的经济竞争力指数为0.1526，浦那的经济竞争力指数为0.2861，蒂鲁吉拉伯利的经济竞争力指数为0.1567，这说明孟买大都市圈总体竞争力水平不高。从房价角度来看，2017年孟买都市圈房价最高的是孟买的中心区域，为7221.75美元/平方米，而孟买的周边区域房价为2674.8501美元/平方米，这表明了中心区域和周边区域的巨大差距，而浦那的中心区域房价为1775.14美元/平方米，甚至低于孟买周边地区的房价，这更能表明在孟买大都市圈中孟买中心区域占主导地位的作用。从2010年到2017年历史数据来看，印度孟买和浦那的收入和房价水平差距都在扩大（图6-34），随着时间的推进，孟买表现为房价和收入同步

上升，浦那表现为收入下降和房价缓慢上升，即城市群中孟买的发展速度要明显高于城市群中浦那的发展速度。

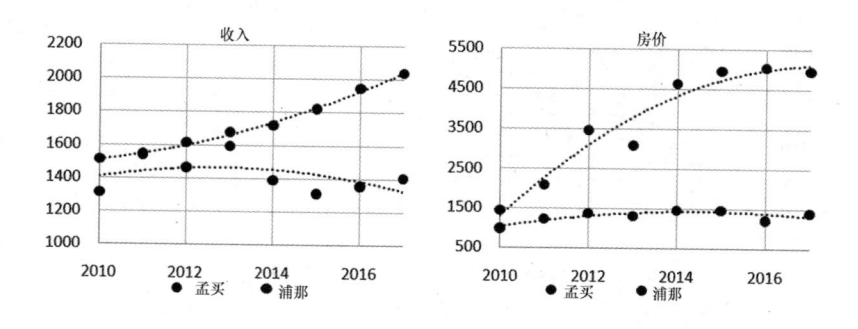

图 6-34　孟买和浦那的收入、房价随时间散点图

为了详尽研究孟买大都市圈内部城市的相对关系，我们做孟买和浦那的收入和相对房价散点图（图 6-35）。从图 6-35 中我们可以看出，随着孟买对浦那的相对房价上升，孟买的总体人均可支配收入是上升的，而浦那的人均可支配收入是下降的，这表明了都市圈中城市孟买对都市圈中浦那的虹吸效应，即都市圈中孟买的发展是以浦那的发展为代价的。此外从图 6-35 中，我们还可以看出相对房价越高的城市，其人均可支配收入也就越高，具体表现为随着孟买对浦那相对房价的上升，它们之间的收入差距是增大的。

通过对孟买大都市圈人口结构和相对房价的研究（表 6-18），我们发现孟买对浦那的相对房价会对孟买的人口数量造成显著的正向影响，解释力度为 0.8677，即随着相对房价的上升，孟买的人口数量是增加的且相对房价每上升 0.1，人口数量就会增加 55005.21 个；表 6-18 还表明虽然相对房价没办法解释浦那的人口数量变动，但是相对房价可以解释整个大都市圈的人口变动，解释力度为 0.4379，具体表现为相对房价每上升 0.1，大都市圈人口就上升 468070.74 个，即相对房价会对整个孟买大都市圈造成显著的正向影响，也就是说随着孟买房价的上升会提高整个都市圈对外在人口的吸引力，进而引起人口总量的增加。

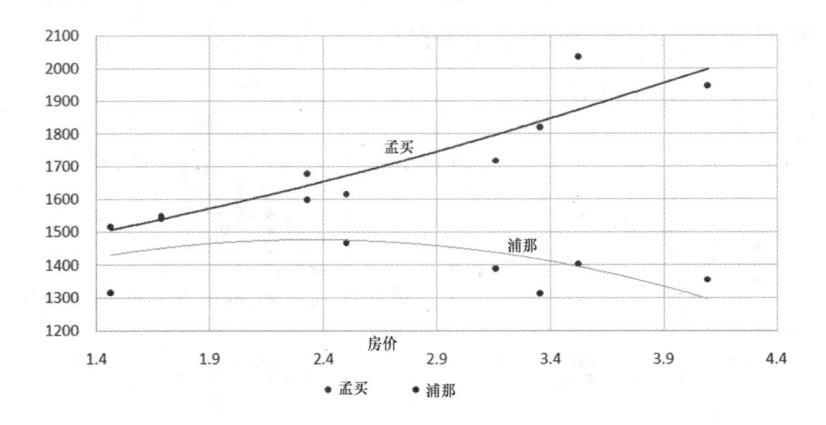

图 6 – 35　人均可支配收入与相对房价散点图

资料来源：中国社会科学院城市与竞争力指数数据库。

表 6 – 18　相对房价对人口数量的回归结果

城市	孟买	浦那	孟买大都市圈
变量名称	人口数量	人口数量	总人口数量
相对房价	550052.1 ***	-81974.7	468077.4 **
	(6.85)	(-0.57)	(2.54)
常数项	17431091.3 ***	5617750.1 ***	23048841.1 ***
	(74.98)	(13.43)	(43.21)
Adj – R2	0.8677	-0.1073	0.4379

注：括号内为 t 统计量值，* 表示 10% 的显著性水平，** 表示 5% 的显著性水平，*** 表示 1% 的显著性水平。

资料来源：中国社会科学院城市与竞争力指数数据库。

班加罗尔大都市圈：大城市发展对周边城市产生虹吸效应。班加罗尔大都市圈位于印度南部的德干高原，海拔超过三千英尺，都会区人口约 850 万人，为印度第 5 大都会区，主要包括班加罗尔、海得拉巴、金奈、科钦等大城市及周边小城市，班加罗尔是印度的信息技术业与航天业的中心，云集了众多印度科技公司。从房价角度来看，2016 年班加罗尔大都市圈房价最高的城市是金奈的中心区域，房价为 2060.57 美元/平方米，其次为班加罗尔的中心区域，房价为 1607 美元/平方米，最低为海得拉巴的周边区域,房价为 461.45999 美元/平方米,由此我们可以看出班加罗尔大都市圈的房价水平不高,差距不大。从经济竞争力指数角度来看,班加罗尔大都市圈的总体经济竞争力指数平均值为 0.3244,表现为总体经济竞争力水平较低,其中经济竞争力指数最高的城市是班加罗尔,大小为 0.4040,其次是金奈,大小为 0.3576,经济竞争力指数最低的为海德拉巴,为 0.2798。因而班加罗尔大都市圈城市的基本表现类型为低房价和低经济竞争力。

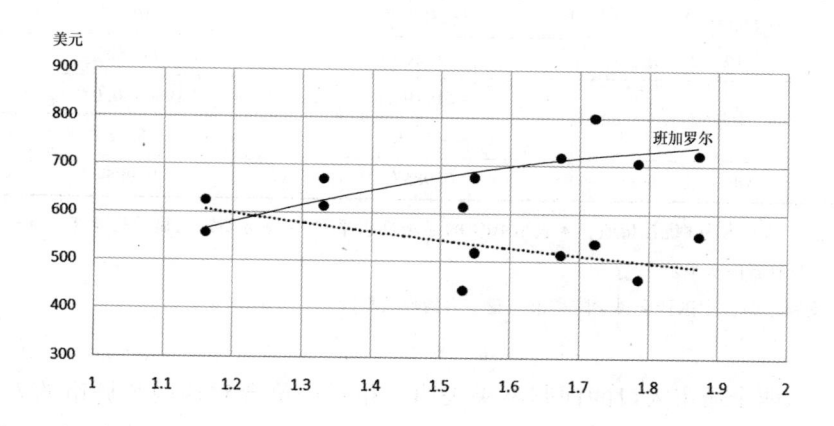

图 6-36 工资和相对房价的散点图

资料来源:中国社会科学院城市与竞争力指数数据库。

为了研究城市群中大城市对小城市的影响作用,我们以班加罗尔和海德拉巴为例(图 6-36),其中实线表示班加罗尔,虚线表示海德拉巴。从图 6-36 中,我们可以看出随着班加罗尔的相对房价的上升,其工资收入是逐渐增加的;而相对的,城市群里另一个城市海德拉巴的工资收入就会减少,与此同时其房价也是降低的,从 2010 年的 942 美元/平方米降低到 2017 年的 726 美元/平方米,这表明在这一城市群里也会出现虹吸效应,即随着一个城市相对另一个城市相对房价的上升,该城市的发展是以另一城市为代价的。

表6-19　　　　　　　　人口对相对房价和收入的回归结果

城市名	班加罗尔	海德拉巴
变量名	人口数量	人口数量
K（相对房价）	778011.6**	504648.6**
	(2.90)	(2.95)
ppdicou1（收入）	370.2	346.2
	(0.40)	(0.58)
ppdicou2（收入）	5808.8***	3510.3***
	(6.86)	(6.50)
常数项	-619195.4	1940940.0**
	(-1.10)	(5.38)
Adj-R2	0.9858	0.9854

注：括号内为 t 统计量值，* 表示10%的显著性水平，** 表示5%的显著性水平，*** 表示1%的显著性水平。

资料来源：中国社会科学院城市与竞争力指数数据库。

这两个城市人口的回归结果表明，相对房价会对这两个城市的人口产生正向影响（表6-19），即随着班加罗尔对海德拉巴的相对房价上升，会使班加罗尔和海德拉巴的人口增加。对于海德拉巴来说，由于其相对房价降低，从而住房成本减少进而导致人口的增加；而对与班加罗尔而言，虽然两个城市的相对房价上升可能会给人们增加住房成本，但是由于此时的城市是处于经济发展的上升期，即使房价的上升可能会给人们带来一定的住房成本，但是其工资水平也是提升的，因此随着城市发展竞争力的提高，房价的上升不仅不会挤出人口，反而会吸引人口的增加，从而导致整个城市群人口的上升。当城市群中城市处于收入和相对房价的上升期时，随着城市群内相对房价的上升，会引起城市群内人口的增加。这一点从两个城市的脉冲反应图也可以看出（图6-37），从图6-37的脉冲响应函数结果表明班加罗尔的相对房价会对其城市自身的人口增长率会有比较明显的正向影响，若给班加罗尔相对房价的一个正向冲击，会在1期后对其城市自身的人口增长率有一个正向的冲击，大小在0.001左右，随后随着滞后期数的增加，相对房价对人口增长率的冲击逐渐减少直到为零。

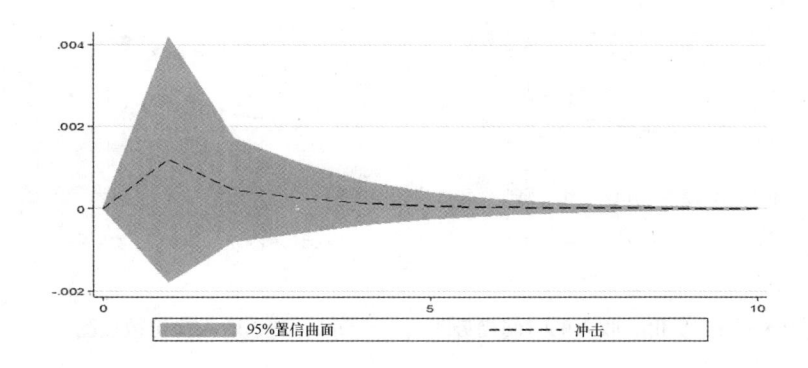

图 6-37　相对房价对人口增长率的脉冲响应

资料来源：中国社会科学院城市与竞争力指数数据库。

（三）巴西圣保罗大都会圈分析：主要大城市房价回落，城市群集体发展

圣保罗大都会圈包含圣保罗、里约热内卢、坎皮纳斯、库里提巴、索罗卡巴、圣若泽杜斯坎普斯、容迪亚伊等城市，其中圣保罗是巴西乃至南美的金融和经济中心，其市内人口超过1100万人，近郊全城人口达2100多万人，作为南美洲最富裕的城市，圣保罗也是巴西乃至南半球最大的都市。此外，巴西的第二大城市和重要的工业基地里约热内卢是巴西联邦共和国最大的海港，是巴西乃至南美的重要门户，同时也是巴西及南美经济最发达的地区之一。作为里约热内卢州首府，里约热内卢是巴西仅次于圣保罗的第二大城市，面积为1182平方千米，人口630万人。从房价角度来看，2016年圣保罗大都会圈中房价最高的是里约热内卢的中心地区，房价为3186.26美元/平方米，最低是圣若泽杜斯坎普斯城市的周边区域为979.86美元/平方米。从竞争力角度来看，圣保罗大都会圈经济竞争力总体平均值为0.4008，表现为总体竞争力水平较低；其中经济竞争力最高是圣保罗，大小为0.4999；其次为容迪亚伊，大小为0.4551；经济竞争力最低的是索罗卡巴，大小为0.3332。从各个城市的经济竞争力水平也可以看出，城市群中所表现的为低经济竞争力和低经济竞争力聚集。

228 ◇ 第二部分 主题报告

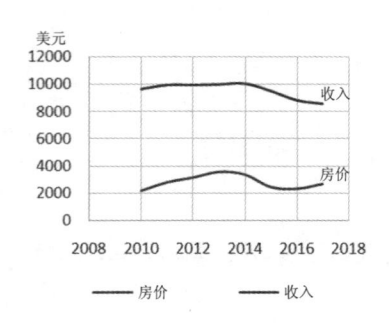

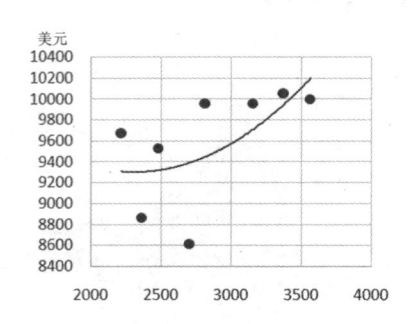

图6-38 房价、收入的时间趋势图　　图6-39 收入房价散点图

资料来源：中国社会科学院城市与竞争力指数数据库。

为了研究城市群内部城市之间收入和房价的关系，我们以圣保罗和里约热内卢为例。图6-38表示的是圣保罗的房价和收入随时间变化趋势图，从图6-38我们可以看出，在2010—2017年这一过程中，圣保罗的房价是随着收入的变化而变化的，即房价越高，人均可支配收入越高，房价越低，人均可支配收入越低。人均可支配收入和房价的这一关系从人均可支配收入和房价的散点图也可以看出（图6-39）。

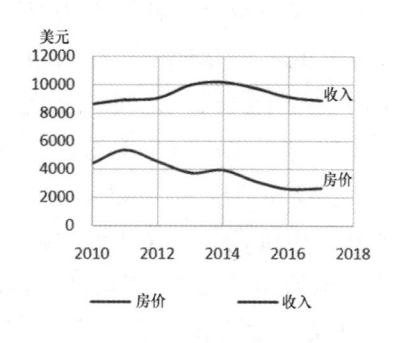

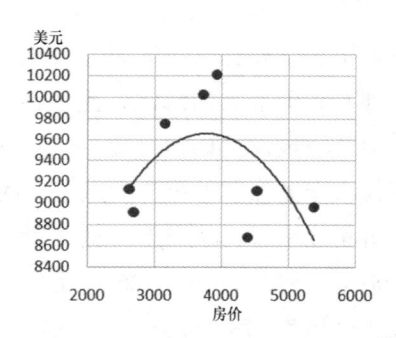

图6-40 房价、收入的时间趋势图　　图6-41 收入房价散点图

资料来源：中国社会科学院城市与竞争力指数数据库。

图6-40表示的是里约热内卢的房价和人均可支配收入随时间变化的

趋势图，从图 6-40 的变化趋势可以看出，自 2010—2017 年这一时间段内，里约热内卢的房价逐渐降低，而在这一时间段内人均可支配收入先是逐渐上升随后又慢慢下降。为了准确地判断人均可支配收入和房价的关系，我们绘制了人均可支配收入和房价的散点图（图 6-41）。通过图 6-41 的人均可支配收入和房价散点图，我们可以看出里约热内卢存在人均可支配收入和房价的倒"U"形关系，即当房价很低时，人均可支配收入随着房价的上升而上升，但是当房价上升的过高的水平时，房价继续升高反而会导致人均可支配收入的减少。因而这也解释了图 6-40 的现象，即随着房价的降低，其居民可支配收入反而增加了。

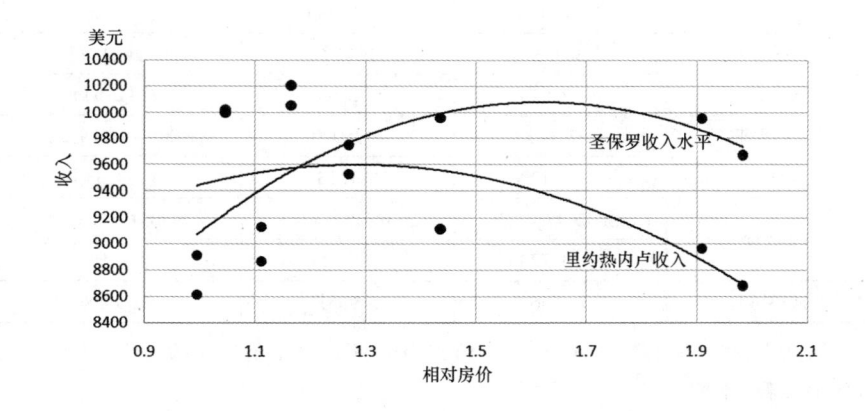

图 6-42　收入与相对房价的关系

资料来源：中国社会科学院城市与竞争力指数数据库。

为了进一步研究城市群内各个城市的人均可支配收入和房价的关系，我们绘制了圣保罗和里约热内卢的人均可支配收入与相对房价的散点图（图 6-42）。从图 6-42 的散点图和拟合曲线可以看出，里约热内卢的相对房价较高，但收入相对较低；圣保罗的相对房价较低，但收入相对较高，这说明里约热内卢已经处于高房价低收入区域，而圣保罗正在缓慢上升。此外，从收入房价的散点图和拟合曲线中，我们还可以看出城市的人均可支配收入和相对房价呈现倒"U"形关系，即过高和过低的相对房价都不利于城市人均可支配收入的提高。当我们考虑时间方向时，即相对房价是减少的情况下，当处于房价收入后期的里约热内卢城市出现收入房价逆转情况时，随着房价的降低，人均可支配收入是逐渐上升的，与此同时，圣保罗随着自身相对房价的升高，人均可支配收入也是上升的，这表明在这一城市群中随着高房价城市的房价降低会导致整体人均可支配收入的上升。

表6-20 人口对相对房价和工资的回归结果

城市名称	里约热内卢	圣保罗	城市群
变量名称	人口数量	人口数量	人口数量
相对房价	-402045.4**	-1074838.2**	-2049520.8**
(k)	(-4.04)	(-3.98)	(-3.88)
工资水平	-387.1*	-1047.7*	-2002.0*
(salary1)	(-2.91)	(-2.90)	(-2.84)
工资水平	-176.3	-480.0	-910.9
(salary2)	(-1.17)	(-1.18)	(-1.14)
常数项	13802647.4***	23489118.4***	47031743.5***
	(123.77)	(77.72)	(79.59)
调整 R2	0.9556	0.9551	0.9528

注：括号内为t统计量值，*表示10%的显著性水平，**表示5%的显著性水平，***表示1%的显著性水平。

资料来源：中国社会科学院城市与竞争力指数数据库。

其中k表示里约热内卢对城市圣保罗的相对房价，salary1表示里约热内卢的实际工资水平，salary2表示圣保罗的实际工资水平。表6-20的回归结果表明，在考虑两个城市的实际工资水平条件下，随着里约热内卢对圣保罗的相对房价降低，会对这两个城市的人口都造成显著的正向影响，这说明随着两个城市相对房价的降低，不仅会导致里约热内卢自身的人口增加，而且在城市群里影响圣保罗的人口增加，进而导致整个城市群的人口增加，增加城市群的人口流入，提高整个城市群的吸引力。从这一点我们可以发现，在高房价与低房价的城市群中，高房价城市的房价降低会对整个城市群产生正向影响，吸引城市群外的人口进入城市群中。此外，从回归结果中我们还发现，两个城市中只有里约热内卢的工资水平对两个城市的影响是显著为负的，这表明里约热内卢的工资水平在这个城市群中起主导作用，即高房价城市的工资水平实际上影响着整个城市群的人口结构，进而影响整个城市群的格局。

通过以上分析可知，当高房价城市处于房价收入后期时，即城市是高房价、低收入情况时，高房价城市的房价和工资水平会在整个城市群中占据主导地位并对整个城市群产生显著影响。若高房价城市的相对房价下降，就会引起整个城市群的人口增加，提高城市群对外来人口的吸引力；但由于此时高房价城市已经处于房价收入的陷阱区，少量的工资提高并不能改变人们对整个城市群的观点。

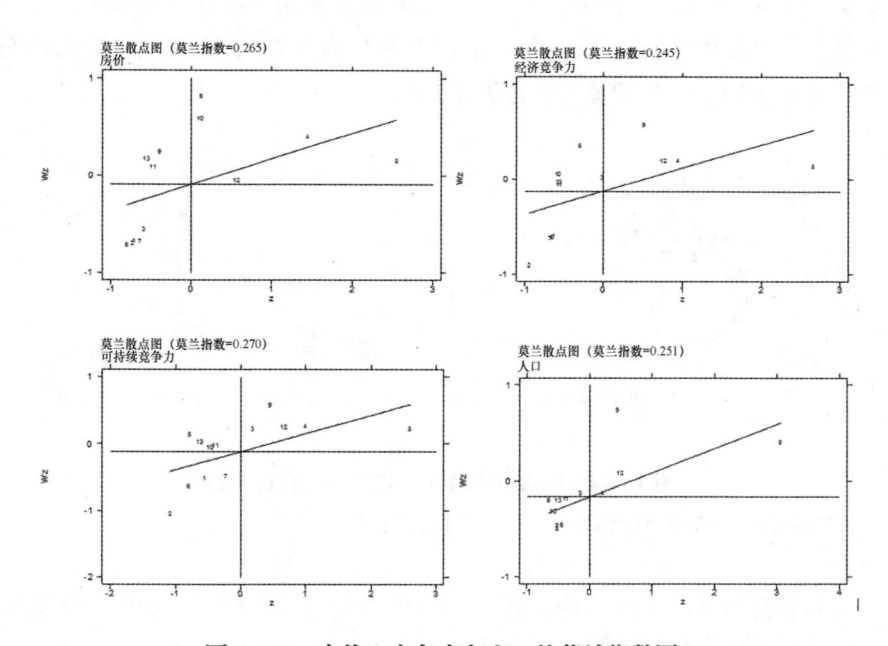

图 6-43　房价、竞争力和人口的莫兰指数图

资料来源：中国社会科学院城市与竞争力指数数据库。

（四）美国三大城市群分析：城市群内部发展平衡，各城市同步发展，科技型城市优势明显

波士顿-华盛顿城市群：整体竞争力指数较高，各城市协同发展。美国波士顿-华盛顿城市群包含了从波士顿地区到华盛顿地区的一系列主要城市，包括波士顿、纽约、费城、巴尔的摩、华盛顿几个大城市，共 40 个

城市（指 10 万人以上的城市），其中几个主要城市构成了世界上最大的国际金融中心。该城市带长 965 千米，宽 48—160 千米，面积 13.8 万平方千米，占美国面积的 1.5%。该区人口 6500 万人，占美国总人口的 20%，城市化水平达到 90% 以上，是美国经济的核心地带和美国最大的生产基地和商贸中心。整个城市群的房价均值为 3045 美元/平方米，最大值为 9735 美元/平方米，最小值为 984 美元/平方米。从经济竞争力角度来看，整个城市群的经济竞争力平均值为 0.7032，表现为经济竞争力整体水平较强；其中经济竞争力最高的是纽约，大小为 1，竞争力最低的为 0.5455。而对整个城市群的房价、经济竞争力、可持续竞争力和人口数量编制莫兰指数可以发现（图 6-44），整个城市群是处于高高低低聚集的状态；城市群内房价的莫兰指数为 0.265，经济竞争力的莫兰指数为 0.245，可持续竞争力的莫兰指数为 0.27，人口的莫兰指数为 0.251。

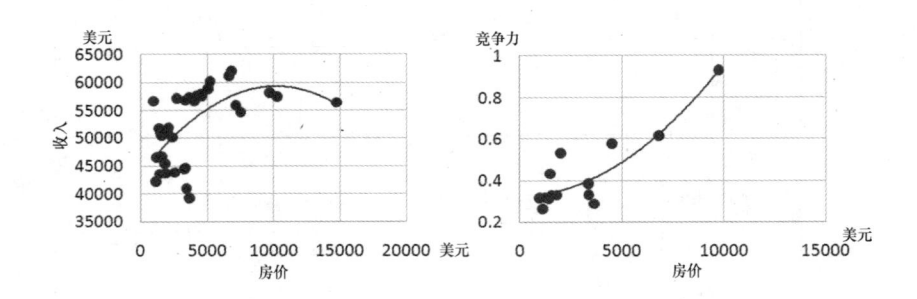

图 6-44　城市群内收入、竞争力与房价关系

资料来源：中国社会科学院城市与竞争力指数数据库。

随后我们对整个城市群的收入、房价和人口进行研究，图 6-44 表明从整个城市群来看，城市群已经出现过房价与收入的倒"U"形关系，但是从图形中我们还发现房价和收入的关系大部分都出现在倒"U"形的左侧，这说明在这个城市群中占主导地位的还是随着房价的升高，收入相对地也升高。这一点也可从其整体的人口结构看出，对城市群内人口和房价、经济竞争力、可持续竞争力做回归结果见表 6-21，从表 6-21 可以看出，房价和竞争力的上升都会导致整个城市群的人口增加，并且这种影响是显著的，这说明在房价和收入上升趋势占主导地位的城市群中，即使有个别的城市会出现房价上升收入下降，但是这个城市对整个城市群的影响并不大，因而整个城市的竞争力表现上还是上升的，进而引起人口的增加。

表6-21　　　　　　人口对房价和竞争力的回归结果

变量名称	人口数量	人口数量	人口数量
房价	1741.6***		
	(5.00)		
经济竞争力		28104645.5***	
		(10.02)	
可持续竞争力			2992162.9***
			(8.89)
常数项	-1640318.6	-8571249.5***	-23920774.1***
	(-1.19)	(-6.50)	(-7.59)
R2	0.6666	0.8923	0.8667

注：括号内为t统计量值，*表示10%的显著性水平，**表示5%的显著性水平，***表示1%的显著性水平。

资料来源：中国社会科学院城市与竞争力指数数据库。

芝加哥－匹兹堡城市群：房价对收入、经济竞争力起促进作用。芝加哥－匹兹堡城市群分布于美国中部五大湖沿岸地区，包含芝加哥、匹兹堡、阿克伦城、辛辛那提、克里夫兰、哥伦布、代顿、底特律、大急流域和密尔斯基等城市，该城市群是北美最大制造业中心，匹兹堡、底特律等城市聚集了美国钢铁产量的70%和汽车产量的80%。全球最大的期货交易市场CME也坐落于芝加哥。城市群内房价平均值为1103美元/平方米，房价最高为2560美元/平方米，最低为568美元/平方米，表现为房价水平不高。对城市群内经济竞争力水平研究表明，整个城市群的经济竞争力平均值为0.6472，最高是芝加哥，大小为0.8151，最低为0.5291，说明整体上芝加哥－匹兹堡城市群经济竞争力水平较高，城市群内部城市经济竞争力差距不大。此外，我们还发现与波士顿－华盛顿城市群不同的是，芝加哥城市群处于收入房价的上升期，即在整个城市群内房价和收入是正向关系，随着房价的上升，收入也随之上升。从城市群整体竞争力角度来看也呈现这种趋势，如图6-45所示。

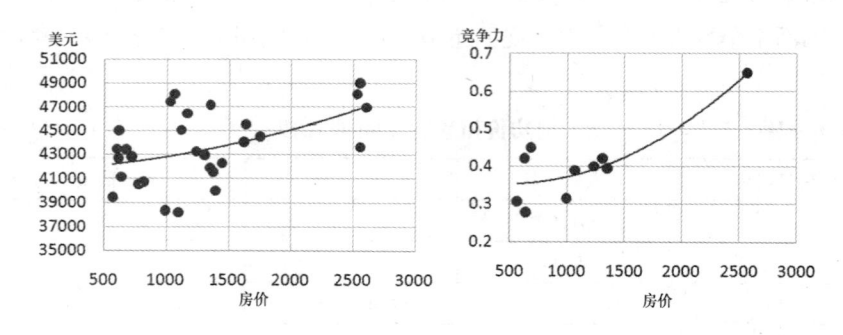

图 6 – 45　收入、竞争力与房价散点图

资料来源：中国社会科学院城市与竞争力指数数据库。

对城市群内人口、房价和竞争力的回归分析表明，房价和竞争力都会对人口造成显著的正向影响（表 6 – 22）。具体表现为房价每上升一美元就会导致人口数量增加 65.94 个，经济竞争力和可持续竞争力每上升一个单位就会分别导致人口数量增加 24338987 和 2721357 个。

表 6 – 22　　　　　　　人口对房价、竞争力回归结果

	人口数量	人口数量	人口数量
房价	65.94 **		
	(2.79)		
经济竞争力		24338987.3 ***	
		(8.65)	
可持续竞争力			2721357.8 ***
			(5.71)
常数项	2581954.0 ***	– 7113371.4 ***	– 20406703.8 ***
	(3.87)	(– 6.12)	(– 5.03)

注：括号内为 t 统计量值，* 表示 10% 的显著性水平，** 表示 5% 的显著性水平，*** 表示 1% 的显著性水平。

资料来源：中国社会科学院城市与竞争力指数数据库。

北加利福尼亚城市集群：城市信息科技越强，经济竞争力越高。北加利福尼亚城市集群位于美国加利福尼亚州北部，主要包括旧金山、圣何塞和萨克拉门托等大城市及周边的一些小城市，举世闻名的旧金山湾区即位于该城市群，北加州是美国 11 个大都市圈中的一个。作为城市群中的一部分和整个美国的经济中心，硅谷聚集了全世界的高端人群，硅谷在整个发展的过程中，房价一路上涨，直到目前，硅谷是美国房价最高的地区，也是旧金山湾区较为昂贵的居住地段。

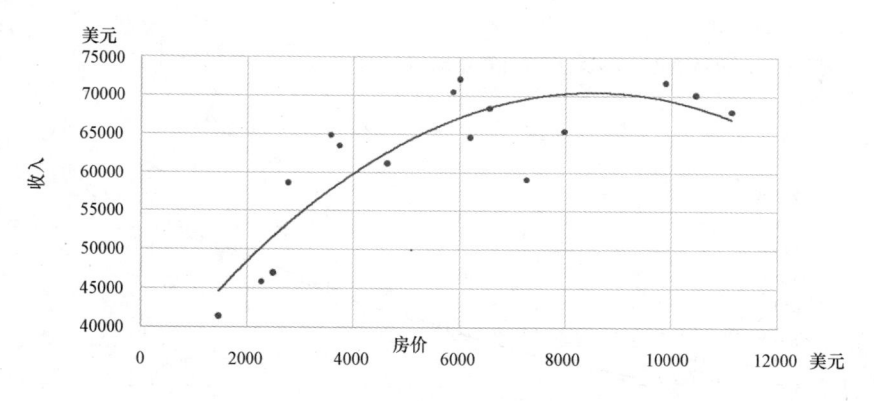

图 6-46　收入与房价散点图

资料来源：中国社会科学院城市与竞争力指数数据库。

从整个城市群来看，北加利福尼亚城市集群经济竞争力的平均值为 0.7848，体现了较高的经济竞争力，其中旧金山的经济竞争力为 0.9408，圣何塞的经济竞争力为 0.9157，萨克拉门托的经济竞争力为 0.4979，这说明城市群中表现为高经济竞争力和高经济竞争力并存的局面。通过对城市群里各城市的房价分析发现，城市群中 2016 年房价最高的是旧金山的市中心房价，为 12152.5 美元/平方米，房价最低是萨克拉门托的周边房价，为 1766.67 美元/平方米，这表明了城市群内主要城市中心房价和周边房价的差异性。此外从整体上通过对人均可支配收入和房价的关系研究发现（图 6-46），城市群整体上已经呈现出人均可支配收入和房价的倒"U"形关系，即当房价很低时，房价的上升会导致人均可支配收入的提高；当房价很高时，房价继续上升将导致人均可支配收入的降低。

表 6-23　　　　　　　　　房价与收入的回归关系

被解释变量	房价	房价平方	常数项	Adj-r2	样本量
人均可支配收入	8.802*** (4.32)	-0.000515** (-3.25)	32859.8*** (5.84)	0.5590	16

注：括号内为 t 统计量值，* 表示 10% 的显著性水平，** 表示 5% 的显著性水平，*** 表示 1% 的显著性水平。

资料来源：中国社会科学院城市与竞争力指数数据库。

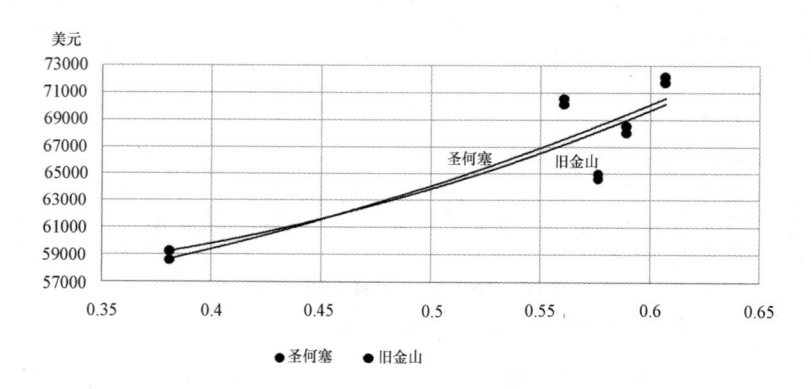

图 6-47　收入与相对房价的关系

资料来源：中国社会科学院城市与竞争力指数数据库。

为了对城市群里城市之间的收入和房价关系进行研究，我们以旧金山和圣何塞为例（图 6-47），图 6-47 中横坐标表示圣何塞对旧金山的相对房价，纵坐标表示人均可支配收入，从图 6-47 中我们可以发现圣何塞的房价水平只有旧金山房价的一半左右，但是其人均可支配收入水平却高于旧金山的人均可支配收入，这表明在同一房价水平下，信息科技占主导型的城市，其人均可支配收入要比其他功能性城市要多得多。对城市群的人口结构和房价关系研究表明（表 6-24），圣何塞的相对房价上升不仅会对其本身的人口数量造成显著的正向影响，而且还会对旧金山的人口数量造成显著的正向影响；此外研究结果还表明，圣何塞的相对房价会对城市群总人口数量造成显著的正向影响，即随着圣何塞房价的提高，会提高整个城市群对外在人口的吸引力，进而导致人口流入。

表6-24　　　　　　　　　人口与相对房价的回归结果

城市	圣何塞	旧金山	城市群
变量	人口数量	人口数量	人口数量
相对房价	3523159.4***	8254996.9***	4046756.1***
	(16.01)	(15.67)	(15.10)
Adj-R2	0.9808	0.9785	0.9785

注：括号内为t统计量值，*表示10%的显著性水平，**表示5%的显著性水平，***表示1%的显著性水平。

资料来源：中国社会科学院城市与竞争力指数数据库。

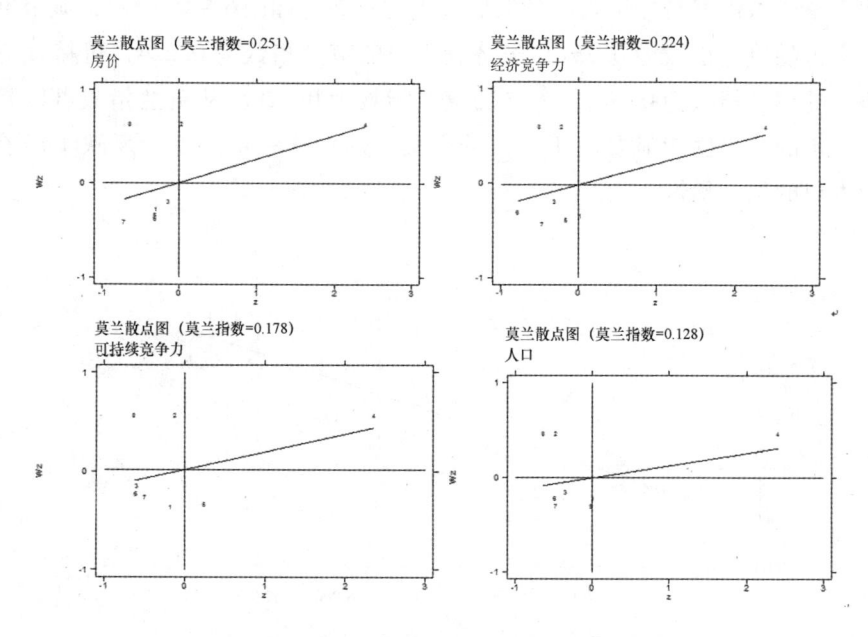

图6-48　收入、竞争力和人口的莫兰指数图

资料来源：中国社会科学院城市与竞争力指数数据库。

（五）英国伦敦-利物浦城市带分析：城市群房价、人口格局略微失衡

伦敦-利物浦城市带以伦敦为中心，由伦敦-利物浦的一系列城市为轴线，其中主要包括大伦敦地区、世界纺织工业之都——曼彻斯特、

纺织机械重镇——利兹、伯明翰、谢菲尔德、利物浦等大城市，以及众多小城镇。这是产业革命后英国主要的生产基地，该城市带面积为4.5万平方千米，人口3650万人，是英国产业密集带和经济核心区。该城市群的房价均值为4091美元/平方米，最大值为13542美元/平方米，最小值为1288美元/平方米，表现了较大的差异性。在城市群中，伦敦作为欧洲最大的金融中心和世界三大金融中心之一，其竞争力为0.9578，在城市群中排名第一，其中心城区房价为18046.7美元/平方米，周边城市房价为9038.5美元/平方米，在城市群中也排名第一。从整个城市群来看，城市群的整体竞争力平均为0.6201，竞争力最低的为0.2413。而对整个城市群的房价、经济竞争力、可持续竞争力和人口数量做莫兰指数可以发现，整个城市群是处于高高和低低聚集的状态，如图6-48所示，城市群内房价的莫兰指数为0.251，经济竞争力的莫兰指数为0.224，可持续竞争力的莫兰指数为0.178，人口的莫兰指数为0.128。从莫兰指数可以看出房价的聚集性明显要高于人口的聚集，这也从一定程度上反映了房价和人口的不平衡性。

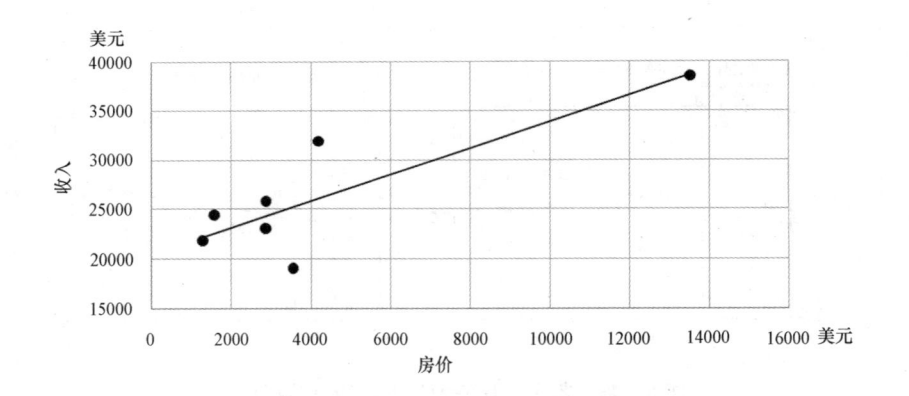

图6-49 收入和房价散点图

资料来源：中国社会科学院城市与竞争力指数数据库。

在对城市群里房价和收入、人口的实证研究表明，房价对收入会造成正向影响，从图6-49可以看出随着房价的上升，收入上升；随着房价的下降，收入下降。而房价和竞争力对人口的回归模型表明（表6-25），房价和竞争力会对人口造成正向影响,具体表现为房价每上升一美元,人口就增加 1038 个,经济竞争力每提升 0.01 个单位,人口数量就会增加 219000 个。

表 6-25　　　　　　　　人口对房价和竞争力的回归结果

变量名	人口数量	人口数量
房价	1038.4***	
	(8.33)	
经济竞争力		2.19e+07***
		14.54
常数项	-1270752.1	-5595810***
	(-1.85)	-8.63
调整 R2	0.9071	0.9678

注:括号内为 t 统计量值,* 表示 10% 的显著性水平,** 表示 5% 的显著性水平,*** 表示 1% 的显著性水平。

资料来源:中国社会科学院城市与竞争力指数数据库。

(六)欧洲西北部城市群分析:城市群收入、人口、房价格局相对均衡,总体竞争力水平较高

欧洲西北部城市群作为世界上著名的六大城市群之一,主要由三大城市群组成:法国巴黎-鲁昂-勒阿弗尔城市群;德国莱茵-鲁尔城市群和兰斯塔德城市群-比利时城市群。这一城市群包含了法国、德国、荷兰和比利时这四个国家的一系列重要城市,如巴黎、阿姆斯特丹、鹿特丹、海牙、安特卫普、布鲁塞尔、科隆等城市。在这一城市群中有 40 余座城市规模达到 10 万人口以上,总面积 145 万平方千米,总人口 4600 万人。通过对城市群经济竞争力的研究发现,城市群经济竞争力的平均值为 0.6550,表现为城市群总体经济竞争力水平较强,此外城市群里经济竞争力最高的是法国巴黎,为 0.8060;其次是德国的汉堡,为 0.7333,最低的是比利时的列日,为 0.4839;这表明整个城市群内部城市虽然经济竞争力存在一定的差距,但是差距不大。在对城市群内部城市房价、竞争力和人口的空间结构研究发现(图 6-50),房价的空间莫兰指数为

0.381，经济竞争力的莫兰指数为 0.4，可持续竞争力的莫兰指数为 0.262，人口数量的莫兰指数为 0.478，这说明城市群内房价、人口和竞争力都表现出较强的聚集性。

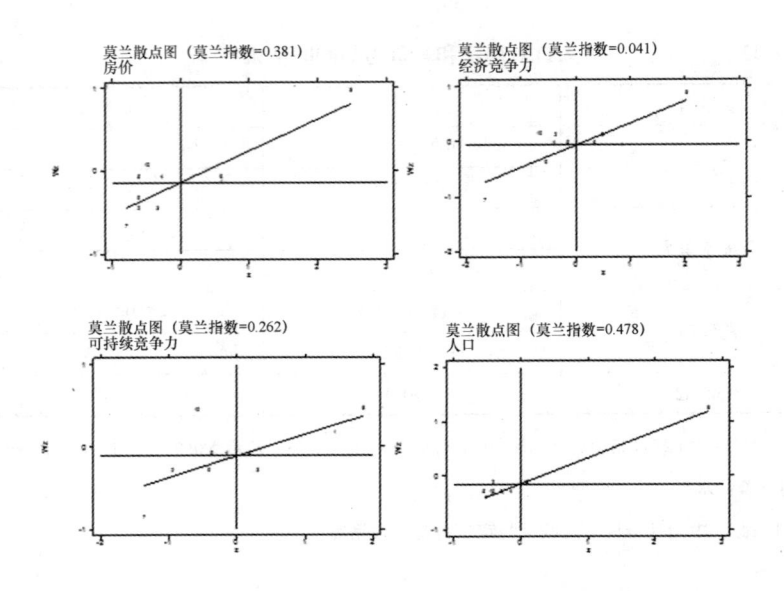

图 6-50　收入、竞争力和人口的莫兰指数图

资料来源：中国社会科学院城市与竞争力指数数据库。

表 6-26　　　　收入、竞争力和人口对房价的回归结果

	人均可支配收入	经济竞争力	可持续竞争力	人口数量
房价	10.48 ***	0.000135 ***	0.00333 ***	-2162.3 *
	(13.25)	(13.30)	(18.38)	(-2.77)
房价平方	-0.000738 ***	-7.10e-09 ***	-0.000000238 ***	0.300 **
	(-6.73)	(-5.05)	(-9.49)	(4.67)
常数项				4942766.1 *
				(2.59)
N	10	10	10	10

注：括号内为 t 统计量值，* 表示 10% 的显著性水平，** 表示 5% 的显著性水平，*** 表示 1% 的显著性水平。

资料来源：中国社会科学院城市与竞争力指数数据库。

为了详尽研究城市群内房价与人均可支配收入、人口和竞争力的关系，我们对房价和各项指标进行回归分析（表6-26），表6-20的结果表明人均可支配收入和竞争力与房价呈现倒"U"形关系，即随着房价的上升，人均可支配收入和竞争力先是上升的，当上升到一定点后其逐渐下降；人口数量和房价呈现"U"形关系，即随着城市群房价的上升，人口一开始是减少的，随后当房价上升到一定点后，人口数量会随着房价的上升而升高，表现为城市群对外部人口的吸引力。

第四节 政策建议

针对全球房地产市场关系，借鉴各国的经验，在文献回顾、理论研究与实证分析的基础上，本报告认为政府有一定能力使房地产市场保持稳定发展，使房价始终处在有利于提升城市竞争力和收入的水平下。为了有效把控调节房地产市场，各国应综合运用财政政策、货币政策、行政法规和税收政策等手段，从土地、交易与消费等各环节进行全方位的综合调控，以便抑制房地产市场运行中的泡沫，发挥房价在城市经济发展中的积极作用，满足住房需求，提升居民福利，提高城市综合竞争力。房地产市场发展的目标为趋向均衡：城市房价与当前房价收入比相对应，城市间房价差距与房价收入差距以及未来预期收益差距相匹配，实现房价增长与收入增长的同步。

对普通家庭来讲，不仅要让他们意识到过高的房价一方面会通过"生活成本效应"使家庭的生活成本上升，另一方面也会导致本地企业的迁出，减少其就业机会，增加他们的生活压力；而且也要让他们懂得房子不仅仅是栖身之地，而且是财富及发展的基础，是家庭的安全保障，甚至是心灵的港湾，让房价成为他们奋斗的动力。对城市来讲，要让房地产成为经济发展的杠杆而不是陷阱。房子太多和房价太低，城市就会没有发展转型的压力；房子太少和房价太高，城市就没有发展转型的能力。过高的房价会提高城市生活成本，挤出高端人才，不利于培育新的经济增长点，房价过度上涨也会对生产性投资产生挤出效应，使得资金过多流入房地产市场，实体经济变差，从而对城市竞争力产生负面影响。但是适当高的房价可以使城市引进发展的资本，提高当地政府收入，提升公共服务质量，促使企业和城市千方百计谋发展和转型并在一定程度上提高城市竞争力。所以总的来说，当地政府对于房地产市场既不能放任其上涨，也不能政府包揽，而应使之始终处于合理的区间。

采取合理的行政政策和制定相应的法律政策来抑制房地产市场的投机投资行为。

第一，当地政府应当明确住房的居住属性，采取合适的行政手段抑制针对普通商品住房的投资投机，如通过限购、限价手段等，监控区域内房地产投机行为，控制住房投资投机的金融杠杆，抑制投机行为，如新加坡、英国和中国等国家都通过政府新建廉价房或者廉租房来解决中低收入阶层的住房问题。因而在此条件下建立高效的住房租赁市场，保护租户权益就至关重要。美国人口普查局2015年调查数据显示，36.6%的美国人选择租房，法国、德国等国租房比例在40%以上，中国居民租房比例在10%以上。高效的房屋租赁市场在满足居住需求方面发挥着重要作用，德国政府大力推动廉价住房建设，同时支持建设福利性公共住房建设，鼓励性租赁住房与营利性租赁住房进行竞争，同时颁布《住房租赁法》，就租房合同的制定、履行、租金水平及涨幅进行约定，并对解约程序进行严格规范，这些举措对德国房地产市场的良好运行发挥了重要作用。因此建立高效的租赁市场对全球其他城市尤其是发展中国家城市具有一定的参考意义。

第二，当地政府应当制定相应的法律法规，通过法律手段严厉地遏制住房投资投机性需求和开发商获取暴利行为。比如，德国《宪法》和《住宅建设法》明确规定，保障居民住房是联邦政府首要的政策目标之一，同时出台严厉的遏制住房投资投机性需求和开发商获取暴利行为的政策，开发商制订的房价超过合理房价的一定限度，将面临高额罚款与最高三年徒刑的严厉惩罚。这些法律法规不仅抑制了德国炒房者的投机行为，而且还有效抵制了"海外炒房团"干扰德国房价市场稳定的投机行为。

第三，根据土地属性，调整土地供应政策，使住房供给与需求相适应。具体而言，当土地是国有化时，政府应当根据市场供求的变化，适当调整市场上土地的供应量；当土地是私有化时，当地政府应当制定相关的反垄断法律，使土地市场尽可能地实现充分竞争，防止投机现象出现；当出现市场失灵时，政府应当通过对土地的管制规划来矫正土地资源市场配置中的外部性和信息不对称等问题，从而保证市场的有效性。从全球经验来看，城市的住房用地供给增加有助于缓解热点城市房价过高、增速过快的压力，稳定公众预期，不适当的土地管控和城市规划是地价与房价上涨的重要因素。20 世纪 70 年代，出于各种环保与人文目的，加利福尼亚州陆续出台大量限制土地使用的法律法规，人为使得土地资源成为稀缺资源，推高地价进而推升房价。而东京则在 20 世纪 80 年代由于大肆投机而形成巨大泡沫，不少经济学家将这归咎于不适当的规划与分区政策，指责其是造成房屋供应减少的根本原因。泡沫破裂后，当地政府放松了楼市开发政策，最终于 2002 年出台《城市复兴法》，大幅修正此前过度的管制政策，写字楼地块重新被规划为住宅区，并允许业主在私有土地上建设房屋，使东京住房供应大幅增加，因而东京的房价近年来一直保持稳定。

第四，实施稳健的金融政策，调控住房信贷。各国政府应当健全住房金融体系，适当地调整利率和购房首付，使住房消费和住房开发有所保障；此外政府还要加强对房地产市场的监管，实行审慎制度，根据房地产内部及其经济金融的关系建立和完善房地产风险预警机制，从而抑制房地产市场投机行为，同时保证住房消费处于合理水平。从住房信贷角度来看，住房信贷政策对房地产市场有着重要影响，信贷支持形式多样，有信贷补贴也有信贷担保。不加限制的过度购房信贷支持往往会加剧房地产市场泡沫，甚至引发强烈的金融经济危机，如 20 世纪 90 年代的日本房地产市场泡沫、2008 年美国由次贷泡沫引发的国际金融危机。在这方面，德国实行的"先存后贷"合同储蓄模式和房贷固定利率机制值得我们学习和借鉴。

第五，实施适当的财税政策，完善税收体系，抑制投资和投机。当地政府应当建立完整的房地产税收制度和建立住房保障的财税支持体系。通过实施财税补贴和税收减免来对中低收入居民实施多层次保障。如美国通过实施低收入者购房和租房税收抵扣法案来缓解低收入购房者的压力，从而保障低收入者能买得起和租得起房子。此外，当地政府还应建立灵活的交易税制度，抑制各种投机行为。如澳大利亚、加拿大和中国香港均大幅提高海外买家的购房交易税或者收紧对海外购房者的贷款政策，来抑制海外投机者的出现。2016年10月1日，澳大利亚昆士兰州实行新的税收政策，规定海外买家购房额外印花税增至3%；2016年10月17日加拿大政府声明房屋贷款人需通过利率4.64%压力测试才能获批贷款；中国香港特区政府2016年11月4日公布，自11月5日起，香港将全面提高买卖住宅物业印花税率，税率统一调高至交易额的15%。这些税收政策都极大地压缩了房地产商和炒房者的盈利空间，使投机房地产的人几乎无利可图，从而不得不放弃炒房行为。

第 七 章

可持续城市化的经济基础：
与竞争力的联系

马尔科·卡米亚　Loeiz Bourdic

联合国人居署（UN-Habitat）的首要任务是，通过提供城市规划方法和系统来应对目前的城市化挑战（如人口增长、城市肆意蔓延、贫困、不平等、污染、拥堵、城市生物多样性、城市机动性和能源），支持城市领导者。

这项工作是通过城市完成的，因为城市经济产生了90%以上的全球总体经济增加值（Gutman，2007）。本章阐释了制定城市化政策所需的基本要素，以及它们与竞争力的联系。我们认为，竞争力是生产力的表现，从城市的角度来看，两者都与空间维度和城市布局密切相关。[①] 在本章中，我们重点阐释城市生产力与竞争力；综合城市化方法的要素（三管齐下法）；治理城市的各级政府。最后提供关于竞争力和城市的启示。

第一节　城市生产力与竞争力

生产力的传统定义是在既定技术状态下对劳动力和资本的最佳利用，它通常按单位投入的产出来衡量，其中主要投入是劳动力和资本。所以，

[①] 本章包含联合国人居署业务与规范工作的最新发展，它得到联合国人居署与巴黎形态学研究所（2017）的支持，Salat, Serge；Bourdic Loeiz 和 Marco Kamiya。《可持续城市化的经济基础：三管齐下法、城市规划、法律框架和市政融资》，2017年第2版。

城市生产力就是劳动力和资本，外加土地、原料、能源和信息，以及所有能提高城市增值产出的空间特征。对生产力概念的一种批评是，它未正确地将土地作为主要因素（Ryan-Collies et al.，2017），所以当需要进行与土地和财产有关的空间分析时，将难以对城市经济进行建模。

生产力是竞争力的基础，因为更高的生产力意味着一个国家或城市能生产全球市场所需的商品。竞争力是城市生产力的最终表现。城市是多种变量和综合因素共同作用的结果，它影响了生产力和竞争力。[1]

不同的经济理论，如集聚经济理论、规模与范围经济理论，以及两种理论的不同变体，都试图阐释随着生产力水平的提高，城市不断发展的原因和条件。

规模经济理论认为，生产的产品数量越多，单位产品的平均成本就越低。规模经济也可能因业务效率和协同作用而导致单位产品的可变成本减少。生产大量的同类产品能使企业和工人专注于特定的任务，从而能提高生产力水平。[2] 此概念可以转化为城市规模与生产力水平之间的关系，但对城市而言，这种联系并不是机械的，因为必须考虑大城市或大都会的治理和规划导致的"规模不经济"（diseconomies of scale）。

范围经济理论指出，生产一系列同类产品，而不是自行生产每一种产品，可以降低生产成本。转移到宏观层面，这一理论解释了城市群的存在和发展，城市群为企业提供了利用其生产过程与其他业务之间的相互关系的机会。城市使企业能够共享采购、生产和销售过程中的集中职能。

城市化经济试图阐释城市规模与生产力水平之间的关系。它表明，城市多样性和大城市规模为处于城市群的所有企业提供了生产力优势。它认为，城市环境创造的正外部性能使不同的行业受益。该理论特别适合阐释无单一优势产业的城市，生产力水平高和不断增长的原因。位于大城市的企业能通过常见的物质资源（如公路、建筑和供电），以及接触大规模、多样化的劳动力资源而获益。

---

[1] 参阅《全球竞争力报告》（http://www.weforum.org/），了解城市竞争力（Ni, Kresl 和 Liu, 2013），以及《2017 年全球城市竞争力报告》的分析部分（Ni, Kamiya Ding）。

[2] 圣达菲研究所的 Lobo 等人（2014）通过经验证明，随着人口数量加倍，一座典型美国城市的全要素生产率达到 11%。

另一方面，地方化经济则讨论一座城市的产业规模如何影响特定活动的生产力水平。城市的生产力优势主要与某一行业的高生产力活动及该行业的收益有关(Jofre-Monseny，Marín-López，Viladecans-Marsal，2012)。

集聚经济统一了上述理论的思想。它指出，城市经济提供多样化和扩展的市场，一方面是购买投入，另一方面是出售最终产品。在关于集聚经济的文献中，讨论了导致城市群生产力优势的不同因素。城市人口、活动和资源的集中和规模的提高促进了经济增长（V. Henderson et dl.，1995；Fujita and Thisse，1996；Duranton and Puga，2004；Puga，2010）、创新（Feldman and Audretsch，1999；Bettencourt et dl.，2007；Arbesman et dl.，2009），并且提高了效率（Kahn，2009；Glaeser and Kahn，2010）。人口和企业集中形成的集聚经济使城市成为创新、就业和创造财富的理想环境（Rosenthal and Strange，2004；Carlino et dl.，2007；Knudsenet dl.，2008；Puga，2010）。

较大的城市区域有着很高的生产力，因为它们在劳动力使用方面更加专业化，并能使技能和工作更好地匹配，还能为工人提供更广泛的消费选择，为生产者提供辅助服务。大城市还是主要的实质性创新层出不穷的地方。只要生产力高出土地、劳动力、住宅和其他必需品的高成本，城市就能繁荣（世界银行2003年和2009年）。

将城市化和生产力联系起来的新方法是将价值链和供应链联系起来。城市环境是商品生产的场所，而这些商品是多种投入物、商品和服务的结果。所以，提供公路、道路和信息技术的城市形式和基础设施在最终产品的生产中与人力资本一样重要。决定输送渠道（从投入到生产中心）的供应链，影响了效率、竞争力和最终生产力。①

但是，城市不仅具有提供生产力优势的潜力，城市群还会产生负外部性，最相关的是土地，土地在城市地区是稀缺的。这导致城市地价高于农村地区，从而为投机提供了机会。特别是在缺乏公共和私人运输网的情况下，城市化会造成拥堵、安全、噪声、污染水平和环境影响的增加。

---

① 公路和生产力是潜在关联对象（参阅 Fernald，1999）。另一个是邻近度和就业（参阅 Bertaud，2002）。

城市产生的正外部性必须超过负外部性,也就是说,一方面促成生产力优势的因素必须得到支持,以对地方经济产生积极影响;另一方面,必须尽最大可能彻底根除城市群的负外部性。

第二节 生产力和土地

单中心城市的土地价格的标准模型最早是用于对城市的扩展范围进行理论预测的。该理论的依据是城市人口愿意为一块土地花多少钱(取决于城市中心的可达性)。花钱的意愿随着城市中心可达性的增加而增强,因为个人和企业都喜欢城市中心的位置,以更好地获得经济机遇,而且愿意为此花更多的钱(Ottensmann,1977;Alonso,1964,Salat,2014a,2014b)。如图7-1所示,随着与城市中心距离的增加,这种现象转变为土地价值逐渐减少。

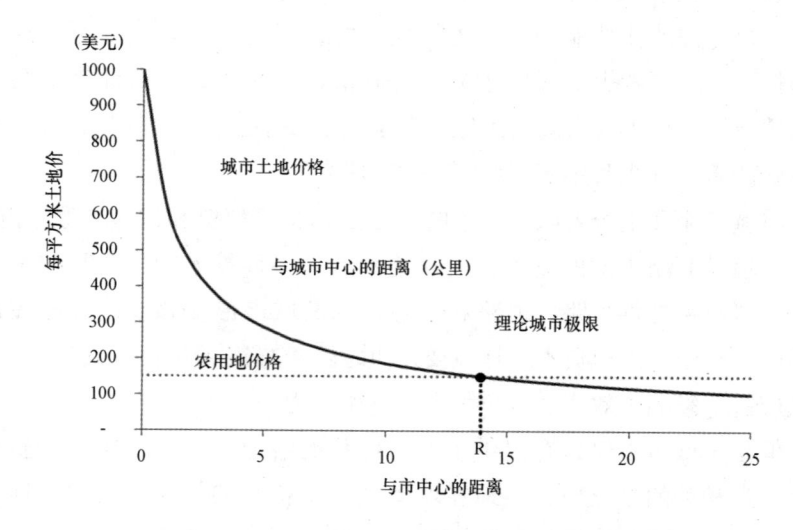

图7-1 城市地价与农用地价格确定城市规模

资料来源:城市形态研究所。

另一方面,假设此模型中的农用地价格恒定不变,潜在城市建成区的外径 R 可定义为两条曲线之间的交点,理论城市极限是城市地价与农用地价格之间相互权衡的结果。

这一概念不仅可以用来对城市扩展的空间界限进行理论预测，而且随着与城市中心距离的增加，土地价值的递减梯度也为城市发展的质量以及与城市中心一定距离的密度提供了一个指标，它一方面体现了一座城市的可取性和可行性，另一方面也反映了城市基础设施的质量。一座城市的可取性和盈利能力反映在人们和企业愿意支付的价格上，它显示了靠近城市中心的经济效益和商业效益。城市中心和周边农村地区的土地价值的差异，产生了城市不同于农村地区的经济机遇、宜居性和吸引力的概念：城市为劳动力和企业提供的经济优势越多，它就越宜居，人们为城区土地花钱的意愿就越强烈，它显示了在城市生活的机会成本。通过整合区域农业土地价格，这一指标在经济发展水平不同的区域之间具有可比性。

土地价值递减的梯度反映了可达性随着城市中心距离的减小而下降的速度：城市公共交通和街道网的发展越快，城市中心的可达性就越不容易随距离的增大而减弱。

除了分析"土地价值随城市中心交通不便性的增加而减少"外，还能根据与城市中心的距离研究每平方千米的生产力。城市每平方千米的生产力可定义为每平方千米的总增加值（GVA）减去每平方千米的基础设施成本。与城市中心（或生产最集中的中心）的距离超出一定范围后，城市生产力的这一指标会变成负数。指标反映了城市生产力优势随着与城市中心距离的增大而减少的速度。另外，下降的梯度值体现了城市基础设施的质量，例如，由于某些活动需要邻近度，所以活动的集聚产生了高生产力的地区，这些区域有更精良和更先进的基础设施。

第三节　三管齐下法

促成城市群生产力优势的因素有很多，上述优势都是由城市群劳动力和企业的邻近度和密度引起的。但并非每个城市群都具备邻近度、密度、完整性和可达性因素，这些因素也无法在城市扩展过程中自动维持。需要许多规划和监管活动，以及有战略意义的公共投资，以确保建立和保持住宅和企业的密度。

联合国人居署提倡地方政府在制订和实施城市扩展计划时，必须考虑三个基本要素,以确保实现可持续城市化。这三个方面的良好表现对利用城市的潜力创造财富、就业、共存和文化交流至关重要,正如上述理论所讨论的那样,能够同时避免自发发展的陷阱。

城市扩展计划(PCE)成功的基本要素是城市设计、财务管理和法律法规。为使城市扩展计划取得成功,联合国人居署建议地方政府平衡三方面的行动,为在这些领域取得良好表现做出类似的努力,从而使其中一个领域的行动能够支持其他领域的表现。城市扩展计划成功的三个基本要素是未来行动的基础。要在实施城市扩展计划时,成功解决中心问题(如城市青年问题、住房稀缺问题等),必须通过三管齐下法(3PA),以三要素的良好表现创建一个适当的框架。

用于衡量3PA的大部分指标都是相关的,例如,居住和工作密度高的城市往往具有更高的通过性和交通可达性。这些城市还具有较高的规划和设计技术能力,拥有可持续的财政资源以及一套稳定的法律法规。

三管齐下法模型[①]

本研究的目的是更好地理解3PA对城市生产力的积极作用,所以它提供了一个框架以便理解形成城市规划必要条件的三要素的重要性。

衡量城市生产力的公式是,已实施3PA计划的区域每平方千米的总增加值－每平方千米的资本和运营支出－该区域每平方千米的总间接费用。这种方法的优点是将城市生产力分解为四部分,根据它们能对每一个城市规划特征的影响进行评估。城市生产力的分解方法如下,其中 GVA 表示总增加值, $CapEx$ 表示资本支出, $OpEx$ 表示运营支出, $TotOve$ 表示总间接费用。

$$\frac{城市生产力}{km^2} = \frac{GVA}{km^2} - \frac{CapEx}{km^2} - \frac{OpEx}{km^2} - \frac{TotOve}{km^2}$$

假设生产(GVA)、$CapEx$、$OpEx$ 和 $TotOve$ 随增广柯布－道格拉斯生产函数变化。

---

① 联合国人居署(2017)《可持续城市化的经济基础》。

一 城市设计

联合国人居署提倡将城市设计的五项关键原则作为城市规划概念，而非经济学概念。① 这些原则是对"良好"城市化的实证和务实的建议，它们是在制订城市扩展计划时，为决策者提供的，因此它们不是来自抽象模型，每项原则都应考虑地理、社会和政治背景。② 这五项原则是：

（1）足够的街道空间和高效的街道网。街道网不仅服务于私人和公共运输车辆，还能吸引行人和骑行者。街道网至少应占土地面积的30%，每平方千米的街道长度至少为18千米。

（2）高密度。人口和人口活动高度集中，每平方千米至少15万人。

（3）土地混合利用。在一个社区内的不同住宅、商业、工业、办公或其他土地利用的组合。在任何社区中，为经济用途分配的建筑面积至少应占40%。

（4）社会融合。在不同社区中，面向背景和收入水平不同的居民的不同价格范围和所有权类型的住房可获得性。低成本住房应占住宅建筑面积的20%—50%；每种所有权类型在总面积中的占比不超过50%。

（5）有限的土地利用专业化。单功能街区或社区的数量少。单功能街区在任何社区中的占比不超过10%。

公用城市空间的占比以及街道网、商业走廊和人行道的特征决定了一座城市的通过性；所以它们决定了城市的质量、街道生活的强度，以及居民之间的互动。街道和交通基础设施的空间总量还塑造了城市的连通性和可达性，进而影响了拥堵水平和空气质量。此外，城市的街道网还有提供城市基本服务的布局功能。它的质量决定了这些城市服务的可负担性。再者，质量优异的公共空间对城市宜居性的积极影响，让潜在买家愿意为城市土地花更多的钱，还促使地方政府通过为测绘区域和道路重新排序和安排，做好未来的城市规划。为确保优质街道模式和公共

---

① 联合国人居署（2014）《可持续住区规划的新策略：五项原则》，摘自《城市规划讨论说明3》。

② 例如，50%的公共空间不适用于贫民窟（贫民窟的改造必须是增量的），而适用于已建立的城市或正在规划的城市。

空间的发展，必须通过城市扩展初期的城市规划防止自发增长。

要防止城市肆意蔓延，并促进可持续的城市扩展，必须增加居民和经济活动的密度。与低密度相比，高密度具有以下经济、社会和环境效益。高效的土地利用减缓了城市肆意蔓延，因为高密度社区的单位面积能容纳更多的人。通过高密度发展，可以减少公共服务（如警察和应急响应、学校交通、道路、供水和污水处理）的发展成本。高密度发展能提高通过性和可达性，进而减少汽车依赖性和停车需求，并能协助提供高效的公共交通网。这能提高能源效率，减少污染。

在规划过程中，必须努力提高城市密度以满足上述公共空间的需求。所以，城市布局规划必须考虑目前和未来的交通与街道基础设施需求。城市密度不得超过基础设施的容纳能力、造成拥堵。反之，低密度基础设施的经济效益不高，导致基础设施使用不足。公共交通枢纽应位于有利位置，以捕捉城市密度、服务和城市设施的高峰。因此，必须在中心城区调整密度，并沿关键基础设施（即交通）走廊进行战略性增加。

关于城市规划的最新文献提出了一个与规章制度相结合的总体计划，而不是一个详细的总体计划，它在开发计划的早期阶段被概念化。城市扩展计划以总体计划为基础，其中补充的规章制度能随经济或环境情况的变化而改进和调整。街道网的定义是总体计划的关键要素，因为街道网（城市的骨架）决定了城市的布局。

富有成效的城市扩展取决于利益相关者在不同层面（从都市尺度的概念化到社区尺度的发展政策）整合空间规划和所有必要的城市基础设施政策的能力。快速城市化国家的总体计划往往只关注大尺度，但缺乏精细的细节层次，而这对城市生产力至关重要。地块尺寸的多样性对于支持充满活力和可持续的土地市场至关重要。地块是土地销售过程和土地产权结构的组成部分。因此，它们是城市经济市场依赖的基础之一。由于缺乏人力和技术资源，或艺术和设计概念的不同，发展中国家和新兴经济体目前大多数的城市化都以大地块为基础：超级街区导致城市结构缺乏密度和多样性。

为了避免这些问题，新城市主义理论提倡混合土地利用的核心理念。混合土地利用需要住宅、商业、工业、办公或其他土地利用的组合。要把不同的经济和住宅活动混合在一个社区,必须通过精心设计和管理,使它们协调一致,并以一种平衡的方式加以整合。

二 财务管理

城市扩展计划成功的第二个重要支柱是稳健的财务计划,即适当的预算编制、创收和支出管理。城市财政当局必须能将城市发展政策转化为健全的财政计划,并为执行这些计划创造收入。仔细编制预算是确保公共机构计划和基础设施得以维持和发展的必要条件。市政金融活动的目的应是防止流动性风险,减少对中央政府转移支付的依赖。[①]

要成功实施城市扩展计划,必须建立和制订适当的财务框架和治理方案,包括:市政当局资助和提供基础设施和计划的财政能力,市政当局实施和监督基础设施交付和计划的金融知识,职责清晰并具有足够的人力和财力来履行责任的有效机构,市政府提高财政收入的能力(如通过土地税和财产税),市政府与中央政府相比的高度自由。

随着历史的发展,政府的作用得到了越来越多的讨论,它们必须承担多少责任是一个大问题,此问题尚未得到解决,而且可能永远无法解决,因为这是一个偏好的问题。然而,地方政府的责任范围已经缩小,根据《市政财务指南》(2009),赋予地方政府的主要职责是,在所辖地理区域内向愿意支付费用的居民提供产品和服务。地方政府不应该采取稳定政策,因为没有货币工具,它们也不应把再分配作为重点,这将导致一种非一般均衡政策,因为人们经常从一个地方移居到另一个地方。

城市财政必须考虑两个有用的原则。辅助性原则(Barnett,1977)指出有效提供服务需要由最接近公民个人的政府做出决定。第二个原则与财政分权有关,这是一个将中央政府的财政责任转移到地方当局的概念,它迫使地方政府提供和资助越来越多的服务。

三 法律法规

规章制度对城市规划的实施起着至关重要的作用,它有助于塑造城市的形态和特征。根据支持城市扩展计划的规章制度的质量,以及地方

---

① 参阅联合国人居署(2009)和联合国人居署(2017)《城市领导者财务手册》。

法律框架的质量，与城市规划有关的规章制度可以支持或阻碍计划的实施和发展。如果不符合地方法律框架，遵循城市规划所有最佳实践的设计就无法实现。首先，必须特别注意城市规划所有组成部分的法律可行性和执行情况。支持城市规划实施的规章制度包括：容积率规定、阻碍规则、混合利用规定，以及关于地块大小、路口之间的最大距离、街道设计等的规定。

在判断一项法律的优劣时，不同的知识领域考虑不同的因素。但优良的法律或法律框架具有标志性的价值，Mousmouti 和 Crispi（2015）认为，这些要素包括：效力、效用、效率和简洁性。尽管不同的观点试图强调上述的某一种特征，但有一种是所有人都认可的，那就是：效用。在关于城市化法律的特殊情况下，要使法律有效，必须确立八个基础。符合作者上述观点的基础包括：法律必须符合城市现实；必须根据证据制定法律；受影响的人们应该有发言权来表达自己的立场；法律必须是简单和易于遵守的；法律必须容易获得；法律必须连贯一致；法律必须具有交付成果的能力；使立法质量成为制定和实施法律过程中的指导价值。

虽然理想的情况是在最直接的领土层面制定法律，并能根据具体情况修改规范，但它们在现实中却难以实现。必须考虑能在不符合预期（由辅助性原则确立）的层面上分配一些特定规范的因素，这些因素包括：规模经济、与国家机构相比的地方机构的发展、规范灵活性的理想水平等（Berrisford，2017）。举个例子，理想情况是在地方层面建立实物和财政地籍，以及高效、最新和公开的信息系统，但如果各地方政府分别获取的话，实现此目标的技术和物质基础设施的成本会十分高昂，因此这项工作通常是在国家层面完成的，因为它代表了国家专业化和节约的效率。

第四节　城市评估量表

在处理城市参数时，观测和分析尺度十分重要。本质上，城市与城市环境是高度异质性的区域，这里不仅活动异常密集，还有不同部门产生的中低强度的长尾效应。因此，必须小心处理平均数字，因为它们可能掩盖非常复杂的城市发展模式。本研究区分了可以评估城市的三个尺度：

（1）在中心城市尺度上，城市评估分析了城市的空间扩展。对该尺度的分析体现了城市的空间布局（通过区分农村和城市的土地利用）和人类活动（工业、办公、住宅），以及它们在城市组织和分布的方式。

（2）在地区尺度上，城市评估分析了街道和交通网的组织方式，以及城市便利设施（如公园、医院和学校）的分布方式。

（3）在社区尺度上，城市评估考虑了城市街区的形式与规模，以及它们划分成小区的方式。

本研究提出的指标旨在利用地方尺度实施：在衡量城市设计事务时，它们是指社区尺度和街区尺度。这样就能避免城市或地区平均值问题模糊的趋势，以及空间不匹配的现象。

评估政府在城市设计方面表现的系统方法，应依据所有参数都按照相同尺度衡量的数据；所以，城市区域可划分成500米×500米的网格，它们可作为社区尺度。在本报告提供的案例研究中，采用的布局依据了500米×500米的网格（约翰内斯堡）或采用了更详尽的网格（巴黎是200米×200米网格）。

为评估政府的财政管理表现和法律框架效率，获取社区尺度数据并不总是奏效或有用。规章制度通常在社区之间不存在差异；但城市地区之间可能存在差异。市政金融活动也常常发生在高于社区的层面。因此，指导原则应该是获取可能性和敏感性最低的尺度数据。提供的指标旨在评估城市扩展计划的资助情况。因此，它们不仅捕捉到城市扩展计划概念化和实施的特点，还包括构成城市扩展计划框架的组成要素，这再次解释了为何财务管理和法律框架领域的某些概念是以高于社区尺度的方式来衡量的。

表7-1显示了政府的不同角色，以及中央或联邦政府、大都会或区域政府、市政府的对应投资。城市扩展计划和城市填充规划与社区层面对应，而机场、水、电、能源基础设施，以及国家高速公路网属于中央政府。

表 7-1　　不同政府层面的投资与责任

投资	中央政府	大都会/区域政府	市政府
大型交通基础设施			
国家公路网（城外）	▲	△	△
国家公路网（穿过城市）	△		▲
本地公路网			
机场	△	△	
流体保护			△
饮用水		▲	△
电力		▲	
卫生			△
固体垃圾填埋		△	△
净化站		△	
小型基础设施网络			▲
道路			△
电力、排水、污水处理和配水		△	△
公共照明			
公共设施			△
主要设施（如医院）		▲	△
商业设施（如市场）			▲
社会服务设施（如学校）			▲
开发			
工业和商业区		△	△
住宅扩建		▲	▲
社区发展			▲

▲：大多数情况；

△：取决于具体情况或共同责任。

资料来源：根据 Paulais（2012）改编和补充。

第五节　竞争力和政策影响

生产力概念是竞争力的基础。竞争力是一个国家或城市达到的更高的生产力水平，它体现为收入的增加。但生产力是劳动力和资本的最佳组合，所以要使此概念成立，应包含土地和房地产市场。

土地和房地产市场有两个维度，中央政府负责经济支柱和大型基础设施的宏观规划，但关于城市扩展计划和填充计划的决策是地方政府做出的。所以，土地和地方财产也成为地方政府最大的内生财政来源。

在政策方面，城市需要建立和加强可持续城市化的核心条件，它们是法律法规、市政融资和城市规划与设计。规划、财政和法律法规是三管齐下法的基础。

当它们作为技术资源和城市资产出现时，地方政府就能建立更强大的城市系统，并在本地提供基本服务、水、能源和电力，并通过连接城市布局，使其对生产活动更友好，并提高人口和商品的机动性，最终完成更复杂的任务（如创造就业机会）。

参考文献

Alonso, William, and others. "Location and Land Use. Toward a General Theory of Land Rent." *Location and Land Use. Toward a General Theory of Land Rent.* 1964. http：//www.cabdirect.org/abstracts/19641802976.html.

Arbesman, Samuel, Jon M. Kleinberg, and Steven H. Strogatz. "Superlinear Scaling for Innovation in Cities." *Physical Review E*, Vol. 79, No. 1, 2009.

Barnett, Richard. "Subsidiarity, enabling government and local governance" In Urban governance and finance. —Montreal：Institute for Research on Public Policy, Vol. 2, No. 5, July 1997.

Bertaud, Alain. "Note on Urban Transport and Cities Spatial Structures." ABDCE Conference, April 2002.

Bettencourt, Luís M. A., José Lobo, Dirk Helbing, Christian Kühnert, and Geoffrey B. West. "Growth, Innovation, Scaling, and the Pace of Life in Cities." *Proceedings of the National Academy of Sciences*, Vol. 104, No. 17, 2007.

Bourdic, Loeiz. "Urban Density and Private Transport Energy Consumption-From Global Trends to Local Solutions." Center for Environmental Policy. London：Imperial College, 2011.

Carlino, Gerald A., Satyajit Chatterjee, and Robert M. Hunt. "Urban Density and the Rate of Invention." *Journal of Urban Economics*, Vol. 61, No. 3, Augustnod.

Cohen, Michael. "Aid, Density, and Urban Form: Anticipating Dakar." In*Urban Land Markets*, edited by Somik V. Lall, Mila Freire, Belinda Yuen, Robin Rajack, and Jean-Jacques Helluin, 385 – 97. Springer Netherlands. (http://link.springer.com/chapter/10.1007/978 – 1 – 4020 – 8862 – 9_15.)

Duranton, Gilles, and Diego Puga. "Micro-Foundations of Urban Agglomeration Economies." In*Handbook of Regional and Urban Economics*, edited by J. Vernon Henderson and Jacques-François Thisse, 2004.

Fernald, John. "Roads to Prosperity? Assessing the Link between Public Capital and Productivity." The American Economic Review. Vol. 89, No. 3, June, 1999.

Fujita, M., and J. -F. Thisse. "Economics of Agglomeration." *Journal of the Japanese and International Economies* Vol. 10, No. 4, 1996.

Gutman, Pablo. "Ecosystem Services: Foundations for a New Rural-urban Compact." *Ecological Economics*, Vol. 62, No. 4, Februray 2007.

Henderson, Vernon, Ari Kuncoro, and Matt Turner. "Industrial Development in Cities." *Journal of Political Economy*, Vol. 103, No. 5, 1995.

Jacobs, Jane, *The Death and Life of Great American Cities*. New York: Vintage Books, 1961.

Kahn, Matthew E. "Urban Growth and Climate Change." *Annual Review of Resource Economics*, Vol. 1, No. 1, 2009.

Knudsen, Brian, Richard Florida, Kevin Stolarick, and Gary Gates. "Density and Creativity in U. S. Regions." *Annals of the Association of American Geographers*, Vol. 98, No. 2, 2008.

Lobo, José; Bettencourt, Luis; Strumsky, Deborah & Geoffrey B. West. "The Economic Productivity of Urban Areas: Disentangling General Scale Effects from Local Exceptionality", SFI Working Paper, California US, September 2011.

Ni, Pengfei; Kamiya, Marco & Ruxi Ding *The Global Urban Competitiveness Report* 2017, Singapore, Springer, 2017.

Ni, Pengfei; Kresl, Peter & Wei Liu *The Global Urban Competitiveness Report* 2013, Cheltenham, Edward Elgard, 2013.

Ottensmann, John R. "Urban Sprawl, Land Values and the Density of Development." *Land Economics*, Vol. 13, No. 8, 1977.

Puga, Diego. "The Magnitude and Causes of Agglomeration Economies." *Journal of Regional Science*, Vol. 50, No. 1, 2010.

Rodriguez, Daniel A., and Carlos H. Mojica. "Land Value Impacts of Bus Rapid Transit: The Case of Bogota's TransMilenio." *Land Lines*, April. (http://trid.trb.org/view.aspx?id=850940.)

Rosenthal, Stuart S., and William C. Strange. "Evidence on the Nature and Sources of Agglomeration Economies." In*Handbook of Regional and Urban Economics*, edited by J. Vernon Henderson and Jacques-François Thisse, 2014. (http://linkinghub.elsevier.com/retrieve/pii/S1574008004800063.)

Ryan-Collies, Josh; Lloyd, Toby & Laurie Macfarlane. *Rethinking the Economics of Land and Housing* London: Zed Books, 2017.

Salat, S, and L Bourdic. "Land Use Intensification in Fine Grain Cities." Urban Morphology Institute Working Paper, 2014.

Spence, Michael, Patricia Clarke Annez, and Robert M. Buckley, eds. *Urbanization and Growth*. Washington, DC: World Bank Publications, 2008.

UN-Habitat, "Planned City Extensions: Analysis of Historical Examples." Nairobi, Kenya, 2015. (http://unhabitat.org/books/planned-city-extensions-analysis-of-historical-examples/.)

UN-Habitat, "A New Strategy of Sustainable Neighbourhood Planning: Five principles" Urban Planning Discussion Note 3. Nairobi, Kenya, 2014. (http://unhabitat.org/a-new-strategy-of-sustainable-neighbourhood-planning-five-principles/.)

World Bank, World Development Report 2003: Sustainable Development in a Dynamic World-Transforming Institutions, Growth, and Quality of Life-Overview, World Development Report, Washington, D. C. : World Bank, 2009.

World Bank, World Development Report 2009: Reshaping Economic Geography, World Development Report. Washington, D. C.: World Bank, 2009.

World Bank, Planning, Connecting, and Financing Cities—Now: Priorities for City Leaders. Washington, DC: World Bank, 2009.

World Bank, "Urbanization beyond Municipal Boundaries: Nurturing Metropolitan Economies and Connecting Peri-Urban Areas in India," February 2013. (https://openknowledge.worldbank.org/handle/10986/13105.)

World Economic Forum Global Competitiveness Report. Davos, Switzerland, 2015. (http://www.weforum.org/.)

第三部分　分项报告

第 八 章

全球城市综合经济竞争力报告2017—2018

李 博 刘笑男

第一节 全球城市经济竞争力格局与发现

在新兴市场国家的带动下,全球经济与贸易形势有所好转,世界经济发展环境也出现一些改善,但贸易保护主义、逆全球化思潮、地缘政治等问题仍在不时地搅动着本就脆弱的全球经济环境稳定性。在日趋复杂的全球发展背景下,确保经济发展的稳定性与可持续性便成为各国发展的第一要务,因此作为全球经济的主要载体,城市的经济发展与经济竞争力的提升也成为世界各国竞争的焦点。全球城市竞争力项目组(GUCP)自2005年以来始终密切跟踪全球城市发展的前沿,持续研究与发表《全球城市经济竞争力》(双年度)报告(后文简称《报告》),力求为全球城市的健康发展提供有益参考。

相比于2011—2012年以及2013—2014年的《报告》,本次《报告》将所观测与分析的样本城市由500座大幅提升至1007座,基本涵盖了全球人口在50万人以上的全部世界主要城市。同时,本次《报告》将以往《报告》中测算的全球城市竞争力指数进一步分解为全球城市经济竞争力指数与全球城市可持续竞争力指数,指标体系也进行了较大幅度的对应性调整。

特别是本次《报告》中的全球城市经济竞争力指数,其指标体系构建与测算突出现实性,用经济密度与增量两个指标构成最为精简、最具代表性的指标体系,抓住城市经济竞争力的重要内涵,从现实产出结果的角度而非潜在产出能力的角度评价一个城市竞争力的大小,并采用大都市区(Metro)的空间尺度与口径。这一做法明显不同于国内外其他一些研究机构的评价与衡量过程,从而刷新了人们目前对于全世界城市排名地位的认知情况。

一 在不均衡中的全球城市经济竞争力

全球城市经济竞争力指数整体偏低,经济高度集中于少数城市。全球城市经济竞争力指数由全球城市 GDP 五年增量与城市地均 GDP 两个二级指标经加权计算与标准化处理而成,指标值越大代表城市经济竞争力越强。从统计结果看,2015 年全球 1007 个样本城市的 GDP 总量约为 47 万亿美元,占全球 GDP 总量 74 万亿美元的 63.5%,全部样本城市的经济竞争力指数均值为 0.338,中位数为 0.294,低于均值的城市数量达到 593 座,占样本城市总量的 58.9%,表明全球城市的经济竞争力指数整体偏低,世界经济整体高度集中于少数国家的城市。进一步考察度量全球城市经济竞争力差异程度的统计指标可以发现,全球城市经济竞争力的标准差为 0.193,变异系数为 0.571,基尼系数为 0.317,泰尔指数为 0.158,表明各城市的经济竞争力之间存在较大的差异。

表 8-1　　　　全球城市经济竞争力指数分析:世界城市

范围	样本数	均值	中位数	标准差	变异系数	基尼系数	泰尔指数
世界城市	1007	0.338	0.294	0.193	0.571	0.317	0.158

资料来源:中国社会科学院城市与竞争力指数数据库。

从图 8-1 可以更为清晰地观察到全球城市经济竞争力指数的分布特征,即经济竞争力在全球城市间的分布存在一定程度的右偏现象,说明较多城市处于经济竞争力水平较低的区域,总体并不服从正态分布,进一步验证了整体城市经济竞争力水平较低、城市间差异较大的结论。

十强城市中,美国优势明显,中国迅速崛起。根据测算,在全球城市经济竞争力指数排名中,纽约、洛杉矶、新加坡、伦敦、旧金山位居前五。在排名前十的城市中,北美洲有 5 座城市入围,占据了半壁江山,

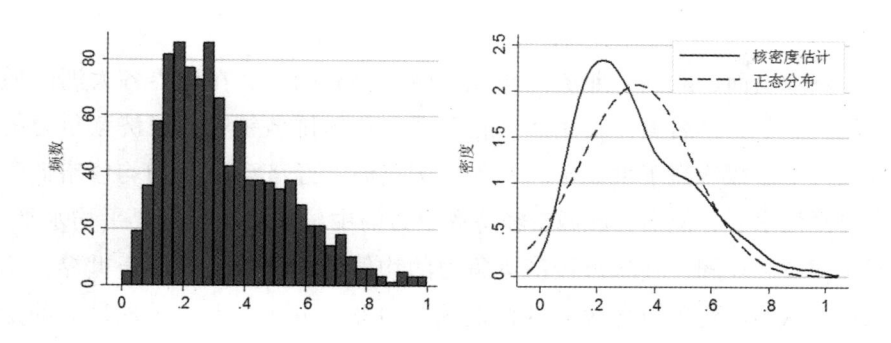

图 8-1　全球城市经济竞争力指数：直方图与核密度图

资料来源：中国社会科学院城市与竞争力指数数据库。

亚洲占据 3 席，欧洲占据 2 席，其他各洲均无城市进入前十。从排名前 20 的城市看，北美洲有 9 座城市入围，亚洲和欧洲则各占 8 席与 3 席。从国家层面看，美国是进入前 20 强城市最多的国家，共有 9 座城市的经济竞争力指数排名进入前 20，表明尽管经历次贷危机、产业空心化、贸易赤字等问题的困扰，美国作为传统经济强国仍然实力强劲。而中国则有 5 座城市入围，成为进入前 20 城市数量仅次于美国的国家，表明中国借助经济结构转型升级、宏观经济政策协调，以及互联网等新技术与经济的融合发展，正在成为逐渐崛起的新兴实力国家。

表 8-2　全球城市经济竞争力排名世界前二十的城市

排序	城市	经济竞争力	国别	大洲	排序	城市	经济竞争力	国别	大洲
1	纽约	1.000	美国	北美洲	11	休斯敦	0.900	美国	北美洲
2	洛杉矶	0.999	美国	北美洲	12	香港	0.887	中国	亚洲
3	新加坡	0.971	新加坡	亚洲	13	首尔	0.848	韩国	亚洲
4	伦敦	0.958	英国	欧洲	14	上海	0.837	中国	亚洲
5	旧金山	0.941	美国	北美洲	15	广州	0.835	中国	亚洲
6	深圳	0.934	中国	亚洲	16	迈阿密	0.816	美国	北美洲
7	东京	0.920	日本	亚洲	17	芝加哥	0.815	美国	北美洲
8	圣何塞	0.916	美国	北美洲	18	波士顿	0.812	美国	北美洲
9	慕尼黑	0.905	德国	欧洲	19	都柏林	0.811	爱尔兰	欧洲
10	达拉斯	0.903	美国	北美洲	20	北京	0.810	中国	亚洲

资料来源：中国社会科学院城市与竞争力指数数据库。

洲际层面，欧洲、北美洲领先，南北差异明显。在世界各大洲的城市经济竞争力排名中，大洋洲、北美洲、欧洲排名领先，经济竞争力的均值与中位数均高于世界平均水平。南美洲的经济竞争力的均值略低于世界平均水平，但南美洲城市经济竞争力的中位数略高于世界平均水平。至于亚洲和非洲，其城市经济竞争力的均值和中位数，都低于世界平均水平。从经济竞争力指数全球百强城市的洲际分布来看，表现最好的是北美洲、亚洲和欧洲，分别有39个、32个和26个城市进入全球百强，占各自城市样本的29.55%、5.68%和20.47%；亚洲样本城市最多，占全样本城市的一半以上，但仅有32个城市进入全球百强，占比仍然较低。因此，从进入百强城市的数量来看，世界经济竞争力的先锋和重心都集中在北半球，相比之下，南半球要落后很多，尤其是南美洲和非洲在经济竞争力方面均无城市进入百强。大洋洲虽然入选世界百强城市的比例最高，但样本城市较少，有3个城市进入百强，数量方面比较靠后。

表8-3　　全球城市经济竞争力指数洲际情况及百强城市占比

范围	样本数	均值	中位数	百强城市数量	百强城市占比	最大值 城市	指数	世界排名
亚洲	563	0.303	0.277	32	5.68%	新加坡	0.971	3
欧洲	127	0.438	0.455	26	20.47%	伦敦	0.958	4
非洲	104	0.178	0.169	0	0.00%	的黎波里	0.452	262
大洋洲	7	0.606	0.603	3	42.86%	珀斯	0.733	39
北美洲	132	0.509	0.533	39	29.55%	纽约	1.000	1
南美洲	74	0.322	0.310	0	0.00%	布宜诺斯艾利斯	0.577	131

资料来源：中国社会科学院城市与竞争力指数数据库。

亚洲内部差异较大，各大洲之间差异不容忽视。从反映全球城市经济竞争力指数差异的指标来看，多数指标的排序显示，大洋洲和南美洲城市的经济竞争力差异相对较小，而非洲与亚洲城市的经济竞争力差异则相对较大。

表 8-4　　全球城市经济竞争力指数分析：世界与六大洲

范围	变异系数	基尼系数
世界	0.571	0.317
亚洲	0.560	0.304
欧洲	0.460	0.262
非洲	0.595	0.333
大洋洲	0.127	0.066
北美洲	0.387	0.220
南美洲	0.324	0.183

资料来源：中国社会科学院城市与竞争力指数数据库。

进一步根据六大洲对全球1007个城市分组并进行泰尔指数分解，考察总体城市经济竞争力差异的结构，可以发现，亚洲、欧洲与北美洲内部城市经济竞争力之间的差异占总体差异的比重较高，分别为46.31%、11.68%和9.61%，而大洋洲、南美洲内部的差异占比则较低，总体而言，各大洲内部的城市经济竞争力差异占比总和为75.97%，然而各大洲之间的城市经济竞争力差异占总体差异的比重达到了24.03%，也不容忽视。

表 8-5　　全球六大洲城市经济竞争力差异泰尔指数分解　　单位:%

组别	区域内							区域间
	亚洲	欧洲	北美洲	非洲	南美洲	大洋洲	合计	
差异占比	46.31	11.68	9.61	6.03	2.29	0.00	75.97	24.03

资料来源：中国社会科学院城市与竞争力指数数据库。

欧美国家城市群经济发展平衡，发展中国家集中在中心城市。在几个重要城市群对比中，美国、德国和英国城市群经济竞争力明显突出，城市经济竞争力指数均值基本都在0.32以上且水平划一，表明传统发达国家城市群经济实力依旧雄厚。中印等新兴经济体城市群虽然规模较大、城市数量较多，但经济竞争力主要集中在中心城市，其他多数城市经济

表8-6　全球主要城市群经济竞争力指数统计比较

城市群	国家	城市数量	均值	变异系数	百强城市数量	百强城市占比	排名首位城市	首位城市指数	首位城市排名	末位城市指数	末位城市排名	除首位城市指数均值
美国东北部	美国	11	0.703	0.193	8	72.73%	纽约	1.000	1	0.546	157	0.674
美国中西部	美国	13	0.647	0.133	7	53.85%	芝加哥	0.815	17	0.529	178	0.633
伦敦-利物浦	英国	8	0.620	0.242	3	37.50%	伦敦	0.958	4	0.500	212	0.572
长三角	中国	26	0.504	0.312	5	19.23%	上海	0.837	14	0.234	644	0.491
珠三角	中国	13	0.468	0.504	3	23.08%	深圳	0.934	6	0.211	702	0.429
京津冀	中国	10	0.438	0.482	2	20.00%	北京	0.810	20	0.216	682	0.397
班加罗尔	印度	5	0.324	0.167	0	0.00%	班加罗尔	0.404	319	0.280	547	0.304
莱茵-鲁尔	德国	4	0.703	0.056	4	100.00%	杜塞尔多夫	0.733	38	0.645	87	0.693

数据来源：中国社会科学院城市与竞争力指数数据库。

竞争力水平较低，变异系数较大。相比之下，美国东北部城市群内部城市发展相对均衡，中心城市纽约经济竞争力全球领先，其他城市经济竞争力指数也并未被拉开过大差距。中国和印度城市群经济竞争力指数出现了明显的中心-外围模式，城市群中心城市突出，其他城市与之差距较大，城市群发展有所失衡。

二　全球城市竞争力前十强的格局变化

将本次《报告》与近几次报告的前十名城市排序结果加以对照，尽管本次《报告》的城市经济竞争力评估体系和测算方法与往年《报告》相比有一定更新和调整而使结果不具有直接可比性，也能从不同角度与层面发现全球城市竞争力特别是经济竞争力的格局变化。

根据表8-7可以发现，三次评价均在前十的城市只有纽约、新加坡、伦敦、东京四座，其中除纽约市排名有所波动外，其余城市排名均有所下降。本次《报告》前十城市中新增的六座城市，洛杉矶与旧金山均在2011—2012年度前十排名中出现，而余下的深圳、圣何塞、慕尼黑以及达拉斯四座城市则为本次报告中新进入前十的城市。

表8-7　近三次全球城市（经济）竞争力指数前十情况

2011—2012年度全球城市竞争力指数	排序	2013—2014年度全球城市竞争力指数	排序	本次全球城市经济竞争力指数	排序
纽约	1	伦敦	1	纽约	1
伦敦	2	纽约	2	洛杉矶	2
东京	3	东京	3	新加坡	3
巴黎	4	巴黎	4	伦敦	4
旧金山	5	新加坡	5	旧金山	5
芝加哥	6	香港	6	深圳	6
洛杉矶	7	上海	7	东京	7
新加坡	8	北京	8	圣何塞	8
香港	9	悉尼	9	慕尼黑	9
首尔	10	法兰克福	10	达拉斯	10

三 新兴市场城市追赶压力较大，需挖掘城市群与驱动因素的力量

近海城市竞争力较高，新兴市场城市追赶压力较大。将全球 1007 个城市的经济竞争力按照高低分档绘制在世界地图之上（图 8-2），可以更为清晰地看出全球城市经济竞争力的分布格局。一方面，近海城市的经济竞争力普遍高于内陆地区，无论是北美洲、欧洲，还是亚洲、大洋洲，乃至非洲与大洋洲，代表城市经济竞争力指数较高的圆圈（如最大圆圈与次大圆圈）往往出现在临近海洋的地方，而经济竞争力指数较低水平的最小圆圈与次小圆圈。这表明传统依靠海洋航运所形成的国际贸易网络与全球分工网络决定了当今的世界经济格局，并仍然在发挥重要作用，位于上述网络重要节点的城市则往往能够形成相对于内陆城市而言更高的经济竞争力。另一方面，应当看到，随着新兴市场国家经济的崛起，其很多城市的经济竞争力正在迎头赶上，并且随着以中国为代表的区域性重大经济战略的实施，近海地区城市的经济竞争力正在开始向内陆地区城市辐射，但总体而言，无论是内陆城市，还是新兴市场国家城市，其经济竞争力与重要的传统近海城市之间仍然存在一定的差距，追赶的压力仍然较大。

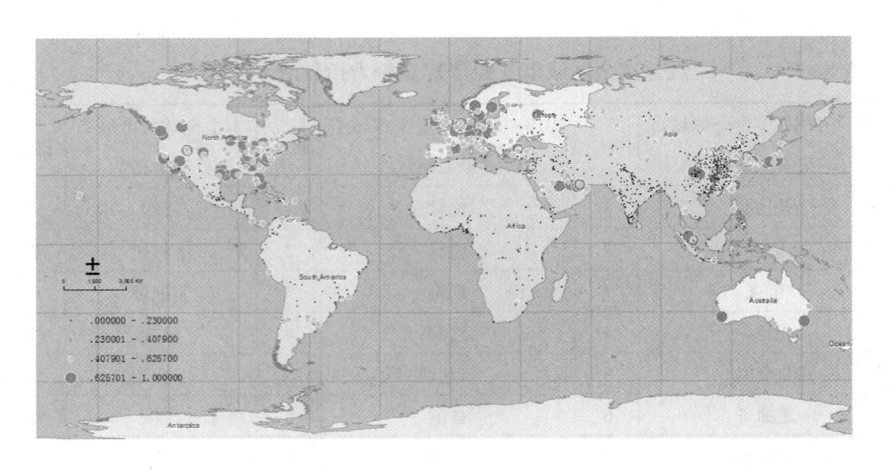

图 8-2　全球城市经济竞争力分布地图

数据来源：中国社会科学院城市与竞争力指数数据库。

经济竞争力相近城市毗邻聚集，突显城市群发展的重要性。根据

Moran's I 指数的分析结果，Moran's I 指数为 0.657，P 值小于 0.0001，显著为正。这表明全球 1007 个城市的经济竞争力之间存在显著的空间正自相关关系，即相邻城市的经济竞争力存在正的溢出效应，而经济竞争力水平越高的城市，其周围相邻较近城市的经济竞争力水平也越高。上述规律，从 Moran 散点图中也可得到相应验证，即多数城市聚集在呈现正自相关的一、三象限，表明城市竞争力存在空间正自相关性。由于相邻城市之间空间溢出效应的存在，以城市群为单位发展经济可以更好地提高城市经济竞争力的整体水平，从而避免单一城市发展受到周边城市的消极影响。

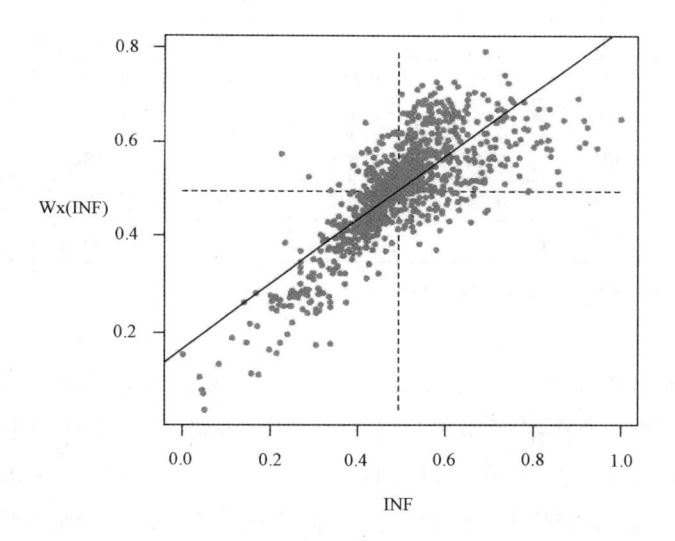

图 8-3　全球城市经济竞争力指数：Moran 散点图

数据来源：中国社会科学院城市与竞争力指数数据库。

城市经济竞争力梯队效应明显，各等级差异存在分化现象。根据城市等级的划分（参见第一章），可以把 1007 个城市划分为 10 个组别，考察各组城市经济竞争力的统计指标可以发现，较多城市处于较低等级，其中第八等级城市共有 99 座，第九等级城市共 400 座，而第十等级城市共 397 座。各组别城市经济竞争力的均值与中位数差异较为均匀，没有存在较为明显的组别间跳断现象，表明各城市经济竞争力之间存在较为明显的梯队效应。进一步考察反映差异的统计指标可以发现，多数指标反映出较低等级城市之间的经济竞争力存在较大差异，而等级较高城市间的经济竞争力差异反而较小，表明等级城市之间的经济竞争力差异存在一定的分化现象。

表8-8 不同等级城市的经济竞争力统计指标情况

新等级	样本数	均值	中位数	标准差	变异系数	基尼系数
1	2	0.979	0.979	0.030	0.030	0.011
2	5	0.943	0.941	0.044	0.047	0.024
3	16	0.790	0.811	0.090	0.114	0.061
4	11	0.762	0.781	0.078	0.102	0.055
5	11	0.731	0.729	0.080	0.109	0.051
6	36	0.659	0.661	0.083	0.125	0.069
7	55	0.596	0.593	0.078	0.131	0.073
8	96	0.499	0.515	0.091	0.182	0.103
9	388	0.341	0.332	0.103	0.304	0.172
10	387	0.175	0.170	0.071	0.406	0.230

资料来源：中国社会科学院城市与竞争力指数数据库。

提升经济竞争力与缩小差异成为金砖国家追赶发达国家的关键。分别计算1007个样本城市中属于金砖国家的城市以及属于七国集团的城市的各主要统计指标可以发现（表8-9），金砖国家城市的经济竞争力无论是均值还是中位数均远远低于七国集团成员国的城市，表明与传统经济强国相比，以金砖国家为代表的新兴市场国家在总体经济规模与对全球经济增长的贡献方面正在扮演越来越重要的角色，但其城市经济竞争力仍然明显落后于传统发达国家。众所周知，城市是现代文明的主要载体，对于科技创新、产业升级与财富聚集方面都发挥举足轻重的作用。某种意义上讲，城市经济竞争力的差距正是反映了金砖国家在经济发展质量方面的不足与短板，也是未来亟须着力提升的方面。

表8-9　　　全球城市经济竞争力指数分析：各种国家组织

范围	样本数	均值	中位数	标准差	变异系数	基尼系数	泰尔指数
金砖国家	463	0.296	0.276	0.150	0.508	0.272	0.119
七国集团成员	141	0.602	0.584	0.143	0.237	0.132	0.027

资料来源：中国社会科学院城市与竞争力指数数据库。

当地需求、基础设施，以及科技创新指数是对全球城市经济竞争力提升影响作用较高的驱动性因素。为了进一步探索驱动全球城市经济竞争力的影响因素及其相对作用大小，这里采用回归方法对1007个全球样本城市的经济竞争力与包括金融服务指数、科技创新指数、产业体系指数、人力资源指数、当地需求指数、营商成本指数、营商环境指数、基础设施指数、生活成本指数在内的主要解释性因素指标进行分析。

从回归结果可以发现（表8-10），除金融服务指数对城市经济竞争力具有正"U"形的作用之外，其他各指标均对城市经济竞争力具有显著的正向作用。按照解释变量与被解释变量的关联度的强弱，除金融服务指数外，由高到低进行排序依次为：当地需求指数、基础设施指数、科技创新指数、产业体系指数、营商成本指数、生活成本指数、营商环境指数，以及人力资源指数。由此可知，当地需求、基础设施以及科技创新指数是影响城市经济竞争力的较为关键性要素。而金融服务指数的正"U"形作用则表明，只有当一个城市的金融服务达到一定水平的门槛之后，才会对其经济竞争力产生显著的积极作用。

上述结果为进一步理解全球城市经济竞争力的提升指出了方向，即应当按照详细分析全球城市在各解释性因素方面的分布状况与规律，并根据各因素的作用特点及相对重要性，有重点地驱动全球城市经济竞争力快速提升。因此本报告在之后的章节中将对上述解释性指标按部分展开详细分析，其中，由于科技创新指数已在可持续竞争力报告中加以阐述，本报告中不再赘述。

表 8-10　全球经济竞争力与解释性指标的回归分析结果

解释性指标	系数	t 值
金融服务指数	-0.603***	-5.645
金融服务指数（二次项）	0.350***	2.638
科技创新指数	0.158***	6.854
产业体系指数	0.142***	3.919
人力资源指数	0.048*	1.906
当地需求指数	0.709***	20.152
营商成本指数	0.134***	6.858
营商环境指数	0.065***	2.667
基础设施指数	0.267***	8.744
生活成本指数	0.080***	3.968
常数项	-0.227***	-12.355
样本容量	1007	—

*$P<0.1$，**$P<0.05$，***$P<0.01$

资料来源：中国社会科学院城市与竞争力指数数据库。

第二节　全球城市金融服务指数分析

一　亚洲城市金融发展相对滞后成为发展的制约因素

全球金融活动集中于少数城市，整体水平较低。全球城市金融服务指数由全球城市前50大银行分布、银行分支机构数量以及交易所指数三个二级指标加权计算与标准化处理而成，指标值越大代表城市金融服务水平越高。从测算结果看（表8-11），全部样本城市的金融服务指数均值为0.166，中位数为0.151，低于均值的城市数量达到590座，占样本城市总量的58.6%，反映出全球城市的金融服务活动整体高度集中于少数国家的城市，因此导致指数整体水平偏低。进一步考察度量全球城市金融服务差异程度的统计指标可以发现，全球城市金融服务的标准差为0.081，变异系数为0.490，基尼系数为0.243，泰尔指数为0.104，表明各城市的金融服务之间存在着一定的差异。

表8-11　　　　　　全球城市金融服务指数分析：世界城市

范围	样本数	均值	中位数	标准差	变异系数	基尼系数	泰尔指数
世界城市	1007	0.166	0.151	0.081	0.490	0.243	0.104

资料来源：中国社会科学院城市与竞争力指数数据库。

从图8-4可以更为清晰地观察到全球城市金融服务指数的分布特征，即全球城市金融服务指数总体分布明显存在右偏，同时均值的位置较低，说明较多城市处于金融服务水平较低的区域，这进一步验证了整体城市金融服务水平较低的结论。

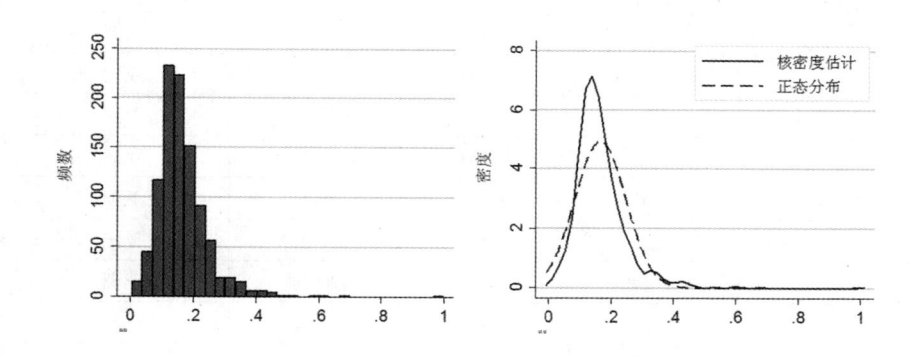

图8-4　全球城市金融服务指数：直方图与核密度图

资料来源：中国社会科学院城市与竞争力指数数据库。

十强城市中，纽约位居第一，中国城市迅猛提升。根据测算（表8-12），在全球城市金融服务指数排名中，纽约、伦敦、东京、香港、上海位居前五。在排名前十的城市中，纽约位居第一，是北美洲唯一入围的城市。亚洲有七座城市入围，占据了绝对多数，欧洲有伦敦和巴黎入选，占据两席，其他各洲均无城市进入前十。这一结果表明，尽管北美与欧洲老牌强国的城市在金融方面仍然具有相当的实力，但亚洲国家城市的金融服务正在迅速崛起，从数量与质量上都位居世界前列。从国家层面看，美国与英国虽然仅各有一座城市的金融服务指数进入全球前十，但纽约与伦敦两个城市分别位居于前两位，特别是纽约的金融服务指数远高于第二位伦敦，更高于其他城市，表明美国作为全球经济霸主，其城市在金融方面仍然具有其他国家的城市难以企及的高度。而英国作为前世界经济霸主,在金融服务方面也具有相当的比较优势。但与此同时,还应当看到,中国作为世界上最大的发展中国家,有香港、上海、北京三座城市排名进入了世界城市金融服务的前十位,表明中国的核心城市金融服务水平正在迅猛提升,逐渐与其经济实力以及其在世界经济中的地位相匹配。

表8-12　　　　　全球城市金融服务指数排名前十的城市

排序	城市	金融服务指数	国别	大洲
1	纽约	1.000	美国	北美洲
2	伦敦	0.679	英国	欧洲
3	东京	0.603	日本	亚洲
4	香港	0.600	中国	亚洲
5	上海	0.534	中国	亚洲
6	孟买	0.474	印度	亚洲
7	北京	0.449	中国	亚洲
8	新加坡	0.447	新加坡	亚洲
9	巴黎	0.445	法国	欧洲
10	首尔	0.444	韩国	亚洲

资料来源:中国社会科学院城市与竞争力指数数据库。

洲际层面,亚洲城市金融发展相对滞后成为发展的制约因素。在世界各大洲的城市金融服务排名中,大洋洲、北美洲、欧洲、南美洲排名较为领先,其金融服务的均值、中位数均高于世界平均水平。亚洲和非洲的金融服务的均值与中位数则都略低于世界平均水平。尤其对于亚洲而言,其金融服务的整体水平不甚理想。由于历史与现实的原因,亚洲城市之间金融协调合作水平不高,导致其抵御金融风险的能力不强,同时也抑制了经济主体的融资需求,从而对亚洲城市的整体经济发展形成了制约。从金融服务指数全球百强城市的洲际分布来看,亚洲共有34座城市进入全球百强,但亚洲样本城市最多,占全样本城市的一半以上,因此进入百强的城市仅为6.04%。其次是北美洲,共有26座城市进入全球百强,占其城市样本数量的19.70%。欧洲则共有22座城市进入百强,占其样本数量的17.32%。因此,从进入百强城市的数量来看(表8-13),世界金融服务的重要节点都集中在北半球。相比之下,南半球相对落后,南美洲表现尚可,有14座城市进入百强,占其城市样本的18.92%,而非洲在金融服务方面只有两座城市进入百强。大洋洲虽然入选世界百强城市的比例较高,但样本城市较少,有两座城市进入百强,数量方面排名比较靠后。

表8-13 全球城市金融服务指数洲际情况及百强城市占比

范围	样本数	均值	中位数	变异系数	百强城市数量	百强城市占比	最大值 城市	最大值 指数	最大值 世界排名
亚洲	563	0.148	0.134	0.465	34	6.04%	东京	0.603	3
欧洲	127	0.205	0.189	0.424	22	17.32%	伦敦	0.679	2
非洲	104	0.117	0.105	0.481	2	1.92%	约翰内斯堡	0.340	36
大洋洲	7	0.262	0.239	0.318	2	28.57%	悉尼	0.416	15
北美洲	132	0.218	0.196	0.445	26	19.70%	纽约	1.000	1
南美洲	74	0.197	0.177	0.314	14	18.92%	波哥大	0.400	18

资料来源:中国社会科学院城市与竞争力指数数据库。

中心城市金融服务辐射带动能力较弱导致中国城市群的金融服务水平不高。在几个重要城市群对比中(表8-14),美国和英国城市群金融服务明显突出,城市金融服务指数均值基本都在0.240以上,表明传统发达国家城市群在金融服务方面依旧较为领先。反观新兴经济体城市群的金融服务水平,却出现分化,印度城市群的金融服务水平较高,而中国3个城市群的金融服务水平则普遍不高。从反映差异水平的变异系数角度看,无论发达国家城市群还是新兴经济体城市群均出现群内城市金融服务水平差异较大的问题,呈现出金融服务方面的中心—外围模式,反映金融服务的空间特征,同时也表明金融服务高的城市对于城市群整体的辐射带动作用,相较而言,德国城市群的金融服务水平较为平均。

表8-14　全球主要城市群金融服务指数统计比较

城市群	国家	城市数量	均值	变异系数	百强城市数量	百强城市占比	排名首位城市	首位城市指数	首位城市排名	末位城市指数	末位城市排名	除首位城市指数均值
美国东北部	美国	11	0.326	0.711	5	45.45%	纽约	1.000	1	0.195	253	0.259
美国中西部	美国	13	0.248	0.281	3	23.08%	芝加哥	0.410	17	0.164	424	0.234
伦敦-利物浦	英国	8	0.275	0.622	2	25.00%	伦敦	0.679	2	0.164	422	0.217
长三角	中国	26	0.164	0.543	1	3.85%	上海	0.534	5	0.091	929	0.149
珠三角	中国	13	0.180	0.478	2	15.38%	广州	0.343	32	0.061	989	0.166
京津冀	中国	10	0.185	0.583	2	20.00%	北京	0.449	7	0.109	828	0.156
班加罗尔	印度	5	0.231	0.279	2	40.00%	班加罗尔	0.309	55	0.158	455	0.211
莱茵-鲁尔	德国	4	0.217	0.156	1	25.00%	汉堡	0.262	91	0.188	289	0.202

资料来源：中国社会科学院城市与竞争力指数数据库。

二 全球城市金融服务与经济竞争力发展失调

金融服务水平对全球城市的经济竞争力具有显著辐射带动作用。如图8-5所示,全球城市金融服务水平的分布格局与全球城市经济竞争力的分布格局具有较高程度的重合性与一致性,即近海城市的金融服务水平普遍高于内陆地区城市,同时经济竞争力较强的北美洲、欧洲等地区的金融服务水平也较高。这一方面反映了金融服务水平对于城市经济竞争力的支撑作用,另一方面也反映出全球金融中心的分布是与传统世界经济分工格局相适应的。

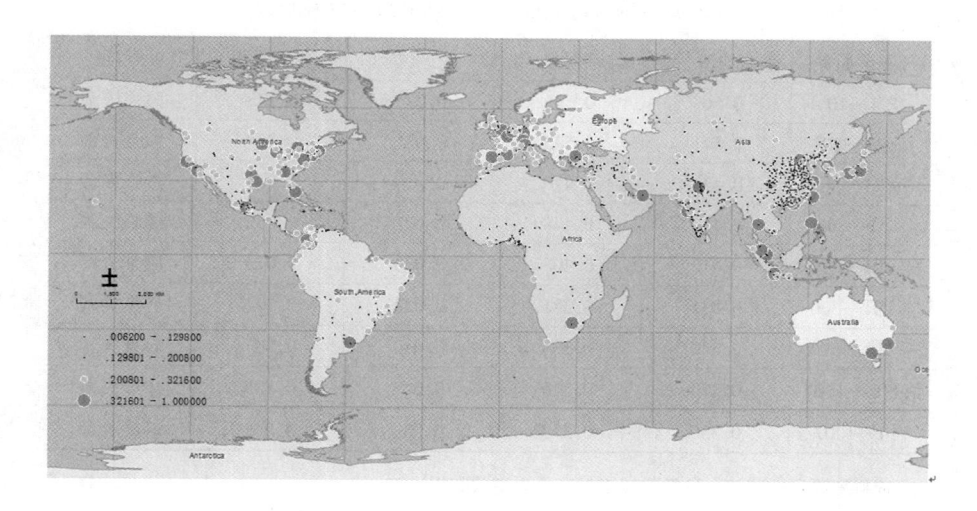

图8-5 全球城市金融服务分布地图

数据来源:中国社会科学院城市与竞争力指数数据库。

全球城市金融服务与经济竞争力存在发展失调的问题。从全球1007个样本城市经济竞争力指数与金融服务之间的耦合协调度的相关统计情况看(表8-15),各城市的经济竞争力与金融服务的耦合协调度均值和中位数分别为0.330和0.318,整体上存在轻度失调的问题。对经济竞争力排名前十的城市而言,其耦合协调度的均值和中位数平均分别为0.563和0.555,表明其经济竞争力与金融服务之间仅为勉强协调。对于排名在第11—20位的城市而言,其耦合协调度的均值和中位数平均为0.541和

0.535，也属于勉强协调的范畴。而对经济竞争力排名在第 21—200 位的城市而言，其耦合协调度则处于濒临失调的状态。排名在第 201—300 位的城市其耦合协调度则处于轻度失调的状态。而排名在第 501—1007 位的城市则处于中度失调的状态。总体上看，全球 1007 个样本城市经济竞争力指数与金融服务指数的轻度失调，并且随着城市经济竞争力水平的降低，失调的情况会更加严重，因此全球各城市需要大力发展金融服务产业，使其与经济发展水平相匹配，从而对经济竞争力的提升发挥积极作用。

表 8-15　　全球城市耦合协调度：经济竞争力与金融服务

与金融服务	均值	中位数	标准差	变异系数	解读
第 1—10	0.563	0.555	0.075	0.133	勉强协调
第 11—20	0.541	0.535	0.031	0.057	勉强协调
第 21—50	0.477	0.470	0.030	0.064	濒临失调
第 51—100	0.450	0.448	0.028	0.062	濒临失调
第 101—200	0.412	0.408	0.030	0.073	濒临失调
第 201—300	0.382	0.381	0.028	0.074	轻度失调
第 301—500	0.340	0.338	0.030	0.087	轻度失调
第 501—1007	0.270	0.276	0.047	0.175	中度失调
第 1—1007	0.330	0.318	0.082	0.248	轻度失调

资料来源：中国社会科学院城市与竞争力指数数据库。

第三节　全球城市产业体系指数分析

一　发达国家城市群产业体系活力较强，产业体系城市群效应明显

全球城市产业体系水平良莠不齐，整体集中于少数城市。全球城市产业体系指数由全球城市生产性服务业跨国公司分布和世界前 50 位科技企业分布两个二级指标加权计算与标准化处理而成，指标值越大代表城市产业体系水平越高。从测算结果看（表 8-16），全部样本城市的产业体系指数均值为 0.063，中位数为 0.016，低于均值的城市数量达到 766 座，占样本城市总量的 76.1%，反映出全球城市的产业体系活动整体高

度集中于少数国家的城市,因此导致指数整体水平偏低。进一步考察度量全球城市产业体系差异程度的统计指标可以发现,全球城市产业体系的标准差为0.120,变异系数为1.905,基尼系数为0.704,泰尔指数为0.910,表明各城市的产业体系之间存在着一定的差异。

表8-16　　　　全球城市产业体系指数分析:世界城市

范围	样本数	均值	中位数	标准差	变异系数	基尼系数	泰尔指数
世界城市	1007	0.063	0.016	0.120	1.905	0.704	0.910

资料来源:中国社会科学院城市与竞争力指数数据库。

从图8-6可以更为清晰地观察到全球城市产业体系指数的分布特征,即产业体系指数在全球城市间的分布存在非常明显的右偏现象,说明较多城市处于产业体系指数水平较低的区域,总体并不服从正态分布,表明整体城市产业体系指数水平极低,城市间差异较大。

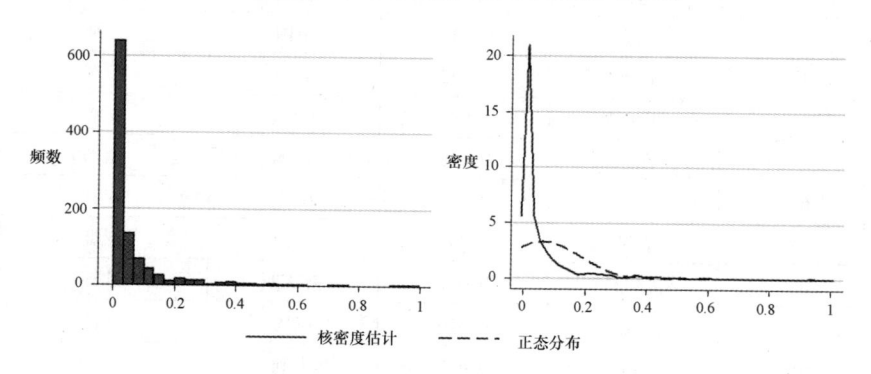

图8-6　全球城市产业体系指数:直方图与核密度图

资料来源:中国社会科学院城市与竞争力指数数据库。

十强城市中,亚洲城市异军突起,中国强势崛起。根据测算(表8-17),在全球城市产业体系指数排名中,纽约、北京、伦敦、新加坡、东京位居前五。在排名前十的城市中,纽约位居第一,是北美洲唯一入围的城市。亚洲有六座城市入围,占据了绝对多数,欧洲有伦敦和莫斯科入选,占据两席,大洋洲有悉尼一座城市进入前十,其他各洲均无城市入围。这一结果表明,尽管北美洲与欧洲老牌强国的城市在高科技产业与生产性服务业方面仍然具有相当的实力,但亚洲国家城市的产业体系正在转型升级的路上迅猛发展,从数量与质量上都位居世界前列,具备了雄厚实力。从国家层面看,美国与英国虽然仅各有一座城市的产业体系指数进入全球前十,但纽约与伦敦两个城市分别位居于第一位和第三位,表明美英作为传统全球产业强国,在高端产业领域仍然具有一定优势。但同时还应当看到,中国城市的产业发展取得了长足进展,共有北京、上海、香港三座城市排名进入了世界城市产业体系的前十位,分别位于第二、第六与第七位,表明中国上述城市通过产业升级转型已经在第二、三产业的加速融合方面取得了明显成效,实现了产业体系方面的强势崛起。

表 8-17   全球城市产业体系指数排名前十的城市

排序	城市	产业体系指数	国别	大洲
1	纽约	1.000	美国	北美洲
2	北京	0.943	中国	亚洲
3	伦敦	0.935	英国	欧洲
4	新加坡	0.933	新加坡	亚洲
5	东京	0.918	日本	亚洲
6	上海	0.751	中国	亚洲
7	香港	0.707	中国	亚洲
8	莫斯科	0.631	俄罗斯	欧洲
9	首尔	0.610	韩国	亚洲
10	悉尼	0.605	澳大利亚	大洋洲

资料来源:中国社会科学院城市与竞争力指数数据库。

洲际层面,欧美引领世界潮流,亚非尚待奋起直追。在世界各大洲的城市产业体系排名中,大洋洲、欧洲、北美洲排名较为领先,其产业体系的均值、中位数均高于世界平均水平。亚洲和非洲的产业体系的均值与中位数则都略低于世界平均水平,南美洲产业体系均值低于世界平均水平,但中位数高于世界水平。

从产业体系指数全球百强城市的洲际分布来看(表 8-18),表现最好的是欧洲,共有 33 座城市进入全球百强,占其城市样本数量的 25.98%;亚洲虽然有 27 座城市进入全球百强,但占比仅为 4.80%,北美洲共有 22 座城市入围,占比为 16.67%。因此,从进入百强城市的数量来看,全球产业体系水平较高的城市主要都集中在北半球。相比之下,南半球相对落后,南美洲和非洲分别有七座城市进入百强,占其城市样本的 9.46% 和 6.73%,大洋洲有三座城市进入百强,数量排名靠后。

表8-18 全球城市产业体系指数洲际情况及百强城市占比

范围	样本数	均值	中位数	变异系数	百强城市数量	百强城市占比	最大值 城市	最大值 指数	最大值 世界排名
亚洲	563	0.042	0.014	2.537	27	4.80%	北京	0.943	2
欧洲	127	0.126	0.054	1.307	33	25.98%	伦敦	0.935	3
非洲	104	0.042	0.012	1.702	7	6.73%	约翰内斯堡	0.373	35
大洋洲	7	0.234	0.093	0.953	3	42.86%	悉尼	0.605	10
北美洲	132	0.103	0.062	1.228	22	16.67%	纽约	1.000	1
南美洲	74	0.061	0.027	1.595	7	9.46%	布宜诺斯艾利斯	0.446	24

资料来源:中国社会科学院城市与竞争力指数数据库。

发达国家城市群产业体系活力较强,全球产业体系城市群效应明显。在几个重要城市群对比中(表8-19),美国东北部、英国伦敦-利物浦和德国莱茵-鲁尔城市群产业体系明显突出,城市产业体系指数均值都在 0.18 以上,表明传统发达国家城市群产业体系升级顺畅、活力强劲。反观中印等新兴经济体,可以发现其城市群在产业体系发展方面出现了一定的分化。中国城市群主要为变异系数较大,产业体系集中在中心城市,其余城市水平较低的核心—边缘模式,印度城市群则表现为缺乏高水平城市,整体产业体系水平较低的问题。

表 8-19　全球主要城市群产业体系指数统计比较

城市群	国家	城市数量	均值	变异系数	百强城市数量	百强城市占比	排名首位城市	首位城市指数	首位城市排名	末位城市指数	末位城市排名	除首位城市指数均值
美国东北部	美国	11	0.203	1.397	4	36.36%	纽约	1.000	1	0.027	403	0.124
美国中西部	美国	13	0.137	0.849	3	23.08%	芝加哥	0.396	31	0.012	724	0.115
伦敦-利物浦	英国	8	0.203	1.489	2	25.00%	伦敦	0.935	3	0.012	724	0.098
长三角	中国	26	0.062	2.362	2	7.69%	上海	0.751	6	0.014	538	0.035
珠三角	中国	13	0.066	1.776	2	15.38%	深圳	0.362	41	0.000	966	0.041
京津冀	中国	10	0.123	2.379	1	10.00%	北京	0.943	2	0.014	538	0.032
班加罗尔	印度	5	0.130	1.216	2	40.00%	班加罗尔	0.383	32	0.018	467	0.067
莱茵-鲁尔	德国	4	0.181	0.435	2	50.00%	杜塞尔多夫	0.280	54	0.099	169	0.148

资料来源：中国社会科学院城市与竞争力指数数据库。

二 全球城市产业体系存在等级跳断现象

全球城市产业体系存在等级跳断现象，产业体系集中于经济竞争力较高的城市。根据1007个样本城市的十等级划分，考察各等级城市产业体系指数的统计指标可以发现（表8-20），第一等级城市的产业体系也处于最高水平，其均值为0.968，远高于第二等级城市产业体系的均值0.546，与此同时，位于第八等级城市的产业体系均值为0.092，是第九等级城市均值的2倍以上，而第九等级城市产业体系均值又是第十等级城市均值的3倍以上，上述结果表明全球产业体系指数水平存在明显的城市等级跳断现象，全球城市产业体系存在极化现象，即全球主要生产性服务业跨国公司与科技企业的活动仍然主要较多集中在少数经济竞争力较高的城市，大量竞争力水平较低的城市在产业体系方面也较为落后。

表8-20　　　不同等级城市产业体系指数统计指标情况

新等级	样本数	均值	中位数	标准差	变异系数	基尼系数
1	2	0.968	0.968	0.046	0.047	0.017
2	5	0.546	0.580	0.305	0.559	0.282
3	16	0.477	0.410	0.243	0.510	0.275
4	11	0.305	0.292	0.115	0.378	0.193
5	11	0.283	0.321	0.191	0.675	0.364
6	36	0.233	0.174	0.146	0.627	0.333
7	55	0.159	0.107	0.121	0.760	0.380
8	96	0.092	0.061	0.082	0.897	0.434
9	388	0.037	0.016	0.049	1.345	0.530
10	387	0.012	0.007	0.016	1.324	0.569

资料来源：中国社会科学院城市与竞争力指数数据库。

进一步考察反映差异的统计指标可以发现，多数指标反映出，位于较低等级的城市间一般产业体系水平差异也较大，进一步反映出经济竞争力落后城市产业的落伍与发展的不均衡。此外，按照国际组织进行划分（表8-21），可以发现，金砖国家城市的产业体系指数均值明显低于七国集团国家城市,仅为后者的四分之一。同时从差异指标情况看(表8-22),金砖国家城市间的产业体系差异也明显高于七国集团成员城市,表明尽管新兴市场国家城市在全球价值链中的地位逐渐发生变化,但其在重构全球价值链的过程中仍然面临诸多挑战,与传统发达国家之间还存在一定的距离,追赶之路任重而道远。

表8-21　　　　全球城市产业体系指数分析:各种国际组织

范围	样本数	均值	中位数	标准差	变异系数	基尼系数	泰尔指数
金砖国家	463	0.033	0.014	0.089	2.712	0.689	1.116
七国集团	141	0.132	0.078	0.167	1.264	0.533	0.512

资料来源:中国社会科学院城市与竞争力指数数据库。

表8-22　　　　金砖国家城市和七国集团城市产业体系指数比较

	国家	样本	进入百强城市数量	进入百强城市数量占比	均值	变异系数	最大值		
							城市	指数	世界排名
金砖国家	中国	292	7	2.40%	0.032	2.848	北京	0.943	2
	俄罗斯	33	1	3.03%	0.034	3.227	莫斯科	0.631	8
	印度	100	4	4.00%	0.025	2.807	孟买	0.500	18
	巴西	32	1	3.13%	0.044	1.719	圣保罗	0.420	28
	南非	6	2	33.33%	0.127	1.159	约翰内斯堡	0.373	35
七国集团	英国	12	2	16.67%	0.155	1.624	伦敦	0.935	3
	法国	9	1	11.11%	0.100	1.820	巴黎	0.581	12
	美国	75	17	22.67%	0.124	1.183	纽约	1.000	1
	德国	13	6	46.15%	0.166	0.724	法兰克福	0.423	27
	意大利	13	2	15.38%	0.102	1.569	米兰	0.600	11
	日本	10	1	10.00%	0.162	1.671	东京	0.918	5
	加拿大	9	3	33.33%	0.161	0.821	多伦多	0.463	22

资料来源:中国社会科学院城市与竞争力指数数据库。

城市发展呼唤全球产业体系价值链重构。产业体系指数水平对经济竞争力具有显著的正向作用，如图8-7所示。采用回归方法检验全球城市产业体系指数对经济竞争力的支撑作用，可以发现，全球主要城市的产业体系指数水平与经济竞争力之间存在显著的正相关关系，表明全球主要城市的产业体系水平对经济竞争力具有显著的正向推动作用，而这一结果为全球城市产业体系价值链重构提供了支撑依据，即以金砖国家为代表的新兴市场国家城市在产业体系发展水平方面普遍落后于经济竞争力较强的发达国家城市，因此在产业体系提升方面拥有较大的潜力空间；而对于传统发达国家而言，再进一步提高生产性服务业跨国公司与科技企业聚集程度的空间已经较为有限。随着新兴市场国家的城市在全球疲弱的经济中扮演着越来越重要的角色，因此通过全球产业体系价值链的重构，将使新兴市场国家城市聚集更多的生产性服务业跨国公司与科技企业，将对其经济竞争力产生更大的提升作用，从而有助于全球经济增长的提振与发展均衡的实现。

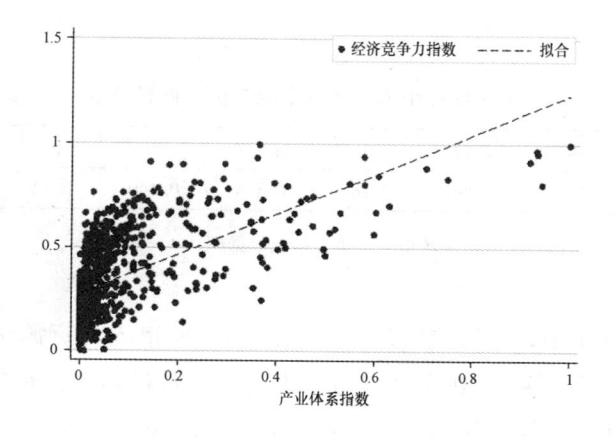

图8-7　全球城市经济竞争力与产业体系指数的散点与拟合图

资料来源：中国社会科学院城市与竞争力指数数据库。

第四节　全球城市人力资源指数分析

一　全球城市人力资源分布不均，新兴经济体城市群人力资源形成相对优势

全球城市人力资源分布不均问题突出。全球城市人力资源指数由全球城市劳动力人口数量、青年人口占比以及大学指数排名三个二级指标加权计算与标准化处理而成，指标值越大代表城市人力资源水平越高。从测算结果看（表8-23），全部样本城市的人力资源指数均值为0.293，中位数为0.268，低于均值的城市数量达到632座，占样本城市总量的62.8%，反映出全球城市的人力资源分布并不均衡，进一步加剧指数整体水平偏低的问题。进一步考察度量全球城市人力资源差异程度的统计指标可以发现，全球城市人力资源的标准差为0.129，变异系数为0.440，基尼系数为0.223，泰尔指数为0.086，表明各城市的人力资源之间存在着一定的差异。

表8-23　全球城市人力资源指数分析：世界城市

范围	样本数	均值	中位数	标准差	变异系数	基尼系数	泰尔指数
世界城市	1007	0.293	0.268	0.129	0.440	0.223	0.086

资料来源：中国社会科学院城市与竞争力指数数据库。

十强城市中，东京位居第一，金砖国家城市人力资源优势显现。根据测算（表8-24），在全球城市人力资源指数排名中，东京、纽约、圣保罗、首尔、北京位居前五。在排名前十的城市中，东京位居第一。亚洲共有六座城市入围，占据了绝对多数，北美洲有2座城市进入前十，南美洲和欧洲则各有1座城市入围，其他各洲均无城市进入前十。这一结果表明，在人力资源方面，亚洲具有较为明显的优势。从国家层面看，人力资源指数排名位于全球前十的城市中，属于七国集团成员国的城市共有3座，包括东京（排名第一），纽约（排名第二），伦敦（排名第九）。可以发现尽管传统经济强国面临人口老龄化的挑战，但由于在教育

培训以及汇聚全球人才方面具有独到优势,因此其城市仍然在人力资源方面具有全球领先优势。但同时要看到,全球前十的城市中,属于金砖国家成员的城市共有 5 座,包括巴西的圣保罗(排名第三)以及中国的北京(排名第五)、深圳(排名第七)、东莞(排名第八)和上海(排名第十)。这一结果表明,以中国等金砖国家为代表的新兴市场国家城市,不仅在劳动力规模和人口结构方面具有优势,而且在教育与人才政策方面也进步迅速,从而形成了较好的人力资源积累,对其经济竞争力形成了较好支撑。

表 8-24　　　　全球城市人力资源指数排名前十的城市

排序	城市	人力资源指数	国别	大洲
1	东京	1.000	日本	亚洲
2	纽约	0.977	美国	北美洲
3	圣保罗	0.915	巴西	南美洲
4	首尔	0.912	韩国	亚洲
5	北京	0.858	中国	亚洲
6	墨西哥城	0.846	墨西哥	北美洲
7	深圳	0.795	中国	亚洲
8	东莞	0.792	中国	亚洲
9	伦敦	0.791	英国	欧洲
10	上海	0.779	中国	亚洲

资料来源:中国社会科学院城市与竞争力指数数据库。

洲际层面,全球人力资源指数百强城市主要集中于亚洲和北美洲。在世界各大洲的城市人力资源排名中,大洋洲、北美洲、南美洲、亚洲排名较为领先,其人力资源的均值、中位数均高于世界平均水平。欧洲和非洲的人力资源的均值与中位数则都略低于世界平均水平。从人力资源指数全球百强城市的洲际分布来看,表现最好的是亚洲和北美洲,分别有 59 座和 25 座城市进入全球百强,占各自城市样本的 10.48% 和 18.94%,凸显了两大洲城市的发展活力及其对人力资源积累与培育的重视。其他各州入围城市均较少,其中欧洲和南美洲分别入围 5 座城市,占其城市样本的 3.94% 和 6.76%，非洲与大洋洲分别有 3 城与 2 城进入百强，占各自样本数量的 2.88% 和 28.57%。

表 8-25　　全球城市人力资源指数洲际情况及百强城市占比

范围	样本数	均值	中位数	变异系数	百强城市数量	百强城市占比	最大值 城市	指数	世界排名
亚洲	563	0.299	0.282	0.434	59	10.48%	东京	1.000	1
欧洲	127	0.259	0.232	0.381	5	3.94%	伦敦	0.791	9
非洲	104	0.238	0.218	0.369	3	2.88%	开罗	0.586	39
大洋洲	7	0.403	0.414	0.291	2	28.57%	悉尼	0.531	67
北美洲	132	0.332	0.274	0.500	25	18.94%	纽约	0.977	2
南美洲	74	0.313	0.280	0.337	5	6.76%	圣保罗	0.915	3

资料来源：中国社会科学院城市与竞争力指数数据库。

新兴经济体城市群在人力资源方面形成相对优势。在几个重要城市群对比中（表 8-26），美国东北部、印度班加罗尔和中国的珠三角与京津冀城市群人力资源水平优势突出，城市人力资源指数均值都在 0.41 以上；而德国城市群的人力资源水平较低，其指数均值仅为 0.256；表明在人力资源方面，新兴经济体城市群无论是在劳动力数量方面还在劳动力素质方面已经形成了相对优势。

二　全球城市人力资源的分布格局呈现中美鼎立之势

全球城市人力资源的分布格局呈现中美鼎立之势，如图 8-8 所示。全球城市人力资源指数水平的分布格局与全球城市经济竞争力的分布格局有较大不同之处，即多数人力资源指数较高的城市不仅分布在北美洲与欧洲，还大量分布在亚洲与南美洲。这一结果表明，以互联网产业化、工业智能化、工业一体化为代表的第四次工业革命正在席卷全球，以中国为代表的新兴市场国家城市正在逐渐成为全球人力资源的聚集高地，突破了传统发达国家对于高素质人力资源的垄断格局，从而在未来的国际竞争中将处于更加有力的地位。但值得注意的是，这里谈到的人力资

表 8–26　全球主要城市群人力资源指数统计比较

城市群	国家	城市数量	均值	变异系数	百强城市数量	百强城市占比	排名首位城市	首位城市指数	首位城市排名	末位城市指数	末位城市排名	除首位城市指数均值
美国东北部	美国	11	0.516	0.542	7	63.64%	纽约	0.977	2	0.150	957	0.470
美国中西部	美国	13	0.347	0.467	2	15.38%	芝加哥	0.731	16	0.189	869	0.315
伦敦-利物浦	英国	8	0.400	0.437	2	25.00%	伦敦	0.791	9	0.226	716	0.344
长三角	中国	26	0.334	0.494	5	19.23%	上海	0.779	10	0.129	990	0.317
珠三角	中国	13	0.464	0.400	6	46.15%	深圳	0.795	7	0.228	708	0.436
京津冀	中国	10	0.417	0.476	3	30.00%	北京	0.858	5	0.221	751	0.368
班加罗尔	印度	5	0.477	0.249	3	60.00%	班加罗尔	0.628	27	0.328	257	0.439
莱茵-鲁尔	德国	4	0.256	0.361	0	0.00%	汉堡	0.367	199	0.155	948	0.219

资料来源：中国社会科学院城市与竞争力指数数据库。

源指数是指一般意义上的人力资源而并不特指高端人才。应当看到，全球发达国家城市对于高端人才的争夺正在成为新的潮流趋势，新兴市场国家应当主动应对，才能避免在这一竞争中处于不利的境地。

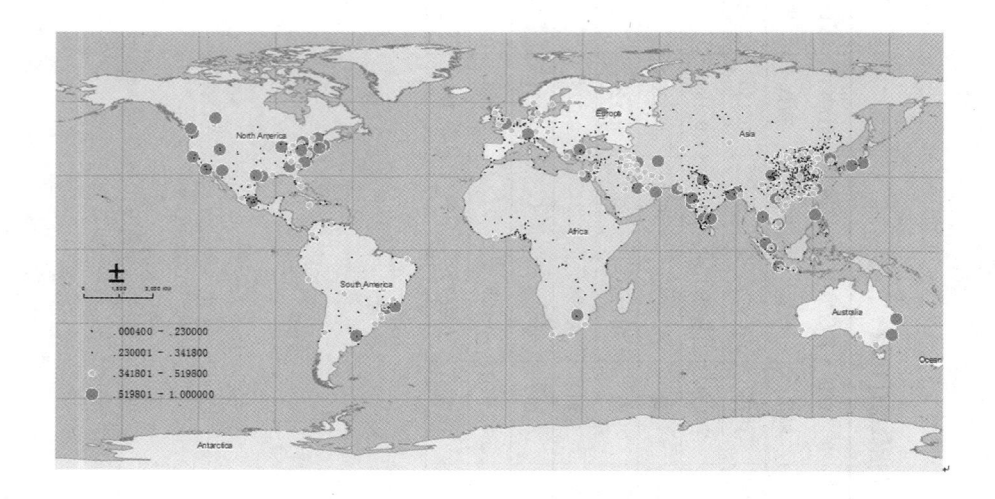

图8-8　全球城市人力资源分布地图

资料来源：中国社会科学院城市与竞争力指数数据库。

人力资源水平对经济竞争力具有显著的正向推动作用。采用回归方法对全球城市人力资源对经济竞争力的支撑作用进行检验，可以发现（图8-9），全球主要城市的人力资源指数水平与经济竞争力之间存在显著的正相关关系，表明全球主要城市的人力资源水平对经济竞争力具有显著的正向推动作用。

金砖国家与亚投行成员国城市人力资源水平不逊于七国集团城市。进一步考察按照国际组织进行划分的全球代表性城市人力资源指数统计情况（表8-27），可以发现，金砖国家城市的人力资源指数均值仅仅略低于七国集团国家城市的平均水平，亚投行成员国城市的人力资源指数均值与七国集团城市的差距更小。从差异指标情况看（表8-28），无论是金砖国家城市间的人力资源差异程度，还是亚投行成员国城市间的人力资源差异程度，均明显低于七国集团成员城市间差异程度，进一步证明全球城市间人力资源分配格局正在发生重大的变革。可以预期，在当

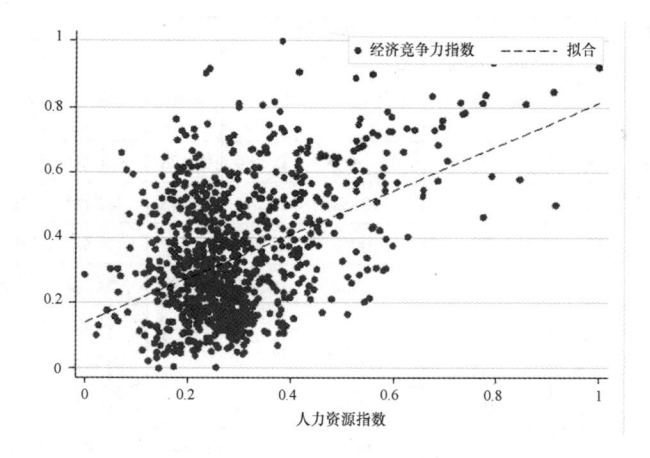

图 8-9　全球城市经济竞争力与人力资源指数的散点与拟合图

数据来源：中国社会科学院城市与竞争力指数数据库。

当今世界经济持续低迷的大背景下，人力资源质量与数量的提升在经济竞争力的提升以及全球产业变革的过程中正在扮演着越来越重要的角色，在创新技术助推产业变革的新时期，以中国为代表的新兴经济体国家城市采用信息科技支撑的"互联网+"平台为典型商业模式，将为人力资源的释放带来新机遇、新动能。

表 8-27　全球城市人力资源指数分析：各种国际组织

范围	样本数	均值	中位数	标准差	变异系数	基尼系数	泰尔指数
金砖国家	463	0.294	0.280	0.124	0.422	0.217	0.084
七国集团	141	0.318	0.252	0.186	0.585	0.304	0.150
亚投行成员	730	0.301	0.279	0.125	0.415	0.215	0.080

资料来源：中国社会科学院城市与竞争力指数数据库。

表 8-28　　金砖国家城市和七国集团城市人力资源指数比较

	国家	样本	进入百强城市数量	进入百强城市数量占比	均值	变异系数	最大值 城市	最大值 指数	最大值 世界排名
金砖国家	中国	292	33	11.30%	0.284	0.478	北京	0.858	5
	俄罗斯	33	1	3.03%	0.244	0.248	莫斯科	0.546	57
	印度	100	7	7.00%	0.317	0.269	孟买	0.776	11
	巴西	32	2	6.25%	0.331	0.390	圣保罗	0.915	3
	南非	6	2	33.33%	0.433	0.210	约翰内斯堡	0.559	53
七国集团	英国	12	2	16.67%	0.354	0.478	伦敦	0.791	9
	法国	9	0	0.00%	0.202	0.314	巴黎	0.345	222
	美国	75	18	24.00%	0.344	0.563	纽约	0.977	2
	德国	13	0	0.00%	0.261	0.355	慕尼黑	0.417	134
	意大利	13	0	0.00%	0.205	0.359	罗马	0.329	252
	日本	10	2	20.00%	0.272	1.094	东京	1.000	1
	加拿大	9	5	55.56%	0.473	0.285	多伦多	0.695	19

资料来源：中国社会科学院城市与竞争力指数数据库。

第五节　全球城市当地需求指数分析

一　南北半球城市当地需求差距突显

全球城市当地需求水平参差不齐，少数城市占据较大需求份额。全球城市当地需求指数由全球城市可支配收入总量作为指标计算与标准化处理而成，表现城市需求规模，指标值越大代表城市当地需求水平越高。从测算结果看（表8-29），全部样本城市的当地需求指数均值为0.427，中位数为0.393，低于均值的城市数量达到572座，占样本城市总量的56.8%，反映出全球城市的当地需求活动整体高度集中于少数国家的城市，因此导致指数整体水平偏低。进一步考察度量全球城市当地需求差异程度的统计指标可以发现，全球城市当地需求的标准差为0.167，变异系数为0.391，基尼系数为0.220，泰尔指数为0.076，表明各城市的当地需求之间存在着一定的差异。

表8-29 全球城市当地需求指数分析：世界城市

范围	样本数	均值	中位数	标准差	变异系数	基尼系数	泰尔指数
世界城市	1007	0.427	0.393	0.167	0.391	0.220	0.076

资料来源：中国社会科学院城市与竞争力指数数据库。

十强城市中，北美占据半壁江山，亚欧紧随其后。根据测算（表8-30），在全球城市当地需求指数排名中，纽约、东京、洛杉矶、伦敦、大阪位居前五。在排名前十的城市中，纽约位居第一。北美洲共有5座城市进入前十，占据半壁江山，亚洲共有3座城市入围，欧洲有伦敦和巴黎入选，占据两席，其他各洲均无城市进入前十。这一结果表明，北美城市经济基础仍然较为雄厚，多年的财富积累形成较为强大的当地市场需求，依然占据世界市场的最大份额，欧洲城市则由于近些年来福利包袱过重、经济增长乏力等制度性与结构性原因而导致当地市场需求有所衰落，而亚洲城市则随着近些年来的发展实现了加速发展与飞速赶超，当地需求正在世界市场需求中占据越来越重要的位置。从国家层面看，美国有5座城市当地需求指数进入全球前十，日本有两座城市当地需求指数进入全球前十，英、法、韩各有1座城市入选。但纽约与东京两个城市分别位居于前两位，特别是纽约的当地需求指数高于第二名东京，更高于其他城市，表明美国作为全球经济霸主，其城市在市场和当地需求方面仍然具有其他国家城市难以企及的高度，而英国作为前世界经济霸主，在当地需求方面的优势已经落后于日本。但与此同时，还应当看到，亚洲作为世界上最大的大洲，有东京、大阪、首尔三座城市排名进入了世界城市当地需求的前十位，表明亚洲某些城市当地需求水平正在迅猛提升，逐渐与其经济实力以及其在世界经济中的地位相匹配。

表 8-30　　全球城市当地需求指数排名前十的城市

排序	城市	当地需求指数	国别	大洲
1	纽约	1.000	美国	北美洲
2	东京	0.958	日本	亚洲
3	洛杉矶	0.935	美国	北美洲
4	伦敦	0.918	英国	欧洲
5	大阪	0.907	日本	亚洲
6	芝加哥	0.896	美国	北美洲
7	巴黎	0.888	法国	欧洲
8	首尔	0.879	韩国	亚洲
9	华盛顿特区	0.868	美国	北美洲
10	休斯敦	0.861	美国	北美洲

资料来源：中国社会科学院城市与竞争力指数数据库。

洲际层面，南北半球城市当地需求差距突显（表8-31）。在世界各大洲的城市当地需求排名中，大洋洲、北美洲、欧洲、南美洲排名较为领先，其当地需求的均值、中位数均高于世界平均水平。亚洲和非洲的当地需求的均值与中位数则都略低于世界平均水平。从当地需求指数全球百强城市的洲际分布来看，表现最好的是北美洲和欧洲，分别有43座和23座城市进入全球百强，占各自城市样本的32.58%和18.11%；亚洲样本城市最多，占全样本城市的一半以上，但仅有20座城市进入全球百强，占比3.55%。因此，从进入百强城市的数量来看，世界当地需求的重要节点都集中在北半球。相比之下，南半球相对落后，南美洲、大洋洲与非洲分别有7座、4座和2座城市进入百强，分别占其各自样本数量的9.46%、57.14%和1.92%，数量方面排名均较为落后。

发达经济体城市群需求旺盛，新兴经济体城市群需求重心性较强（表8-32）。在几个重要城市群对比中，美国、德国和英国城市群当地需求明显突出，城市当地需求指数均值基本都在0.6以上而且水平划一，表明传统发达国家城市群仍然存在强劲的当地需求市场。中印等新兴经济体城市群虽然规模较大、城市数量较多，但当地需求主要集中在中心城市，其他多数城市当地需求水平较低，变异系数较大。相比之下，美国两大城市群内部城市发展相对均衡，中心城市芝加哥和纽约当地需求全球领先，其他城市当地需求指数也并未被拉开过大差距。中国和印度城市群当地需求指数出现了明显的中心—外围模式，城市群中心城市突出，其他城市与之差距非常大，城市群当地需求市场发展存在一定程度的失衡。

表8-31　全球城市当地需求指数洲际情况及百强城市占比

范围	样本数	均值	中位数	变异系数	百强城市数量	百强城市占比	最大值		
							城市	指数	世界排名
亚洲	563	0.372	0.338	0.375	20	3.55%	东京	0.958	2
欧洲	127	0.530	0.537	0.260	23	18.11%	伦敦	0.918	4
非洲	104	0.325	0.312	0.430	2	1.92%	开罗	0.716	57
大洋洲	7	0.669	0.682	0.130	4	57.14%	悉尼	0.783	28
北美洲	132	0.603	0.608	0.246	43	32.58%	纽约	1.000	1
南美洲	74	0.478	0.463	0.247	7	9.46%	布宜诺斯艾利斯	0.805	19

资料来源：中国社会科学院城市与竞争力指数数据库。

二　城市当地需求空间聚集效应明显，突显城市群发展重要性

全球城市当地需求空间聚集效应明显，突显城市群发展的重要性。根据 Moran's I 指数的分析结果，Moran's I 指数为 0.5569，P 值小于 0.0001，显著为正，表明全球 1007 个城市的当地需求之间存在显著的空间正自相关关系，即相邻城市的当地需求存在正的溢出效应；而当地需求水平越高的城市，其周围相邻较近城市的当地需求水平也越高，城市需求空间集聚效应明显。上述规律从图 8-10 中也可得到相应验证，即多数城市聚集在呈现正自相关的一、三象限，表明城市竞争力存在空间正自相关性。由于相邻城市之间空间溢出效应的存在，以城市群为单位发展经济可以更好地提高城市当地需求的整体水平，从而避免单一城市发展受到周边城市的消极影响。

表 8—46　全球主要城市群当地需求指数统计比较

城市群	国家	城市数量	均值	变异系数	百强城市数量	排名首位城市	首位城市	首位城市指数	首位城市排名	末位城市指数	末位城市排名	除首位城市指数均值
美国东北部	美国	11	0.763	0.149	9	81.82%	纽约	1.000	1	0.636	135
美国中西部	美国	13	0.708	0.122	9	69.23%	芝加哥	0.896	6	0.585	202
伦敦—利物浦	英国	8	0.655	0.180	3	37.50%	伦敦	0.918	4	0.565	224
长三角	中国	26	0.442	0.303	1	3.85%	上海	0.798	23	0.245	916
珠三角	中国	13	0.462	0.391	2	15.38%	深圳	0.712	63	0.196	984
京津冀	中国	10	0.448	0.353	1	10.00%	北京	0.771	32	0.303	761
班加罗尔	印度	5	0.460	0.133	0	0.00%	班加罗尔	0.521	292	0.380	552
莱茵—鲁尔	德国	4	0.643	0.120	2	50.00%	汉堡	0.715	58	0.535	275

资料来源：中国社会科学院城市与竞争力指数数据库。

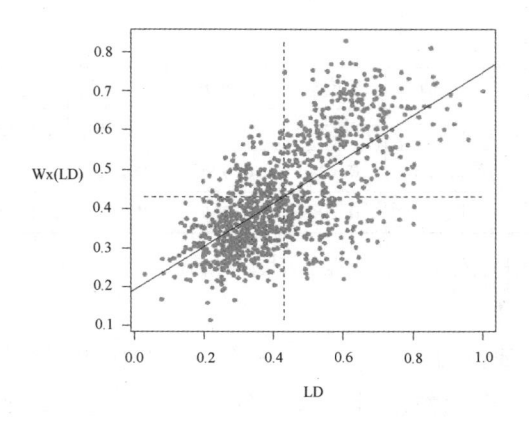

图 8-10　全球城市当地需求指数：Moran 散点图

资料来源：中国社会科学院城市与竞争力指数数据库。

世界城市当地需求指数梯队效应明显，部分等级存在分化现象。根据城市等级的划分，可以把 1007 个城市划分为 10 个组别，考察各组城市当地需求指数的统计指标可以发现（见表 8-33），第一等级城市的当地需求也处于最高水平，其均值为 0.959，比第二等级城市当地需求的均值 0.784 高出 20% 以上，而第三等级城市的均值却略高于第二等级城市。进一步考察反映差异的统计指标可以发现，多数指标反映出较低等级城市之间的当地需求指数存在较大差异，而等级较高城市间的当地需求指数差异反而较小，表明等级城市之间的当地需求指数差异存在一定的分化现象。

表 8-33　不同等级城市当地需求指数统计指标情况

新等级	样本数	均值	中位数	标准差	变异系数	基尼系数	泰尔指数
1	2	0.959	0.959	0.058	0.061	0.021	0.001
2	5	0.784	0.815	0.152	0.194	0.090	0.016
3	16	0.805	0.822	0.094	0.117	0.063	0.007
4	11	0.746	0.739	0.079	0.105	0.057	0.005
5	11	0.720	0.712	0.064	0.088	0.046	0.004
6	36	0.702	0.707	0.067	0.095	0.050	0.004
7	55	0.654	0.652	0.056	0.086	0.048	0.004

续表

新等级	样本数	均值	中位数	标准差	变异系数	基尼系数	泰尔指数
8	96	0.587	0.587	0.062	0.105	0.059	0.005
9	388	0.425	0.424	0.096	0.226	0.128	0.026
10	387	0.292	0.290	0.086	0.294	0.161	0.044

资料来源：中国社会科学院城市与竞争力指数数据库。

全球城市当地需求驱动经济竞争力的提升作用开始显现。采用回归方法对全球城市当地需求对经济竞争力的作用进行检验，可以发现如图8-11所示，全球主要城市的当地需求指数水平与经济竞争力之间存在显著的正相关关系，表明全球主要城市的当地需求水平对经济竞争力具有显著的积极推动作用。这一结果表明市场需求是驱动经济竞争力的重要因素，同时也反映出全球经济发展的新趋势，即越来越多的高端产业借由第四次工业革命带来的智能制造与数字仿真等技术所带来的便利，开始选址于更为接近消费市场当地需求的区位上。而这种市场与产业的互动作用导致当地需求水平越高的城市反而会更具有经济竞争力。这一趋势为新兴经济体国家城市带来较为明显的机遇与挑战，一方面，这些城

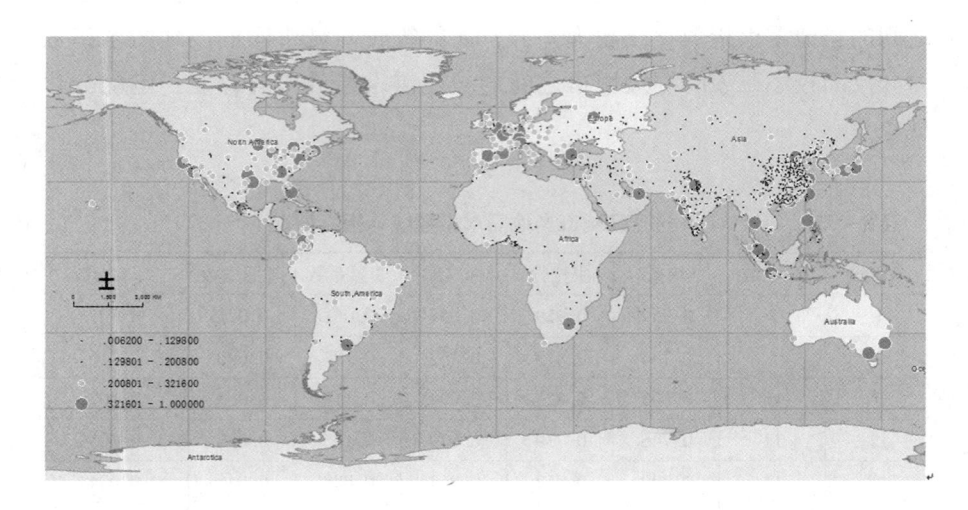

图8-11 全球城市经济竞争力与当地需求指数的散点与拟合图

资料来源：中国社会科学院城市与竞争力指数数据库。

市传统上依靠低成本劳动力与出口增长来推动经济发展的模式将难以为继;另一方面,如果能够利用好庞大的国内消费市场推进产业升级与经济转型,新兴市场国家城市将有机会迎来新的增长机遇。

第六节 全球城市营商成本指数分析

一 欧洲北美城市营商成本领先,亚洲南美城市较为落后

全球首位城市营商成本整体水平有待改善,少数城市成本较低。全球城市营商成本指数由全球城市贷款利率、税收占 GDP 比重、人均收入与基准宾馆价格之比三个二级指标通过方向调整、加权计算与标准化处理而成,指标值越大代表城市营商成本越低。由于采用指标数据为国家尺度,因此这里主要探讨全球 138 个代表性国家的首位城市的营商成本统计情况。从测算结果看(表 8-34),全球代表性国家首位城市营商成本指数均值为 0.462,中位数为 0.443,反映出全球城市的营商成本活动整体高度集中于少数国家的城市,因此导致指数整体水平不高。进一步考察度量全球城市营商成本差异程度的统计指标可以发现,全球城市营商成本的标准差为 0.162,变异系数为 0.351,基尼系数为 0.193,泰尔指数为 0.058,表明各城市的营商成本之间存在着一定的差异。

表 8-34 全球代表性国家首位城市营商成本指数分析:世界城市

范围	样本数	均值	中位数	标准差	变异系数	基尼系数	泰尔指数
首位城市	138	0.462	0.443	0.162	0.351	0.193	0.058

资料来源:中国社会科学院城市与竞争力指数数据库。

由表 8-35 可知,十强城市中,阿布扎比位居第一,欧洲五城进入前十。根据测算,在全球城市营商成本指数排名中,阿布扎比、柏林、危地马拉城、安曼、莫斯科位居前五。在排名前十的城市中,阿布扎比位居第一,欧洲有 5 座城市入围,占据了半壁江山,亚洲有 3 座城市入选,北美洲和大洋洲则各有 1 座城市入选,其他各洲均无城市进入前十。这一结果表明,欧洲作为传统经济发达地区,其城市始终重视营商环境的

建设与提升，因此有较多城市排名领先；与此同时亚洲城市，尤其是中亚与西亚的城市，在贷款、税负、经商成本等方面积极寻求创新与突破，使其在营商环境方面逐渐居于世界前列，这也是值得以金砖国家为代表的新兴经济体城市学习和借鉴的。

表8-35　全球代表性国家首位城市营商成本指数排名前十

排序	城市	营商成本指数	国别	大洲
1	阿布扎比	0.918	阿拉伯联合酋长国	亚洲
2	柏林	0.917	德国	欧洲
3	危地马拉城	0.857	危地马拉	北美洲
4	安曼	0.829	约旦	亚洲
5	莫斯科	0.805	俄罗斯	欧洲
6	布达佩斯	0.778	匈牙利	欧洲
7	悉尼	0.768	澳大利亚	大洋洲
8	阿什哈巴德	0.762	土库曼斯坦	亚洲
9	苏黎世	0.749	瑞士	欧洲
10	维也纳	0.713	奥地利	欧洲

资料来源：中国社会科学院城市与竞争力指数数据库。

洲际层面，欧洲、北美城市营商成本领先，亚洲、南美城市较为落后。在世界各大洲国家的首位城市营商成本的洲际比较中（表8-36），欧洲、大洋洲、北美洲城市的排名较为领先，其营商成本的中位数略高于世界平均水平。亚洲、南美洲和非洲的营商成本的均值与中位数则都略低于世界平均水平。从营商成本指数全球首位城市50强的洲际分布来看，表现最好的是欧洲和亚洲，分别有19个和18个城市进入全球50强，占各自城市样本的67.86%和41.86%。其他各州入围城市普遍较少，其中北美洲和南美洲分别入围6城与4城，占其城市样本的42.86%和40.00%，非洲与大洋洲分别有2城与1城进入50强，占各自样本数量的4.88%和50.00%。

表8-36　全球代表性国家首位城市营商成本指数洲际情况及50强城市占比

范围	样本数	均值	中位数	变异系数	进入50强城市数量	进入50强城市数量占比	最大值 城市	最大值 指数	最大值 排名
亚洲	43	0.486	0.461	0.323	18	41.86%	阿布扎比	0.918	1
欧洲	28	0.576	0.591	0.266	19	67.86%	柏林	0.917	2
非洲	41	0.351	0.370	0.301	2	4.88%	拉各斯	0.527	42
大洋洲	2	0.620	0.620	0.338	1	50.00%	悉尼	0.768	7
北美洲	14	0.489	0.434	0.332	6	42.86%	危地马拉城	0.857	3
南美洲	10	0.424	0.454	0.280	4	40.00%	圣克鲁斯	0.566	35

资料来源：中国社会科学院城市与竞争力指数数据库。

二　降低营商成本是新兴经济体城市实现赶超的重要发展途径

降低营商成本是新兴经济体城市实现赶超的重要发展途径。考察按照国际组织进行划分的全球代表性城市营商环境指数统计情况（表8-37），可以发现，金砖国家城市以及亚投行成员国城市的营商环境指数均值明显低于七国集团国家城市的平均水平。从差异指标情况看，无论是金砖国家城市间的营商环境差异程度，还是亚投行成员国城市间的营商环境差异程度，均明显高于七国集团成员城市间差异程度，表明对于以金砖国家为代表的新兴经济体城市需要通过加快自身制度建设、法规建设来改善营商环境和创新环境，从而有效降低市场运行成本与企业负担，实现运营效率与国际竞争力的提升，这也是新兴经济体城市实现自身发展与赶超发达国家的重要发展途径。

表8-37　全球代表性国家首位城市营商成本指数分析：国际组织

范围	样本数	均值	中位数	标准差	变异系数	基尼系数	泰尔指数
金砖国家	7	0.487	0.553	0.218	0.447	0.228	0.094
七国集团	7	0.635	0.651	0.149	0.235	0.116	0.023
亚投行成员	35	0.499	0.461	0.171	0.342	0.188	0.056

资料来源：中国社会科学院城市与竞争力指数数据库。

努力降低营商成本，改善其与经济竞争力的失调问题，是推动落后城市经济发展的重要途径。采用回归方法对全球 138 个代表性国家首位城市营商成本指数与经济竞争力的关联作用进行检验，可以发现（图 8 - 12），两者之间存在显著的线性正相关关系，表明全球主要城市的营商成本水平对经济竞争力具有显著的线性正向推动作用。

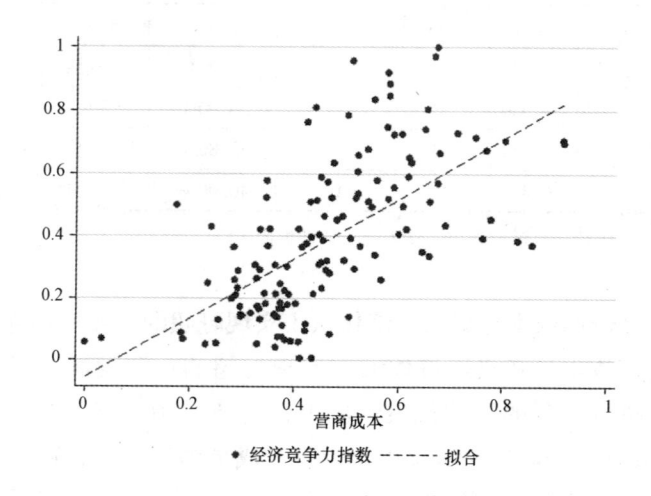

图 8 - 12　全球代表性城市经济竞争力与营商成本指数的散点与拟合图
资料来源：中国社会科学院城市与竞争力指数数据库。

全球城市营商成本与经济竞争力存在发展失调的问题。从全球 1007 个样本城市经济竞争力指数与营商成本之间的耦合协调度的相关统计情况看（表 8 - 38），各城市的经济竞争力与营商成本的耦合协调度均值和中位数分别为 0.435 和 0.441，整体上存在濒临失调的问题。对经济竞争力排名前十的城市而言，其耦合协调度的均值和中位数平均分别为 0.617 和 0.609，表明其经济竞争力与营商成本之间仅为初级协调。对于排名在第 11 至 20 位的城市而言，其耦合协调度的均值和中位数平均为 0.582 和 0.582，也属于勉强协调的范畴。而对经济竞争力排名在第 21 至 50 位的城市而言，其耦合协调度则处于勉强协调的状态。排名在第 51 至 100 位的城市其耦合协调度则处于濒临失调的状态。而排名在 101 至 138 位的城市则处于中度失调的状态。

总体上看，全球138个代表性国家的首位城市经济竞争力指数与营商成本指数濒临失调，并且随着城市经济竞争力水平的降低，失调的情况会更加严重，因此全球各城市需要大力发展金融服务产业，以与其经济发展水平相匹配，从而对经济竞争力的提升发挥积极作用。

表8-38 全球代表性国家首位城市耦合协调度：经济竞争力与营商成本

与营商成本	均值	中位数	标准差	变异系数	解读
第1—10	0.617	0.609	0.017	0.027	初级协调
第11—20	0.582	0.582	0.011	0.019	勉强协调
第21—50	0.527	0.527	0.019	0.037	勉强协调
第51—100	0.424	0.430	0.041	0.096	濒临失调
第101—138	0.289	0.320	0.075	0.259	中度失调
第1—138	0.435	0.441	0.118	0.273	濒临失调

资料来源：中国社会科学院城市与竞争力指数数据库。

第七节 全球城市营商环境指数分析

一 营商环境整体较好，但城市间差异较大

全球首位城市营商环境整体较好，但城市间差异较大。全球城市营商环境指数由全球城市经商便利度与市场自由度两个二级指标通过加权计算与标准化处理而成，指标值越大代表城市营商环境水平越高。由于采用指标数据为国家尺度，因此这里主要探讨全球138个代表性国家的首位城市的营商环境统计情况。从测算结果看，全球代表性国家首位城市营商环境指数均值为0.596，中位数为0.640，全球城市的营商环境指数整体处于中等偏低水平（表8-39）。进一步考察度量全球城市营商环境差异程度的统计指标可以发现，全球城市营商环境的标准差为0.203，变异系数为0.340，基尼系数为0.191，泰尔指数为0.059，表明各城市的营商环境之间存在着较大差异。

表8-39　　全球代表性国家首位城市营商环境指数分析：世界城市

范围	样本数	均值	中位数	标准差	变异系数	基尼系数	泰尔指数
首位城市	138	0.596	0.640	0.203	0.340	0.191	0.059

资料来源：中国社会科学院城市与竞争力指数数据库。

十强城市中，香港位居第一，欧洲5城进入前十。根据测算，在2016年全球138个代表性国家首位城市的营商环境指数排名中，香港、新加坡、奥克兰分别位列前三，从前十城市的分布情况看，其中欧洲有5座城市入围，占据半壁江山，亚洲和大洋洲各有2座城市入围，北美洲有1座城市入围，其他各洲均无城市进入前十（表8-40）。这一结果表明，尽管北美与欧洲等传统经济发达的城市在营商环境建设方面具有相当成功的历史发展经验，但亚洲、大洋洲等后发地区的部分城市在营商环境建设方面逐渐从追赶走向了领先，无论在经商便利度还是在市场自由度方面都已经取得长足进步，居于世界领先地位，从而对其经济竞争力形成了良好支撑。但与此同时，还应当看到，营商环境的建设具有长期性和积累性，作为新兴经济体城市应当加以注意，欧洲能有多座城市入围前十也证明了这一点。

表8-40　　全球代表性国家首位城市营商环境指数排名前十

排序	城市	营商环境指数	国别	大洲
1	香港	1.000	中国	亚洲
2	新加坡	0.991	新加坡	亚洲
3	奥克兰	0.966	新西兰	大洋洲
4	悉尼	0.899	澳大利亚	大洋洲
5	伦敦	0.880	英国	欧洲
6	哥本哈根	0.878	丹麦	欧洲
7	苏黎世	0.877	瑞士	欧洲
8	纽约	0.870	美国	北美洲
9	赫尔辛基	0.863	芬兰	欧洲
10	奥斯陆	0.858	挪威	欧洲

资料来源：中国社会科学院城市与竞争力指数数据库。

洲际层面，北半球城市营商环境优越，亚洲居于中等水平。在世界各大洲的城市营商环境排名中，欧洲、大洋洲排名较为领先，其营商环境的均值、中位数均高于世界平均水平。北美洲的营商环境的均值略低于世界平均水平，中位数则略高于世界平均水平。亚洲、南美洲和非洲的营商环境的均值、中位数则都略低于世界平均水平。从营商环境指数全球首位城市50强的洲际分布来看，表现最好的是欧洲和亚洲，分别有24个和14个城市进入全球50强，占各自城市样本的85.71%和32.56%；北美洲共有7座城市入围，占其样本数量的50.00%，表现也较好。可见全球营商环境水平较高的城市主要集中在北半球，南半球城市则相对落后。其中，大洋洲和南美洲各有2个城市入围，分别占各自样本数量的100.00%与20.00%（大洋洲样本城市较少），非洲则只有1城进入50强，占比为2.44%，水平较低（表8-41）。

表8-41　全球代表性国家首位城市营商环境指数洲际情况及50强城市占比

范围	样本数	均值	中位数	变异系数	进入50强城市数量	进入50强城市数量占比	最大值		
							城市	指数	排名
亚洲	43	0.605	0.639	0.318	14	32.56%	香港	1.000	1
欧洲	28	0.766	0.776	0.129	24	85.71%	伦敦	0.880	5
非洲	41	0.442	0.470	0.347	1	2.44%	基加利	0.710	42
大洋洲	2	0.933	0.933	0.051	2	100.00%	奥克兰	0.966	3
北美洲	14	0.634	0.686	0.340	7	50.00%	纽约	0.870	8
南美洲	10	0.586	0.587	0.281	2	20.00%	圣地亚哥	0.802	22

资料来源：中国社会科学院城市与竞争力指数数据库。

二　发挥营商环境的推动作用是解决新兴经济快速发展问题的钥匙

发挥营商环境水平对经济竞争力的正向推动作用是解决新兴经济快速发展问题的钥匙。采用回归方法对全球138个代表性国家首位城市营商环境指数与经济竞争力的关联作用进行检验，可以发现（图8-13），两者之间存在显著的线性正相关关系，表明全球主要城市的营商环境水平对经济竞争力具有显著的线性正向推动作用。

进一步考察七国集团、金砖国家城市以及亚投行成员国城市在营商

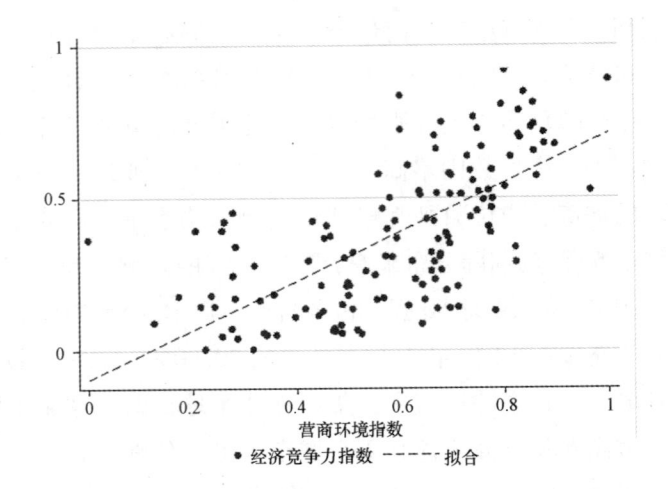

图 8-13　代表性国家首位城市经济竞争力与营商环境指数的散点与拟合图

资料来源：中国社会科学院城市与竞争力指数数据库。

环境方面的差异可以发现（表 8-42），金砖国家与亚投行成员城市的营商环境指数均值与中位数均明显低于七国集团城市，表明发达国家城市在营商环境方面整体上还是领先于新兴经济体城市。从反映城市间营商环境差异的指标角度看，金砖国家城市间的差异要远大于七国集团城市，表明在经商便利度与市场自由度方面金砖国家与发达国家相比存在明显差距。但值得注意的是，亚投行成员城市之间的差异要明显大于七国集团城市间的差异，这表明，在"一带一路"倡议的实施过程中，要关注城市间的制度差异，从营商环境接近的城市群入手带动周边落差较大城市在营商环境上的改善以及经济竞争力的提升。

表 8-42　全球代表性国家首位城市营商环境指数分析：各种国际组织

范围	样本数	均值	中位数	标准差	变异系数	基尼系数	泰尔指数
金砖国家	7	0.667	0.601	0.151	0.227	0.093	0.020
七国集团	7	0.824	0.828	0.051	0.062	0.032	0.002
亚投行成员	35	0.661	0.666	0.176	0.266	0.144	0.037

资料来源：中国社会科学院城市与竞争力指数数据库。

第八节 全球城市基础设施指数分析

一 全球基础设施百强城市集中于亚洲、欧洲与北美洲

基础设施高指数整体高度集中于少数国家的城市，城市间存在一定差异。全球城市基础设施指数由全球城市航运便利度、航空便利度，以及宽带用户量三个二级指标通过方向调整、加权计算与标准化处理而成，指标值越大代表城市基础设施水平越高。从测算结果看，全部样本城市的基础设施指数均值为 0.493，中位数为 0.491，低于均值的城市数量达到 512 座，占样本城市总量的 50.8%，反映出全球城市的基础设施整体高度集中于少数国家的城市，因此导致指数整体水平有待提升（表 8-43）。进一步考察度量全球城市基础设施差异程度的统计指标可以发现，全球城市基础设施的标准差为 0.129，变异系数为 0.262，基尼系数为 0.141，泰尔指数为 0.035，表明各城市的基础设施之间存在着一定的差异。

表 8-43　　全球城市基础设施指数分析：世界城市

范围	样本数	均值	中位数	标准差	变异系数	基尼系数	泰尔指数
世界城市	1007	0.493	0.491	0.129	0.262	0.141	0.035

资料来源：中国社会科学院城市与竞争力指数数据库。

从图 8-14 可以更为清晰地观察到全球城市基础设施指数的分布特征，即全球城市基础设施指数总体近似服从正态分布；但同时，由于均值的位置居于中等水平，说明较多城市的基础设施建设还有待进一步提升。

十强城市中，欧洲城市位居第一，亚洲、北美城市紧随其后（见表 8-44）。根据测算，在全球城市基础设施指数排名中，巴黎、伊斯坦布尔、北京位居前三。在排名前十的城市中，欧洲有 5 座城市入围，包括巴黎（排名第一）、伦敦（排名第五）、法兰克福（排名第七）、阿姆斯特丹（排名第八）、莫斯科（排名第九），亚洲有 3 座城市入选，北美洲有 2 座城市入选，其他各洲均无城市进入前十。从国家层面看，中国与美国分别各有 2 座城市进入前十，包括北京（排名第三）和上海（排名

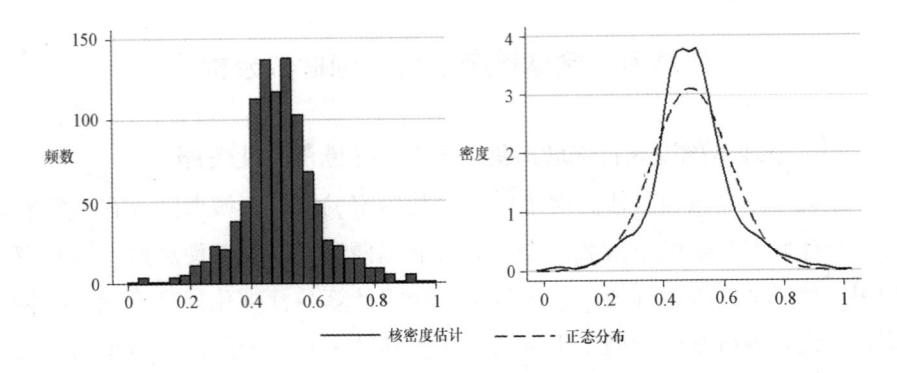

图 8-14　全球城市基础设施指数：直方图与核密度图

资料来源：中国社会科学院城市与竞争力指数数据库。

第六），以及纽约（排名第四）和亚特兰大（排名第十），其他国家均仅有1个城市入围前十。这一结果表明，在交通与通信基础设施方面，欧洲与北美洲城市具有相当深厚的建设积累，很多城市位于世界前列；与此同时以中国为代表的亚洲新兴市场国家城市在经济崛起的过程中重视对航运、航空、通信等基础设施建设的投入；因此有越来越多的城市在基础设施建设方面超越传统经济强国而跻身世界前列。

表 8-44　全球城市基础设施指数排名前十的城市

排序	城市	基础设施指数	国别	大洲
1	巴黎	1.000	法国	欧洲
2	伊斯坦布尔	0.945	土耳其	亚洲
3	北京	0.924	中国	亚洲
4	纽约	0.919	美国	北美洲
5	伦敦	0.915	英国	欧洲
6	上海	0.906	中国	亚洲
7	法兰克福	0.902	德国	欧洲
8	阿姆斯特丹	0.869	荷兰	欧洲
9	莫斯科	0.860	俄罗斯	欧洲
10	亚特兰大	0.857	美国	北美洲

资料来源：中国社会科学院城市与竞争力指数数据库。

洲际层面，全球基础设施百强城市集中于亚洲、欧洲与北美洲（表8-45）。在世界各大洲的城市基础设施排名中，欧洲、大洋洲、北美洲、亚洲排名较为领先，其基础设施的均值、中位数均不低于世界平均水平。非洲，南美洲的基础设施的均值与中位数则都略低于世界平均水平。从基础设施指数全球百强城市的洲际分布来看，表现较好的是亚洲、欧洲和北美洲，分别有32城、33城和22城进入全球百强，占各自城市样本的5.68%、25.98%和16.67%；因此，从进入百强城市的数量来看，世界基础设施水平较高的城市主要集中在北半球。相比之下，南半球相对落后，大洋洲有2座城市入围，占比为28.57%，南美洲和非洲则分别仅有1座城市入围，占比分别为1.35%和0.96%，数量方面排名较为落后。

表8-45　全球城市基础设施指数洲际情况及百强城市占比

范围	样本数	均值	中位数	变异系数	百强城市数量	百强城市占比	最大值		
							城市	指数	世界排名
亚洲	563	0.499	0.491	0.190	32	5.68%	伊斯坦布尔	0.945	2
欧洲	127	0.579	0.587	0.253	33	25.98%	巴黎	1.000	1
非洲	104	0.326	0.314	0.416	1	0.96%	开罗	0.666	95
大洋洲	7	0.567	0.581	0.206	2	28.57%	悉尼	0.703	64
北美洲	132	0.548	0.526	0.206	22	16.67%	纽约	0.919	4
南美洲	74	0.431	0.440	0.238	1	1.35%	布宜诺斯艾利斯	0.702	66

资料来源：中国社会科学院城市与竞争力指数数据库。

新兴经济体与发达国家城市群在基础设施建设方面差异并不悬殊。根据城市群规模课题组筛选的美国、中国、印度、英国、德国的几个重要城市群（表8-46），通过测算可以发现，无论是发达国家城市群还是新兴经济体城市群其基础设施水平普遍较高，其中德国莱茵-鲁尔城市群均值最高，为0.701；印度班加罗尔城市群均值最低，为0.517。从反应差异的变异系数指标来看，上述城市群的差别也不算太大，其中，变

表8-46　全球主要城市群当地需求指数统计比较

城市群	国家	城市数量	均值	变异系数	百强城市数量	排名首位城市	首位城市	首位城市排名	末位城市指数	末位城市排名	除首位城市指数均值
美国东北部	美国	11	0.763	0.149	9	81.82%	纽约	1.000	1	0.636	135
美国中西部	美国	13	0.708	0.122	9	69.23%	芝加哥	0.896	6	0.585	202
伦敦-利物浦	英国	8	0.655	0.180	3	37.50%	伦敦	0.918	4	0.565	224
长三角	中国	26	0.442	0.303	1	3.85%	上海	0.798	23	0.245	916
珠三角	中国	13	0.462	0.391	2	15.38%	深圳	0.712	63	0.196	984
京津冀	中国	10	0.448	0.353	1	10.00%	北京	0.771	32	0.303	761
班加罗尔	印度	5	0.460	0.133	0	0.00%	班加罗尔	0.521	292	0.380	552
莱茵-鲁尔	德国	4	0.643	0.120	2	50.00%	汉堡	0.715	58	0.535	275

资料来源：中国社会科学院城市与竞争力指数数据库。

异系数最大的城市群为中国的京津冀城市群，变异系数最小的为印度的班加罗尔城市群，可见，加大基础设施建设投入已成为当今世界主要城市群的发展共识。同时，新兴经济体城市群相比于发达国家城市群，在基础设施方面也不存在劣势。

二 全球城市存在基础设施水平空间聚集的规律

基础设施的特性决定了全球城市存在基础设施水平空间聚集的规律。根据 Moran's I 指数的分析结果，Moran's I 指数为 0.6713，P 值小于 0.0001，显著为正，结果显示，1007 个城市的基础设施之间存在显著的空间正自相关关系，即在基础设施水平较高的城市周围，与之相距较近城市的结结实实水平也较高，即城市的基础设施存在与邻近城市之间的正向溢出作用。从图 8 - 12 可以明显看出，多数城市聚集在呈现正自相关的一、三象限，说明其正相关性显著。这一现象对于指导城市经济竞争力的提升具有重要指导意义，即应当注意空间溢出性的作用与距离相近城市之间的互动影响作用，尤其是以航运、空运、通信为代表的基础设施，实现相邻城市间的互联互通建设发展将更好地发挥网络经济效应，调动更大空间网络节点的活力。

从全球城市基础设施指数的分布情况来看也能发现上述规律特征（图8-15），即西欧和北美为代表的城市群基础设施的高水平连通也有效地支撑了各自区域的经济发展，而新兴经济体所在区域却未能做到这一点，因此整体而言在基础设施建设方面并未形成高水平互通的空间网络格局。

发挥基础设施水平对经济竞争力的正向推动作用是新兴经济体实现赶超的快速通道。采用回归方法对全球城市基础设施对经济竞争力的支撑作用进行检验，可以发现（图 8 - 17），全球主要城市的基础设施指数水平与经济竞争力之间存在显著的线性正相关关系，这一结果表明全球主要城市的基础设施水平对经济竞争力具有显著的线性正向推动作用。

进一步考察七国集团、金砖国家城市以及亚投行成员城市在基础设施方面的差异可以发现，金砖国家以及亚投行成员城市的基础设施指数均值均明显低于七国集团城市（表 8 - 47），而反映城市间差异的指标均高于七国集团城市。上述结果一方面说明基础设施水平的差异是新兴经济体赶超发达国家经济体步伐的限制性因素，另一方面也反映出，以中国"一带一路"倡议为

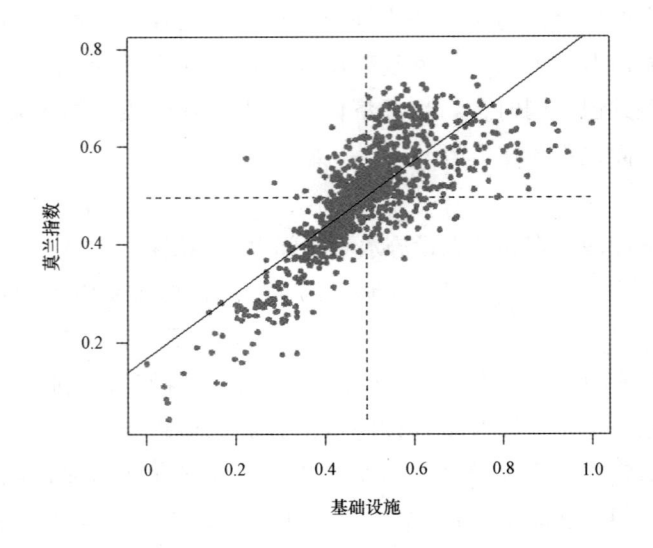

图 8-15　全球城市基础设施指数：Moran 散点图

资料来源：中国社会科学院城市与竞争力指数数据库。

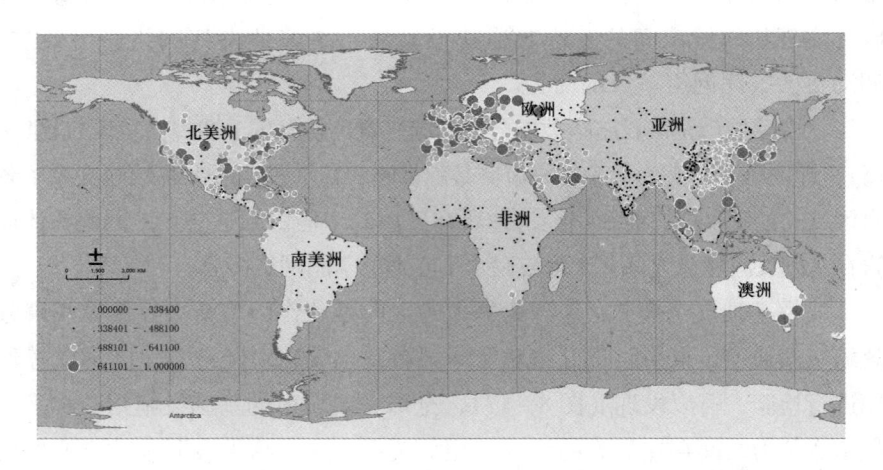

图 8-16　全球城市基础设施指数分布地图

资料来源：中国社会科学院城市与竞争力指数数据库。

代表的新兴经济体区域基础设施发展战略将具有广阔的发展空间，以基础设施促发展的思路将使众多经济竞争力相对落后的国家受益。

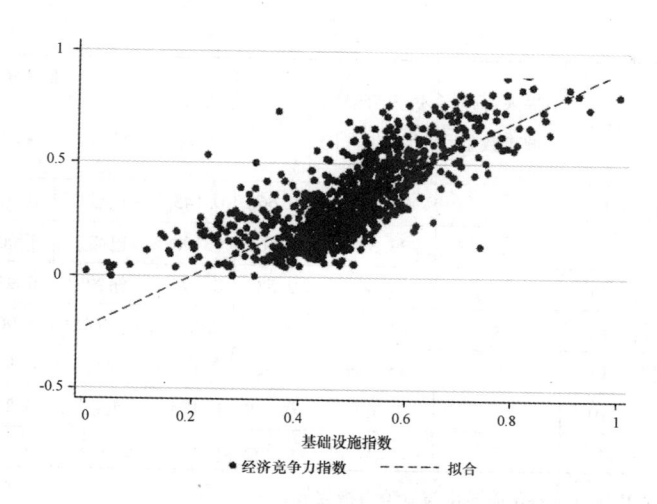

第八章 全球城市综合经济竞争力报告2017—2018 ◇ 315

图8-17 全球代表性城市经济竞争力与基础设施指数的散点与拟合图
资料来源：中国社会科学院城市与竞争力指数数据库。

表8-47 全球城市基础设施指数分析：各种国际组织

范围	样本数	均值	中位数	标准差	变异系数	基尼系数	泰尔指数
金砖国家	463	0.482	0.481	0.096	0.198	0.107	0.019
七国集团	141	0.614	0.584	0.116	0.189	0.101	0.017
亚投行成员	730	0.506	0.496	0.115	0.227	0.123	0.025

资料来源：中国社会科学院城市与竞争力指数数据库。

表8-48 金砖国家城市和七国集团城市基础设施指数比较

	国家	样本	进入百强城市数量	进入百强城市数量占比	均值	变异系数	最大值 城市	最大值 指数	最大值 世界排名
金砖国家	中国	292	14	4.79%	0.520	0.156	北京	0.924	3
	俄罗斯	33	2	6.06%	0.426	0.296	莫斯科	0.860	9
	印度	100	0	0.00%	0.428	0.123	孟买	0.636	119
	巴西	32	0	0.00%	0.360	0.241	圣保罗	0.588	189
	南非	6	0	0.00%	0.494	0.143	约翰内斯堡	0.608	153

续表

	国家	样本	进入百强城市数量	进入百强城市数量占比	均值	变异系数	最大值		
							城市	指数	世界排名
七国集团	英国	12	4	33.33%	0.660	0.145	伦敦	0.915	5
	法国	9	3	33.33%	0.666	0.198	巴黎	1.000	1
	美国	75	18	24.00%	0.587	0.198	纽约	0.919	4
	德国	13	8	61.54%	0.699	0.152	法兰克福	0.902	7
	意大利	13	2	15.38%	0.620	0.141	罗马	0.809	21
	日本	10	2	20.00%	0.609	0.175	东京	0.839	11
	加拿大	9	3	33.33%	0.595	0.191	多伦多	0.768	30

资料来源：中国社会科学院城市与竞争力指数数据库。

第九节 全球城市生活环境指数分析

一 全球生活环境百强城市半数以上集中在亚洲

全球城市整体生活环境水平中等，城市间存在差异。全球城市生活环境指数由全球城市 PM2.5 排放量与犯罪率两个二级指标通过方向调整、加权计算与标准化处理而成，指标值越大代表城市生活环境水平越高。从测算结果看（表 8-49），全部样本城市的生活环境指数均值为 0.607，中位数为 0.635，低于均值的城市数量达到 409 座，占样本城市总量的 40.6%，反映出全球城市的生活环境活动整体高度集中于少数国家的城市，因此导致指数整体水平偏低。进一步考察度量全球城市生活环境差异程度的统计指标可以发现，全球城市生活环境的标准差为 0.144，变异系数为 0.237，基尼系数为 0.129，泰尔指数为 0.030，表明各城市的生活环境之间存在着一定的差异。

表 8-49　　　　全球城市生活环境指数分析：世界城市

范围	样本数	均值	中位数	标准差	变异系数	基尼系数	泰尔指数
世界城市	1007	0.607	0.635	0.144	0.237	0.129	0.030

资料来源：中国社会科学院城市与竞争力指数数据库。

20强城市中,札幌位居第一,亚洲多城排名靠前。根据测算,在全球城市生活环境指数排名中,札幌、名古屋、大阪、仙台、北九州-福冈大都市圈位居前五。在排名前20的城市中,亚洲共有13座城市入围,占据了绝大多数,欧洲有慕尼黑等5城入选,北美洲和非洲各有1座城市入选,分别是加拿大的魁北克和加蓬的利伯维尔。其他各洲均无城市进入二十强(表8-50)。这一结果表明,从反映社会环境的空气质量和社会治安角度讲,东亚国家,特别是日本的城市在全球范围内具有较为明显的领先优势;而德国的城市也具有较为优越的生活环境,从而较好地支撑了人才的聚集与创新环境的形成,促进了经济竞争力的提升。值得注意的是以金砖国家为代表的新兴经济国家城市没有城市能够进入前十,显然在生活环境的建设方面还有待进一步加强。

表8-50　　全球城市生活环境指数排名前二十的城市

排序	城市	生活环境指数	国别	大洲	排序	城市	生活环境指数	国别	大洲
1	札幌	1.000	日本	亚洲	11	静冈-滨松大都市圈	0.889	日本	亚洲
2	名古屋	0.974	日本	亚洲	12	苏黎世	0.889	瑞士	欧洲
3	大阪	0.933	日本	亚洲	13	光州	0.885	韩国	亚洲
4	仙台	0.921	日本	亚洲	14	新潟	0.883	日本	亚洲
5	北九州-福冈大都市圈	0.917	日本	亚洲	15	斯图加特	0.882	德国	欧洲
6	熊本	0.917	日本	亚洲	16	鄂木斯克	0.880	俄罗斯	欧洲
7	慕尼黑	0.910	德国	欧洲	17	利伯维尔	0.879	加蓬	非洲
8	东京	0.899	日本	亚洲	18	大邱	0.875	韩国	亚洲
9	德累斯顿	0.894	德国	欧洲	19	大田	0.873	韩国	亚洲
10	魁北克	0.892	加拿大	北美洲	20	新加坡	0.873	新加坡	亚洲

资料来源:中国社会科学院城市与竞争力指数数据库。

洲际层面，全球生活环境百强城市半数以上集中在亚洲。在世界各大洲的城市生活环境排名中，大洋洲、欧洲、亚洲排名居于前三，其生活环境的均值、中位数均高于世界平均水平。南美洲和非洲的生活环境的均值与中位数则都略低于世界平均水平。北美洲城市的的生活环境的均值高于世界城市平均水平，但中位数低于世界城市中位数水平。

从生活环境指数全球百强城市的洲际分布来看（表8-51），表现最好的是亚洲，共有47座城市入围，占比为8.35%（亚洲样本城市数量较多），其后欧洲与北美洲的表现也较好，分别有23城与15城进入百强，占比分别为18.11%和11.36%。因此，从进入百强城市的数量来看，世界生活环境水平较高的城市主要集中在北半球。相比之下，南半球则相对落后，非洲有4城入围，占比为3.85%，大洋洲有1座城市入围，占比为14.29%，南美洲则无城市入围，在城市数量方面排名落后。

表8-51　　全球城市生活环境指数洲际情况及百强城市占比

范围	样本数	均值	中位数	变异系数	百强城市数量	百强城市占比	最大值		
							城市	指数	世界排名
亚洲	563	0.622	0.649	0.224	47	8.35%	札幌	1.000	1
欧洲	127	0.680	0.679	0.138	23	18.11%	慕尼黑	0.910	8
非洲	104	0.486	0.488	0.345	4	3.85%	利伯维尔	0.879	18
大洋洲	7	0.715	0.709	0.049	1	14.29%	悉尼	0.770	83
北美洲	132	0.618	0.633	0.200	15	11.36%	魁北克	0.892	11
南美洲	74	0.507	0.531	0.186	0	0.00%	马图林	0.684	337

资料来源：中国社会科学院城市与竞争力指数数据库。

欧美国家城市群发展平衡，发展中国家集中在中心城市。在几个重要城市群对比中，根据测算可以发现（表8-52），总体而言这些国家的城市群的生活环境指数均值普遍不高，前三位依次为德国的莱茵-鲁尔城市群、中国的珠三角城市群，以及英国的伦敦-利物浦城市群，均值都没有超过0.8，可见经济竞争力较发达的城市群在生活环境方面水平普遍不高，只有欧洲城市表现尚可。因此在未来的发展过程中，无论对于发达国家还是对于新兴经济体国家的城市群而言，都应在努力提高经济竞争力的同时，加强对城市群生活环境的建设，实现两者的协调发展。

第八章　全球城市综合经济竞争力报告2017—2018　◇　319

表8-52　全球主要城市群生活环境指数统计比较

城市群	国家	城市数量	均值	变异系数	百强城市数量	百强城市占比	排名首位城市	首位城市指数	首位城市排名	末位城市指数	末位城市排名	除首位城市指数均值
美国东北部	美国	11	0.643	0.126	0	0.00%	普罗维登斯	0.723	198	0.522	793	0.635
美国中西部	美国	13	0.638	0.129	0	0.00%	激流市	0.758	105	0.457	877	0.628
伦敦-利物浦	英国	8	0.659	0.052	0	0.00%	利物浦	0.707	243	0.614	590	0.652
长三角	中国	26	0.650	0.079	0	0.00%	安庆	0.752	121	0.545	748	0.646
珠三角	中国	13	0.671	0.138	1	7.69%	云浮	0.777	76	0.435	901	0.662
京津冀	中国	10	0.580	0.166	1	10.00%	张家口	0.761	97	0.459	875	0.560
班加罗尔	印度	5	0.605	0.150	0	0.00%	科钦	0.712	230	0.465	858	0.579
莱茵-鲁尔	德国	4	0.776	0.020	3	75.00%	多特蒙德	0.793	66	0.758	103	0.770

资料来源：中国社会科学院城市与竞争力指数数据库。

二 经济竞争力高等级城市在生活环境方面不具有优势

日欧生活环境水平领先，中美之间差异不大。考察全球1007个城市的生活环境的分布格局，可以发现（图8-15），一方面，生活环境指数较高的城市主要集中于日本与欧洲，表明上述地区城市无论在自然环境方面还是在社会环境方面都在全球具有领先优势；另一方面，可以发现中国城市总体而言在生活环境方面与美国城市相比并不存在明显的劣势，只是缺乏生活环境指数较高的城市。

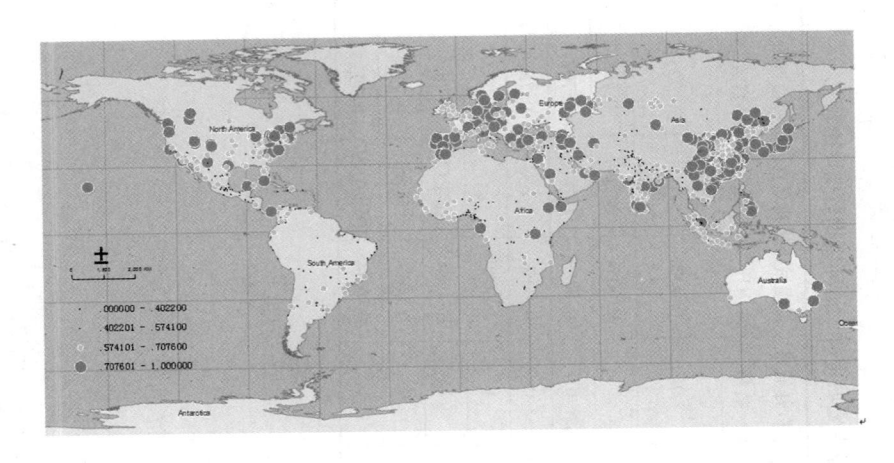

图8-18 全球城市生活环境指数分布地图

资料来源：中国社会科学院城市与竞争力指数数据库。

经济竞争力高等级城市在生活环境方面不具有优势。根据1007个样本城市的十等级划分，考察各等级城市生活环境指数的统计指标可以发现（表8-53），第一等级城市的生活环境指数均值仅为0.665，甚至略低于其他多数等级城市的城市生活环境指数均值。总体而言，城市生活环境指数水平梯队格局并不明显，高等级城市在生活环境方面不具有优势，均值最高的为第四等级城市，表明全球城市生活环境与其城市经济竞争力之间存在一定程度的错位现象。

表 8-53　不同等级城市生活环境指数统计指标情况

新等级	样本数	均值	中位数	标准差	变异系数	基尼系数	泰尔指数
1	2	0.665	0.665	0.037	0.056	0.020	0.001
2	5	0.687	0.707	0.133	0.193	0.096	0.015
3	16	0.699	0.673	0.118	0.168	0.092	0.013
4	11	0.711	0.715	0.118	0.166	0.089	0.013
5	11	0.680	0.684	0.059	0.087	0.047	0.003
6	36	0.665	0.694	0.126	0.190	0.104	0.018
7	55	0.662	0.648	0.129	0.195	0.101	0.020
8	96	0.672	0.673	0.125	0.185	0.102	0.018
9	388	0.613	0.640	0.125	0.204	0.110	0.023
10	387	0.561	0.596	0.156	0.279	0.156	0.042

资料来源：中国社会科学院城市与竞争力指数数据库。

进一步考察反映差异的统计指标可以发现，多数指标反映出位于较低等级的城市之间一般生活环境水平差异也较大。按照国际组织进行划分，可以发现，金砖国家城市以及亚投行成员国的生活环境指数均值相比于七国集团城市而言并不存在明显劣势；同时从差异指标情况看，金砖国家城市间的生活环境差异也略高于七国集团成员城市，亚投行成员之间的生活环境指数差异相对较大，见表 8-54、表 8-55。

表 8-54　全球城市生活环境指数分析：国际组织

范围	样本数	均值	中位数	标准差	变异系数	基尼系数	泰尔指数
金砖国家	463	0.621	0.650	0.119	0.192	0.101	0.021
七国集团	141	0.695	0.690	0.108	0.156	0.087	0.012
亚投行成员	730	0.620	0.645	0.135	0.217	0.117	0.025

资料来源：中国社会科学院城市与竞争力指数数据库。

表8-55　　金砖国家城市和七国集团城市生活环境指数比较

国家		样本	进入百强城市数量	进入百强城市数量占比	均值	变异系数	最大值		
							城市	指数	世界排名
金砖国家	中国	292	12	4.11%	0.669	0.105	湛江	0.811	54
	俄罗斯	33	1	3.03%	0.634	0.149	鄂木斯克	0.880	17
	印度	100	3	3.00%	0.533	0.283	瓦朗加尔	0.837	42
	巴西	32	0	0.00%	0.499	0.165	茹伊斯迪福拉	0.639	499
	南非	6	0	0.00%	0.341	0.144	开普敦	0.408	930
七国集团	英国	12	0	0.00%	0.661	0.048	利物浦	0.707	243
	法国	9	0	0.00%	0.643	0.083	里昂	0.716	212
	美国	75	7	9.33%	0.659	0.127	罗切斯特	0.848	38
	德国	13	10	76.92%	0.808	0.070	慕尼黑	0.910	8
	意大利	13	0	0.00%	0.629	0.121	博洛尼亚	0.732	168
	日本	10	10	100.00%	0.912	0.062	札幌	1.000	1
	加拿大	9	6	66.67%	0.784	0.097	魁北克	0.892	11

资料来源：中国社会科学院城市与竞争力指数数据库。

第十节　全球经济竞争力百强城市分析

一　全球经济竞争力百强城市比较

全球经济竞争力百强城市用较少的人口创造了较多的财富。全球经济竞争力百强城市的GDP总量约为24.5万亿美元，占全部1007个样本城市GDP总量的52.15%，同时约占全球GDP总量的1/3左右，表明百强城市在全球经济活动中具有举足轻重的地位与影响力。从人口方面看，经济竞争力百强城市的人口总和约为6亿人，占全部1007个样本城市人口总量的1/5左右，同时约占全球人口总量的5%左右。

全球经济竞争力百强城市分布不均衡。在前100位的经济竞争力排名分析中（表8-56），分布于北美洲的城市有39个，亚洲城市有32个（东亚24个，西亚6个，东南亚2个），欧洲的城市有26个（中欧13

表8-56　全球经济竞争力百强城市排名表

排序	城市	经济竞争力	排序	城市	经济竞争力	排序	城市	经济竞争力
1	纽约	1	26	西雅图	0.781	51	纳什维尔-戴维森	0.713
2	洛杉矶	0.999	27	大阪	0.77	52	明尼阿波利斯	0.709
3	新加坡	0.971	28	苏州	0.765	53	柏林	0.706
4	伦敦	0.958	29	布里奇波特-斯坦福德	0.764	54	夏洛特	0.705
5	旧金山	0.941	30	特拉维夫-雅法	0.764	55	莫斯科	0.704
6	深圳	0.934	31	巴尔的摩	0.76	56	拉斯维加斯	0.699
7	东京	0.92	32	斯图加特	0.75	57	罗利	0.697
8	圣何塞	0.916	33	伊斯坦布尔	0.748	58	阿布扎比	0.696
9	慕尼黑	0.905	34	日内瓦	0.745	59	米尔沃基	0.691
10	达拉斯	0.903	35	多伦多	0.741	60	奥斯丁	0.683
11	休斯敦	0.9	36	克利夫兰	0.737	61	盐湖城	0.682
12	香港	0.887	37	亚特兰大	0.735	62	成都	0.678
13	首尔	0.848	38	杜塞尔多夫	0.733	63	哥本哈根	0.677
14	上海	0.837	39	珀斯	0.733	64	奥兰多	0.677
15	广州	0.835	40	武汉	0.731	65	悉尼	0.673
16	迈阿密	0.816	41	维也纳	0.73	66	里士满	0.67
						76	俄亥俄州哥伦布	0.66
						77	利雅得	0.659
						78	巴鲁日	0.659
						79	路易斯维尔	0.658
						80	巴塞罗那	0.658
						81	卡尔卡里	0.656
						82	蔚山	0.653
						83	奥斯陆	0.651
						84	曼彻斯特	0.647
						85	青岛	0.646
						86	重庆	0.646
						87	多特蒙德	0.645
						88	名古屋	0.645
						89	吉隆坡	0.635
						90	阿姆斯特丹	0.635
						91	佛山	0.632

续表

排序	城市	经济竞争力	排序	城市	经济竞争力	排序	城市	经济竞争力
17	芝加哥	0.815	42	圣地亚哥	0.729	67	迪拜	0.67	92	安特卫普	0.628
18	波士顿	0.812	43	丹佛	0.727	68	无锡	0.67	93	华盛顿特区	0.626
19	都柏林	0.811	44	南京	0.726	69	伯明翰	0.669	94	俄克拉荷马城	0.623
20	北京	0.81	45	多哈	0.726	70	布鲁塞尔	0.666	95	仙台	0.619
21	巴黎	0.806	46	底特律	0.725	71	长沙	0.666	96	墨尔本	0.618
22	法兰克福	0.799	47	台北	0.723	72	汉诺威	0.665	97	弗吉尼亚比奇	0.616
23	天津	0.787	48	汉堡	0.717	73	温哥华	0.662	98	凤凰城	0.616
24	斯德哥尔摩	0.786	49	科隆	0.715	74	杭州	0.66	99	郑州	0.615
25	费城	0.784	50	苏黎世	0.715	75	埃森	0.66	100	坦帕	0.615

资料来源：中国社会科学院城市与竞争力指数数据库。

个、西欧 8 个），大洋洲的城市有 3 个，但非洲和南美洲城市的经济竞争力排名均没有进入前 100 位。这 100 个城市主要集中于发达国家，少部分分布于发展国家。其中分布于美国（36 个）、中国（21 个）、德国（7 个）、加拿大（5 个）、澳大利亚（3 个）的城市居多，英国、日本、瑞士、阿联酋、西班牙、印度则各有 2 个城市入围。从加入国际组织的情况看，经济综合竞争力居于前 100 的城市中，有 75 个城市所在国属于 OECD 成员，22 个城市所在国属于欧盟成员，19 个城市属于金砖国家城市，57 个城市所在国属于七国集团。同时，有 59 个城市属于亚投行成员国家城市（域内成员城市 31 个，域外成员城市 21 个，域外意向成员城市 7 个）。此外，经济竞争力排名经济竞争力百强城市中，有 58 个城市属于 2016 年世界 GDP 排名前 10 国家城市。

二　全球经济竞争力百强城市的驱动因素分析

百强城市优势主要集中于产业体系、金融服务、当地需求与人力资源方面（表 8-57）。从经济竞争力来看，百强城市的均值为 0.733，中位数为 0.714，分别是全球 1035 个样本城市均值和中位数的 3.3 倍和 4.8 倍，进一步说明全球经济竞争力百强城市是世界经济最发达与最活跃城市的代表。从反映差异的统计指标来看，百强城市的经济竞争力变异系数为 0.131，基尼系数为 0.070，泰尔指数为 0.008；而全部样本城市的经济竞争力的变异系数为 0.913，基尼系数为 0.431，泰尔指数为 0.318；全球经济竞争力百强城市的经济竞争力的变异系数、基尼系数和泰尔指数分别相当于全球样本城市的变异系数、基尼系数和泰尔指数的 28.26%、31.58% 与 9.43%。

从产业体系角度来看，经济竞争力百强城市的均值为 0.263，中位数为 0.183，分别是全球 1035 个样本城市均值和中位数的 5 倍和 16.9 倍，表明产业体系方面的巨大优势是支撑百强城市经济竞争力领先的重要驱动力。从反映差异的统计指标来看，百强城市产业体系指数的变异系数为 0.878，基尼系数为 0.447，泰尔指数为 0.328，分别相当于全球样本城市的变异系数、基尼系数和泰尔指数的 37.06%、53.27% 和 24.75%。

金融服务指数方面，经济竞争力百强城市的均值为 0.299，中位数为 0.266，均为全球样本城市均值与中位数的 1.9 倍左右，表明金融服务方面的领先优势是推动百强城市经济竞争力较快提升的另一动力源。从反映差异的统计指标来看，百强城市金融服务指数的变异系数为0.404，基尼系数为0.192，泰尔指数为0.067，分别相当于全球样本城市的变异系数、基尼系数和泰尔指数的76.67%、75.10%和57.14%。

再来看当地需求指数方面，经济竞争力百强城市的均值为0.717，中位数为0.703，分别是全球样本城市均值的1.7倍和中位数的1.8倍，表明较大的当地需求市场规模是激活百强城市经济竞争力快速发展的重要因素。从反映差异的统计指标来看，百强城市当地需求指数的变异系数为0.14，基尼系数为0.078，泰尔指数为0.01，分别相当于全球样本城市的变异系数、基尼系数和泰尔指数的5.86%、34.53%和12.82%，表明百强城市的当地需求差异明显低于世界城市总体差异程度。

从人力资源指数方面看，经济竞争力百强城市的均值为0.454，中位数为0.427，分别是全球样本城市均值和中位数的1.6倍，表明较大规模高素质的人力资源也是驱动百强城市经济竞争力领先的重要原因。从反映差异的统计指标来看，百强城市人力资源指数的变异系数为0.445，基尼系数为0.25，泰尔指数为0.099，分别相当于全球样本城市的变异系数、基尼系数和泰尔指数的96.42%、107.49%和104.49%，表明尽管平均水平虽然领先世界，但百强城市之间的人力资源差异明显却接近甚至高于世界总体差异程度。

在其他营商成本、制度成本、基础设施、生活成本等指数方面，经济竞争力百强城市的均值与中位数均超过全球的整体水平，但差别较小，并未形成明显优势。

表8-57　　　　全球经济竞争力百强城市指标综合统计情况

百强城市	样本数	均值	中位数	标准差	变异系数	基尼系数	泰尔指数
经济竞争力	100	0.733	0.714	0.096	0.131	0.070	0.008
金融服务	100	0.299	0.266	0.121	0.404	0.192	0.067
产业体系	100	0.263	0.183	0.230	0.878	0.447	0.328
人力资源	100	0.454	0.427	0.202	0.445	0.250	0.099
当地需求	100	0.717	0.703	0.100	0.140	0.078	0.010
营商成本	100	0.723	0.692	0.150	0.208	0.118	0.022

续表

百强城市	样本数	均值	中位数	标准差	变异系数	基尼系数	泰尔指数
制度成本	100	0.803	0.857	0.105	0.130	0.065	0.009
基础设施	100	0.700	0.698	0.115	0.164	0.092	0.013
生活成本	100	0.687	0.683	0.114	0.165	0.092	0.014

资料来源：中国社会科学院城市与竞争力指数数据库。

当地需求、基础设施、营商环境、人力资源是与百强城市经济竞争力关联度位序较高的驱动因素。为了考察各指标对于经济竞争力的相对作用大小，进一步计算经济竞争力与各解释性指标的邓氏灰色关联度，从计算结果得知，考察各解释性因素对于排名经济竞争力百强城市的经济竞争力影响的相对重要性，可以发现（图8-19），按照解释变量与被解释变量的关联度的强弱，由高到低进行排序依次为：当地需求、基础设施、营商环境、人力资源、生活环境、营商成本、金融服务、产业体系。在八个解释性指标中，当地需求与城市经济竞争力的关联度为0.8675，关联强度最高；基础设施与城市经济竞争力的关联度为0.8345，关联强度排序第二；营商环境与城市经济竞争力的关联度为0.6751，关联强度排序第三；人力资源与城市经济竞争力的关联度为0.6277，关联强度排序第四；关联强度最弱的金融服务与城市经济竞争力的关联度为0.4795，关联强度排序第八。由此可知，八大解释指标与城市竞争力的关联度较为明显，人力资源、金融服务、产业体系与当地需求是解释城市经济竞争力的较为关键性要素。上述结果一方面支持了之前的判断，另一方面也为全球经济竞争力百强城市的进一步发展指出了方向，即各城市应当在巩固已有优势的同时，着力提升人力资源水平，缩小差距，更好地驱动经济竞争力快速提升。

第十一节 经济竞争力的城市故事

一 经济竞争力十强城市分析

（一）纽约：高水平金融服务支撑下的世界之都

纽约的经济竞争力高居世界榜首，金融服务指数、产业体系指数、

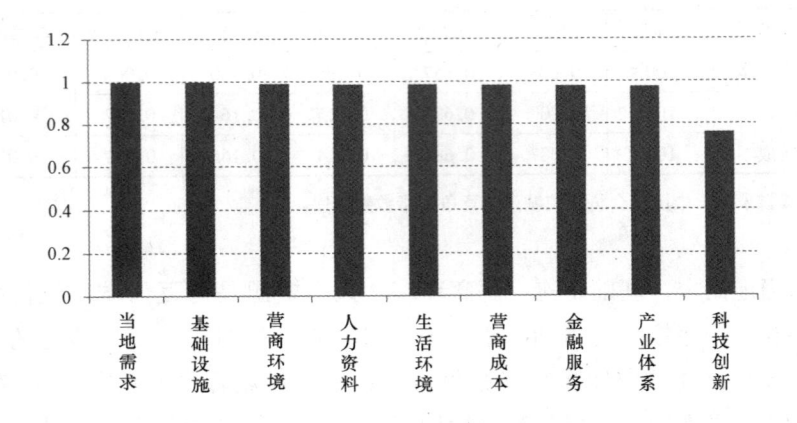

图 8－19　经济竞争力与分项指标的灰色关联度

资料来源：中国社会科学院城市与竞争力指数数据库。

当地需求指数、全球联系指数均最高。纽约的城市面积约为 34490 平方千米，人口约为 2019.05 万人，人均 GDP 约为 79886.98 美元，它的经济竞争力总指数为 1，在全球 1007 个样本城市中排名第一。纽约是属于北美洲的北美区域，隶属于美国东北部大西洋沿岸城市群。属于美国东北部城市群的首位城市，美国是 OECD 国家的重要成员，美国的 GDP 在样本城市的国家中排名第一。

纽约经济发展的特点为：纽约的金融、科技实力较强，产业体系健全，人力资源丰富。美元成为世界货币，奠定了纽约成为世界城市的基础，纽约的金融服务指数为 1，远高于洛杉矶的金融服务指数 0.421。纽约的生活环境指数为 0.691，市政府计划在 2030 年成为全美空气最洁净的城市，并让纽约市民每 10 分钟就能步行到一个公园环境，享受较为宽敞的空间和清洁的空气环境。同时，纽约拥有像百老汇这样浓郁的现代文化气息。但是，纽约城市中出现的棕地未被充分治理利用，若能有效治理利用，会产生更大的经济价值。

（二）洛杉矶：营商成本优势与多中心布局下的天使之城

洛杉矶营商成本指数较高，为多中心城市。洛杉矶的城市面积约为 12562 平方千米，人口约为 1335.27 万人，人均 GDP 约为 70223.21 美元。洛杉矶的经济竞争力指数为 0.9992，在全球 1007 个样本城市中排名第

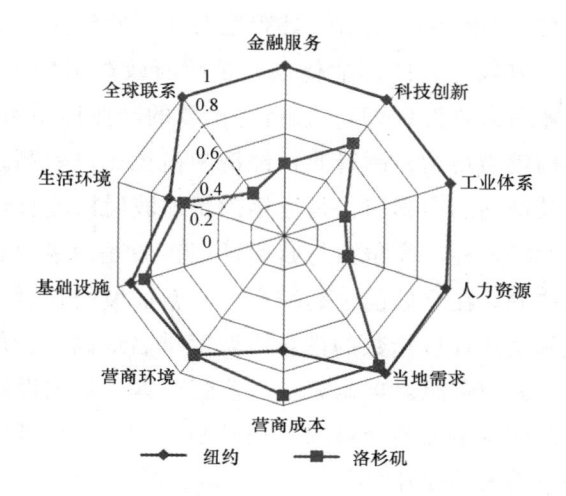

图 8 - 20　经济竞争力十强城市指标雷达图：纽约与洛杉矶

资料来源：中国社会科学院城市与竞争力指数数据库。

二。洛杉矶位于北美洲的北美区域，隶属于美国西海岸旧金山 - 圣迭戈城市群。

洛杉矶经济发展的特点：与纽约相比（图 8 - 20），洛杉矶的十项分项指标总体不如纽约好，各项投入不比纽约高，但是它的综合经济排名紧追纽约，综合经济效力发挥得比较好。洛杉矶的营商成本指数为 0.939，远高于纽约的营商成本指数（0.675）。洛杉矶是一个港口城市，拥有四通八达的交通网络，航运便利度和航空便利度水平较高。洛杉矶的基础设施指数为 0.838，尚低于纽约的基础设施指数 0.919。洛杉矶的综合经济竞争力与科技创新、营商成本、当地需求、基础设施、营商环境、生活环境均达到初级协调状态，但洛杉矶的综合经济竞争力与金融服务、产业体系、人力资源的协调度处于勉强协调状态。

（三）新加坡：全面均衡发展的花园之城

新加坡城市虽小，但城市发展力压群雄。新加坡的城市面积约为 716 平方千米，人口约为 557.92 万人，人均 GDP 约为 53204.72 美元。新加坡的经济竞争力指数为 0.9708，在全球 1007 个样本城市中排名第三。新加坡位于亚洲的东南亚区域，是亚投行的域内成员。新加坡城市的生活环境指数为 0.873，远高于伦敦的生活环境指数 (0.638)。该城市秉持绿色发展理念、打造国际花园城市，具有生态化、低碳化、幸福化的发展特点。新加坡具有较完善的产业体系，是政府政策引导下的产业体系。新加坡的产业体系指数为 0.933，接近于伦敦的产业体系指数 (0.935)。新加坡产业结构较为均衡，制造业在经济中占比比伦敦高，较为坚实的制造业基础及其带动的净出口，是近年来新加坡经济增长动力强的重要原因。新加坡的综合经济竞争力与营商环境指数是中级协调，与生活环境指数是初级协调。在全球前十的城市中，新加坡的综合经济竞争力与营商环境指数和生活环境指数的耦合协调度排名最高。新加坡与科技创新、产业体系、人力资源、当地需求、营商成本、基础设施均为初级协调，新加坡的经济竞争力与金融服务是勉强协调，新加坡的综合经济竞争力在未来还有很大的提升空间。

（四）伦敦：科技创新与金融并重的老牌世界之都

伦敦科技创新实力独占鳌头，基础设施、人力资源、当地需求也较高。伦敦的城市面积约为 8382 平方千米，人口约为 1289.08 万人，人均 GDP 约为 65154.68 美元。伦敦的经济竞争力的总指数为 0.9578，在全球 1007 个样本城市中排名第四。伦敦位于欧洲的西部区域，隶属于英国城市群，属于英国的"伦敦－利物浦"城市群的首位城市，英国是 OECD 国家和欧盟国家的重要成员，英国的 GDP 在 1035 个样本城市的国家中排名第 5 位。

伦敦经济发展的特点：伦敦的科技创新、基础设施、人力资源、当地需求指数均较高。如图 8-21 所示，伦敦的科技创新指数为 1，远高于新加坡的科技创新指数 0.621。伦敦的基础设施的指数为 0.915，高于新加坡的基础设施的指数 0.760。伦敦的人力资源指数为 0.791，远高于新加坡的人力资源指数 0.593。该城市拥有较多的青年人口，并且拥有牛津大学这样世界著名的大学，是人才聚集地和科研聚集地。伦敦的经济竞争力与当地的金融服务、产业体系、人力资本、当地需求、营商环境、基础设施、生活环境均达到了协调性发展。伦敦的营商成本指数为 0.512，低于新加坡的营商成本 (0.670)。伦敦的制度成本指数为 0.8803，略低于新加坡的制度成本指数 (0.991)。纽约的经商便利度和市场自由度略弱于新加坡，伦敦经济竞争力与营商成本的协调性在未来还有很大的提升空间。

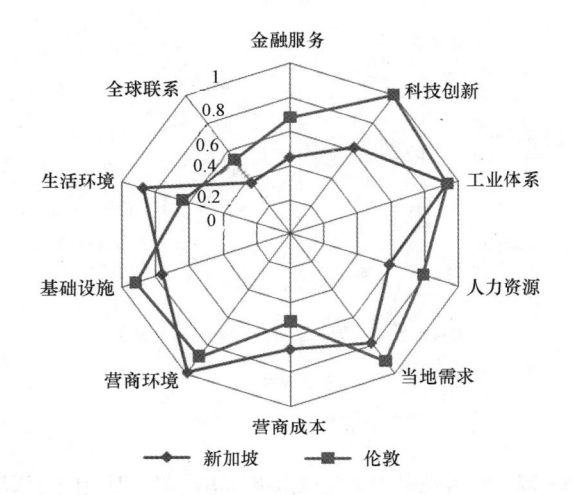

图 8−21　经济竞争力十强城市指标雷达图：新加坡与伦敦

资料来源：中国社会科学院城市与竞争力指数数据库。

（五）旧金山：宜商宜居的湾边之城

旧金山的生活环境水平较高，营商便利化水平高，宜商宜居。旧金山的城市面积约为 9128 平方千米，人口约为 461.99 万人，人均 GDP 约为 94132.37 美元。旧金山的经济竞争力总指数为 0.9408，在全球 1007 个样本城市中排名第五。旧金山位于北美洲的北美区域，隶属于美国西海岸旧金山−圣迭戈城市群。

旧金山经济发展的特点：旧金山的产业体系指数为 0.5796，远高于深圳的产业体系指数（0.3666）。旧金山的电子信息、生物科技产业发展较好，航空国防产业缩减严重，轻工业发展较好，以好莱坞领衔的娱乐业持续增长。旧金山的生活环境指数为 0.7252，略高于深圳的生活环境指数（0.622）。旧金山的当地需求、营商成本、制度成本指数均较高，该城市的经济竞争力与当地需求、营商成本、制度成本达到了协调性发展，但与金融服务、产业体系、人力资源是勉强协调发展，未来还有很大的提升空间。

（六）深圳：全球科技创新的新宠儿

深圳的科技创新、人力资源、基础设施均较好。深圳的城市面积约

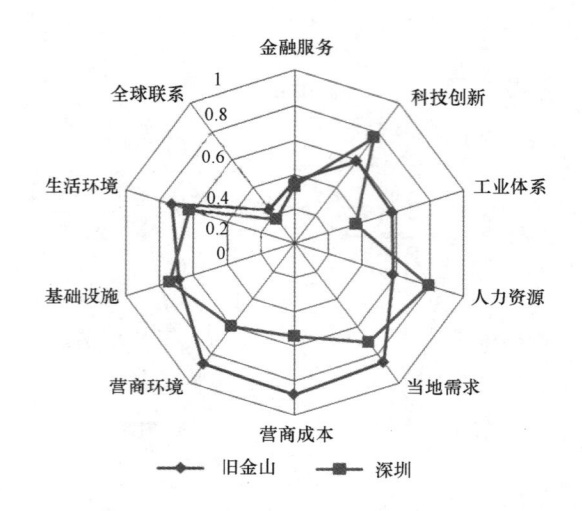

图 8-22 经济竞争力十强城市指标雷达图：旧金山与深圳

资料来源：中国社会科学院城市与竞争力指数数据库。

为 1997 平方千米，人口约为 1138 万人，人均 GDP 约为 24696.76 美元。深圳的经济竞争力指数为 0.9337，在全球 1007 个样本城市中排名第六。深圳位于亚洲的东亚区域，中国是金砖国家和亚投行的重要成员，其所在国家的 GDP 在 1035 个样本城市中排名第二位。

深圳经济发展的特点：深圳是中国改革开放的第一个经济特区，有着优越的地理位置、优美的人文环境以及多样性包容性的文化，是全球发展潜力较好的城市。如图 8-22 所示，深圳的科技创新实力较强，科技创新指数为 0.759，远高于旧金山的科技创新指数（0.592），深圳市政府积极搭建科技创新平台，鼓励科技创新。深圳是一座年轻的城市，汇聚了全球优秀的青年才俊，该城市的人力资源指数为 0.7949，远高于旧金山的人力资源指数（0.5844）。深圳的基础设施指数为 0.7376 高于旧金山的基础设施指数（0.6838）。深圳的综合经济竞争力与人力资源、科技创新、产业体系、营商环境、生活环境、当地需求均是初级协调，且深圳的综合经济竞争力与人力资源和科技创新的耦合协调度在全球前十个城市中的位序相对较高。深圳的综合经济竞争力与金融服务、产业体系和营商成本勉强协调，其相关的耦和协调度在全球前十个城市中的位序不高。深圳的当地需求、营商成本、营商环境、生活环境与旧金山有一定的差距，但深圳的综合经济竞争力排名和旧金山很接近，深圳未来还有很大的增长潜力。

（七）东京：产城融合且生活舒适的运河之城

东京产业体系健全，生活环境好。东京的城市面积约为13572平方千米，人口约为3591.89万人，人均GDP为41123.07美元。东京的经济竞争力为0.9205，在全球1007个样本城市中排名第七。东京位于亚洲的东亚区域，其所在国家日本是OECD的重要成员，其所在国家的GDP在1035个样本城市的国家中排名第二位。

东京经济发展的特点：东京隶属于日本太平洋沿岸城市群，东京是港口城市，靠近天然良港东京湾，依靠港口优势，通过海运带动城市经济发展。如图8-23所示，东京的人力资源指数为1，远高于圣何塞的人力资源指数（0.7399）。东京的产业体系指数为0.9184，远高于圣何塞的产业体系指数（0.0826）。东京的生活环境指数为0.8994，远高于圣何塞的生活环境指数（0.6139）。东京是学术研究、科研技术创新中心。东京的经济竞争力与科技创新、产业体系、人力资本、当地需求、生活成本、制度成本和基础设施是初级协调，但东京的经济竞争力与金融服务、营商成本是勉强协调，未来还有很大的提升空间。

（八）圣何塞：营商环境优越的科技之城

圣何塞营商环境好，经商便利度高。圣何塞的城市面积约为6979平方千米，人口约为197.36万人，人均GDP约为120061.64美元，圣何塞的经济竞争力指数为0.9158，在全球1035个样本城市中排名第八。圣何塞位于属于北美洲的北美区域，隶属于美国西海岸旧金山-圣迭戈城市群。

圣何塞经济发展的特点：与东京相比，圣何塞的10项分项指标总体不如东京好，各项投入不比东京高，但是它的综合经济的排名紧追东京，综合经济效力发挥得比较好。圣何塞的营商成本指数为0.9392，远高于东京的营商成本指数（0.580）。圣何塞的制度成本指数为0.870，高于东京的制度成本指数（0.802）。圣何塞的营商成本、制度成本优于东京。尽管圣何塞的人力资源状况弱于东京，但是圣何塞重视教育发展，积极培养科技人才，大力发展信息科技化产业，致力于高端科技服务行业。圣何塞是美国"硅谷"的中心城市，科技实力表现出色，引领全球城市

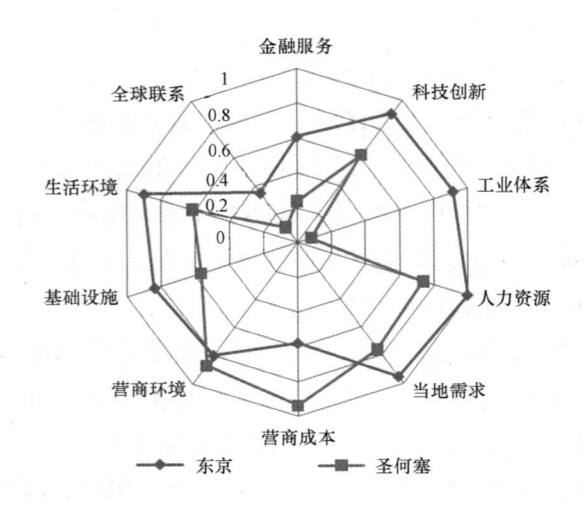

图 8-23　经济竞争力十强城市指标雷达图：东京与圣何塞

资料来源：中国社会科学院城市与竞争力指数数据库。

发展，圣何塞的科技创新实力有力地支撑着它的全球城市地位。圣何塞经济竞争力与制度成本是初级协调，但与当地需求、基础设施、营商成本是勉强协调，与金融服务、人力资本是濒临失调，与产业体系是轻度失调，圣何塞的经济发展还有很大的提升空间。

（九）慕尼黑：产业发达且生态宜居的巴伐利亚首府

慕尼黑生态环境好，产业化水平高。城市面积约为 611 平方千米，人口约为 287 万人，人均 GDP 约为 69104.25 美元，经济竞争力指数为 0.9053，在全球 1007 个样本城市中排名第九。慕尼黑属于欧洲的中欧区域，它所在的国家德国是 OECD 和欧盟国家的重要成员，德国的 GDP 在 1035 个样本城市的国家中排名第四。

慕尼黑经济发展特点：慕尼黑隶属于德国的 Frankfurt am Main Metropolitan Area，慕尼黑注重生态保护和文化传承，它的生活环境指数为 0.9099，远高于达拉斯的生活环境指数（0.6729）。慕尼黑的产业化水平高，产业结构较为健全，它的产业体系指数为 0.2948，高于达拉斯的产业体系指数（0.2092）。慕尼黑重视教育的投入，它的人力资源指数为 0.4166，高于达拉斯的人力资源指数（0.2351），慕尼黑的劳动力人口数量的指数和青年人口占比的指数相对较低。慕尼黑的综合经济竞争力与金融服务的协调度濒临失调状态，需要进一步提高金融服务化水平。慕尼黑的综合经济竞争力与当地需求、营商成本、营商环境、基础设施、生活环境达到了初级协调状态。在全球前十个城市中，慕尼黑的综合经济竞争力与生活环境和营商成本的耦合协调度排名相对较高。慕尼黑的综合经济竞争力与科技创新、产业体系处于勉强协调状态，经济发展未来还有很大的提升空间。

（十）达拉斯：金融服务优异、科技创新锐意进取的牛仔之城

达拉斯科技创新水平高，金融服务好，营商成本低。达拉斯的城市面积约为24059平方千米，人口约为709万人，人均GDP约为68904.71美元，经济竞争力指数为0.9026，在全球1007个样本城市中排名第十。达拉斯位于北美洲的北美区域，它所在的国家美国是OECD国家的重要成员，美国的GDP在样本城市的国家中排名第一。

达拉斯的经济发展特点：与慕尼黑相比（图8-24），达拉斯的10项分项指标总体不如慕尼黑好，各项投入不比慕尼黑高，但是它的综合经济的排名紧追慕尼黑，综合经济效力发挥得比较好。达拉斯的科技创新指数为0.5395，高于慕尼黑的科技创新指数为（0.5008），达拉斯的金融服务指数为0.3402，高于慕尼黑的金融服务指数（0.2562），达拉斯的营商成本指数为0.8428，高于慕尼黑的营商成本指数（0.7915）。达拉斯的综合经济竞争力与科技创新、金融服务以及营商成本的协调度均为勉强协调，在全球前十个城市中，达拉斯的综合经济竞争力与营商成本的耦合协调度排名是最高的。达拉斯的全球联系度略低于慕尼黑，跨国公司联系度低于慕尼黑，国际知名度高于慕尼黑，达拉斯需要进一步加大跨国公司联系度来提高全球联系度。达拉斯的综合经济竞争力与其人力资源和产业体系的耦合协调度濒临失调状态，未来需要进一步加大人力资源的投入和产业体系的调整。

二 中美城市：追赶者与领先者之间的态势分析

作为最大的新兴市场国家和最大的发达国家，中、美两个国家的城市处于不同的发展阶段，中、美城市之间存在必然的差距，中国城市普遍较差，美国城市普遍较好。中国总样本城市个数为292个，美国的总样

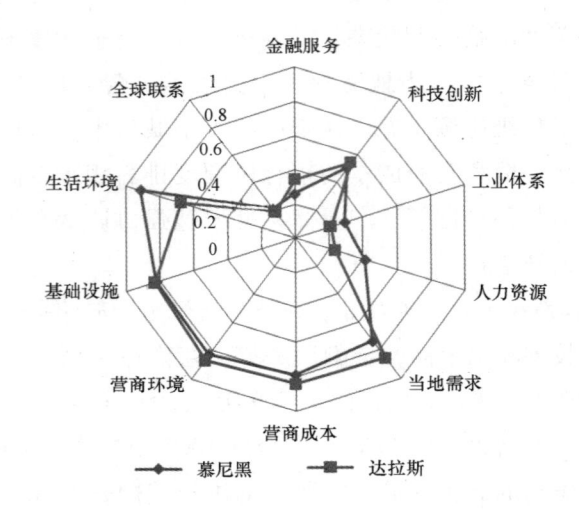

图 8-24　经济竞争力十强城市指标雷达图：慕尼黑与达拉斯

资料来源：中国社会科学院城市与竞争力指数数据库。

本城市个数为 75 个。中国总样本城市的经济竞争力的均值为（0.343），低于美国的总样本城市的经济竞争力的均值（0.625）；而中国总样本城市的经济竞争力的标准差为 0.153、变异系数 0.445、基尼系数为 0.238、泰尔指数 0.091 均高于美国总样本城市的经济竞争力的标准差（0.147）、变异系数（0.236）、基尼系数（0.131）、泰尔指数（0.027）。在分项指标中，除中国总样本城市的生活环境指数高于美国的生活环境指数之外，其他各分项指标的指数均不如美国的高（表 8-58）。

表 8-58　　　　　　　　中美样本城市经济竞争力对比

指标	国家	样本数	均值	中位数	标准差	变异系数	基尼系数	泰尔指数
经济竞争力	美国	75	0.625	0.598	0.147	0.236	0.131	0.027
	中国	292	0.343	0.305	0.153	0.445	0.238	0.091
金融服务指数	美国	75	0.248	0.219	0.108	0.436	0.170	0.066
	中国	292	0.132	0.120	0.065	0.490	0.225	0.096

续表

指标	国家	样本数	均值	中位数	标准差	变异系数	基尼系数	泰尔指数
产业体系指数	美国	75	0.124	0.076	0.147	1.183	0.499	0.452
	中国	292	0.032	0.014	0.090	2.848	0.622	1.022
人力资源指数	美国	75	0.344	0.270	0.193	0.563	0.294	0.139
	中国	292	0.284	0.253	0.136	0.478	0.255	0.109
当地需求指数	美国	75	0.692	0.685	0.102	0.148	0.082	0.010
	中国	292	0.362	0.334	0.126	0.347	0.187	0.057
营商成本指数	美国	75	0.806	0.842	0.118	0.146	0.082	0.011
	中国	292	0.594	0.576	0.077	0.129	0.057	0.008
营商环境指数	美国	75	0.868	0.870	0.015	0.017	0.002	0.000
	中国	292	0.603	0.601	0.023	0.039	0.002	0.001
基础设施指数	美国	75	0.587	0.554	0.116	0.198	0.104	0.019
	中国	292	0.520	0.511	0.081	0.156	0.081	0.012
生活成本指数	美国	75	0.659	0.659	0.084	0.127	0.071	0.008
	中国	292	0.669	0.681	0.070	0.105	0.056	0.006

资料来源：中国社会科学院城市与竞争力指数数据库。

中国进入百强城市的个数仅占美国的一半，中国百强城市的经济竞争力的变异系数、基尼系数、泰尔指数普遍优于美国的百强城市。由表8-59可知，中国的292个样本城市中有18个城市进入百强城市，而美国75个样本城市中有36个城市进入百强城市。中国百强城市经济竞争力的均值为0.736，低于美国百强城市的均值（0.746），中国百强城市经济竞争力的变异系数0.128、基尼系数0.070、泰尔指数0.008均低于美国的百强城市经济竞争力的变异系数（0.143）、基尼系数（0.076）、泰尔指数（0.010）。在分项指标中，中国百强城市的金融服务指数、人力资源指数、基础设施指数的均值、变异系数、基尼系数、泰尔指数均优于美国的百强城市。

表 8-59 中美经济竞争力百强城市经济竞争力对比

指标	国家	样本数	均值	中位数	标准差	变异系数	基尼系数	泰尔指数
经济竞争力	美国	36	0.746	0.719	0.106	0.143	0.076	0.010
	中国	18	0.736	0.725	0.094	0.128	0.070	0.008
金融服务指数	美国	36	0.296	0.262	0.138	0.467	0.187	0.077
	中国	18	0.306	0.267	0.114	0.371	0.181	0.058
产业体系指数	美国	36	0.196	0.144	0.183	0.936	0.422	0.314
	中国	18	0.265	0.134	0.273	1.031	0.500	0.422
人力资源指数	美国	36	0.428	0.375	0.218	0.511	0.281	0.123
	中国	18	0.589	0.571	0.125	0.212	0.111	0.021
当地需求指数	美国	36	0.759	0.755	0.099	0.130	0.072	0.008
	中国	18	0.662	0.647	0.081	0.122	0.067	0.007
营商成本指数	美国	36	0.809	0.845	0.119	0.147	0.081	0.011
	中国	18	0.574	0.579	0.021	0.037	0.020	0.001
营商环境指数	美国	36	0.866	0.870	0.022	0.025	0.004	0.000
	中国	18	0.624	0.601	0.094	0.151	0.034	0.009
基础设施指数	美国	36	0.663	0.657	0.114	0.172	0.097	0.014
	中国	18	0.707	0.674	0.098	0.138	0.073	0.009
生活成本指数	美国	36	0.645	0.645	0.083	0.129	0.072	0.008
	中国	18	0.618	0.622	0.049	0.080	0.043	0.003

资料来源：中国社会科学院城市与竞争力指数数据库。

中美城市间的经济竞争力差距依然存在，中国前20强城市的经济竞争力排名远低于美国前20强城市的经济竞争力排名。由表8-60和图8-25分析可知，中国前20强城市经济竞争力指数的均值为0.724，低于美国前20强城市经济竞争力指数的均值（0.793）；中国前20强城市的方差、变异系数依次为0.009、0.134，高于美国前20强城市的方差和变异系数0.006、0.095。中国的前20强城市中进入世界城市前50名的有10个，进入世界前100强的城市有18个，而美国的前20强城市中有18个进入世界城市排名前50位。美国城市是普遍性的发展比较好，而中国城市是个别的发展比较好，中美城市之间的差距依然很明显。

表8-60　　　　　　中、美经济竞争力20强城市对比

中国20强	总指数	总排名	美国20强	总指数	总排名
深圳	0.934	6	纽约	1	1
香港	0.887	12	洛杉矶	0.999	2
上海	0.837	14	旧金山	0.941	5
广州	0.835	15	圣何塞	0.916	8
北京	0.81	20	达拉斯	0.903	10
天津	0.787	23	休斯敦	0.9	11
苏州	0.765	28	迈阿密	0.816	16
武汉	0.731	40	芝加哥	0.815	17
南京	0.726	44	波士顿	0.812	18
台北	0.723	47	费城	0.784	25
成都	0.678	62	西雅图	0.781	26
无锡	0.67	68	布里奇波特-斯坦福德	0.764	29
长沙	0.666	71	巴尔的摩	0.76	31
杭州	0.66	74	克利夫兰	0.737	36
青岛	0.646	85	亚特兰大	0.735	37
重庆	0.646	86	圣地亚哥	0.729	42
佛山	0.632	91	丹佛	0.727	43
郑州	0.615	99	底特律	0.725	46
宁波	0.614	101	纳什维尔-戴维森	0.713	51
常州	0.613	102	明尼阿波利斯	0.709	52
均值	0.724	—	均值	0.793	—
标准差	0.097	—	标准差	0.076	—
方差	0.009	—	方差	0.006	—
变异系数	0.134	—	变异系数	0.095	—

资料来源：中国社会科学院城市与竞争力指数数据库。

中美城市间总体差距较大，但分项指标则表现不同。从排名前20

强城市的分项指标来看，中国的劳动力人口数量以及青年人口占比远高于美国，中国的人力资源指数略高于美国；中国的基础设施、科技创新、金融服务、生活环境指数与美国差距不大，有并驾齐驱之势；中国的营商环境、营商成本和当地需求指数与美国存在一定的差距。

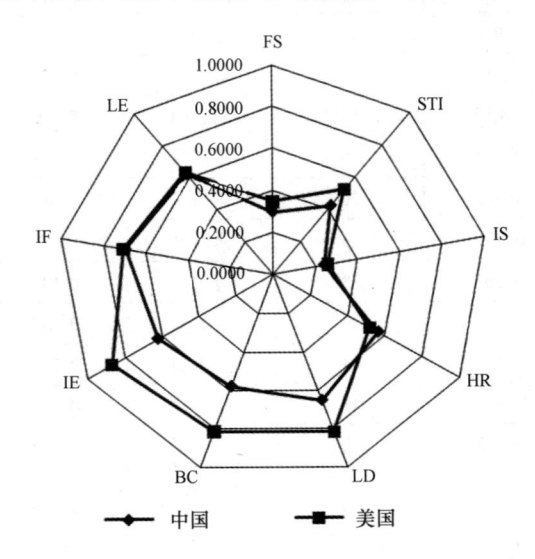

图 8-25 中美前 20 强城市分项指标雷达图

资料来源：中国社会科学院城市与竞争力指数数据库。

中国城市的经济竞争力排名前五位的城市依次深圳、香港、上海、广州、北京，而美国城市的竞争力排名前五位的城市依次为纽约、洛杉矶、旧金山、圣何塞、达拉斯。整体来看，中美 20 强城市差距明显，除纽约以外，在潜力上中国的前五强城市与美国的其他四个城市旗鼓相当。纽约的金融服务、产业体系、当地需求的实力均独居第一，中国的五强城市在奋力直追美国的其他城市。由于中国积极实施供给侧结构性改革、积极提高金融服务化水平，中国的城市在提高金融服务化水平、健全产业体系、增加当地需求方面取得了很大的发展。除此之外，中国也在积极提高经商便利度、市场自由度以及社会环境，缩小与美国城市之间的差距。基于中美城市之间的比较分析，中国应积极学习美国的先进经验，以美国为标杆，加快建设新型智慧型城市。

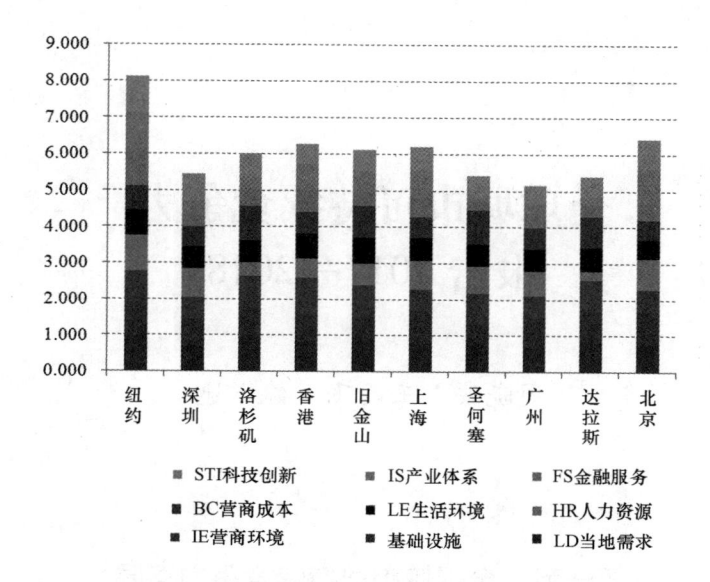

第八章 全球城市综合经济竞争力报告2017—2018 ◇ 341

图8-26 中美前5强城市分项指标柱状图

资料来源：中国社会科学院城市与竞争力指数数据库。

第九章

全球城市可持续竞争力报告 2017—2018

周晓波　王雨飞　魏　婕

第一节　全球城市可持续竞争力格局

一　欧美亚先进城市成三足鼎立之势

城市可持续竞争力是指由经济活力、环境质量、社会包容、科技创新、全球联系、政府管理、人力资本和基础设施合成的一个综合性指数。由于基础设施分项在前面经济竞争力部分已经分析，下面将不再分析。在全球1035个样本城市中，全球城市可持续竞争力排名前十位的城市依次为：纽约、伦敦、东京、波士顿、新加坡、苏黎世、首尔、休斯敦、巴黎和芝加哥。其中，欧洲和亚洲城市各占据了3席，北美洲城市则占据了其余的4席；可见，进入前十名的亚洲城市数量已接近欧洲和北美洲城市的数量，显示出亚洲先进城市的快速崛起，已与欧美的先进城市处于同可持续竞争力水平上。全球城市可持续竞争力格局中，欧美亚先进城市已成三足鼎立之势。与此同时，全球排名前五位的城市中，欧美城市仍占据了3席，且全球最具可持续竞争力的前两个城市仍为欧美城市，可见虽然伴随着亚洲城市的快速崛起，世界城市竞争力格局在不断发生变化，但欧美城市的城市可持续竞争力依然处于相对领先的地位。然而，随着中国城市的快速发展，未来欧美城市的这一领先优势将进一步减弱，特别是中国的北京和香港，已经非常接近全球前十，未来随着中国的进一步发展，它们的可持续竞争力也必将进一步增强，有望挑战欧美城市的领先地位（表9-1、图9-1）。

表9-1　　　　　全球城市可持续竞争力前十名城市分布

城市	纽约	伦敦	东京	波士顿	新加坡	苏黎世	首尔	休斯敦	巴黎	芝加哥
洲际	北美洲	欧洲	亚洲	北美洲	亚洲	欧洲	亚洲	北美洲	欧洲	北美洲
指数	1	0.876	0.737	0.717	0.708	0.706	0.702	0.679	0.677	0.671
世界排名	1	2	3	4	5	6	7	8	9	10

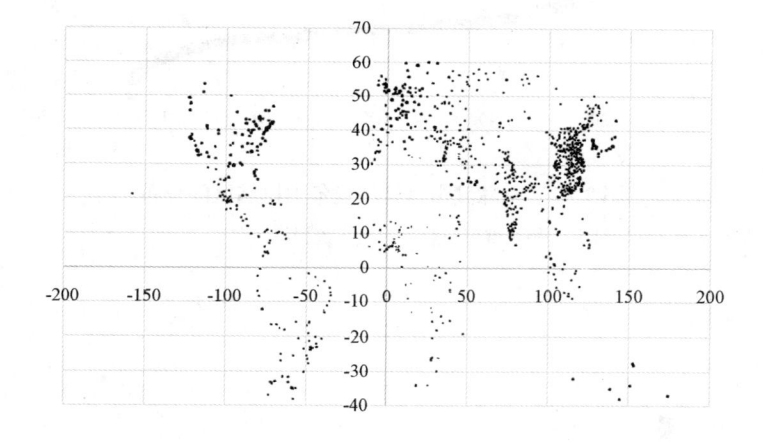

图9-1　全球城市可持续竞争力的分布

资料来源：中国社会科学院城市与竞争力指数数据库。

资料来源：中国社会科学院城市与竞争力指数数据库。从全球总体来看，随着城市可持续竞争力排名的下降，指数的下降幅度先减小后增大，显示出城市间可持续竞争力的差距；随着可持续竞争力排名的下降，有先减小再增大的趋势。具体来看，城市竞争力排名从1下降至100的区间内，城市竞争力指数下降了0.533；从100下降至200的区间内，指数下降了0.074；从200下降至300的区间内，指数下降了0.056；从700下降至800的区间内，指数下降了0.016；从800下降至900的区间内，指数下降了0.034；从900下降至1000的区间内，指数下降了0.07。表明可持续竞争力较好的城市间及可持续竞争力较差的城市间竞争力的差距相对较大，

而可持续竞争力中等的城市间竞争力的差距相对较小（图9-2、图9-3）。

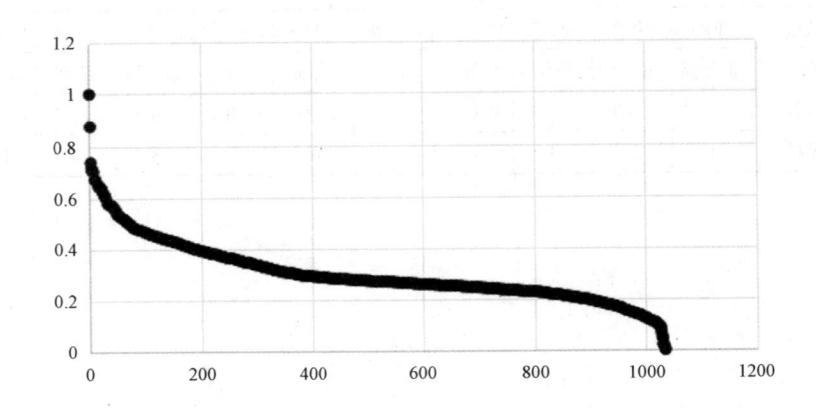

图9-2 全球城市可持续竞争力排名区间分布

资料来源：中国社会学科院城市与竞争力指数数据库。

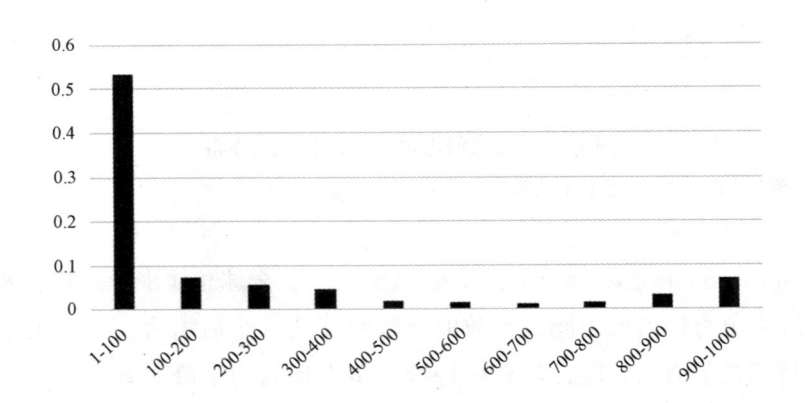

图9-3 城市间可持续竞争力的差距

资料来源：中国社会科学院城市与竞争力指数数据库。

二 非洲城市间可持续竞争力水平差异最大

从全球区域格局来看，在全球城市可持续竞争力百强城市中，欧洲和北美洲城市各自占据了36席，相比于其他洲，在数量上占据了绝对优势。可持续竞争力指数变异系数最高的是非洲，达0.456，高于世界总体水平0.398，其余区域可持续竞争力指数变异系数均低于世界总体水平；可见在全球各区域中，非洲城市间可持续竞争力水平差异最大。南美洲、大洋洲城市的可持续竞争力指数均值均小于其中位数，亚洲、欧洲、北美洲和非洲城市的城市竞争力指数均值则均大于其中位数，显示出在前两个区域中，可持续竞争力处于本区域平均水平之上的城市数量多于平均水平之下的城市数量，后四个区域中则相反。亚洲、欧洲和北美洲最具可持续竞争力的城市间水平相近，而南美洲与非洲最具可持续竞争力的城市则相对较差（表9-2）。

表9-2　　　　　　全球城市竞争力洲际分布

区域	样本	进入百强城市数量	均值	变异系数	低于均值的城市数量	中位数	最大值		
							城市	指数	世界排名
亚洲	585	25	0.287	0.299	383	0.269	东京	0.74	4
欧洲	130	36	0.398	0.321	67	0.392	伦敦	0.88	2
北美洲	135	36	0.397	0.348	73	0.381	纽约	1	1
南美洲	75	0	0.227	0.271	35	0.229	布宜诺斯艾利斯	0.426	211
大洋洲	7	4	0.494	0.151	3	0.517	悉尼	0.607	21
非洲	103	0	0.172	0.456	57	0.156	开罗	0.382	261

资料来源：中国社会科学院城市与竞争力指数数据库。

三　德国城市可持续竞争力差异最小，巴西城市可持续竞争力差异最大

报告选择金砖五国和七国集团成员作为代表性国家分析可持续竞争力指数的国家格局。通过表9-3的均值和变异系数可以看出金砖国家整体实力明显弱于七国集团，整体来看金砖国家可持续竞争力指数均值较低，城市之间的差异也比较大，变异系数偏高；七国集团整体均值都在0.5左右，变异系数较低，各城市间的可持续竞争力比较均衡，国家实力

很强。结合图9-1的可持续竞争力指数城市分布图可以看出,欧洲国家和美国百强城市样本较多,其中欧洲国家城市分布比较集中;美国城市主要集中在东北部地区和西部沿海,中部地区相对薄弱;中国城市分布体现出集聚东部沿海地区,中西部地区比较薄弱;俄罗斯主要集中在欧洲部分,亚洲的西伯利亚广大区域几乎空白;印度、巴西、南非等国整体都比较弱。

表9-3　　金砖国家和七国集团可持续竞争力指数比较

	国家	样本	进入百强城市数量	均值	变异系数
金砖国家	中国	292	6	0.305	0.228
	俄罗斯	33	1	0.287	0.193
	印度	102	0	0.253	0.159
	巴西	32	0	0.227	0.241
	南非	6	0	0.261	0.175
七国集团	英国	13	6	0.537	0.208
	法国	9	2	0.484	0.182
	美国	79	34	0.515	0.209
	德国	13	10	0.549	0.116
	意大利	16	2	0.425	0.117
	日本	10	4	0.512	0.186
	加拿大	9	7	0.551	0.123

资料来源:中国社会科学院城市与竞争力指数数据库。

四　欧美国家城市群百强城市比重高,发展中国家集中在经济中心城市

根据城市群内的城市数目,课题组筛选了以美国、英国、德国和韩国为代表的发达国家城市群和以中国、印度、巴西、印尼等为代表的发展中国家的重要城市群,通过比较可以发现,美国、德国、英国和韩国城市群实力明显突出,进入全球可持续竞争力百强的中心城市比重较高,城市可持续竞争力指数均值基本都在0.5以上且水平划一。相比之下,中国、印度、巴西和印尼等发展中国家城市群虽然规模较大,但进入全球可持续竞争力百强的中心城市数目相对偏少,城市可持续竞争力指数均

值都在 0.4 以下。从变异系数来看，来自中国的京津冀城市群内部城市的可持续竞争力差异最大，而来自德国的莱茵－鲁尔城市群内部城市的可持续竞争力差异最小。总体来看，相比发达国家的城市群，发展中国家的城市群内部城市的可持续竞争力差异更大。

表 9－4　　　　　　　　全球主要城市群可持续竞争力比较

城市群	国家	城市数量	中心城市	百强城市数量	指数均值	变异系数
长三角城市群	中国	26	上海	2	0.334	0.255
美国中西部城市群	美国	13	芝加哥	6	0.462	0.182
珠三角城市群	中国	13	深圳	2	0.372	0.272
伦敦－利物浦城市群	英国	10	伦敦	5	0.530	0.259
京津冀城市群	中国	10	北京	2	0.348	0.372
美国东北部城市群	美国	12	纽约	8	0.556	0.316
班加罗尔城市群	印度	6	班加罗尔	0	0.358	0.231
莱茵－鲁尔城市群	德国	4	汉堡	4	0.508	0.079
皮德蒙特城市集群	美国	6	亚特兰大	3	0.480	0.169
德克萨斯三角洲城市群	美国	7	休斯敦	3	0.495	0.232
荷兰－比利时城市群	欧洲	6	阿姆斯特丹	2	0.477	0.199
孟买大都会区	印度	4	孟买	0	0.328	0.307
圣保罗大都市圈	巴西	7	圣保罗	0	0.260	0.201
南佛罗里达城市集群	美国	4	迈尔密	2	0.440	0.200
南加州城市集群	美国	4	洛杉矶	2	0.494	0.328
首尔国家首都区	韩国	6	首尔	4	0.505	0.197
雅加达都市圈	印尼	4	雅加达	0	0.315	0.266

五　高收入人口少的城市，高收入人口规模增加对其可持续竞争力影响更大

将样本城市年收入在 1.5 万美元以上的人口规模与最近五年年收入在 1.5 万美元以上的人口增量合成的显示性竞争力指数（如图 9－4 横坐标所示）与可持续竞争力指数（如图 9－4 纵坐标所示）做相关分析，同时将全球 1035 个样本城市按聚集度和联系度指标划分为 A、B、C、D 四类，结果可以发现显示性竞争力指数与可持续竞争力高度正相关，即一个城市的高收入人口规模越大，则这个城市的可持续竞争力越大，其中，从拟合的直线斜率来看，显示性综合竞争力指数较低的城市，其高收入人口规模对这个城市的可持续竞争力影响更大。

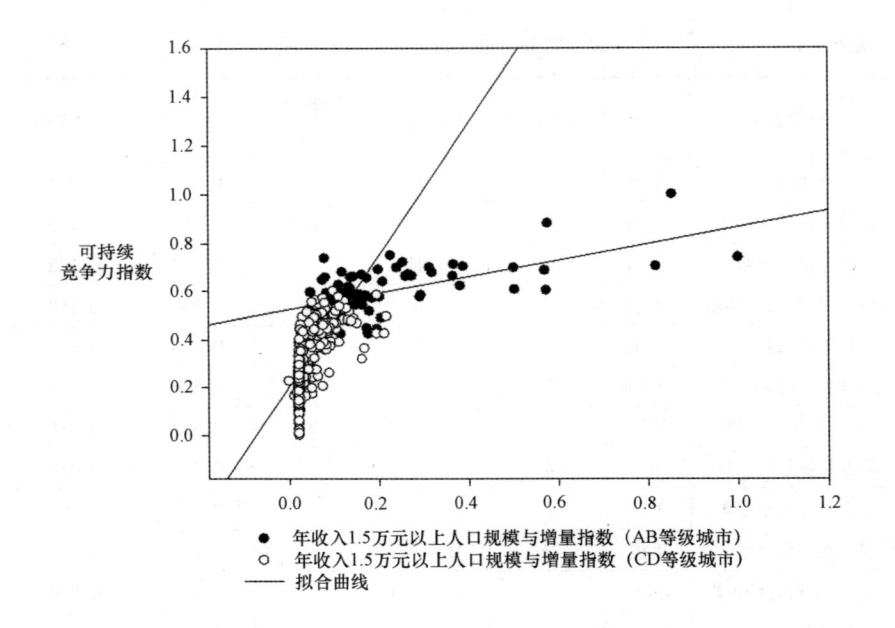

图9-4 聚集度和联系度指标与可持续竞争力指数的相关关系

资料来源：中国社会科学院城市与竞争力指数数据库。

第二节 全球城市经济活力指数分析

一 美国城市经济活力依然很强大，中国城市经济活力快速崛起

经济活力是由人均GDP（美元/人）和近五年平均GDP增量合成的一个综合性指数。从前十名城市来看，都是科技或金融方面表现比较优秀的城市，这也间接说明了科技和金融能够引领支撑城市的可持续发展。进入前十名的亚洲城市数量已超过欧洲城市的数量，显示出亚洲的先进城市正在快速崛起。在全球城市经济活力格局中，美国城市经济活力强

劲,中国城市经济活力快速崛起。与此同时,全球排名前六位的城市全部来自美国,可见虽然伴随着亚洲城市的快速崛起,世界城市竞争力格局在不断发生变化,但美国城市的经济活力依然处于相对领先的地位。然而,随着亚洲城市的快速发展,未来美国城市的这一领先优势预期将进一步减弱,特别是随着中国城市的进一步发展,它们的经济活力也必将进一步增强,有望挑战美国城市的领先地位(表9-5)。

表9-5　　　　　全球城市经济活力前十名城市分布

城市	纽约	圣何塞	洛杉矶	休斯敦	旧金山	达拉斯	伦敦	深圳	广州	北京
洲际	北美洲	北美洲	北美洲	北美洲	北美洲	北美洲	欧洲	亚洲	亚洲	亚洲
指数	1	0.963	0.895	0.876	0.872	0.860	0.730	0.715	0.711	0.705
世界排名	1	2	3	4	5	6	7	8	9	10

资料来源:中国社会科学院城市与竞争力指数数据库。

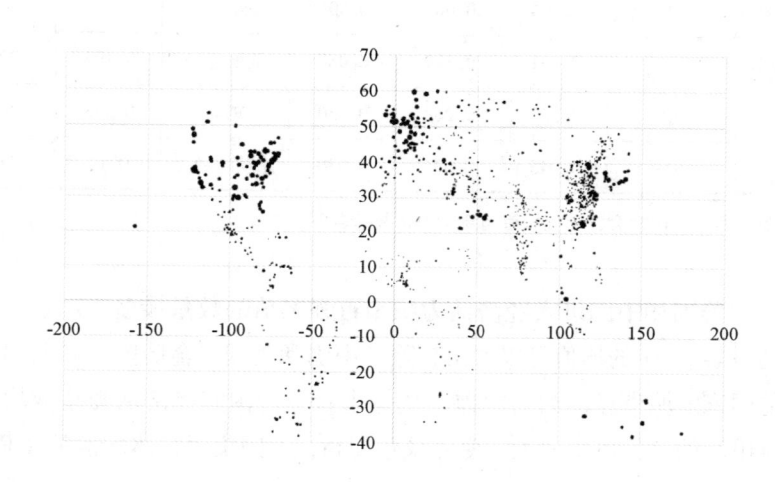

图9-5　全球城市经济活力的分布

资料来源:中国社会科学院城市与竞争力指数数据库。

二　非洲城市经济活力最差,亚洲城市间经济活力差异最大

从全球区域格局来看,在全球城市经济活力百强城市中,北美洲城市占据了55席,相比于其他洲,在数量上占据了绝对优势。城市经济活

力指数均值最高的区域也是大洋洲,为0.363,其次为北美洲和欧洲,可见就平均水平而言,欧美城市仍占据绝对优势。经济活力指数变异系数最高的是亚洲,达1.223,可见在全球各区域中亚洲城市间经济活力水平差异最大。南美洲、大洋洲、亚洲、欧洲、北美洲和非洲城市的经济活力指数均值则均大于其中位数,显示出在所有区域中,经济活力处于本区域平均水平之上的城市数量少于平均水平之下的城市数量。亚洲、欧洲和北美洲最具经济活力的城市间水平相近,而南美洲与非洲最具经济活力的城市则相对较差(表9-6)。

表9-6　全球城市经济活力洲际分布

区域	进入百强城市数量	均值	变异系数	中位数	最大值城市	指数	世界排名
亚洲	25	0.087	1.223	0.047	深圳	0.715	8
欧洲	16	0.207	0.692	0.199	伦敦	0.73	7
北美洲	55	0.304	0.687	0.301	纽约	1	1
南美洲	0	0.091	0.429	0.088	圣地亚哥	0.197	222
大洋洲	4	0.363	0.268	0.350	珀斯	0.545	29
非洲	0	0.045	0.534	0.039	比勒陀利亚	0.12	313

资料来源:中国社会科学院城市与竞争力指数数据库。

三　美国和中国进入经济活力城市百强名单的数量最多

通过表9-7的均值可以看出,除了中国和美国,金砖国家和七国集团的其他国家的城市经济活力较差,整体来看金砖国家经济活力指数均值较低,城市间的差异也比较大,变异系数偏高;七国集团整体均值都在0.3—0.4,变异系数较低,各城市间的经济活力比较均衡,国家实力很强。结合图9-5的城市经济活力指数分布图可以看出,欧洲国家除了德国,其他国家城市样本较少;美国经济活力较好的城市主要集中在东北部地区和西部沿海,中部地区相对薄弱;中国经济活力较好的城市分布体现出集聚东部沿海地区,中西部地区比较薄弱;俄罗斯、印度、巴西、意大利、南非等国整体都比较弱,没有一个城市进入全球经济活力百强名单。

表9-7　　　　　金砖国家和七国集团经济活力指数比较

	国家	样本	进入百强城市数量	均值	变异系数
金砖国家	中国	292	13	0.087	1.269
	俄罗斯	33	0	0.091	0.467
	印度	102	0	0.044	0.537
	巴西	32	0	0.081	0.339
	南非	6	0	0.078	0.348
七国集团	英国	13	1	0.291	0.467
	法国	9	1	0.278	0.364
	美国	79	50	0.423	0.424
	德国	13	5	0.336	0.258
	意大利	16	0	0.211	0.220
	日本	10	2	0.289	0.469
	加拿大	9	5	0.347	0.217

资料来源：中国社会科学院城市与竞争力指数数据库。

四　美国城市群经济活力一枝独大，发展中国家城市群内部差异较大

从经济活力均值来看，排名靠前的三个城市群均来自美国，分别是得克萨斯三角洲、美国东北部城市群、南加州城市集群，排名靠后的三个城市群是圣保罗大都市圈、孟买大都会区以及班加罗尔城市群。从经济活力进入全球百名的城市数目和比重看，美国城市群一枝独大，其他国家的城市群进入全球百名的城市数目少、比重低。从经济活力的变异系数来看，除了圣保罗城市群，发展中国家的城市群内部城市的经济活力差异较大，其中班加罗尔城市群和京津冀城市群的变异系数最大；发达国家城市群内部的经济活力差异相对较小，其中荷兰-比利时城市群和莱茵-鲁尔城市群的变异系数最小（表9-8）。

表9-8　　　　　　　　全球主要城市群经济活力比较

城市群	国家	城市数量	排名首位城市	百强城市数量	经济活力均值	经济活力变异系数
长三角城市群	中国	26	上海	4	0.152	1.005
美国中西部城市群	美国	13	芝加哥	11	0.429	0.220
珠三角城市群	中国	13	深圳	2	0.204	1.176
伦敦-利物浦城市群	英国	10	伦敦	1	0.310	0.523
京津冀城市群	中国	10	北京	2	0.167	1.492
美国东北部城市群	美国	12	纽约	10	0.503	0.395
班加罗尔城市群	印度	6	班加罗尔	0	0.076	6.193
莱茵-鲁尔城市群	德国	4	杜塞尔多夫	3	0.351	0.090
皮德蒙特城市集群	美国	6	亚特兰大	5	0.407	0.234
得克萨斯三角洲	美国	7	休斯敦	6	0.536	0.431
荷兰-比利时城市群	欧洲	6	阿姆斯特丹	1	0.319	0.205
孟买大都会区	印度	4	孟买	0	0.080	0.732
圣保罗大都市圈	巴西	7	容迪亚伊	0	0.116	0.203
南佛罗里达城市群	美国	4	迈尔密	2	0.365	0.312
南加州城市集群	美国	4	洛杉矶	2	0.487	0.620
首尔国家首都区	韩国	6	首尔	1	0.216	0.829
雅加达都市圈	印尼	4	雅加达	0	0.126	1.050

资料来源：中国社会科学院城市与竞争力指数数据库。

五　高收入人口较低的城市，高收入人口规模增加对其经济活力影响更大

将样本城市年收入在1.5万美元以上的人口规模与最近五年年收入在1.5万美元以上的人口增量合成的显示性竞争力指数（如图9-6横坐标所示）与可持续竞争力指数（如图9-6纵坐标所示）做相关分析，同时将全球1035个样本城市按聚集度和联系度指标划分为A、B、C、D四类，可以发现显示性竞争力指数与经济活力指数高度正相关，即一个城市的高收入人口规模和增量越大，则这个城市的经济活力越大。其中，从拟合的直线斜率来看，显示性综合竞争力指数较低的城市，其高收入人口规模和增量对这个城市的经济活力影响更大。

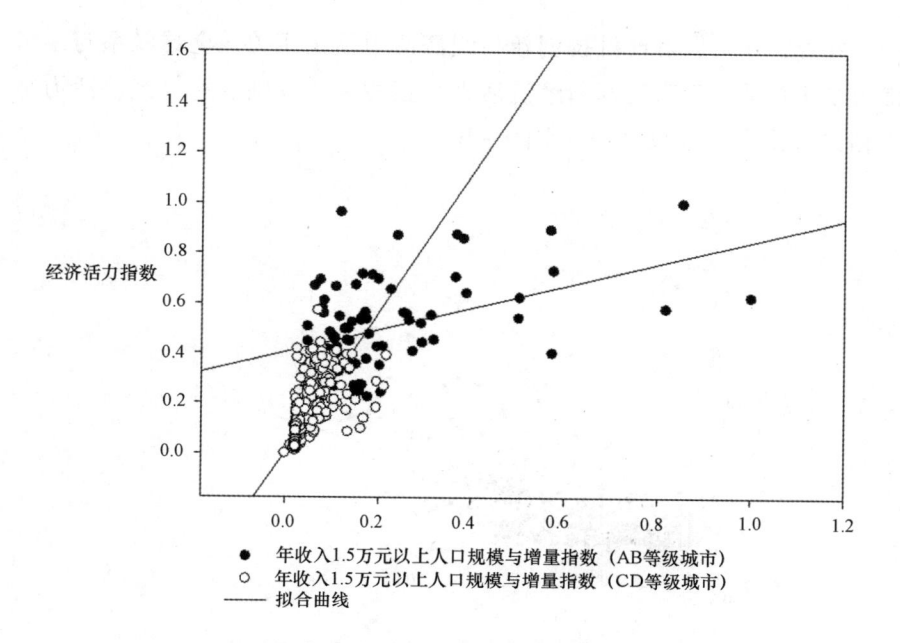

图 9-6 聚集度和联系度指标与可持续竞争力指数的相关关系

资料来源：中国社会科学院城市与竞争力指数数据库。

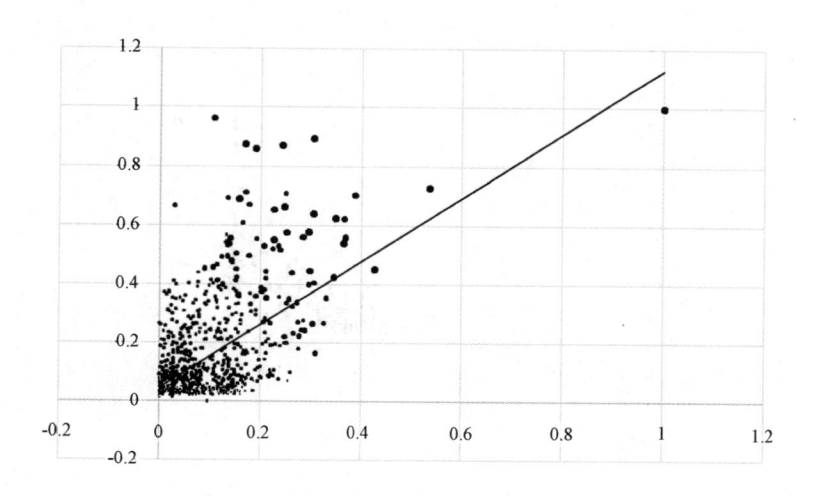

图 9-7 全球联系与经济活力的相关关系

资料来源：中国社会科学院城市与竞争力指数数据库。

此外，还可以发现科技创新与经济活力呈正相关，全球联系与经济活力呈正相关，政府管理与经济活力呈正相关，基础设施与经济活力呈正相关（图9-8、图9-9、图9-10）。

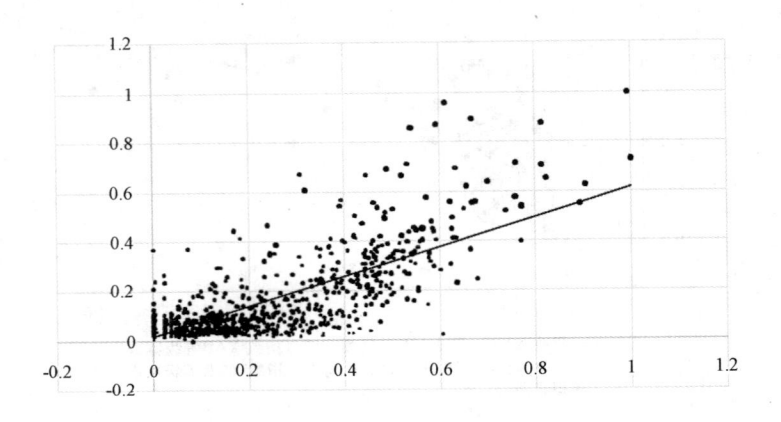

图9-8　科技创新与经济活力的相关关系

资料来源：中国社会科学院城市与竞争力指数数据库。

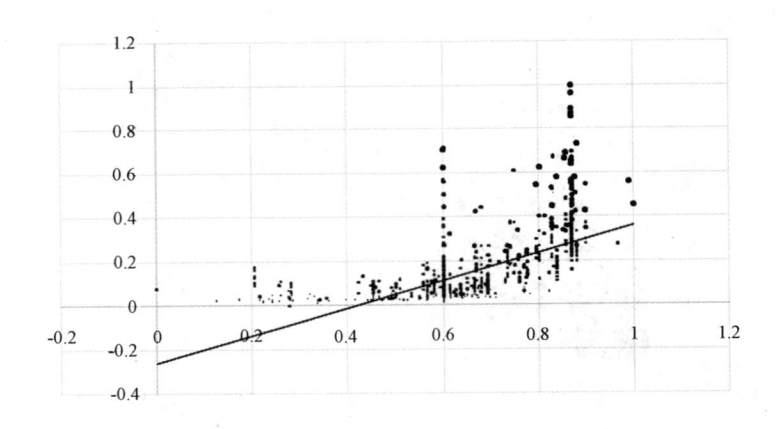

图9-9　政府管理与经济活力的相关关系

资料来源：中国社会科学院城市与竞争力指数数据库。

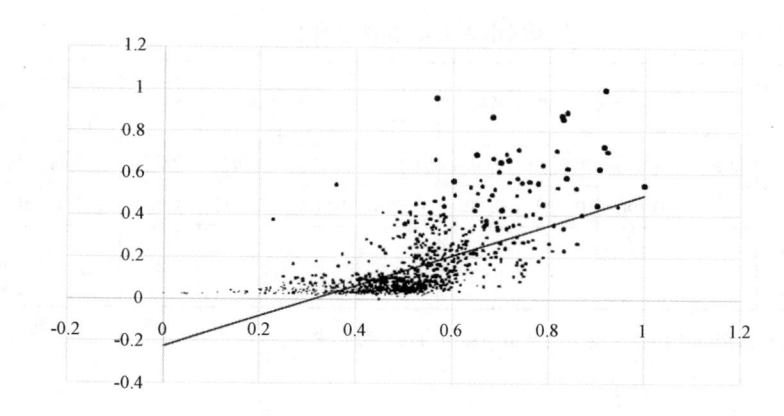

图 9 – 10　基础设施与经济活力的相关关系

资料来源：中国社会科学院城市与竞争力指数数据库。

第三节　全球城市人力资本潜力指数分析

一　全球顶级城市中美国城市人力资本潜力表现一枝独秀

人力资本潜力是由大学指数和20—29岁青年人口比例合成的一个综合性指数。2014—2015年度，在全球1035个样本城市中，全球城市经济活力排名前十位的城市依次为：圣何塞、波士顿、西雅图、奥斯丁、巴尔的摩、纽黑文、费城、纽约、圣地亚哥和多伦多。其中，进入前十名的城市全部位于北美洲，9个城市来自美国，剩余1个城市来自加拿大，这表明在全球城市人力资本潜力表现中，美国城市一枝独秀，其余区域的城市人力资本潜力表现依然较弱。随着亚洲城市的快速发展，未来美国城市的这一领先优势有可能减弱，特别是随着中国城市的进一步发展，它们的人力资本潜力也必将进一步增强，有望挑战美国城市的领先地位（表9–9，图9–11）。

表9-9　　　　　　全球城市人力资本潜力前十名城市

城市	圣何塞	波士顿	西雅图	奥斯丁	巴尔的摩	纽黑文	费城	纽约	圣地亚哥	多伦多
洲际	北美洲	北美洲	北美洲	北美洲	北美洲	北美洲	北美洲	北美洲	北美洲	北美洲
指数	1	0.981	0.953	0.926	0.918	0.912	0.902	0.900	0.885	0.839
世界排名	1	2	3	4	5	6	7	8	9	10

资料来源：中国社会科学院城市与竞争力指数数据库。

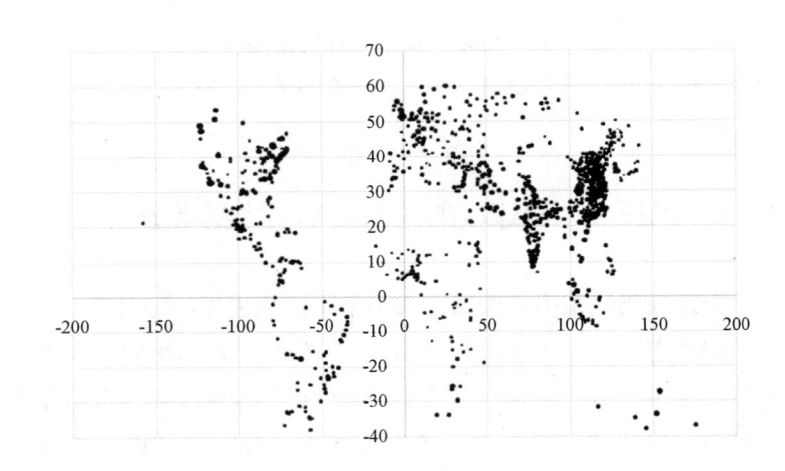

图9-11　全球城市人力资本潜力的分布

资料来源：中国社会科学院城市与竞争力指数数据库。

从全球总体来看，随着城市人力资本潜力排名的下降，指数呈一直下降的趋势，同时城市间人力资本潜力的差距，随着人力资本潜力排名的下降呈先下降后上升的趋势。具体来看，城市人力资本潜力排名从1下降至100的区间内，城市竞争力指数下降了0.446；从100下降至200的区间内，指数下降了0.103；从200下降至300的区间内，指数下降了0.049；从700下降至800的区间内，指数下降了0.028；从800下降至900的区间内，指数下降了0.04；从900下降至1000的区间内，指数下降了0.072；这表明人力资本潜力较好的城市间及人力资本潜力较差的城市间人力资本潜力指数的差距相对较大,人力资本潜力中等的城市间人力资本潜力指数的差距相对较小(图9-12、9-13)。

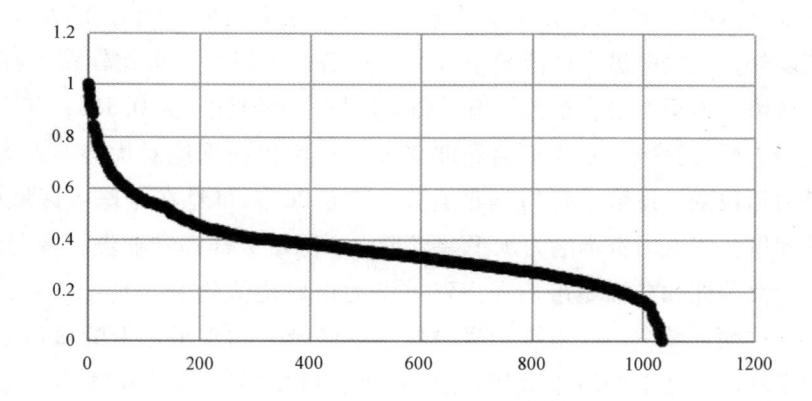

图9-12　全球城市人力资本潜力排名区间分布

资料来源:中国社会科学院城市与竞争力指数数据库。

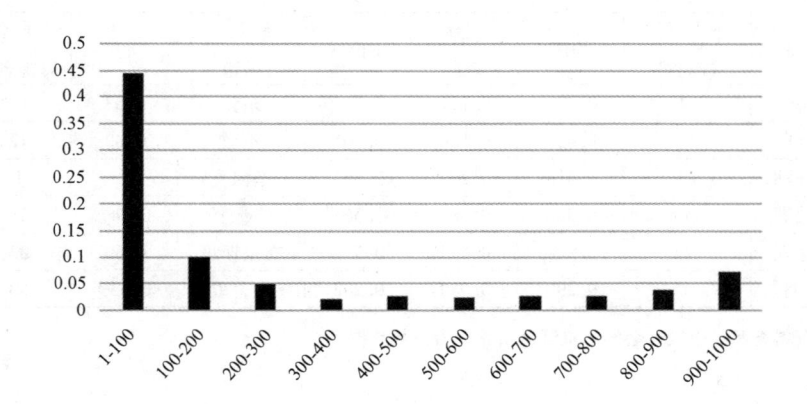

图9-13　全球城市间人力资本潜力指数的差距

资料来源:中国社会科学院城市与竞争力指数数据库。

二 亚洲城市人力资本潜力百强城市数最多，北美洲城市间人力资本潜力差异最大

从全球区域格局来看，在全球城市人力资本潜力百强城市中，亚洲城市独自占据了54席，相比于其他洲，在数量上占据了绝对优势。除了亚洲以外，北美洲进入全球城市人力资本潜力百强城市也比较多，有28席。城市人力资本潜力指数均值最高的区域是大洋洲，为0.518；其次为北美洲，可见就平均水平而言，北美洲的城市仍占据绝对优势。人力资本潜力指数变异系数最高的是北美洲，达0.207，可见在全球各区域中，北美洲城市间人力资本潜力水平差异最大。除了大洋洲和亚洲，南美洲、欧洲、北美洲和非洲城市的人力资本潜力指数均值均大于其中位数，显示出在这些区域中，人力资本潜力处于本区域平均水平之上的城市数量少于平均水平之下的城市数量。亚洲、欧洲和北美洲人力资本潜力最高的城市间水平相近，而南美洲、大洋洲与非洲人力资本潜力水平最高的城市则相对较差（表9-10）。

表9-10 全球城市人力资本潜力洲际分布

区域	进入百强城市数量	均值	变异系数	中位数	最大值城市	指数	世界排名
亚洲	54	0.373	0.131	0.373	东莞	0.83	11
欧洲	9	0.323	0.126	0.301	伦敦	0.82	12
北美洲	28	0.418	0.207	0.353	圣何塞	1	1
南美洲	4	0.386	0.081	0.368	圣保罗	0.747	23
大洋洲	2	0.518	0.144	0.522	布里斯班	0.69	33
非洲	3	0.299	0.089	0.282	开普敦	0.633	53

资料来源：中国社会科学院城市与竞争力指数数据库。

三 美国和中国进入人力资本潜力城市百强名单的数量最多

通过表9-11的均值可以看出，除了中国和美国，金砖国家和七国集团的其他国家进入全球人力资本潜力百强名单的数量较少。整体来看金砖国家人力资本潜力指数均值与七国集团不相上下，城市之间的差异较七国集团小。结合图9-11的人力资本潜力指数城市分布图可以看出，欧洲国家除了英国，其他国家城市样本为零；美国的人力资本潜力较好的

城市主要集中在东北部地区和西部沿海，中部地区相对薄弱；中国人力资本潜力较好的城市分布体现出集聚东部沿海地区，中西部地区比较薄弱；俄罗斯、德国、法国、意大利等国整体都比较弱，没有一个城市进入全球经济活力百强名单。

表 9-11 金砖国家和七国集团人力资本潜力指数比较

	国家	样本	进入百强城市数量	均值	变异系数
金砖国家	中国	292	37	0.365	0.405
	俄罗斯	33	0	0.317	0.122
	印度	102	2	0.401	0.120
	巴西	32	2	0.401	0.217
	南非	6	3	0.531	0.144
七国集团	英国	13	3	0.448	0.386
	法国	9	0	0.236	0.188
	美国	79	20	0.425	0.583
	德国	13	0	0.326	0.335
	意大利	16	0	0.215	0.578
	日本	10	1	0.220	0.731
	加拿大	9	6	0.622	0.250

资料来源：中国社会科学院城市与竞争力指数数据库。

四 美国和中国城市群人力资本潜力较强，德国和韩国城市群人力资本潜力较弱

从人力资本潜力均值来看，排名靠前的三个城市群分别来自美国和中国，分别是美国东北部城市群、珠三角城市群和皮德蒙特城市集群；排名靠后的三个城市群是莱茵-鲁尔城市群、南佛罗里达城市群、首尔国家首都区。从人力资本潜力进入全球百名的城市数目来看，美国和中国城市群进入全球百名的城市数目较多，其他国家城市群进入全球百名的城市数目较少。从人力资本潜力的变异系数来看，除了圣保罗城市群，发展中国家的城市群内部城市的人力资本潜力差异较小，其中雅加达都市圈和孟买大都会区的变异系数较小；发达国家城市群内部的人力资本差异相对较大，其中南加州城市集群和首尔国家首都区的变异系数最大（表9-12）。

表 9-12　　全球主要城市群人力资本潜力比较

城市群	国家	城市数量	人力资本最佳城市	百强城市数量	人力资本均值	人力资本变异系数
长三角城市群	中国	26	合肥	6	0.405	0.380
美国中西部城市群	美国	13	芝加哥	2	0.434	0.437
珠三角城市群	中国	13	东莞	5	0.538	0.263
伦敦-利物浦城市群	英国	10	伦敦	2	0.495	0.310
京津冀城市群	中国	10	北京	4	0.480	0.298
美国东北部城市群	美国	12	波士顿	6	0.594	0.548
班加罗尔城市群	印度	6	班加罗尔	1	0.509	0.288
莱茵-鲁尔城市群	德国	4	汉堡	0	0.323	0.321
皮德蒙特城市集群	美国	6	亚特兰大	4	0.520	0.365
得克萨斯三角洲	美国	7	奥斯丁	2	0.465	0.539
荷兰-比利时城市群	欧洲	6	阿姆斯特丹	1	0.327	0.437
孟买大都会区	印度	4	孟买	1	0.452	0.174
圣保罗大都市圈	巴西	7	圣保罗	2	0.449	0.349
南佛罗里达城市群	美国	4	迈尔密	0	0.316	0.360
南加州城市集群	美国	4	圣地亚哥	1	0.393	0.835
首尔国家首都区	韩国	6	首尔	1	0.268	0.659
雅加达都市圈	印尼	4	雅加达	0	0.367	0.214

数据来源：中国社会科学院城市与竞争力指数数据库。

五　人力资本潜力城市分层越高的城市，其内部城市差异越大

按照城市等级排名将全球城市分为 A、B、C、D 四个等级，从图 9-14 可以看出，随着城市等级的下降，人力资本潜力的均值也呈梯度下降的趋势，同时变异系数也呈现下降的趋势，这表明城市级别越高的层级，其内部城市的差异也越大。

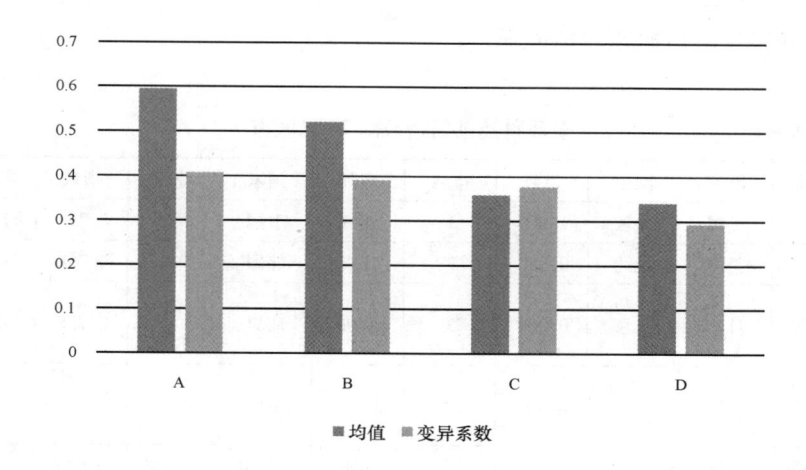

图 9 – 14　不同城市分层下的人力资本潜力均值和变异系数

资料来源：中国社会科学院城市与竞争力指数数据库。

第四节　科技创新指数分析

一　总体格局：全球重心聚焦北美，世界城市极不平衡

全球科技创新高度聚集，科技创新主要依托少数几个城市。科技创新指数由专利申请指数和论文指数构成。根据测算，在 2016 年全球科技创新指数排名中，伦敦、纽约和东京位居前三。在排名前 20 的城市中，北美洲城市占 9 个席位，亚洲占据 6 席，欧洲占 5 席，南美洲、大洋洲和非洲没有城市进入世界 20 强。从国家层面看，美国是进入 20 强城市最多的国家，北美洲进入科技创新前 20 位的城市全部在美国，而且排名靠前（表 9 – 13）。全球科技创新的重心还是在北美，美国 200 多年来经济发展的历史是一部高扬进取精神的创新创业史。持续不断的重大发明和创新，催生了一个又一个新兴产业，持续提高了美国的生产率，大幅增强了美国的经济实力和综合国力，将美国这个年轻的国家推上了世界经济史上前所未有的高峰。纽约、华盛顿、波士顿等美国城市已然成为全球科技创新的中心。随着中国的崛起，北京、深圳、上海与日本的东京、大阪，韩国的首尔等城市共同成为东亚地区科技创新中心，同时也是世界经济

增长最为活跃的地区之一。欧洲依然保持着科技创新的世界领先地位，伦敦和巴黎的科研实力依旧强大。

表9-13　　　　　　全球科技创新指数前20名城市

洲际	国家	城市	指数	排名	洲际	国家	城市	指数	排名
欧洲	英国	伦敦	1.000	1	亚洲	中国	深圳	0.759	11
北美洲	美国	纽约	0.993	2	亚洲	韩国	首尔	0.758	12
亚洲	日本	东京	0.904	3	欧洲	瑞典	斯德哥尔摩	0.738	13
北美洲	美国	华盛顿特区	0.893	4	北美洲	美国	芝加哥	0.699	14
北美洲	美国	波士顿	0.822	5	欧洲	西班牙	马德里	0.678	15
亚洲	中国	北京	0.813	6	北美洲	美国	明尼阿波利斯	0.674	16
北美洲	美国	休斯敦	0.812	7	北美洲	美国	洛杉矶	0.668	17
北美洲	美国	圣地亚哥	0.771	8	北美洲	美国	费城	0.668	18
欧洲	法国	巴黎	0.770	9	欧洲	德国	斯图加特	0.663	19
亚洲	日本	大阪	0.769	10	亚洲	中国	上海	0.656	20

资料来源：中国社会科学院城市与竞争力指数数据库。

2016年全球1035个样本城市科技创新指数均值为0.187，中位数为0.131，低于均值的城市数量达到634座，超过样本城市的60%，这说明全球科技创新指数整体偏低。作为研发中心，对城市基础设施、宜居环境、制度环境和社会文化都提出了较高要求，这让多数城市望尘莫及。变异系数是衡量样本数据中各观测值变异程度的统计量，全球科技创新指数变异系数为1.02，标准差为0.191，说明全球城市科技创新指数差异较大，离散程度高。从核密度分布图（图9-15）可以观察到全球科技创新指数的分布规律：频数分布的高峰严重向左偏移，说明城市都集中在科技创新指数的低值区域，长尾向右侧延伸。相对于正态分布，科技创新指数分布整体偏左波峰更高，再次验证了世界城市科技创新指数表现一般，城市间的表现差距较大的结论。

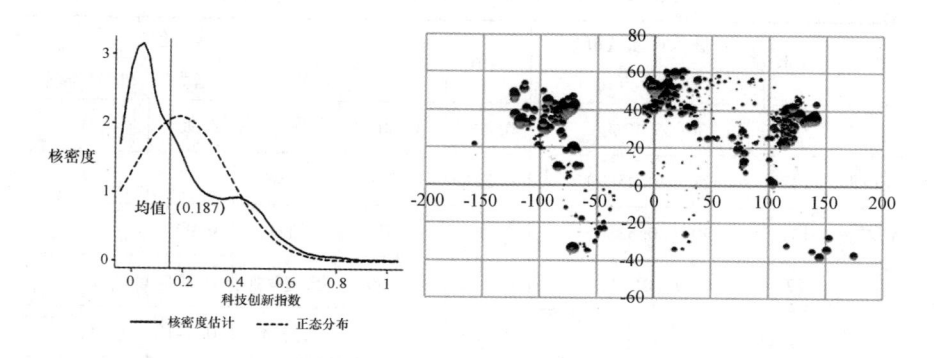

图 9 – 15　科技创新指数核密度分布图与城市分布

资料来源：中国社会科学院城市与竞争力指数数据库。

二　区域格局：南北国家差距悬殊，亚洲内部差异较大

从科技创新指数全球百强城市的洲际分布来看（表 9 – 14），表现最好的是北美洲和欧洲，分别有 40 个和 27 个城市进入全球百强，占各自城市样本的 30.53% 和 20.45%；亚洲样本城市最多，占全样本城市的一半以上，有 30 个城市进入全球百强，占比 5.12%。因此，从进入百强城市的数量来看，世界科技创新的先锋和重心都集中在北半球；相比之下，南半球要落后很多，尤其是非洲和南美洲在科技创新方面众多城市都是空白。大洋洲虽然入选世界百强城市的比例最高，但样本城市较少，有 3 个城市进入百强，排名比较靠后。

表 9 – 14 同时还提供了各大洲科技创新指数的均值与变异系数，大洋洲、欧洲和北美洲分列 2013 年度科技创新指数洲际排名前三。值得注意的是亚洲科技创新指数均值非常高，仅次于小样本的大洋洲，远远高出欧美和世界均值，而且变异系数也在各大洲中数值最低，说明亚洲国家之间、城市之间的科技创新指数差距在缩小，城市创新活力在不断提升。

表9-14　　全球科技创新指数洲际情况及百强城市占比

区域	样本	进入百强城市数量及占比	均值	变异系数	最大值		
					城市	指数	世界排名
亚洲	585	30（5.12%）	0.406	0.302	东京	0.904	3
欧洲	132	27（20.45%）	0.321	0.572	伦敦	1	1
北美洲	131	40（30.53%）	0.351	0.638	纽约	0.993	2
南美洲	77	0（0%）	0.128	0.906	巴塞罗那	0.771	163
大洋洲	7	3（42.86%）	0.420	0.323	墨尔本	0.541	55
非洲	103	0（0%）	0.058	1.657	约翰内斯堡	0.397	175
世界平均	1035	100（100%）	0.187	1.02	伦敦	1	1

资料来源：中国社会科学院城市与竞争力指数数据库。

三　国家格局：七国集团实力雄厚，大国内部分布不均

本报告选择金砖五国和七国集团成员作为代表性国家分析科技创新指数的国家格局。通过表9-15的均值和变异系数可以看出金砖国家整体实力明显弱于七国集团，整体来看金砖国家科技创新指数均值较低，城市之间的差异也比较大，变异系数偏高；七国集团整体均值都在0.5左右，变异系数非常低，各城市间的科技创新能力比较均衡，国家实力很强。结合图9-15（右）的科技创新指数城市分布图可以看出，欧洲国家城市样本较少，科技创新城市分布比较集中；美国的科技创新城市主要集中在东北部地区和西部沿海，中部地区相对薄弱；中国科技创新城市分布体现出集聚东部沿海地区，其中进入百强的城市在金砖国家中数量和比例都是最高的，但中西部地区比较薄弱；俄罗斯主要集中在欧洲部分，亚洲的西伯利亚广大区域几乎空白；印度、巴西、南非等国整体都比较弱。

表9-15　　　　　金砖国家和七国集团科技创新指数比较

	国家	样本	进入百强城市数量	均值	变异系数
金砖国家	中国	292	13（4%）	0.184	0.798
	俄罗斯	33	1（3%）	0.151	0.671
	印度	102	2（2%）	0.081	1.532
	巴西	32	0（0%）	0.137	0.905
	南非	6	0（0%）	0.281	0.423
七国集团	英国	13	4（31%）	0.481	0.344
	法国	9	1（11%）	0.405	0.426
	美国	79	34（43%）	0.467	0.376
	德国	13	7（54%）	0.471	0.270
	意大利	16	0（0%）	0.321	0.333
	日本	10	6（60%）	0.554	0.296
	加拿大	9	7（78%）	0.493	0.133

资料来源：中国社会科学院城市与竞争力指数数据库。

四　城市群格局：欧美国家城市群发展平衡，发展中国家集中在中心城市

课题组根据城市群规模筛选了美国、中国、印度、英国、德国的几个重要城市群。美国和英国城市群实力明显突出，城市科技创新指数均值基本都在0.5以上而且水平划一，实力依旧雄厚。中印等发展中国家城市群虽然规模较大，但科技创新仅集中在中心城市，多数城市科技创新滞后，变异系数拉大。美国两大城市群内部城市发展均衡，而且均值很高，中心城市芝加哥和纽约科技创新全球领先，其他城市科技创新指数也并不落后。中国和印度城市群科技创新指数出现了明显的中心—外围模式，城市群中心城市突出，其他城市与之差距非常大，城市群发展极其不均（表9-16）。

表 9-16　　全球主要城市群科技创新指数均值比较

城市群	国家	城市数量	百强城市数量	排名首位城市	首位城市指数排名	末位城市指数排名	除首位城市指数均值	科技创新变异系数
长三角	中国	26	4	上海	0.656 (20)	0.023 (763)	0.194	0.477
美国中西部	美国	13	7	芝加哥	0.699 (14)	0.356 (215)	0.441	0.205
珠三角	中国	13	3	深圳	0.759 (11)	0.065 (663)	0.273	0.549
伦敦-利物浦	英国	10	5	伦敦	1 (1)	0.375 (197)	0.382	0.368
京津冀	中国	10	1	北京	0.813 (6)	0.060 (670)	0.195	0.746
美国东北部	美国	12	8	纽约	0.993 (2)	0.254 (314)	0.565	0.353
班加罗尔	印度	6	0	海德拉巴	0.474 (101)	0.174 (425)	0.269	0.343
莱茵-鲁尔	德国	4	1	汉堡	0.577 (40)	0.244 (324)	0.269	0.421

资料来源：中国社会科学院城市与竞争力指数数据库。

五　主要发现：科技创新指数与高收入人口规模存在显著正相关关系

将样本城市年收入在1.5万美元以上的人口规模与城市科技创新指数做相关分析，高收入人口规模越大的城市科技创新实力往往越强；而且与1.5万美元以上的人口低于1万人的城市相比，高收入人口规模超过1万人的城市与科技创新指数的拟合曲线要更为陡峭，表明城市收入水平越高越有助于提高城市的科技创新能力，科技创新需要雄厚的资本作为支撑；反之，城市科技创新能力也有助于提升城市的收入水平（图9-16）。

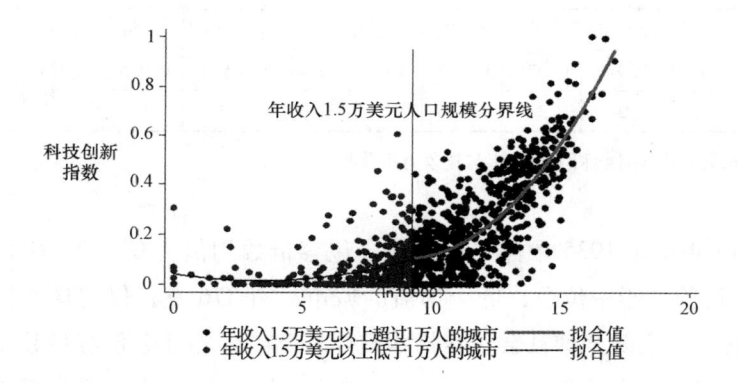

图 9-16 年收入 1.5 万美元以上人口规模与城市科技创新指数关系
资料来源：中国社会科学院城市与竞争力指数数据库。

第五节 社会包容指数分析

一 总体格局：全球社会包容指数领先，日韩城市整体突出

2016 年全球社会包容指数排名，全州、苏黎世和札幌位居前三。社会包容指数排名前十的城市全部位于亚洲和欧洲，其中亚洲城市占 8 个，而且都属于韩国和日本。社会包容指数由基尼系数和犯罪率两个二级指标构成，韩国和日本城市的社会包容指数领先全球主要原因是犯罪率比较低，基尼系数在 0.3 左右，在全球来看也偏低，社会发展比较均衡贫富差距不大。具体来看，前十名城市之间社会包容指数差距不大，指数都在 0.9 以上，日韩城市社会发展基本都在同级水平（见表 9-17）。

表 9-17 全球社会包容指数前十名城市

城市	全州	苏黎世	札幌	名古屋	慕尼黑	光州	大田	大邱	清州	大阪
国家	韩国	瑞士	日本	日本	德国	韩国	韩国	韩国	韩国	日本
洲际	亚洲	欧洲	亚洲	亚洲	欧洲	亚洲	亚洲	亚洲	亚洲	亚洲

续表

城市	全州	苏黎世	札幌	名古屋	慕尼黑	光州	大田	大邱	清州	大阪
指数	1	0.976	0.971	0.962	0.962	0.937	0.935	0.935	0.934	0.933
排名	1	2	3	4	5	6	7	8	9	10

资料来源：中国社会科学院城市与竞争力指数数据库。

2016年全球1035个样本城市社会包容指数均值为0.612，中位数为0.651，均值低于中位数，低于均值的城市只有376座，仅占样本城市的1/3左右，这说明全球社会包容指数整体较高。全球社会包容指数变异系数为0.262，标准差为0.160。但如果将欧美国家与非拉国家分组绘制核密度分布图（图9-17），可以观察到欧美国家的峰值集中在0.7左右；而相对落后的非洲和拉丁美洲的峰值在0.3左右，全球社会不安因素在非洲和拉丁美洲比较突出。

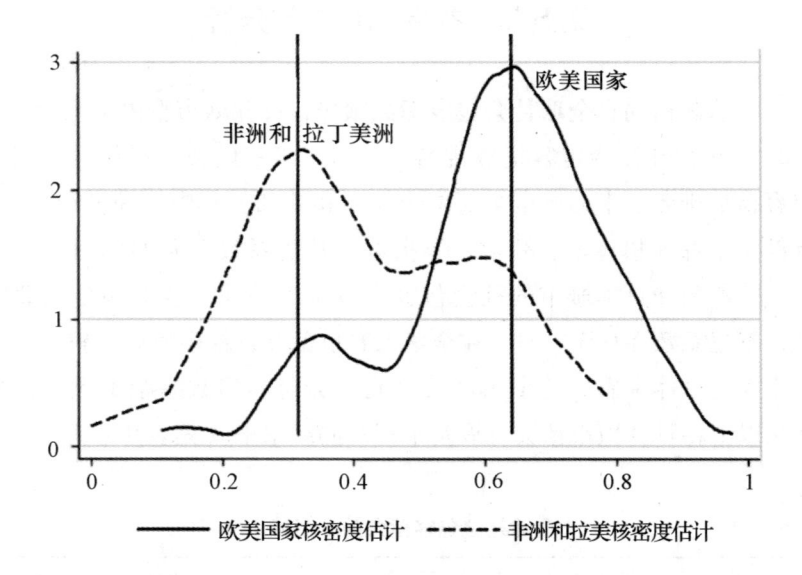

图9-17 社会包容指数核密度分布

资料来源：中国社会科学院城市与竞争力指数数据库。

二 区域格局：东亚和欧洲领先，南美洲和非洲落后

从社会包容指数的分布来看（表9-11），欧洲和东亚地区的社会包容指数较高而且城市分布比较均匀，北美洲次之，拉丁美洲最差。欧亚地区社会包容指数普遍较好，尤其是东亚的日韩两国和西欧国家，这些国家的犯罪率偏低而且基尼系数表现出来的社会贫富差距也较小，社会发展健康稳定，但中亚地区的社会问题一直比较突出。相比而言，北美洲城市犯罪率普遍较高，尤其是社会贫富差距较大、社会结构不合理导致美国这样的发达国家社会包容指数偏低。非洲和南美洲社会动荡不安，社会安全隐患大，局部冲突频发，社会包容指数非常低。

表9-18　全球社会包容指数洲际情况及百强城市占比

区域	样本	进入百强城市数量及占比	均值	变异系数	最大值		
					城市	指数	世界排名
亚洲	585	58（9.91%）	0.671	0.137	全州	1	1
欧洲	132	33（25%）	0.681	0.184	苏黎世	0.976	2
北美洲	131	7（5.34%）	0.546	0.311	魁北克	0.861	43
南美洲	77	0（0%）	0.321	0.308	马那瓜	0.543	816
大洋洲	7	0（0%）	0.698	0.066	悉尼	0.765	115
非洲	103	2（1.94%）	0.480	0.397	坦桑尼亚	0.784	87
世界平均	1035	100（100%）	0.187	1.02	全州	1	1

资料来源：中国社会科学院城市与竞争力指数数据库。

三 国家格局：七国集团国家间差异较大，金砖国家巴西南非相对偏弱

由社会包容指数全球分布情况（图9-18）可以看出，欧亚大陆呈两端凸起、中部下沉的格局，西欧国家和东亚的日韩两国社会包容指数整体居高，中亚地区因为时局动荡社会包容指数较低。美国的东北部和

西部沿海城市社会包容指数较高，中部地区相对偏弱。印度城市较多，但社会包容指数均值为0.705，城市之间社会发展程度均衡，差异不大。中国城市社会包容指数均值为0.653，整体表现为经济发达的城市社会包容指数反而相对偏低，主要原因是经济发达的城市居民收入水平差异较大、基尼系数较高，如广州、深圳、东莞、太原等城市。巴西和南非社会包容指数都比较低，社会动荡、贫富差距过大是城市发展的主要瓶颈，巴西大城市圣保罗、里约热内卢社会包容指数在世界排名都在1000名左右。

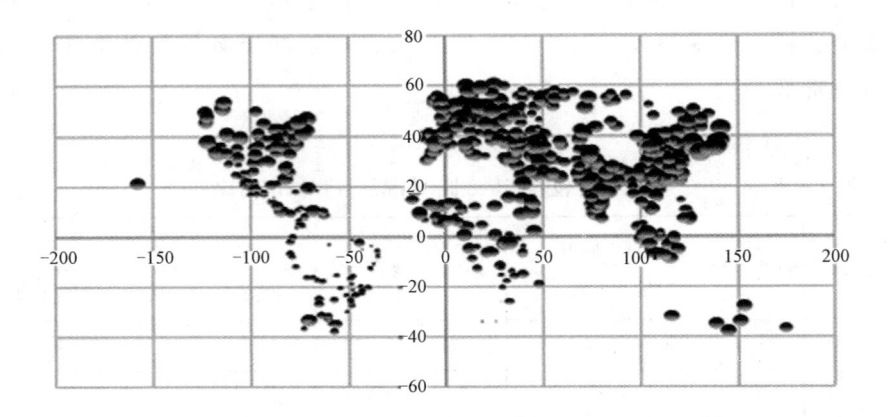

图9-18 社会包容指数全球城市分布

资料来源：中国社会科学院城市与竞争力指数数据库。

四 城市群格局：与大国社会包容指数不占优势

城市群中心城市社会包容指数不占优势，德国莱茵-鲁尔城市群表现突出。以典型城市群为例，城市群的社会包容指数基本与国家层面的格局一致，中、美、印等疆域大国社会包容指数都不具优势。另外，城市群内部社会包容指数最高的城市并非中心城市，如中国三大城市群、美国中西部和东北部城市群、英国的伦敦-利物浦城市群、印度的班加罗尔城市群都表现出这一特点。德国莱茵-鲁尔城市群的4个城市社会发展均衡全部进入全球百强，并且差距不大（表9-19）。

表9-19　　　　　　　　全球主要城市群社会包容比较

城市群	国家	城市数量	百强城市数量	首位城市	首位城市指数及排名	末位城市指数及排名	除首位城市指数均值	科技创新变异系数
长三角	中国	26	0	盐城	0.697 (243)	0.551 (804)	0.641	0.056
美国中西部	美国	13	0	匹兹堡	0.706 (220)	0.443 (870)	0.602	0.117
珠三角	中国	13	0	云浮	0.698 (237)	0.392 (906)	0.606	0.135
伦敦-利物浦	英国	10	0	布里斯托尔	0.681 (308)	0.549 (808)	0.624	0.064
京津冀	中国	10	0	张家口	0.679 (324)	0.604 (683)	0.656	0.033
美国东北部	美国	12	1	布里奇波特-斯坦福德	0.811 (68)	0.544 (814)	0.645	0.116
班加罗尔	印度	6	0	科钦	0.781 (89)	0.596 (702)	0.686	0.097
莱茵-鲁尔	德国	4	4	杜塞尔多夫	0.847 (49)	0.804 (74)	0.825	0.024

资料来源：中国社会科学院城市与竞争力指数数据库。

五　社会包容指数与城市收入水平的关系

人均收入水平不同的城市与社会包容指数关系不同。将人均GDP以1万美元为界分为两组，图9-19显示社会包容指数与人均GDP高于1万美元的城市呈正相关，与人均GDP低于1万美元的城市呈负相关。人均GDP超过1万美元的城市，人均收入水平越高城市的社会包容指数越高；而人均GDP低于1万美元的城市，人均收入水平越低城市的社会包容指数反而越高，主要原因是低收入水平的城市经济发展水平较低导致基尼系数也偏低，城市居民整体比较贫困没有拉开贫富差距。

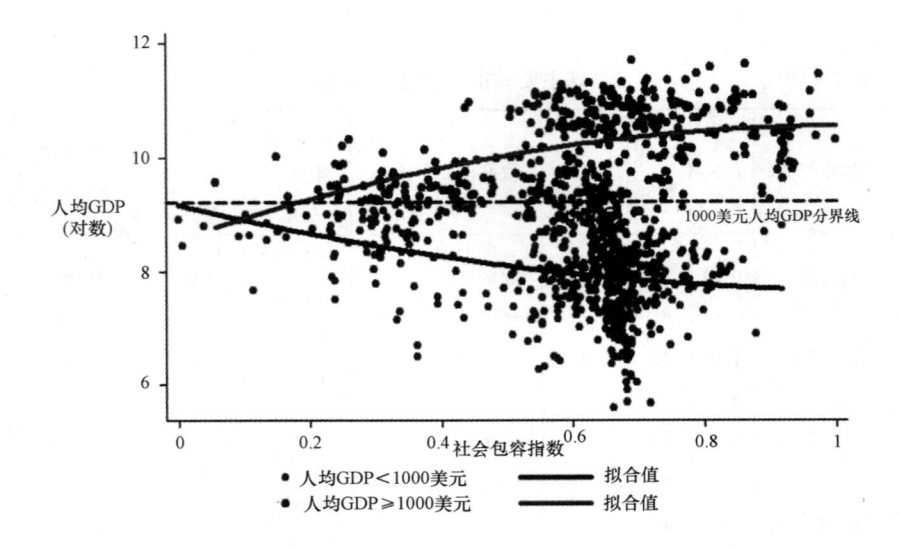

图 9-19　人均 GDP 与城市社会包容指数的关系

资料来源：中国社会科学院城市与竞争力指数数据库。

第六节　生态环境指数分析

一　生态环境指数的总体格局

环境质量欧美领先，南北国家两极分化。2016 年全球生态环境指数排名中苏黎世、日内瓦和斯德哥尔摩位列前三，全部是北欧城市。生态环境指数排名前十的城市全部位于欧洲和北美，其中欧洲城市占 8 个，而且多属于北欧城市（表 9-20）。亚非拉国家生态环境指数比较落后，南北国家差距明显。

表 9-20　全球生态环境指数前十名城市

城市	苏黎世	日内瓦	斯德哥尔摩	伦敦	布里奇波特-斯坦福德	奥斯陆	布里斯托尔	巴黎	圣何塞	哥德堡
国家	瑞士	瑞士	瑞典	英国	美国	挪威	英国	法国	美国	瑞典
洲际	欧洲	欧洲	欧洲	欧洲	北美洲	欧洲	欧洲	欧洲	北美洲	欧洲

续表

城市	苏黎世	日内瓦	斯德哥尔摩	伦敦	布里奇波特-斯坦福德	奥斯陆	布里斯托尔	巴黎	圣何塞	哥德堡
指数	1	0.984	0.928	0.922	0.918	0.907	0.897	0.896	0.894	0.889
排名	1	2	3	4	5	6	7	8	9	10

资料来源：中国社会科学院城市与竞争力指数数据库。

2016 年全球 1035 个样本城市生态环境指数均值为 0.538，变异系数为 0.328，标准差为 0.176。生态环境指数的核密度分布图（图 9-20）显示，全球样本城市生态环境指数存在两个波峰，其中一个波峰的峰值在 0.8 左右，主要集中在欧洲国家和北美洲国家；另一个波峰在 0.45 左右，整体来看比较符合正态分布。非洲国家环境质量整体较差，亚洲除东亚地区的日本少数城市环境质量较好外，其余南亚、中亚、西亚等广大地区环境质量都处于劣势。整体来看，发展中国家环境质量明显弱于发达国家。

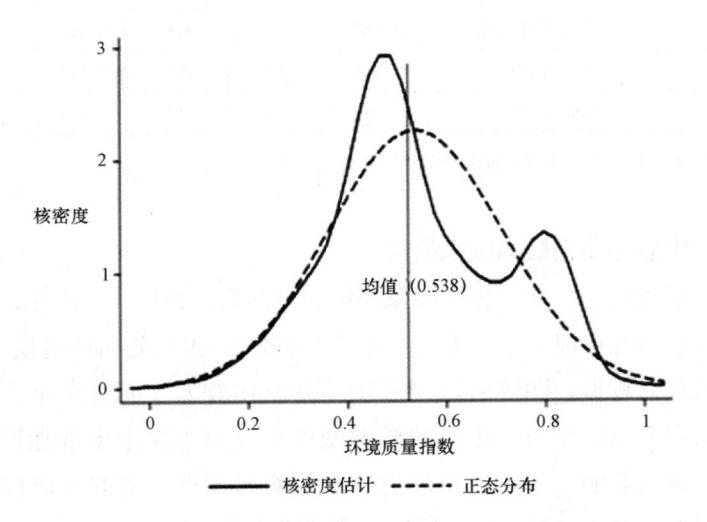

图 9-20　生态环境指数核密度分布

资料来源：中国社会科学院城市与竞争力指数数据库。

二 生态环境指数的区域格局

欧美领先,南美洲和非洲落后。从生态环境指数的分布来看(表9-21),欧洲和北美洲地区的生态环境指数较高而且城市分布比较均匀,亚洲次之,南美洲和非洲最差。欧洲国家尤其是北欧国家较早地完成了工业化,已经步入后工业化时代,产业结构趋于合理,城市环境最好,成为全球理想的居住地之一。反之,亚洲、南美洲、非洲国家多为发展中国家,经济活跃度较高,经济快速发展也带来了诸多环境问题,环境质量较差。

表9-21 全球生态环境指数洲际情况及百强城市占比

区域	样本	进入百强城市数量及占比	均值	变异系数	最大值 城市	指数	世界排名
亚洲	585	38 (6.50%)	0.500	0.196	伊斯坦布尔	0.945	2
欧洲	132	36 (27.28%)	0.581	0.249	巴黎	1	1
北美洲	131	22 (16.79%)	0.549	0.204	纽约	0.919	4
南美洲	77	1 (1.30%)	0.440	0.244	布宜诺斯艾利斯	0.702	66
大洋洲	7	2 (28.57%)	0.567	0.206	悉尼	0.703	64
非洲	103	1 (0.97%)	0.325	0.419	开罗	0.666	96
世界平均	1035	100 (100%)	0.187	1.02	巴黎	1	1

资料来源:中国社会科学院城市与竞争力指数数据库。

三 生态环境指数的国家格局

七国集团领先全球,金砖国家环境质量落后。由图9-21生态环境指数全球分布情况可以看出,七国集团所在的欧洲和北美洲环境质量最好,金砖国家普遍较差。印度各城市环境质量整体较差,而且城市之间比较均衡,没有突出的城市。中国的样本城市主要集中在东中部地区,近年来由于雾霾的影响,中国城市环境质量也明显偏低。南非和巴西环境质量也比较差,整体来看与欧美国家差距非常大。

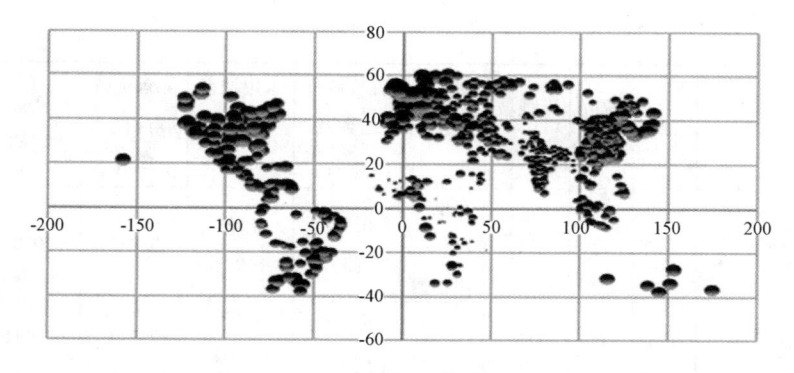

图 9-21 生态环境指数城市分布

资料来源：中国社会科学院城市与竞争力指数数据库。

四 生态环境指数的城市群格局

欧美城市群城市环境质量非常均衡，中印城市群显著落后且内部差异明显（表9-22）。以典型城市群为例，城市群的生态环境指数基本与国家层面的格局一致，欧美占优，中印落后。欧美国家城市群不仅环境质量高，而且城市群内部中心城市与周边城市差距不大。相反，中印城市群环境质量低，城市群中无一城市进入全球百强，城市之间的差异也比较明显。

表 9-22 全球主要城市群生态环境指数均值比较

城市群	国家	城市数量	百强城市数量	首位城市	首位城市指数及排名	末位城市指数及排名	除首位城市指数均值	环境质量变异系数
长三角	中国	26	0	舟山	0.597 (339)	0.448 (730)	0.518	0.073
美国中西部	美国	13	6	明尼阿波利斯	0.838 (42)	0.791 (137)	0.809	0.017
珠三角	中国	13	0	深圳	0.588 (349)	0.453 (706)	0.509	0.099
伦敦-利物浦	英国	10	9	伦敦	0.922 (4)	0.810 (104)	0.848	0.040
京津冀	中国	10	0	北京	0.515 (483)	0.360 (888)	0.435	0.103

续表

城市群	国家	城市数量	百强城市数量	首位城市	首位城市指数及排名	末位城市指数及排名	除首位城市指数均值	环境质量变异系数
美国东北部	美国	12	11	布里奇波特-斯坦福德	0.918 (5)	0.809 (107)	0.837	0.036
班加罗尔	印度	6	0	科钦	0.436 (763)	0.309 (950)	0.344	0.163
莱茵-鲁尔	德国	4	4	杜塞尔多夫	0.849 (30)	0.817 (85)	0.824	0.016

资料来源：中国社会科学院城市与竞争力指数数据库。

五 生态环境指数与城市人均 GDP 的关系

生态环境指数与城市人均 GDP 呈现出显著的正相关关系。指数经过发展水平的修正。将不同等级城市的人均 GDP 对数值与城市生态环境指数拟合后发现，即使城市等级存在差异，但人均 GDP 对数值与生态环境

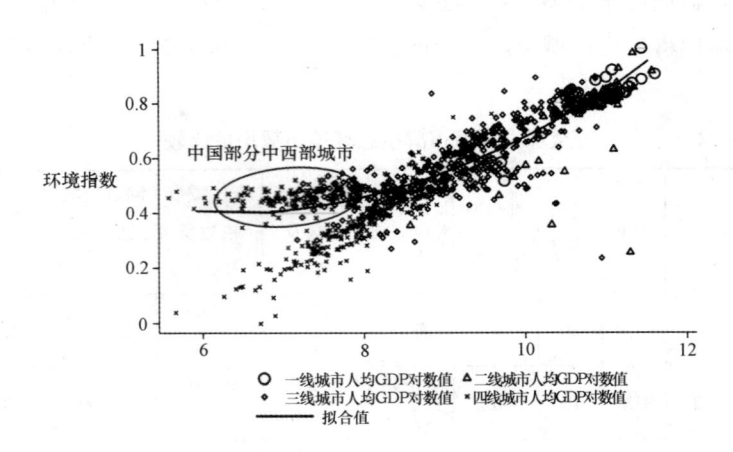

图 9-22 生态环境指数与城市人均 GDP 的关系

资料来源：中国社会科学院城市与竞争力指数数据库。

指数始终存在比较明显的正相关关系。城市级别越高，人均 GDP 对数值越高，环境指数也越高。观察图 9-22 可以发现，有部分三四线城市的生

态环境指数与人均 GDP 的相关关系并不显著，这部分城市主要集中在中国的中西部地区，这些城市的人均 GDP 水平较低，城市经济发展水平较低，但这些样本城市由于地理因素的影响，分布在山区，城市的环境质量相对较好，因此出现了如图 9-22 所示的异常现象。

第七节 营商环境指数分析

一 营商环境指数的总体格局

制度管理大洋洲欧洲领先，发达国家制度管理较为完善。由于营商环境指数国家内差异不大，因此我们选取制度管理排名前十位的国家首位城市加以分析。2016 年全球营商环境指数排名中香港、新加坡和奥克兰位列前三。亚洲国家优秀的城市营商环境指数比较突出，但多数城市处于劣势。欧美国家制度指数显现出整体优势，亚非拉国家营商环境指数比较落后，南北国家差距明显。值得一提的是，大洋洲的两个国家新西兰和澳大利亚的城市制度管理领先全球。

表 9-23　全球排名前十位的国家首位城市营商环境指数

城市	香港	新加坡	奥克兰	悉尼	伦敦	哥本哈根	苏黎世	纽约	赫尔辛基	奥斯陆
国家	中国	新加坡	新西兰	澳大利亚	英国	丹麦	瑞士	美国	芬兰	挪威
洲际	亚洲	亚洲	大洋洲	大洋洲	欧洲	欧洲	欧洲	北美洲	欧洲	欧洲
指数	1	0.991	0.966	0.899	0.880	0.878	0.870	0.870	0.863	0.858
排名	1	2	3	4	5	6	7	8	9	10

资料来源：中国社会科学院城市与竞争力指数数据库。

2016 年全球 1035 个样本城市营商环境指数均值为 0.627，变异系数为 0.234，标准差为 0.147。图 9-23 显示，全球样本城市营商环境指数存在两个波峰，其中的波峰峰值在营商环境指数 0.8—0.9，主要集中在澳大利亚和英国两个国家；另一个波峰在营商环境指数 0.6 附近，整体来看比较符合正态分布。非洲和拉丁美洲国家制度管理整体较差，亚洲除香港、新加坡以及韩国和日本的城市较为领先，外营商环境指数整体都不乐观。

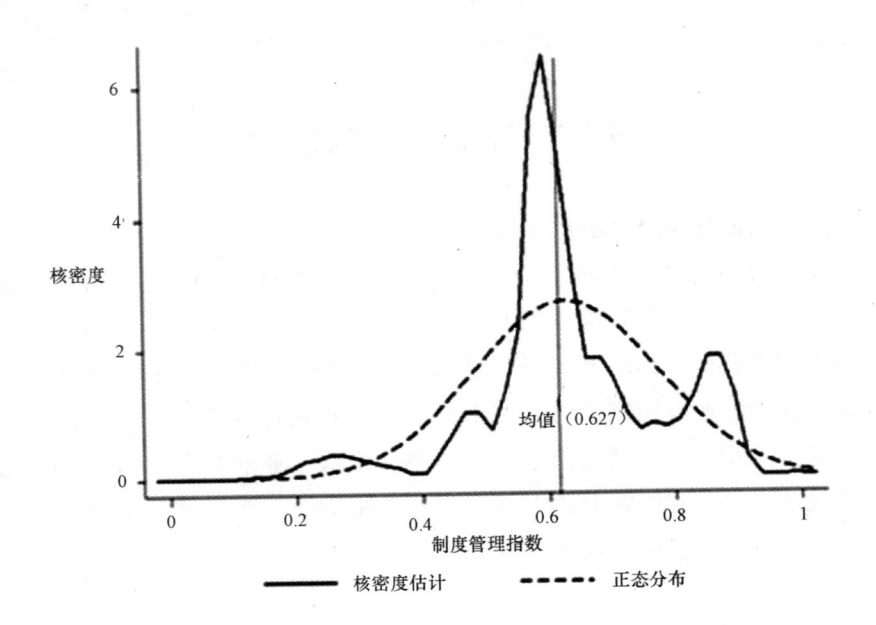

图 9-23　营商环境指数核密度分布

资料来源：中国社会科学院城市与竞争力指数数据库。

二　营商环境指数的区域格局

欧美国家制度管理水平先进，亚非拉国家制度管理滞后。从营商环境指数的分布来看，大洋洲、欧洲和北美洲地区的营商环境指数较高而且城市分布比较均匀，亚洲次之，南美洲和非洲最差（表9-24）。亚洲国家只有香港和新加坡两个城市进入全球百强，其次是日韩两国城市排名在100—200，其余城市营商环境指数都比较弱。非洲和南美洲在制度管理方面与西方发达国家差距非常大。七国集团所在的欧洲和北美洲营商环境指数最好，金砖国家普遍相对落后。从各国情况来看，七国集团营商环境指数从高到低的排序是英国、美国、加拿大、德国、日本、法国和意大利，均值为0.843；金砖国家营商环境指数从高到低的排序是俄罗斯、南非、中国、巴西和印度，均值为0.558。

表9-24　　全球营商环境指数洲际情况及百强城市占比

区域	样本	进入百强城市数量及占比	均值	变异系数	最大值 城市	最大值 指数	最大值 世界排名
亚洲	585	2（0.34%）	0.594	0.172	香港	1	1
欧洲	132	17（12.88%）	0.745	0.135	伦敦	0.880	10
北美洲	131	78（59.54%）	0.800	0.144	布里奇波特-斯坦福德	0.870	26
南美洲	77	0（1.30%）	0.570	0.236	瓦尔帕莱索	0.802	168
大洋洲	7	7（100%）	0.908	0.028	奥克兰	0.966	3
非洲	103	0（0%）	0.467	0.293	基加利	0.710	237
世界平均	1035	100（100%）	0.187	1.02	香港	1	1

资料来源：中国社会科学院城市与竞争力指数数据库。

三　营商环境指数的城市群格局

欧美城市群遥遥领先，中印城市群显著落后。以典型城市群为例，城市群的营商环境指数基本与国家层面的格局一致，欧美占优，中印落后。欧美国家城市群除德国莱茵-鲁尔城市群外，全部城市都进入全球百强；相比之下中印两国代表的发展中国家城市群无一进入百强，而且位序靠后（表9-25）。

表9-25　　全球主要城市群营商环境指数均值比较

城市群	国家	城市数量	百强城市数量	首位城市	指数均值
长三角	中国	26	0	上海（418）	0.601
美国中西部	美国	13	13	芝加哥（26）	0.870
珠三角	中国	13	0	广州（418）	0.601
伦敦-利物浦	英国	10	10	伦敦（10）	0.880
京津冀	中国	10	0	北京（418）	0.601
美国东北部	美国	12	12	纽约（26）	0.870

续表

城市群	国家	城市数量	百强城市数量	首位城市	指数均值
班加罗尔	印度	6	0	钦奈（566）	0.757
莱茵-鲁尔	德国	4	0	杜塞尔多夫（140）	0.828

资料来源：中国社会科学院城市与竞争力指数数据库。

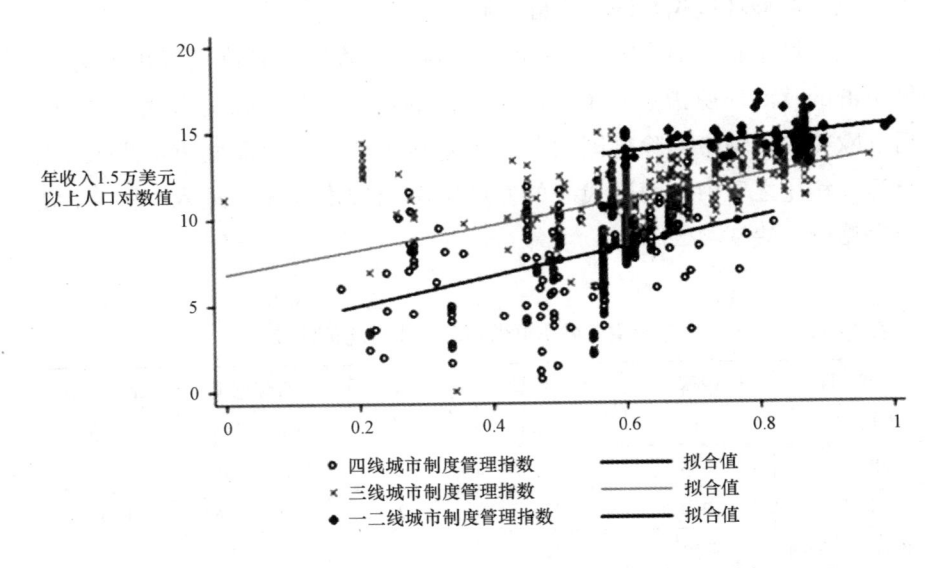

四 营商环境指数与城市高收入人口规模的关系

城市等级越高营商环境指数与城市高收入人口规模正相关性越强。如图9-24所示，将不同等级城市的年收入1.5万美元以上人口取对数，并与相应等级城市的营商环境指数拟合后发现，随着城市等级的提高，营商环境指数与城市高收入人口规模正相关性越强。城市高收入人口规模可以反映城市经济发展水平，因此，营商环境指数与城市经济水平有显著关系，先进的制度管理水平和完善的法律法规是国家以及城市经济发达的基本保障。

图9-24 营商环境指数与城市高收入人口规模的关系

资料来源：中国社会科学院城市与竞争力指数数据库。

第八节 全球联系：欧美发达国家城市仍主导着全球联系，亚洲城市赶超态势明显

在全球联系方面，高收入的发达国家城市仍然主导全球联系和交流，但以中国为代表的新兴市场国家城市成长迅速，开始引领全球，成为全球沟通的重要一环。

一 全球顶级城市中亚洲城市的全球联系赶超明显

全球联系指数的全球城市分布如图 9-25 所示，全球联系位于世界前十位的城市分别为：纽约、伦敦、香港、北京、新加坡、上海、巴黎、东京、悉尼以及迪拜（表 9-26）。全球联系前十名的城市分布在东亚、中东、西欧、北美、大洋洲，均是世界不同大洲的经济文化中心，在全球呈均匀分布。这些城市中有 6 个为亚洲城市，北美洲城市虽然只有 1 个但却位于全球联系的第一名，说明目前美国在世界经济中依旧具有重要地位。而 6 个亚洲城市中有 3 个为中国城市，说明近年来以中国为代表的亚洲国家全球联系不断加强，呈现出追赶欧美发达国家的态势。

表 9-26　　　　　全球城市全球联系前十名城市

城市	纽约	伦敦	香港	北京	新加坡	上海	巴黎	东京	悉尼	迪拜
洲	北美洲	欧洲	亚洲	亚洲	亚洲	亚洲	欧洲	亚洲	大洋洲	亚洲
全球联系指数	1	0.535	0.427	0.387	0.368	0.366	0.365	0.349	0.345	0.331
全球联系排名	1	2	3	4	5	6	7	8	9	10

资料来源：中国社会科学院城市与竞争力指数数据库。

从全球总体来看，随着城市全球联系排名的下降，指数呈一直下降的趋势，同时城市间全球联系的差距随着全球联系排名的下降呈先减速下降后加速下降的趋势。具体来看，城市全球联系排名从 1 下降至 100 的区间内，城市竞争力指数下降了 0.823；从 100 下降至 200 的区间内，指数下降了 0.039；从 200 下降至 300 的区间内，指数下降了 0.0324；从

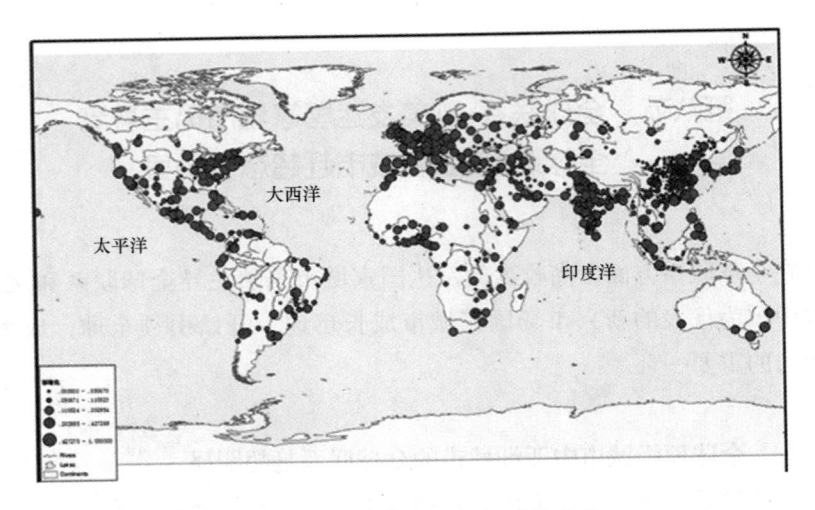

图 9 - 25　全球城市全球联系的分布

资料来源：中国社会科学院城市与竞争力指数数据库。

300 下降至 400 的区间内，指数下降了 0.029；从 700 下降至 800 的区间内，指数下降了 0.0002；从 800 下降至 900 的区间内，指数下降了 0.006；从 900 下降至 1000 的区间内，指数下降了 0.018。表明全球联系较好的城市间及全球联系较差的城市间全球潜力的差距相对较大，而全球联系中等的城市间全球潜力的差距相对较小。

二　全球联系的区域格局：在百强中亚洲和欧洲分庭抗礼

从全球区域格局来看，在全球联系的百强城市中，亚洲城市与欧洲城市分别占据了 32 席与 31 席，相比于其他洲，在数量上占据了绝对优势；除了欧亚以外，北美洲进入全球联系百强城市也比较多，有 23 席。城市全球联系均值最高的区域是北美洲，为 0.265，各洲的城市的全球联系均值水平为 0.21—0.26，总体差别不大。各城市全球联系变异系数最高的是北美洲，达 0.611，而其余地区的城市的全球联系变异系数均小于 0.25，可见在全球各区域中，北美洲城市间全球联系差异最大。观察表 9 - 27 可发现，各洲城市的全球联系均值均大于其中位数，显示在世界范围内，全球联系处于本区域平均水平之上的城市数量少于平均水平之下的城市数量。北美洲全球联系最高的城市位于世界第一的地位，亚洲、欧洲和大洋洲全球联系最高的城市间水平相近,而南美洲与非洲全球联系水平最高的城市则相对较差,南美洲全球联系最高的城市是布宜诺斯艾利斯,世界排名为第25位,非洲全球联系最高的城市为约翰内斯堡,世界排名仅为第31位,可见这两个洲的先进城市与其他区域的先进城市间存在巨大的差距。

表9-27　　　　　　全球城市全球联系洲际分布

区域	进入百强城市数量及占比	均值	变异系数	中位数	最大值城市	指数	世界排名
亚洲	32	0.254	0.265	0.234	香港	0.427	3
欧洲	31	0.252	0.269	0.225	伦敦	0.535	2
北美洲	23	0.265	0.611	0.228	纽约	1	1
南美洲	6	0.224	0.120	0.219	布宜诺斯艾利斯	0.276	25
大洋洲	4	0.250	0.246	0.237	悉尼	0.345	9
非洲	4	0.216	0.130	0.208	约翰内斯堡	0.261	31

资料来源:中国社会科学院城市与竞争力指数数据库。

三　全球联系的国家格局:中、美城市主导着全球联系

美国和中国进入全球联系百强名单的数量最多。通过表9-28的数据可以看出,除了中国和美国,金砖国家和七国集团的其他国家进入全球联系百强名单的数量较少。整体来看,七国集团的全球联系指数均值要明显高于金砖国家,七国集团中德国、意大利、日本与加拿大的城市间差异较小,中国、俄罗斯与美国的国内各城市的全球联系差异较大。

表9-28　　　　　金砖国家和七国集团经济活力指数比较

	国家	样本	进入百强城市数量	均值	变异系数
金砖国家	中国	292	13	0.045	1.207
	俄罗斯	33	2	0.074	1.002
	印度	102	3	0.066	0.899
	巴西	32	0	0.065	0.784
	南非	6	2	0.131	0.588

续表

<table>
<tr><th></th><th>国家</th><th>样本</th><th>进入百强城市数量</th><th>均值</th><th>变异系数</th></tr>
<tr><td rowspan="7">七国集团</td><td>英国</td><td>13</td><td>4</td><td>0.158</td><td>0.839</td></tr>
<tr><td>法国</td><td>9</td><td>1</td><td>0.109</td><td>0.949</td></tr>
<tr><td>美国</td><td>79</td><td>14</td><td>0.122</td><td>1.003</td></tr>
<tr><td>德国</td><td>13</td><td>6</td><td>0.148</td><td>0.541</td></tr>
<tr><td>意大利</td><td>16</td><td>2</td><td>0.111</td><td>0.644</td></tr>
<tr><td>日本</td><td>10</td><td>2</td><td>0.130</td><td>0.694</td></tr>
<tr><td>加拿大</td><td>9</td><td>4</td><td>0.158</td><td>0.440</td></tr>
</table>

资料来源：中国社会科学院城市与竞争力指数数据库。

四 全球联系的城市群比较：美英德整体领先，中巴仍有差距

美国、中国和英国城市群的全球联系较强，巴西、印尼和韩国的全球联系较弱。从全球联系均值来看，排名靠前的三个城市群分别来自美国、英国和德国，分别是美国东北部城市群、伦敦-利物浦城市群和莱茵-鲁尔城市群；排名靠后的三个城市群分别是珠三角城市群、圣保罗大都市圈、长三角城市群。从全球联系进入全球百名的城市数目来看，美国、中国以及英国城市群进入全球百名的城市数目较多，其他国家城市群进入全球百名的城市数目较少。从全球联系的变异系数来看，中国、印度以及印尼等发展中国家的城市群内部城市的全球联系差异较大，其中中国的京津冀城市群的变异系数最大。而德国、欧美国家、韩国等发达国家城市群内部的全球联系差异相对较大，其中荷兰比利时城市群以及莱茵-鲁尔城市群的变异系数最小（表9-29）。

表9-29　　　　　　　　全球主要城市群全球联系比较

城市群	国家	城市数量	全球联系最佳城市	百强城市数量	全球联系均值	全球联系变异系数
长三角城市群	中国	26	上海	2	0.058	1.213
美国中西部城市群	美国	13	芝加哥	2	0.122	0.710
珠三角城市群	中国	13	广州	1	0.073	0.923
伦敦-利物浦城市群	英国	10	伦敦	4	0.189	0.774

续表

城市群	国家	城市数量	全球联系最佳城市	百强城市数量	全球联系均值	全球联系变异系数
京津冀城市群	中国	10	北京	1	0.076	1.424
美国东北部城市群	美国	12	纽约	4	0.191	1.326
班加罗尔城市群	印度	6	班加罗尔	1	0.111	0.788
莱茵-鲁尔城市群	德国	4	汉堡	3	0.179	0.217
皮德蒙特城市集群	美国	6	亚特兰大	1	0.118	0.523
得克萨斯三角洲	美国	7	达拉斯-佛尔沃斯堡	1	0.099	0.613
荷兰-比利时城市群	欧洲	6	阿姆斯特丹	2	0.172	0.505
孟买大都会区	印度	4	孟买	1	0.106	1.194
圣保罗大都市圈	巴西	7	里约热内卢	0	0.059	0.705
南佛罗里达城市群	美国	4	迈阿密	1	0.130	0.522
南加州城市集群	美国	4	洛杉矶	1	0.144	0.674
首尔国家首都区	韩国	6	首尔	1	0.134	0.608
雅加达都市圈	印尼	4	雅加达	1	0.089	1.151

资料来源：中国社会科学院城市与竞争力指数数据库。

五 创新发现

城市的经济和人口规模是全球联系的基础，城市整体全球联系最高的国家均为各大洲的领头国家。城市全球联系指数与城市GDP和城市人口规模密切相关（图9-26），而且均呈现正相关的关系。这再次说明城市的经济发展程度越高，人口越聚集，会使城市进入良性发展，慢慢成长为地区的核心城市，从而在区域中发挥着与其他区域沟通和交流的中心枢纽作用。

另外，我们参考世界各国经济发展水平进行分组，分别将人均GDP低于1000美元、1000—4000美元、4000—12000美元、高于12000美元的城市分别定义为低收入城市、中等偏下收入城市、中等偏上收入城市和高收入城市，同时绘制出不同收入水平的全球联系指数均值（图9-27），会发现收入水平和全球联系并非单纯线性关系，在低收入和中等收

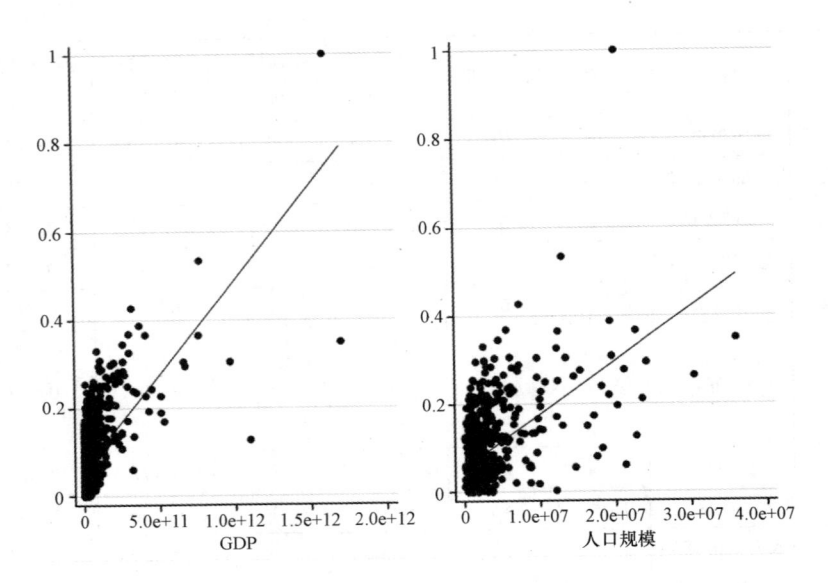

图 9-26　城市 GDP、人口规模分别与全球联系的散点

资料来源：中国社会科学院城市与竞争力指数数据库。

入城市之间全球联系没有显著的差异，但高收入明显整体全球联系要高于其他收入的城市，这也再次证明经济发展程度是城市全球联系的基础。

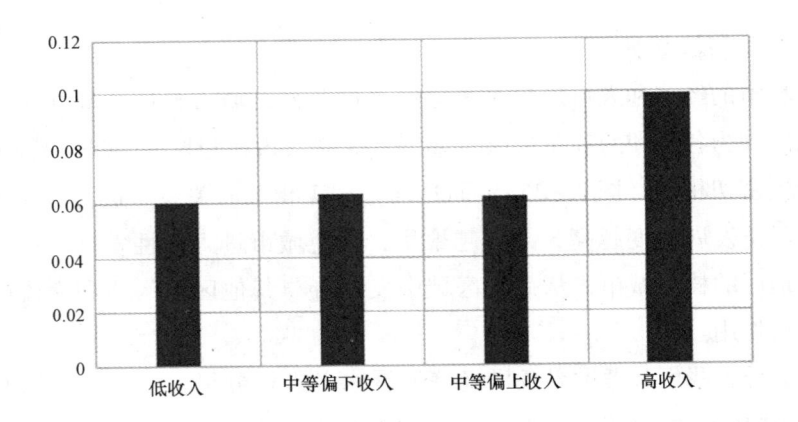

图 9-27　城市不同收入的平均全球联系指数

资料来源：中国社会科学院城市与竞争力指数数据库。

第九节 100强城市:北美城市科技创新最优,环境质量堪忧,欧洲实现了创新驱动和环境美好的双赢

根据2017年全球城市可持续竞争力的数据,我们重点分析全球100强的城市。综合来看,全球100强的城市呈现的特点有以下几个方面。

一 全球城市可持续竞争力100强代表世界最顶端的城市发展的蓝本

如图9-28所示,通过计算,全球1035个城市可持续竞争力总指数均值为0.301,标准差为0.120,变异系数为0.398。全球100强城市可持续竞争力总指数均值为0.562,是全球样本的1.87倍。100强城市的标准差和变异系数分别为0.090和0.160,均要小于全样本,说明100强城市差距相对较小,之间竞争比较激烈。

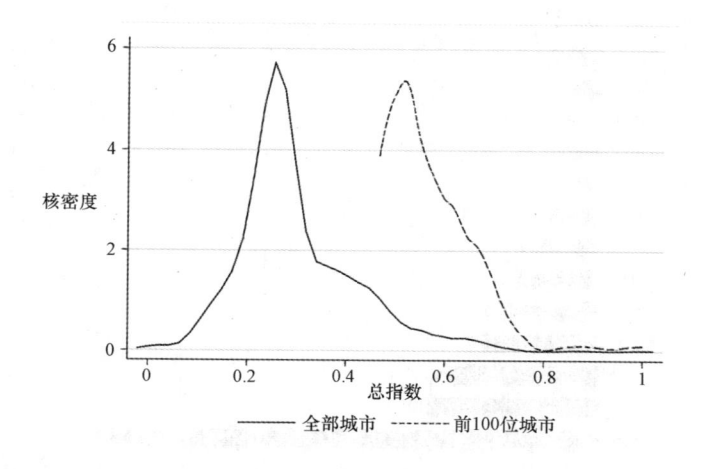

图9-28 全球城市可持续竞争力核密度分布

资料来源:中国社会科学院城市与竞争力指数数据库。

另外绘制出1035个城市和100强城市的可持续竞争力总指数核密度分布图(图9-28),看出100强的城市总指数比全样本更右偏,说明100强城市代表全球可持续竞争力最高的水平,均是全球其他城市未来发

展的蓝本和参考。

二 可持续竞争力最高的城市在空间层面呈现明显的地域集聚的特点,多集中在美德

全球可持续竞争力 100 强的城市集中分布在 29 个国家,其中美国最多,达到 29 座城市,占比近 30%;其他如德国、中国、加拿大等 13 国均有 2 座及以上城市(如图 9-29a 所示),新西兰、丹麦、俄罗斯、土耳其、奥地利、挪威、捷克、比利时、波兰、爱尔兰、芬兰、荷兰、新加坡、泰国、马来西亚 15 个国家均有 1 座城市。

在洲的层面,可持续竞争力 100 强的城市分布在欧洲、北美洲、亚洲和大洋洲四个洲,而非洲和南美洲没有一座城市进入全球 100 强。另外在洲的分布可以看出,全球 100 强的城市中超过七成分布在欧洲和北美洲(图 9-29b),大部分集中在成熟的发达国家。由此可见,不论从国家层面还是洲的层面,可持续竞争力最高的城市呈明显的地域集中态势。

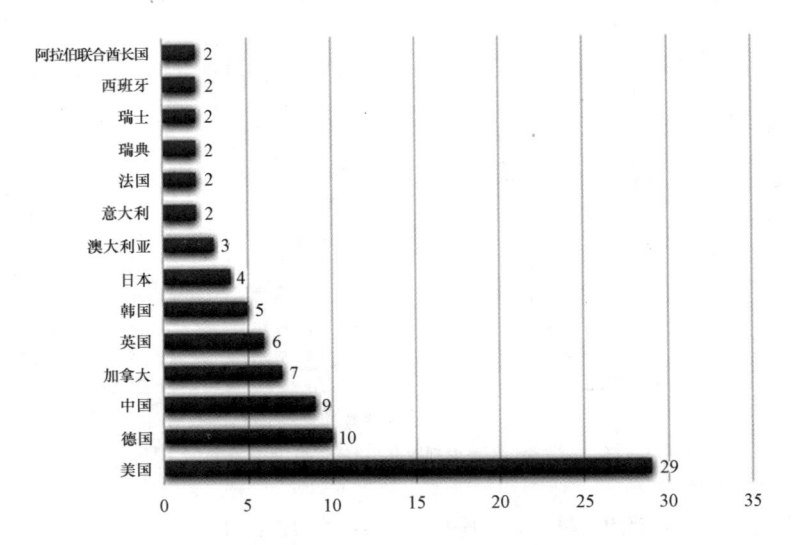

图 9-29a 可持续竞争力 100 强城市国家分布

资料来源:中国社会科学院城市与竞争力指数数据库。

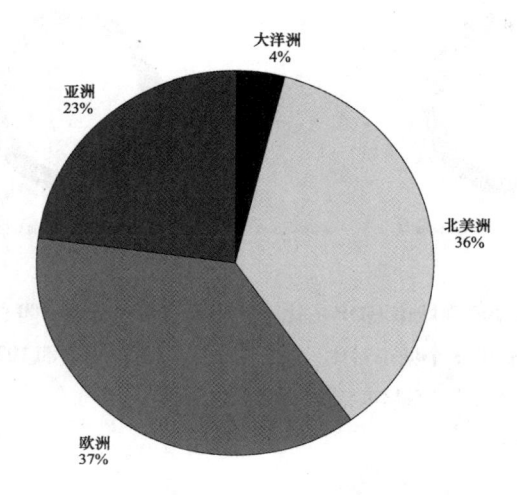

图 9 – 29b　可持续竞争力 100 强城市洲的分布

资料来源：中国社会科学院城市与竞争力指数数据库。

三　可持续竞争力前百强城市相比其他城市，GDP 增长对可持续竞争力提升更明显

我们绘制出可持续竞争力 100 强的城市 GDP 和人口与全部 1035 个城市对比图（图 9 – 30a，9 – 30b），发现全球可持续竞争力百强城市占全部城市人口的 24%，而 GDP 占比则高达 55%。这说明，在全球可持续竞争力 100 强的城市中呈现明显人口聚集特点（城市数占全部城市的 8.9%，人口则占了全部城市 1/5），同时这些城市生产能力和创造财富的能力处于最高层次，为全球城市的产值作出了自己一半的贡献，可以看出这些城市呈现出明显的"大而强"的特征。

另外，我们观察可持续竞争力 100 强的城市和全部城市 GDP 和可持续竞争力指数的关系（图 9 – 31），我们发现 100 强城市 GDP 和可持续竞争力指数的相关系数更大（0.734 大于全部城市 0.645），这再一次印证经济实力是城市插上可持续发展翅膀的关键，要让一座城市长期健康地发展，经济增长仍是首位。

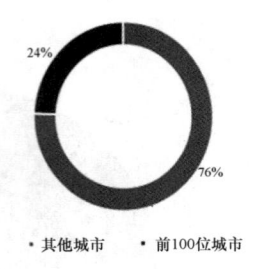

图 9 – 30a　全球 100 强城市 GDP 占比与全部 1035 个城市对比　　图 9 – 30b　全球 100 强城市人口占比与全部 1035 个城市对比

资料来源：中国社会科学院城市与竞争力指数数据库。

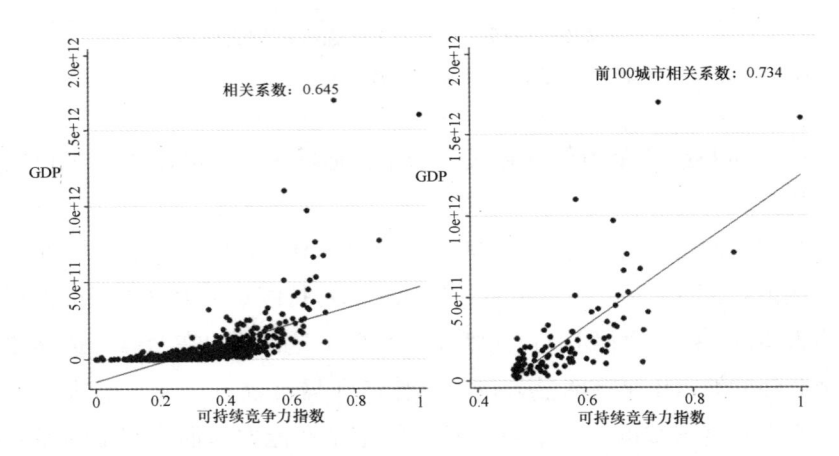

图 9 – 31　100 强的城市和全部城市 GDP 和可持续竞争力指数的关系

资料来源：中国社会科学院城市与竞争力指数数据库。

四　科技创新和全球联系最强是全球城市可持续竞争力 100 强城市的基本特征，以中、韩、新为代表的新兴市场国家城市表现日益突出

观察可持续竞争力 100 强的总指数和各分项指数的相关系数（表 9 – 26），发现相关度最高的为科技创新和全球联系，这说明城市可持续竞争力主要依靠创新驱动和丰富的全球联系。

表 9-30 100 强城市的可持续竞争力总指数和其他分项指数的相关系数

总指数	科技创新	全球联系	经济活力	基础设施	人力资本	社会发展	环境质量	政府管理
	0.7607	0.7223	0.6705	0.5541	0.4455	0.0269	0.0229	0.1783

资料来源：中国社会科学院城市与竞争力指数数据库。

在此我们重点分析 100 强城市的科技创新和全球联系两个分项，绘制出可持续竞争力 100 强城市在这两个分项的世界排名（图 9-32），其中 100 强的城市在科技创新分项排名集中在 200 位以前，占全部城市的 93%；100 强城市在全球联系分项排名集中在前 400 位，占 88%。

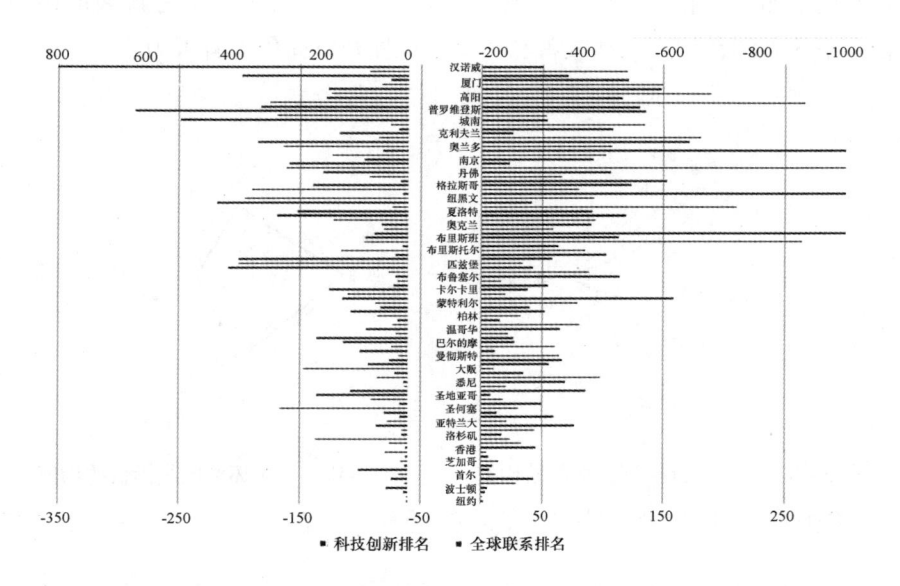

图 9-32　可持续竞争力前 100 强在科技创新和全球联系的排名

资料来源：中国社会科学院城市与竞争力指数数据库。

另外从国家层面来看，计算城市科技创新指数的国家均值，排名前十的分别是日本、西班牙、法国、新加坡、美国、土耳其、中国、英国、韩国、芬兰，可以看出以美日英法为代表的老牌发达国家的城市和以中韩新为代表的新兴城市在创新驱动方面走在了世界的最前列。

在城市层面，全球联系指数排名前十的分别为纽约、伦敦、香港、北京、新加坡、上海、巴黎、东京、悉尼、迪拜，均是各大洲和地区的核心城市，正是这些城市架起了全球沟通交流的桥梁。

五 北美城市科技创新最优，环境质量堪忧，欧洲实现了创新驱动和环境美好的双赢

绘制出可持续竞争力100强城市分布在各大洲的科技创新指数和环境质量指数的均值（图9-33a，图9-33b），发现北美科技创新最强，但城市环境质量整体较差，呈现明显的经济发展与生态环境的背离。欧洲在科技创新方面仅次于北美，但在环境质量方面表现最好，实现了创新驱动和环境美好的双赢。亚洲在科技创新方面次于北美、欧洲，在环境方面也不如欧洲和大洋洲，表现得中规中矩，说明亚洲作为新兴市场国家聚集的大洲在创新驱动改善和环境质量提升方面仍大有可为。

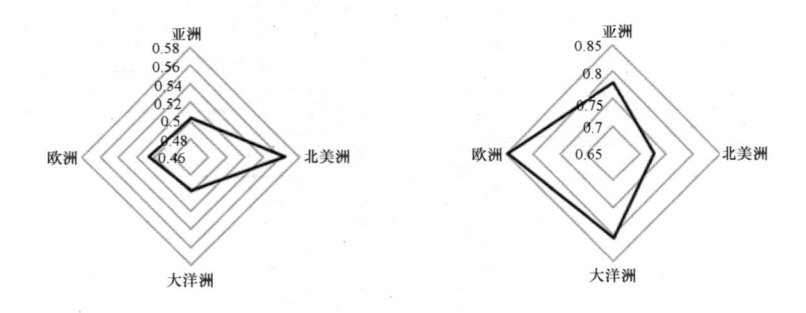

图9-33a 各洲科技创新指数的均值　　图9-33b 各洲环境质量指数的均值

资料来源：中国社会科学院城市与竞争力指数数据库。

六 全球前十强城市：老牌发达国家城市风采依旧，但以芝加哥为代表的城市社会环境问题令人警醒

可持续竞争力全球十强城市分别为纽约、伦敦、东京、波士顿、新加坡、苏黎世、首尔、休斯敦、巴黎、芝加哥，其中美国有4座城市，英国、法国、瑞士、日本、韩国和新加坡各有1座城市。除了首尔和新加坡外，其他都为老牌发达国家的城市，这些城市均有较长的发展历史，基础设施等硬件设施完善，高端人才聚集，科技创新是基本的引领，经济最具有活力，同时都是各地区和国家的中心城市，是沟通世界的桥梁，政府在城市治理方面也都有丰富的经验和不俗的表现。

但全球十强城市具有普遍的短板——不断恶化的环境和日益严重的社会问题。图9-34是可持续竞争力十强城市环境质量和社会全球排名，在环境质量方面无一城市进入世界前100位，最高排位为新加坡，第177位；最差则是第891位的芝加哥。在社会方面，英美等城市也相对靠后，最差的芝加哥排在第700位。由此可见，全球可持续竞争力十强的城市虽是世界未来长期发展的典范，但是日益严重的环境和社会问题也为这些城市的发展敲响了警钟。

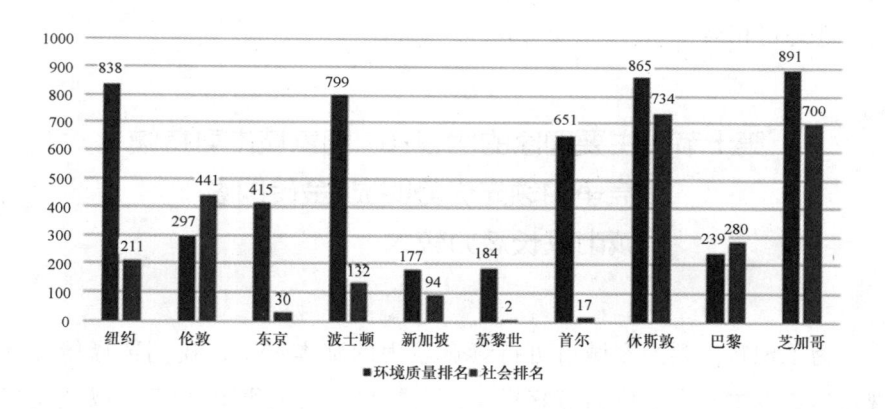

图9-34 可持续竞争力前十强城市的环境质量和社会全球排名

资料来源：中国社会科学院城市与竞争力指数数据库。

可持续竞争力十强城市中北美的代表纽约、波士顿、休斯敦、芝加哥，其人均可支配收入排在十强城市前4位，人们的生活水平为全球最高。纽约全球联系和经济活力在全球排名首位；波士顿则在人力资本潜力和科技创新方面表现不俗，分别排在全球第2位和第5位；休斯敦则经济活力相对较好，排在全球第4位。芝加哥各方面指数都比较均衡，除了环境质量和社会发展，其余各分项均在全球第20位左右。可以看出，美国从南到北、从东到西的主要城市均在全球可持续竞争力方面有不俗的表现，但这些城市也无一例外的在环境和社会问题方面突出。

欧洲的伦敦、苏黎世和巴黎，其中伦敦科技创新实力全球最高，全球联系也仅次于纽约，强市的风采依旧。苏黎世社会发展最好，全球排名第2，在十强中排名最高。巴黎基础设施最好，排名全球第1，同时全球联系和科技创新分别居世界第7和第9。总体来说，以英法为代表的欧洲各城市可持续竞争力各个方面发展相对较均衡，与北美各领风骚。

可持续竞争力十强亚洲只有东京和新加坡两座城市，东京人口最多，GDP总量最大；科技创新实力也较强，位列全球第3；东京也是亚洲联系世界的代表，全球联系排名第8；和其他发达国家相比，东京社会发展处理相对得当，排在全球第30位。新加坡作为新兴市场的城市后发优势明显，政府治理相对较成功，政府管理排名第2位，同时全球联系排在第5位。最主要在十强中，新加坡环境质量排名最高，可见城市发展和环境关系处理得相对得当。

第十节　主要国家的比较：G7国家城市可持续竞争力领先优势明显，金砖国家城市成长潜力较大

为了理解主要国家城市可持续竞争力的基本情况，我们选择传统老牌发达资本主义国家作为考察样本，主要涉及七国集团（G7）以及新兴市场国家，主要包含金砖国家。其中G7包括美国、英国、德国、法国、日本、意大利、加拿大7国，金砖国家包括俄罗斯、中国、印度、巴西、南非5国。

一　G7国家城市可持续竞争力普遍处于世界前列，领先优势明显

计算主要发达国家城市可持续竞争力总指数均值（表9-31），与新兴市场的国家相比，明显处于优势地位。在发达国家之间，德国整体城市可持续竞争力最高，意大利最低，但意大利的城市在可持续竞争力方面差距较小，这说明在发达国家之间，意大利城市整体在可持续竞争力建设方面相对落后。相反，英国的城市在可持续竞争力之间差距最大（标准差最大），有分化的态势。

表 9-31　主要国家城市可持续竞争力指数均值及标准差

	城市个数	均值	排名	标准差	排名
美国	79	0.463	5	0.118	2
英国	13	0.502	3	0.122	1
德国	13	0.515	1	0.068	7
法国	9	0.446	6	0.095	4
日本	10	0.484	4	0.105	3
意大利	16	0.384	7	0.051	10
加拿大	9	0.515	2	0.076	5
俄罗斯	33	0.260	10	0.058	8
中国	292	0.289	8	0.072	6
印度	102	0.262	9	0.048	11
巴西	32	0.203	12	0.054	9
南非	6	0.235	11	0.047	12

资料来源：中国社会科学院城市与竞争力指数数据库。

观察主要国家城市可持续竞争力不同段位的排名情况（表 9-32），G7 的城市集中在前 300 名，占全部 300 名城市的 47%。更为突出的是在可持续竞争力前 100 位的城市中，G7 的城市占了 60%。由此可见，全球可持续竞争力最高和较高的城市均属于这些成熟发达国家的城市。

表 9-32　主要国家城市可持续竞争力排名

	前 100 名	100—300 名	300—500 名	500—800 名	800—1000 名	1000 名以后
美国	29	45	5	0	0	0
英国	6	7	0	0	0	0
德国	10	3	0	0	0	0
法国	2	6	1	0	0	0
日本	4	6	0	0	0	0
意大利	2	12	2	0	0	0
加拿大	7	2	0	0	0	0
俄罗斯	1	1	6	16	9	0

续表

	前100名	100—300名	300—500名	500—800名	800—1000名	1000名以后
中国	9	39	96	120	28	0
印度	0	7	25	48	22	0
巴西	0	1	2	7	20	2
南非	0	0	1	3	2	0

资料来源：中国社会科学院城市与竞争力指数数据库。

二 金砖国家城市成长潜力较大，中俄城市之间可持续竞争力差距相对较小

从城市可持续竞争力总指数均值来看（表9-31），金砖国家作为新兴市场国家，城市整体的可持续竞争力要明显弱于成熟发达国家。在金砖国家内部比较，中国和俄罗斯城市之间的标准差相对较小，是金砖国家中城市之间可持续竞争力差距最小的两国。同时金砖国家城市可持续竞争力世界排名集中在300—800名，占此区间500位城市的65%，说明金砖国家整体城市可持续竞争力处于全球中游的位置。可喜的是中国共有48座城市进入全球前300名，跃升最具可持续竞争力的行列，占总数的16%。

三 以美国为代表的成熟发达国家城市最具活力，但环境质量和社会问题突出

如图9-35和表9-33所示，在经济活力方面，成熟发达国家城市活力普遍要好于新兴市场国家，其中经济活力城市指数平均最高的国家是美国，另外美国有50个城市进入全球前100位，占据100席的50%。在金砖国家中城市活力最好的是俄罗斯和中国（俄罗斯城市经济活力指数平均值在金砖国家中最高，中国共有13个城市排在全球最具经济活力城市前100位内）。

但相比城市经济活力分项，以金砖国家为代表的新兴市场国家的城市环境质量普遍好于成熟发达国家，以美、加为代表的北美主要城市环境质量堪忧。另外G7国家无一城市入围环境质量的前100名，美国甚至无一城市入围城市质量最好的前500名。相比起来，巴西等金砖国家城市

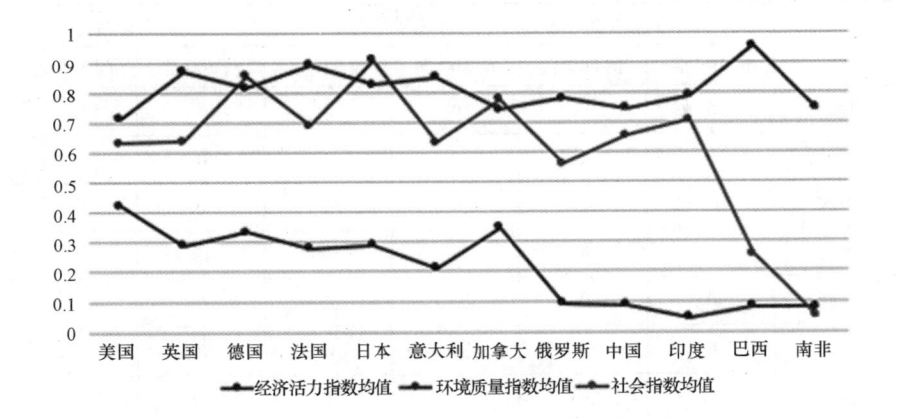

图 9-35 主要国家城市经济活力、环境质量和社会竞争力指数平均值示意图

资料来源：中国社会科学院城市与竞争力指数数据库。

在环境质量方面表现不俗，巴西共有 31 个城市入围环境质量最好的前 100 名。同样在社会方面，发达国家整体城市表现最好的是日本（社会指数平均值最高）。但除了日本外，英、法、意均无一城市进入社会排名前 100 位，而在社会表现最好的 100 位城市中美国也只有三席。由此可见，经过长期的发展，成熟老牌发达国家城市在经济方面表现出自己不俗的实力，但环境和社会短板日益凸显，为城市长期可持续发展敲响了警钟。

表 9-33 主要国家城市经济活力、环境质量和社会竞争力排名

	经济活力排名		环境质量排名		社会排名	
	前 100 名	前 500 名	前 100 名	前 500 名	前 100 名	前 500 名
美国	50	79	0	0	3	33
英国	1	13	0	13	0	4
德国	6	13	0	13	13	13
法国	1	9	0	9	0	8
日本	2	10	0	10	10	10
意大利	0	16	0	16	0	5

续表

	经济活力排名		环境质量排名		社会排名	
	前100名	前500名	前100名	前500名	前100名	前500名
加拿大	5	9	0	0	4	8
俄罗斯	0	25	0	0	0	1
中国	13	95	0	57	0	181
印度	0	8	5	62	19	77
巴西	0	18	31	32	0	0
南非	0	3	0	0	0	0
合计	78	298	36	212	49	340

资料来源：中国社会科学院城市与竞争力指数数据库。

四 金砖国家日益成长为全球联系的重要一环，但其创新能力和政府治理水平有待提高

观察全球联系不同国家城市的平均值，成熟发达国家和新兴市场国家差距不大（图9-36）。同时从全球联系最高的100强分布来看（表9-34），G7占据33席，金砖国家占据22席，不论成熟发达国家还是新兴市场国家，国均平均占据4.5席左右（33/7：22/5），由此可以看出，以金砖国家为代表的新兴市场国家的核心城市正在日益成长为世界范围内重要的一环，成为联系沟通世界的枢纽。

比较科技创新和政府管理指数的城市平均值，金砖国家相比发达国家"塌陷"严重（图9-36），说明在这两项软实力方面金砖国家整体与发达国家差距依然明显。同样从科技创新和政府管理排名来看（表9-34），在科技创新排名100强巴西和南非无一城市入围，中俄印三国也只有16席城市入围100强，而七国集团共有59个城市入围科技创新最好的100位，占了近60%的比重。同样在政府管理方面，前500强中七国集团均在列，金砖国家只有中俄在列。说明以金砖国家为代表的新兴国家城市在创新驱动方面的步伐还有待加快，对这些国家城市治理也提出了新的更高的要求。

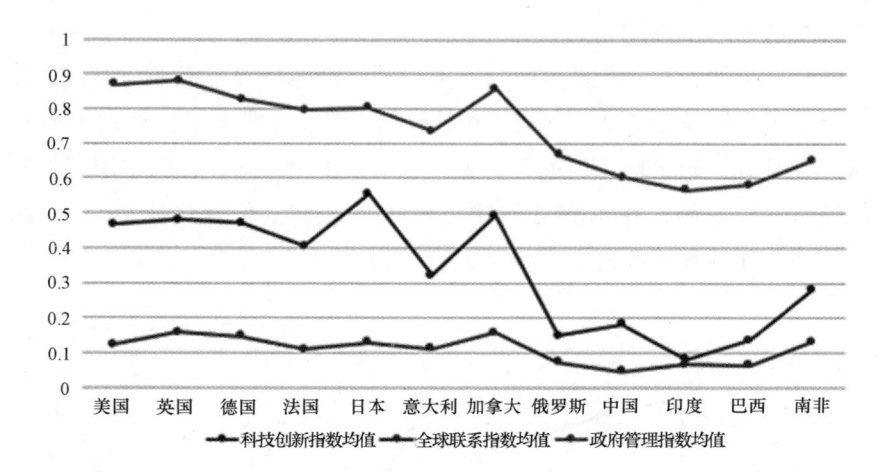

图9-36　主要国家城市科技创新、全球联系和政府管理竞争力指数平均值

资料来源：中国社会科学院城市与竞争力指数数据库。

表9-34　主要国家城市科技创新、全球联系和政府管理竞争力排名

	科技创新排名		全球联系排名		政府管理排名	
	前100名	前500名	前100名	前500名	前100名	前500名
美国	34	78	14	61	79	79
英国	4	13	4	10	13	13
德国	7	13	6	11	0	13
法国	1	8	1	6	0	9
日本	6	10	2	8	0	10
意大利	0	15	2	12	0	16
加拿大	7	9	4	9	0	9
俄罗斯	1	15	2	17	0	33
中国	13	163	13	38	1	292
印度	2	19	3	52	0	0
巴西	0	14	2	16	0	0
南非	0	5	2	5	0	6
合计	75	362	55	245	93	480

资料来源：中国社会科学院城市与竞争力指数数据库。

五 以金砖国家为代表的新兴市场国家城市基础设施正迎头赶上，人力资本潜力未来可期

图 9-37 和表 9-35 显示两个分项：基础设施指数城市平均值，金砖国家与七国集团差距不大，特别是中国城市普遍基础设施已经追上发达国家。在基础设施全球排位前 500 名，中国占了 180 席，说明中国超过一半的城市基础设施，在世界处于中等偏上的位置。但除中国外，印度、巴西和南非在硬环境改善方面仍可大有作为。

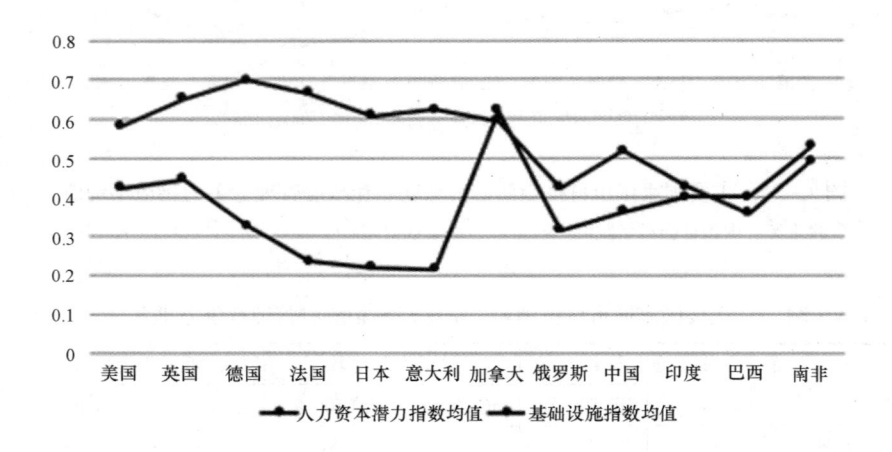

图 9-37 主要国家城市人力资本潜力和基础设施竞争力指数平均值

资料来源：中国社会科学院城市与竞争力指数数据库。

在人力资本潜力方面，由于金砖国家为代表的新兴国家人口年龄结构相对好，适龄劳动力人口占比较大，使得这些国家的城市和发达国家城市相比，显出人口和人力资本方面的勃勃生机。在人力资本潜力指数方面，金砖国家城市平均值要高于发达国家的城市均值。在人力资本潜力排位中，金砖国家共有 45 位城市入围全球 100 强，占据了近一半的比例。由此可见，人口优势和人力资本的储备会成为金砖国家以及新兴市场国家城市腾飞和可持续发展的重要因素。

表9-35　主要国家城市人力资本潜力和基础设施竞争力排名

	人力资本潜力排名		基础设施排名	
	前100名	前500名	前100名	前500名
美国	20	35	18	67
英国	3	10	4	13
德国	0	6	8	13
法国	0	0	3	9
日本	1	1	2	10
意大利	0	3	4	16
加拿大	6	9	3	8
俄罗斯	0	4	2	3
中国	37	141	14	180
印度	3	90	0	9
巴西	2	20	0	2
南非	3	6	0	3
合计	75	325	58	333

资料来源：中国社会科学院城市与竞争力指数数据库。

六　主要国家内部城市比较：美国不同城市群各具特色，全球联系普遍较高；中国"三大城市群"引领发展，基础设施条件普遍较好；印度德里城市群"一枝独秀"，之间差距较大

美国城市群整体依然表现出环境和社会发展短板，其中以旧金山、硅谷为中心城市的北加利福尼亚州城市群经济活力最好；从华盛顿特区延伸到波士顿的东北地区城市集群则在美国城市群中整体科技创新能力最强。美国城市群整体和全球沟通方面都较强，全球联系度各大城市群之间差异不大，但最高的仍是华盛顿地区的东北地区城市群。在社会发展方面，最差的为以迈阿密为核心城市的南佛罗里达城市群，基础设施方面则中西部的科罗拉多城市群略有逊色（图9-38）。

中国作为新兴市场国家，目前发展普遍较成熟的有十二个城市群，普遍在基础设施方面表现较好。环境质量和社会发展也存在类似的共同特征，整体来说中国普遍存在着生态环境和社会发展的短板。另外，在

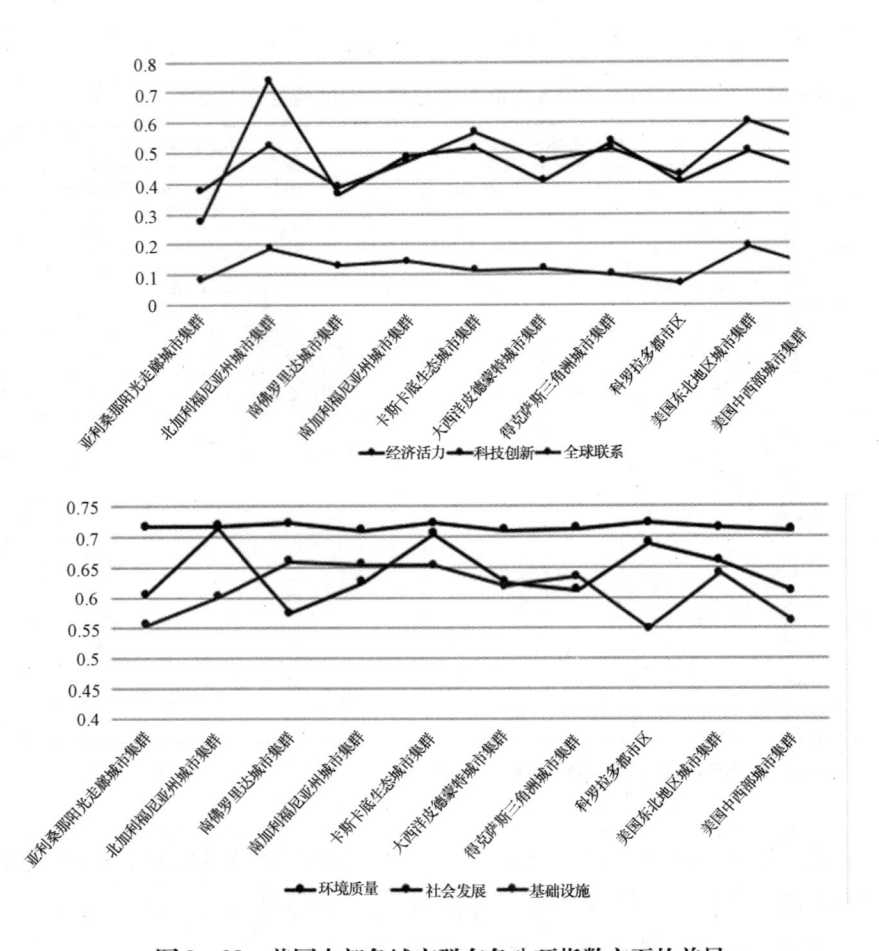

图 9-38 美国内部各城市群在各分项指数方面的差异

资料来源：中国社会科学院全球城市竞争力数据库。

经济活力、科技创新和全球联系方面，长三角城市群、珠三角城市群和京津冀城市群明显领跑中国，其中珠三角科技创新实力和经济活力最强。中国其他城市与这三大领头城市群之间差异明显（图9-39）。

作为新兴市场国家代表的印度，近些年也表现出追赶超越的发展势头。如图9-40所示，在印度成熟的四大城市群中，以首都德里为中心城市的德里大都会区在各方面都表现出一枝独秀的特征，基础设施最完善，经济活力最高，科技实力最强，全球联系最广泛。其他城市群和德里城市群的差距明显。但德里城市群也存在环境质量和社会发展的短板，与

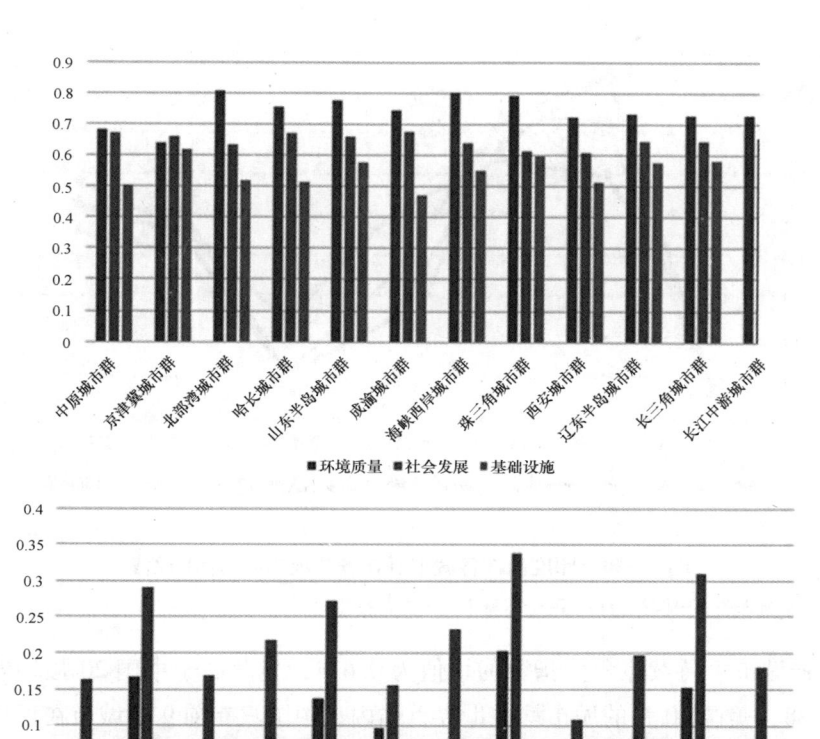

图 9-39 中国内部各城市群在各分项指数方面的差异

资料来源：中国社会科学院全球城市竞争力数据库。

其他城市群相比，环境质量和社会发展相对居后。除此之外，班加罗尔大都市圈的人力资本潜力居首，未来发展可期。阿穆达巴都市圈在社会发展方面处理得较好，值得其他城市群借鉴和学习。

七 最大的发达国家相较最大的新兴市场国家：中国前 20 强城市依然与美国前 20 强在经济活力和科技创新方面有差距，但中国在基础设施建设、人力资本潜力开发、社会治理方面已经有了超越趋势

对中、美可持续竞争力排名前 20 的城市的分析（表 9-36），美国

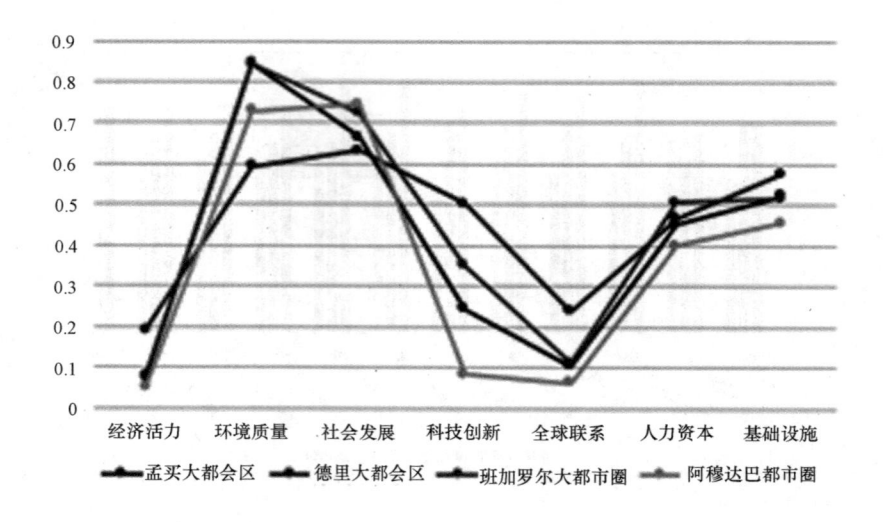

图 9-40 印度内部各城市群在各分项指数方面的差异

资料来源：中国社会科学院全球城市竞争力数据库。

20 强城市可持续竞争力指数的均值为 0.678，显著高于中国 20 强均值的 0.488；美国 20 强的城市均在世界百强内，中国只有前 9 的城市在世界百强内；美国 20 强最低排位是全球 66 位，中国 20 强最低排位是 187 位，由此可见，中美在城市可持续竞争力方面差距依然明显。

表 9-36　　　中、美可持续竞争力前 20 强城市对比

中国前 20 城市	总指数	总排名	美国前 20 城市	总指数	总排名
北京	0.671	11	纽约	1	1
香港	0.658	13	波士顿	0.717	4
上海	0.611	27	休斯敦	0.679	8
深圳	0.576	35	芝加哥	0.671	10
广州	0.575	36	华盛顿特区	0.661	12
台北	0.526	57	旧金山	0.655	14
南京	0.484	79	西雅图	0.653	15
天津	0.474	93	洛杉矶	0.652	16
厦门	0.469	97	亚特兰大	0.640	19
杭州	0.466	101	圣何塞	0.634	22
重庆	0.455	114	费城	0.623	24

续表

中国前20城市	总指数	总排名	美国前20城市	总指数	总排名
武汉	0.453	116	圣地亚哥	0.615	25
成都	0.431	148	达拉斯-佛尔沃斯堡	0.580	32
东莞	0.426	157	巴尔的摩	0.574	37
苏州	0.423	160	奥斯丁	0.574	38
青岛	0.420	164	明尼阿波利斯	0.535	51
新竹	0.416	167	迈阿密	0.530	53
长沙	0.413	173	匹兹堡	0.529	55
西安	0.404	182	盐湖城	0.526	56
合肥	0.403	187	罗利	0.511	66
均值	0.488	—	均值	0.678	—

资料来源：中国社会科学院城市与竞争力指数数据库。

整体来看，中、美20强的城市差距明显；具体来看分项指数，首先中国作为新兴市场国家，基础设施建设速度之快，质量之好，与美国并无差异。同时在人力资本潜力方面，虽然均值有小幅的差异，但从排名来看中国城市普遍比较靠前，而美国城市之间差距较大，个别城市排在全球后位，这说明中国作为新兴市场国家，人力资本潜力等后发优势依然明显。另外在社会发展、全球联系方面中、美20强的城市之间几乎不存在差距，可以看出中国城市成长速度较快，在与全球沟通方面已经和美国并驾齐驱。

但其中值得关注的是，相比其他分项指数，中国在经济活力和科技创新方面与美国20强的城市存在明显的差距（表9-37）。由此可见，中国发展最好的城市在打造创新城市和活力城市方面，应以美国经验为蓝本，挖掘自己的潜力，补齐自身的短板，加快成长的步伐。

表9-37　　　　　　　中、美20强城市各分项指数的比较

	经济活力	环境质量	社会	科技创新	全球联系	政府管理	人力资本潜力	基础设施
中国	0.404	0.734	0.634	0.509	0.184	0.621	0.625	0.703
美国	0.646	0.713	0.660	0.667	0.227	0.870	0.708	0.713

资料来源：中国社会科学院城市与竞争力指数数据库。

附　　录

倪鹏飞　王海波

一　理论框架

城市竞争力是城市在竞争和发展过程中,凭借以自身要素与环境为基础所形成的外部经济优势与内部组织效率,不断吸引、控制、转化资源及占领、控制市场,更多、更高效、更快地创造价值,获取经济租金,从而不断为其居民提供福利的能力。因此,城市竞争力就是城市当前创造价值并在未来仍能持续创造价值的能力。城市当前创造价值的规模、速度和效率就是城市这一能力的短期表现,即为城市竞争力的产出,也就是城市经济竞争力;城市竞争力以要素与环境为基础,通过人才、企业等经济主体的集聚,构成产业体系的绝对优势、比较优势和竞争优势,在获取经济租金上与其他城市的产业和企业竞争的过程,就是城市竞争力的解释变量;城市的要素与环境状况决定了城市这一能力的可持续性和长期表现,即为城市竞争力的投入,也就是可持续竞争力。从而可以构建城市竞争力模型如下:可持续竞争力通过经济竞争力的解释变量决定城市经济竞争力,城市经济竞争力又通过经济竞争力的解释变量反过来影响着可持续竞争力(附图1)。

```
┌─────────────────────────────────┐
│   城市价值：经济竞争力           │
└─────────────────────────────────┘
        ↕
┌─────────────────────────────────┐
│ 城市产业素质：经济竞争力解释变量 │
└─────────────────────────────────┘
        ↕
┌─────────────────────────────────┐
│ 城市要素与环境：可持续竞争力     │
└─────────────────────────────────┘
```

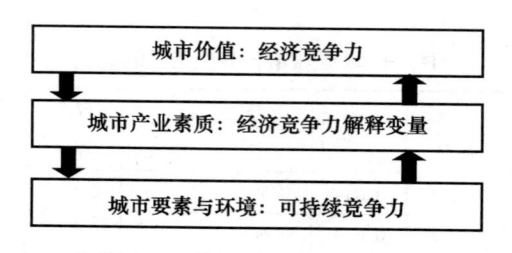

附图1　城市竞争力理论框架

(一)经济竞争力及其解释变量

经济竞争力实质上就是城市当前创造价值、获取经济租金的能力。这一能力的强弱通过城市在当前一段时间内获得的竞争成果体现出来,是城市竞争力产出的、当前的和短期的方面。经济竞争力主要表现为城市经济综合长期增长和综合经济效率,分别采用 GDP 连续 5 年平均增量和地均 GDP 来测度,城市经济竞争力模型如下:

$$EC = F(LI, EE)$$

EC,经济竞争力。LI,综合长期增长:城市吸引、占领、争夺、控制资源和市场创造价值的能力、潜力及持续性决定于 GDP 的长期增长,采用 GDP 连续 5 年平均增量作为衡量综合长期增长的指标。EE,综合经济效率:使用经人均 GDP 修正的地均 GDP 作为衡量综合经济效率的指标,城市的地均 GDP 综合反映了城市单位空间上的创造财富的能力,体现了其获取经济租金和经济收益及对土地这一重要资源的利用效率,人均 GDP 反映了城市的发展水平。

经济竞争力解释变量通过城市竞争力的发展过程,即城市的产业体系,转化为经济竞争力,同时,城市经济竞争力也通过经济竞争力的解释变量反过来影响可持续竞争力。城市的产业体系是各产业的总和,各产业又是产业中各企业主体的总和,企业的经济活动最终是通过人的劳动和创造得以实现的,人和企业是在城市产业体系中发挥作用的行为主体。基于以上理论分析,本报告构建了如下的经济竞争力解释模型:

$$EEC = F(FE、TI、IS、HR、LD、CC、SE、IN、LE、GC)$$

EEC 为经济竞争力的解释变量结果。FE,金融服务:一个城市或地区动员储蓄、吸纳并配置资本的能力与效率,是新型全球城市的重要决定变量。TI,科技创新:科技创新是城市经济社会可持续发展的不竭的、最终的动力,是新型全球城市的基础决定变量。IS,产业体系:城市的产业素质与现代化程度。HR,人力资源:人力资源是城市当前创造财富与价值的主体。LD,当地需求:即当地市场需求状况。CC,营商成本:企业在当地开设、经营、贸易活动、纳税、关闭及执行合约等方面遵循的政策法规所需的时间和成本等。SE,制度环境:主体交往的制度规则与环境。IN,基础设施:是当地基础设施状况。LE,生活环境:是当地生活环境与安全情况。GC,全球联系:即城市主体在全球产业体系中的位置与知名度。

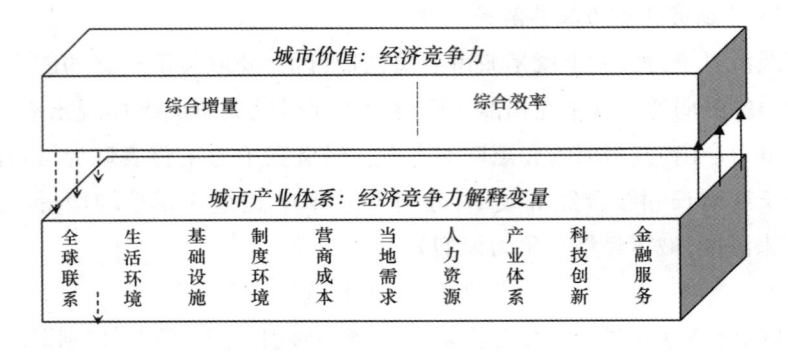

附图2　城市经济竞争力解释模型

（二）可持续竞争力

城市可持续竞争力实质上就是城市的要素与环境的状况。城市的要素与环境作为城市发展过程中的决定性因素，其状况不仅对城市当前的发展，而且对城市未来的发展均有决定性的影响，因此城市可持续竞争力就是城市竞争力投入的、可持续的和长期的方面。从定义可以发现，经济竞争力强调产出，可持续竞争力强调投入，人力资本作为城市生产投入的基本变量，是衡量城市可持续竞争力的基本指标，所以应该使用人力资本密度与增量来测度可持续竞争力，但是受制于国际城市人力资本数据的可得性以及项目的时效性，目前本报告关于可持续竞争力的测度并未使用人力资本，而是继续使用构成可持续竞争力的解释变量进行分析，未来考虑考察城市高收入人口规模与增量，对其进一步分析。

在课题组以往研究基础上，本报告构建了一个包括8个解释变量的城市的可持续竞争力模型：

$$SC = F(HRP、EV、TI、SI、EQ、SM、IN、GC)$$

SC为城市可持续竞争力。HRP，人力资本潜力：与人力资源有所不同，人力资本潜力表示的是城市未来人力资本情况。EV，经济活力：经济活力为当地的经济发展水平与速度，是城市持续发展能力的重要表现。TI，科技创新：科技创新是城市经济社会可持续发展的不竭的、最终的动力。SI，社会包容：体现了城市的社会动员与社会整合能力。EQ，环境质量：环境质量是当地自然环境、社会经济发展状况共同作用的结果，体现了当地可持续发展的能力和水平。SM，制度管理：当地的各种制度与政策对城市竞争力及其要素供给有着重要影响。IN,基础设施:是当地基础设施状况,是城市可持续发展的物质基础。GC,全球联系:即城市主体在全球产业体系中的位置与知名度,反映了城市在全球城市体系中的位置。

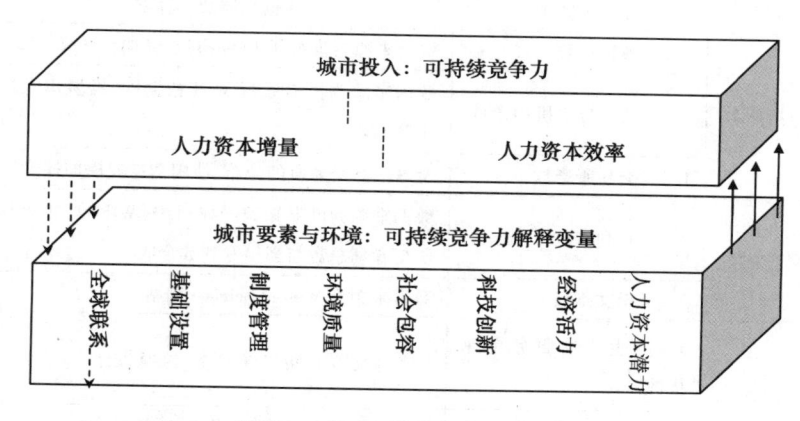

附图 3　城市可持续竞争力模型

以上模型以主体素质为中心,以主体内外联系为主线,以主体交往制度为基础,以主体供求为内容,综合了影响竞争力的主体与环境、供给与需求、存量与增量、短期与长期、静态与动态、软件与硬件、内部与外部等多维因素。

二　指标体系

（一）全球城市综合经济竞争力显示性指标体系

附表 1　全球城市综合经济竞争力显示性指标体系[①]

分项指标	指标名称		数据来源
显示性经济竞争力	1.1	五年 GDP 增量	经济学人 EIU 数据库,2016 年基期
	1.2	地均 GDP	城市面积数据来源为课题组搜集,城市 GDP 数据来源为经济学人 EIU 数据库,经人均 GDP 修正

---

① 大都市区口径。

(二) 全球城市综合经济竞争力解释性指标体系

附表 2　全球城市综合经济竞争力解释性指标体系①

分项指标	指标名称	数据来源及计算方法
1 金融服务	1.1 银行指数	资料来源为福布斯 2000 指数，经加权计算
	1.2 银行分支机构指数	数据来源为世界银行 WDI 数据库，经城市人口按比例折算
	1.3 交易所指数	全球证券交易所的分布、使用交易规模加权
2 科技创新	2.1 专利指数	数据来源为世界知识产权组织（WIPO），由该城市历史专利总数与当年专利数合成
	2.2 论文指数	数据来源为 Web of Science 网站
3 产业体系	3.1 生产性服务企业指数	资料来源福布斯 2000 指数，经赋权计算
	3.2 科技企业指数	资料来源福布斯 2000 指数，经赋权计算
4 人力资本	4.1 劳动力人口数量（15—59 岁）	经济学人 EIU 数据库
	4.2 青年人口占比	20—29 岁人口占总人口的比重，数据来源为经济学人 EIU 数据库
	4.3 大学指数	世界大学排名数据来源为 Ranking Web of Universities 网站
5 当地需求	5.1 总可支配收入	经济学人 EIU 数据库
6 营商成本	6.1 贷款利率	数据来源为世界银行 WDI 数据库
	6.2 税收占 GDP 比重	数据来源为世界银行 WDI 数据库
	6.3 人均收入/基准宾馆价格	人均收入数据来源为经济学人 EIU 数据库，基准宾馆价格数据来源为网络爬虫数据抓取
7 制度成本	7.1 经商便利度	数据来源为世界银行年度《营商环境报告》
	7.2 经济自由度	《华尔街日报》和美国传统基金会发布的经济自由度指数

① 大都市区口径。

续表

分项指标		指标名称	数据来源及计算方法
8	基础设施	8.1 航运便利度	该城市与全球前100大港口的最短球面距离
		8.2 宽带用户量	数据来源为世界银行WDI数据库,按人口规模比例折算
		8.3 航空线数、航空便利度	数据资料来源于各城市机场网站、维基百科以及国际航空协会网站相关数据(2016)
9	生活环境	9.1 PM2.5	数据来源为世界卫生组织与世界银行组织
		9.2 犯罪率	数据来源为NUMBEO调查网站,部分中国城市数据使用中国犯罪率数据经回归计算

(三)全球城市可持续竞争力指标体系

附表3　全球城市综合经济竞争力解释性指标体系[①]

分项指标		指标名称	数据来源及计算方法
1	人力资本	1.1 大学指数	数据来源为Ranking Web of Universities网站,计算方法为取该城市最好大学排名
		1.2 20—29岁青年人口比例	经济学人EIU数据库
2	经济活力	2.1 人均GDP(美元/人)	经济学人EIU数据库
		2.2 五年年均GDP增量	经济学人EIU数据库
3	科技创新	3.1 专利指数	数据来源为世界知识产权组织(WIPO),由该城市历史专利总数与当年专利数合成
		3.2 论文发表数	数据来源为Web of Science网站
4	社会包容	4.1 犯罪率	数据来源为NUMBEO调查网站,部分中国城市数据按比例折算
		4.2 基尼系数	数据来源为经济学人EIU数据库,经计算所得

---

① 大都市区口径。

续表

分项指标	指标名称	数据来源及计算方法
5 环境质量	5.1 人均 CO_2 排放量	数据来源为世界银行 WDI 数据库,经城市人口按比例折算
	5.2 PM2.5	数据来源为世界卫生组织与世界银行组织
6 制度管理	6.1 营商环境指数	数据来源为世界银行年度《营商环境报告》
	6.2 经济自由度	《华尔街日报》和美国传统基金会发布的经济自由度指数
7 基础设施	7.1 航运便利度	该城市与全球 100 大港口的最短球面距离
	7.2 宽带用户数	数据来源为世界银行 WDI 数据库,经城市人口按比例折算
	7.3 机场航空线线数	数据资料来源于各城市机场网站、维基百科以及国际航空协会网站相关数据(2016)
8 全球联系	8.1 跨国公司联系度	数据来源于福布斯 2000 公司网站,计算方法见《WORLD CITY NETWORK》
	8.2 全球知名度	该城市在 GOOGLE 网络搜索中的搜索结果数,使用网络爬虫技术获取

三 样本选择与分层

(一)城市定义

城市通常是指一个都市化程度较高的居民聚居区。但是,不同国家对城市的具体定义和具体范围的界定却各不相同。本报告所谓的城市是指以中心城市为核心,向周围辐射构成城市的集合区域。从此定义可以明确看出,我们所指的城市是都市圈意义上的城市,而非行政意义上的城市。需要指出的是,在研究过程中,由于数据可得性方面的原因,部分城市只有行政区层面的统计数据(如中国的大部分样本城市)。我们在有关部分对此做了特别说明,而没有特别说明的城市都是都市圈意义上的城市。

(二)城市样本

全球城市竞争力评估要确定选择哪些城市。样本的广泛性和典型性,关系到研究结论的准确性和价值,本报告根据联合国经济与社会事务部 2015 年发布的《世界城市化展望》,选择了全球超过 50 万以上人口的城市样本,同时结合中国城市情况,考虑个别国家的特殊情况,在全球范围内共选择1035个样本城市。在1035个城市中,从空间分布上看,涉及6大洲、136个国家和地区,具体包括585个亚洲城市、130个欧洲城市、135个北美洲城市、103个非洲城市、75个南美洲城市、7个大洋洲城市。这1035个样本基本代表了当今世界不同地域和不同发展水平的城市状况,1035个具体样本城市可参见第一章。需要指出的是,由于经济竞争力使用的是地均指标,该指标的遴选标准更为严格,受其可得性与准确性影响,经济竞争力模型与排名中的样本数量为1007个。

(三)样本分层

全球城市(Global city),又称世界级城市,指在社会、经济、文化或政治层面直接影响全球事务的城市,是全球经济系统的中枢或世界城市网络体系中的组织结点。这些结点根据等级高低、能量大小、联系紧密程度等要素集结成为一个多极化、多层次的世界城市网络体系。已有研究一般是从城市功能与价值体系角度出发,使用单一指标对世界城市进行分级。以单一指标为标准对世界城市进行分析是不全面的,应该从人口、空间、网络等多个维度出发,才能把握城市在世界城市网络中的准确位置。在城市竞争力研究中,竞争力由要素、产业、功能、价值四个方面构成,其中价值层面是更为一般的标准,所以本报告从价值角度出发,以体现城市价值的显示性综合经济竞争力指数为基础,包含城市聚集度与联系度要素,使用聚类分析方法,对世界城市做了初步划分,分为A、B、C、D四个级别,其中A、B、C内部又划分为三个段位,共四级十段。具体划分可参见第一章的全球城市综合竞争力指数表。

(四)数据来源

全球城市竞争力研究是一个对数据质量和数量都要求很高的研究项目。课题组中的数据收集小组从2017年7月就开始工作,组织了包括英、法、德、西、葡、意、阿、俄、日、韩等多国语种的数据翻译与搜集队伍,从官方统计出版物、官方网络、学术研究成果等多种渠道搜集数据。在此过程中,也得到了许多国外的研究学者和研究机构,以及留学生的大力帮助。经过了近半年反反复复的搜索与整理,获得了较为理想的指标覆盖度。针对各国数据的口径与标准差异,我们首先研究了联合国统计分布(UNSD)、世界银行发展指数(World Bank,World Development Indicators)、经合组织数据库

(OECD)等国际机构的数据统计项目与标准,再结合各国的实际情况,确立了统计上合适的、可比性最强、覆盖面最广的数据统计标准,然后将此标准应用于数据收集和数据处理两个环节中,最终形成了覆盖1035个国际城市的统一标准数据库。本次国际城市竞争力指标体系所使用的指标数据主要有四个来源,包括各国政府统计机构、国际性统计机构、国际性研究机构以及公司的主题报告和调查数据、通过网络爬虫抓取大数据。数据资料的具体来源情况和指数解释见GUCP数据库。

尽管如此,由于主客观条件限制,一些比较有特点的城市最后不得不放弃,一些重要的指标也被调整和删除,给本次研究留下了遗憾,希望在未来的工作中能够有所突破。

四 计算方法

（一）指标数据标准化方法

城市竞争力各项指标数据的量纲不同,首先应对所有指标数据都必须进行无量纲化处理。客观指标分为单一客观指标和综合客观指标。对于单一性客观指标原始数据无量纲处理,本报告主要采取标准化、指数化、阈值法和百分比等级法四种方法。

标准化计算公式为: $X_i = \frac{(x_i - \bar{x})}{Q^2}$, X_i 为 x_i 转换后的值, x_i 为原始数据, $\bar{x}$ 为平均值, Q^2 为方差, X_i 为标准化后数据。

指数法的计算公式为: $X_i = \frac{x_i}{x_{0i}}$, X_i 为 x_i 转换后的值, x_i 为原始值, x_{0i} 为最大值, X_i 为指数。

阈值法的计算公式为: $X_i = \frac{(x_i - x_{Min})}{(x_{Max} - x_{Min})}$, X_i 为 x_i 转换后的值, x_i 为原始值, x_{Max} 为最大样本值, x_{Min} 为最小样本值。

百分比等级法的计算公式为: $X_i = \frac{n_i}{(n_i + N_i)}$, X_i 为 x_i 转换后的值, x_i 为原始值, n_i 为小于 x_i 的样本值数量, N_i 为除 x_i 外大于等于 x_i 的样本值数量。

综合客观指标原始数据的无量纲化处理是:先对构成的各单个指标进

行量化处理,再用等权法加权求得综合的指标值。

(二)城市竞争力计量的方法

1. 经济密度

经济密度(经人均 GDP 加权的地均 GDP)是衡量综合经济效率的重要指标,其计算方法是非线性加权综合法。所谓非线性加权综合法(或"乘法"合成法)是指应用非线性模型 $g = \prod x_i^{w_i}$ 来进行综合评价的。式中 w_i 为权重系数,$x_i \geqslant 1$。对于非线性模型来说,在计算中只要有一个指标值非常小,那么最终的值将迅速接近于零。换言之,这种评价模型对取值较小的指标反应灵敏,对取值较大的指标反应迟钝。运用非线性加权综合法进行城市竞争力计量,能够更全面、科学地反映综合指标值。

2. 经济竞争力、经济竞争力解释变量与可持续竞争力的计算方法

尽管报告设计的解释性城市竞争力的指标为二级指标,实际上包括原始指标在内,解释性城市竞争力的指标为三级,在三级指标合成二级指标和二级指标合成一级指标时,采用先标准化再等权相加的办法,标准化方法如前所述。其公式为:

$$z_{il} = \sum_j z_{ilj}$$

其中,z_{il} 表示各二级指标,z_{ilj} 表示各三级指标。

$$Z_i = \sum_l z_{il}$$

其中,Z_i 表示各一级指标,z_{il} 表示各二级指标。

五 特别说明

城市竞争力是一个深刻而复杂的主题,站在不同的角度,使用不同的方法,可以针对不同的研究群体而得出不同的、具有针对性的结论。全球城市竞争力评估体系是在倪鹏飞博士《中国城市竞争力报告》研究模型的基础上,结合世界城市发展的最新趋势以及影响城市竞争力的多方面因素和世界其他组织、机构对于国家竞争力、城市竞争力的研究,并且综合城市化、城市经济学、空间经济学等理论发展而来。本书中竞争力的分析框架、主体思想与《中国城市竞争力报告》中的思想一脉相承,在指标体系的设置上也多有借鉴。但是,由于研究对象、研究主题、面向受众的转变,也因为

数据收集过程中的多种主客观因素的限制,本书中的竞争力评估体系和测算方法与《中国城市竞争力报告》相比有一定更新和调整。出于学术谨慎,本书中指标体系的显示结果和主要结论与《中国城市竞争力报告》不具有直接可比性,我们建议读者将两者看作是从不同角度和层面出发对城市竞争力的衡量。

六 经济竞争力与可持续竞争力解释变量排名与得分(1)

附表4　　全球城市综合经济竞争力解释性指标体系[①]

城市	所属国家/地区	金融服务指数	排名	产业体系指数	排名	当地需求指数	排名	经济活力指数	排名	社会包容指数	排名	政府管理指数	排名
纽约	美国	1.000	1	0.993	2	1.000	1	0.977	2	1.000	1	0.675	20
伦敦	英国	0.679	2	1.000	1	0.935	3	0.791	9	0.918	4	0.512	661
东京	日本	0.603	3	0.904	3	0.918	5	1.000	1	0.958	2	0.580	415
香港	中国	0.600	4	0.563	45	0.707	7	0.527	72	0.815	17	0.583	401
上海	中国	0.534	5	0.656	20	0.751	6	0.779	10	0.798	23	0.553	529
孟买	印度	0.474	6	0.531	62	0.500	18	0.776	11	0.612	160	0.458	753
北京	中国	0.449	7	0.813	6	0.943	2	0.858	5	0.771	32	0.553	528
新加坡	新加坡	0.447	8	0.621	29	0.933	4	0.593	34	0.783	29	0.670	207
巴黎	法国	0.445	9	0.770	9	0.581	12	0.345	222	0.888	7	0.656	227
首尔	韩国	0.444	10	0.758	12	0.610	9	0.912	4	0.879	8	0.583	399
多伦多	加拿大	0.443	11	0.563	44	0.463	22	0.695	19	0.778	30	0.651	234
马德里	西班牙	0.426	12	0.678	15	0.520	16	0.283	441	0.765	37	0.619	289
莫斯科	俄罗斯	0.421	13	0.530	63	0.631	8	0.546	57	0.801	22	0.805	96
洛杉矶	美国	0.421	14	0.668	17	0.367	40	0.384	176	0.935	3	0.939	15
悉尼	澳大利亚	0.416	15	0.519	69	0.605	10	0.531	67	0.783	28	0.768	116
雅加达	印度尼西亚	0.415	16	0.232	338	0.474	21	0.526	73	0.761	39	0.522	632

---

① 大都市区口径。

续表

城市	所属国家/地区	金融服务指数	排名	产业体系指数	排名	当地需求指数	排名	经济活力指数	排名	社会包容指数	排名	政府管理指数	排名
芝加哥	美国	0.410	17	0.699	14	0.396	31	0.731	16	0.896	6	0.697	179
波哥大	哥伦比亚	0.400	18	0.274	296	0.373	36	0.485	84	0.671	92	0.519	641
墨西哥城	墨西哥	0.388	19	0.129	520	0.355	42	0.846	6	0.803	20	0.558	507
法兰克福	德国	0.384	20	0.550	50	0.423	27	0.300	346	0.718	53	0.816	94
米兰	意大利	0.384	21	0.426	153	0.600	11	0.257	550	0.742	42	0.437	802
华盛顿特区	美国	0.375	22	0.893	4	0.349	44	0.488	82	0.868	9	0.653	233
迈阿密	美国	0.371	23	0.486	89	0.233	73	0.368	197	0.834	15	0.689	189
明尼阿波利斯	美国	0.370	24	0.674	16	0.340	46	0.213	786	0.788	25	0.846	83
旧金山	美国	0.365	25	0.592	33	0.580	13	0.584	41	0.856	12	0.879	68
伊斯坦布尔	土耳其	0.358	26	0.586	35	0.476	20	0.533	66	0.772	31	0.579	416
亚特兰大	美国	0.358	27	0.650	21	0.263	61	0.626	28	0.818	16	0.686	191
休斯敦	美国	0.357	28	0.812	7	0.182	97	0.560	52	0.861	10	0.865	74
大阪	日本	0.352	29	0.769	10	0.150	109	0.597	33	0.907	5	0.940	13
巴塞罗那	西班牙	0.351	30	0.634	22	0.287	53	0.339	233	0.723	51	0.551	537
波士顿	美国	0.349	31	0.822	5	0.245	68	0.774	12	0.845	14	0.734	148
广州	中国	0.343	32	0.531	61	0.292	52	0.676	23	0.704	70	0.584	392
德里	印度	0.342	33	0.502	75	0.274	58	0.658	25	0.602	174	0.410	860
布宜诺斯艾利斯	阿根廷	0.341	34	0.338	237	0.446	24	0.535	63	0.805	19	0.348	953
达拉斯-佛尔沃斯堡	美国	0.340	35	0.539	56	0.209	86	0.235	668	0.858	11	0.843	85
约翰内斯堡	南非	0.340	36	0.397	175	0.373	35	0.559	53	0.650	117	0.241	1018
台北	中国	0.339	37	0.471	103	0.451	23	0.560	51	0.741	43	0.592	365
麦德林	哥伦比亚	0.338	38	0.207	369	0.038	337	0.356	211	0.540	259	0.457	757
墨尔本	澳大利亚	0.337	39	0.541	55	0.349	44	0.414	137	0.767	34	0.637	251
深圳	中国	0.332	40	0.759	11	0.362	41	0.795	7	0.712	63	0.540	587
布鲁塞尔	比利时	0.332	41	0.463	114	0.438	25	0.288	408	0.682	89	0.680	196
曼谷	泰国	0.332	42	0.362	210	0.510	17	0.687	21	0.702	71	0.465	741
苏黎世	瑞士	0.331	43	0.572	43	0.259	62	0.569	47	0.689	85	0.749	131
马尼拉	菲律宾	0.330	44	0.100	584	0.223	78	0.567	48	0.697	76	0.432	811

续表

城市	所属国家/地区	金融服务指数	排名	产业体系指数	排名	当地需求指数	排名	经济活力指数	排名	社会包容指数	排名	政府管理指数	排名
迪拜	阿拉伯联合酋长国	0.329	45	0.244	325	0.532	15	0.420	128	0.627	143	0.615	302
吉隆坡	马来西亚	0.328	46	0.467	108	0.427	26	0.706	17	0.692	81	0.625	275
华沙	波兰	0.322	47	0.447	134	0.404	30	0.304	326	0.628	142	0.549	551
里斯本	葡萄牙	0.321	48	0.321	250	0.250	67	0.232	683	0.653	111	0.493	696
罗马	意大利	0.320	49	0.392	181	0.229	75	0.329	252	0.736	46	0.452	770
蒙特利尔	加拿大	0.319	50	0.497	79	0.222	79	0.542	59	0.717	54	0.745	136
圣地亚哥	智利	0.315	51	0.131	517	0.380	33	0.426	122	0.696	77	0.522	631
费城	美国	0.314	52	0.668	18	0.227	76	0.740	14	0.853	13	0.727	151
都柏林	爱尔兰	0.313	53	0.520	67	0.550	14	0.300	347	0.655	109	0.442	790
伯明翰	英国	0.309	54	0.534	59	0.185	95	0.323	265	0.698	74	0.721	158
班加罗尔	印度	0.309	55	0.442	143	0.383	32	0.628	27	0.521	292	0.410	862
里约热内卢	巴西	0.308	56	0.410	166	0.131	127	0.573	46	0.750	40	0.307	981
斯德哥尔摩	瑞典	0.306	57	0.738	13	0.302	48	0.379	184	0.698	75	0.504	675
仙台	日本	0.299	58	0.471	104	0.063	249	0.219	760	0.637	130	0.891	62
巴兰基利亚	哥伦比亚	0.298	59	0.138	495	0.035	356	0.277	474	0.406	487	0.403	881
卡利	哥伦比亚	0.296	60	0.191	393	0.006	812	0.292	388	0.505	312	0.462	745
天津	中国	0.294	61	0.461	116	0.159	103	0.588	36	0.665	101	0.544	568
马什哈德	伊朗	0.287	62	0.002	814	0.022	430	0.554	54	0.596	184	0.366	938
雅典	希腊	0.286	63	0.425	155	0.210	85	0.386	173	0.714	60	0.507	671
西雅图	美国	0.284	64	0.632	24	0.272	59	0.736	15	0.805	18	0.701	174
圣保罗	巴西	0.284	65	0.351	223	0.420	28	0.915	3	0.802	21	0.175	1030
开罗	埃及	0.282	66	0.250	319	0.298	49	0.586	39	0.716	57	0.434	810
钦奈	印度	0.281	67	0.372	199	0.192	92	0.528	69	0.493	337	0.430	814
巴西利亚	巴西	0.280	68	0.193	389	0.147	113	0.384	177	0.595	187	0.301	987
胡志明	越南	0.279	69	0.123	536	0.354	43	0.567	49	0.629	141	0.326	971
维也纳	奥地利	0.277	70	0.496	81	0.374	34	0.387	172	0.688	86	0.713	165
圣彼得堡	俄罗斯	0.277	71	0.173	428	0.143	117	0.337	239	0.604	170	0.435	809
河畔	美国	0.277	72	0.258	307	0.050	298	0.229	705	0.767	33	0.800	98

续表

城市	所属国家/地区	金融服务指数	排名	产业体系指数	排名	当地需求指数	排名	经济活力指数	排名	社会包容指数	排名	政府管理指数	排名
巴尔的摩	美国	0.276	73	0.623	27	0.107	153	0.696	18	0.765	36	0.613	310
萨克拉门托	美国	0.276	74	0.368	204	0.168	100	0.209	803	0.729	48	0.882	67
札幌	日本	0.272	75	0.431	149	0.149	110	0.195	855	0.652	114	0.951	5
坦帕	美国	0.272	76	0.444	139	0.217	82	0.192	863	0.744	41	0.897	59
凤凰城	美国	0.270	77	0.457	125	0.105	159	0.207	811	0.784	27	0.907	57
卡拉奇	巴基斯坦	0.270	78	0.002	812	0.148	111	0.550	55	0.622	153	0.388	904
重庆	中国	0.269	79	0.394	180	0.107	155	0.492	81	0.637	131	0.552	536
库库塔	哥伦比亚	0.269	80	0.000	940	0.015	515	0.272	492	0.311	740	0.548	552
成都	中国	0.268	81	0.502	76	0.136	123	0.537	61	0.625	146	0.572	449
阿姆斯特丹	荷兰	0.268	82	0.531	60	0.371	38	0.416	135	0.630	139	0.475	721
苏腊巴亚	印度尼西亚	0.267	83	0.120	542	0.069	230	0.372	191	0.557	237	0.406	873
底特律	美国	0.267	84	0.437	147	0.136	123	0.388	169	0.794	24	0.914	51
温哥华	加拿大	0.266	85	0.524	65	0.215	84	0.620	29	0.687	87	0.932	32
夏洛特	美国	0.265	86	0.484	91	0.145	116	0.279	463	0.723	52	0.754	126
武汉	中国	0.265	87	0.490	84	0.117	138	0.641	26	0.643	121	0.581	407
西安	中国	0.264	88	0.396	177	0.112	141	0.585	40	0.595	186	0.598	351
布拉格	捷克	0.262	89	0.265	301	0.497	19	0.310	306	0.590	193	0.609	316
万隆	印度尼西亚	0.262	90	0.039	719	0.022	430	0.420	127	0.558	232	0.495	694
汉堡	德国	0.262	91	0.577	40	0.202	88	0.367	199	0.715	58	0.692	185
布卡拉曼加	哥伦比亚	0.261	92	0.155	460	0.000	966	0.295	371	0.435	432	0.667	209
那不勒斯	意大利	0.261	93	0.339	236	0.090	182	0.213	787	0.641	124	0.733	149
丹佛	美国	0.259	94	0.469	106	0.110	146	0.188	870	0.766	35	0.939	15
德黑兰	伊朗	0.259	95	0.142	484	0.075	214	0.587	38	0.630	140	0.386	906
利马	秘鲁	0.259	96	0.281	291	0.277	56	0.451	103	0.681	91	0.347	954
特拉维夫-雅法	以色列	0.258	97	0.073	642	0.164	102	0.179	898	0.727	49	0.425	829
贝洛奥里藏特	巴西	0.258	98	0.311	261	0.056	273	0.418	130	0.639	129	0.541	581
圣地亚哥	美国	0.258	99	0.771	8	0.202	89	0.681	22	0.785	26	0.813	95

续表

城市	所属国家/地区	金融服务指数	排名	产业体系指数	排名	当地需求指数	排名	经济活力指数	排名	社会包容指数	排名	政府管理指数	排名
卡塔赫纳	哥伦比亚	0.257	100	0.152	464	0.000	966	0.291	391	0.364	600	0.350	951
瓜亚基尔	厄瓜多尔	0.257	101	0.046	708	0.094	175	0.296	370	0.499	324	0.464	743
慕尼黑	德国	0.256	102	0.501	77	0.295	50	0.417	134	0.739	44	0.792	100
巴伦西亚	西班牙	0.256	103	0.488	87	0.059	259	0.235	666	0.580	207	0.575	431
杭州	中国	0.256	104	0.515	70	0.207	87	0.587	37	0.641	123	0.565	480
哥本哈根	丹麦	0.255	105	0.475	98	0.321	47	0.434	115	0.668	97	0.541	582
达卡	孟加拉国	0.255	106	0.154	462	0.189	94	0.599	31	0.633	137	0.424	833
河内	越南	0.254	107	0.133	511	0.239	70	0.581	44	0.609	165	0.330	967
奥兰多	美国	0.254	108	0.468	107	0.073	220	0.350	218	0.710	65	0.573	446
利物浦	英国	0.253	109	0.404	173	0.142	119	0.226	716	0.602	172	0.563	491
加尔各答	印度	0.249	110	0.299	272	0.090	183	0.535	65	0.551	248	0.405	875
北九州-福冈大都市圈	日本	0.248	111	0.520	68	0.085	192	0.112	1009	0.725	50	0.940	14
比亚维森西奥	哥伦比亚	0.247	112	0.000	970	0.019	458	0.238	653	0.360	606	0.737	145
卡尔卡里	加拿大	0.247	113	0.582	38	0.154	106	0.460	94	0.652	113	0.932	32
伊瓦格	哥伦比亚	0.246	114	0.000	902	0.055	275	0.293	384	0.292	795	0.742	141
曼彻斯特	英国	0.244	115	0.526	64	0.125	135	0.484	85	0.696	78	0.707	169
佩雷拉	哥伦比亚	0.244	116	0.175	423	0.007	800	0.278	470	0.290	801	0.418	852
沈阳	中国	0.243	117	0.388	184	0.100	167	0.344	227	0.613	159	0.554	520
奥斯丁	美国	0.242	118	0.625	26	0.151	108	0.688	20	0.707	69	0.658	222
布加勒斯特	罗马尼亚	0.242	119	0.147	477	0.216	83	0.151	955	0.588	198	0.580	411
南京	中国	0.242	120	0.483	92	0.132	126	0.591	35	0.650	116	0.597	354
辛辛那提	美国	0.242	121	0.632	23	0.105	159	0.403	151	0.716	56	0.920	38
利雅得	沙特阿拉伯	0.242	122	0.420	161	0.181	98	0.433	117	0.711	64	0.523	627
圣安东尼亚	美国	0.241	123	0.490	83	0.084	194	0.285	428	0.713	62	0.681	195
卡萨布兰卡	摩洛哥	0.241	124	0.187	403	0.196	90	0.304	328	0.493	338	0.454	761
塔什干	乌兹别克斯坦	0.241	125	0.159	451	0.088	187	0.361	203	0.384	542	0.372	929

续表

城市	所属国家/地区	金融服务指数	排名	产业体系指数	排名	当地需求指数	排名	经济活力指数	排名	社会包容指数	排名	政府管理指数	排名
奥克兰	新西兰	0.240	126	0.485	90	0.415	29	0.360	204	0.591	192	0.472	727
堪萨斯城	美国	0.239	127	0.401	174	0.096	170	0.281	454	0.717	55	0.753	127
印第安纳波利斯	美国	0.239	128	0.584	37	0.095	171	0.189	869	0.708	66	0.741	142
提华那	墨西哥	0.239	129	0.038	722	0.142	119	0.273	487	0.511	304	0.583	403
珀斯	澳大利亚	0.239	130	0.390	182	0.073	220	0.414	139	0.682	90	0.692	184
浦那	印度	0.238	131	0.350	226	0.158	105	0.401	153	0.450	400	0.427	824
东莞	中国	0.238	132	0.475	97	0.031	389	0.792	8	0.661	102	0.622	279
俄亥俄州哥伦布	美国	0.238	133	0.545	53	0.083	197	0.411	141	0.707	67	0.939	15
乌兰巴托	蒙古	0.237	134	0.001	837	0.064	244	0.330	251	0.379	557	0.292	998
克利夫兰	美国	0.237	135	0.627	25	0.118	137	0.382	180	0.715	59	0.939	15
大邱	韩国	0.236	136	0.456	126	0.075	213	0.262	535	0.600	177	0.559	506
柏林	德国	0.236	137	0.600	32	0.217	81	0.360	205	0.736	47	0.917	43
拉巴特	摩洛哥	0.236	138	0.288	283	0.094	174	0.285	427	0.397	509	0.429	818
大连	中国	0.236	139	0.408	168	0.100	165	0.412	140	0.570	219	0.567	468
圣何塞	美国	0.236	140	0.612	30	0.083	197	0.740	13	0.762	38	0.939	15
阿比让	科特迪瓦	0.235	141	0.000	869	0.154	107	0.440	110	0.538	266	0.391	902
里昂	法国	0.233	142	0.473	102	0.106	157	0.229	704	0.667	99	0.543	571
布达佩斯	匈牙利	0.233	143	0.423	158	0.370	39	0.246	611	0.561	228	0.778	105
苏州	中国	0.233	144	0.505	73	0.089	186	0.536	62	0.602	171	0.585	390
索菲亚	保加利亚	0.232	145	0.287	286	0.251	65	0.170	923	0.481	355	0.456	758
匹兹堡	美国	0.232	146	0.591	34	0.235	72	0.578	45	0.739	45	0.939	15
米尔沃基	美国	0.231	147	0.423	157	0.066	239	0.283	442	0.692	82	0.913	53
拉斯维加斯	美国	0.231	148	0.461	117	0.147	114	0.180	897	0.695	79	0.844	84
圣玛尔塔	哥伦比亚	0.231	149	0.115	555	0.012	724	0.241	639	0.253	900	0.393	901
海得拉巴	印度	0.228	150	0.474	101	0.039	335	0.513	77	0.495	333	0.466	740
伯明翰	美国	0.228	151	0.511	72	0.106	157	0.328	256	0.641	125	0.866	73
瓜达拉哈拉	墨西哥	0.228	152	0.212	364	0.069	230	0.357	209	0.623	150	0.716	162
基多	厄瓜多尔	0.228	153	0.141	485	0.179	99	0.284	432	0.496	331	0.861	76

续表

城市	所属国家/地区	金融服务指数	排名	产业体系指数	排名	当地需求指数	排名	经济活力指数	排名	社会包容指数	排名	政府管理指数	排名
格拉斯哥	英国	0.227	154	0.457	123	0.074	217	0.441	108	0.657	106	0.686	192
坎皮纳斯	巴西	0.226	155	0.349	227	0.053	287	0.445	106	0.590	196	0.574	435
蒙特雷	墨西哥	0.226	156	0.276	294	0.108	152	0.361	202	0.657	107	0.630	264
青岛	中国	0.226	157	0.464	112	0.074	217	0.457	95	0.576	214	0.576	427
普罗维登斯	美国	0.226	158	0.450	130	0.054	278	0.509	78	0.690	84	0.667	208
日内瓦	瑞士	0.226	159	0.423	159	0.126	132	0.358	208	0.590	195	0.715	163
厦门	中国	0.225	160	0.457	121	0.092	179	0.584	42	0.579	208	0.565	478
阿布扎比	阿拉伯联合酋长国	0.225	161	0.308	264	0.110	147	0.438	111	0.713	61	0.918	42
安卡拉	土耳其	0.224	162	0.554	47	0.071	228	0.344	225	0.646	118	0.502	684
马赛	法国	0.224	163	0.417	164	0.061	254	0.194	857	0.637	133	0.691	186
累西腓	巴西	0.224	164	0.168	436	0.033	373	0.339	236	0.566	223	0.275	1008
杜塞尔多夫	德国	0.223	165	0.257	309	0.280	54	0.211	794	0.656	108	0.917	43
塞维利亚	西班牙	0.223	166	0.202	377	0.004	862	0.201	832	0.540	262	0.487	705
佛山	中国	0.222	167	0.426	154	0.033	373	0.517	76	0.652	112	0.602	335
巴勒莫	意大利	0.221	168	0.325	244	0.044	316	0.125	997	0.506	310	0.761	119
孟菲斯	美国	0.221	169	0.465	110	0.057	265	0.252	579	0.657	105	0.727	152
拉合尔	巴基斯坦	0.220	170	0.048	703	0.111	143	0.417	133	0.533	278	0.385	908
长沙	中国	0.220	171	0.442	142	0.085	189	0.523	74	0.558	234	0.595	360
图森	美国	0.220	172	0.486	88	0.033	373	0.549	56	0.608	166	0.642	246
托里诺	意大利	0.219	173	0.457	122	0.060	257	0.232	682	0.633	136	0.520	635
里士满	美国	0.219	174	0.554	49	0.093	177	0.326	261	0.661	103	0.848	81
阿雷格里港	巴西	0.219	175	0.319	251	0.028	399	0.385	175	0.595	188	0.230	1022
艾哈迈达巴德	印度	0.219	176	0.002	810	0.104	161	0.424	123	0.465	381	0.419	847
棉兰	印度尼西亚	0.218	177	0.116	548	0.045	312	0.340	232	0.480	356	0.461	746
纳什维尔-戴维森	美国	0.218	178	0.239	328	0.109	150	0.196	853	0.702	72	0.939	15
哈特福德	美国	0.218	179	0.557	46	0.050	299	0.150	957	0.685	88	0.850	80

续表

城市	所属国家/地区	金融服务指数	排名	产业体系指数	排名	当地需求指数	排名	经济活力指数	排名	社会包容指数	排名	政府管理指数	排名
奥尔巴尼	美国	0.217	180	0.457	124	0.067	238	0.182	887	0.625	147	0.939	15
圣克鲁斯	玻利维亚	0.217	181	0.388	185	0.129	128	0.520	75	0.426	448	0.566	472
温尼伯格	加拿大	0.217	182	0.384	188	0.111	144	0.309	307	0.553	244	0.792	99
危地马拉城	危地马拉	0.216	183	0.037	729	0.071	227	0.298	356	0.544	254	0.857	77
罗利	美国	0.216	184	0.460	119	0.089	184	0.528	70	0.654	110	0.939	15
郑州	中国	0.216	185	0.331	239	0.063	247	0.582	43	0.555	238	0.546	558
哈尔滨	中国	0.216	186	0.304	269	0.058	263	0.453	100	0.576	213	0.515	653
麦卡伦	美国	0.216	187	0.166	441	0.076	206	0.175	912	0.535	274	0.748	132
拉各斯	尼日利亚	0.215	188	0.137	501	0.277	55	0.417	132	0.671	92	0.527	619
仁川	韩国	0.215	189	0.497	80	0.041	320	0.233	677	0.622	154	0.583	398
弗吉尼亚比奇	美国	0.215	190	0.254	314	0.032	384	0.180	894	0.692	80	0.887	64
库里奇巴	巴西	0.214	191	0.292	279	0.026	408	0.288	411	0.588	197	0.305	983
普埃布拉	墨西哥	0.214	192	0.166	442	0.025	413	0.319	274	0.543	255	0.592	366
名古屋	日本	0.214	193	0.575	41	0.103	163	0.216	781	0.666	100	0.951	5
俄克拉荷马城	美国	0.214	194	0.368	205	0.053	285	0.228	706	0.668	96	0.939	15
西约克郡	英国	0.214	195	0.414	165	0.054	278	0.137	980	0.670	94	0.740	143
福塔莱萨	巴西	0.214	196	0.190	395	0.004	862	0.359	206	0.551	247	0.203	1024
安特卫普	比利时	0.214	197	0.188	399	0.107	153	0.202	823	0.602	173	0.680	196
列日	比利时	0.214	198	0.226	347	0.032	384	0.254	569	0.519	296	0.680	196
克拉科夫	波兰	0.213	199	0.237	333	0.047	307	0.276	477	0.487	346	0.510	663
马拉加	西班牙	0.213	200	0.262	302	0.039	329	0.157	947	0.492	339	0.628	270
路易斯维尔	美国	0.212	201	0.445	137	0.085	190	0.287	416	0.652	115	0.676	201
波尔图	葡萄牙	0.211	202	0.389	183	0.111	142	0.267	514	0.536	272	0.426	828
伊斯法罕	伊朗	0.211	203	0.002	813	0.015	515	0.383	179	0.449	402	0.381	916
开普敦	南非	0.211	204	0.365	206	0.237	71	0.501	79	0.552	245	0.242	1017
长春	中国	0.211	205	0.363	209	0.063	247	0.467	92	0.531	282	0.554	521
圣路易斯	美国	0.211	206	0.141	486	0.256	64	0.152	954	0.510	306	0.787	102
卡拉杰	伊朗	0.210	207	0.037	723	0.015	515	0.408	145	0.479	360	0.419	848
布里斯班	澳大利亚	0.209	208	0.464	113	0.075	211	0.528	68	0.690	83	0.711	166

续表

城市	所属国家/地区	金融服务指数	排名	产业体系指数	排名	当地需求指数	排名	经济活力指数	排名	社会包容指数	排名	政府管理指数	排名
巴拿马城	巴拿马	0.209	209	0.236	335	0.165	101	0.230	697	0.541	258	0.542	575
贝鲁特	黎巴嫩	0.209	210	0.109	566	0.239	69	0.343	229	0.503	317	0.496	692
火奴鲁鲁	美国	0.209	211	0.342	233	0.061	254	0.210	799	0.643	122	0.651	235
广岛	日本	0.209	212	0.498	78	0.010	761	0.081	1021	0.625	148	0.772	107
宁波	中国	0.208	213	0.406	172	0.054	280	0.330	250	0.560	230	0.600	344
釜山	韩国	0.208	214	0.463	115	0.069	230	0.271	497	0.643	120	0.556	515
合肥	中国	0.208	215	0.453	128	0.034	360	0.607	30	0.545	253	0.570	458
新奥尔良	美国	0.208	216	0.348	229	0.051	292	0.296	368	0.658	104	0.726	153
苏拉特	印度	0.207	217	0.186	407	0.004	862	0.544	58	0.432	437	0.406	872
图卢兹	法国	0.207	218	0.465	111	0.051	292	0.135	983	0.609	164	0.647	238
斯图加特	德国	0.207	219	0.663	19	0.225	77	0.238	651	0.707	68	0.817	92
安曼	约旦	0.206	220	0.161	448	0.183	96	0.294	378	0.555	239	0.829	89
南特	法国	0.206	221	0.352	221	0.040	324	0.186	877	0.567	221	0.750	128
昆明	中国	0.206	222	0.297	273	0.062	250	0.433	118	0.545	252	0.568	463
阿德莱德	澳大利亚	0.206	223	0.409	167	0.093	176	0.388	166	0.619	158	0.745	137
波尔多	法国	0.205	224	0.382	192	0.036	349	0.226	715	0.594	189	0.638	249
萨尔瓦多	巴西	0.205	225	0.226	348	0.008	780	0.336	241	0.573	217	0.302	985
福州	中国	0.205	226	0.479	95	0.046	308	0.367	200	0.536	271	0.557	511
圣路易斯	巴西	0.204	227	0.001	823	0.073	220	0.250	584	0.425	450	0.419	844
布法罗	美国	0.204	228	0.439	146	0.037	346	0.166	931	0.640	127	0.786	103
贝伦	巴西	0.204	229	0.001	827	0.024	423	0.301	340	0.479	361	0.194	1027
汕头	中国	0.203	230	0.265	300	0.023	426	0.409	143	0.513	301	0.534	603
巴吞鲁日	美国	0.203	231	0.396	176	0.036	349	0.353	214	0.601	176	0.842	86
新西伯利亚	俄罗斯	0.202	232	0.295	276	0.006	812	0.298	357	0.468	375	0.501	687
罗安达	安哥拉	0.202	233	0.037	741	0.109	149	0.220	756	0.592	190	0.335	962
佛罗伦萨	意大利	0.201	234	0.427	152	0.044	316	0.205	816	0.537	268	0.743	138
纽黑文	美国	0.201	235	0.481	93	0.055	275	0.659	24	0.636	135	0.631	260
顿河畔罗斯托夫	俄罗斯	0.200	236	0.066	651	0.014	538	0.212	789	0.448	405	0.452	772
贝尔格莱德	塞尔维亚	0.200	237	0.196	384	0.258	63	0.231	693	0.464	384	0.366	939

续表

城市	所属国家/地区	金融服务指数	排名	产业体系指数	排名	当地需求指数	排名	经济活力指数	排名	社会包容指数	排名	政府管理指数	排名
汉密尔顿(加)	加拿大	0.200	238	0.522	66	0.127	130	0.417	131	0.570	218	0.932	32
伊兹密尔	土耳其	0.200	239	0.291	280	0.041	322	0.289	405	0.597	180	0.550	541
埃德蒙顿	加拿大	0.200	240	0.408	171	0.040	324	0.528	71	0.623	151	0.834	88
戈亚尼亚	巴西	0.199	241	0.083	618	0.025	418	0.280	455	0.503	316	0.418	850
济南	中国	0.199	242	0.188	400	0.076	209	0.472	89	0.567	222	0.583	396
南宁	中国	0.198	243	0.231	341	0.042	319	0.441	109	0.515	300	0.576	429
博洛尼亚	意大利	0.198	244	0.460	118	0.056	271	0.318	278	0.554	242	0.761	119
叶卡捷琳堡	俄罗斯	0.197	245	0.037	730	0.018	463	0.216	777	0.466	380	0.471	730
马拉喀什	摩洛哥	0.197	246	0.137	500	0.034	360	0.305	325	0.313	733	0.436	805
维多利亚	巴西	0.197	247	0.003	809	0.031	389	0.254	568	0.530	284	0.480	715
萨拉索塔-布雷登顿	美国	0.196	248	0.348	230	0.025	413	0.163	938	0.609	163	0.802	97
无锡	中国	0.196	249	0.444	138	0.060	257	0.351	217	0.564	226	0.604	329
里尔	法国	0.196	250	0.355	219	0.013	711	0.171	921	0.601	175	0.750	128
热那亚	意大利	0.196	251	0.151	468	0.020	450	0.173	919	0.523	291	0.761	119
罗切斯特	美国	0.196	252	0.622	28	0.063	245	0.157	946	0.639	128	0.654	231
布里奇波特-斯坦福德	美国	0.195	253	0.447	135	0.027	403	0.177	904	0.701	73	0.939	15
吉大港	孟加拉国	0.195	254	0.001	837	0.016	480	0.367	198	0.488	345	0.458	752
加拉加斯	委内瑞拉	0.195	255	0.160	449	0.110	148	0.309	311	0.668	95	0.509	668
车里雅宾斯克	俄罗斯	0.195	256	0.187	404	0.013	711	0.232	686	0.423	457	0.508	670
乌法	俄罗斯	0.195	257	0.209	367	0.011	754	0.220	755	0.446	410	0.503	680
石家庄	中国	0.194	258	0.313	254	0.023	426	0.496	80	0.509	307	0.553	530
巴格达	伊拉克	0.194	259	0.001	829	0.016	480	0.344	224	0.568	220	0.555	518
科隆	德国	0.194	260	0.244	324	0.099	169	0.290	398	0.667	98	0.917	43
阿瓦士	伊朗	0.194	261	0.000	847	0.017	469	0.400	154	0.460	389	0.426	827
威尼斯	意大利	0.193	262	0.278	292	0.078	205	0.116	1006	0.497	328	0.761	119
突尼斯	突尼斯	0.193	263	0.194	388	0.222	80	0.282	450	0.487	347	0.334	963
兰州	中国	0.193	264	0.288	284	0.029	396	0.456	99	0.489	344	0.519	636

续表

城市	所属国家/地区	金融服务指数	排名	产业体系指数	排名	当地需求指数	排名	经济活力指数	排名	社会包容指数	排名	政府管理指数	排名
戴顿	美国	0.193	265	0.356	215	0.076	207	0.216	779	0.596	185	0.925	37
澳门	中国	0.193	266	0.170	432	0.044	316	0.316	284	0.558	235	0.941	12
中山	中国	0.193	267	0.466	109	0.023	426	0.471	90	0.537	270	0.599	348
马拉开波	委内瑞拉	0.193	268	0.054	679	0.031	389	0.280	459	0.609	162	0.362	946
萨拉戈萨	西班牙	0.193	269	0.363	208	0.050	294	0.184	878	0.516	298	0.885	66
科威特城	科威特	0.192	270	0.023	800	0.129	129	0.371	192	0.622	152	0.661	219
德班	南非	0.191	271	0.250	321	0.066	239	0.432	119	0.527	286	0.291	999
布尔萨	土耳其	0.191	272	0.325	246	0.062	251	0.261	536	0.531	283	0.517	643
雷诺萨	墨西哥	0.191	273	0.113	559	0.039	329	0.255	566	0.424	453	0.629	267
渥太华	加拿大	0.190	274	0.479	94	0.082	199	0.388	168	0.623	149	0.847	82
大不里士	伊朗	0.190	275	0.001	818	0.012	724	0.407	147	0.404	495	0.364	943
贵阳	中国	0.190	276	0.249	323	0.028	401	0.369	195	0.494	335	0.547	555
诺克斯维尔	美国	0.190	277	0.375	196	0.038	337	0.424	124	0.598	179	0.817	93
盐湖城	美国	0.190	278	0.535	58	0.057	265	0.541	60	0.646	119	0.874	71
阿尔伯克基	美国	0.189	279	0.443	141	0.015	515	0.165	933	0.599	178	0.939	15
纽卡斯尔	英国	0.189	280	0.355	216	0.046	310	0.202	828	0.597	181	0.772	108
太原	中国	0.189	281	0.302	270	0.029	396	0.486	83	0.516	299	0.574	444
黄金海岸	澳大利亚	0.189	282	0.134	508	0.025	413	0.183	883	0.551	246	0.714	164
蒙得维的亚	乌拉圭	0.189	283	0.225	349	0.195	91	0.187	875	0.575	215	0.445	784
萨马拉	俄罗斯	0.189	284	0.191	394	0.038	341	0.236	661	0.477	364	0.688	190
喀山	俄罗斯	0.188	285	0.232	339	0.038	341	0.255	564	0.448	403	0.505	674
乌鲁木齐	中国	0.188	286	0.221	352	0.044	314	0.353	213	0.532	281	0.555	517
马瑙斯	巴西	0.188	287	0.184	415	0.038	341	0.297	361	0.480	357	0.299	990
伏尔加格勒	俄罗斯	0.188	288	0.073	640	0.007	800	0.218	768	0.424	454	0.517	642
多特蒙德	德国	0.188	289	0.458	120	0.141	121	0.155	948	0.535	275	0.917	43
设拉子	伊朗	0.187	290	0.001	817	0.002	944	0.437	112	0.417	467	0.382	913
南昌	中国	0.187	291	0.340	235	0.033	373	0.456	96	0.491	341	0.564	484
勒克瑙	印度	0.187	292	0.132	513	0.004	862	0.329	255	0.378	558	0.430	815
下诺夫哥罗德	俄罗斯	0.187	293	0.261	304	0.002	944	0.225	723	0.442	416	0.477	718

续表

城市	所属国家/地区	金融服务指数	排名	产业体系指数	排名	当地需求指数	排名	经济活力指数	排名	社会包容指数	排名	政府管理指数	排名
胡亚雷斯	墨西哥	0.187	294	0.107	570	0.057	267	0.266	519	0.468	376	0.527	620
伯利恒-艾伦	美国	0.187	295	0.352	222	0.022	430	0.177	902	0.608	167	0.910	54
海法	以色列	0.187	296	0.442	144	0.085	192	0.297	360	0.587	200	0.770	114
巴伦西亚	委内瑞拉	0.186	297	0.301	271	0.091	180	0.452	102	0.579	210	0.503	678
赫尔辛基	芬兰	0.186	298	0.546	52	0.250	66	0.421	126	0.637	132	0.676	199
卡塔尼亚	意大利	0.186	299	0.207	370	0.036	349	0.141	973	0.463	387	0.613	308
斋蒲尔	印度	0.186	300	0.090	608	0.018	467	0.335	243	0.385	540	0.404	878
布里斯托尔	英国	0.185	301	0.490	85	0.102	164	0.371	193	0.607	168	0.772	108
丹吉尔	摩洛哥	0.185	302	0.023	787	0.030	394	0.283	444	0.326	692	0.470	732
温州	中国	0.185	303	0.296	274	0.019	458	0.456	97	0.559	231	0.562	494
贝克尔斯菲	美国	0.184	304	0.184	413	0.036	349	0.178	901	0.597	182	0.931	36
阿达纳	土耳其	0.184	305	0.132	514	0.040	326	0.260	540	0.503	318	0.515	654
圣佩德罗苏拉	洪都拉斯	0.184	306	0.023	797	0.072	223	0.282	445	0.351	626	0.331	966
谢菲尔德	英国	0.184	307	0.432	148	0.092	178	0.300	341	0.565	224	0.772	108
波特兰	美国	0.184	308	0.503	74	0.076	207	0.298	353	0.564	227	0.725	154
罗兹	波兰	0.184	309	0.167	438	0.109	150	0.200	835	0.439	422	0.569	462
弗雷斯诺	美国	0.184	310	0.232	337	0.010	761	0.209	802	0.604	169	0.919	40
塔尔萨	美国	0.184	311	0.350	225	0.026	408	0.202	824	0.636	134	0.939	15
开普科勒尔	美国	0.183	312	0.151	466	0.036	349	0.173	918	0.584	204	0.630	265
莱昂	墨西哥	0.183	313	0.371	201	0.036	349	0.258	545	0.539	263	0.716	161
激流市	美国	0.183	314	0.374	198	0.033	379	0.193	860	0.620	156	0.939	15
鄂木斯克	俄罗斯	0.182	315	0.140	488	0.021	447	0.219	765	0.410	481	0.528	618
坎普尔	印度	0.182	316	0.237	334	0.002	944	0.379	183	0.344	646	0.435	808
沃罗涅日	俄罗斯	0.182	317	0.166	440	0.006	812	0.237	659	0.375	568	0.488	702
费萨拉巴德	巴基斯坦	0.181	318	0.000	861	0.022	430	0.319	277	0.406	489	0.381	915
内罗毕	肯尼亚	0.181	319	0.112	560	0.293	51	0.314	294	0.500	323	0.284	1002
非斯	摩洛哥	0.181	320	0.100	585	0.013	711	0.288	412	0.310	741	0.440	794
巨港	印度尼西亚	0.181	321	0.069	649	0.013	711	0.219	767	0.384	544	0.491	698

续表

城市	所属国家/地区	金融服务指数	排名	产业体系指数	排名	当地需求指数	排名	经济活力指数	排名	社会包容指数	排名	政府管理指数	排名
新库兹涅茨克	俄罗斯	0.180	322	0.077	634	0.039	334	0.214	784	0.349	631	0.582	406
大田	韩国	0.180	323	0.573	42	0.067	236	0.408	146	0.554	243	0.612	311
亚松森	巴拉圭	0.180	324	0.023	782	0.148	112	0.325	263	0.492	340	0.350	952
哈拉雷	津巴布韦	0.180	325	0.108	569	0.106	156	0.327	260	0.354	621	0.375	923
那格浦尔	印度	0.180	326	0.107	571	0.004	862	0.318	279	0.410	479	0.484	707
拉瓦尔品第	巴基斯坦	0.180	327	0.000	861	0.014	538	0.289	401	0.384	545	0.381	914
德古西加巴	洪都拉斯	0.179	328	0.054	687	0.056	271	0.311	303	0.376	562	0.329	970
秋明	俄罗斯	0.179	329	0.119	544	0.015	515	0.249	588	0.427	447	0.700	175
库姆	伊朗	0.179	330	0.000	889	0.012	724	0.393	159	0.331	678	0.388	905
圣多明各	多米尼加共和国	0.179	331	0.140	490	0.125	134	0.285	429	0.560	229	0.355	950
哈巴罗夫斯克	俄罗斯	0.179	332	0.037	745	0.017	469	0.211	796	0.392	517	0.519	639
加济安泰普	土耳其	0.179	333	0.180	418	0.018	463	0.249	594	0.444	413	0.499	689
哥印拜陀	印度	0.178	334	0.174	425	0.021	447	0.389	161	0.409	482	0.447	782
特里苏尔	印度	0.178	335	0.000	970	0.004	862	0.284	434	0.380	554	0.459	751
莱斯特	英国	0.178	336	0.375	197	0.027	403	0.319	276	0.578	211	0.772	108
弗罗茨瓦夫	波兰	0.178	337	0.228	343	0.075	211	0.235	664	0.444	414	0.575	433
吉达	沙特阿拉伯	0.178	338	0.004	808	0.100	168	0.272	491	0.641	126	0.458	756
奥马哈	美国	0.178	339	0.372	200	0.049	300	0.249	591	0.627	144	0.939	15
萨拉托夫	俄罗斯	0.177	340	0.192	392	0.006	812	0.233	679	0.384	541	0.580	413
沙没巴干(北榄)	泰国	0.177	341	0.023	790	0.065	242	0.253	572	0.498	325	0.467	738
巴里	意大利	0.177	342	0.276	295	0.021	443	0.138	979	0.469	373	0.644	243
波兹南	波兰	0.177	343	0.213	361	0.080	203	0.247	609	0.479	363	0.523	628
克拉斯诺尔	俄罗斯	0.177	344	0.123	534	0.040	326	0.249	592	0.422	458	0.564	481
梅克内斯	摩洛哥	0.177	345	0.134	507	0.034	360	0.286	418	0.277	833	0.489	701
海得拉巴	巴基斯坦	0.177	346	0.256	311	0.094	172	0.295	376	0.338	657	0.402	885
克拉斯诺亚尔斯克	俄罗斯	0.176	347	0.258	306	0.000	966	0.248	599	0.440	418	0.663	215
克尔曼	伊朗	0.176	348	0.001	824	0.024	423	0.388	167	0.296	781	0.394	900

续表

城市	所属国家/地区	金融服务指数	排名	产业体系指数	排名	当地需求指数	排名	经济活力指数	排名	社会包容指数	排名	政府管理指数	排名
光州	韩国	0.176	349	0.445	136	0.022	430	0.230	698	0.527	285	0.603	333
马拉普兰	印度	0.176	350	0.000	935	0.004	862	0.284	435	0.397	510	0.588	385
第比利斯	格鲁吉亚	0.176	351	0.134	506	0.017	476	0.257	548	0.374	572	0.293	996
哈瓦那	古巴	0.175	352	0.101	583	0.147	115	0.182	886	0.475	367	0.415	854
彼尔姆	俄罗斯	0.175	353	0.250	318	0.000	966	0.218	769	0.438	425	0.762	118
科曼莎	伊朗	0.175	354	0.000	849	0.011	754	0.389	164	0.313	732	0.370	932
巴特那	印度	0.175	355	0.024	766	0.006	812	0.311	302	0.393	515	0.423	835
美利达	墨西哥	0.175	356	0.047	705	0.035	356	0.283	440	0.469	374	0.568	464
南卡罗来纳州哥伦比亚	美国	0.175	357	0.586	36	0.014	538	0.409	144	0.592	191	0.782	104
高雄	中国	0.175	358	0.311	258	0.059	262	0.200	838	0.619	157	0.676	200
特雷西纳	巴西	0.175	359	0.037	733	0.015	515	0.259	544	0.394	513	0.161	1031
惠州	中国	0.174	360	0.420	160	0.020	450	0.475	88	0.475	368	0.543	573
德累斯顿	德国	0.174	361	0.448	132	0.076	209	0.298	358	0.582	206	0.909	55
奥勒姆	美国	0.174	362	0.024	767	0.055	275	0.176	907	0.520	295	0.522	634
伍斯特	美国	0.174	363	0.474	99	0.081	201	0.270	499	0.632	138	0.939	15
静冈-滨松大都市圈	日本	0.174	364	0.554	48	0.089	185	0.086	1019	0.512	303	0.890	63
烟台	中国	0.174	365	0.292	277	0.038	340	0.422	125	0.496	330	0.631	261
纳塔尔	巴西	0.174	366	0.205	374	0.010	761	0.320	271	0.417	469	0.574	435
玛琅	印度尼西亚	0.174	367	0.001	828	0.022	430	0.239	650	0.350	629	0.438	799
科泉市	美国	0.174	368	0.379	193	0.015	515	0.215	782	0.585	203	0.722	156
城南	韩国	0.173	369	0.544	54	0.029	396	0.150	958	0.497	329	0.554	522
萨格勒布	克罗地亚	0.173	370	0.254	313	0.276	57	0.176	908	0.445	412	0.646	241
埃尔帕索	美国	0.173	371	0.186	409	0.047	303	0.245	616	0.574	216	0.915	50
常州	中国	0.173	372	0.383	190	0.014	538	0.338	237	0.535	273	0.607	322
海牙	荷兰	0.173	373	0.579	39	0.116	140	0.093	1017	0.565	225	0.588	380
帕多瓦	意大利	0.173	374	0.340	234	0.006	812	0.273	485	0.504	314	0.761	119

续表

城市	所属国家/地区	金融服务指数	排名	产业体系指数	排名	当地需求指数	排名	经济活力指数	排名	社会包容指数	排名	政府管理指数	排名
亚历山大	埃及	0.172	375	0.377	195	0.085	190	0.356	210	0.541	257	0.452	771
台中	中国	0.172	376	0.325	245	0.075	214	0.224	728	0.596	183	0.601	340
印多尔	印度	0.172	377	0.084	617	0.051	291	0.319	272	0.336	664	0.526	622
伊尔库茨克	俄罗斯	0.172	378	0.154	461	0.012	724	0.225	719	0.365	598	0.549	546
维罗那	意大利	0.172	379	0.395	179	0.039	329	0.138	978	0.505	313	0.602	337
尼斯-戛纳	法国	0.172	380	0.312	256	0.008	780	0.201	833	0.558	233	0.750	128
圣何塞	哥斯达黎加	0.172	381	0.084	616	0.143	118	0.242	628	0.532	280	0.591	367
博帕尔	印度	0.171	382	0.001	816	0.005	837	0.313	295	0.312	738	0.419	845
查尔斯顿县北查尔斯顿市	美国	0.171	383	0.387	186	0.053	287	0.181	891	0.588	199	0.710	168
若昂佩索阿	巴西	0.171	384	0.024	757	0.010	761	0.252	577	0.389	528	0.302	984
马塞约	巴西	0.171	385	0.000	863	0.022	430	0.269	503	0.407	486	0.313	979
里加	拉脱维亚	0.170	386	0.285	287	0.116	139	0.182	885	0.490	342	0.661	220
拉巴斯	玻利维亚	0.170	387	0.219	353	0.072	225	0.270	500	0.387	533	0.739	144
托卢卡	墨西哥	0.170	388	0.132	512	0.038	341	0.299	352	0.500	321	0.516	645
新潟	日本	0.170	389	0.449	131	0.053	284	0.106	1012	0.484	352	0.672	205
淄博	中国	0.170	390	0.253	315	0.014	538	0.233	678	0.508	309	0.613	305
陶里亚蒂	俄罗斯	0.170	391	0.085	615	0.004	862	0.212	791	0.424	452	0.622	280
贝尔法斯特	英国	0.169	392	0.384	187	0.059	259	0.271	495	0.539	264	0.587	387
哥德堡	瑞典	0.169	393	0.305	267	0.126	133	0.334	246	0.583	205	0.448	780
维查亚瓦达	印度	0.169	394	0.155	458	0.032	387	0.304	327	0.345	639	0.459	750
埃里温	亚美尼亚	0.169	395	0.101	582	0.008	780	0.266	516	0.366	592	0.255	1014
多哈	卡塔尔	0.169	396	0.318	252	0.074	219	0.598	32	0.590	194	0.608	319
塞萨洛尼基	希腊	0.169	397	0.138	496	0.000	966	0.232	681	0.537	269	0.722	155
包头	中国	0.168	398	0.129	521	0.016	480	0.253	574	0.501	320	0.657	223
圣胡安	波多黎各	0.168	399	0.322	249	0.190	93	0.283	443	0.612	161	0.409	867
达沃	菲律宾	0.168	400	0.000	1003	0.008	780	0.307	315	0.404	494	0.432	812
弗洛里亚诺波利斯	巴西	0.168	401	0.049	702	0.005	837	0.387	170	0.430	441	0.280	1007

续表

城市	所属国家/地区	金融服务指数	排名	产业体系指数	排名	当地需求指数	排名	经济活力指数	排名	社会包容指数	排名	政府管理指数	排名
望加锡	印度尼西亚	0.168	402	0.000	885	0.015	515	0.242	630	0.394	512	0.593	363
巴库	阿塞拜疆	0.167	403	0.111	562	0.041	322	0.336	242	0.498	326	0.616	298
北干巴鲁	印度尼西亚	0.167	404	0.000	940	0.015	515	0.255	560	0.441	417	0.863	75
阿格拉	印度	0.167	405	0.054	682	0.004	862	0.309	310	0.316	724	0.420	841
珠海	中国	0.167	406	0.424	156	0.027	403	0.419	129	0.463	385	0.588	382
土伦	法国	0.167	407	0.120	543	0.008	780	0.132	985	0.500	322	0.501	686
三宝垄	印度尼西亚	0.167	408	0.000	854	0.033	368	0.243	627	0.392	518	0.509	667
巴丹岛	印度尼西亚	0.167	409	0.000	1003	0.004	862	0.250	587	0.435	430	0.696	181
维萨卡帕特南	印度	0.167	410	0.037	728	0.005	837	0.312	299	0.370	584	0.501	685
呼和浩特	中国	0.166	411	0.128	528	0.020	450	0.405	149	0.476	366	0.596	358
宿雾	菲律宾	0.166	412	0.060	676	0.004	862	0.315	287	0.433	436	0.410	861
梅尔辛	土耳其	0.166	413	0.125	531	0.015	515	0.230	695	0.440	420	0.604	328
亚兹德	伊朗	0.166	414	0.000	867	0.019	458	0.355	212	0.263	875	0.364	942
里贝朗普雷图	巴西	0.166	415	0.027	753	0.020	450	0.248	602	0.400	503	0.264	1011
波萨里卡	墨西哥	0.166	416	0.000	970	0.035	356	0.240	648	0.336	665	0.610	315
拉什特	伊朗	0.166	417	0.001	841	0.011	754	0.406	148	0.321	706	0.402	886
巴罗达	印度	0.166	418	0.287	285	0.003	926	0.312	296	0.324	697	0.414	857
魁北克	加拿大	0.166	419	0.476	96	0.031	389	0.302	338	0.540	261	0.932	32
奥格登-莱顿	美国	0.165	420	0.350	224	0.011	754	0.197	848	0.557	236	0.939	15
海口	中国	0.164	421	0.206	372	0.017	469	0.397	156	0.454	395	0.547	556
诺丁汉	英国	0.164	422	0.447	133	0.012	724	0.387	171	0.577	212	0.772	108
索罗卡巴	巴西	0.164	423	0.187	401	0.033	379	0.257	552	0.405	491	0.155	1032
亚克朗	美国	0.164	424	0.443	140	0.012	724	0.236	662	0.585	202	0.790	101
卢迪亚纳	印度	0.164	425	0.073	641	0.005	837	0.300	343	0.366	593	0.562	496
徐州	中国	0.164	426	0.369	203	0.016	480	0.339	234	0.447	409	0.531	611

续表

城市	所属国家/地区	金融服务指数	排名	产业体系指数	排名	当地需求指数	排名	经济活力指数	排名	社会包容指数	排名	政府管理指数	排名
麦加	沙特阿拉伯	0.163	427	0.094	599	0.021	443	0.278	471	0.547	251	0.516	652
托雷翁	墨西哥	0.163	428	0.052	697	0.034	360	0.256	555	0.489	343	0.665	212
门多萨	阿根廷	0.163	429	0.117	545	0.061	254	0.227	710	0.487	348	0.602	339
马哈奇卡拉	俄罗斯	0.163	430	0.037	745	0.005	837	0.248	601	0.355	616	0.454	762
唐山	中国	0.163	431	0.312	255	0.016	480	0.234	673	0.464	383	0.581	409
符拉迪沃斯托克	俄罗斯	0.163	432	0.116	550	0.005	837	0.238	652	0.376	564	0.395	899
富川	韩国	0.162	433	0.347	232	0.022	430	0.127	994	0.453	397	0.512	660
蔚山	韩国	0.162	434	0.441	145	0.034	367	0.222	739	0.554	240	0.637	252
水原	韩国	0.162	435	0.052	694	0.006	812	0.130	989	0.512	302	0.607	323
马杜赖	印度	0.162	436	0.117	547	0.026	408	0.309	309	0.340	654	0.464	744
纳西克	印度	0.162	437	0.100	586	0.003	926	0.299	349	0.355	615	0.509	666
奥斯陆	挪威	0.162	438	0.488	86	0.268	60	0.467	91	0.626	145	0.621	284
若茵维莱	巴西	0.161	439	0.241	326	0.033	368	0.371	194	0.467	377	0.574	435
托木斯克	俄罗斯	0.161	440	0.252	316	0.006	812	0.277	475	0.352	625	0.516	651
熊本	日本	0.161	441	0.364	207	0.000	966	0.110	1011	0.506	311	0.914	52
银川	中国	0.161	442	0.199	379	0.022	430	0.369	196	0.422	459	0.562	493
墨西卡利	墨西哥	0.161	443	0.000	845	0.037	346	0.279	464	0.430	440	0.591	369
科尼亚	土耳其	0.161	444	0.217	359	0.006	812	0.247	607	0.452	398	0.699	177
登巴萨	印度尼西亚	0.161	445	0.000	915	0.008	780	0.246	615	0.378	559	0.409	866
洛阳	中国	0.160	446	0.228	344	0.016	480	0.296	367	0.448	406	0.588	381
伊热夫斯克	俄罗斯	0.160	447	0.092	604	0.002	944	0.225	726	0.348	633	0.498	690
淮安	中国	0.160	448	0.136	502	0.014	538	0.385	174	0.453	396	0.588	384
密鲁特	印度	0.160	449	0.000	885	0.008	780	0.293	383	0.322	703	0.458	754
加拉特	印度	0.160	450	0.080	628	0.038	341	0.306	321	0.350	628	0.453	765
比勒陀利亚	南非	0.159	451	0.369	202	0.070	229	0.442	107	0.534	276	0.376	921
赖布尔	印度	0.159	452	0.000	876	0.033	379	0.311	301	0.268	859	0.453	766
克麦罗沃	俄罗斯	0.159	453	0.133	510	0.005	837	0.222	746	0.346	638	0.535	602

附　录　◇　433

续表

城市	所属国家/地区	金融服务指数	排名	产业体系指数	排名	当地需求指数	排名	经济活力指数	排名	社会包容指数	排名	政府管理指数	排名
安塔利亚	土耳其	0.158	454	0.115	552	0.058	264	0.240	647	0.455	394	0.508	669
科钦	印度	0.158	455	0.296	275	0.018	467	0.328	257	0.380	552	0.584	395
瓦尔帕莱索	智利	0.158	456	0.262	303	0.039	329	0.268	506	0.479	362	0.536	599
鹿特丹	荷兰	0.158	457	0.538	57	0.069	233	0.252	578	0.579	209	0.656	226
科伦坡	危地马拉	0.158	458	0.311	259	0.100	166	0.132	987	0.351	627	0.449	779
斯利纳加	印度	0.157	459	0.077	632	0.010	761	0.303	332	0.343	650	0.442	791
瓦拉纳西	印度	0.157	460	0.024	758	0.004	862	0.289	400	0.284	815	0.406	871
雅罗斯拉夫尔	俄罗斯	0.157	461	0.127	529	0.002	944	0.217	772	0.323	700	0.571	454
罗萨里奥	阿根廷	0.157	462	0.188	398	0.008	780	0.242	637	0.549	250	0.737	146
纳曼干	乌兹别克斯坦	0.157	463	0.000	946	0.056	268	0.314	292	0.201	968	0.368	934
巴尔瑙尔	俄罗斯	0.157	464	0.069	647	0.008	780	0.227	709	0.348	634	0.626	274
江门	中国	0.157	465	0.291	281	0.014	538	0.299	350	0.440	421	0.562	497
大马士革	叙利亚	0.157	466	0.065	665	0.075	214	0.221	753	0.355	617	0.402	887
克雷塔罗	墨西哥	0.157	467	0.066	657	0.039	335	0.262	533	0.517	297	0.743	139
詹谢普尔	印度	0.157	468	0.128	526	0.040	326	0.296	364	0.302	767	0.418	849
柳州	中国	0.156	469	0.139	491	0.016	480	0.222	749	0.437	427	0.560	500
扎黑丹	伊朗	0.156	470	0.000	872	0.015	515	0.376	188	0.238	924	0.384	910
乌贝兰迪亚	巴西	0.156	471	0.048	704	0.053	285	0.293	385	0.412	477	0.574	435
西宁	中国	0.156	472	0.136	503	0.021	443	0.274	481	0.399	507	0.534	604
临沂	中国	0.156	473	0.219	354	0.014	538	0.298	354	0.467	378	0.662	216
乌里扬诺夫斯克	俄罗斯	0.156	474	0.060	671	0.006	812	0.219	763	0.342	652	0.553	532
汉诺威	德国	0.155	475	0.548	51	0.011	754	0.208	807	0.620	155	0.917	43
奎隆	印度	0.155	476	0.023	769	0.005	837	0.263	531	0.328	686	0.438	800
芜湖	中国	0.155	477	0.272	298	0.022	430	0.437	113	0.420	460	0.613	307
埃斯基谢希尔	土耳其	0.155	478	0.188	397	0.013	711	0.232	684	0.335	667	0.452	773
奥伦堡	俄罗斯	0.155	479	0.069	648	0.002	944	0.221	750	0.328	687	0.589	375
乌尔米耶	伊朗	0.155	480	0.000	873	0.002	944	0.379	185	0.305	754	0.370	933
木尔坦	巴基斯坦	0.155	481	0.000	927	0.004	862	0.288	413	0.301	769	0.415	855

续表

城市	所属国家/地区	金融服务指数	排名	产业体系指数	排名	当地需求指数	排名	经济活力指数	排名	社会包容指数	排名	政府管理指数	排名
南通	中国	0.155	482	0.395	178	0.025	413	0.427	121	0.436	429	0.568	466
特拉斯卡拉	墨西哥	0.154	483	0.120	540	0.046	310	0.258	547	0.318	720	0.536	597
卡诺	尼日利亚	0.154	484	0.195	386	0.002	944	0.263	530	0.480	359	0.919	41
莫雷利亚	墨西哥	0.154	485	0.116	551	0.017	469	0.282	449	0.428	445	0.554	525
科尔多瓦	阿根廷	0.154	486	0.143	482	0.025	418	0.263	529	0.520	294	0.645	242
萨戈达	巴基斯坦	0.154	487	0.000	912	0.033	373	0.259	541	0.199	975	0.386	907
圣路易斯波托西	墨西哥	0.154	488	0.135	505	0.044	315	0.283	439	0.470	372	0.549	549
达喀尔	塞内加尔	0.154	489	0.086	613	0.062	251	0.271	494	0.356	614	0.318	975
隆德里纳	巴西	0.154	490	0.111	564	0.018	463	0.293	382	0.400	504	0.344	959
阿卡普尔科	墨西哥	0.154	491	0.023	797	0.015	515	0.241	640	0.363	601	0.483	709
迪亚巴克尔	土耳其	0.154	492	0.028	752	0.007	800	0.204	818	0.390	522	0.494	695
阿斯特拉罕	俄罗斯	0.154	493	0.054	688	0.002	944	0.223	733	0.333	672	0.523	630
贾巴尔普尔	印度	0.153	494	0.000	854	0.025	418	0.284	437	0.254	896	0.429	817
韶关	中国	0.153	495	0.128	527	0.014	538	0.222	737	0.413	475	0.560	501
伊巴丹	尼日利亚	0.153	496	0.001	815	0.004	862	0.279	462	0.540	260	0.665	213
古杰兰瓦拉	巴基斯坦	0.152	497	0.000	989	0.013	711	0.268	505	0.354	622	0.418	851
龙仁	韩国	0.152	498	0.494	82	0.055	274	0.184	882	0.538	265	0.615	301
襄阳	中国	0.152	499	0.210	366	0.014	538	0.248	596	0.424	455	0.560	502
鞍山	中国	0.152	500	0.192	391	0.014	538	0.128	993	0.438	424	0.557	512
沙加	阿拉伯联合酋长国	0.152	501	0.199	378	0.012	724	0.411	142	0.502	319	0.675	203
楠榜省	印度尼西亚	0.152	502	0.000	957	0.006	812	0.233	676	0.332	677	0.473	726
奥兰加巴德	印度	0.152	503	0.322	248	0.004	862	0.300	345	0.309	744	0.472	728
巴基西梅托	委内瑞拉	0.152	504	0.000	860	0.004	862	0.265	522	0.493	336	0.407	869
马拉凯	委内瑞拉	0.152	505	0.052	696	0.012	724	0.265	521	0.538	267	0.538	594
阿尔及尔	阿尔及利亚	0.151	506	0.002	811	0.159	104	0.315	288	0.420	461	0.516	648
维拉克斯	墨西哥	0.151	507	0.167	439	0.039	329	0.256	558	0.445	411	0.710	167

续表

城市	所属国家/地区	金融服务指数	排名	产业体系指数	排名	当地需求指数	排名	经济活力指数	排名	社会包容指数	排名	政府管理指数	排名
图斯特拉古铁雷斯	墨西哥	0.151	508	0.000	946	0.032	384	0.251	582	0.389	526	0.633	259
大庆	中国	0.151	509	0.227	346	0.014	538	0.223	732	0.456	393	0.514	656
兰契	印度	0.151	510	0.024	761	0.022	441	0.293	380	0.281	825	0.453	764
丹巴德	印度	0.151	511	0.001	834	0.005	837	0.297	363	0.237	927	0.417	853
白沙瓦	巴基斯坦	0.151	512	0.052	692	0.020	450	0.279	465	0.315	726	0.380	917
阿拉卡茹	巴西	0.150	513	0.037	737	0.007	800	0.250	586	0.362	603	0.202	1025
邯郸	中国	0.150	514	0.324	247	0.016	480	0.235	667	0.403	496	0.589	374
安拉阿巴德	印度	0.150	515	0.024	756	0.004	862	0.307	320	0.274	845	0.458	755
布莱梅	德国	0.150	516	0.408	170	0.046	309	0.226	713	0.587	201	0.917	43
吉林	中国	0.150	517	0.355	217	0.014	538	0.193	858	0.430	442	0.566	476
梁赞	俄罗斯	0.150	518	0.101	581	0.000	966	0.222	743	0.304	760	0.549	545
大同	中国	0.150	519	0.156	456	0.014	538	0.201	830	0.412	476	0.638	250
焦特布尔	印度	0.150	520	0.037	735	0.022	441	0.301	339	0.273	849	0.401	892
莱比锡	德国	0.150	521	0.358	212	0.094	172	0.257	553	0.542	256	0.906	58
阿散索尔	印度	0.149	522	0.000	940	0.003	926	0.282	446	0.313	729	0.476	719
埃莫西约	墨西哥	0.149	523	0.227	345	0.048	302	0.279	461	0.461	388	0.920	39
巴东	印度尼西亚	0.149	524	0.054	685	0.007	800	0.224	729	0.320	713	0.603	332
巴塞罗那－拉克鲁斯港	委内瑞拉	0.149	525	0.417	163	0.033	373	0.258	546	0.510	305	0.540	585
科恰班巴	玻利维亚	0.149	526	0.000	906	0.012	724	0.236	663	0.366	595	0.886	65
康塞普西翁	智利	0.149	527	0.072	644	0.034	360	0.317	281	0.457	392	0.526	623
仰光	缅甸	0.148	528	0.023	790	0.020	450	0.305	324	0.389	527	0.363	945
容迪亚伊	巴西	0.148	529	0.077	633	0.010	761	0.252	580	0.433	434	0.574	435
瓜廖尔	印度	0.148	530	0.024	764	0.004	862	0.302	333	0.254	895	0.430	816
阿姆利则	印度	0.148	531	0.075	636	0.003	926	0.303	330	0.307	749	0.441	792
库亚巴	巴西	0.148	532	0.001	833	0.027	402	0.248	600	0.320	714	0.239	1019
阿克拉	加纳	0.148	533	0.066	653	0.078	204	0.288	410	0.361	605	0.357	948
科塔	印度	0.148	534	0.175	424	0.006	812	0.302	334	0.282	822	0.469	734

续表

城市	所属国家/地区	金融服务指数	排名	产业体系指数	排名	当地需求指数	排名	经济活力指数	排名	社会包容指数	排名	政府管理指数	排名
三马林达	印度尼西亚	0.148	535	0.000	970	0.008	780	0.229	699	0.407	485	0.655	230
茂物	印度尼西亚	0.147	536	0.111	561	0.013	711	0.230	696	0.304	759	0.448	781
昌原	韩国	0.147	537	0.383	191	0.067	237	0.163	939	0.532	279	0.622	282
哈马丹	伊朗	0.147	538	0.001	839	0.006	812	0.376	187	0.282	823	0.374	926
阿加迪尔	摩洛哥	0.147	539	0.060	672	0.056	268	0.261	537	0.280	827	0.478	717
布巴内斯瓦尔	印度	0.147	540	0.078	631	0.025	418	0.307	318	0.253	897	0.479	716
蒂鲁巴	印度	0.147	541	0.000	1003	0.003	926	0.307	319	0.327	688	0.519	640
阿瓜斯卡连特斯	墨西哥	0.147	542	0.000	852	0.088	188	0.264	526	0.472	370	0.746	135
坎昆	墨西哥	0.147	543	0.000	964	0.010	761	0.268	512	0.451	399	0.516	649
格兰德营	巴西	0.147	544	0.130	519	0.002	944	0.272	490	0.385	538	0.265	1010
泉州	中国	0.147	545	0.194	387	0.014	538	0.475	87	0.447	408	0.566	473
比莱纳格尔	印度	0.146	546	0.000	946	0.005	837	0.280	456	0.253	898	0.455	760
开塞利	土耳其	0.146	547	0.090	606	0.000	966	0.247	606	0.406	488	0.549	547
齐齐哈尔	中国	0.146	548	0.217	358	0.015	515	0.177	903	0.390	523	0.503	677
衡阳	中国	0.146	549	0.239	329	0.016	480	0.343	230	0.399	505	0.533	606
耶路撒冷	以色列	0.146	550	0.452	129	0.127	131	0.344	228	0.526	287	0.770	114
淮南	中国	0.146	551	0.148	475	0.014	538	0.244	623	0.414	473	0.609	317
马图林	委内瑞拉	0.146	552	0.000	940	0.025	413	0.231	692	0.438	426	0.503	681
高阳	韩国	0.145	553	0.383	189	0.008	780	0.172	920	0.458	391	0.502	682
帕丘卡-德索托	墨西哥	0.145	554	0.170	431	0.020	450	0.255	565	0.380	553	0.666	211
伊斯兰堡	巴基斯坦	0.145	555	0.073	643	0.111	144	0.291	394	0.294	788	0.382	912
的黎波里	利比亚	0.145	556	0.083	620	0.033	379	0.216	780	0.476	365	0.482	712
抚顺	中国	0.145	557	0.198	381	0.014	538	0.098	1015	0.405	490	0.563	490
扬州	中国	0.144	558	0.256	310	0.016	480	0.329	253	0.419	463	0.553	526
巴雷利	印度	0.144	559	0.000	923	0.004	862	0.300	342	0.263	874	0.441	793
阿拉木图	哈萨克斯坦	0.144	560	0.187	406	0.232	74	0.291	390	0.534	277	0.449	777

续表

城市	所属国家/地区	金融服务指数	排名	产业体系指数	排名	当地需求指数	排名	经济活力指数	排名	社会包容指数	排名	政府管理指数	排名
高哈蒂	印度	0.144	561	0.066	652	0.023	429	0.315	285	0.275	842	0.406	874
莫拉达巴德	印度	0.144	562	0.000	930	0.007	800	0.295	373	0.251	906	0.436	807
阿尔达比勒	伊朗	0.144	563	0.000	920	0.015	515	0.350	219	0.260	882	0.401	891
弗里尼欣	南非	0.144	564	0.090	609	0.012	724	0.319	275	0.377	560	0.204	1023
台州	中国	0.144	565	0.361	211	0.016	480	0.148	960	0.448	404	0.577	424
潍坊	中国	0.144	566	0.358	213	0.014	538	0.269	504	0.428	446	0.603	331
阿布贾	尼日利亚	0.144	567	0.052	691	0.065	241	0.211	797	0.504	315	0.506	673
马那瓜	尼加拉瓜	0.144	568	0.023	787	0.072	223	0.302	336	0.327	689	0.344	958
达累斯萨拉姆	坦桑尼亚	0.144	569	0.040	718	0.026	408	0.229	702	0.382	549	0.329	969
南安普顿	英国	0.144	570	0.428	151	0.104	162	0.325	262	0.435	431	0.772	108
埃森	德国	0.144	571	0.512	71	0.049	301	0.071	1022	0.524	289	0.917	43
昌迪加尔	印度	0.144	572	0.207	371	0.037	348	0.327	259	0.345	643	0.427	823
安山	韩国	0.143	573	0.474	100	0.013	711	0.124	1000	0.496	332	0.635	256
盐城	中国	0.143	574	0.231	340	0.014	538	0.222	735	0.407	484	0.558	510
阿勒颇	叙利亚	0.143	575	0.001	841	0.000	966	0.221	752	0.376	566	0.395	898
阿里格尔	印度	0.143	576	0.001	825	0.005	837	0.322	267	0.256	892	0.429	821
奇瓦瓦	墨西哥	0.143	577	0.070	645	0.004	862	0.264	525	0.426	449	0.596	359
斯法克斯	突尼斯	0.143	578	0.000	1003	0.004	862	0.279	460	0.306	752	0.284	1003
萨尔蒂约	墨西哥	0.143	579	0.088	612	0.020	450	0.262	532	0.464	382	0.608	318
圣菲	阿根廷	0.143	580	0.174	426	0.052	290	0.237	660	0.486	349	0.630	266
蒂鲁吉拉伯利	印度	0.142	581	0.000	946	0.003	926	0.312	298	0.293	793	0.467	739
泰安	中国	0.142	582	0.173	427	0.014	538	0.231	689	0.423	456	0.637	254
坦皮科	墨西哥	0.142	583	0.125	532	0.008	780	0.249	590	0.434	433	0.628	269
代尼兹利	土耳其	0.142	584	0.063	666	0.014	538	0.229	703	0.404	493	0.598	350
哈科特港	尼日利亚	0.142	585	0.000	879	0.007	800	0.209	806	0.550	249	0.571	453
库马西	加纳	0.142	586	0.001	836	0.000	966	0.244	621	0.380	550	0.364	941
保定	中国	0.142	587	0.250	320	0.016	480	0.452	101	0.374	570	0.535	600
金边	柬埔寨	0.142	588	0.052	695	0.132	125	0.284	436	0.389	525	0.461	747
喀土穆	苏丹	0.142	589	0.097	593	0.000	966	0.272	493	0.554	241	0.375	925

续表

城市	所属国家/地区	金融服务指数	排名	产业体系指数	排名	当地需求指数	排名	经济活力指数	排名	社会包容指数	排名	政府管理指数	排名
新山市	马来西亚	0.142	590	0.117	546	0.091	181	0.456	98	0.440	419	0.876	70
马辰港	印度尼西亚	0.141	591	0.000	957	0.006	812	0.218	770	0.265	870	0.565	479
胡布利-塔尔瓦德	印度	0.141	592	0.098	589	0.004	862	0.282	448	0.263	873	0.429	822
株洲	中国	0.140	593	0.273	297	0.016	480	0.273	484	0.411	478	0.553	533
清州	韩国	0.140	594	0.328	242	0.013	711	0.216	778	0.486	351	0.643	244
圣萨尔瓦多	萨尔瓦多	0.140	595	0.054	684	0.021	447	0.280	457	0.414	472	0.453	768
伊丽莎白港	南非	0.140	596	0.213	362	0.004	862	0.344	223	0.403	497	0.264	1012
塞伦	印度	0.140	597	0.454	127	0.004	862	0.315	286	0.290	802	0.474	723
迈索尔	印度	0.140	598	0.115	557	0.002	944	0.305	322	0.291	800	0.432	813
莆田	中国	0.140	599	0.185	410	0.014	538	0.311	300	0.401	499	0.564	483
湛江	中国	0.140	600	0.128	524	0.014	538	0.352	216	0.375	567	0.547	557
肖拉普尔	印度	0.139	601	0.023	795	0.005	837	0.285	425	0.283	820	0.581	410
科泽科德	印度	0.139	602	0.001	831	0.003	926	0.303	331	0.312	736	0.442	789
加德满都	尼泊尔	0.139	603	0.001	819	0.017	469	0.222	748	0.289	803	0.378	920
库埃纳瓦卡	墨西哥	0.139	604	0.166	443	0.008	780	0.267	513	0.425	451	0.559	503
万博	安哥拉	0.139	605	0.000	964	0.000	966	0.143	969	0.387	532	0.497	691
比亚埃尔莫萨	墨西哥	0.139	606	0.023	793	0.012	724	0.261	538	0.486	350	0.908	56
贾朗达尔	印度	0.138	607	0.060	669	0.004	862	0.293	381	0.287	810	0.513	657
南阳	中国	0.138	608	0.408	169	0.016	480	0.247	608	0.371	581	0.550	543
费拉迪圣安娜	巴西	0.138	609	0.024	762	0.015	515	0.274	482	0.305	757	0.574	435
西爪哇斗望	印度尼西亚	0.137	610	0.000	1003	0.000	966	0.237	656	0.294	789	0.536	598
湘潭	中国	0.137	611	0.223	350	0.016	480	0.427	120	0.386	537	0.617	293
新乡	中国	0.137	612	0.195	385	0.016	480	0.334	244	0.370	585	0.531	613
营口	中国	0.137	613	0.185	411	0.016	480	0.200	837	0.390	524	0.619	286
日照	中国	0.137	614	0.102	579	0.015	515	0.248	597	0.392	519	0.701	173
连云港	中国	0.137	615	0.338	238	0.014	538	0.316	282	0.379	556	0.567	471
巴马科	马里	0.137	616	0.000	889	0.000	966	0.163	937	0.258	888	0.410	863

续表

城市	所属国家/地区	金融服务指数	排名	产业体系指数	排名	当地需求指数	排名	经济活力指数	排名	社会包容指数	排名	政府管理指数	排名
宿迁	中国	0.137	617	0.131	516	0.016	480	0.309	308	0.354	620	0.549	548
绵阳	中国	0.137	618	0.238	331	0.014	538	0.327	258	0.385	539	0.538	593
秦皇岛	中国	0.137	619	0.197	382	0.014	538	0.389	163	0.389	530	0.575	432
塞拉亚	墨西哥	0.137	620	0.083	621	0.012	724	0.256	556	0.401	501	0.564	485
本溪	中国	0.137	621	0.065	661	0.014	538	0.132	986	0.386	535	0.602	336
镇江	中国	0.136	622	0.314	253	0.019	458	0.286	419	0.401	500	0.598	353
坤甸	印度尼西亚	0.136	623	0.000	964	0.013	711	0.222	744	0.270	855	0.594	362
哈拉巴	墨西哥	0.136	624	0.122	537	0.006	812	0.246	612	0.416	471	0.699	176
南充	中国	0.136	625	0.169	434	0.014	538	0.322	268	0.368	588	0.573	448
枣庄	中国	0.136	626	0.115	556	0.014	538	0.222	741	0.391	520	0.569	459
基希讷乌	摩尔多瓦	0.136	627	0.060	675	0.054	281	0.329	254	0.280	826	0.281	1006
特里凡得琅	印度	0.136	628	0.141	487	0.001	962	0.296	369	0.318	718	0.471	729
圭亚那城	委内瑞拉	0.135	629	0.000	970	0.004	862	0.261	539	0.459	390	0.429	820
锦州	中国	0.135	630	0.212	365	0.014	538	0.220	757	0.380	551	0.537	596
贝尔谢巴	以色列	0.135	631	0.155	459	0.008	780	0.131	988	0.521	293	0.655	228
萨哈兰普尔	印度	0.135	632	0.060	674	0.005	837	0.296	366	0.259	884	0.488	703
怡保	马来西亚	0.135	633	0.108	568	0.016	480	0.197	846	0.327	690	0.415	856
巴厘巴板	印度尼西亚	0.135	634	0.000	1003	0.047	303	0.223	734	0.382	548	0.696	182
尚勒乌尔法	土耳其	0.135	635	0.025	755	0.004	862	0.197	849	0.316	725	0.438	801
赤峰	中国	0.135	636	0.098	591	0.014	538	0.209	804	0.370	582	0.585	389
萨姆松	土耳其	0.135	637	0.148	473	0.008	780	0.196	851	0.363	602	0.486	706
马斯喀特	阿曼	0.135	638	0.095	597	0.069	234	0.561	50	0.466	379	0.691	187
桑托斯将军城	菲律宾	0.135	639	0.023	800	0.041	321	0.225	718	0.269	858	0.440	795
马塔莫罗斯	墨西哥	0.134	640	0.134	509	0.016	480	0.232	688	0.393	516	0.866	72
张家口	中国	0.134	641	0.147	476	0.014	538	0.221	751	0.361	604	0.533	605
瓦朗加尔	印度	0.134	642	0.037	727	0.004	862	0.303	329	0.276	838	0.470	731
安阳	中国	0.134	643	0.418	162	0.014	538	0.232	685	0.374	569	0.588	383

续表

城市	所属国家/地区	金融服务指数	排名	产业体系指数	排名	当地需求指数	排名	经济活力指数	排名	社会包容指数	排名	政府管理指数	排名
茹伊斯迪福拉	巴西	0.134	644	0.062	667	0.003	926	0.282	451	0.357	608	0.574	435
贡土尔	印度	0.133	645	0.023	771	0.010	761	0.286	422	0.260	881	0.527	621
荆州	中国	0.133	646	0.131	518	0.014	538	0.315	289	0.367	590	0.541	579
济宁	中国	0.133	647	0.208	368	0.014	538	0.196	852	0.396	511	0.629	268
占碑	印度尼西亚	0.133	648	0.000	970	0.013	711	0.229	701	0.293	794	0.818	91
岳阳	中国	0.133	649	0.238	330	0.014	538	0.257	549	0.366	594	0.589	376
淮北	中国	0.133	650	0.145	480	0.014	538	0.286	423	0.368	587	0.569	461
桂林	中国	0.133	651	0.162	446	0.016	480	0.245	617	0.372	576	0.611	312
摩苏尔	伊拉克	0.133	652	0.000	912	0.016	480	0.231	690	0.418	464	0.573	447
比卡内尔	印度	0.132	653	0.000	930	0.008	780	0.285	431	0.213	956	0.506	672
特鲁希略	秘鲁	0.132	654	0.065	664	0.036	349	0.282	447	0.371	580	0.363	944
东营	中国	0.132	655	0.177	421	0.014	538	0.174	913	0.413	474	0.618	292
德拉敦	印度	0.132	656	0.000	964	0.004	862	0.288	409	0.318	719	0.453	763
萨尔塔	阿根廷	0.132	657	0.023	774	0.027	403	0.225	725	0.399	506	0.375	924
麦地那	沙特阿拉伯	0.132	658	0.312	257	0.017	469	0.237	657	0.509	308	0.513	658
全州	韩国	0.132	659	0.378	194	0.005	837	0.163	936	0.482	354	0.818	90
圣若泽杜斯坎普斯	巴西	0.131	660	0.038	720	0.033	368	0.253	573	0.433	435	0.574	435
圣米格尔－德图库曼	阿根廷	0.131	661	0.000	859	0.000	966	0.229	700	0.494	334	0.519	638
比宛迪	印度	0.131	662	0.023	803	0.004	862	0.280	458	0.275	841	0.501	688
宜昌	中国	0.131	663	0.184	414	0.014	538	0.268	508	0.368	586	0.601	343
盖布泽	土耳其	0.131	664	0.291	282	0.047	303	0.220	758	0.483	353	0.754	125
达曼	沙特阿拉伯	0.130	665	0.023	768	0.017	469	0.235	669	0.525	288	0.516	647
台南	中国	0.130	666	0.304	268	0.071	226	0.353	215	0.523	290	0.627	272
宿州	中国	0.130	667	0.116	549	0.014	538	0.249	593	0.350	630	0.550	540
常德	中国	0.130	668	0.309	262	0.014	538	0.246	613	0.354	623	0.566	477

续表

城市	所属国家/地区	金融服务指数	排名	产业体系指数	排名	当地需求指数	排名	经济活力指数	排名	社会包容指数	排名	政府管理指数	排名
圣地亚哥	多米尼加共和国	0.129	669	0.042	717	0.034	360	0.250	585	0.376	563	0.490	700
亚的斯亚贝巴	埃塞俄比亚	0.129	670	0.067	650	0.024	425	0.257	551	0.288	808	0.379	919
瓦哈卡	墨西哥	0.129	671	0.046	707	0.004	862	0.255	563	0.384	543	0.674	204
本地治里	印度	0.129	672	0.046	710	0.005	837	0.285	426	0.284	818	0.437	804
威海	中国	0.129	673	0.349	228	0.016	480	0.359	207	0.389	529	0.634	258
比什凯克	吉尔吉斯斯坦	0.129	674	0.023	778	0.031	393	0.316	283	0.132	1022	0.185	1029
嘉兴	中国	0.129	675	0.329	241	0.014	538	0.302	337	0.419	462	0.654	232
马莱冈	印度	0.128	676	0.000	989	0.011	754	0.289	402	0.246	912	0.461	748
克塔克	印度	0.128	677	0.000	915	0.007	800	0.279	466	0.193	990	0.413	858
库利亚坎	墨西哥	0.128	678	0.037	742	0.000	966	0.276	479	0.431	439	0.728	150
咸阳	中国	0.128	679	0.046	716	0.014	538	0.435	114	0.388	531	0.570	456
平顶山	中国	0.128	680	0.214	360	0.014	538	0.223	731	0.354	619	0.546	560
遵义	中国	0.128	681	0.069	646	0.016	480	0.245	618	0.343	651	0.556	514
坎努尔	印度	0.128	682	0.037	747	0.005	837	0.292	387	0.275	843	0.491	699
康科德	美国	0.128	683	0.471	105	0.084	196	0.145	965	0.353	624	0.706	170
拉普拉塔	阿根廷	0.128	684	0.203	376	0.000	966	0.291	393	0.447	407	0.424	832
萨利加里	印度	0.128	685	0.000	946	0.001	962	0.293	379	0.253	901	0.452	769
喀布尔	阿富汗	0.128	686	0.023	776	0.002	944	0.242	629	0.409	483	0.404	877
蚌埠	中国	0.128	687	0.204	375	0.014	538	0.241	644	0.356	613	0.561	499
牡丹江	中国	0.127	688	0.114	558	0.014	538	0.200	839	0.357	611	0.599	347
埃尔比勒	伊拉克	0.127	689	0.000	879	0.016	480	0.209	805	0.437	428	0.615	303
贝宁	尼日利亚	0.127	690	0.000	1003	0.012	724	0.210	800	0.439	423	0.531	614
戈勒克布尔	印度	0.127	691	0.000	889	0.006	812	0.278	469	0.182	995	0.403	880
十堰	中国	0.127	692	0.306	266	0.014	538	0.286	421	0.343	647	0.532	608
马德普拉塔	阿根廷	0.127	693	0.074	639	0.006	812	0.233	680	0.418	465	0.623	277
奎达	巴基斯坦	0.126	694	0.000	907	0.013	711	0.252	576	0.251	904	0.373	928

续表

城市	所属国家/地区	金融服务指数	排名	产业体系指数	排名	当地需求指数	排名	经济活力指数	排名	社会包容指数	排名	政府管理指数	排名
丹东	中国	0.126	695	0.151	467	0.014	538	0.141	971	0.345	644	0.583	402
六安	中国	0.126	696	0.023	803	0.014	538	0.265	524	0.332	674	0.544	567
清远	中国	0.126	697	0.138	494	0.014	538	0.305	323	0.336	663	0.522	633
查谟	印度	0.126	698	0.054	680	0.005	837	0.291	396	0.270	856	0.502	683
阜阳	中国	0.126	699	0.181	417	0.014	538	0.169	926	0.337	661	0.563	492
开封	中国	0.125	700	0.089	610	0.014	538	0.311	304	0.334	670	0.523	626
阿姆拉瓦提	印度	0.125	701	0.023	777	0.004	862	0.291	392	0.243	921	0.473	725
马鞍山	中国	0.125	702	0.152	465	0.016	480	0.259	543	0.373	575	0.594	361
埃罗德	印度	0.125	703	0.023	775	0.010	761	0.287	415	0.258	887	0.667	210
萍乡	中国	0.125	704	0.000	982	0.014	538	0.190	866	0.357	610	0.611	314
阜新	中国	0.125	705	0.176	422	0.014	538	0.160	943	0.331	679	0.578	420
泰布克	沙特阿拉伯	0.125	706	0.000	847	0.045	313	0.264	528	0.387	534	0.509	665
赣州	中国	0.125	707	0.140	489	0.016	480	0.383	178	0.333	671	0.580	412
辽阳	中国	0.125	708	0.099	587	0.014	538	0.125	999	0.348	636	0.539	589
卢萨卡	赞比亚	0.125	709	0.025	754	0.081	202	0.219	766	0.343	649	0.370	931
霍姆斯	叙利亚	0.125	710	0.000	915	0.008	780	0.179	899	0.309	746	0.402	884
泸州	中国	0.124	711	0.157	454	0.014	538	0.153	952	0.348	632	0.532	609
揭阳	中国	0.124	712	0.172	429	0.014	538	0.403	150	0.323	699	0.553	527
乐山	中国	0.124	713	0.083	619	0.014	538	0.242	633	0.347	637	0.590	370
安养	韩国	0.124	714	0.233	336	0.004	862	0.129	991	0.449	401	0.561	498
米苏拉塔	利比亚	0.124	715	0.000	1003	0.010	761	0.234	674	0.301	770	0.503	676
菲罗扎巴德	印度	0.124	716	0.000	1003	0.003	926	0.289	406	0.199	974	0.419	843
波卡罗钢铁城	印度	0.124	717	0.000	1003	0.010	761	0.276	478	0.202	966	0.420	842
贝尔高姆	印度	0.123	718	0.046	709	0.004	862	0.284	433	0.231	939	0.429	819
贵港	中国	0.123	719	0.000	982	0.014	538	0.219	762	0.338	658	0.690	188
葫芦岛	中国	0.123	720	0.037	740	0.016	480	0.141	970	0.328	685	0.603	330
芒格洛尔	印度	0.123	721	0.060	668	0.006	812	0.286	420	0.276	836	0.443	787
莱芜	中国	0.123	722	0.080	630	0.014	538	0.115	1007	0.371	579	0.621	283

续表

城市	所属国家/地区	金融服务指数	排名	产业体系指数	排名	当地需求指数	排名	经济活力指数	排名	社会包容指数	排名	政府管理指数	排名
库尔纳	孟加拉国	0.123	723	0.000	849	0.004	862	0.294	377	0.275	840	0.442	788
盘锦	中国	0.123	724	0.082	625	0.016	480	0.088	1018	0.357	612	0.588	378
督伽坡	印度	0.123	725	0.038	721	0.005	837	0.297	362	0.230	940	0.427	825
包纳加尔	印度	0.123	726	0.023	786	0.004	862	0.287	417	0.235	931	0.558	509
泰州	中国	0.122	727	0.330	240	0.014	538	0.222	736	0.370	583	0.589	377
贝尔格蒙	意大利	0.122	728	0.347	231	0.027	403	0.042	1030	0.332	676	0.761	119
古尔伯加	印度	0.122	729	0.000	930	0.006	812	0.290	397	0.206	963	0.483	708
邢台	中国	0.122	730	0.170	433	0.014	538	0.317	280	0.320	712	0.659	221
焦作	中国	0.122	731	0.080	627	0.014	538	0.291	395	0.336	666	0.580	414
南德	印度	0.122	732	0.000	915	0.005	837	0.283	438	0.213	957	0.469	735
布瓦凯	科特迪瓦	0.122	733	0.023	800	0.034	360	0.176	909	0.142	1019	0.403	883
信阳	中国	0.122	734	0.255	312	0.015	515	0.251	583	0.317	721	0.555	519
宝鸡	中国	0.121	735	0.128	525	0.014	538	0.217	771	0.367	589	0.720	160
长治	中国	0.121	736	0.190	396	0.014	538	0.295	372	0.338	659	0.567	469
黄石	中国	0.121	737	0.098	590	0.014	538	0.232	687	0.342	653	0.593	364
杜兰戈	墨西哥	0.121	738	0.218	357	0.013	711	0.266	518	0.380	555	0.584	393
贾姆讷格尔	印度	0.121	739	0.052	700	0.004	862	0.273	486	0.246	911	0.482	711
商丘	中国	0.121	740	0.000	927	0.014	538	0.389	162	0.324	696	0.601	342
漳州	中国	0.121	741	0.250	322	0.014	538	0.314	293	0.343	648	0.547	554
鄂尔多斯	中国	0.120	742	0.000	957	0.016	480	0.347	221	0.366	591	0.639	248
占西	印度	0.120	743	0.000	912	0.005	837	0.285	424	0.198	980	0.514	655
鸡西	中国	0.120	744	0.023	803	0.014	538	0.058	1027	0.306	753	0.552	535
郴州	中国	0.120	745	0.102	580	0.014	538	0.214	785	0.332	675	0.559	504
绍兴	中国	0.120	746	0.257	308	0.016	480	0.272	488	0.390	521	0.613	306
自贡	中国	0.120	747	0.129	522	0.014	538	0.160	942	0.335	668	0.544	570
益阳	中国	0.120	748	0.164	445	0.014	538	0.182	890	0.317	723	0.578	421
切尔塔拉	印度	0.120	749	0.065	659	0.004	862	0.242	631	0.192	991	0.474	722
阿杰梅尔	印度	0.120	750	0.001	839	0.005	837	0.281	452	0.200	970	0.444	785
卡耶姆库拉姆镇	印度	0.120	751	0.000	1003	0.006	812	0.242	635	0.227	942	0.409	865

续表

城市	所属国家/地区	金融服务指数	排名	产业体系指数	排名	当地需求指数	排名	经济活力指数	排名	社会包容指数	排名	政府管理指数	排名
蒂梅丘拉-穆列塔	美国	0.120	752	0.307	265	0.016	480	0.120	1003	0.430	443	0.683	194
金沙萨	刚果	0.119	753	0.000	877	0.050	295	0.323	266	0.472	371	0.299	989
六盘水	中国	0.119	754	0.000	951	0.014	538	0.184	880	0.319	716	0.576	430
奢羯罗	印度	0.119	755	0.000	1003	0.006	812	0.277	472	0.238	926	0.483	710
聊城	中国	0.119	756	0.123	535	0.014	538	0.246	610	0.348	635	0.578	418
巴哈瓦尔布尔	巴基斯坦	0.119	757	0.000	871	0.004	862	0.256	559	0.295	786	0.403	879
阳泉	中国	0.118	758	0.000	982	0.014	538	0.122	1002	0.331	682	0.585	391
鲁尔克拉	印度	0.118	759	0.000	1003	0.004	862	0.277	473	0.198	977	0.464	742
攀枝花	中国	0.118	760	0.090	607	0.014	538	0.146	963	0.345	640	0.566	474
孝感	中国	0.118	761	0.152	463	0.014	538	0.333	247	0.327	691	0.604	327
内洛儿	印度	0.118	762	0.000	970	0.001	962	0.289	403	0.234	933	0.456	759
临汾	中国	0.118	763	0.075	637	0.014	538	0.375	189	0.325	693	0.591	368
新竹	中国	0.118	764	0.357	214	0.033	379	0.394	158	0.497	327	0.662	217
九江	中国	0.117	765	0.109	567	0.014	538	0.336	240	0.333	673	0.557	513
金华	中国	0.117	766	0.238	332	0.014	538	0.278	468	0.383	547	0.599	349
戈尔哈布尔县	印度	0.117	767	0.023	780	0.003	926	0.299	351	0.260	883	0.576	428
坎帕拉	乌干达	0.117	768	0.006	807	0.029	395	0.222	740	0.344	645	0.287	1001
班加西	利比亚	0.117	769	0.000	1003	0.004	862	0.222	745	0.416	470	0.597	356
鄂州	中国	0.117	770	0.053	690	0.014	538	0.262	534	0.318	717	0.542	576
布拉瓦约	津巴布韦	0.117	771	0.000	873	0.004	862	0.295	375	0.195	987	0.374	927
苏莱曼尼亚	伊拉克	0.117	772	0.000	989	0.032	387	0.200	836	0.429	444	1.000	1
天水	中国	0.116	773	0.164	444	0.014	538	0.272	489	0.298	777	0.516	646
乌贾因	印度	0.116	774	0.000	893	0.004	862	0.290	399	0.197	982	0.510	664
宜宾	中国	0.116	775	0.180	419	0.015	515	0.221	754	0.320	715	0.546	562
邵阳	中国	0.116	776	0.099	588	0.014	538	0.187	874	0.299	775	0.531	610
佳木斯	中国	0.116	777	0.037	738	0.014	538	0.170	924	0.312	737	0.528	616
安庆	中国	0.116	778	0.192	390	0.014	538	0.231	691	0.313	731	0.619	290
伊春	中国	0.116	779	0.093	603	0.014	538	0.022	1032	0.297	779	0.544	566
利伯维尔	加蓬	0.116	780	0.023	794	0.053	282	0.249	589	0.365	597	0.438	797

续表

城市	所属国家/地区	金融服务指数	排名	产业体系指数	排名	当地需求指数	排名	经济活力指数	排名	社会包容指数	排名	政府管理指数	排名
永州	中国	0.116	781	0.098	592	0.014	538	0.225	720	0.302	764	0.542	578
穆扎法尔讷格尔	印度	0.116	782	0.000	989	0.003	926	0.242	636	0.148	1013	0.453	767
茂名	中国	0.116	783	0.143	483	0.014	538	0.292	389	0.299	772	0.544	569
肇庆	中国	0.115	784	0.162	447	0.014	538	0.344	226	0.310	742	0.543	572
三宝颜	菲律宾	0.115	785	0.000	1003	0.002	944	0.235	670	0.287	812	0.503	679
承德	中国	0.115	786	0.060	670	0.014	538	0.307	317	0.305	756	0.547	553
新余	中国	0.115	787	0.127	530	0.014	538	0.216	776	0.334	669	0.571	451
巴中	中国	0.115	788	0.000	1003	0.014	538	0.265	523	0.309	745	0.550	542
德阳	中国	0.115	789	0.146	478	0.014	538	0.230	694	0.323	701	0.576	426
蒙巴萨岛	肯尼亚	0.115	790	0.054	686	0.015	515	0.199	842	0.302	768	0.282	1005
蒂鲁伯蒂	印度	0.114	791	0.000	873	0.004	862	0.256	557	0.195	988	0.451	774
通辽	中国	0.114	792	0.023	770	0.014	538	0.240	646	0.315	727	0.663	214
韦诺尔	印度	0.114	793	0.128	523	0.004	862	0.274	483	0.224	944	0.516	650
杜尚别	塔吉克斯坦	0.114	794	0.000	858	0.063	245	0.297	359	0.201	967	0.251	1015
蒂鲁内尔维利	印度	0.114	795	0.000	889	0.004	862	0.253	571	0.187	993	0.474	724
廊坊	中国	0.114	796	0.240	327	0.014	538	0.401	152	0.339	656	0.568	467
拉杰沙希	孟加拉国	0.114	797	0.000	863	0.010	761	0.314	291	0.266	863	0.444	786
英帕尔	印度	0.113	798	0.000	907	0.005	837	0.251	581	0.146	1016	0.450	776
马图拉	印度	0.113	799	0.149	472	0.004	862	0.244	622	0.158	1012	0.512	662
德州	中国	0.113	800	0.168	437	0.014	538	0.278	467	0.328	684	0.616	297
哈马	叙利亚	0.113	801	0.000	970	0.008	780	0.162	940	0.277	832	0.401	890
玉林	中国	0.113	802	0.185	412	0.014	538	0.241	642	0.325	695	0.642	247
菏泽	中国	0.113	803	0.148	474	0.014	538	0.202	827	0.309	743	0.551	539
亳州	中国	0.113	804	0.000	1003	0.015	515	0.225	717	0.295	787	0.545	565
河源	中国	0.112	805	0.065	663	0.014	538	0.338	238	0.282	824	0.538	591
舟山	中国	0.112	806	0.138	493	0.014	538	0.129	990	0.372	578	0.577	425
宜春	中国	0.112	807	0.093	602	0.014	538	0.242	632	0.307	750	0.546	559
三亚	中国	0.112	808	0.037	739	0.016	480	0.415	136	0.312	734	0.540	586

续表

城市	所属国家/地区	金融服务指数	排名	产业体系指数	排名	当地需求指数	排名	经济活力指数	排名	社会包容指数	排名	政府管理指数	排名
怀化	中国	0.112	809	0.000	957	0.014	538	0.268	510	0.284	816	0.670	206
基加利	卢旺达	0.111	810	0.001	841	0.017	476	0.225	721	0.252	903	0.301	986
许昌	中国	0.111	811	0.212	363	0.016	480	0.381	182	0.296	782	0.637	253
卡努尔	印度	0.111	812	0.000	915	0.001	962	0.241	641	0.199	972	0.460	749
钦州	中国	0.111	813	0.259	305	0.014	538	0.167	928	0.313	730	0.587	386
乌海	中国	0.111	814	0.000	989	0.014	538	0.168	927	0.337	662	0.599	346
瓦加杜古	布基纳法索	0.110	815	0.037	732	0.003	926	0.187	872	0.250	907	0.370	930
曲靖	中国	0.110	816	0.000	868	0.014	538	0.224	727	0.311	739	0.584	394
榆林	中国	0.110	817	0.158	453	0.014	538	0.414	138	0.330	683	0.602	338
四平	中国	0.110	818	0.283	289	0.014	538	0.211	795	0.289	805	0.519	637
晋城	中国	0.110	819	0.135	504	0.014	538	0.347	220	0.309	747	0.590	372
内江	中国	0.110	820	0.046	713	0.014	538	0.125	998	0.304	758	0.554	524
卡杜纳	尼日利亚	0.110	821	0.000	923	0.007	800	0.207	808	0.398	508	0.736	147
太子港	海地	0.110	822	0.000	902	0.084	195	0.296	365	0.355	618	0.383	911
胡富夫	沙特阿拉伯	0.110	823	0.000	927	0.008	780	0.219	761	0.480	358	0.588	379
阳江	中国	0.110	824	0.137	499	0.014	538	0.248	595	0.291	797	0.570	457
驻马店	中国	0.110	825	0.037	748	0.014	538	0.184	879	0.288	806	0.563	489
抚州	中国	0.109	826	0.052	700	0.014	538	0.222	738	0.299	771	0.563	488
鹤岗	中国	0.109	827	0.082	626	0.012	724	0.027	1031	0.276	834	0.516	644
沧州	中国	0.109	828	0.111	563	0.014	538	0.222	747	0.303	761	0.581	408
巴科洛德	菲律宾	0.109	829	0.000	1003	0.012	724	0.240	645	0.253	902	0.480	714
赖扬	卡塔尔	0.108	830	0.000	951	0.004	862	0.535	64	0.405	492	0.619	287
鹤壁	中国	0.108	831	0.111	565	0.014	538	0.247	604	0.294	791	0.559	505
通化	中国	0.108	832	0.046	710	0.014	538	0.126	995	0.283	821	0.777	106
阿雷基帕	秘鲁	0.108	833	0.046	714	0.000	966	0.277	476	0.402	498	0.356	949
古晋	马来西亚	0.108	834	0.102	578	0.003	926	0.332	248	0.365	599	0.619	288
七台河	中国	0.108	835	0.000	1003	0.014	538	0.129	992	0.278	829	0.693	183

续表

城市	所属国家/地区	金融服务指数	排名	产业体系指数	排名	当地需求指数	排名	经济活力指数	排名	社会包容指数	排名	政府管理指数	排名
努瓦克肖特	毛里塔尼亚	0.107	836	0.000	982	0.000	966	0.211	793	0.244	918	0.345	956
阿斯马拉	厄立特里亚	0.107	837	0.000	989	0.000	966	0.219	764	0.231	937	0.389	903
阿加尔塔拉	印度	0.107	838	0.000	881	0.004	862	0.241	638	0.160	1008	0.437	803
萨那	也门	0.107	839	0.001	822	0.025	418	0.287	414	0.401	502	0.335	961
朝阳	中国	0.107	840	0.604	31	0.014	538	0.165	932	0.275	844	0.567	470
白山	中国	0.107	841	0.036	751	0.014	538	0.064	1025	0.266	865	0.493	697
娄底	中国	0.107	842	0.060	673	0.014	538	0.300	344	0.276	835	0.626	273
布赖代	沙特阿拉伯	0.106	843	0.000	925	0.008	780	0.197	847	0.417	468	0.545	564
运城	中国	0.106	844	0.156	457	0.014	538	0.399	155	0.287	813	0.596	357
潮州	中国	0.106	845	0.199	380	0.014	538	0.314	290	0.267	861	0.528	617
龙岩	中国	0.106	846	0.138	497	0.014	538	0.175	911	0.302	765	0.554	523
双鸭山	中国	0.106	847	0.000	935	0.014	538	0.065	1024	0.268	860	0.721	159
铜陵	中国	0.105	848	0.145	481	0.014	538	0.161	941	0.314	728	0.574	443
北海	中国	0.105	849	0.205	373	0.014	538	0.217	773	0.299	774	0.523	629
比拉斯布尔	印度	0.105	850	0.000	925	0.014	538	0.243	626	0.173	1001	0.476	720
遂宁	中国	0.105	851	0.157	455	0.014	538	0.235	665	0.287	811	0.550	544
摩加迪沙	索马里	0.105	852	0.000	935	0.000	966	0.141	972	0.127	1023	0.422	839
濮阳	中国	0.105	853	0.083	622	0.014	538	0.201	831	0.286	814	0.704	171
塔伊夫	沙特阿拉伯	0.105	854	0.000	897	0.007	800	0.234	672	0.432	438	0.525	624
阿什哈巴德	土库曼斯坦	0.104	855	0.000	893	0.017	476	0.342	231	0.357	609	0.762	117
乌约	尼日利亚	0.104	856	0.000	907	0.012	724	0.154	951	0.410	480	0.627	271
梧州	中国	0.104	857	0.105	574	0.014	538	0.212	790	0.287	809	0.855	78
晋中	中国	0.104	858	0.095	595	0.014	538	0.153	953	0.294	790	0.582	405
贺州	中国	0.104	859	0.086	614	0.014	538	0.259	542	0.284	817	0.615	300

续表

城市	所属国家/地区	金融服务指数	排名	产业体系指数	排名	当地需求指数	排名	经济活力指数	排名	社会包容指数	排名	政府管理指数	排名
安康	中国	0.103	860	0.000	849	0.014	538	0.312	297	0.292	796	0.617	294
衡水	中国	0.103	861	0.094	598	0.014	538	0.339	235	0.265	869	0.538	592
雅温得	喀麦隆	0.103	862	0.024	760	0.028	399	0.245	619	0.373	573	0.470	733
卡加延德奥罗	菲律宾	0.103	863	0.000	1003	0.000	966	0.226	712	0.291	798	0.450	775
湖州	中国	0.103	864	0.284	288	0.014	538	0.264	527	0.339	655	0.549	550
乔斯	尼日利亚	0.103	865	0.066	654	0.014	538	0.200	840	0.374	571	0.956	2
阿伯	尼日利亚	0.102	866	0.187	402	0.003	926	0.192	862	0.417	466	0.956	2
加沙	巴勒斯坦	0.102	867	0.037	724	0.010	761	0.268	507	0.331	681	0.468	737
景德镇	中国	0.102	868	0.095	596	0.014	538	0.206	813	0.295	785	0.545	563
塔那那利佛	马达加斯加	0.102	869	0.054	682	0.035	359	0.211	792	0.207	962	0.000	1035
达州	中国	0.102	870	0.037	744	0.014	538	0.238	655	0.272	850	0.572	450
索科托	尼日利亚	0.102	871	0.000	957	0.010	761	0.204	819	0.312	735	0.542	577
朔州	中国	0.102	872	0.000	884	0.014	538	0.364	201	0.288	807	0.657	224
滁州	中国	0.101	873	0.115	554	0.014	538	0.227	711	0.273	846	0.583	397
石嘴山	中国	0.101	874	0.219	355	0.014	538	0.133	984	0.273	847	0.646	240
内比都	缅甸	0.101	875	0.000	989	0.018	463	0.237	658	0.186	994	0.367	936
锡亚尔科特	巴基斯坦	0.100	876	0.023	803	0.000	966	0.244	620	0.244	919	0.424	834
资阳	中国	0.100	877	0.122	538	0.014	538	0.174	917	0.279	828	0.563	486
锡尔赫特	孟加拉国	0.100	878	0.000	907	0.000	966	0.321	269	0.263	876	0.439	796
广元	中国	0.100	879	0.132	515	0.014	538	0.207	810	0.265	867	0.553	531
杜阿拉	喀麦隆	0.099	880	0.000	930	0.050	295	0.246	614	0.373	574	0.447	783
滨州	中国	0.099	881	0.104	575	0.014	538	0.176	906	0.302	766	0.616	296
荆门	中国	0.099	882	0.138	498	0.014	538	0.203	822	0.277	831	0.570	455
巴士拉	伊拉克	0.098	883	0.000	957	0.000	966	0.214	783	0.366	596	0.533	607
海防	越南	0.098	884	0.052	698	0.015	515	0.388	165	0.338	660	0.312	980
铁岭	中国	0.098	885	0.088	611	0.014	538	0.083	1020	0.245	914	0.538	595
纳杰夫	伊拉克	0.098	886	0.000	951	0.003	926	0.195	854	0.345	642	0.569	460
奇克拉约	秘鲁	0.097	887	0.000	982	0.006	812	0.269	502	0.321	704	0.400	895

续表

城市	所属国家/地区	金融服务指数	排名	产业体系指数	排名	当地需求指数	排名	经济活力指数	排名	社会包容指数	排名	政府管理指数	排名
汕尾	中国	0.097	888	0.151	469	0.014	538	0.374	190	0.245	915	0.541	580
巴彦淖尔	中国	0.097	889	0.000	902	0.014	538	0.175	910	0.261	878	0.630	263
衢州	中国	0.097	890	0.158	452	0.014	538	0.148	961	0.296	783	0.622	281
科纳克里	几内亚	0.097	891	0.000	951	0.005	837	0.216	775	0.259	885	0.366	937
马普托	莫桑比克	0.097	892	0.000	854	0.069	234	0.220	759	0.215	954	0.188	1028
基辅	乌克兰	0.097	893	0.277	293	0.372	37	0.244	624	0.442	415	0.236	1020
绥化	中国	0.096	894	0.000	887	0.014	538	0.170	925	0.242	922	0.631	262
白银	中国	0.096	895	0.037	734	0.014	538	0.190	867	0.255	893	0.616	299
苏库尔	巴基斯坦	0.096	896	0.000	970	0.015	515	0.271	496	0.215	955	0.400	894
万象	老挝	0.096	897	0.120	541	0.082	200	0.308	312	0.284	819	0.333	964
白城	中国	0.095	898	0.066	654	0.014	538	0.160	944	0.265	868	0.949	7
芹苴	越南	0.095	899	0.000	844	0.006	812	0.447	105	0.357	607	0.364	940
布斯托-阿西齐奥	意大利	0.095	900	0.197	383	0.065	243	0.001	1033	0.289	804	0.425	830
马托拉	莫桑比克	0.095	901	0.000	989	0.012	724	0.148	962	0.223	945	0.259	1013
广安	中国	0.095	902	0.000	888	0.014	538	0.199	841	0.264	872	0.562	495
梅州	中国	0.095	903	0.171	430	0.014	538	0.270	501	0.244	920	0.530	615
博格拉	孟加拉国	0.095	904	0.000	964	0.007	800	0.265	520	0.218	949	0.481	713
岘港	越南	0.095	905	0.000	866	0.010	761	0.395	157	0.323	698	0.318	974
眉山	中国	0.095	906	0.093	600	0.012	724	0.190	868	0.273	848	0.524	625
汉中	中国	0.094	907	0.080	629	0.014	538	0.198	845	0.251	905	0.598	352
玉溪	中国	0.094	908	0.146	479	0.014	538	0.275	480	0.276	837	0.614	304
宣城	中国	0.094	909	0.180	420	0.014	538	0.150	956	0.272	852	0.896	60
奥绍博	尼日利亚	0.094	910	0.000	1003	0.002	944	0.199	843	0.393	514	0.878	69
武威	中国	0.094	911	0.024	765	0.014	538	0.295	374	0.240	923	0.655	229
伊洛林	尼日利亚	0.094	912	0.000	881	0.004	862	0.207	812	0.308	748	0.642	245
伊科罗杜	尼日利亚	0.094	913	0.000	989	0.010	761	0.234	675	0.377	561	0.699	178
谢胡布尔	巴基斯坦	0.094	914	0.000	989	0.004	862	0.268	511	0.212	958	0.404	876
内维	尼日利亚	0.094	915	0.000	935	0.004	862	0.191	864	0.320	709	0.746	134
洛美	多哥	0.093	916	0.001	831	0.000	966	0.224	730	0.198	979	0.299	988

续表

城市	所属国家/地区	金融服务指数	排名	产业体系指数	排名	当地需求指数	排名	经济活力指数	排名	社会包容指数	排名	政府管理指数	排名
蒙罗维亚	利比里亚	0.093	917	0.308	263	0.004	862	0.187	873	0.180	996	0.233	1021
拉卡纳	巴基斯坦	0.093	918	0.000	989	0.004	862	0.268	509	0.199	973	0.400	893
布兰太尔	马拉维	0.093	919	0.150	470	0.059	259	0.203	820	0.198	976	0.076	1033
拉塔基亚	叙利亚	0.093	920	0.000	1003	0.007	800	0.164	935	0.226	943	0.402	889
辽源	中国	0.093	921	0.000	935	0.014	538	0.049	1028	0.266	864	0.949	7
上饶	中国	0.093	922	0.066	656	0.014	538	0.247	605	0.261	879	0.539	588
咸宁	中国	0.093	923	0.251	317	0.014	538	0.285	430	0.245	913	0.603	334
埃努古	尼日利亚	0.092	924	0.000	865	0.010	761	0.183	884	0.317	722	0.605	325
三明	中国	0.092	925	0.115	553	0.014	538	0.194	856	0.262	877	0.577	422
扎里亚	尼日利亚	0.092	926	0.000	898	0.004	862	0.216	774	0.345	641	0.647	239
奥韦里	尼日利亚	0.091	927	0.000	940	0.003	926	0.179	900	0.376	565	0.661	218
瓦赫兰	阿尔及利亚	0.091	928	0.037	725	0.000	966	0.293	386	0.386	536	0.495	693
池州	中国	0.091	929	0.024	763	0.014	538	0.228	707	0.245	916	0.546	561
随州	中国	0.090	930	0.023	784	0.014	538	0.154	949	0.236	928	0.573	445
渭南	中国	0.090	931	0.001	820	0.012	724	0.241	643	0.271	853	0.571	452
曼德勒	缅甸	0.090	932	0.037	750	0.003	926	0.257	554	0.197	983	0.360	947
安顺	中国	0.090	933	0.103	576	0.012	724	0.137	981	0.245	917	0.553	534
利隆圭	马拉维	0.090	934	0.000	854	0.061	253	0.188	871	0.159	1010	0.033	1034
塞康第-塔科拉蒂	加纳	0.090	935	0.000	989	0.004	862	0.202	826	0.255	894	0.408	868
防城港	中国	0.090	936	0.139	492	0.014	538	0.176	905	0.257	890	0.577	423
基特韦	赞比亚	0.089	937	0.000	900	0.012	724	0.186	876	0.236	929	0.422	838
黄山	中国	0.089	938	0.230	342	0.014	538	0.226	714	0.248	909	0.590	371
忻州	中国	0.088	939	0.353	220	0.014	538	0.302	335	0.234	935	0.574	434
瓦里	尼日利亚	0.088	940	0.023	796	0.003	926	0.149	959	0.372	577	0.743	140
阿库雷	尼日利亚	0.088	941	0.000	907	0.012	724	0.210	801	0.307	751	0.613	309
三门峡	中国	0.088	942	0.052	693	0.014	538	0.180	893	0.233	936	0.531	612
铜川	中国	0.088	943	0.023	790	0.014	538	0.143	968	0.257	889	0.647	237
奥利沙	尼日利亚	0.087	944	0.000	1003	0.004	862	0.191	864	0.320	709	0.597	355

续表

城市	所属国家/地区	金融服务指数	排名	产业体系指数	排名	当地需求指数	排名	经济活力指数	排名	社会包容指数	排名	政府管理指数	排名
迈杜古里	尼日利亚	0.087	944	0.000	920	0.000	966	0.197	850	0.320	709	0.555	516
吕梁	中国	0.087	946	0.023	781	0.014	538	0.463	93	0.228	941	0.607	321
松原	中国	0.085	947	0.311	260	0.000	966	0.145	966	0.305	755	0.587	388
吉布提	吉布提	0.085	948	0.000	989	0.010	761	0.311	305	0.210	961	0.379	918
边和	越南	0.085	949	0.000	940	0.004	862	0.390	160	0.321	705	0.340	960
米逊维耶荷	美国	0.084	950	0.182	416	0.012	724	0.098	1016	0.383	546	0.558	508
周口	中国	0.084	951	0.075	638	0.012	724	0.334	245	0.218	950	0.620	285
基尔库克	伊拉克	0.083	952	0.000	957	0.002	944	0.206	814	0.321	707	0.617	295
金斯敦	牙买加	0.083	953	0.430	150	0.121	136	0.480	86	0.323	702	0.289	1000
卡尔巴拉	伊拉克	0.083	954	0.000	964	0.000	966	0.184	881	0.303	763	0.600	345
苏伊士	埃及	0.082	955	0.037	731	0.012	724	0.222	742	0.295	784	0.424	831
拉卡	叙利亚	0.080	956	0.000	1003	0.000	966	0.146	964	0.199	971	0.396	897
纳西里耶	伊拉克	0.078	957	0.000	970	0.002	944	0.225	722	0.294	792	0.624	276
延安	中国	0.078	958	0.096	594	0.000	966	0.434	116	0.299	773	0.606	324
来宾	中国	0.077	959	0.082	624	0.000	966	0.253	575	0.276	839	0.721	157
克拉玛依	中国	0.077	960	0.055	678	0.017	476	0.069	1023	0.297	778	0.608	320
塞得	埃及	0.076	961	0.000	1003	0.000	966	0.234	671	0.303	762	0.449	778
阿斯塔纳	哈萨克斯坦	0.075	962	0.103	577	0.047	303	0.298	355	0.463	386	0.696	180
弗里敦	塞拉利昂	0.075	963	0.000	902	0.012	724	0.319	273	0.272	851	0.368	935
塞雷尼奥	意大利	0.075	964	0.125	533	0.019	458	0.000	1035	0.222	947	0.419	846
吉安	中国	0.074	965	0.267	299	0.000	966	0.182	888	0.267	862	0.589	373
呼伦贝尔	中国	0.074	966	0.000	899	0.000	966	0.243	625	0.264	871	0.636	255
科托努	贝宁	0.073	967	0.023	779	0.056	268	0.238	654	0.192	992	0.409	864
乌兰察布	中国	0.073	968	0.023	785	0.000	966	0.255	561	0.253	899	0.568	465
布琼布拉	布隆迪	0.073	969	0.000	930	0.026	408	0.174	914	0.082	1028	0.330	968
姆万扎	坦桑尼亚	0.071	970	0.001	826	0.012	724	0.117	1004	0.223	946	0.347	955
明斯克	白俄罗斯	0.071	971	0.219	356	0.138	122	0.289	407	0.473	369	0.601	341
丽水	中国	0.070	972	0.283	290	0.000	966	0.242	634	0.277	830	0.582	404

续表

城市	所属国家/地区	金融服务指数	排名	产业体系指数	排名	当地需求指数	排名	经济活力指数	排名	社会包容指数	排名	政府管理指数	排名
张掖	中国	0.070	973	0.076	635	0.012	724	0.171	922	0.172	1002	0.551	538
保山	中国	0.070	974	0.355	218	0.000	966	0.266	517	0.249	908	0.540	584
楠普拉	莫桑比克	0.069	975	0.000	970	0.000	966	0.140	977	0.112	1025	0.195	1026
尼亚拉	苏丹	0.069	976	0.160	450	0.004	862	0.141	976	0.298	776	0.403	882
奇姆肯特	哈萨克斯坦	0.068	977	0.000	1003	0.000	966	0.289	404	0.331	680	0.468	736
阿波美-卡拉维	贝宁	0.068	978	0.000	920	0.022	430	0.164	934	0.170	1005	0.384	909
乌隆府	泰国	0.067	979	0.000	878	0.011	754	0.112	1008	0.016	1034	0.427	826
酒泉	中国	0.066	980	0.037	726	0.000	966	0.193	859	0.248	910	0.702	172
平凉	中国	0.065	981	0.065	660	0.000	966	0.300	348	0.217	952	0.578	417
昭通	中国	0.064	982	0.000	870	0.000	966	0.281	453	0.215	953	0.623	278
南平	中国	0.064	983	0.325	243	0.000	966	0.000	1034	0.236	930	0.583	400
宁德	中国	0.064	984	0.121	539	0.000	966	0.240	649	0.234	934	0.512	659
哈尔格萨	索马里	0.063	985	0.000	982	0.000	966	0.137	982	0.028	1033	0.423	836
张家界	中国	0.062	986	0.023	772	0.000	966	0.181	892	0.197	981	0.535	601
黄冈	中国	0.062	987	0.187	405	0.000	966	0.448	104	0.212	959	0.542	574
尼亚美	尼日尔	0.061	988	0.000	893	0.014	538	0.106	1013	0.169	1006	0.423	837
云浮	中国	0.061	989	0.093	601	0.000	966	0.228	708	0.196	984	0.564	482
亚丁	也门	0.060	990	0.046	712	0.014	538	0.253	570	0.235	932	0.322	972
嘉峪关	中国	0.059	991	0.000	883	0.000	966	0.167	930	0.238	925	0.684	193
吴忠	中国	0.057	992	0.105	573	0.000	966	0.199	844	0.193	989	0.839	87
雅安	中国	0.057	993	0.058	677	0.000	966	0.308	314	0.211	960	0.611	313
庆阳	中国	0.056	994	0.292	278	0.000	966	0.382	181	0.198	978	0.949	7
漯河	中国	0.056	995	0.054	689	0.016	480	0.063	1026	0.140	1020	0.563	487
卢本巴希	刚果	0.056	996	0.037	748	0.004	862	0.167	929	0.269	857	0.296	993
博博迪乌拉索	布基纳法索	0.055	997	0.023	789	0.052	289	0.154	950	0.133	1021	0.421	840

续表

城市	所属国家/地区	金融服务指数	排名	产业体系指数	排名	当地需求指数	排名	经济活力指数	排名	社会包容指数	排名	政府管理指数	排名
乌穆阿希亚	尼日利亚	0.055	998	0.000	970	0.000	966	0.192	861	0.256	891	0.956	2
丽江	中国	0.054	999	0.105	572	0.000	966	0.377	186	0.204	965	0.619	291
哈塞克	叙利亚	0.052	1000	0.000	1003	0.012	724	0.182	889	0.101	1026	0.402	888
百色	中国	0.052	1001	0.001	821	0.000	966	0.254	567	0.196	986	0.656	225
布拉柴维尔	刚果	0.051	1002	0.023	782	0.053	282	0.201	829	0.231	938	0.297	991
鹰潭	中国	0.050	1003	0.092	605	0.000	966	0.117	1005	0.200	969	0.578	419
中卫	中国	0.050	1004	0.037	742	0.000	966	0.267	515	0.175	999	0.566	475
桑给巴尔	坦桑尼亚	0.050	1005	0.023	773	0.004	862	0.201	834	0.166	1007	0.333	965
金昌	中国	0.050	1006	0.082	623	0.000	966	0.043	1029	0.205	964	0.649	236
普洱	中国	0.050	1007	0.000	893	0.000	966	0.248	598	0.180	997	0.487	704
临沧	中国	0.049	1008	0.037	736	0.000	966	0.323	264	0.171	1004	0.539	590
河池	中国	0.049	1009	0.001	830	0.000	966	0.125	996	0.178	998	0.851	79
定西	中国	0.049	1010	0.169	435	0.000	966	0.320	270	0.159	1011	0.747	133
姆布吉马伊	刚果	0.049	1011	0.000	1003	0.004	862	0.158	945	0.217	951	0.294	994
陇南	中国	0.045	1012	0.046	706	0.000	966	0.307	316	0.145	1017	0.605	326
哈尔科夫	乌克兰	0.043	1013	0.223	351	0.005	837	0.203	821	0.325	694	0.270	1009
勃固	缅甸	0.042	1014	0.000	982	0.014	538	0.204	817	0.037	1031	0.376	922
固原	中国	0.041	1015	0.054	681	0.000	966	0.270	498	0.147	1014	0.949	7
商洛	中国	0.040	1016	0.000	852	0.000	966	0.331	249	0.172	1003	0.634	257
塔伊兹	也门	0.040	1017	0.000	989	0.012	724	0.247	603	0.196	985	0.316	976
恩贾梅纳	乍得	0.039	1018	0.000	951	0.050	295	0.174	916	0.266	866	0.413	859
黑河	中国	0.038	1019	0.000	846	0.000	966	0.141	975	0.147	1015	0.949	7
荷台达	也门	0.035	1020	0.000	1003	0.006	812	0.308	313	0.174	1000	0.320	973
基桑加尼	刚果	0.034	1021	0.000	1003	0.010	761	0.145	967	0.077	1030	0.293	997
卡南加	刚果	0.034	1022	0.000	1003	0.004	862	0.141	974	0.159	1009	0.296	992
崇左	中国	0.034	1023	0.065	658	0.000	966	0.174	915	0.144	1018	0.892	61
克里沃罗格	乌克兰	0.033	1024	0.046	715	0.021	443	0.210	798	0.259	886	0.541	583

续表

城市	所属国家/地区	金融服务指数	排名	产业体系指数	排名	当地需求指数	排名	经济活力指数	排名	社会包容指数	排名	政府管理指数	排名
黑角	刚果	0.023	1025	0.023	799	0.002	944	0.180	896	0.220	948	0.313	978
塔尔图斯	叙利亚	0.023	1026	0.000	1003	0.005	837	0.180	895	0.029	1032	0.399	896
敖德萨	乌克兰	0.021	1027	0.149	471	0.033	368	0.225	724	0.291	799	0.283	1004
第聂伯罗彼得罗夫斯克	乌克兰	0.019	1028	0.001	835	0.033	368	0.202	825	0.297	780	0.316	977
扎波里日亚	乌克兰	0.018	1029	0.000	900	0.015	515	0.213	788	0.270	854	0.407	870
班吉	中非共和国	0.018	1030	0.000	951	0.002	944	0.255	562	0.078	1029	0.436	806
顿涅茨克	乌克兰	0.018	1031	0.186	408	0.014	538	0.206	815	0.320	708	0.345	957
利沃夫	乌克兰	0.014	1032	0.065	662	0.038	337	0.207	809	0.261	880	0.251	1016
布卡武	刚果	0.014	1033	0.052	699	0.000	966	0.124	1001	0.115	1024	0.294	995
奇卡帕	刚果	0.006	1034	0.000	1003	0.004	862	0.112	1010	0.100	1027	0.306	982
春武里府	泰国	0.000	1035	0.024	759	0.006	812	0.104	1014	0.000	1035	0.438	798

七 经济竞争力与可持续竞争力解释变量排名与得分(2)

附表5　　经济竞争力与可持续竞争力解释变量排名与得分(2)

城市	所属国家/地区	经济活力指数	排名	环境质量指数	排名	社会包容指数	排名	全球联系指数	排名	政府管理指数	排名	人力资本潜力指数	排名	基础设施指数	排名
纽约	美国	1.000	1	0.713	838	0.711	211	1.000	1	0.870	26	0.900	8	0.919	4
圣何塞	美国	0.963	2	0.720	788	0.690	259	0.107	290	0.870	26	1.000	1	0.566	239
洛杉矶	美国	0.895	3	0.706	878	0.607	671	0.305	14	0.870	26	0.230	901	0.838	12
休斯敦	美国	0.876	4	0.708	865	0.585	734	0.169	111	0.870	26	0.638	51	0.827	17

续表

城市	所属国家/地区	经济活力指数	排名	环境质量指数	排名	社会包容指数	排名	全球联系指数	排名	政府管理指数	排名	人力资本潜力指数	排名	基础设施指数	排名
旧金山	美国	0.872	5	0.714	830	0.790	80	0.244	41	0.870	26	0.719	29	0.684	82
达拉斯-佛尔沃斯堡	美国	0.860	6	0.709	861	0.650	523	0.190	89	0.870	26	0.169	989	0.831	15
伦敦	英国	0.730	7	0.863	297	0.663	441	0.535	2	0.880	10	0.820	12	0.915	5
深圳	中国	0.715	8	0.811	467	0.553	798	0.171	109	0.601	418	0.731	26	0.738	47
广州	中国	0.711	9	0.764	632	0.590	715	0.250	37	0.601	418	0.640	50	0.817	19
北京	中国	0.705	10	0.637	989	0.604	683	0.387	4	0.601	418	0.654	43	0.924	3
西雅图	美国	0.695	11	0.720	785	0.715	200	0.135	209	0.870	26	0.953	3	0.713	60
奥斯陆	挪威	0.693	12	0.850	340	0.864	39	0.159	130	0.858	106	0.640	49	0.650	109
阿布扎比	阿拉伯联合酋长国	0.672	13	0.512	1015	0.794	78	0.177	100	0.831	135	0.531	123	0.685	81
布里奇波特-斯坦福德	美国	0.669	14	0.715	823	0.811	68	0.030	624	0.870	26	0.233	898	0.565	246
都柏林	爱尔兰	0.665	15	0.866	285	0.648	532	0.247	40	0.856	116	0.380	402	0.717	59
波士顿	美国	0.655	16	0.720	799	0.746	132	0.228	49	0.870	26	0.981	2	0.700	68
芝加哥	美国	0.641	17	0.703	891	0.598	700	0.305	15	0.870	26	0.807	14	0.788	25
东京	日本	0.625	18	0.825	415	0.898	30	0.349	8	0.802	158	0.598	69	0.839	11
上海	中国	0.624	19	0.750	683	0.621	643	0.366	6	0.601	418	0.473	174	0.906	6
多哈	卡塔尔	0.610	20	0.000	1034	0.676	345	0.165	119	0.749	207	0.799	16	0.697	73
首尔	韩国	0.579	21	0.757	651	0.921	17	0.295	19	0.839	118	0.620	59	0.836	13
苏黎世	瑞士	0.578	22	0.899	184	0.976	2	0.253	36	0.877	24	0.777	17	0.735	49
重庆	中国	0.570	23	0.717	810	0.681	311	0.133	214	0.601	418	0.446	207	0.659	102
明尼阿波利斯	美国	0.562	24	0.717	814	0.660	467	0.285	22	0.870	26	0.223	915	0.603	160
新加坡	新加坡	0.561	25	0.903	177	0.776	94	0.368	5	0.991	2	0.694	34	0.760	33
天津	中国	0.558	26	0.629	992	0.653	504	0.141	187	0.601	418	0.537	116	0.719	57
费城	美国	0.556	27	0.708	866	0.544	814	0.193	84	0.870	26	0.902	7	0.745	43

续表

城市	所属国家/地区	经济活力指数	排名	环境质量指数	排名	社会包容指数	排名	全球联系指数	排名	政府管理指数	排名	人力资本潜力指数	排名	基础设施指数	排名
华盛顿特区	美国	0.552	28	0.712	839	0.626	627	0.228	50	0.870	26	0.545	103	0.779	28
珀斯	澳大利亚	0.545	29	0.719	803	0.689	268	0.134	211	0.899	4	0.544	105	0.358	922
巴黎	法国	0.541	30	0.881	239	0.687	280	0.365	7	0.796	171	0.222	919	1.000	1
丹佛	美国	0.539	31	0.719	806	0.724	178	0.139	194	0.870	26	0.205	949	0.663	99
圣地亚哥	美国	0.536	32	0.715	824	0.714	202	0.136	207	0.870	26	0.885	9	0.638	117
慕尼黑	德国	0.531	33	0.820	437	0.962	5	0.208	72	0.828	140	0.525	132	0.820	18
亚特兰大	美国	0.531	34	0.716	816	0.575	760	0.236	46	0.870	26	0.752	21	0.857	10
斯德哥尔摩	瑞典	0.523	35	0.932	101	0.849	47	0.225	52	0.829	138	0.488	162	0.689	79
迈阿密	美国	0.519	36	0.721	781	0.541	819	0.240	43	0.870	26	0.381	401	0.760	32
日内瓦	瑞士	0.506	37	0.899	188	0.773	99	0.152	149	0.877	24	0.496	152	0.653	103
南京	中国	0.499	38	0.680	942	0.653	502	0.178	99	0.601	418	0.643	47	0.683	83
奥斯丁	美国	0.497	39	0.711	844	0.670	397	0.135	208	0.870	26	0.926	4	0.605	157
夏洛特	美国	0.495	40	0.713	834	0.661	449	0.123	251	0.870	26	0.342	543	0.734	50
卡尔卡里	加拿大	0.482	41	0.742	706	0.818	64	0.143	179	0.858	107	0.620	58	0.581	211
底特律	美国	0.475	42	0.719	802	0.443	870	0.144	176	0.870	26	0.450	201	0.676	86
纳什维尔-戴维森	美国	0.469	43	0.709	860	0.611	661	0.114	275	0.870	26	0.239	885	0.563	255
俄亥俄州哥伦布	美国	0.458	44	0.707	873	0.664	431	0.107	297	0.870	26	0.537	117	0.539	322
印第安纳波利斯	美国	0.454	45	0.703	890	0.597	701	0.090	339	0.870	26	0.225	910	0.524	381
香港	中国	0.453	46	0.825	412	0.667	417	0.427	3	1.000	1	0.556	94	0.788	24
巴尔的摩	美国	0.451	47	0.710	852	0.562	783	0.153	146	0.870	26	0.918	5	0.651	106
法兰克福	德国	0.447	48	0.808	480	0.862	42	0.299	17	0.828	140	0.366	458	0.902	7
澳门	中国	0.446	49	0.807	486	0.586	729	0.212	64	0.601	418	0.434	228	0.582	206
伊斯坦布尔	土耳其	0.442	50	0.847	353	0.604	684	0.263	30	0.680	285	0.401	307	0.945	2
盐湖城	美国	0.441	51	0.720	795	0.752	127	0.077	388	0.870	26	0.739	25	0.584	202

续表

城市	所属国家/地区	经济活力指数	排名	环境质量指数	排名	社会包容指数	排名	全球联系指数	排名	政府管理指数	排名	人力资本潜力指数	排名	基础设施指数	排名
悉尼	澳大利亚	0.427	52	0.720	798	0.765	115	0.345	9	0.899	4	0.646	45	0.703	64
利雅得	沙特阿拉伯	0.425	53	0.214	1032	0.765	116	0.153	143	0.670	310	0.452	199	0.647	112
哥本哈根	丹麦	0.423	54	0.863	298	0.876	37	0.211	69	0.878	23	0.571	86	0.728	55
米逊维耶荷	美国	0.416	55	0.706	878	0.712	209	0.117	267	0.870	26	0.142	1013	0.512	428
米尔沃基	美国	0.416	56	0.710	856	0.580	748	0.101	307	0.870	26	0.367	453	0.490	526
克利夫兰	美国	0.415	57	0.708	869	0.557	790	0.151	156	0.870	26	0.495	155	0.553	280
奥马哈	美国	0.413	58	0.714	828	0.622	640	0.029	636	0.870	26	0.335	580	0.455	641
辛辛那提	美国	0.413	59	0.707	871	0.645	549	0.115	271	0.870	26	0.522	136	0.554	275
匹兹堡	美国	0.407	60	0.707	872	0.706	220	0.077	387	0.870	26	0.763	19	0.582	208
多伦多	加拿大	0.407	61	0.742	705	0.791	79	0.307	13	0.858	107	0.839	10	0.768	30
巴吞鲁日	美国	0.405	62	0.714	829	0.545	813	0.058	480	0.870	26	0.483	166	0.513	423
罗利	美国	0.405	63	0.711	849	0.751	128	0.107	298	0.870	26	0.719	28	0.582	209
大阪	日本	0.401	64	0.818	448	0.933	10	0.126	237	0.802	158	0.331	594	0.754	35
阿姆斯特丹	荷兰	0.401	65	0.817	453	0.850	46	0.297	18	0.813	155	0.556	96	0.869	8
哈特福德	美国	0.399	66	0.687	924	0.583	740	0.033	614	0.870	26	0.189	969	0.575	221
堪萨斯城	美国	0.398	67	0.713	835	0.581	743	0.098	311	0.870	26	0.352	502	0.524	382
圣安东尼亚	美国	0.393	68	0.713	835	0.594	707	0.075	397	0.870	26	0.351	510	0.585	194
杭州	中国	0.393	69	0.720	797	0.591	712	0.119	259	0.601	418	0.660	42	0.708	63
凤凰城	美国	0.391	70	0.713	832	0.586	727	0.118	265	0.870	26	0.191	966	0.700	69
武汉	中国	0.391	71	0.656	978	0.622	639	0.132	219	0.601	418	0.680	37	0.662	101
杜塞尔多夫	德国	0.389	72	0.812	462	0.847	49	0.202	77	0.828	140	0.267	818	0.784	26
渥太华	加拿大	0.384	73	0.747	694	0.851	45	0.147	169	0.858	107	0.519	142	0.583	203
萨克拉门托	美国	0.384	74	0.717	813	0.656	485	0.209	71	0.870	26	0.247	864	0.554	276
康科德	美国	0.381	75	0.720	786	0.660	460	0.123	250	0.870	26	0.209	940	0.486	538
火奴鲁鲁	美国	0.379	76	0.728	748	0.726	171	0.153	144	0.870	26	0.278	781	0.227	1010

续表

城市	所属国家/地区	经济活力指数	排名	环境质量指数	排名	社会包容指数	排名	全球联系指数	排名	政府管理指数	排名	人力资本潜力指数	排名	基础设施指数	排名
俄克拉荷马城	美国	0.377	77	0.711	846	0.660	464	0.018	917	0.870	26	0.295	723	0.522	392
里士满	美国	0.376	78	0.715	824	0.630	606	0.092	330	0.870	26	0.434	226	0.567	237
特拉维夫-雅法	以色列	0.375	79	0.815	457	0.648	533	0.203	75	0.741	210	0.178	981	0.671	90
塔尔萨	美国	0.373	80	0.711	845	0.623	637	0.019	914	0.870	26	0.268	817	0.507	445
赖扬	卡塔尔	0.373	81	0.000	1034	0.646	546	0.009	963	0.749	207	0.745	24	0.662	100
布里斯班	澳大利亚	0.371	82	0.726	752	0.714	201	0.180	96	0.899	4	0.697	33	0.581	210
斯图加特	德国	0.368	83	0.817	451	0.921	19	0.157	138	0.828	140	0.278	778	0.691	77
埃德蒙顿	加拿大	0.365	84	0.745	699	0.754	125	0.089	342	0.858	107	0.718	30	0.523	390
路易斯维尔	美国	0.365	85	0.704	889	0.531	833	0.014	938	0.870	26	0.380	405	0.507	447
伯明翰	美国	0.364	86	0.694	903	0.549	808	0.154	142	0.870	26	0.441	213	0.527	371
苏州	中国	0.363	87	0.709	862	0.655	496	0.052	513	0.601	418	0.642	48	0.603	161
赫尔辛基	芬兰	0.360	88	0.833	393	0.843	51	0.158	131	0.863	105	0.566	89	0.671	89
汉密尔顿（加）	加拿大	0.360	89	0.738	711	0.757	120	0.192	87	0.858	107	0.575	81	0.501	479
奥尔巴尼	美国	0.360	90	0.718	809	0.667	416	0.238	44	0.870	26	0.242	877	0.547	293
奥兰多	美国	0.358	91	0.721	783	0.575	762	0.110	283	0.870	26	0.443	210	0.739	46
激流	美国	0.355	92	0.710	856	0.692	255	0.025	873	0.870	26	0.253	852	0.480	571
弗吉尼亚比奇	美国	0.355	93	0.716	820	0.668	405	0.041	573	0.870	26	0.219	923	0.585	196
汉堡	德国	0.355	94	0.822	421	0.804	74	0.212	63	0.828	140	0.444	209	0.727	56
迪拜	阿拉伯联合酋长国	0.354	95	0.512	1015	0.641	562	0.331	10	0.831	135	0.517	143	0.811	20
成都	中国	0.353	96	0.684	931	0.627	624	0.133	213	0.601	418	0.544	104	0.647	111
蔚山	韩国	0.351	97	0.757	651	0.916	26	0.034	609	0.839	118	0.288	751	0.561	260

续表

城市	所属国家/地区	经济活力指数	排名	环境质量指数	排名	社会包容指数	排名	全球联系指数	排名	政府管理指数	排名	人力资本潜力指数	排名	基础设施指数	排名
墨尔本	澳大利亚	0.350	98	0.720	800	0.699	232	0.257	32	0.899	4	0.488	161	0.666	94
拉斯维加斯	美国	0.347	99	0.717	815	0.506	852	0.072	413	0.870	26	0.210	938	0.694	75
科隆	德国	0.347	100	0.812	460	0.826	58	0.113	277	0.828	140	0.368	447	0.719	58
新奥尔良	美国	0.344	101	0.716	819	0.577	757	0.047	543	0.870	26	0.393	349	0.557	270
哥德堡	瑞典	0.342	102	0.929	105	0.825	60	0.096	314	0.829	138	0.453	198	0.566	241
布鲁塞尔	比利时	0.339	103	0.818	450	0.678	333	0.273	27	0.757	203	0.348	518	0.831	16
维也纳	奥地利	0.338	104	0.837	373	0.826	59	0.253	34	0.852	117	0.490	159	0.713	61
坦帕	美国	0.338	105	0.720	788	0.598	699	0.115	273	0.870	26	0.207	946	0.622	136
安特卫普	比利时	0.334	106	0.822	426	0.772	100	0.158	133	0.757	203	0.266	824	0.573	224
名古屋	日本	0.334	107	0.831	394	0.962	4	0.067	435	0.802	158	0.261	834	0.644	113
普罗维登斯	美国	0.334	108	0.723	768	0.678	332	0.090	336	0.870	26	0.684	36	0.558	266
温哥华	加拿大	0.333	109	0.747	694	0.765	113	0.181	95	0.858	107	0.817	13	0.694	74
布里斯托尔	英国	0.333	110	0.871	274	0.681	308	0.151	151	0.880	10	0.506	149	0.666	93
波特兰	美国	0.332	111	0.720	796	0.693	253	0.092	332	0.870	26	0.414	264	0.593	182
孟菲斯	美国	0.326	112	0.711	846	0.436	875	0.024	889	0.870	26	0.328	603	0.522	395
雅加达	印度尼西亚	0.324	113	0.925	109	0.600	696	0.264	29	0.615	398	0.470	178	0.636	118
海牙	荷兰	0.320	114	0.820	432	0.780	90	0.115	272	0.813	155	0.114	1015	0.585	195
鹿特丹	荷兰	0.319	115	0.820	432	0.703	225	0.138	199	0.813	155	0.335	577	0.587	191
查尔斯顿-北查尔斯顿	美国	0.317	116	0.713	835	0.635	583	0.033	615	0.870	26	0.244	873	0.559	264
纽黑文	美国	0.313	117	0.713	831	0.686	283	0.080	373	0.870	26	0.912	6	0.539	323
多特蒙德	德国	0.313	118	0.814	459	0.846	50	0.191	88	0.828	140	0.212	934	0.572	225
汉诺威	德国	0.311	119	0.822	422	0.843	52	0.016	926	0.828	140	0.269	814	0.629	127
布法罗	美国	0.310	120	0.716	816	0.704	223	0.049	528	0.870	26	0.214	932	0.532	351
亚克朗	美国	0.310	121	0.708	869	0.629	615	0.020	904	0.870	26	0.322	627	0.499	490
罗切斯特	美国	0.308	122	0.721	782	0.776	95	0.077	389	0.870	26	0.202	953	0.533	347

续表

城市	所属国家/地区	经济活力指数	排名	环境质量指数	排名	社会包容指数	排名	全球联系指数	排名	政府管理指数	排名	人力资本潜力指数	排名	基础设施指数	排名
高雄	中国	0.307	123	0.823	419	0.736	153	0.182	94	0.601	418	0.213	933	0.623	135
戴顿	美国	0.302	124	0.710	850	0.630	603	0.152	148	0.870	26	0.291	737	0.488	529
南卡罗来纳州哥伦比亚	美国	0.300	125	0.710	850	0.592	711	0.025	874	0.870	26	0.563	91	0.537	337
埃森	德国	0.298	126	0.809	473	0.799	76	0.079	380	0.828	140	0.092	1022	0.734	52
圣路易斯	美国	0.297	127	0.705	884	0.520	842	0.192	85	0.870	26	0.214	931	0.492	518
黄金海岸	澳大利亚	0.297	128	0.726	757	0.691	258	0.164	121	0.899	4	0.248	861	0.499	492
里昂	法国	0.297	129	0.893	200	0.755	124	0.146	173	0.796	171	0.284	767	0.672	88
阿尔伯克基	美国	0.290	130	0.721	784	0.559	786	0.059	479	0.870	26	0.216	928	0.477	575
诺克斯维尔	美国	0.288	131	0.710	855	0.635	589	0.067	436	0.870	26	0.582	77	0.526	376
温尼伯格	加拿大	0.287	132	0.748	687	0.636	578	0.078	383	0.858	107	0.423	247	0.422	785
柏林	德国	0.285	133	0.814	458	0.834	55	0.209	70	0.828	140	0.390	361	0.768	31
伯利恒-艾伦	美国	0.283	134	0.712	843	0.505	854	0.062	461	0.870	26	0.236	893	0.547	294
长沙	中国	0.281	135	0.676	948	0.620	647	0.109	288	0.601	418	0.643	46	0.629	126
格拉斯哥	英国	0.280	136	0.860	311	0.622	638	0.132	217	0.880	10	0.585	74	0.633	120
布莱梅	德国	0.279	137	0.827	406	0.785	86	0.025	875	0.828	140	0.295	724	0.620	137
阿德莱德	澳大利亚	0.277	138	0.722	780	0.718	190	0.161	127	0.899	4	0.522	135	0.529	365
曼彻斯特	英国	0.277	139	0.872	270	0.611	663	0.287	21	0.880	10	0.620	57	0.758	34
伍斯特	美国	0.276	140	0.720	787	0.707	219	0.137	201	0.870	26	0.364	461	0.529	362
奥克兰	新西兰	0.276	141	0.891	202	0.611	660	0.218	59	0.966	3	0.481	167	0.629	124
台北	中国	0.272	142	0.862	304	0.738	145	0.276	26	0.601	418	0.607	64	0.747	40
蒙特利尔	加拿大	0.272	143	0.736	721	0.762	118	0.206	73	0.858	107	0.672	38	0.728	54
伯明翰	英国	0.269	144	0.866	286	0.591	714	0.221	55	0.880	10	0.392	352	0.701	67
盖布泽	土耳其	0.268	145	0.847	353	0.600	694	0.035	606	0.680	285	0.300	701	0.699	70
科威特城	科威特	0.268	146	0.345	1030	0.818	63	0.133	212	0.696	243	0.447	205	0.539	321
莫斯科	俄罗斯	0.268	147	0.779	560	0.557	789	0.326	11	0.666	320	0.472	175	0.860	9

续表

城市	所属国家/地区	经济活力指数	排名	环境质量指数	排名	社会包容指数	排名	全球联系指数	排名	政府管理指数	排名	人力资本潜力指数	排名	基础设施指数	排名
仙台	日本	0.268	148	0.836	376	0.908	28	0.067	432	0.802	158	0.266	823	0.562	259
佛山	中国	0.267	149	0.776	601	0.589	716	0.071	416	0.601	418	0.489	160	0.601	164
河畔	美国	0.267	150	0.705	880	0.589	717	0.073	405	0.870	26	0.221	921	0.601	165
科泉市	美国	0.266	151	0.723	766	0.652	512	0.001	1017	0.870	26	0.292	734	0.431	746
青岛	中国	0.266	152	0.770	617	0.599	697	0.120	257	0.601	418	0.541	108	0.664	97
米兰	意大利	0.266	153	0.819	441	0.624	633	0.304	16	0.735	216	0.277	789	0.802	22
海法	以色列	0.264	154	0.825	414	0.701	230	0.161	128	0.741	210	0.400	311	0.524	384
博洛尼亚	意大利	0.263	155	0.862	302	0.724	177	0.089	341	0.735	216	0.435	221	0.625	133
图卢兹	法国	0.261	156	0.898	192	0.708	216	0.067	433	0.796	171	0.167	991	0.629	125
弗雷斯诺	美国	0.261	157	0.691	906	0.537	828	0.003	1002	0.870	26	0.278	776	0.534	341
贝尔谢巴	以色列	0.260	158	0.806	491	0.744	134	0.051	518	0.741	210	0.178	980	0.544	303
诺丁汉	英国	0.258	159	0.873	269	0.615	653	0.012	944	0.880	10	0.530	126	0.614	143
莱斯特	英国	0.255	160	0.866	286	0.621	642	0.048	539	0.880	10	0.434	229	0.596	174
奥格登-莱顿	美国	0.251	161	0.717	811	0.733	157	0.047	545	0.870	26	0.268	815	0.450	661
贝克尔斯菲	美国	0.250	162	0.710	856	0.586	728	0.062	458	0.870	26	0.236	894	0.537	335
波尔多	法国	0.249	163	0.893	199	0.699	233	0.081	371	0.796	171	0.297	717	0.615	142
南安普顿	英国	0.248	164	0.863	294	0.667	423	0.101	306	0.880	10	0.458	191	0.558	269
帕多瓦	意大利	0.248	165	0.828	403	0.702	227	0.043	558	0.735	216	0.378	412	0.526	375
南特	法国	0.246	166	0.896	193	0.731	162	0.153	145	0.796	171	0.247	866	0.620	138
萨拉索塔-布雷登顿	美国	0.246	167	0.720	788	0.620	645	0.118	263	0.870	26	0.218	926	0.513	424
马德里	西班牙	0.246	168	0.902	178	0.727	167	0.283	23	0.776	182	0.254	848	0.772	29
开普科勒尔	美国	0.245	169	0.722	775	0.580	746	0.055	495	0.870	26	0.234	896	0.512	430
清州	韩国	0.245	170	0.757	651	0.934	9	0.059	474	0.839	118	0.292	735	0.552	282
维罗那	意大利	0.245	171	0.849	346	0.707	218	0.099	310	0.735	216	0.189	970	0.572	226
吉达	沙特阿拉伯	0.243	172	0.488	1021	0.738	144	0.131	222	0.670	310	0.285	764	0.698	72

续表

城市	所属国家/地区	经济活力指数	排名	环境质量指数	排名	社会包容指数	排名	全球联系指数	排名	政府管理指数	排名	人力资本潜力指数	排名	基础设施指数	排名
吉隆坡	马来西亚	0.243	173	0.821	430	0.311	962	0.289	20	0.730	232	0.801	15	0.711	62
西约克郡	英国	0.242	174	0.862	301	0.652	510	0.102	304	0.880	10	0.146	1009	0.628	128
纽卡斯尔	英国	0.239	175	0.879	249	0.610	665	0.009	964	0.880	10	0.262	830	0.599	170
马赛	法国	0.238	176	0.884	230	0.604	682	0.116	269	0.796	171	0.240	884	0.651	107
达曼	沙特阿拉伯	0.237	177	0.331	1031	0.621	644	0.178	97	0.670	310	0.311	664	0.586	193
魁北克	加拿大	0.236	178	0.740	708	0.861	43	0.080	374	0.858	107	0.411	275	0.553	281
奥勒姆	美国	0.235	179	0.719	805	0.710	212	0.093	323	0.870	26	0.240	883	0.456	634
贝尔格蒙	意大利	0.235	180	0.843	364	0.602	687	0.059	473	0.735	216	0.063	1028	0.595	175
威尼斯	意大利	0.235	181	0.835	386	0.723	180	0.157	137	0.735	216	0.158	1004	0.611	148
塞雷尼奥	意大利	0.234	182	0.816	454	0.628	618	0.122	254	0.735	216	0.006	1033	0.663	98
尼斯-夏纳	法国	0.234	183	0.894	198	0.683	296	0.020	905	0.796	171	0.270	809	0.665	96
罗马	意大利	0.234	184	0.863	293	0.568	775	0.211	67	0.735	216	0.370	444	0.809	21
贝尔法斯特	英国	0.233	185	0.875	260	0.661	451	0.115	274	0.880	10	0.372	439	0.564	249
巴塞罗那	西班牙	0.232	186	0.884	228	0.678	327	0.267	28	0.776	182	0.359	476	0.833	14
里尔	法国	0.231	187	0.882	235	0.655	493	0.025	876	0.796	171	0.217	927	0.610	150
广岛	日本	0.230	188	0.819	439	0.808	71	0.042	565	0.802	158	0.074	1025	0.562	258
佛罗伦萨	意大利	0.229	189	0.853	331	0.721	182	0.041	567	0.735	216	0.276	791	0.558	265
德累斯顿	德国	0.228	190	0.812	461	0.922	16	0.073	408	0.828	140	0.393	348	0.558	268
墨西哥城	墨西哥	0.224	191	0.904	161	0.308	964	0.278	24	0.694	246	0.661	41	0.690	78
华沙	波兰	0.222	192	0.807	485	0.774	98	0.249	39	0.760	198	0.357	484	0.644	114
图森	美国	0.221	193	0.722	774	0.565	778	0.111	282	0.870	26	0.754	20	0.501	480
谢菲尔德	英国	0.220	194	0.880	245	0.648	535	0.142	181	0.880	10	0.407	289	0.639	116
东莞	中国	0.220	195	0.778	596	0.546	810	0.060	470	0.601	418	0.830	11	0.650	108
郑州	中国	0.220	196	0.635	990	0.655	488	0.047	544	0.601	418	0.700	32	0.624	134
埃尔帕索	美国	0.219	197	0.712	840	0.663	438	0.019	910	0.870	26	0.331	593	0.462	617
常州	中国	0.219	198	0.704	887	0.648	534	0.028	670	0.601	418	0.408	281	0.584	201

续表

城市	所属国家/地区	经济活力指数	排名	环境质量指数	排名	社会包容指数	排名	全球联系指数	排名	政府管理指数	排名	人力资本潜力指数	排名	基础设施指数	排名
布斯托-阿西齐奥	意大利	0.216	199	0.855	328	0.628	620	0.124	248	0.735	216	0.006	1034	0.676	87
昌原	韩国	0.216	200	0.757	651	0.917	25	0.019	912	0.839	118	0.208	945	0.613	145
秋明	俄罗斯	0.214	201	0.779	560	0.550	807	0.092	331	0.666	320	0.342	544	0.372	900
札幌	日本	0.214	202	0.842	366	0.971	3	0.217	60	0.802	158	0.226	909	0.548	289
莱比锡	德国	0.213	203	0.823	420	0.873	38	0.137	200	0.828	140	0.344	540	0.563	254
安卡拉	土耳其	0.213	204	0.799	508	0.654	499	0.122	253	0.680	285	0.373	435	0.609	152
新潟	日本	0.213	205	0.831	394	0.879	36	0.118	266	0.802	158	0.144	1012	0.523	389
胡富夫	沙特阿拉伯	0.212	206	0.488	1021	0.755	122	0.042	563	0.670	310	0.296	721	0.516	415
西安	中国	0.212	207	0.690	908	0.635	581	0.093	328	0.601	418	0.665	40	0.652	105
北九州-福冈大都市圈	日本	0.211	208	0.812	463	0.923	14	0.126	239	0.802	158	0.049	1030	0.582	207
龙仁	韩国	0.210	209	0.757	651	0.930	11	0.005	986	0.839	118	0.238	891	0.569	229
托里诺	意大利	0.210	210	0.834	392	0.587	725	0.090	337	0.735	216	0.291	736	0.600	167
土伦	法国	0.209	211	0.906	150	0.683	288	0.010	959	0.796	171	0.179	979	0.531	355
马尼拉	菲律宾	0.204	212	0.962	20	0.418	894	0.212	65	0.639	369	0.473	173	0.691	76
列日	比利时	0.201	213	0.830	399	0.683	291	0.050	523	0.757	203	0.346	525	0.580	214
包头	中国	0.200	214	0.752	675	0.647	540	0.029	644	0.601	418	0.300	702	0.521	399
厦门	中国	0.200	215	0.803	494	0.620	646	0.250	38	0.601	418	0.710	31	0.682	84
曼谷	泰国	0.200	216	0.881	240	0.611	658	0.253	35	0.698	239	0.597	70	0.789	23
静冈-滨松大都市圈	日本	0.198	217	0.835	377	0.880	34	0.150	160	0.802	158	0.109	1019	0.555	274
熊本	日本	0.198	218	0.812	463	0.923	13	0.036	592	0.802	158	0.144	1011	0.522	394
利物浦	英国	0.198	219	0.875	261	0.654	501	0.205	74	0.880	10	0.288	747	0.613	146
蒂梅丘拉-穆列塔	美国	0.197	220	0.715	824	0.737	147	0.157	135	0.870	26	0.170	986	0.524	383
宁波	中国	0.197	221	0.772	612	0.610	664	0.052	510	0.601	418	0.388	368	0.631	123
圣地亚哥	智利	0.197	222	0.861	306	0.437	873	0.231	47	0.802	168	0.441	214	0.527	370

续表

城市	所属国家/地区	经济活力指数	排名	环境质量指数	排名	社会包容指数	排名	全球联系指数	排名	政府管理指数	排名	人力资本潜力指数	排名	基础设施指数	排名
合肥	中国	0.196	223	0.659	969	0.664	433	0.063	455	0.601	418	0.749	22	0.603	162
全州	韩国	0.195	224	0.757	651	1.000	1	0.012	942	0.839	118	0.218	925	0.536	338
热那亚	意大利	0.195	225	0.891	203	0.633	594	0.063	454	0.735	216	0.232	899	0.563	253
巴拿马城	巴拿马	0.194	226	0.944	74	0.484	856	0.158	132	0.717	236	0.289	744	0.628	129
布拉格	捷克	0.193	227	0.793	524	0.862	41	0.220	57	0.777	181	0.387	375	0.702	65
沈阳	中国	0.193	228	0.683	933	0.629	613	0.224	53	0.601	418	0.321	628	0.667	91
萨拉戈萨	西班牙	0.192	229	0.901	181	0.690	262	0.046	546	0.776	182	0.247	865	0.534	342
安山	韩国	0.191	230	0.752	678	0.918	22	0.027	861	0.839	118	0.160	1002	0.741	45
德里	印度	0.191	231	0.594	1000	0.634	593	0.240	42	0.566	757	0.468	185	0.578	218
马斯喀特	阿曼	0.188	232	0.587	1003	0.766	111	0.004	994	0.736	215	0.769	18	0.546	296
珠海	中国	0.187	233	0.808	476	0.392	906	0.133	215	0.601	418	0.549	102	0.585	197
耶路撒冷	以色列	0.186	234	0.819	440	0.713	207	0.044	552	0.741	210	0.471	176	0.569	232
济南	中国	0.185	235	0.750	684	0.739	143	0.163	124	0.601	418	0.572	85	0.618	140
麦加	沙特阿拉伯	0.183	236	0.488	1021	0.768	108	0.038	582	0.670	310	0.352	501	0.540	317
布宜诺斯艾利斯	阿根廷	0.182	237	0.912	124	0.454	865	0.276	25	0.558	859	0.399	321	0.702	66
仁川	韩国	0.182	238	0.752	678	0.919	21	0.087	356	0.839	118	0.254	847	0.780	27
伊兹密尔	土耳其	0.182	239	0.857	324	0.689	271	0.011	956	0.680	285	0.337	569	0.603	163
中山	中国	0.182	240	0.797	512	0.640	567	0.036	591	0.601	418	0.575	82	0.600	169
圣何塞	哥斯达黎加	0.181	241	0.925	110	0.375	916	0.151	155	0.740	214	0.318	639	0.520	402
乌鲁木齐	中国	0.181	242	0.707	874	0.643	556	0.083	365	0.601	418	0.407	288	0.426	767
布加勒斯特	罗马尼亚	0.179	243	0.887	206	0.864	40	0.187	92	0.751	206	0.167	992	0.613	144
阿斯塔纳	哈萨克斯坦	0.179	244	0.558	1006	0.782	88	0.131	223	0.770	191	0.408	279	0.317	956
沙没巴干(北榄)	泰国	0.177	245	0.865	289	0.596	704	0.071	415	0.698	239	0.316	645	0.735	48

续表

城市	所属国家/地区	经济活力指数	排名	环境质量指数	排名	社会包容指数	排名	全球联系指数	排名	政府管理指数	排名	人力资本潜力指数	排名	基础设施指数	排名
阿拉木图	哈萨克斯坦	0.175	246	0.558	1006	0.741	139	0.167	113	0.770	191	0.380	406	0.386	879
无锡	中国	0.175	247	0.699	896	0.655	494	0.038	585	0.601	418	0.410	276	0.611	149
大庆	中国	0.175	248	0.804	492	0.609	667	0.028	735	0.601	418	0.276	792	0.496	502
巴塞罗那－拉克鲁斯港	委内瑞拉	0.173	249	0.848	347	0.250	994	0.054	496	0.207	1024	0.353	499	0.502	473
蒙特雷	墨西哥	0.172	250	0.849	341	0.393	904	0.125	243	0.694	246	0.402	299	0.550	285
沙加	阿拉伯联合酋长国	0.172	251	0.525	1010	0.594	706	0.173	103	0.831	135	0.542	106	0.753	36
釜山	韩国	0.170	252	0.754	672	0.917	24	0.060	469	0.839	118	0.297	719	0.649	110
长春	中国	0.170	253	0.710	853	0.703	226	0.050	524	0.601	418	0.556	95	0.592	184
利马	秘鲁	0.169	254	0.844	357	0.352	930	0.194	83	0.770	194	0.400	312	0.542	309
麦地那	沙特阿拉伯	0.169	255	0.521	1013	0.847	48	0.037	590	0.670	310	0.308	676	0.538	329
里斯本	葡萄牙	0.167	256	0.917	120	0.657	482	0.213	62	0.775	188	0.266	825	0.679	85
蒙得维的亚	乌拉圭	0.167	257	0.969	17	0.507	850	0.176	101	0.671	309	0.229	902	0.557	271
呼和浩特	中国	0.167	258	0.780	558	0.649	531	0.037	589	0.601	418	0.525	131	0.574	223
巴里	意大利	0.166	259	0.864	290	0.530	837	0.044	553	0.735	216	0.186	972	0.569	231
孟买	印度	0.166	260	0.794	522	0.714	203	0.309	12	0.566	757	0.566	90	0.636	119
克拉玛依	中国	0.165	261	0.820	436	0.641	564	0.028	671	0.601	418	0.092	1021	0.269	991
波哥大	哥伦比亚	0.165	262	0.927	106	0.354	928	0.211	66	0.637	376	0.440	216	0.627	131
安养	韩国	0.164	263	0.752	678	0.922	15	0.053	508	0.839	118	0.172	985	0.734	51
昆明	中国	0.162	264	0.811	466	0.651	515	0.170	110	0.601	418	0.512	146	0.632	122
加拉加斯	委内瑞拉	0.161	265	0.843	362	0.260	990	0.166	117	0.207	1024	0.369	446	0.553	278
台南	中国	0.160	266	0.826	408	0.732	159	0.064	450	0.601	418	0.468	183	0.548	290
城南	韩国	0.160	267	0.757	651	0.921	18	0.051	519	0.839	118	0.191	965	0.746	41

续表

城市	所属国家/地区	经济活力指数	排名	环境质量指数	排名	社会包容指数	排名	全球联系指数	排名	政府管理指数	排名	人力资本潜力指数	排名	基础设施指数	排名
布赖代	沙特阿拉伯	0.158	268	0.488	1021	0.681	310	0.019	913	0.670	310	0.270	808	0.468	602
麦卡伦	美国	0.158	269	0.709	859	0.520	841	0.132	218	0.870	26	0.232	900	0.510	436
贵阳	中国	0.157	270	0.761	643	0.585	730	0.054	499	0.601	418	0.446	208	0.576	219
容迪亚伊	巴西	0.156	271	0.952	39	0.312	961	0.060	468	0.581	717	0.345	534	0.364	913
巴伦西亚	西班牙	0.156	272	0.899	187	0.766	112	0.107	291	0.776	182	0.298	712	0.605	156
塔伊夫	沙特阿拉伯	0.154	273	0.488	1021	0.768	107	0.008	968	0.670	310	0.320	631	0.516	413
大邱	韩国	0.147	274	0.759	648	0.935	8	0.103	302	0.839	118	0.310	666	0.588	188
布尔萨	土耳其	0.146	275	0.881	237	0.747	130	0.136	204	0.680	285	0.326	613	0.549	288
淄博	中国	0.145	276	0.741	707	0.663	435	0.028	713	0.601	418	0.269	810	0.567	234
南昌	中国	0.145	277	0.761	640	0.644	552	0.211	68	0.601	418	0.584	75	0.569	228
波兹南	波兰	0.144	278	0.826	410	0.769	105	0.064	444	0.760	198	0.329	599	0.522	393
里加	拉脱维亚	0.144	279	0.916	122	0.672	377	0.142	185	0.822	154	0.241	879	0.584	200
马拉加	西班牙	0.144	280	0.884	228	0.721	183	0.068	429	0.776	182	0.206	948	0.688	80
水原	韩国	0.143	281	0.754	672	0.930	12	0.155	140	0.839	118	0.157	1005	0.752	37
大田	韩国	0.143	282	0.757	651	0.935	7	0.073	410	0.839	118	0.539	111	0.749	38
福州	中国	0.143	283	0.819	442	0.586	726	0.051	516	0.601	418	0.430	236	0.632	121
布达佩斯	匈牙利	0.142	284	0.868	279	0.790	81	0.199	80	0.748	209	0.291	739	0.604	159
光州	韩国	0.141	285	0.766	625	0.937	6	0.069	426	0.839	118	0.290	742	0.564	248
罗萨里奥	阿根廷	0.141	286	0.912	124	0.436	876	0.043	557	0.558	859	0.314	654	0.530	359
圣菲	阿根廷	0.141	287	0.912	124	0.422	888	0.107	296	0.558	859	0.322	626	0.493	511
圣保罗	巴西	0.139	288	0.935	94	0.253	992	0.059	472	0.581	717	0.747	23	0.588	189
东营	中国	0.139	289	0.743	703	0.635	585	0.027	771	0.601	418	0.226	908	0.523	387
苏腊巴亚	印度尼西亚	0.139	290	0.885	208	0.603	686	0.018	919	0.615	398	0.277	788	0.562	257
卡塔尼亚	意大利	0.138	291	0.867	283	0.593	708	0.139	192	0.735	216	0.190	967	0.599	171

续表

城市	所属国家/地区	经济活力指数	排名	环境质量指数	排名	社会包容指数	排名	全球联系指数	排名	政府管理指数	排名	人力资本潜力指数	排名	基础设施指数	排名
萨格勒布	克罗地亚	0.138	292	0.881	238	0.761	119	0.130	229	0.694	281	0.237	892	0.524	379
南宁	中国	0.137	293	0.765	628	0.629	616	0.050	520	0.601	418	0.534	120	0.607	154
台中	中国	0.136	294	0.827	404	0.734	155	0.041	572	0.601	418	0.259	837	0.595	176
马拉开波	委内瑞拉	0.135	295	0.848	347	0.251	993	0.058	485	0.207	1024	0.347	522	0.507	444
克雷塔罗	墨西哥	0.133	296	0.875	263	0.514	846	0.012	947	0.694	246	0.345	532	0.497	496
马拉凯	委内瑞拉	0.133	297	0.848	347	0.240	1003	0.059	478	0.207	1024	0.352	505	0.481	566
塞维利亚	西班牙	0.133	298	0.881	236	0.771	103	0.006	984	0.776	182	0.254	849	0.600	168
圣胡安	波多黎各	0.132	299	0.946	68	0.150	1024	0.119	260	0.432	969	0.345	535	0.529	366
乌海	中国	0.131	300	0.831	396	0.630	604	0.027	837	0.601	418	0.227	907	0.443	696
太原	中国	0.131	301	0.698	897	0.448	867	0.082	366	0.601	418	0.593	73	0.596	173
巴库	阿塞拜疆	0.129	302	0.868	281	0.744	135	0.130	225	0.591	710	0.416	261	0.492	516
马图林	委内瑞拉	0.129	303	0.848	347	0.537	827	0.089	345	0.207	1024	0.320	633	0.490	525
巴勒莫	意大利	0.128	304	0.853	331	0.601	688	0.023	893	0.735	216	0.160	1000	0.591	185
那不勒斯	意大利	0.128	305	0.853	330	0.551	803	0.174	102	0.735	216	0.227	906	0.641	115
巴伦西亚	委内瑞拉	0.126	306	0.843	362	0.245	997	0.139	190	0.207	1024	0.601	67	0.492	520
富川	韩国	0.125	307	0.752	678	0.912	27	0.071	418	0.839	118	0.162	997	0.745	42
弗罗茨瓦夫	波兰	0.122	308	0.797	513	0.741	140	0.112	281	0.760	198	0.316	643	0.523	386
波尔图	葡萄牙	0.122	309	0.926	108	0.628	619	0.157	136	0.775	188	0.351	506	0.589	187
兰州	中国	0.121	310	0.727	749	0.624	632	0.071	417	0.601	418	0.570	88	0.507	443
圣多明各	多米尼加共和国	0.121	311	0.911	138	0.314	959	0.126	236	0.665	355	0.338	565	0.500	483

续表

城市	所属国家/地区	经济活力指数	排名	环境质量指数	排名	社会包容指数	排名	全球联系指数	排名	政府管理指数	排名	人力资本潜力指数	排名	基础设施指数	排名
代尼兹利	土耳其	0.120	312	0.806	488	0.554	794	0.014	933	0.680	285	0.314	652	0.483	554
比勒陀利亚	南非	0.120	313	0.712	842	0.057	1032	0.069	421	0.652	359	0.579	80	0.455	643
哈尔滨	中国	0.120	314	0.685	926	0.680	315	0.200	79	0.601	418	0.495	156	0.625	132
瓜达拉哈拉	墨西哥	0.119	315	0.905	152	0.418	893	0.112	280	0.694	246	0.388	371	0.612	147
康塞普西翁	智利	0.119	316	0.886	207	0.327	951	0.080	377	0.802	168	0.432	234	0.402	852
烟台	中国	0.119	317	0.822	423	0.663	437	0.037	586	0.601	418	0.542	107	0.607	155
瓦尔帕莱索	智利	0.118	318	0.906	151	0.427	883	0.066	438	0.802	168	0.361	469	0.428	763
基多	厄瓜多尔	0.118	319	0.933	97	0.428	882	0.139	191	0.509	883	0.366	457	0.541	315
惠州	中国	0.117	320	0.808	477	0.623	635	0.062	460	0.601	418	0.610	62	0.564	251
梅尔辛	土耳其	0.117	321	0.863	295	0.530	836	0.035	602	0.680	285	0.309	673	0.533	349
胡志明市	越南	0.116	322	0.911	136	0.604	680	0.196	82	0.585	711	0.594	72	0.605	158
哈巴罗夫斯克	俄罗斯	0.115	323	0.779	560	0.580	745	0.088	352	0.666	320	0.289	743	0.405	845
南通	中国	0.115	324	0.723	767	0.676	343	0.051	514	0.601	418	0.570	87	0.565	245
扬州	中国	0.115	325	0.707	875	0.673	366	0.029	634	0.601	418	0.437	217	0.567	238
克拉斯诺亚尔斯克	俄罗斯	0.114	326	0.779	560	0.580	747	0.003	1000	0.666	320	0.330	597	0.334	948
徐州	中国	0.114	327	0.700	893	0.668	412	0.029	644	0.601	418	0.432	233	0.570	227
库里奇巴	巴西	0.113	328	0.961	23	0.346	938	0.067	434	0.581	717	0.323	619	0.448	665
坎昆	墨西哥	0.113	329	0.904	161	0.477	859	0.023	892	0.694	246	0.363	464	0.528	368
萨尔蒂约	墨西哥	0.113	330	0.849	341	0.382	911	0.054	500	0.694	246	0.353	497	0.455	639
新山市	马来西亚	0.112	331	0.851	337	0.330	949	0.164	120	0.730	232	0.609	63	0.549	286
维多利亚	巴西	0.112	332	0.952	39	0.386	908	0.109	287	0.581	717	0.322	625	0.316	958
圣若泽杜斯坎普斯	巴西	0.112	333	0.952	39	0.328	950	0.008	971	0.581	717	0.348	519	0.394	866
埃莫西约	墨西哥	0.112	334	0.904	161	0.466	862	0.090	338	0.694	246	0.380	404	0.449	662

续表

城市	所属国家/地区	经济活力指数	排名	环境质量指数	排名	社会包容指数	排名	全球联系指数	排名	政府管理指数	排名	人力资本潜力指数	排名	基础设施指数	排名
达卡	孟加拉国	0.111	335	0.725	759	0.588	722	0.098	312	0.466	933	0.419	256	0.593	183
柳州	中国	0.111	336	0.705	885	0.618	649	0.029	631	0.601	418	0.274	797	0.530	360
镇江	中国	0.111	337	0.703	892	0.671	387	0.097	313	0.601	418	0.385	376	0.541	316
克拉科夫	波兰	0.110	338	0.778	599	0.737	149	0.093	326	0.760	198	0.360	472	0.544	302
罗安达	安哥拉	0.110	339	0.974	11	0.430	880	0.056	488	0.260	1007	0.241	881	0.337	944
高阳	韩国	0.110	340	0.757	651	0.920	20	0.145	174	0.839	118	0.222	918	0.748	39
泰布克	沙特阿拉伯	0.110	341	0.488	1021	0.726	170	0.093	329	0.670	310	0.363	465	0.475	586
安塔利亚	土耳其	0.109	342	0.852	333	0.625	630	0.093	325	0.680	285	0.318	640	0.595	177
哈科特港	尼日利亚	0.109	343	0.858	320	0.245	996	0.094	320	0.454	940	0.256	843	0.310	965
河内	越南	0.109	344	0.871	275	0.614	654	0.149	165	0.585	711	0.728	27	0.576	220
莆田	中国	0.109	345	0.818	443	0.578	751	0.027	757	0.601	418	0.413	269	0.549	287
圣彼得堡	俄罗斯	0.108	346	0.779	560	0.553	801	0.127	234	0.666	320	0.356	486	0.729	53
阿达纳	土耳其	0.108	347	0.863	295	0.450	866	0.048	541	0.680	285	0.327	608	0.565	244
开罗	埃及	0.108	348	0.735	724	0.665	428	0.220	56	0.575	749	0.397	329	0.666	95
比亚埃尔莫萨	墨西哥	0.108	349	0.904	161	0.332	945	0.192	86	0.694	246	0.353	500	0.420	794
淮安	中国	0.107	350	0.705	881	0.682	303	0.028	721	0.601	418	0.496	153	0.563	252
班加罗尔	印度	0.107	351	0.793	523	0.646	544	0.228	48	0.566	757	0.622	56	0.559	263
襄阳	中国	0.106	352	0.688	919	0.659	470	0.027	760	0.601	418	0.314	650	0.508	442
铜陵	中国	0.105	353	0.729	745	0.551	804	0.027	762	0.601	418	0.219	924	0.510	438
芜湖	中国	0.105	354	0.719	804	0.671	383	0.049	531	0.601	418	0.582	76	0.569	233
托木斯克	俄罗斯	0.105	355	0.779	560	0.539	823	0.007	978	0.666	320	0.382	391	0.249	1002
坎皮纳斯	巴西	0.105	356	0.944	71	0.305	968	0.028	682	0.581	717	0.555	97	0.462	618
瓦赫兰	阿尔及利亚	0.105	357	0.851	335	0.552	802	0.053	505	0.423	970	0.398	328	0.503	465
舟山	中国	0.104	358	0.827	404	0.642	558	0.028	712	0.601	418	0.173	983	0.530	358

续表

城市	所属国家/地区	经济活力指数	排名	环境质量指数	排名	社会包容指数	排名	全球联系指数	排名	政府管理指数	排名	人力资本潜力指数	排名	基础设施指数	排名
门多萨	阿根廷	0.104	359	0.912	124	0.421	890	0.136	205	0.558	859	0.302	695	0.452	649
苏莱曼尼亚	伊拉克	0.104	360	0.668	953	0.889	32	0.053	502	0.282	990	0.268	816	0.430	753
莱昂	墨西哥	0.104	361	0.879	246	0.424	886	0.080	372	0.694	246	0.326	615	0.523	391
海口	中国	0.104	362	0.850	339	0.621	641	0.073	407	0.601	418	0.512	145	0.593	180
圭亚那城	委内瑞拉	0.103	363	0.848	347	0.526	838	0.007	974	0.207	1024	0.356	485	0.484	551
罗兹	波兰	0.103	364	0.806	490	0.655	495	0.096	317	0.760	198	0.266	822	0.481	563
鄂州	中国	0.102	365	0.656	978	0.546	812	0.027	822	0.601	418	0.358	481	0.532	350
托雷翁	墨西哥	0.101	366	0.849	341	0.384	909	0.080	378	0.694	246	0.335	579	0.471	591
克拉斯诺达尔	俄罗斯	0.101	367	0.779	560	0.583	739	0.014	936	0.666	320	0.336	572	0.483	555
奥韦里	尼日利亚	0.101	368	0.877	258	0.239	1004	0.016	927	0.454	940	0.245	871	0.279	984
宜昌	中国	0.100	369	0.688	919	0.646	542	0.028	681	0.601	418	0.359	478	0.492	514
怡保	马来西亚	0.099	370	0.870	277	0.440	871	0.109	286	0.730	232	0.267	819	0.492	519
古晋	马来西亚	0.099	371	0.859	315	0.392	905	0.036	593	0.730	232	0.460	190	0.455	644
约翰内斯堡	南非	0.099	372	0.748	689	0.000	1035	0.261	31	0.652	359	0.560	93	0.608	153
里约热内卢	巴西	0.099	373	0.937	84	0.243	1000	0.150	158	0.581	717	0.478	169	0.477	576
乌贝兰迪亚	巴西	0.098	374	0.952	39	0.233	1011	0.081	370	0.581	717	0.402	300	0.330	951
圣路易斯波托西	墨西哥	0.098	375	0.879	246	0.415	895	0.036	596	0.694	246	0.377	417	0.491	524
阿瓦士	伊朗	0.098	376	0.586	1004	0.436	874	0.027	860	0.502	886	0.538	114	0.495	507
阿瓜斯卡连特斯	墨西哥	0.097	377	0.879	246	0.538	825	0.014	934	0.694	246	0.353	495	0.498	494
乌约	尼日利亚	0.097	378	0.858	320	0.245	998	0.134	210	0.454	940	0.208	943	0.273	987
喀山	俄罗斯	0.097	379	0.779	560	0.650	522	0.023	891	0.666	320	0.336	571	0.464	610

续表

城市	所属国家/地区	经济活力指数	排名	环境质量指数	排名	社会包容指数	排名	全球联系指数	排名	政府管理指数	排名	人力资本潜力指数	排名	基础设施指数	排名
符拉迪沃斯托克	俄罗斯	0.097	380	0.779	560	0.574	765	0.035	603	0.666	320	0.327	610	0.488	530
彼尔姆	俄罗斯	0.097	381	0.779	560	0.588	720	0.065	442	0.666	320	0.289	745	0.408	835
若茵维莱	巴西	0.096	382	0.950	64	0.282	985	0.084	364	0.581	717	0.497	150	0.411	826
埃尔比勒	伊拉克	0.096	383	0.668	953	0.888	33	0.011	952	0.282	990	0.277	785	0.461	623
科尼亚	土耳其	0.096	384	0.824	416	0.628	621	0.014	937	0.680	285	0.324	617	0.517	409
新竹	中国	0.096	385	0.852	334	0.738	146	0.221	54	0.601	418	0.540	110	0.588	190
贝洛奥里藏特	巴西	0.096	386	0.903	175	0.301	970	0.055	492	0.581	717	0.447	206	0.417	808
索菲亚	保加利亚	0.094	387	0.842	365	0.643	554	0.150	162	0.773	190	0.208	944	0.579	215
麦德林	哥伦比亚	0.094	388	0.920	116	0.317	955	0.075	399	0.637	376	0.408	284	0.545	300
塞萨洛尼基	希腊	0.093	389	0.868	278	0.716	197	0.000	1024	0.695	244	0.308	674	0.627	130
美利达	墨西哥	0.093	390	0.904	161	0.566	777	0.150	159	0.694	246	0.379	409	0.435	732
阿什哈巴德	土库曼斯坦	0.093	391	0.728	747	0.675	355	0.000	1022	0.257	1009	0.469	180	0.289	978
马塔莫罗斯	墨西哥	0.093	392	0.849	341	0.370	917	0.011	948	0.694	246	0.320	629	0.438	720
马瑙斯	巴西	0.093	393	0.952	39	0.168	1020	0.012	946	0.581	717	0.373	434	0.421	787
伊尔库茨克	俄罗斯	0.093	394	0.779	560	0.480	857	0.131	221	0.666	320	0.309	671	0.403	850
新余	中国	0.093	395	0.761	640	0.585	732	0.027	792	0.601	418	0.294	725	0.487	533
安曼	约旦	0.092	396	0.859	316	0.683	290	0.178	98	0.688	284	0.361	470	0.557	272
乌法	俄罗斯	0.092	397	0.779	560	0.647	539	0.074	404	0.666	320	0.290	741	0.422	783
维拉克斯	墨西哥	0.092	398	0.904	155	0.322	952	0.066	439	0.694	246	0.345	533	0.454	645
巴丹岛	印度尼西亚	0.091	399	0.885	208	0.582	741	0.107	294	0.615	398	0.327	611	0.492	515
巴基西梅托	委内瑞拉	0.091	400	0.848	347	0.242	1002	0.004	990	0.207	1024	0.354	492	0.456	633
北海	中国	0.091	401	0.820	435	0.640	565	0.027	750	0.601	418	0.299	708	0.501	474

续表

城市	所属国家/地区	经济活力指数	排名	环境质量指数	排名	社会包容指数	排名	全球联系指数	排名	政府管理指数	排名	人力资本潜力指数	排名	基础设施指数	排名
日照	中国	0.090	402	0.798	510	0.659	474	0.028	667	0.601	418	0.328	604	0.550	284
湘潭	中国	0.090	403	0.689	909	0.647	538	0.029	639	0.601	418	0.579	79	0.553	279
里贝朗普雷图	巴西	0.090	404	0.939	77	0.212	1016	0.071	414	0.581	717	0.339	562	0.353	931
汕头	中国	0.089	405	0.796	515	0.644	551	0.035	605	0.601	418	0.476	170	0.594	178
拉普拉塔	阿根廷	0.089	406	0.912	124	0.408	897	0.040	577	0.558	859	0.396	335	0.580	212
萨马拉	俄罗斯	0.089	407	0.779	560	0.608	668	0.065	443	0.666	320	0.310	665	0.451	657
利伯维尔	加蓬	0.089	408	0.932	100	0.740	141	0.026	869	0.448	967	0.342	547	0.369	904
布卡拉曼加	哥伦比亚	0.089	409	0.939	79	0.381	912	0.016	929	0.637	376	0.392	355	0.500	486
胡亚雷斯	墨西哥	0.089	410	0.904	161	0.294	980	0.154	141	0.694	246	0.346	527	0.441	704
科尔多瓦	阿根廷	0.089	411	0.912	124	0.446	869	0.052	511	0.558	859	0.341	550	0.533	345
提华那	墨西哥	0.089	412	0.904	161	0.425	884	0.216	61	0.694	246	0.341	548	0.564	247
奇瓦瓦	墨西哥	0.089	413	0.904	161	0.346	936	0.084	363	0.694	246	0.356	489	0.439	717
危地马拉城	危地马拉	0.089	414	0.884	234	0.172	1019	0.159	129	0.692	282	0.362	467	0.410	830
库利亚坎	墨西哥	0.089	415	0.904	161	0.477	858	0.007	976	0.694	246	0.376	421	0.462	615
艾哈迈达巴德	印度	0.089	416	0.669	952	0.831	57	0.114	276	0.566	757	0.415	262	0.508	440
索罗卡巴	巴西	0.088	417	0.938	82	0.346	937	0.043	561	0.581	717	0.350	515	0.429	754
马德普拉塔	阿根廷	0.088	418	0.912	124	0.403	898	0.043	559	0.558	859	0.319	636	0.487	534
嘉峪关	中国	0.088	419	0.821	431	0.634	592	0.027	820	0.601	418	0.234	897	0.353	930
拉各斯	尼日利亚	0.088	420	0.937	85	0.362	922	0.142	182	0.454	940	0.344	539	0.434	739
巴西利亚	巴西	0.088	421	0.952	39	0.307	965	0.226	51	0.581	717	0.441	212	0.404	846
陶里亚蒂	俄罗斯	0.087	422	0.779	560	0.608	669	0.015	931	0.666	320	0.286	758	0.444	685
钦奈	印度	0.087	423	0.857	325	0.737	150	0.166	116	0.566	757	0.492	157	0.579	216
巴格达	伊拉克	0.087	424	0.668	953	0.600	690	0.020	903	0.282	990	0.346	526	0.493	513
常德	中国	0.087	425	0.746	696	0.678	326	0.027	751	0.601	418	0.329	602	0.485	540

续表

城市	所属国家/地区	经济活力指数	排名	环境质量指数	排名	社会包容指数	排名	全球联系指数	排名	政府管理指数	排名	人力资本潜力指数	排名	基础设施指数	排名
斯里兰卡	危地马拉	0.087	426	0.901	180	0.627	625	0.112	279	0.571	753	0.162	996	0.547	292
韶关	中国	0.086	427	0.761	635	0.650	526	0.028	716	0.601	418	0.278	780	0.564	250
攀枝花	中国	0.086	428	0.817	452	0.642	559	0.027	816	0.601	418	0.194	959	0.424	773
瓦里	尼日利亚	0.085	429	0.802	496	0.562	782	0.054	501	0.454	940	0.204	951	0.290	976
雅典	希腊	0.085	430	0.845	355	0.612	657	0.219	58	0.695	244	0.449	204	0.741	44
加尔各答	印度	0.085	431	0.799	505	0.638	573	0.054	498	0.566	757	0.365	459	0.559	262
萨姆松	土耳其	0.085	432	0.859	314	0.646	541	0.068	430	0.680	285	0.269	812	0.478	573
哈拉巴	墨西哥	0.084	433	0.904	155	0.320	953	0.163	123	0.694	246	0.335	576	0.444	687
三亚	中国	0.084	434	0.874	267	0.605	674	0.029	646	0.601	418	0.575	83	0.533	348
鄂尔多斯	中国	0.084	435	0.831	396	0.657	480	0.029	658	0.601	418	0.475	171	0.495	505
洛阳	中国	0.084	436	0.735	728	0.667	421	0.029	638	0.601	418	0.375	427	0.516	412
贝尔格莱德	塞尔维亚	0.084	437	0.868	280	0.769	104	0.167	115	0.676	304	0.303	694	0.542	306
贝鲁特	黎巴嫩	0.084	438	0.855	329	0.645	550	0.200	78	0.660	357	0.457	194	0.594	179
杜兰戈	墨西哥	0.083	439	0.905	152	0.368	918	0.050	521	0.694	246	0.367	454	0.464	611
盘锦	中国	0.083	440	0.734	729	0.640	566	0.029	648	0.601	418	0.112	1017	0.542	311
银川	中国	0.083	441	0.766	626	0.628	622	0.041	568	0.601	418	0.483	165	0.512	429
石家庄	中国	0.083	442	0.517	1014	0.660	469	0.041	571	0.601	418	0.614	60	0.610	151
北干巴鲁	印度尼西亚	0.083	443	0.885	208	0.665	426	0.016	928	0.615	398	0.340	558	0.456	635
雅罗斯拉夫尔	俄罗斯	0.082	444	0.779	560	0.524	839	0.049	530	0.666	320	0.298	711	0.469	598
潍坊	中国	0.082	445	0.761	643	0.666	424	0.028	676	0.601	418	0.351	512	0.542	308
卡拉杰	伊朗	0.082	446	0.781	555	0.570	773	0.081	367	0.502	886	0.534	121	0.505	453
明斯克	白俄罗斯	0.082	447	0.880	242	0.900	29	0.121	255	0.459	939	0.365	460	0.566	240
加济安泰普	土耳其	0.081	448	0.734	731	0.447	868	0.070	419	0.680	285	0.318	637	0.529	361

续表

城市	所属国家/地区	经济活力指数	排名	环境质量指数	排名	社会包容指数	排名	全球联系指数	排名	政府管理指数	排名	人力资本潜力指数	排名	基础设施指数	排名
卡拉奇	巴基斯坦	0.081	449	0.720	791	0.557	787	0.173	104	0.492	906	0.406	291	0.583	205
三马林达	印度尼西亚	0.081	450	0.885	208	0.647	537	0.007	977	0.615	398	0.309	672	0.374	897
比亚维森西奥	哥伦比亚	0.081	451	0.927	106	0.285	983	0.142	184	0.637	376	0.330	598	0.439	715
亚松森	巴拉圭	0.081	452	0.958	25	0.396	900	0.121	256	0.594	709	0.408	283	0.428	762
隆德里纳	巴西	0.080	453	0.966	19	0.278	988	0.202	76	0.581	717	0.399	320	0.389	876
弗洛里亚诺波利斯	巴西	0.080	454	0.952	39	0.331	948	0.012	943	0.581	717	0.522	137	0.424	776
防城港	中国	0.080	455	0.819	438	0.600	693	0.027	842	0.601	418	0.246	868	0.465	609
雷诺萨	墨西哥	0.080	456	0.849	341	0.335	944	0.049	532	0.694	246	0.344	538	0.480	570
下诺夫哥罗德	俄罗斯	0.079	457	0.779	560	0.506	853	0.056	491	0.666	320	0.293	730	0.476	580
伏尔加格勒	俄罗斯	0.079	458	0.779	560	0.460	864	0.045	549	0.666	320	0.288	750	0.408	833
温州	中国	0.079	459	0.771	615	0.600	695	0.075	400	0.601	418	0.554	98	0.600	166
奥伦堡	俄罗斯	0.079	460	0.779	560	0.635	587	0.128	232	0.666	320	0.304	688	0.370	902
开塞利	土耳其	0.079	461	0.799	507	0.668	410	0.001	1019	0.680	285	0.332	590	0.516	411
唐山	中国	0.078	462	0.582	1005	0.665	429	0.029	643	0.601	418	0.286	759	0.567	236
坦皮科	墨西哥	0.078	463	0.904	161	0.307	967	0.044	556	0.694	246	0.335	581	0.460	626
帕丘卡-德索托	墨西哥	0.078	464	0.904	161	0.301	971	0.138	196	0.694	246	0.351	508	0.502	471
株洲	中国	0.078	465	0.691	907	0.662	447	0.029	630	0.601	418	0.361	471	0.541	313
普埃布拉	墨西哥	0.077	466	0.904	155	0.299	974	0.185	93	0.694	246	0.381	397	0.502	468
圣地亚哥	多米尼加共和国	0.077	467	0.911	138	0.532	832	0.055	493	0.665	355	0.345	529	0.441	703
临沂	中国	0.077	468	0.737	718	0.676	344	0.028	675	0.601	418	0.382	395	0.566	242
哈瓦那	古巴	0.077	469	0.950	60	0.729	164	0.238	45	0.000	1035	0.209	941	0.408	832

续表

城市	所属国家/地区	经济活力指数	排名	环境质量指数	排名	社会包容指数	排名	全球联系指数	排名	政府管理指数	排名	人力资本潜力指数	排名	基础设施指数	排名
营口	中国	0.077	470	0.789	540	0.632	599	0.029	655	0.601	418	0.260	836	0.542	312
泰州	中国	0.077	471	0.718	807	0.689	270	0.028	664	0.601	418	0.300	703	0.534	343
克麦罗沃	俄罗斯	0.076	472	0.779	560	0.538	824	0.015	930	0.666	320	0.305	687	0.249	1001
新西伯利亚	俄罗斯	0.076	473	0.779	560	0.575	761	0.021	902	0.666	320	0.388	369	0.336	945
新库兹涅茨克	俄罗斯	0.076	474	0.779	560	0.564	780	0.074	402	0.666	320	0.294	727	0.263	994
顿河畔罗斯托夫	俄罗斯	0.076	475	0.779	560	0.380	913	0.077	386	0.666	320	0.278	782	0.452	655
伊热夫斯克	俄罗斯	0.076	476	0.779	560	0.635	586	0.006	985	0.666	320	0.307	680	0.406	844
西宁	中国	0.076	477	0.717	812	0.653	503	0.039	580	0.601	418	0.355	490	0.457	632
海得拉巴	印度	0.076	478	0.809	472	0.733	156	0.020	907	0.566	757	0.506	148	0.524	380
阿雷基帕	秘鲁	0.076	479	0.844	357	0.367	919	0.000	1028	0.770	194	0.376	424	0.336	946
盐城	中国	0.075	480	0.731	737	0.696	243	0.028	705	0.601	418	0.287	754	0.554	277
戈亚尼亚	巴西	0.075	481	0.952	39	0.337	943	0.022	895	0.581	717	0.343	541	0.354	926
墨西卡利	墨西哥	0.075	482	0.904	161	0.422	887	0.064	447	0.694	246	0.374	429	0.503	466
内罗毕	肯尼亚	0.075	483	0.971	15	0.315	958	0.148	168	0.674	305	0.373	437	0.305	968
万隆	印度尼西亚	0.075	484	0.885	208	0.662	446	0.056	487	0.615	398	0.385	378	0.529	364
阿斯特拉罕	俄罗斯	0.074	485	0.779	560	0.379	915	0.044	551	0.666	320	0.307	683	0.384	882
瓜亚基尔	厄瓜多尔	0.074	486	0.887	205	0.382	910	0.130	228	0.509	883	0.358	482	0.569	230
瓦哈卡	墨西哥	0.074	487	0.904	155	0.349	933	0.171	107	0.694	246	0.349	516	0.441	702
迪亚巴克尔	土耳其	0.074	488	0.815	456	0.408	896	0.164	122	0.680	285	0.270	806	0.487	536
宝鸡	中国	0.074	489	0.706	877	0.661	458	0.028	717	0.601	418	0.292	732	0.460	625
累西腓	巴西	0.073	490	0.952	39	0.195	1018	0.084	362	0.581	717	0.387	372	0.306	967
本溪	中国	0.072	491	0.744	701	0.611	662	0.027	793	0.601	418	0.163	995	0.589	186
鄂木斯克	俄罗斯	0.072	492	0.779	560	0.767	110	0.256	33	0.666	320	0.285	760	0.314	961
吉林	中国	0.072	493	0.754	668	0.662	448	0.028	709	0.601	418	0.238	890	0.523	388

续表

城市	所属国家/地区	经济活力指数	排名	环境质量指数	排名	社会包容指数	排名	全球联系指数	排名	政府管理指数	排名	人力资本潜力指数	排名	基础设施指数	排名
卡利	哥伦比亚	0.072	494	0.950	63	0.232	1012	0.013	940	0.637	376	0.351	511	0.511	432
贝宁	尼日利亚	0.072	495	0.802	496	0.226	1014	0.109	289	0.454	940	0.272	801	0.315	960
开普敦	南非	0.071	496	0.748	689	0.103	1029	0.196	81	0.652	359	0.633	53	0.429	757
塞拉亚	墨西哥	0.071	497	0.875	263	0.400	899	0.034	607	0.694	246	0.351	507	0.481	564
莱芜	中国	0.070	498	0.694	904	0.623	636	0.028	673	0.601	418	0.148	1008	0.539	324
浦那	印度	0.070	499	0.840	369	0.697	240	0.113	278	0.566	757	0.435	225	0.530	356
库埃纳瓦卡	墨西哥	0.070	500	0.904	161	0.296	977	0.048	537	0.694	246	0.358	480	0.537	333
莫雷利亚	墨西哥	0.070	501	0.875	263	0.312	960	0.076	393	0.694	246	0.380	403	0.500	488
格兰德营	巴西	0.070	502	0.952	39	0.281	987	0.043	560	0.581	717	0.368	449	0.375	895
萨尔塔	阿根廷	0.069	503	0.912	124	0.428	881	0.059	477	0.558	859	0.309	670	0.407	837
德班	南非	0.069	504	0.748	689	0.038	1033	0.126	235	0.652	359	0.525	133	0.538	330
泉州	中国	0.069	505	0.818	443	0.616	652	0.028	672	0.601	418	0.634	52	0.586	192
抚顺	中国	0.069	506	0.746	697	0.646	548	0.027	761	0.601	418	0.111	1018	0.580	213
圣米格尔-德图库曼	阿根廷	0.069	507	0.912	124	0.438	872	0.000	1034	0.558	859	0.308	675	0.431	749
喀土穆	苏丹	0.069	508	0.778	597	0.737	148	0.189	90	0.277	1004	0.285	765	0.367	909
阿伯	尼日利亚	0.069	509	0.858	320	0.243	1001	0.021	901	0.454	940	0.259	838	0.281	982
岳阳	中国	0.068	510	0.761	639	0.668	414	0.028	723	0.601	418	0.342	545	0.504	461
春武里府	泰国	0.068	511	0.900	182	0.585	735	0.012	941	0.698	239	0.153	1007	0.488	531
托卢卡	墨西哥	0.068	512	0.858	318	0.292	981	0.144	177	0.694	246	0.374	431	0.565	243
萨拉托夫	俄罗斯	0.068	513	0.779	560	0.636	580	0.081	369	0.666	320	0.314	656	0.416	812
威海	中国	0.068	514	0.823	418	0.651	518	0.029	654	0.601	418	0.487	163	0.547	295
阿雷格里港	巴西	0.068	515	0.953	31	0.217	1015	0.035	604	0.581	717	0.455	197	0.505	451
叶卡捷琳堡	俄罗斯	0.068	516	0.779	560	0.533	831	0.008	970	0.666	320	0.276	793	0.461	621
卡萨布兰卡	摩洛哥	0.067	517	0.919	118	0.580	750	0.167	114	0.628	387	0.347	523	0.618	139

续表

城市	所属国家/地区	经济活力指数	排名	环境质量指数	排名	社会包容指数	排名	全球联系指数	排名	政府管理指数	排名	人力资本潜力指数	排名	基础设施指数	排名
巴厘巴板	印度尼西亚	0.066	518	0.885	208	0.649	530	0.034	608	0.615	398	0.304	692	0.393	870
梁赞	俄罗斯	0.066	519	0.779	560	0.536	830	0.000	1027	0.666	320	0.306	685	0.652	104
马鞍山	中国	0.066	520	0.731	739	0.642	561	0.029	656	0.601	418	0.351	509	0.575	222
江门	中国	0.065	521	0.780	556	0.638	571	0.028	669	0.601	418	0.378	411	0.555	273
三宝垄	印度尼西亚	0.065	522	0.885	208	0.631	600	0.002	1008	0.615	398	0.307	678	0.468	600
自贡	中国	0.065	523	0.708	867	0.672	374	0.028	738	0.601	418	0.215	930	0.435	734
阿比让	科特迪瓦	0.064	524	0.950	61	0.583	737	0.079	381	0.496	904	0.285	762	0.477	577
湖州	中国	0.064	525	0.713	833	0.635	588	0.028	733	0.601	418	0.366	456	0.519	404
台州	中国	0.064	526	0.718	807	0.616	651	0.030	626	0.601	418	0.184	976	0.538	328
乌穆阿希亚	尼日利亚	0.064	527	0.890	204	0.250	995	0.007	980	0.454	940	0.271	804	0.251	998
通辽	中国	0.064	528	0.790	528	0.659	475	0.027	828	0.601	418	0.327	607	0.506	450
福塔莱萨	巴西	0.063	529	0.952	39	0.154	1022	0.016	925	0.581	717	0.412	271	0.293	974
车里雅宾斯克	俄罗斯	0.063	530	0.779	560	0.531	835	0.029	651	0.666	320	0.304	693	0.376	894
萍乡	中国	0.063	531	0.732	733	0.655	492	0.028	710	0.601	418	0.253	854	0.491	521
突尼斯	突尼斯	0.063	532	0.867	284	0.709	214	0.149	166	0.666	353	0.352	503	0.546	297
钦州	中国	0.063	533	0.790	527	0.654	497	0.027	823	0.601	418	0.229	904	0.499	493
蚌埠	中国	0.063	534	0.697	899	0.658	479	0.028	687	0.601	418	0.323	620	0.527	369
伊丽莎白港	南非	0.062	535	0.748	689	0.091	1031	0.029	627	0.652	359	0.462	188	0.429	758
廊坊	中国	0.062	536	0.602	998	0.656	487	0.027	757	0.601	418	0.554	99	0.698	71
十堰	中国	0.062	537	0.688	919	0.671	385	0.028	686	0.601	418	0.385	377	0.476	584
圣路易斯	巴西	0.062	538	0.952	39	0.135	1026	0.118	264	0.581	717	0.322	621	0.310	964
宿迁	中国	0.062	539	0.697	899	0.656	483	0.029	647	0.601	418	0.416	259	0.537	336
库亚巴	巴西	0.062	540	0.952	39	0.281	986	0.033	616	0.581	717	0.340	553	0.332	950
摩苏尔	伊拉克	0.062	541	0.668	953	0.892	31	0.050	527	0.282	990	0.297	713	0.465	606

续表

城市	所属国家/地区	经济活力指数	排名	环境质量指数	排名	社会包容指数	排名	全球联系指数	排名	政府管理指数	排名	人力资本潜力指数	排名	基础设施指数	排名
吉大港	孟加拉国	0.062	542	0.706	876	0.555	793	0.157	134	0.466	933	0.413	270	0.540	319
特鲁希略	秘鲁	0.062	543	0.844	357	0.357	927	0.066	437	0.770	194	0.384	379	0.441	706
茹伊斯迪福拉	巴西	0.061	544	0.967	18	0.359	925	0.036	597	0.581	717	0.389	364	0.318	955
伊巴丹	尼日利亚	0.061	545	0.937	85	0.347	935	0.035	601	0.454	940	0.334	582	0.347	938
圣萨尔瓦多	萨尔瓦多	0.061	546	0.875	262	0.360	924	0.125	242	0.678	303	0.374	432	0.429	755
沃罗涅日	俄罗斯	0.061	547	0.779	560	0.539	822	0.004	992	0.666	320	0.317	641	0.447	673
乌兰巴托	蒙古	0.061	548	0.667	962	0.542	818	0.069	423	0.667	319	0.435	223	0.420	795
枣庄	中国	0.061	549	0.762	633	0.664	432	0.028	732	0.601	418	0.292	733	0.530	357
塞得	埃及	0.061	550	0.735	724	0.588	721	0.096	315	0.575	749	0.322	624	0.504	459
马拉普兰	印度	0.060	551	0.906	147	0.698	236	0.004	988	0.566	757	0.347	524	0.456	636
苏拉特	印度	0.060	552	0.826	409	0.833	56	0.078	384	0.566	757	0.625	55	0.485	543
济宁	中国	0.060	553	0.742	704	0.667	422	0.028	724	0.601	418	0.257	840	0.531	353
绵阳	中国	0.060	554	0.777	600	0.677	338	0.028	717	0.601	418	0.437	218	0.431	748
卡塔赫纳	哥伦比亚	0.060	555	0.937	91	0.332	947	0.001	1013	0.637	376	0.389	366	0.540	318
大连	中国	0.060	556	0.736	723	0.693	252	0.146	171	0.601	418	0.467	186	0.666	92
望加锡	印度尼西亚	0.060	557	0.885	208	0.662	442	0.032	618	0.615	398	0.311	659	0.433	742
第比利斯	格鲁吉亚	0.060	558	0.905	154	0.719	188	0.124	247	0.822	153	0.340	557	0.476	579
石嘴山	中国	0.060	559	0.756	665	0.674	364	0.027	831	0.601	418	0.182	978	0.452	652
贝伦	巴西	0.060	560	0.952	39	0.164	1021	0.069	425	0.581	717	0.375	426	0.361	917
宿雾	菲律宾	0.059	561	0.925	111	0.542	817	0.171	108	0.639	369	0.378	413	0.521	397
德拉敦	印度	0.059	562	0.667	963	0.651	513	0.006	982	0.566	757	0.394	347	0.348	936
赤峰	中国	0.059	563	0.790	528	0.672	378	0.027	801	0.601	418	0.272	799	0.529	363

续表

城市	所属国家/地区	经济活力指数	排名	环境质量指数	排名	社会包容指数	排名	全球联系指数	排名	政府管理指数	排名	人力资本潜力指数	排名	基础设施指数	排名
巴尔瑙尔	俄罗斯	0.059	564	0.779	560	0.572	768	0.168	112	0.666	320	0.311	663	0.252	997
大同	中国	0.058	565	0.783	546	0.672	372	0.028	677	0.601	418	0.248	862	0.538	332
图斯特拉古铁雷斯	墨西哥	0.058	566	0.904	161	0.299	973	0.062	464	0.694	246	0.341	552	0.411	825
玉溪	中国	0.058	567	0.843	361	0.642	560	0.027	809	0.601	418	0.383	388	0.480	567
基尔库克	伊拉克	0.058	568	0.668	953	0.918	23	0.075	398	0.282	990	0.283	768	0.421	792
巴士拉	伊拉克	0.058	569	0.668	953	0.561	784	0.000	1025	0.282	990	0.287	756	0.476	581
伊斯法罕	伊朗	0.058	570	0.752	676	0.725	172	0.064	446	0.502	886	0.497	151	0.496	499
龙岩	中国	0.057	571	0.834	391	0.682	302	0.027	747	0.601	418	0.239	886	0.511	431
棉兰	印度尼西亚	0.057	572	0.885	208	0.629	614	0.029	653	0.615	398	0.363	463	0.501	481
铜川	中国	0.057	573	0.736	722	0.433	878	0.027	844	0.601	418	0.200	955	0.504	458
阿布贾	尼日利亚	0.057	574	0.722	769	0.284	984	0.126	238	0.454	940	0.254	851	0.338	942
咸阳	中国	0.057	575	0.704	886	0.660	465	0.028	720	0.601	418	0.594	71	0.598	172
金边	柬埔寨	0.057	576	0.938	83	0.728	165	0.081	368	0.623	394	0.367	455	0.425	772
昌迪加尔	印度	0.056	577	0.807	484	0.746	131	0.004	995	0.566	757	0.440	215	0.365	912
连云港	中国	0.056	578	0.720	801	0.698	239	0.027	790	0.601	418	0.422	250	0.560	261
哥印拜陀	印度	0.056	579	0.884	231	0.720	187	0.138	197	0.566	757	0.496	154	0.460	630
德古西加巴	洪都拉斯	0.056	580	0.894	196	0.151	1023	0.073	409	0.680	301	0.418	258	0.399	860
乌里扬诺夫斯克	俄罗斯	0.056	581	0.779	560	0.646	543	0.172	105	0.666	320	0.300	705	0.411	829
湛江	中国	0.056	582	0.838	372	0.699	231	0.028	704	0.601	418	0.470	179	0.537	334
黄石	中国	0.056	583	0.749	685	0.650	527	0.028	692	0.601	418	0.313	657	0.527	373
纳杰夫	伊拉克	0.056	584	0.668	953	0.755	123	0.053	506	0.282	990	0.263	827	0.450	660
泰安	中国	0.056	585	0.738	714	0.677	335	0.027	775	0.601	418	0.299	706	0.545	299
开封	中国	0.056	586	0.687	922	0.667	420	0.028	696	0.601	418	0.422	249	0.538	327

续表

城市	所属国家/地区	经济活力指数	排名	环境质量指数	排名	社会包容指数	排名	全球联系指数	排名	政府管理指数	排名	人力资本潜力指数	排名	基础设施指数	排名
阿尔及尔	阿尔及利亚	0.056	587	0.851	335	0.571	771	0.142	183	0.423	970	0.387	374	0.485	539
亚历山大	埃及	0.055	588	0.735	724	0.669	402	0.050	522	0.575	749	0.401	309	0.567	235
辽源	中国	0.055	589	0.729	745	0.666	425	0.027	778	0.601	418	0.067	1027	0.497	497
泸州	中国	0.055	590	0.757	661	0.681	313	0.027	759	0.601	418	0.203	952	0.458	631
赣州	中国	0.055	591	0.761	635	0.676	340	0.029	657	0.601	418	0.525	130	0.514	420
秦皇岛	中国	0.055	592	0.722	776	0.646	547	0.027	783	0.601	418	0.523	134	0.542	310
玛琅	印度尼西亚	0.055	593	0.885	208	0.630	609	0.017	922	0.615	398	0.322	623	0.448	666
淮北	中国	0.055	594	0.700	893	0.677	336	0.027	782	0.601	418	0.382	394	0.532	352
乐山	中国	0.055	595	0.684	931	0.673	368	0.028	710	0.601	418	0.326	614	0.424	775
波萨里卡	墨西哥	0.055	596	0.904	155	0.294	979	0.032	619	0.694	246	0.331	595	0.442	698
肇庆	中国	0.055	597	0.739	710	0.689	269	0.028	725	0.601	418	0.473	172	0.521	401
九江	中国	0.055	598	0.790	528	0.673	370	0.028	705	0.601	418	0.461	189	0.504	457
嘉兴	中国	0.055	599	0.734	729	0.593	709	0.028	695	0.601	418	0.407	287	0.578	217
奥绍博	尼日利亚	0.054	600	0.937	85	0.350	932	0.061	465	0.454	940	0.271	803	0.301	970
圣佩德罗苏拉	洪都拉斯	0.054	601	0.894	196	0.108	1028	0.076	392	0.680	301	0.384	381	0.379	889
设拉子	伊朗	0.054	602	0.756	664	0.551	806	0.003	1001	0.502	886	0.580	78	0.533	344
榆林	中国	0.054	603	0.795	519	0.639	569	0.028	699	0.601	418	0.573	84	0.468	601
纳西里耶	伊拉克	0.053	604	0.668	953	0.560	785	0.055	494	0.282	990	0.311	661	0.440	709
阿卡普尔科	墨西哥	0.053	605	0.858	318	0.317	956	0.053	503	0.694	246	0.324	618	0.478	572
圣克鲁斯	玻利维亚	0.053	606	0.899	185	0.339	940	0.146	172	0.534	877	0.691	35	0.353	927
纳塔尔	巴西	0.053	607	0.952	39	0.277	989	0.022	894	0.581	717	0.427	245	0.243	1006
马塞约	巴西	0.053	608	0.952	39	0.092	1030	0.077	385	0.581	717	0.353	498	0.247	1004
若昂佩索阿	巴西	0.053	609	0.952	39	0.230	1013	0.033	611	0.581	717	0.333	585	0.245	1005
尚勒乌尔法	土耳其	0.053	610	0.810	469	0.419	891	0.004	989	0.680	285	0.269	811	0.482	560

续表

城市	所属国家/地区	经济活力指数	排名	环境质量指数	排名	社会包容指数	排名	全球联系指数	排名	政府管理指数	排名	人力资本潜力指数	排名	基础设施指数	排名
阿拉卡茹	巴西	0.052	611	0.952	39	0.204	1017	0.026	866	0.581	717	0.338	566	0.222	1012
埃斯基谢希尔	土耳其	0.052	612	0.892	201	0.742	136	0.049	529	0.680	285	0.315	646	0.500	485
加沙	巴勒斯坦	0.052	613	0.960	24	0.737	151	0.020	909	0.320	987	0.371	443	0.443	695
特拉斯卡拉	墨西哥	0.052	614	0.904	155	0.315	957	0.151	153	0.694	246	0.356	488	0.454	647
奇姆肯特	哈萨克斯坦	0.052	615	0.558	1006	0.716	198	0.143	178	0.770	191	0.395	337	0.349	935
奇克拉约	秘鲁	0.052	616	0.844	357	0.360	923	0.017	924	0.770	194	0.372	441	0.448	663
金昌	中国	0.052	617	0.802	499	0.661	459	0.027	854	0.601	418	0.062	1029	0.377	892
巴兰基利亚	哥伦比亚	0.052	618	0.937	91	0.297	976	0.064	449	0.637	376	0.345	530	0.546	298
宜宾	中国	0.052	619	0.751	682	0.671	389	0.028	666	0.601	418	0.301	699	0.443	691
芹苴	越南	0.052	620	0.912	133	0.585	731	0.152	147	0.585	711	0.606	65	0.460	628
科钦	印度	0.052	621	0.880	243	0.781	89	0.001	1016	0.566	757	0.427	244	0.463	612
那格浦尔	印度	0.051	622	0.821	428	0.786	83	0.033	613	0.566	757	0.391	358	0.445	682
特里苏尔	印度	0.051	623	0.880	243	0.741	138	0.030	622	0.566	757	0.343	542	0.443	694
衡阳	中国	0.051	624	0.689	909	0.671	382	0.029	650	0.601	418	0.456	195	0.513	425
拉什特	伊朗	0.051	625	0.837	374	0.580	749	0.017	921	0.502	886	0.560	92	0.408	836
拉合尔	巴基斯坦	0.050	626	0.789	533	0.691	257	0.133	216	0.492	906	0.398	326	0.462	614
锦州	中国	0.050	627	0.738	715	0.654	500	0.028	739	0.601	418	0.289	746	0.535	340
克尔曼	伊朗	0.050	628	0.841	367	0.573	767	0.087	355	0.502	886	0.538	115	0.484	548
伊科罗杜	尼日利亚	0.050	629	0.937	85	0.349	934	0.018	916	0.454	940	0.317	642	0.359	920
衢州	中国	0.050	630	0.731	738	0.643	557	0.028	698	0.601	418	0.205	950	0.491	522
加拉特	印度	0.050	631	0.829	401	0.742	137	0.062	459	0.566	757	0.401	308	0.467	603
遵义	中国	0.050	632	0.759	649	0.652	511	0.029	649	0.601	418	0.329	601	0.480	568

续表

城市	所属国家/地区	经济活力指数	排名	环境质量指数	排名	社会包容指数	排名	全球联系指数	排名	政府管理指数	排名	人力资本潜力指数	排名	基础设施指数	排名
费拉迪圣安娜	巴西	0.050	633	0.981	5	0.234	1009	0.046	548	0.581	717	0.377	415	0.214	1016
特雷西纳	巴西	0.050	634	0.952	39	0.135	1025	0.089	349	0.581	717	0.344	537	0.269	990
楠榜	印度尼西亚	0.050	635	0.885	208	0.656	484	0.010	957	0.615	398	0.311	660	0.446	676
卡尔巴拉	伊拉克	0.050	636	0.668	953	0.734	154	0.000	1031	0.282	990	0.252	857	0.426	769
新乡	中国	0.050	637	0.635	990	0.682	299	0.029	629	0.601	418	0.450	203	0.527	372
苏伊士	埃及	0.050	638	0.735	724	0.627	623	0.004	987	0.575	749	0.307	681	0.493	510
金斯敦	牙买加	0.050	639	0.900	183	0.342	939	0.026	867	0.709	238	0.667	39	0.522	396
维萨卡帕特南	印度	0.050	640	0.902	179	0.804	75	0.089	347	0.566	757	0.400	313	0.440	710
拉巴特	摩洛哥	0.049	641	0.961	21	0.631	601	0.118	261	0.628	387	0.359	474	0.502	472
白山	中国	0.049	642	0.754	668	0.667	419	0.027	815	0.601	418	0.083	1024	0.508	441
蒂鲁巴	印度	0.049	643	0.884	231	0.702	228	0.031	621	0.566	757	0.412	272	0.440	711
郴州	中国	0.049	644	0.761	635	0.670	398	0.028	701	0.601	418	0.288	749	0.503	464
朔州	中国	0.049	645	0.747	693	0.668	415	0.027	838	0.601	418	0.507	147	0.481	565
丹吉尔	摩洛哥	0.049	646	0.924	113	0.629	612	0.066	440	0.628	387	0.381	398	0.510	435
奎隆	印度	0.049	647	0.933	98	0.785	84	0.062	463	0.566	757	0.340	556	0.448	664
辽阳	中国	0.049	648	0.705	882	0.636	576	0.027	788	0.601	418	0.161	999	0.526	374
扎里亚	尼日利亚	0.049	649	0.722	769	0.571	772	0.143	180	0.454	940	0.297	718	0.250	999
漳州	中国	0.049	650	0.803	494	0.661	455	0.027	746	0.601	418	0.428	240	0.585	198
登巴萨	印度尼西亚	0.048	651	0.885	208	0.688	275	0.011	955	0.615	398	0.327	609	0.501	475
景德镇	中国	0.048	652	0.782	551	0.653	505	0.028	745	0.601	418	0.285	763	0.494	508
边和	越南	0.048	653	0.912	133	0.584	736	0.150	161	0.585	711	0.534	122	0.517	410
巴东	印度尼西亚	0.048	654	0.885	208	0.695	248	0.008	969	0.615	398	0.300	704	0.425	770
马哈奇卡拉	俄罗斯	0.048	655	0.779	560	0.379	914	0.130	224	0.666	320	0.339	560	0.411	827

续表

城市	所属国家/地区	经济活力指数	排名	环境质量指数	排名	社会包容指数	排名	全球联系指数	排名	政府管理指数	排名	人力资本潜力指数	排名	基础设施指数	排名
达沃	菲律宾	0.048	656	0.982	2	0.685	287	0.079	382	0.639	369	0.376	419	0.443	692
益阳	中国	0.048	657	0.754	671	0.694	250	0.028	715	0.601	418	0.245	870	0.515	417
阿加迪尔	摩洛哥	0.048	658	0.924	114	0.631	602	0.166	118	0.628	387	0.359	477	0.436	726
埃罗德	印度	0.047	659	0.898	189	0.698	238	0.128	233	0.566	757	0.397	332	0.422	786
马那瓜	尼加拉瓜	0.047	660	0.939	78	0.543	816	0.136	203	0.642	367	0.408	286	0.408	834
塔什干	乌兹别克斯坦	0.047	661	0.860	309	0.591	713	0.106	299	0.647	365	0.458	192	0.421	791
梧州	中国	0.047	662	0.738	712	0.669	400	0.028	683	0.601	418	0.292	731	0.504	460
德黑兰	伊朗	0.047	663	0.800	504	0.515	845	0.054	497	0.502	886	0.600	68	0.593	181
埃里温	亚美尼亚	0.047	664	0.908	145	0.785	85	0.140	189	0.782	180	0.354	493	0.471	593
芒格洛尔	印度	0.047	665	0.884	231	0.716	196	0.124	246	0.566	757	0.394	345	0.408	831
科恰班巴	玻利维亚	0.047	666	0.899	185	0.309	963	0.051	515	0.534	877	0.311	662	0.298	972
荆门	中国	0.047	667	0.685	925	0.671	381	0.027	818	0.601	418	0.280	772	0.461	620
卢迪亚纳	印度	0.047	668	0.595	999	0.680	314	0.141	186	0.566	757	0.389	367	0.379	891
戈尔哈布尔	印度	0.047	669	0.808	481	0.722	181	0.020	906	0.566	757	0.413	267	0.431	750
伊瓦格	哥伦比亚	0.047	670	0.971	13	0.317	954	0.101	308	0.637	376	0.404	297	0.452	650
巨港	印度尼西亚	0.047	671	0.885	208	0.688	274	0.110	285	0.615	398	0.278	783	0.444	684
斯法克斯	突尼斯	0.047	672	0.871	273	0.668	411	0.004	991	0.666	353	0.382	393	0.465	608
宿州	中国	0.047	673	0.709	862	0.650	524	0.028	741	0.601	418	0.334	584	0.524	378
大不里士	伊朗	0.047	674	0.773	610	0.705	222	0.028	663	0.502	886	0.538	113	0.448	667
特里凡得琅	印度	0.046	675	0.908	143	0.767	109	0.000	1026	0.566	757	0.399	319	0.456	638
乔斯	尼日利亚	0.046	676	0.722	769	0.351	931	0.018	918	0.454	940	0.272	802	0.253	996

续表

城市	所属国家/地区	经济活力指数	排名	环境质量指数	排名	社会包容指数	排名	全球联系指数	排名	政府管理指数	排名	人力资本潜力指数	排名	基础设施指数	排名
坤甸	印度尼西亚	0.046	677	0.885	208	0.696	246	0.021	900	0.615	398	0.304	691	0.402	854
佩雷拉	哥伦比亚	0.046	678	0.971	13	0.258	991	0.009	961	0.637	376	0.383	386	0.460	627
绍兴	中国	0.046	679	0.709	862	0.624	634	0.029	628	0.601	418	0.372	440	0.585	199
金沙萨	刚果	0.046	680	0.681	934	0.332	946	0.002	1009	0.242	1011	0.246	869	0.199	1021
海防	越南	0.046	681	0.912	133	0.629	610	0.038	584	0.585	711	0.526	129	0.460	629
纳西克	印度	0.045	682	0.834	387	0.633	596	0.000	1023	0.566	757	0.387	373	0.485	541
哈马丹	伊朗	0.045	683	0.748	688	0.589	718	0.006	983	0.502	886	0.521	139	0.419	800
淮南	中国	0.045	684	0.659	969	0.644	553	0.028	739	0.601	418	0.314	653	0.543	304
万博	安哥拉	0.045	685	0.974	11	0.418	892	0.059	475	0.260	1007	0.186	973	0.222	1011
维查亚瓦达	印度	0.045	686	0.871	271	0.650	521	0.147	170	0.566	757	0.394	344	0.452	656
六盘水	中国	0.045	687	0.818	443	0.633	595	0.027	827	0.601	418	0.246	867	0.454	646
德州	中国	0.045	688	0.724	761	0.678	331	0.027	780	0.601	418	0.382	392	0.523	385
弗里尼欣	南非	0.045	689	0.769	619	0.007	1034	0.107	293	0.652	359	0.427	243	0.505	452
本地治里	印度	0.045	690	0.931	102	0.678	330	0.011	951	0.566	757	0.391	360	0.445	683
阳泉	中国	0.045	691	0.689	918	0.693	251	0.027	834	0.601	418	0.160	1001	0.513	426
金华	中国	0.045	692	0.712	841	0.588	719	0.028	674	0.601	418	0.380	407	0.519	405
岘港	越南	0.044	693	0.938	81	0.712	210	0.063	451	0.585	711	0.539	112	0.472	590
占碑	印度尼西亚	0.044	694	0.885	208	0.680	316	0.050	526	0.615	398	0.315	649	0.420	796
鹤壁	中国	0.044	695	0.657	973	0.665	427	0.028	692	0.601	418	0.340	554	0.480	569
卡加延德奥罗	菲律宾	0.044	696	0.982	2	0.604	679	0.002	1003	0.639	369	0.310	669	0.421	790
科泽科德	印度	0.044	697	0.906	147	0.733	158	0.017	920	0.566	757	0.409	278	0.436	727
坎努尔	印度	0.044	698	0.906	147	0.694	249	0.026	868	0.566	757	0.402	302	0.407	839
库马西	加纳	0.044	699	0.949	65	0.581	742	0.090	340	0.615	395	0.297	715	0.398	862
池州	中国	0.044	700	0.809	475	0.638	572	0.027	794	0.601	418	0.318	638	0.496	501
乌尔米耶	伊朗	0.044	701	0.780	557	0.714	204	0.076	394	0.502	886	0.521	140	0.431	747

续表

城市	所属国家/地区	经济活力指数	排名	环境质量指数	排名	社会包容指数	排名	全球联系指数	排名	政府管理指数	排名	人力资本潜力指数	排名	基础设施指数	排名
呼伦贝尔	中国	0.043	702	0.797	511	0.660	461	0.027	858	0.601	418	0.338	567	0.436	731
卡杜纳	尼日利亚	0.043	703	0.722	769	0.287	982	0.088	354	0.454	940	0.277	784	0.268	992
资阳	中国	0.043	704	0.788	541	0.683	298	0.027	839	0.601	418	0.240	882	0.583	204
贾姆讷格尔	印度	0.043	705	0.824	417	0.806	72	0.003	996	0.566	757	0.376	420	0.446	675
阿尔达比勒	伊朗	0.043	706	0.837	374	0.713	206	0.060	466	0.502	886	0.485	164	0.393	867
南充	中国	0.043	707	0.732	734	0.686	281	0.027	776	0.601	418	0.431	235	0.445	681
松原	中国	0.043	708	0.764	631	0.672	376	0.027	754	0.601	418	0.197	958	0.476	583
马杜赖	印度	0.043	709	0.919	117	0.689	267	0.090	335	0.566	757	0.404	293	0.448	670
卡诺	尼日利亚	0.043	710	0.722	769	0.296	978	0.029	640	0.454	940	0.302	697	0.285	980
奢羯罗	印度	0.043	711	0.808	481	0.674	359	0.084	361	0.566	757	0.384	382	0.429	760
亚兹德	伊朗	0.043	712	0.752	676	0.587	724	0.042	562	0.502	886	0.492	158	0.466	605
梅克内斯	摩洛哥	0.043	713	0.909	141	0.628	617	0.053	504	0.628	387	0.392	350	0.473	587
比宛迪	印度	0.043	714	0.875	259	0.686	282	0.059	476	0.566	757	0.382	396	0.544	301
巴特那	印度	0.042	715	0.503	1017	0.676	347	0.056	489	0.566	757	0.392	351	0.424	779
荆州	中国	0.042	716	0.674	949	0.663	436	0.028	701	0.601	418	0.422	251	0.484	549
基特韦	赞比亚	0.042	717	0.952	58	0.354	929	0.048	535	0.672	307	0.258	839	0.215	1014
韦诺尔	印度	0.042	718	0.934	95	0.671	380	0.058	486	0.566	757	0.378	410	0.436	728
德阳	中国	0.042	719	0.773	611	0.670	395	0.027	765	0.601	418	0.313	658	0.428	761
阳江	中国	0.042	720	0.818	449	0.625	631	0.028	728	0.601	418	0.342	546	0.514	421
拉巴斯	玻利维亚	0.042	721	0.858	323	0.338	941	0.094	321	0.534	877	0.345	536	0.313	962
圣玛尔塔	哥伦比亚	0.042	722	0.956	26	0.304	969	0.011	950	0.637	376	0.334	583	0.489	528
邯郸	中国	0.042	723	0.547	1009	0.669	403	0.029	652	0.601	418	0.300	700	0.519	407
万象	老挝	0.042	724	0.945	70	0.713	205	0.025	871	0.330	986	0.419	257	0.417	810
菏泽	中国	0.042	725	0.722	776	0.675	352	0.028	684	0.601	418	0.276	794	0.496	500

续表

城市	所属国家/地区	经济活力指数	排名	环境质量指数	排名	社会包容指数	排名	全球联系指数	排名	政府管理指数	排名	人力资本潜力指数	排名	基础设施指数	排名
茂物	印度尼西亚	0.042	726	0.885	208	0.605	677	0.035	600	0.615	398	0.304	690	0.502	470
库库塔	哥伦比亚	0.042	727	0.939	79	0.389	907	0.011	954	0.637	376	0.368	450	0.485	542
卡耶姆库拉姆	印度	0.042	728	0.933	98	0.786	82	0.089	348	0.566	757	0.332	591	0.434	736
埃努古	尼日利亚	0.041	729	0.975	10	0.238	1005	0.094	319	0.454	940	0.250	860	0.275	985
卢萨卡	赞比亚	0.041	730	0.952	58	0.307	966	0.021	898	0.672	307	0.282	770	0.292	975
滨州	中国	0.041	731	0.746	697	0.670	396	0.028	679	0.601	418	0.244	874	0.510	439
焦作	中国	0.041	732	0.694	901	0.654	498	0.027	798	0.601	418	0.395	339	0.485	544
贡土尔	印度	0.041	733	0.871	271	0.683	294	0.115	270	0.566	757	0.392	354	0.429	756
迈杜古里	尼日利亚	0.041	734	0.930	103	0.299	975	0.094	322	0.454	940	0.269	813	0.202	1019
随州	中国	0.041	735	0.700	895	0.657	481	0.027	808	0.601	418	0.215	929	0.476	585
仰光	缅甸	0.041	736	0.773	607	0.554	796	0.063	453	0.216	1020	0.320	634	0.416	811
瓦朗加尔	印度	0.041	737	0.918	119	0.859	44	0.017	923	0.566	757	0.414	265	0.419	805
内江	中国	0.041	738	0.708	867	0.683	295	0.027	821	0.601	418	0.169	987	0.427	765
通化	中国	0.041	739	0.754	668	0.675	356	0.027	825	0.601	418	0.169	990	0.503	462
沧州	中国	0.041	740	0.626	993	0.675	354	0.028	707	0.601	418	0.304	689	0.536	339
塞伦	印度	0.041	741	0.898	189	0.697	241	0.003	998	0.566	757	0.427	242	0.441	707
黄山	中国	0.041	742	0.806	487	0.673	367	0.027	749	0.601	418	0.316	644	0.502	467
阿库雷	尼日利亚	0.040	743	0.937	85	0.236	1008	0.110	284	0.454	940	0.290	740	0.289	977
阿散索尔	印度	0.040	744	0.685	928	0.652	508	0.007	979	0.566	757	0.373	436	0.434	737
眉山	中国	0.040	745	0.716	818	0.675	349	0.024	882	0.601	418	0.263	829	0.473	588
佳木斯	中国	0.040	746	0.621	996	0.678	328	0.027	819	0.601	418	0.228	905	0.452	648
阿克拉	加纳	0.040	747	0.862	303	0.557	791	0.140	188	0.615	395	0.362	466	0.443	693
信阳	中国	0.040	748	0.689	913	0.680	318	0.029	660	0.601	418	0.341	551	0.490	527

续表

城市	所属国家/地区	经济活力指数	排名	环境质量指数	排名	社会包容指数	排名	全球联系指数	排名	政府管理指数	排名	人力资本潜力指数	排名	基础设施指数	排名
贾朗达尔	印度	0.040	749	0.753	674	0.650	528	0.033	610	0.566	757	0.397	334	0.361	916
马拉喀什	摩洛哥	0.040	750	0.924	114	0.635	584	0.059	471	0.628	387	0.408	280	0.500	484
桂林	中国	0.040	751	0.738	712	0.636	577	0.029	642	0.601	418	0.328	606	0.558	267
桑托斯将军城	菲律宾	0.040	752	0.982	2	0.632	598	0.123	252	0.639	369	0.310	668	0.392	872
遂宁	中国	0.040	753	0.732	734	0.681	312	0.027	804	0.601	418	0.325	616	0.417	807
马莱冈	印度	0.040	754	0.834	387	0.656	486	0.117	268	0.566	757	0.398	324	0.432	744
曲靖	中国	0.040	755	0.818	443	0.661	453	0.027	795	0.601	418	0.308	677	0.463	613
坎帕拉	乌干达	0.040	756	0.680	943	0.422	889	0.068	428	0.660	358	0.286	757	0.214	1015
阜新	中国	0.039	757	0.738	715	0.641	563	0.027	814	0.601	418	0.210	937	0.533	346
斋蒲尔	印度	0.039	758	0.669	950	0.776	93	0.002	1011	0.566	757	0.397	331	0.440	712
锡尔赫特	孟加拉国	0.039	759	0.820	434	0.566	776	0.036	595	0.466	933	0.443	211	0.456	637
聊城	中国	0.039	760	0.711	848	0.679	323	0.028	722	0.601	418	0.336	573	0.518	408
巴彦淖尔	中国	0.039	761	0.770	618	0.652	509	0.027	785	0.601	418	0.242	875	0.437	725
包纳加尔	印度	0.039	762	0.822	424	0.669	404	0.058	483	0.566	757	0.395	340	0.426	768
奥兰加巴德	印度	0.039	763	0.863	299	0.662	443	0.104	300	0.566	757	0.397	330	0.455	640
蒂鲁吉拉伯利	印度	0.039	764	0.898	189	0.619	648	0.000	1021	0.566	757	0.419	255	0.445	679
三明	中国	0.039	765	0.826	407	0.651	516	0.028	743	0.601	418	0.270	805	0.500	482
顿涅茨克	乌克兰	0.039	766	0.835	378	0.646	545	0.003	999	0.550	869	0.272	798	0.419	801
达累斯萨拉姆	坦桑尼亚	0.039	767	0.953	36	0.471	860	0.094	318	0.567	754	0.239	888	0.240	1007
尼亚拉	苏丹	0.039	768	0.778	597	0.690	263	0.073	411	0.277	1004	0.192	964	0.202	1018
塞康第-塔科拉蒂	加纳	0.039	769	0.949	65	0.551	805	0.093	324	0.615	395	0.277	790	0.357	924
科曼莎	伊朗	0.039	770	0.727	751	0.541	820	0.028	665	0.502	886	0.530	124	0.437	724
六安	中国	0.039	771	0.659	969	0.690	261	0.027	856	0.601	418	0.357	483	0.525	377
内洛儿	印度	0.039	772	0.895	194	0.721	184	0.000	1030	0.566	757	0.398	322	0.438	718

续表

城市	所属国家/地区	经济活力指数	排名	环境质量指数	排名	社会包容指数	排名	全球联系指数	排名	政府管理指数	排名	人力资本潜力指数	排名	基础设施指数	排名
茂名	中国	0.039	773	0.816	455	0.671	379	0.027	751	0.601	418	0.402	301	0.511	434
肖拉普尔	印度	0.039	774	0.857	326	0.676	341	0.130	226	0.566	757	0.384	380	0.444	688
拉杰沙希	孟加拉国	0.038	775	0.903	176	0.563	781	0.041	566	0.466	933	0.428	239	0.450	659
鹰潭	中国	0.038	776	0.792	525	0.664	430	0.027	832	0.601	418	0.166	994	0.476	582
娄底	中国	0.038	777	0.658	972	0.661	457	0.027	812	0.601	418	0.415	263	0.493	512
张家界	中国	0.038	778	0.756	666	0.652	507	0.028	685	0.601	418	0.254	850	0.461	622
斯利纳加	印度	0.038	779	0.641	986	0.725	175	0.086	359	0.566	757	0.399	317	0.363	914
永州	中国	0.038	780	0.689	909	0.650	520	0.028	735	0.601	418	0.307	679	0.494	509
阿姆利则	印度	0.038	781	0.641	986	0.683	289	0.044	555	0.566	757	0.404	298	0.382	886
非斯	摩洛哥	0.038	782	0.948	67	0.639	568	0.020	908	0.628	387	0.383	383	0.500	487
阿姆拉瓦提	印度	0.038	783	0.825	411	0.732	160	0.136	202	0.566	757	0.400	314	0.411	828
武威	中国	0.038	784	0.781	553	0.690	260	0.027	833	0.601	418	0.411	273	0.393	869
詹谢普尔	印度	0.038	785	0.799	505	0.737	152	0.050	525	0.566	757	0.390	363	0.424	774
迈索尔	印度	0.038	786	0.942	76	0.680	319	0.001	1014	0.566	757	0.411	274	0.442	701
督伽坡	印度	0.037	787	0.811	465	0.772	101	0.019	911	0.566	757	0.410	277	0.419	803
安顺	中国	0.037	788	0.825	413	0.660	463	0.024	880	0.601	418	0.190	968	0.448	668
纳曼干	乌兹别克斯坦	0.037	789	0.860	309	0.705	221	0.009	966	0.647	365	0.436	219	0.319	954
比拉斯布尔	印度	0.037	790	0.861	307	0.618	650	0.152	150	0.566	757	0.339	559	0.349	934
马什哈德	伊朗	0.037	791	0.799	509	0.637	575	0.088	353	0.502	886	0.541	109	0.541	314
高哈蒂	印度	0.037	792	0.841	368	0.630	608	0.126	240	0.566	757	0.426	246	0.443	690
查谟	印度	0.037	793	0.791	526	0.723	179	0.049	533	0.566	757	0.400	316	0.350	932
广元	中国	0.037	794	0.851	338	0.675	357	0.027	807	0.601	418	0.287	755	0.407	838
萨利加里	印度	0.037	795	0.858	317	0.727	168	0.000	1032	0.566	757	0.401	310	0.406	843
黑角	刚果	0.037	796	0.860	312	0.632	597	0.102	305	0.281	999	0.241	880	0.140	1028
丽水	中国	0.037	797	0.795	519	0.629	611	0.028	726	0.601	418	0.338	568	0.499	491
萨尔瓦多	巴西	0.037	798	0.980	6	0.244	999	0.049	534	0.581	717	0.388	370	0.305	969

续表

城市	所属国家/地区	经济活力指数	排名	环境质量指数	排名	社会包容指数	排名	全球联系指数	排名	政府管理指数	排名	人力资本潜力指数	排名	基础设施指数	排名
西爪哇斗望市	印度尼西亚	0.037	799	0.885	208	0.662	444	0.077	390	0.615	398	0.322	622	0.440	713
清远	中国	0.037	800	0.784	545	0.689	272	0.028	689	0.601	418	0.413	268	0.615	141
天水	中国	0.037	801	0.727	749	0.686	284	0.027	800	0.601	418	0.372	438	0.424	778
阜阳	中国	0.037	802	0.724	763	0.679	321	0.027	811	0.601	418	0.225	912	0.516	416
科塔	印度	0.037	803	0.724	762	0.685	285	0.156	139	0.566	757	0.405	292	0.404	849
索科托	尼日利亚	0.037	804	0.930	103	0.576	758	0.027	862	0.454	940	0.277	787	0.248	1003
基辅	乌克兰	0.037	805	0.835	378	0.765	114	0.187	91	0.550	869	0.275	796	0.539	325
基希讷乌	摩尔多瓦	0.037	806	0.937	93	0.716	195	0.038	581	0.689	283	0.450	202	0.492	517
广安	中国	0.037	807	0.770	616	0.670	392	0.027	824	0.601	418	0.278	779	0.420	798
库姆	伊朗	0.036	808	0.761	638	0.518	843	0.015	932	0.502	886	0.529	127	0.465	607
巴哈瓦尔布尔	巴基斯坦	0.036	809	0.789	533	0.715	199	0.010	958	0.492	906	0.348	520	0.393	868
三宝颜市	菲律宾	0.036	810	0.933	96	0.585	733	0.124	244	0.639	369	0.315	647	0.422	784
布巴内斯瓦尔	印度	0.036	811	0.861	308	0.823	62	0.139	193	0.566	757	0.416	260	0.415	816
印多尔	印度	0.036	812	0.749	686	0.574	764	0.002	1004	0.566	757	0.399	318	0.451	658
濮阳	中国	0.036	813	0.657	973	0.670	391	0.028	731	0.601	418	0.277	786	0.483	556
巴罗达	印度	0.036	814	0.822	424	0.812	67	0.025	872	0.566	757	0.400	315	0.452	653
兰契	印度	0.036	815	0.685	928	0.696	245	0.070	420	0.566	757	0.390	362	0.415	818
揭阳	中国	0.036	816	0.778	594	0.663	439	0.028	708	0.601	418	0.552	101	0.538	326
河源	中国	0.036	817	0.808	477	0.660	466	0.027	763	0.601	418	0.465	187	0.516	414
努瓦克肖特	毛里塔尼亚	0.036	818	0.909	142	0.574	766	0.037	588	0.499	902	0.284	766	0.220	1013
雅温得	喀麦隆	0.035	819	0.864	291	0.578	753	0.138	195	0.485	924	0.293	729	0.343	941
宣城	中国	0.035	820	0.761	643	0.668	406	0.027	754	0.601	418	0.208	942	0.519	406
宁德	中国	0.035	821	0.829	400	0.653	506	0.027	769	0.601	418	0.336	574	0.520	403

续表

城市	所属国家/地区	经济活力指数	排名	环境质量指数	排名	社会包容指数	排名	全球联系指数	排名	政府管理指数	排名	人力资本潜力指数	排名	基础设施指数	排名
鲁而克拉	印度	0.035	822	0.911	137	0.720	186	0.086	358	0.566	757	0.383	390	0.386	880
哈拉雷	津巴布韦	0.035	823	0.944	72	0.359	926	0.130	227	0.356	975	0.420	254	0.373	898
贺州	中国	0.035	824	0.789	532	0.625	628	0.028	697	0.601	418	0.360	473	0.497	495
贝尔高姆	印度	0.035	825	0.808	481	0.673	369	0.008	973	0.566	757	0.392	353	0.426	766
白银	中国	0.035	826	0.783	546	0.672	375	0.027	849	0.601	418	0.263	828	0.433	743
杜阿拉	喀麦隆	0.035	827	0.864	291	0.596	703	0.172	106	0.485	924	0.299	707	0.370	903
抚州	中国	0.035	828	0.788	542	0.660	468	0.027	798	0.601	418	0.305	686	0.501	476
乌隆	泰国	0.035	829	0.874	266	0.613	655	0.053	507	0.698	239	0.161	998	0.424	777
巴科洛德	菲律宾	0.034	830	0.925	111	0.506	851	0.091	334	0.639	369	0.332	589	0.442	700
安康	中国	0.034	831	0.756	666	0.613	656	0.028	714	0.601	418	0.433	230	0.434	740
蒂鲁伯蒂	印度	0.034	832	0.895	194	0.771	102	0.029	659	0.566	757	0.353	494	0.439	716
卡努尔	印度	0.034	833	0.873	268	0.725	173	0.000	1029	0.566	757	0.332	592	0.419	804
马辰港	印度尼西亚	0.034	834	0.885	208	0.682	301	0.091	333	0.615	398	0.296	722	0.415	817
拉瓦尔品第	巴基斯坦	0.034	835	0.657	976	0.730	163	0.011	953	0.492	906	0.359	475	0.420	799
锡亚尔科特	巴基斯坦	0.034	836	0.789	533	0.683	293	0.047	542	0.492	906	0.338	563	0.350	933
南平	中国	0.034	837	0.838	371	0.651	517	0.027	767	0.601	418	0.000	1035	0.495	504
酒泉	中国	0.034	838	0.766	626	0.691	256	0.027	839	0.601	418	0.270	807	0.359	919
波卡罗钢铁城	印度	0.034	839	0.834	387	0.658	477	0.062	457	0.566	757	0.381	400	0.396	865
赖布尔	印度	0.034	840	0.521	1011	0.809	69	0.107	292	0.566	757	0.414	266	0.401	858
库尔纳	孟加拉国	0.034	841	0.821	427	0.583	738	0.023	890	0.466	933	0.395	338	0.470	595
贵港	中国	0.034	842	0.765	628	0.648	536	0.027	806	0.601	418	0.296	720	0.499	489
来宾	中国	0.034	843	0.778	593	0.635	582	0.027	756	0.601	418	0.352	504	0.482	559
齐齐哈尔	中国	0.034	844	0.808	477	0.678	329	0.029	661	0.601	418	0.220	922	0.483	552
南德	印度	0.034	845	0.863	299	0.768	106	0.069	424	0.566	757	0.391	357	0.416	813

续表

城市	所属国家/地区	经济活力指数	排名	环境质量指数	排名	社会包容指数	排名	全球联系指数	排名	政府管理指数	排名	人力资本潜力指数	排名	基础设施指数	排名
谢胡布尔	巴基斯坦	0.034	846	0.789	533	0.681	309	0.088	351	0.492	906	0.374	433	0.369	905
密鲁特	印度	0.034	847	0.773	606	0.607	672	0.089	344	0.566	757	0.383	384	0.418	806
克里沃罗格	乌克兰	0.034	848	0.835	378	0.824	61	0.100	309	0.550	869	0.285	761	0.439	714
乌贾因	印度	0.034	849	0.861	305	0.569	774	0.038	583	0.566	757	0.401	305	0.402	853
滁州	中国	0.034	850	0.714	827	0.669	399	0.027	777	0.601	418	0.314	655	0.551	283
安庆	中国	0.034	851	0.790	528	0.687	277	0.028	688	0.601	418	0.314	651	0.515	419
萨哈兰普尔	印度	0.034	852	0.667	963	0.659	472	0.035	599	0.566	757	0.404	294	0.353	928
蒙巴萨岛	肯尼亚	0.034	853	0.971	15	0.300	972	0.027	864	0.674	305	0.266	820	0.170	1023
伊洛林	尼日利亚	0.034	854	0.937	85	0.234	1010	0.063	456	0.454	940	0.280	773	0.297	973
咸宁	中国	0.034	855	0.740	709	0.661	456	0.028	701	0.601	418	0.398	325	0.501	478
中卫	中国	0.033	856	0.774	603	0.655	490	0.027	826	0.601	418	0.376	422	0.399	859
扎波里日亚	乌克兰	0.033	857	0.835	378	0.702	229	0.027	863	0.550	869	0.287	753	0.430	751
扎黑丹	伊朗	0.033	858	0.174	1033	0.578	752	0.124	249	0.502	886	0.520	141	0.469	599
长治	中国	0.033	859	0.698	898	0.696	247	0.027	767	0.601	418	0.402	303	0.505	455
喀布尔	阿富汗	0.033	860	0.736	720	0.634	590	0.063	452	0.236	1018	0.260	835	0.383	884
博帕尔	印度	0.033	861	0.694	905	0.717	194	0.089	343	0.566	757	0.398	327	0.430	752
勒克瑙	印度	0.033	862	0.625	994	0.687	279	0.079	379	0.566	757	0.394	346	0.403	851
渭南	中国	0.033	863	0.726	753	0.663	434	0.024	879	0.601	418	0.336	575	0.512	427
博格拉	孟加拉国	0.033	864	0.725	759	0.565	779	0.089	350	0.466	933	0.367	451	0.437	722
比莱纳格尔	印度	0.033	865	0.521	1011	0.808	70	0.073	406	0.566	757	0.374	428	0.397	863
亳州	中国	0.033	866	0.722	776	0.659	473	0.028	668	0.601	418	0.310	667	0.496	503
太子港	海地	0.033	867	0.943	75	0.114	1027	0.077	391	0.498	903	0.368	448	0.338	943
费萨拉巴德	巴基斯坦	0.033	868	0.789	533	0.670	394	0.162	126	0.492	906	0.377	416	0.412	821
切尔塔拉	印度	0.033	869	0.916	121	0.756	121	0.029	662	0.566	757	0.333	586	0.436	729
阿杰梅尔	印度	0.033	870	0.669	950	0.775	96	0.019	915	0.566	757	0.389	365	0.389	875

续表

城市	所属国家/地区	经济活力指数	排名	环境质量指数	排名	社会包容指数	排名	全球联系指数	排名	政府管理指数	排名	人力资本潜力指数	排名	基础设施指数	排名
蒂鲁内尔维利	印度	0.033	871	0.908	143	0.777	92	0.076	395	0.566	757	0.350	513	0.423	781
胡布利-塔尔瓦德	印度	0.033	872	0.834	387	0.600	691	0.048	538	0.566	757	0.379	408	0.432	745
延安	中国	0.033	873	0.772	613	0.634	591	0.028	730	0.601	418	0.605	66	0.452	654
怀化	中国	0.033	874	0.641	988	0.671	388	0.027	786	0.601	418	0.367	452	0.473	589
比什凯克	吉尔吉斯斯坦	0.033	875	0.797	514	0.523	840	0.021	899	0.641	368	0.430	237	0.316	959
焦特布尔	印度	0.033	876	0.665	967	0.805	73	0.014	935	0.566	757	0.401	306	0.422	782
姆万扎	坦桑尼亚	0.033	877	0.953	36	0.784	87	0.076	396	0.567	754	0.158	1003	0.158	1025
第聂伯罗彼得罗夫斯克	乌克兰	0.033	878	0.835	378	0.840	53	0.001	1012	0.550	869	0.266	821	0.438	719
利沃夫	乌克兰	0.032	879	0.835	378	0.834	54	0.072	412	0.550	869	0.280	774	0.436	730
张掖	中国	0.032	880	0.782	548	0.675	348	0.024	877	0.601	418	0.242	876	0.363	915
古尔伯加	印度	0.032	881	0.857	326	0.725	174	0.149	163	0.566	757	0.402	304	0.425	771
保山	中国	0.032	882	0.800	503	0.655	491	0.027	803	0.601	418	0.371	442	0.433	741
恩贾梅纳	乍得	0.032	883	0.730	741	0.495	855	0.144	175	0.317	988	0.229	903	0.275	986
奥利沙	尼日利亚	0.032	884	0.802	496	0.238	1006	0.040	576	0.454	940	0.261	832	0.282	981
苏库尔	巴基斯坦	0.032	885	0.720	791	0.553	800	0.030	625	0.492	906	0.377	418	0.407	840
拉卡纳	巴基斯坦	0.032	886	0.720	791	0.553	799	0.001	1015	0.492	906	0.374	430	0.404	848
南阳	中国	0.032	887	0.689	913	0.670	390	0.029	637	0.601	418	0.328	605	0.496	498
商丘	中国	0.032	888	0.722	776	0.678	334	0.027	817	0.601	418	0.535	119	0.501	477
阿加尔塔拉	印度	0.032	889	0.704	888	0.636	579	0.058	481	0.566	757	0.335	578	0.429	759
比卡内尔	印度	0.032	890	0.665	967	0.812	66	0.149	164	0.566	757	0.391	359	0.389	878
张家口	中国	0.032	891	0.810	470	0.679	324	0.027	753	0.601	418	0.291	738	0.521	400

续表

城市	所属国家/地区	经济活力指数	排名	环境质量指数	排名	社会包容指数	排名	全球联系指数	排名	政府管理指数	排名	人力资本潜力指数	排名	基础设施指数	排名
晋城	中国	0.032	892	0.694	901	0.670	393	0.027	795	0.601	418	0.479	168	0.478	574
雅安	中国	0.032	893	0.801	502	0.668	408	0.027	855	0.601	418	0.433	231	0.420	797
玉林	中国	0.032	894	0.765	628	0.650	525	0.028	699	0.601	418	0.331	596	0.495	506
古杰兰瓦拉	巴基斯坦	0.032	895	0.789	533	0.692	254	0.032	617	0.492	906	0.339	561	0.385	881
班加西	利比亚	0.031	896	0.677	944	0.463	863	0.046	547	0.278	1001	0.301	698	0.389	874
敖德萨	乌克兰	0.031	897	0.835	378	0.813	65	0.002	1010	0.550	869	0.297	716	0.482	561
瓜廖尔	印度	0.031	898	0.412	1029	0.605	676	0.037	587	0.566	757	0.404	295	0.381	887
吴忠	中国	0.031	899	0.762	633	0.650	519	0.024	888	0.601	418	0.280	771	0.434	738
克塔克	印度	0.031	900	0.885	227	0.721	185	0.150	157	0.566	757	0.383	387	0.406	841
基加利	卢旺达	0.031	901	0.680	941	0.611	659	0.014	939	0.710	237	0.299	710	0.173	1022
汕尾	中国	0.031	902	0.831	396	0.659	471	0.027	791	0.601	418	0.522	138	0.511	433
马托拉	莫桑比克	0.031	903	0.953	32	0.432	879	0.118	262	0.470	930	0.198	956	0.383	885
邵阳	中国	0.031	904	0.689	909	0.668	413	0.027	772	0.601	418	0.253	855	0.482	557
安阳	中国	0.031	905	0.657	973	0.643	555	0.028	727	0.601	418	0.307	682	0.515	418
海得拉巴	巴基斯坦	0.030	906	0.720	791	0.596	702	0.051	517	0.492	906	0.383	385	0.507	449
加德满都	尼泊尔	0.030	907	0.865	288	0.726	169	0.039	578	0.554	868	0.294	726	0.423	780
汉中	中国	0.030	908	0.744	702	0.675	358	0.027	772	0.601	418	0.275	795	0.415	815
吉布提	吉布提	0.030	909	0.773	605	0.516	844	0.048	540	0.275	1006	0.430	238	0.369	906
孝感	中国	0.030	910	0.656	978	0.672	373	0.027	770	0.601	418	0.457	193	0.531	354
衡水	中国	0.030	911	0.590	1002	0.668	407	0.028	744	0.601	418	0.471	177	0.562	256
牡丹江	中国	0.030	912	0.757	662	0.661	452	0.027	765	0.601	418	0.264	826	0.482	558
伊斯兰堡	巴基斯坦	0.030	913	0.795	517	0.745	133	0.131	220	0.492	906	0.391	356	0.396	864
科托努	贝宁	0.030	914	0.723	764	0.574	763	0.056	490	0.475	926	0.327	612	0.445	678
阿格拉	印度	0.030	915	0.653	981	0.604	681	0.044	554	0.566	757	0.396	336	0.390	873
白城	中国	0.030	916	0.726	755	0.675	350	0.027	848	0.601	418	0.221	920	0.462	619

续表

城市	所属国家/地区	经济活力指数	排名	环境质量指数	排名	社会包容指数	排名	全球联系指数	排名	政府管理指数	排名	人力资本潜力指数	排名	基础设施指数	排名
桑给巴尔	坦桑尼亚	0.030	917	0.953	36	0.468	861	0.086	357	0.567	754	0.278	777	0.155	1026
鞍山	中国	0.030	918	0.705	882	0.663	440	0.027	805	0.601	418	0.145	1010	0.548	291
承德	中国	0.030	919	0.745	700	0.674	361	0.028	728	0.601	418	0.422	252	0.513	422
布拉柴维尔	刚果	0.029	920	0.860	312	0.394	903	0.102	303	0.281	999	0.252	856	0.147	1027
巴雷利	印度	0.029	921	0.653	981	0.752	126	0.009	962	0.566	757	0.404	296	0.356	925
阿里格尔	印度	0.029	922	0.653	981	0.625	629	0.041	575	0.566	757	0.436	220	0.368	907
哈尔科夫	乌克兰	0.029	923	0.835	378	0.778	91	0.004	993	0.550	869	0.256	845	0.435	733
贾巴尔普尔	印度	0.029	924	0.821	428	0.712	208	0.124	245	0.566	757	0.375	425	0.401	855
庆阳	中国	0.029	925	0.801	501	0.667	418	0.024	887	0.601	418	0.537	118	0.421	789
阿斯马拉	厄立特里亚	0.029	926	0.781	554	0.739	142	0.036	598	0.174	1032	0.299	709	0.235	1008
达喀尔	塞内加尔	0.029	927	0.909	140	0.605	675	0.002	1005	0.487	922	0.319	635	0.286	979
莫拉达巴德	印度	0.029	928	0.667	963	0.606	673	0.151	152	0.566	757	0.398	323	0.379	890
崇左	中国	0.029	929	0.795	519	0.554	795	0.027	843	0.601	418	0.248	863	0.447	672
宜春	中国	0.029	930	0.761	640	0.679	322	0.028	689	0.601	418	0.332	587	0.487	535
穆扎法尔讷格尔	印度	0.029	931	0.667	963	0.595	705	0.009	965	0.566	757	0.332	588	0.344	940
伊春	中国	0.029	932	0.685	926	0.603	685	0.028	691	0.601	418	0.021	1032	0.444	686
占西	印度	0.029	933	0.809	474	0.600	692	0.129	230	0.566	757	0.394	343	0.365	911
白沙瓦	巴基斯坦	0.029	934	0.643	985	0.724	176	0.125	241	0.492	906	0.362	468	0.383	883
马图拉	印度	0.029	935	0.961	22	0.703	224	0.008	972	0.566	757	0.337	570	0.353	929
哈塞克	叙利亚	0.029	936	0.878	250	0.707	217	0.045	550	0.338	978	0.257	841	0.404	847
安拉阿巴德	印度	0.028	937	0.433	1028	0.630	607	0.041	569	0.566	757	0.408	282	0.376	893
乌兰察布	中国	0.028	938	0.771	614	0.676	346	0.027	857	0.601	418	0.355	491	0.483	553
内维	尼日利亚	0.028	939	0.946	69	0.238	1006	0.011	949	0.454	940	0.261	832	0.280	983

续表

城市	所属国家/地区	经济活力指数	排名	环境质量指数	排名	社会包容指数	排名	全球联系指数	排名	政府管理指数	排名	人力资本潜力指数	排名	基础设施指数	排名
丹巴德	印度	0.028	940	0.685	928	0.696	244	0.048	536	0.566	757	0.394	342	0.421	793
英帕尔	印度	0.028	941	0.845	356	0.728	166	0.064	445	0.566	757	0.348	521	0.416	814
固原	中国	0.028	942	0.795	516	0.679	320	0.027	847	0.601	418	0.383	389	0.398	861
塔尔图斯	叙利亚	0.028	943	0.878	250	0.599	698	0.058	482	0.338	978	0.257	842	0.413	819
吉安	中国	0.028	944	0.782	549	0.675	353	0.027	846	0.601	418	0.253	853	0.484	546
驻马店	中国	0.028	945	0.689	913	0.661	450	0.027	779	0.601	418	0.251	859	0.481	562
瓦拉纳西	印度	0.028	946	0.757	660	0.799	77	0.030	623	0.566	757	0.378	414	0.401	857
丽江	中国	0.028	947	0.870	276	0.661	454	0.028	719	0.601	418	0.530	125	0.442	699
马普托	莫桑比克	0.028	948	0.953	32	0.425	885	0.039	579	0.470	930	0.293	728	0.389	877
达州	中国	0.028	949	0.767	624	0.685	286	0.027	789	0.601	418	0.329	600	0.427	764
三门峡	中国	0.027	950	0.677	947	0.651	514	0.027	810	0.601	418	0.252	858	0.455	642
布瓦凯	科特迪瓦	0.027	951	0.950	61	0.578	754	0.086	360	0.496	904	0.239	887	0.345	939
坎普尔	印度	0.027	952	0.618	997	0.626	626	0.000	1020	0.566	757	0.468	182	0.393	871
内比都	缅甸	0.027	953	0.773	607	0.540	821	0.052	509	0.216	1020	0.315	648	0.333	949
杜尚别	塔吉克斯坦	0.027	954	0.737	717	0.763	117	0.080	375	0.342	977	0.406	290	0.270	988
亚的斯亚贝巴	埃塞俄比亚	0.027	955	0.975	9	0.775	97	0.052	512	0.397	973	0.306	684	0.446	674
弗里敦	塞拉利昂	0.027	956	0.953	35	0.710	213	0.065	441	0.508	885	0.435	224	0.313	963
菲罗扎巴德	印度	0.027	957	0.624	995	0.630	605	0.000	1033	0.566	757	0.397	333	0.358	923
巴中	中国	0.027	958	0.732	734	0.690	264	0.027	851	0.601	418	0.363	462	0.421	788
云浮	中国	0.027	959	0.804	492	0.698	237	0.026	870	0.601	418	0.320	632	0.491	523
昭通	中国	0.027	960	0.811	468	0.669	401	0.024	881	0.601	418	0.395	341	0.412	820
晋中	中国	0.027	961	0.731	739	0.674	365	0.027	797	0.601	418	0.211	936	0.542	307
奎达	巴基斯坦	0.027	962	0.795	517	0.557	788	0.033	612	0.492	906	0.338	564	0.412	822

续表

城市	所属国家/地区	经济活力指数	排名	环境质量指数	排名	社会包容指数	排名	全球联系指数	排名	政府管理指数	排名	人力资本潜力指数	排名	基础设施指数	排名
卢本巴希	刚果	0.027	963	0.681	934	0.554	797	0.136	206	0.242	1011	0.206	947	0.113	1029
米苏拉塔	利比亚	0.027	964	0.677	944	0.674	363	0.012	945	0.278	1001	0.320	630	0.417	809
百色	中国	0.027	965	0.775	602	0.637	574	0.027	784	0.601	418	0.358	479	0.437	723
洛美	多哥	0.027	966	0.726	754	0.577	755	0.003	997	0.416	972	0.302	696	0.452	651
葫芦岛	中国	0.026	967	0.737	718	0.536	829	0.029	641	0.601	418	0.187	971	0.521	398
黄冈	中国	0.026	968	0.726	755	0.678	325	0.027	787	0.601	418	0.629	54	0.510	437
曼德勒	缅甸	0.026	969	0.880	241	0.538	826	0.007	975	0.216	1020	0.340	555	0.360	918
拉塔基亚	叙利亚	0.026	970	0.878	250	0.605	678	0.009	967	0.338	978	0.222	917	0.467	604
运城	中国	0.026	971	0.715	821	0.682	304	0.028	735	0.601	418	0.554	100	0.471	594
梅州	中国	0.026	972	0.810	471	0.688	273	0.027	748	0.601	418	0.376	423	0.505	456
商洛	中国	0.026	973	0.774	603	0.531	834	0.027	845	0.601	418	0.468	184	0.446	677
布拉瓦约	津巴布韦	0.026	974	0.944	72	0.337	942	0.074	403	0.356	975	0.408	285	0.347	937
许昌	中国	0.026	975	0.648	984	0.660	462	0.029	635	0.601	418	0.527	128	0.505	454
拉卡	叙利亚	0.026	976	0.878	250	0.395	901	0.036	594	0.338	978	0.198	957	0.443	697
阿波美-卡拉维	贝宁	0.026	977	0.723	764	0.577	756	0.129	231	0.475	926	0.224	914	0.448	671
普洱	中国	0.026	978	0.840	370	0.658	478	0.024	883	0.601	418	0.350	514	0.406	842
潮州	中国	0.026	979	0.778	594	0.655	489	0.028	694	0.601	418	0.435	222	0.528	367
哈马	叙利亚	0.026	980	0.878	250	0.709	215	0.069	427	0.338	978	0.210	939	0.470	596
邢台	中国	0.026	981	0.492	1020	0.683	292	0.028	680	0.601	418	0.432	232	0.503	463
平凉	中国	0.025	982	0.760	647	0.671	386	0.024	885	0.601	418	0.420	253	0.412	824
木尔坦	巴基斯坦	0.025	983	0.789	533	0.719	189	0.041	574	0.492	906	0.370	445	0.419	802
瓦加杜古	布基纳法索	0.025	984	0.729	743	0.748	129	0.064	448	0.473	928	0.222	916	0.335	947
巴马科	马里	0.025	985	0.730	742	0.718	191	0.060	467	0.486	923	0.192	963	0.261	995
勃固	缅甸	0.025	986	0.773	607	0.543	815	0.027	865	0.216	1020	0.287	752	0.309	966
临汾	中国	0.025	987	0.715	821	0.677	339	0.027	774	0.601	418	0.515	144	0.484	547

续表

城市	所属国家/地区	经济活力指数	排名	环境质量指数	排名	社会包容指数	排名	全球联系指数	排名	政府管理指数	排名	人力资本潜力指数	排名	基础设施指数	排名
周口	中国	0.025	988	0.687	922	0.681	307	0.024	878	0.601	418	0.468	181	0.469	597
布兰太尔	马拉维	0.025	989	0.954	28	0.433	877	0.107	295	0.516	881	0.278	775	0.212	1017
萨戈达	巴基斯坦	0.025	990	0.657	976	0.690	266	0.120	258	0.492	906	0.356	487	0.359	921
陇南	中国	0.025	991	0.806	489	0.677	337	0.027	850	0.601	418	0.434	227	0.373	899
上饶	中国	0.025	992	0.782	549	0.687	276	0.028	678	0.601	418	0.345	531	0.484	550
朝阳	中国	0.025	993	0.780	559	0.671	384	0.027	781	0.601	418	0.225	911	0.507	446
塔那那利佛	马达加斯加	0.025	994	0.908	146	0.508	849	0.089	346	0.525	880	0.255	846	0.249	1000
戈勒克布尔	印度	0.024	995	0.503	1017	0.673	371	0.103	301	0.566	757	0.381	399	0.366	910
绥化	中国	0.024	996	0.802	499	0.680	317	0.027	835	0.601	418	0.234	895	0.471	592
尼亚美	尼日尔	0.024	997	0.954	30	0.609	666	0.148	167	0.442	968	0.138	1014	0.321	952
四平	中国	0.024	998	0.710	853	0.674	362	0.027	802	0.601	418	0.288	748	0.507	448
七台河	中国	0.024	999	0.590	1001	0.601	689	0.027	852	0.601	418	0.173	984	0.445	680
摩加迪沙	索马里	0.024	1000	0.976	7	0.690	265	0.093	327	0.126	1033	0.169	988	0.298	971
科纳克里	几内亚	0.024	1001	0.915	123	0.717	193	0.002	1007	0.286	989	0.272	800	0.169	1024
鸡西	中国	0.024	1002	0.757	662	0.638	570	0.027	829	0.601	418	0.069	1026	0.461	624
鹤岗	中国	0.024	1003	0.462	1027	0.608	670	0.024	886	0.601	418	0.029	1031	0.440	708
荷台达	也门	0.024	1004	0.768	620	0.509	847	0.069	422	0.451	963	0.428	241	0.375	896
亚丁	也门	0.024	1005	0.768	620	0.699	234	0.138	198	0.451	963	0.346	528	0.372	901
临沧	中国	0.024	1006	0.828	402	0.556	792	0.027	853	0.601	418	0.456	196	0.412	823
博博迪乌拉索	布基纳法索	0.024	1007	0.729	743	0.732	161	0.151	154	0.473	928	0.211	935	0.268	993
塔依兹	也门	0.023	1008	0.768	620	0.698	235	0.080	376	0.451	963	0.341	549	0.367	908
哈尔格萨	索马里	0.023	1009	0.976	7	0.879	35	0.041	570	0.126	1033	0.186	974	0.320	953
楠普拉	莫桑比克	0.022	1010	0.953	32	0.546	811	0.162	125	0.470	930	0.193	961	0.231	1009
姆布吉马伊	刚果	0.022	1011	0.681	934	0.575	759	0.058	484	0.242	1011	0.194	960	0.051	1031
忻州	中国	0.022	1012	0.725	758	0.659	476	0.028	741	0.601	418	0.423	248	0.484	545

续表

城市	所属国家/地区	经济活力指数	排名	环境质量指数	排名	社会包容指数	排名	全球联系指数	排名	政府管理指数	排名	人力资本潜力指数	排名	基础设施指数	排名
霍姆斯	叙利亚	0.022	1013	0.878	250	0.592	710	0.009	960	0.338	978	0.224	913	0.476	578
定西	中国	0.022	1014	0.785	543	0.697	242	0.024	884	0.601	418	0.451	200	0.401	856
利隆圭	马拉维	0.022	1015	0.954	28	0.363	921	0.022	897	0.516	881	0.256	844	0.200	1020
布琼布拉	布隆迪	0.022	1016	0.955	27	0.683	297	0.022	896	0.361	974	0.239	889	0.082	1030
卡南加	刚果	0.022	1017	0.681	934	0.572	769	0.075	401	0.242	1011	0.185	975	0.044	1033
蒙罗维亚	利比里亚	0.021	1018	1.000	1	0.364	920	0.068	431	0.256	1010	0.244	872	0.270	989
漯河	中国	0.021	1019	0.689	913	0.682	306	0.029	632	0.601	418	0.093	1020	0.441	705
奇卡帕	刚果	0.021	1020	0.681	934	0.572	770	0.031	620	0.242	1011	0.153	1006	0.039	1034
丹东	中国	0.021	1021	0.760	646	0.649	529	0.028	733	0.601	418	0.184	977	0.540	320
布卡武	刚果	0.021	1022	0.681	934	0.580	744	0.000	1035	0.242	1011	0.167	993	0.000	1035
双鸭山	中国	0.021	1023	0.784	544	0.682	305	0.027	841	0.601	418	0.084	1023	0.437	721
保定	中国	0.021	1024	0.499	1019	0.668	409	0.029	633	0.601	418	0.611	61	0.542	305
萨那	也门	0.021	1025	0.768	620	0.509	848	0.006	981	0.451	963	0.353	496	0.434	735
河池	中国	0.020	1026	0.781	552	0.687	278	0.027	836	0.601	418	0.178	982	0.444	689
班吉	中非共和国	0.019	1027	0.867	282	0.547	809	0.042	564	0.224	1019	0.349	517	0.317	957
基桑加尼	刚果	0.019	1028	0.681	934	0.718	192	0.062	462	0.242	1011	0.192	962	0.047	1032
吕梁	中国	0.018	1029	0.759	649	0.662	445	0.027	859	0.601	418	0.649	44	0.462	616
铁岭	中国	0.018	1030	0.733	732	0.676	342	0.027	813	0.601	418	0.113	1016	0.538	331
黑河	中国	0.018	1031	0.818	447	0.682	300	0.027	830	0.601	418	0.200	954	0.381	888
平顶山	中国	0.014	1032	0.689	913	0.675	351	0.027	763	0.601	418	0.297	714	0.486	537
大马士革	叙利亚	0.013	1033	0.878	250	0.587	723	0.002	1006	0.338	978	0.261	831	0.488	532
阿勒颇	叙利亚	0.011	1034	0.878	250	0.395	902	0.001	1018	0.338	978	0.241	878	0.502	469
的黎波里	利比亚	0.000	1035	0.677	944	0.674	360	0.096	316	0.278	1001	0.282	769	0.448	669

后　记

《全球城市竞争力报告2017—2018》是由中国社会科学院财经战略研究院倪鹏飞博士与联合国人居署Marco Kamiya牵头，数十家国际国内著名高校、权威统计部门、企业研发机构的近百名专家参与，历经一年有余，进行理论和调查、计量和案例等经验研究而形成的成果。《全球城市竞争力报告2017—2018》的基础理论、指标体系、研究框架和重要结论主要由主编倪鹏飞博士与Marco Kamiya做出。副主编王海波（中国社会科学院财经战略研究院）负责报告的数据采集、具体计算、资料汇总、协调调度等工作。

关于城市竞争力，本次报告将其分为经济竞争力、可持续竞争力两个部分，并分别设计了指标体系，对全球1007个城市的经济竞争力和1035个城市的可持续竞争力进行了衡量。本报告根据全球城市竞争力与房价之间的关系，撰写了《房价，重塑城市世界的力量》的主题报告。报告的文稿是在锤炼理论、采集数据，进行计量并得出基本结论后，由执笔者撰写而成的。

各章的文字贡献者是：第一章：全球城市竞争力2017—2018年度排名，课题组集体；第二章：全球城市竞争力2017年度综述，倪鹏飞、沈立（中国社会科学院研究生院）、龚维进（中国社会科学院财经战略研究院）、徐海东（中国社会科学院研究生院）；第三章：城市房价与竞争力：问题提出与文献回顾，倪鹏飞（中国社会科学院财经战略研究院），张洋子（中国社会科学院研究生院）；第四章：房价与城市竞争力的关系：理论框架，倪鹏飞（中国社会科学院财经战略研究院），曹清峰（天津财经大学），马尔科·卡米亚（联合国人居署）；第五章：全球城市的房地产市场状况，郭宏宇（外交学院，中国）；第六章：房价与竞争力的关系：实证分析，徐海东（中国社会科学院研究生院）、王海波；第七章：可持续城市化的经济基础：与竞争力的关系，马尔科·卡米亚，Loeiz Bourdic（联合国人居署）；第八章：全球城市综合经济竞争力报告 2017—2018，李博（天津理工大学）、刘笑男（中国社会科学院研究生院）。第九章：全球城市可持续竞争力报告，周晓波（中国农业银行）、王雨飞（北京邮电大学）、魏婕（西北大学）；附录：倪鹏飞、王海波。整个报告的计量数据，由倪鹏飞领导下的课题组完成。

《全球城市竞争力报告 2017—2018》和全球城市竞争力的研究得到报告顾问及诸多机构和人士真诚无私的支持。我们对所有支持和关心这项研究的单位和人士表示钦佩、敬意和感谢。

倪鹏飞

2018 年 4 月 24 日